上海社联年鉴

上海社联年鉴

2015

上海市社会科学界联合会　编

上海人民出版社

2 月 22 日，由上海市社会科学界联合会和文汇报社联合主办的“哲学与我们的时代”演讲季拉开帷幕。首讲主讲嘉宾上海市哲学学会会长、复旦大学哲学系教授吴晓明以“哲学与我们时代的当务之急”为题，为听众烹制了一顿蕴含哲思的智慧大餐

2 月 28 日，上海市社联举行 2014 年度学术团体负责人会议暨党建工作会议，社联所属学会、民办社科研究机构的 200 余位负责人参加会议

5 月 25 日至 31 日，市社联主办了第 12 届上海市社会科学普及活动周，本届活动周的主题是“传递正能量、共圆‘中国梦’”

5 月 29 日，由上海市社会科学界联合会和上海市科学技术协会主办的“科技与人文的对话”在上海科学会堂举行，首场“对话”主题为“弘扬核心价值观，构建和谐医患关系”。邀请了中科院院士王恩多，复旦大学教授葛剑雄、胡守钧，中山医院原院长杨秉辉四位对话嘉宾

8月8日，上海市社会科学界在西郊宾馆会议中心百花厅召开纪念邓小平同志诞辰110周年暨"全面深化改革与创新发展"理论研讨会

10 月 17 日，市社联在社联群言厅举行第八届学会学术活动月开幕式

10 月 25 日起，上海市社联和文汇报社继哲学演讲季后再度携手，联袂推出“文学与我们的生活”——东方讲坛·文汇讲堂文学演讲季，邀请 10 位著名作家和文学评论家，与大家一起领略文学的魅力，分享生活的意义

11 月 6 日，上海市社会科学界第十二届学术年会在上海展览中心举行

目 录

年度工作要览

NIAN DU GONG ZUO YAO LAN

2014 年，上海市社会科学界联合会在市委、市委宣传部的领导下，深入贯彻党的十八大和十八届三中、四中全会精神，学习贯彻习近平总书记系列讲话精神，着力加强五大文化服务平台建设，广泛团结社科工作者，弘扬社会主义核心价值观，为扎实推进哲学社会科学发展，主要开展了以下工作：

一、 学习贯彻党的十八届三中、四中全会精神，组织年度学术盛事

紧扣宣传贯彻党的十八届三中、四中全会精神的年度工作主线，认真落实市委书记韩正在社联调研时提出的工作要求，集中力量举办社科界重大学术活动，广泛动员上海社科界为党和政府中心工作服务，开展了一系列影响力较大的学术活动。

(一) 认真落实两年一度的社科评奖工作

抓好上海市第十届邓小平理论研究和宣传优秀成果评奖、第十二届哲学社会科学优秀成果评奖工作，初审参评的著作类和论文类成果 2 351 项。苏浙沪近 150 位学者与 70 位在京院校的学者参与评审工作。49 项成果获上海市第十届邓小平理论研究和宣传优秀成果奖，296 项成果获上海市第十二届哲学社会科学优秀成果奖。本届评奖首次开展专项调研，课题组分赴北京、南京、杭州与评审专家座谈，如期完成评奖调研报告。

(二) 全力办好学术年会，努力推动集成创新

办好第十二届学术年会，以“全面深化改革与现代国家治理”为主题，召开 10 场主题专场研讨会，12 场学科专场研讨会，10 场青年论坛，1 场年会大会。市委常委、宣传部部长徐麟出席大会开幕式并讲话。年会期间，200 多位专家学者作主题报告，近百位专家作专题评论，100 多家高校、科研院所和学会，3 000 多名社科工作者参与学术活动。年会首次尝试向公众开放，预约参会的社会听众超过百人。年会共征集论文 423 篇，经遴选编辑，出版 70 余万字文集。

(三) 坚决贯彻市委领导要求，积极组织全面深化改革研究

逐项落实韩正书记对市社联提出的课题要求，深入学习研究《中央关于全面深化改革若干重大问题的决定》，针对中国经济、政治、文化、社会、生态以及党的领导重大战略和现实问题，形成十大研究课题，开展“全面深化改革 · 上海思想”系列研讨，形成有质量的决策咨询研究成果。配合办好“全面深化改革与创新发展”征文活动，动员 52 个学会，征集 768 篇论文，选报佳作 97 篇，获得市委宣传部颁发的优秀组织奖。积极参与面向未来 30 年上海发展战略研究，推出“未来城市发展 · 上海思想”系列学术研讨活动。

(四) 全面动员上海社科界学习贯彻党的十八届四中全会精神

围绕“依法治国”主题，举办上海社科界学习党的十八届四中全会精神座谈会，与华东政法大学联合召开“司法体制改革与上海城市社会治理创新”专题研讨会，并向主要专家征集党的十八届四中全会舆情。

(五) 进一步巩固“马克思主义研究论坛”

围绕“马克思主义与改革开放”等主题，按时举办年度、季度论坛。编辑出版《上海市马克思主义研究年度报告》。开展上海市第四届马克思主义研究青年论坛论文征集工作。

（六）不断深化上海市社联“学术茶座”建设

“学术茶座”邀请周波、翁铁慧等市领导来市社联展开专题调研，与学者代表就本市经济社会发展中的改革创新问题进行座谈，健全官学互动机制。与中国浦东干部学院联合举办“领导干部实践创新”学术茶座系列专场。继续办好“沪上学人思想”系列，推介前辈学人，树立学界标杆。举办跨学科专题茶座，为各界专才创造对话契机。星期五学术茶座为社科界开展小型座谈的需求服务，举办场次日趋密集。

（七）紧扣重大时间节点，组织开展社科学术专题活动

一是召开纪念邓小平同志诞辰 110 周年暨“全面深化改革与创新发展”理论研讨会，面向全国发起“邓小平与上海”书画征集活动，在上海图书馆举办主题书画展。二是围绕纪念我国人大制度创立 60 周年，与有关单位联合举办“人大制度发展与国家治理现代化”学术研讨会。三是组织上海自贸试验区建设专项研究，汇总 30 项立项资助课题、15 项研讨活动成果。出版《制度创新与管理创新——中国（上海）自由贸易试验区建设研究报告集》。

二、抓好学术社团服务管理，激发学会理论创新活力

市社联在党组领导下，认真履行市委、市政府赋予的本市哲学社会科学学术社团和民办社科研究机构业务主管单位的职责，坚持正确的政治导向，加强科学规范管理，以促进学术团体学术引领为立足点，推动学术团体健康发展为目标，重点开展了如下工作。

（一）进一步完善学术团体建设的长效机制

一是完成所属社团和民办社科研究机构网上年报审核，以及数据汇总、分析工作。落实所属社团和民办社科研究机构年检初审工作。做好“达标学会”年度考核初审、复审，全年申报达标学会 142 个，审核通过达标学会 137 个。

二是坚持正确导向，健全激励机制。举行年度学术团体负责人会议暨党建工作会议，布置全年工作，颁发第七届“学会学术活动月”优秀组织奖和组织奖。召开党建工作研讨会，深入探索加强学术社团党建工作的新机制。

三是落实规范管理各项要求，做好学会换届、申办、设立和调整党工组等日常管理工作。举行学会换届培训工作会议，共 32 个学会参与培训。批准设立上海春秋发展战略研究院。受理申办民办社科研究机构 2 个。汇总市社联所属社团党政干部兼职情况并作分析。做好“规范退（离）休领导干部兼职”工作预案。

四是参加市外办境外非政府组织活动调查，对市社联所属学术团体与境外非政府组织联合开展活动的情况进行全面排摸。

五是做好调研走访工作。赴市粮食经济研究会、市老年学学会、市知青历史文化研究会、市审计学会、市辞书学会等学会进行调研走访，赴市刑侦学会交流考察。对上海世纪后世博成果与发展研究中心的运作提出意见建议。新春走访学会资深负责人。参与学会理事会等活动。

（二）着力培育学术社团学术创新能力

一是组织策划市社联第八届“学会学术活动月”，组织 110 个学会开展 178 项学术活动。其中，学术年会 26 项，专题研讨会 70 项，学术论坛 32 项，跨学会学术研讨 21 项，青

年学者学术活动29项。

二是组织学会参与基础学科学会学术活动、社科热点“一月一会”、学会青年学者论坛、学会重大学术项目、跨学会学术活动，完成“三中全会精神”研究、上海“创新驱动，转型发展”研究等课题的评定、立项、资助工作。举办学会学术成果交流会，40余家学术团体的课题负责人与会。

三是围绕社会主义核心价值观、邓小平诞辰110周年纪念等重大主题开展学术活动。组织跨学会学术活动10次，青年跨学会学术活动2次。动员有关学会参加“群众路线理论研讨会”并提交论文。

三、开创人文社科新品牌，拓展社科普及新阵地

社科普及工作顺应新技术条件下传播规律，努力做好党的十八届三中、四中全会精神宣讲工作，继续增加东方讲坛、科普活动周等传统品牌含金量，创办“演讲季”“望道讲读会”等公众文化品牌，对社会公众普遍关心问题进行深入调查研究，灵活运用新媒体技术，不断增强人文社会科学的吸引力、感召力。

（一）凝聚各界力量，推动科普事业

一是举办第13届上海市社会科学普及活动周，主题为“弘扬核心价值观，凝聚时代精气神”，紧紧围绕社会主义核心价值观“三个倡导”主题，组织主题论坛、朗诵会、漫画楹联书法展、广播访谈、成果发布、专项科普活动、科普讲座七大板块230余项活动，各学术社团、区县宣传部及街镇等百余家单位，600多名社科专家学者积极参与，直接受众达10余万人次。

二是联合市科协，创设“科技与人文的对话”论坛，定期组织两界专家聚焦重大社会问题。首场活动以“弘扬核心价值观，构建和谐医患关系”为主题，邀请中国科学院、复旦大学、中山医院的专家学者，从技术、制度、伦理等多个层面探求医患矛盾的化解之道。广泛动员大众传媒，介绍对话嘉宾及其观点，着力提高公众参与度。

三是召开上海市社会科学普及工作座谈会，邀请全国优秀社科普及工作者与人文社科普及基地代表共商科普事业发展大计。

（二）创办“演讲季”系列活动

选取“哲学与我们的时代”“文学与我们的生活”两大经典主题，与文汇报社合作，举办“演讲季”系列活动。哲学演讲季期间，沪上知名哲学学者以半月一次的频率，为沪上听众连作7场演讲，掀起学界、媒体对哲学与时代精神的热烈讨论。以“核心价值与民族复兴”为主题举办开放论坛，召集演讲季主讲嘉宾与相关领域学者，为核心价值观的培育、践行出谋划策。文学演讲季由贾平凹、陈思和等著名作家、评论家主讲，听讲预约热度空前，堪称上海年度文化事件。两大系列的演讲不但现场座无虚席，而且通过主流媒体与大众传媒的宣传推介，以及音视频的广播，积累起规模可观的二次传播受众群体，是惠及广大市民的文化实事工程。

（三）创立“望道讲读会”系列学术讲座

以上海书展为契机，创办“望道讲读会”系列学术讲座，联合市新闻出版局、黄浦区委

宣传部，开展 8 场深入浅出的讲读活动。讲读会凭借一流学者的专业导读，与大众传媒的深度参与，着力推动社科经典普及，塑造上海市民分享阅读体验的三大平台：一是“深读”平台，以古今中外学术大家诞辰、学术名著、学术新作的出版等周年纪念为基本选取对象，让社科经典走向大众。二是高端学术交流平台，强调中西会通，古今对话的智慧碰撞。三是开放平台，注重专业讲读、阅读推荐、社会开放、媒体传播的互动，引领热爱读书、敬重学者、崇尚思辨的风潮。讲读会已获得由市新闻出版局和上海书展暨“书香中国”上海周组委会办公室颁发的“最佳活动策划奖”。

（四）东方讲坛日常工作稳中有进，品牌建设精益求精

一是做好东方讲坛讲座配送、信息发布工作。依托 373 个举办点，647 名特聘讲师，全年举办讲座 3 千场，直接听众逾 20 万人次；与“市民与社会”栏目合作播出广播版 66 期，二次传播受众上百万人次。

二是积极开展学习贯彻党的十八届三中全会精神主题宣传教育活动，遴选 50 人宣讲团，深入街道乡镇作宣讲近千场。及时完成四中全会精神主题宣教活动的筹备工作，11 月 28 日在全市范围启动宣讲活动。

三是不断完善专题系列讲座。组织“以案说防范，共建平安城”系列宣讲 800 余场，安排公安民警深入全市社区、学校、工厂、农村，传授平安理念、防范招数，营造“平安共创，成果共享”的社会氛围。围绕形势与热点、文化与人生、中医养生、职业生涯、创业生涯、自贸区建设、经典艺术、文博、律师社区说法等热门主题，将大众关心的讲座配送到社区、单位，满足市民不同类型的知识需求。

四是继续发挥“当代世界讲坛”推动民间外交作用，承办由中联部和市委宣传部联合主办的“美国友好人士与中共领导的抗战”高端论坛，在反法西斯战争胜利 70 周年即将到来之际，营造积极舆论氛围。

（五）以科普工作为载体，推动与兄弟省市的文化交流

举办上海市对口支援贵州省遵义市的文化帮扶项目“东方讲坛走进红色遵义”系列活动，组织专家赴遵义市作讲座，受到当地听众高度评价。组织专家学者赴喀什开展学术援疆活动，为加强当地宣传文化工作出谋划策，着力增进民族和谐，推动中国学研究。邀请台湾学者来沪，向社会公众讲解传统文化，促进了两岸民间交流。

（六）创新东方讲坛管理模式

开展“讲座需求调查”，征编 2014 版新题库，选题数同比增加 76%，适用范围由原先针对社区居民为主，扩展到适用机关和基层干部、企业职工、社区居民等群体。新题库开辟专题理论板块，加大了对中国梦、习近平系列重要讲话精神、社会主义核心价值观的宣传普及力度。启动师资信息网上推介工作，分批次在社联官网发布特聘讲师介绍信息，推介近百位特聘讲师，方便举办点查询选择。开辟讲座申报、信息反馈的网上快捷窗口。建立季度工作例会制度，定期召集各区县分管讲坛工作的部门负责人和联系人交流工作，准确把握、快速回应市民大众不断变化的新需求。

（七）推出惠及大众的科普工作创举

公布《上海市白领人文社会科学知识与素养调查报告》，打破该领域调研资料空白，

10余家主流新闻媒体竞相报道。启动“诵读经典名篇，滋养核心价值”中外经典名篇推荐活动。启事发布一个月内，收到荐文300余篇。结合专家和大众推荐，筹备在全市高校、社区、机关举办的朗诵会巡演。配合中宣部制作《上海自贸区：中国开放新高度》专题片。参与市委宣传部《自贸区ABC》宣传册编写工作。推出新的社科普及读物，在上海书展期间开展现场赠书活动，获市新闻出版局等颁发组织奖。

（八）用好新媒体工具

开发东方讲坛手机客户端，建成信息发布与分享、工作交流与查询、听众预约与评价沟通三大功能合一的平台。开通东方讲坛微信订阅号，开展讲坛活动和讲座推介、预约，讲座音视频推送，讲师观点介绍。加强“社科视窗”微博平台运维工作，内容紧密结合科普日常工作。开通优酷网东方讲坛频道，借知名视频网站播放精彩讲座视频。

四、打造成果发布权威平台，开拓中国学术前沿

市社联所属学术期刊坚持以马克思主义为指导，坚持三个自信，坚持建设中国学术话语体系，以前沿性、探索性、科学性为追求，努力建设扎根上海、服务全国的一流成果发布平台。

（一）《学术月刊》努力建设全国一流成果发布平台

一是维持高位运行，在全国同类期刊中转载量连续第八年蝉联第一，在“人文社科综合性期刊”全文转载排名中，转载量第一、转载率第二、综合指数第一。

二是顺利改版，适当扩大政治学、社会学、法学等社会科学研究成果的录用比例，倡导发表文体的多样化，提升传统品牌“学人访谈”，恢复或新设学术评论、学术综述、学术对话等栏目，刊文研讨重大现实理论问题与学术前沿问题。

三是进一步提高审稿、组稿能力。完成2014—2016届学术月刊编辑委员会的组建，来自国内外重要学府、学术机构的35名人文社科领域的著名学者、专家受聘加入办刊决策智库。建立覆盖人文社科各学科，以400名中青年学者为主的审稿专家信息库。通过办好中小型专题学术研讨会，扩大稿源，建设作者队伍。

四是推动社会关心学术，学术走向社会。继续举办一年一度的“中国十大学术热点”评选活动。遴选月刊精品栏目“中青年专家访谈”十二年来的佳作，汇编为《当代中国学人访谈录》。布局新媒体，启动刊物官方网站建设，开通新浪微博和微信公众号。官网2014年底试运行，实现纸刊内容与电子版的同步发表，推动投稿审稿系统的信息化管理。

五是提高经营管理水平。修订编校流程、专家匿名审稿制度、编辑部汇稿制度等基本业务流程和规章制度，严厉打击论文收费黑中介。加强发行工作，邮局订户较上年增加100套，自办发行增加300套，发行收入与数字版权销售收入显著提升。

（二）《探索与争鸣》深入推动理论创新

一是围绕党的十八届三中全会深化改革的主题，积极举办研讨活动，议题涵盖流动人口、土地流转、教育伦理、文化治理、公共安全、反腐倡廉与金融创新等前沿问题，成果在杂志“圆桌会议”等栏目刊发。组织名家特稿，对改革进程进行深度思辨。召集各地高校学者参与专题学术会议，推动中国学术共同体建设。

二是培育青年学者显成效。举办首届《探索与争鸣》青年理论创新奖，收到投稿 500 余篇，严选 16 篇进行发表。举办青年学者沙龙，为学界与实务部门的青年才俊加强对话协作构建平台。召开"苏东研究与青年人才培养"研讨会，推介学术新人。

三是积极创新工作手段。以新媒体加速成果传播，微信公众号订阅者数量以日均 50 人的速度递增，研讨内容形成微信专题，即时推广，促进学术争鸣。推出"探索与争鸣"系列丛书首部作品《先声——国内外名家谈改革》，将 1993 年以来的"专家访谈"栏目整合成册，由上海三联书店出版发行。

（三）《上海思想界》创上海智库新品牌

《上海思想界》围绕热点、敏感问题，做出分析研判，提出建议对策。截至 11 月，共发专报 36 份，收到中宣部舆情信息局约稿函 18 份、口头约稿 1 份。内参《特大城市人口增长和实施人口综合调控的建议》获韩正同志批示。月刊来稿量较上年增加近 3 倍，发行量增长百分之十，转摘、转引率居高不下，重点栏目"思想沙龙"品牌效应凸显。由于专报质量高，屡获中央领导批示，市社联已成为中宣部舆情直报点。

五、 着力加强干部队伍建设，提高机关管理服务水平

2014 年，市社联党组继续巩固党的群众路线教育实践活动成果，紧紧围绕"基层服务型党组织建设"和干部管理建设为重点，重视机关党委建设与工会活动的开展，严格执行"八项规定"，机关软件建设明显进步。

（一）深入推进党的群众路线教育实践活动

完成党的群众路线教育实践活动总结工作。开展教育实践活动"回头看"检查，提交整改方案六个方面 38 项，专项整治方案 18 项，认真落实整改工作。配合做好有关调研检查工作。市社联"回头看"特色工作被列为典型，刊登于宣传系统基层党建网。组织开展学习贯彻习近平同志"三严三实"重要讲话精神，各党支部召开专题组织生活会，在宣传系统党建网"网上支部"开展同步专题学习讨论，推动党员干部大力学习弘扬焦裕禄精神、自觉践行"三严三实"要求。严格执行考勤制度，大大提高队伍纪律性。

（二）积极建设服务型党组织

开展探望社科界老专家工作。组织党员到居住地报到联系做公益。开展与奉贤区南星村第三轮结对帮扶工作，支持村民实事工程和党建工作，促进青年干部进一步深入基层联系群众，全年共资助南星村实事项目和补助困难群众近 10 万元。在春节、国庆等重要节日走访慰问离休干部和生病、困难干部。积极组织青年节活动，中秋节活动，重阳节活动以及为老同志祝寿活动，关心机关干部和离退休干部的生活和工作。

（三）夯实服务型党组织建设基础

完成党支部换届改选，新增组织人事处党支部和上海市美国问题研究所党支部。结合重大节日和时间节点，组织各党支部开展学习贯彻习近平总书记系列重要讲话精神、党的十八届四中全会精神等专题组织生活会。定期开展党日活动。开展年度优秀共产党员评选表彰活动，做好党员发展工作。动员在职党员开展网上承诺和网上组织生活，参加在线党课学习。市社联"网上支部"的党员激活人数、支部书记文章发表数、支部活跃度等位

居宣传系统前列。

（四）科学选人用人，深入调研本市社科工作者信息

开展科级非领导职务晋升工作。完成《探索与争鸣》编辑部主要负责人的新老交替。开展公务员选调工作。落实社科理论拔尖人才调研任务，汇总上海社科界拔尖人才基本信息。完成《上海青年社科工作者生存与发展状况调查报告》，深入了解青年学者生活工作情况，为落实市委"提升文化软实力"有关任务提供决策依据。

（五）健全考核、评议机制，加强党风廉政建设

完成党组班子和领导干部考核及"一报告两评议"测评工作，做好基层评议市级机关工作。及时学习传达宣传系统有关队伍建设、纪检工作会议精神，有效落实党风廉政主体责任。严格执行"八项规定"实施细则，完成领导干部个人有关事项报告工作，配合做好各项摸底调查。规范机关在职人员津补贴，调整机关和事业离退休人员补贴费。

（六）完善事业单位管理机制

开展所属事业单位公开招聘工作，招录事业编制人员 9 名。开展事业单位分类工作，所属事业单位划入公益一类单位 1 家，划入公益二类单位 2 家，划入暂不分类单位 1 家。加强事业单位专业技术职称管理，提高《学术月刊》杂志社高级职称比例，做好有关同志职称晋升工作。开展市社联所属事业单位岗位聘用情况调研及事业单位机构编制核查等工作。推进事业单位绩效工资改革。

（七）举办精彩多样的学习实践活动，提升机关文化软实力

市社联党组领导带头开展"今天我来上党课"党日活动，围绕反腐倡廉与核心价值观教育，给机关党员上党课。在宣传系统第一届职工读书节期间，举办马克思理论读书班、"新视野 · 新论 · 新书"读书会，兄弟单位代表参加活动。邀请黄仁伟、金永明等学者为社联及联建单位职工辅导形势热点问题。邀请日本、斯洛文尼亚、澳大利亚、比利时等国教授来社联阐发新论，创造学术合作、文化外交的新契机。

（八）工会活动凝心聚力，文体结合相得益彰

举办市社联职工岗位风采报告会，邀请文化名人与高校教授莅临现场指导点评。与近十家联建单位共同主办"迎国庆书香传递接力赛"，增进社科工作者与社会各界的联系。组织"周周赛活动"，举办各类竞技活动。与兄弟单位共同承办"迎国庆　健康走""手机定向越野比赛"等市级文体活动。动员职工参加"上海国际摄影节"。邀请市红十字培训交流中心为市社联机关与多家联建单位作题为"公务员现场初级急救培训"的讲座。

（九）官方网站全新改版，信息工作效能倍增

完成市社联网站全面改版，开辟专版推介沪上学者，执行要闻当日更新制度，增加网上活动预约入口，加强全市学术活动预告功能。电子屏按时播发市社联及兄弟单位最新工作动态。及时向市委、市委宣传部报送《每日要情》《社联专报》，反映社联主要工作与社科界决策咨询成果。扎实推动《上海市志 · 社科卷》编纂工作，进一步充实社联方志工作队伍。

（十）做好后勤保障和国资管理

认真学习中央和本市发布的最新制度性文件精神，增订市社联规章制度汇编，细化岗

位职责，完善机关内控。财政资金管理进一步科学化、精细化，预算执行获得市财政局通报表扬。完善国有资产账册管理，提高国资采购针对性和物品使用率。升级市社联大楼无线网络与监控设施，提升会场服务管理水平。上海社科会堂收入保持增长态势。继续谋划上海社科交流中心筹建工作。

六、 工作体会

市社联 2014 年结合经济社会发展新形势，围绕思想宣传工作重点任务，为完善工作机制、创新活动载体进行了探索与实践，具体有以下几点体会：

一是着力形成学会、学校、学刊三“学”联动格局，推动应用理论研究，服务决策咨询工作。

市社联会同多家高校与学术社团，着力融汇理论与实务两个领域的知识和经验。2014 年所创设的“上海思想”系列学术茶座，分别以“全面深化改革”和“未来城市发展”为主题，研讨国家与城市发展战略，形成重要理论成果。市社联深入开展自贸区研究，出版专项研究报告集，对制度与管理创新的经验进行深度提炼。市社联积极引导和大力资助本市各学会，广泛开展课题研究，踊跃参与征文活动，从各自学科背景、行业实践出发，为改革事业作出智力支持。市社联所办学术期刊进一步树立大局意识，《学术月刊》适当提高社科类成果刊发比重，《探索与争鸣》聚焦前沿问题积极召开学术会议，两本刊物继续发挥推广上海应用理论研究成果的前沿阵地作用。

二是贯彻群众路线教育实践活动要求，推出文化惠民工程，组织上海社科界为提升城市文化软实力贡献才智。

市社联 2014 年创办的“哲学季”“文学季”“望道讲读会”等公共演讲品牌，充分发挥“传播人文关怀、汇聚高端名流”的作用，合民意、接地气，既为名家大家弘扬优秀文化、履行社会责任搭建舞台，也增进了公众对社科界、文化界的认同和支持。社联深入了解服务对象，完成上海青年社科工作者生存与发展状况调查、上海白领人文社科知识与素养调查、社科界拔尖人才排摸，配合社科评奖工作的开展，对本市学术建设整体状况进行调研，以深入细致的调研分析，填补了诸多领域相关数据的空白，为更好地团结引导社科工作者、满足市民日益增长的文化需求夯实了理论基础。

三是实施数字化战略，传播手段与时俱进，工作效能显著提升。

市社联大力推动网络门户建设，革新官方网站，充实学会、学者介绍，增加学术活动预告，完善课题申报入口，集中展示理论成果，访问率再创新高。东方讲坛推出手机客户端，配合近期大型文化惠民活动的举办，为热心听众提供网上预约、手机预约的便捷服务，同时积极推动讲座音视频的传播，除上传社联网站之外，在热门视频站点优酷网开辟专门频道，延长科普产品生命周期，放大网络口碑效应。《学术月刊》网站即将投入试运行，《探索与争鸣》网站已进入策划筹建阶段，两家刊物还灵活运用新媒体技术，精心推送微博、微信内容，成为学界转载热点。

重要活动

ZHONG YAO HUO DONG

领导调研

上海市副市长翁铁慧赴市社联调研

1月8日，上海市副市长翁铁慧赴市社联就上海教育文化卫生工作进行调研。市社联党组书记、专职副主席沈国明主持会议，市社联主席秦绍德、专职副主席刘世军参加会议。翁铁慧副市长在调研时强调，当前正处于改革的攻坚阶段和发展的关键时期，上海的教育、文化、卫生事业改革的基本思路必须坚持从上海实际出发，从战略高度提出科学系统的顶层设计，进一步深化相关研究，坚持对外开放同时，更加要注重对内开放，不断提高对市场和社会的开放度，以开放倒逼改革发展。就具体工作来说，上海的文化发展要坚守核心，立足多元，进一步激发文化创新活力，以开放的环境来促进文化产业的发展。

翁铁慧副市长指出，在教育方面，高等教育要加快建立高等教育规划、职业教育体系的规划以及高校学科规划，进一步推进构建现代大学教育制度及改革教育管理体制，加快健全以高校本科教学水平、高校内涵建设水平以及高校整体办学水平为重点的高校教育评价体系；基础教育上要加大力度减轻低年级学生学业负担，进一步探索教材改革和考试制度改革，引导学生个性化发展。对于下一轮卫生体制改革，要更加重视顶层设计、夯实基础工作、加强对疾病预防、医院的精细化管理、关注医护人员的精神状态五方面的工作；尤其要做好双基工作，特别是基层医疗机构，加快社区卫生中心门类提升，加强全科医生的队伍建设和基层软件建设，同时从运行机制和管理模式入手，推进公立医院改革，构建适合现阶段的医疗服务体系。

翁铁慧副市长希望上海社科界能对教育、文化、卫生三方面工作，开展进一步研究，提出更多合理化意见：一是如何激发城市文化的活力，培育标志性的龙头社会组织和企业；二是如何有效地引进教师人才，提高基础教育效率，提升本科生教育水平，建设合理的学校学生发展评价体系；三是如何推进医疗秩序的有序性，打破不合理的医疗利益链条，引导社会建立正确合理的医疗水平期望。

华东师范大学教育高等研究院院长丁钢、上海师范大学教育学院院长夏惠贤、华东师范大学教育科学学院教授阎光才、上海社科院文化研究中心主任花建、上海交大文化产业研究中心主任胡惠林、复旦大学中文系教授部元宝、华东政法大学副教授邹荣、上海司法局法制处处长王琼等参加研讨，并针对文化、教育和医疗卫生事业提出了意见和建议。

上海市副市长周波到市社联调研

3 月 13 日，上海市副市长周波到市社联调研，并就“上海经济发展转型与深化改革创新”主题，与上海社科界专家学者进行座谈。市社联主席秦绍德出席座谈会，市社联党组书记、专职副主席沈国明主持会议。市社联党组副书记、专职副主席桑玉成，市社联专职副主席刘世军参加会议。

在与专家学者的座谈中，周波副市长以大量统计数据为基础，逐一介绍了上海经济、金融、贸易、航运“四个中心”建设的重要成果和向好趋势，以及当前面临的主要挑战。周波副市长指出，目前上海创新驱动发展、经济转型升级整体向好，经济平稳增长，就业形势稳定，能耗水平下降，经济质量提升，贸易结构不断优化，新业态贸易快速成长，总部经济和会展经济等发展势头良好。同时应当看到，创新驱动发展、经济转型升级将是一个中长期的过程，不是一蹴而就的，特别是重大决策要紧密结合实际情况，要有长期长远考虑，要有长周期考核评估。

周波副市长就当前上海国资国企改革、科技创新、信用体系建设的主要任务，报告了市政府的工作目标和举措。周波副市长指出，上海的国资国企改革要坚持市场化、专业化、国际化的方向，着力做好企业分类监管、深化法人治理结构、注重制定长效激励办法，推行契约式管理、搭建国资市场化操作平台等工作。以改革创新的精神，出台一系列具有操作性的配套措施，建立容错机制，对于推进国资国企改革至关重要。科技创新是当前上海面临的一项重要任务，上海正着力推进机器人、集成电路、半导体设计、移动互联网、物联网和云计算等行业的发展。各级政府要按照负面清单管理模式的要求，转变职能，下放权力；要以信息透明公开化，促进规范管理；要充分发挥中介和社会组织的作用。在信用体系建设上，政府要实现资源共享，要大力组织并采用分类管理的信用体系，建设开放的征信平台。周波副市长指出，上海市政府在职能转变上仍需要做大量的工作，经济增长、重大决策要慢一些，中长期考虑要更多一些，政府效率、智慧城市的建设要快一些。要转变城市布局、产业布局上“过重”的现状，更好地实现均衡发展。

周波副市长最后指出，上海市政府决策历来重视采纳专家意见，今后要加强政策立项阶段的论证研究，更加注重倾听社科界的声音。在政策实施的过程中，市政府要加强信息推送，为此要进一步借助专家力量，做好重大政策的宣传和解读。上海经济社会发展面临的重要课题，比如，上海在放松管制过程中如何事中管理、监管，如何转变行业协会“二政府”的状况，如何更好地发挥市场的作用等，都需要社科界积极参与研究，贡献智慧和力量。

上海财经大学干春晖教授、上海市委党校常务副校长王国平教授、上海社科院石良平教授、上海对外经贸大学孙海鸣教授、上海社科院杨建文教授、复旦大学张晖明教授、上海金融与法律研究院傅蔚冈教授等专家学者参加了调研会，并就上海自贸试验区建设、国资国企改革、产业结构转型等发表了意见和建议。

学习贯彻中央和上海市委重要会议精神

全面推进依法治国　加快建设社会主义法治国家

——上海市社联召开上海市社科界学习党的十八届四中全会精神座谈会

为深入学习贯彻党的十八届四中全会精神，10 月 28 日下午，上海市社科界学习党的十八届四中全会精神座谈会在市社联举行。座谈会由市社联党组副书记、专职副主席桑玉成主持，本市社科界法学、政治学、社会学、经济学等方面相关专家学者参加会议。座谈会上，与会专家学者认真学习了四中全会精神，畅谈了学习体会，来自市政府法制办、上海社科院、上海交通大学、华东政法大学、华东师范大学、上海大学、市委党校等单位的 10 余位专家做交流发言。与会者一致认为，党的十八届四中全会是在党的中央全会上第一次专题研究依法治国问题，全会审议通过的《中共中央关于全面推进依法治国若干重大问题的决定》是新形势下全面推进依法治国的重要纲领性文件。全会把法治中国提升到前所未有的高度，提出全面推进依法治国的总目标和重大任务，对法治建设做出重要部署，充分表明了党中央加快建设社会主义法治国家的坚定决心和信心。

一、四中全会明确提出了全面推进依法治国、建设社会主义法治国家的指导思想、总体目标、基本原则，提出了关于依法治国的一系列新观点、新举措，是中国特色社会主义法治建设进程中的重要里程碑。

市政府法制办主任刘华认为，四中全会实现了三个重要转变，第一个转变是主要以政策治国转变为主要以法律治国，第二个转变是从依法治市、治民到依法治权、治官的转变，第三个转变是强调政府的职责从管制到服务的转变。四中全会公报提出全面系统建设法治政府的新要求，这个要求覆盖了政府行政行为的全过程和政府工作的各方面，这是以往没有的，它要求加强建设职能科学、权责法定、执法严明、廉洁公正、公开公正、守法诚信的法治政府，这是新的要求，而且是最系统和全面的要求。刘华主任提出，四中全会公报对于法治政府建设提出了四大重点任务，实际上都是针对当下行政权力存在的一些突出问题的。第一是要求依法评定行政权力，提出要推进机构职能、权限、责任的法定化，推行政府权力治理；第二是要健全依法决策机制，使行政决策程序化、规则化；第三是要优化、理顺行政执法体制机制，重点解决多重执法、重复执法、执法交叉等问题；最后就是要强化对行政权力的制约和监督，针对政府行政权力的行使和履职应制定专门的法律来进行全面规范。

上海社会科学院世界经济研究所副所长权衡研究员从市场经济和法治化建设的关系的角度强调了全面推进依法治国的重要意义。他认为，回顾我国改革开放30多年经济市场化改革的过程，每一个重大经济改革的成果、重要的经济理论创新以及瓶颈问题的突破，最后的关键力量都是通过法治来保障和推动的。过去30多年中国的市场化改革背后重要的推动力就是法治，如果没有法治化的推动和保障，我们的市场经济不可能发展到今天的程度。另一方面，从未来发展看，全面深化经济体制改革仍然需要加强法治建设，还是需要法治化的推进来保障和推动深化改革。第一，全面深化改革需要加快“五位一体”的法治建设，经济、政治、社会、文化、生态五大改革需要五个方面的法治化的建设和协调，法治化是推动未来全面深化改革的一个重要的动力；第二，要正确处理市场和政府的关系、建设一个完善、有效的市场体系，需要加强法治建设；第三，新型工业化和新型城镇化建设需要相关体制机制的创新，需要法治的有力保障；第四，新一轮的全球化浪潮必须要依靠法治化建设，亟待我们通过法治化来加快中国融入世界经济，由被动式的融入变成主动式的融入；第五，自贸试验区建设需要法治创新，自贸试验区的制度创新要实现可复制首先就涉及法律法规的相关问题。

二、四中全会明确了全面推进依法治国的重大任务，提出要完善以宪法为核心的中国特色社会主义法律体系，加强宪法实施，坚决维护宪法法律权威，在健全宪法实施和监督制度方面有重要发展。

华东政法大学宪法学教研室主任朱应平教授认为，四中全会强调宪法实施首先在于立法，立法是宪法实施的主要方式，党的十八大报告也指出，法律的完善是宪法实施的主要方式，对立法提出了非常严格的要求，要基于宪法来衡量和修改、完善相关法律制度。同时，习近平同志在讲话中也指出，行政机关也是实施宪法的重要机关，根据宪法里关于行政机关的职权和职责的相关规定，国务院和各级地方政府也负有实施宪法的重要职责。同样，全国各级人民代表大会及其常委会以及各级司法机关也都是宪法实施的重要主体。对于宪法的实施，我们要强调一个基本理念，即国家机关都应该有实施宪法的意识，如果各个机关都有这样的意识，那么宪法至上的地位才可以真正得到维护。关于宪法监督，朱应平教授认为，四中全会公报强调要“健全宪法实施和监督制度，完善全国人大及其常委会宪法监督制度”，习近平同志在首都各界纪念现行宪法公布实施30周年的讲话里也指出全国人大常委会和国家有关监督机关要担负起宪法和法律监督的职责。为更好地实施宪法，应该有更多主体进行宪法实施，一切国家机关都有保障宪法实施的职责和负有维护宪法尊严的职责。

华东师范大学陈俊教授从立法学的角度提出，四中全会公报强调要依宪治国，习近平同志也提出不是什么法都能治国，也不是什么法都能治好国，这些都是和立法有重要关系的。要进一步实现科学立法、民主立法，要将绝大多数利益主体的诉求反映到立法工作中来。对于宪法解释的完善，应在具体的机制上和制度上进一步配套落实。

三、四中全会明确了全面推进依法治国，必须坚持依法治国和以德治国相结合，实现法律和道德相辅相成、法治和德治相得益彰。

华东政法大学科研处处长罗培新教授以香港最近的“占中”事件为例提出，要切忌陷入法治形式主义的泥沼之中，法律制度不是万能的，法律的限度体现在方方面面，要受到政治、经济、文化和社会各方面背景性因素的影响。要理解到法律一方面是技术规则，同时也不完全是技术规则，它不可能被完美的移植。

四、学习贯彻落实四中全会精神要与深入贯彻习近平总书记系列重要讲话精神有机结合起来。

中共上海市委党校袁秉达教授认为，四中全会提出了全面推进依法治国的总目标、六大任务、五大原则以及“科学立法、严格执法、公正司法、全民守法”16 字方针，既有理论的深度、又有实践的高度，这也是充分体现了习近平同志一贯的工作风格。因此，学习贯彻党的十八届四中全会精神，必须与深入学习贯彻习近平总书记系列重要讲话精神结合起来。习近平同志对许多问题想得很深、很透，他的一些感悟也比一般人更深刻，对中国国情的了解以及对国家发展的走势更有把握。习近平同志说中国不能犯颠覆性的错误，特别是重大的原则性问题，犯了颠覆性错误中国就回不来了。怎么去防止颠覆呢？只有靠法治。因此习近平同志特别强调依宪治国，不断推进制度化、法治化建设。

五、学习贯彻落实四中全会精神，社科界责任重大。

与会专家学者纷纷表示，要深刻领会党的十八届四中全会精神和重大意义，社科界需要统一思想、凝聚共识，紧紧围绕全面推进依法治国、加快建设社会主义法治国家，深入学习全面推进依法治国的总目标和各项重大任务，把思想和行动统一到中央关于全面推进依法治国重大决策部署上来，坚定不移走中国特色社会主义法治道路，积极投身全面推进依法治国伟大实践，为法治中国建设和实现经济社会全面发展贡献力量。

上海市社联举行所属学术团体党的十八届四中全会精神学习报告会

12月19日，上海市社联举行所属学术团体党的十八届四中全会精神学习报告会。市社联党组书记、专职副主席沈国明为所属学术团体及党组织负责人作了题为“建设中国特色社会主义法治体系”的辅导报告。会议由市社联学会处处长王克梅主持。来自市社联所属学术团体及党组织的120余位负责人参加了本次报告会。

沈国明书记在报告中介绍了《中共中央关于全面推进依法治国若干重大问题的决定》出台的背景、特点、内容和重要意义。全面推进依法治国，总目标是建设中国特色社会主义法治体系，建设社会主义法治国家。这就是，在中国共产党领导下，坚持中国特色社会主义制度，贯彻中国特色社会主义法治理论，形成完备的法律规范体系、高效的法治实施体系、严密的法治监督体系、有力的法治保障体系，形成完善的党内法规体系，坚持依法治国、依法执政、依法行政共同推进，坚持法治国家、法治政府、法治社会一体建设，实现科学立法、严格执法、公正司法、全民守法，促进国家治理体系和治理能力现代化。实现这个总目标，必须坚持中国共产党的领导，坚持人民主体地位，坚持法律面前人人平等，坚持依法治国和以德治国相结合，坚持从中国实际出发。

机关党建

上海市社联召开群众路线教育实践活动整改落实推进会

1月8日，上海市社联召开群众路线教育实践活动整改落实推进会。市社联群众路线教育实践领导小组向市社联全体干部通报整改落实方案，做到让群众知情、请群众参与、受群众监督，并对落实整改任务进行动员。

市社联群众路线教育实践领导小组办公室主任张勇通报市社联教育实践活动整改环节工作，并对整改措施逐一进行说明。对各项整改事项的责任人、责任部门和完成时间进一步明确。

教育实践活动进入第三环节后，为把专题民主生活会的各项整改意见落到实处，领导班子专题研究整改落实方案，广泛征求机关各部门和有关服务对象的意见，以贯彻落实中央八项规定、整改"四风"方面的突出问题为重点，形成了六个方面的整改方向18项具体措施：一是加强班子建设，形成工作合力。二是加强谋划与评估，推进品牌建设，提高工作实效。三是加强规范管理，一手抓建章立制，一手抓执行监督。四是积极进取，努力开拓新的工作载体。五是加强内部管理，提高制度执行力。六是加强队伍建设，提高服务基层的理念和能力。

市社联党组书记、专职副主席沈国明在会上要求，教育实践活动进入第三环节，要抓住整改落实和建章立制两个关键，紧密结合社联实际，做到"四个坚持"：

坚持开门整改，确保整改实效。市社联活动办第一时间将《市社联领导班子党的群众路线教育实践活动整改落实方案》《市社联领导班子党的群众路线教育实践活动专项整治方案》和《市社联领导班子党的群众路线教育实践活动制度建设计划》发到各部门征求意见，并通过电子邮件发到各学会负责人和服务对象，对他们反映强烈的突出问题，认真分析研究，抓好落实，通过转变作风以工作实效回应群众诉求。进一步畅通监督渠道，让服务对象和干部群众监督制度的执行情况，把群众的参与作为推动整改落实的动力和压力，把群众的评判作为衡量整改效果的根本标准。

坚持从严要求，确保责任到位。在教育实践活动前阶段即知即改的基础上，从高标准严要求保证整改质量，进一步深化制定整改措施，突出针对性和实效性，下定决心、花大力气解决"四风"突出问题。制定整改任务书、时间表，确定6个整改方向，提出18项推进措施，明确责任部门、责任人，一把手对班子整改负总责，每位班子成员认领班子的共同责任。

坚持问题导向，确保专项整治。针对服务对象和工作对象反映最强烈的“四风”问题，结合市社联实际进行专项治理，集中力量重点解决问题，体现作风转变的成效。主动了解中央和市委、市委宣传部教育实践活动制度建设进展情况，贯彻落实教育实践活动最新要求。认真梳理岁末年初市社联工作中出现的新情况、新需求、新特点，针对前阶段查摆的突出问题，明确责任部门落实建章立制。

坚持有始有终，确保昂扬精神。市社联党员干部要避免懈怠情绪，始终以饱满的政治热情和良好的精神状态积极投身教育实践活动。把整改落实与学习贯彻党的十八届三中全会精神和韩正同志在社联调研时提出的工作要求相结合，立足改革发展大局，在全市宣传思想文化工作的大格局中谋划社科理论工作，坚持以改革精神抓好整改落实、建章立制工作，以转变作风的实际成效推动上海社科事业新的发展。

市社联专职副主席刘世军对接下来的整改环节提了三点要求：一要认识到位。群众路线教育实践活动绝不能“一阵风”“走过场”。各项整改措施的产生过程来自基层来自市社联每一位干部群众，一定要有认识、认同，不能流于空文。二要领导带头。领导干部率先起模范作用是“整党不走过场的一个重要标志”。作为领导干部，务必深入实际、深入基层、深入群众，接地气、通下情，虚心接受群众监督，真心听取群众评议，才能切实转变作风，增强服务群众的本领。市社联整改举措由党组成员共同负责，也有各自牵头的，要坚持党组领导带头，上级带下级，一级抓一级，把教育实践活动的各项整改要求层层落实到位。三要细化方案。对于六个方面 18 项措施，涉及的各部门要分解问题，形成具体方案，制定具体举措。整改措施既是对现有工作的提醒和纠错，同时也是做好现有工作的补充。

中共上海市委宣传部第一督导组到市社联检查工作

1 月 14 日，上海市委宣传部第一督导组赴市社联检查第三环节工作。上海市委宣传部领导晁玉奎、第一督导组组长张止静到会指导。上海市社联党组领导沈国明、桑玉成、刘世军，市委宣传部教育实践办、督导组，市社联教育实践办同志出席会议。

会上，沈国明向督导组汇报了市社联第三环节制定整改方案、推进整改落实、建章立制、专项整治工作的进展情况。张止静同志通报了督导组电话访谈市社联干部群众和服务对象的情况，市社联教育实践活动知晓率、建章立制知晓率和满意度调查均达 95.85%，这是对市社联教育实践活动的充分肯定。群众路线教育实践活动接近尾声，希望市社联继续保持扎实作风，认真对待整改环节、落实各项整改措施，同时建立相应的工作机制和监督机制，坚持把解决问题作为活动落脚点，将教育实践活动最后的句号画好。

晁玉奎同志对市社联的整改工作和收尾工作提出要求：一是思想上高度重视，按照习近平总书记提出的要求，善始善终，越是到尾声越是要把工作做好、做实、做细。二是开展对党内生活的评估，包括对党的组织状况、执行民主集中制、开展批评与自我批评的情况，严格对党内生活进行调查分析。三是把主要精力放在整改上，坚持开门搞整改，在解决突出问题上见成效，同时要让群众了解监督，接受群众评判。四是一把手负责，每个环节亲自把关，责任明确到位，扣住关键环节，保证活动取得实效，真正做到善作善成。

上海市社联召开党的群众路线教育实践活动总结大会

1月26日，上海市社联召开党的群众路线教育实践活动总结大会，对市社联教育实践活动开展情况进行回顾总结；同时，对深入贯彻党的群众路线，进一步转变工作作风，进一步做好服务社科界的工作，进行新的动员。市委宣传部第一督导组组长张止静出席会议并讲话，市社联党组书记、专职副主席沈国明主持会议并讲话，市社联党组副书记、专职副主席桑玉成作活动总结报告。

会上，桑玉成同志从重视学习教育，强化群众观念；坚持开门搞活动，广泛征求意见；聚焦"四风"，深刻查摆问题；贯彻整风精神，开展批评和自我批评；抓好整改落实，做到责任到位；建章立制，确保活动取得实效六个方面总结了市社联近半年来开展群众路线教育实践活动的基本情况。他指出，通过本次教育实践活动，市社联干部的观念有触动、作风有改进、问题有认识、努力有方向，群众观念有了新的提高、机关作风呈现新的面貌、制度建设取得了新的进展。

张止静同志在讲话中对市社联党的群众路线教育实践活动给予充分肯定。她说，市社联按照中央、市委的要求和市委宣传部的统一部署，在市社联党组的领导下，活动有序展开、扎实推进、富有成效，基本达到预期目标，取得了重要阶段性成果。通过集中教育，使广大党员干部普遍接受了一次深刻的马克思主义群众观、党的群众路线教育，得到了党性锤炼；通过发动群众广泛参与，深入查找"四风"方面突出问题；通过召开高质量的民主生活会，使批评和自我批评的优良传统得到了恢复和发扬；通过一系列的制度建设，整改、专项整治，为民务实清廉以及加强社科工作者服务的意识，加强为广大社科工作者服务的理念都得到了增强并见诸行动。

张止静对市社联做好后续工作提出三点期望：一要以高度整改落实精神兑现承诺，把制度建设置于群众的监督之下；二要把反"四风"纳入日常工作，形成优良作风不能一劳永逸，克服不良作风也不能一蹴而就；三要继续发扬第一批教育实践活动取得的成果和良好经验。希望在市社联党组的领导下，经过广大干部群众的努力，市社联以更良好的作风、更有效的实践探索，完成市委、市政府、市委宣传部交办的任务。

沈国明作总结发言时强调，收尾不是收场，越到结尾越不能放松。市社联要坚决按照中央、市委和市委宣传部的要求，顺应群众期盼，深化作风建设，切实抓好落实整改，巩固和扩大教育实践活动的成效；切实抓好回头看，防止作风问题上的反弹；切实将马克思主义群众观点深深植根于思想中、真正落实到行动上，全面提升服务社科工作的水平；切实以作风建设新成效汇聚起推动改革发展的正能量，解决影响、制约社联事业发展的瓶颈问题。以教育实践活动为新起点，进一步团结凝聚广大社科工作者，全面提升服务社科工作的水平，为实现上海社会科学事业繁荣发展和全面深化改革作出新贡献。

会议还对市社联领导班子开展活动情况和领导干部参加活动情况进行了民主评议。市委宣传部教育实践办、市委宣传部第一督导组成员、市社联机关干部、市社联离退休老同志代表、市社联所属单位主要负责人、市社联服务对象代表六十余人出席会议。

上海市社联开展“三严三实”严以律己专题研讨

7 月 14 日，上海市社联党组中心组以“严以律己”为主题，召开“三严三实”专题教育第二专题集中学习研讨会。市社联党组书记、专职副主席沈国明主持会议并讲话。市社联党组副书记、专职副主席桑玉成作主题发言。党组成员、专职副主席刘世军和市社联处以上干部参加了研讨会。

桑玉成同志指出，习近平总书记在“三严三实”的重要论述中对“严以律己”提出了明确要求，就是要心存敬畏、手握戒尺，慎独慎微、勤于自省，遵守党纪国法，严守政治规矩，做到为政清廉。市社联同志要充分认识到，严以律己是对古今修己正身之道的凝练和提升，是新形势下加强党的思想政治建设和作风建设的重要原则，党员干部应以此为立身之本、为政之基，领导干部应以此为成事之要，谨遵笃行。

桑玉成同志指出，领导干部有很多职能，但最不容忽视的，是在行为导向方面发挥的作用。习近平总书记曾引用《论语》中的“政者，正也。子帅以正，孰敢不正”，借以说明领导干部唯有严以律己，才能聚人心、合众力，开拓施政新局面。他谈到，对于“刑不上大夫，礼不下庶人”的古语，通常理解为法律面前不人人平等，实际上讲的是真正的士大夫本来就有良好的道德自律意识，不可能触犯法律。英国思想家霍布斯将法律喻为庄稼地边上沿路搭的篱笆，作用是引导人们在路上行走，不要去践踏庄稼。对于一个不会想到去踩庄稼的人来说，这个篱笆是无所谓存在不存在的。所以，最重要的，还是要强调道德自律，筑牢党员干部心中的“篱笆”。

桑玉成同志还结合 些贪腐人员的反面典型，说明严以自律的重要性。

沈国明同志指出，严以律己体现了党的建设的时代要求，是永葆党的先进性、纯洁性的内在保证。市社联同志要注重发掘传统文化中的精华，学习做官做人的道理。党的目标是长期执政，党员干部要表现出先进性，表现出引领人民群众的能力，一定要做到严以律己，正所谓“公生明，廉生威”。市社联虽然是学术单位，但也有一些审批权和公共资源配置的权力，市社联干部切记谨慎处事，严守党纪国法。

沈国明同志最后强调，本次“三严三实”专题学习力戒应景走过场，要以“严”的精神、“实”的作风，真正把学习要求落到实处。

参加市社联党组中心组学习的市社联处以上干部的部分代表李嘉俐、朱杏娟、吴伟余、何畏、应毓超等同志相继围绕“严以律己”作了交流发言。

上海市社联学会管理处党支部与《上海支部生活》编辑部党支部召开座谈会

为进一步学习贯彻落实习近平总书记在全国宣传思想工作会议上的讲话精神，创新工作方法，加强基层支部建设，7 月 22 日，上海市社联学会管理处党支部与《上海支部生活》编辑部党支部召开座谈会，探讨通过党建联建，加强支部建设，推动社团党建，提升工作水平。

《上海支部生活》是中共上海市委党刊，是上海市委联系广大党员群众的桥梁纽带，是上海各级基层党组织开展党内教育活动的重要工具，是广大党员和群众提升自身政治素质的良师益友，被誉为“不见面的党支部书记”。《上海支部生活》坚守对党的忠诚和信仰，传播主流价值观，曾获得“上海市委宣传系统文明单位”“巾帼文明岗”等荣誉称号。本次交流活动得到了解放日报社领导的重视，解放日报社党委副书记、《上海支部生活》主编周智强到会介绍了上海报业集团和杂志创办、发展的历程，并陪同大家参观了杂志编辑部。

座谈会上，两个支部成员围绕工作、学习、支部建设等方面进行了交流。《上海支部生活》编辑部党支部书记、副主编周文菁着重介绍了一些具体的做法，一是支部成员每个月推荐一本书；二是支部走进基层，深入社会；三是让身边人讲身边事、请基层同志到编辑部介绍情况、请专家学者进行专题辅导学习；四是举办多种形式的沙龙，如青年类、生活类，创建平等开放的党内生活环境。此外，还介绍了他们探索组织生活由党员自己设计的一些案例。这些活动对支部成员的党性培养、坚定理想信念、队伍人才建设都起到了积极推动作用。

市社联学会管理处党支部书记王克梅在座谈会上介绍了市社联学会管理处的主要职能工作，特别是在所属社团开展党建这一创新举动的机制和做法。1999—2000 年，学会管理处在市社联党组领导下，对市社联所属社团开展了调研，针对社团实际情况，提出在社团领导层中建立党的工作小组，以保证党的组织的核心领导作用，保证社团坚持正确的政治方向。这一创新举措得到上级领导部门的肯定和支持。目前，党工组已基本覆盖市社联所属社团。实践证明，党的工作小组这一新型党建形式有助于社团把握意识形态导向，保证社团正确的政治方向；有助于社团重大事项决策，通过党工组统一认识，形成共识，把党工组的工作目标和社团的工作目标有机地统一起来。

交流会上，大家认为，在党建理论、党建工作、党员学习等方面双方还可以开展更深入的交流，希望今后进一步加强联系和沟通。

市社联学会管理处党员同志表示，以走出去开座谈会的方式开展支部活动很有必要，既学习了先进支部的经验，又交流了工作，对今后学会处党支部学习和建设、开拓工作思路起到了积极的推动作用。

上海市社联专职副主席刘世军作“习近平在上海的 219 天”专题党课报告

12 月 26 日，上海市社联召开学习报告会，刘世军副主席作了“习近平在上海的 219 天”的党课报告。他收集了 2007 年 3 月 23 至 10 月 27 日期间，习近平同志在上海工作的新闻报道、图文资料，系统回顾了习近平同志筹备市九次党代会，规划上海发展蓝图，推动建设国际文化大都市，自觉服务国家战略，学各省市之长、创上海之新，继承发扬延安精神，抓住发展机遇开展调查等方面的工作，为大家生动地绘出了习近平同志解放思想、改革创新、勤政善学、联系群众、廉洁自律的形象。

市社联机关及刊业中心全体党员干部及市社联党建联建单位代表也参加了报告会。大家认为，这对理解新的中央领导治国理政的思路和观念大有帮助，对社联党员干部提高党性修养和锻炼，增强调查研究，提高服务能力上了一堂生动的党课。

科研组织与决策咨询平台

KE YAN ZU ZHI YU JUE CE ZI XUN PING TAI

学术年会

上海市社联等联合举办马克思主义研究学科专场暨上海市马克思主义研究年度论坛

10月18日，由上海市社联、市委党校和上海市中国特色社会主义理论体系研究中心联合主办的上海市社会科学界第十二届(2014)学术年会“马克思主义研究学科专场暨上海市马克思主义研究年度论坛”在上海市委党校隆重举行。来自复旦大学、华东师范大学、同济大学、上海交通大学、上海财经大学、上海大学、上海社科院、南京政治学院上海分院等高校、科研机构以及本市党校系统的300余位理论工作者与青年学生聚集一堂，紧紧围绕“马克思主义与改革开放新拓展”的会议主题，就一系列当前热点、重点学术问题进行了为期一天的热烈讨论与交流。

市委宣传部副部长李琪、市委党校常务副校长王国平和市社联专职副主席刘世军出席开幕式并致辞。上午议程由中共中央党校周为民等三位教授做主旨演讲，下午议程设两个主题分会场，分别是由上海市哲学学会、上海师范大学马克思主义学院承办的“唯物史观与深化改革”专场和由上海市马克思主义研究会、上海社会科学院中国马克思主义研究所承办的“改革新拓展：中国制度与中国治理”专场。

一、 国家治理体系和治理能力现代化与全面深化改革

自党的十八届三中全会以来，国家治理体系和治理能力现代化，作为全面深化改革的总目标，已经成为当前学界研究的热门话题。与会学者从马克思主义理论、政治学、政治经济学、伦理学等多个学科背景出发，围绕国家治理及社会治理的理论和实践、全面深化改革的哲学反思与实践逻辑等问题，展开了多角度、多层面的挖掘、探讨和反思。

市委党校常务副校长王国平同志在开幕式致辞中点明，2014年是全面深化改革第一年，会议的主题是马克思主义与改革开放新拓展，这个主题与全面深化改革的形式和任务紧密联系，具有十分重要的意义。只有坚持以马克思主义为指导，才能保证改革开放新拓展的正确方向；只有坚持以马克思主义为指导，才能以科学的方法论推进改革开放的新拓展；只有坚持以马克思主义为指导，才能以正确的价值观引领改革开放新拓展。市社联专职副主席刘世军同志致辞也强调，党的十八届三中全会的主题词“改革开放”“新拓展”，简要一句话的表述就是坚持和发展中国特色社会主义，推进国家治理体系和治理能力的现代化。

（一）制度建设是国家治理体系和治理能力现代化的根本问题，其中依法治国、国家治理法制化更是重中之重。中共中央党校马克思主义理论教研部主任周为民教授认为，推进国家治理体系现代化的实质是制度的现代化，即建立一套完备的成熟的现代国家制度。一个现代化的国家根本标志在于法制，因此，国家治理的现代化，集中一点来说就是国家治理的法制化。上海财经大学人文学院张雄教授补充，国家治理是讲国家的伦理关系，既要讲国家伦理的法制问题，也要讲国家治理的制度化问题，更要讲国家治理制度的伦理问题、制度问题。华东师范大学科社部杜玉华教授认为，国家治理体系构建的实质是一种结构性制度的构建。马克思社会结构理论对我们构建国家治理体系有三点启示：一是要分领域进行治理；二是要分层次；三是要注意系统性、整体性和协同性。上海交通大学陈锡喜教授认为必须通过政治体制改革来激发社会的活力，需充分调动人民群众的知情权、表达权、参与权和监督权，通过增加民主来制定政治体制改革的路线图。邓小平同志对"健全法制"的强调对今天制度建设、深化改革都有十分重要的指导意义和借鉴意义。中共上海市委党校刘红凛教授则将中国政治发展道路形象地比喻为一条高架路，目标和方向是坚持人民民主、推进社会法制，建设社会主义政治文明是道路所指。坚持党的领导，人民当家作主、依法治国三者有机统一是作为整个路面最基本的骨骼和骨架。民主、法治、权力自由、公平正义、爱国等元素都应该铺在中国政治发展的道路上。

（二）经济发展、经济体制改革、发展生产力不容忽视。复旦大学新政治经济学研究中心史正富教授从"超常经济增长"概念入手，对比西方"常态"经济学的基本特征（优势与劣势），指出社会主义国家可充分利用"国家战略资产"过剩的生产能力转化为市场需要、民生需要。他通过大量经济模式的测算得出结论，国家拥有服务于全社会的资产将形成有效的战略性基础资产，在长远阶段中必可获得收益，因此希望通过国家充分利用国有资本的战略性作用，在深化改革的契机下进一步提升中国经济增长的平台。上海发展战略研究所所长周振华研究员也赞同此观点，强调了新型基础设施投资的重要性，并指出必须靠深化改革来解放结构的配置效应，更好地释放经济发展的潜能。复旦大学马克思主义学院肖巍教授以邓小平同志的四句话为线索，论证了全面深化改革是新一届党中央继续遵循邓小平当年开辟的基本路线，勇于开创新局面的重头戏，包括坚持经济体制改革，发挥市场在资源配置中的决定性作用；强调"胆子要大、步子要稳"，以足够的勇气和智慧克服全面深化改革过程中的艰难险阻；坚定制度自信，克服体制弊端，为国家治理体系和治理能力的现代化提供强有力的制度保障与支撑；进一步解放思想、发展生产力、增强社会活力，做好意识形态工作。中共上海市委党校陈胜云教授强调，经济体制改革是全面深化改革的重点，还有个重中之重，即把全面深化改革坚持的方向叫作社会主义市场经济改革方向。在改革当中，如何透过现象看本质，如何合理控制与配置社会资本，兼顾效率与公平是改革攻坚的大问题。

（三）坚持马克思主义唯物史观的指导是国家治理问题的理论基石。中共上海市委宣传部副部长李琪提出，我们搞革命、搞建设、搞改革开放都要始终坚持马克思主义指导。巩固马克思主义在意识形态领域的指导地位、学习马克思主义辩证思维和系统方法论，是我们在各领域推进各项工作的前提。上海师范大学哲学学院高惠珠教授指出，当前对治理问题的讨论，从政治学、行政学领域出发谈得比较多，但从马克思主义哲学特别是从历史唯物主义的角度来谈是不够的。她梳理了马克思主义发展史的基本脉络，从唯物史观的两个基本理论“社会有机体理论”和“群众史观”着手，强调了社会治理应当遵循的总体性、系统性等辩证思想方法，达到了从历史唯物主义思维中认识社会的新高度、新水平。上海师范大学马克思主义学院周书俊教授则从“人的解放”与历史决定论两个基本理论问题出发，探讨了自由、道德、解放等马克思主义核心概念，并点明了历史唯物主义基本原理对推动现实改革实践的重要作用。同济大学马克思主义学院李振教授以“全面深化改革在何种意义上是一种革命”为问题，力求将改革定义在马克思唯物史观上，而不是康德意义上的反省与批判，也不是哈贝马斯的原则，更不是工具理性的原则。华东理工大学马克思主义学院徐国民副教授则指出，当前全面深化改革是坚持马克思实践逻辑的成果，与邓小平改革开放遵循的实践逻辑是一以贯之，承上启下的。分析问题、解决问题过程中价值立场和思维方式不能偏离了马克思主义及其根本原则。

此外，还有不少与会学者从其他相关角度提出了见解。上海师范大学马克思主义学院黄福寿教授认为，建立科学的公共决策机制是深化改革的必然要求，是国家治理体系和治理能力的现代化建设的重要内容。协商民主为公共决策科学化提供了可能性路径。把公共决策和协商民主联系起来，是中共中央关于全面深化改革若干重大问题决定当中提出的内容，也是全面深化改革的必由之路，因此必须充分发挥社会主义协商民主的巨大优势。

二、 中国特色社会主义理论研究与新发展

中国特色社会主义理论体系是马克思主义中国化的第二次历史性飞跃，产生了一系列适合中国国情与发展道路的理论成果。恰逢邓小平同志诞辰 110 周年之际，一些与会学者就邓小平理论及其对中国经济、政治、文化发展的指导作用进行了深刻地讨论。除此之外，部分学者还就习近平总书记对中国特色社会主义的丰富和发展做了深入分析。

（一）深入解读邓小平理论，提炼有借鉴意义的思想资源。上海交通大学陈锡喜教授认为，邓小平探索中国政治体制的改革之道，对中国政治制度的优势和改革的必要性，有诸多辩证论述，为改革开放的新拓展提供了丰富的思想资源，是中国特色社会主义理论研究的重要成果，其中包括：我们对制度比较优势的自信和对体制存在弊端的自觉的统一；对政治体制改革达到目标的明确和实施步骤的稳妥的统一；吸收人类文明成果和为世界做出贡献的统一。同济大学马克思主义学院李占才教授从“共同富裕”和“中国梦”的关系着手，深刻阐述了邓小平共同富裕思想的内涵，包括共同富裕要建立在雄厚的物质基础之上；两极分化一定会出乱子；最终实现共同富裕等。如何实现控制两极分化、实现共同富裕是中国特色社会主义理论亟须解决的问题，也是当前深化改革刻不容缓的举措。

（二）习近平总书记对中国特色社会主义理论的丰富和发展。上海师范大学哲学学院高惠珠教授指出，全面加强国家治理体系和治理能力的现代化，作为我们深化改革的总目标，这个提法在中国特色社会主义发展理论史上是第一次，因此本身就是中国特色社会主义理论研究的新发展。中国浦东干部学院刘靖北教授指出，习近平总书记的一系列重要讲话从实践结合上进一步丰富了中国特色社会主义理论的科学内涵和精神实质，进一

步回答了什么是中国特色社会主义，中国特色社会主义是怎么来的，以及怎样坚持和发展中国特色社会主义的问题。习近平总书记结合了五千年中华传统文化、社会主义五百年等优秀世界文明成果，拓展了中国特色社会主义的渊源；习近平总书记对社会主义民主的两种基本形式"选举民主"和"协商民主"的阐述，以及对依法治国的强调，都是中国特色社会主义政治保证的举措；习近平总书记反复强调坚持中国共产党的领导地位，更是有力地确证了中国特色社会主义领导力量。

（三）审时度势，必须正确认识当前社会发展的主题，坚持中国特色社会主义理论研究的正确方向。中共上海市委宣传部副部长李琪指出，从中国特色社会主义主流化的体系视角出发，党的领导、人民当家作主和依法治国，是中国政治三大基本要素，三者有机统一，聚焦到国体上就是人民民主专政，聚焦到政体上就是人民代表大会制度，聚焦在基本政治制度就是中国共产党领导的多党合作和政治协商制度、民族区域自治制度以及基层群众自治制度，都是一个主线当中不同侧面的显现，是形式与内容的辩证统一，片面强调任何一方面都是不可取的。中共中央党校周为民教授从马克思主义的基本理论，尤其是马克思主义的国家学说的基本学理分析出发，指出马克思恩格斯的科学社会主义旨在用真正民主的政治形式来代替历史上历来作为阶级统治和阶级压迫的国家，因此在中国特色社会主义的国家问题上绝不能够简单化、教条式地把无产阶级专政当成是依靠暴力来实行阶级压迫的正式形式，要充分理解"人民民主专政"在不同历史语境中的不同内涵，在今天和平与发展的社会主题下，必须从理论上溯本清源。上海社会科学院中国马克思主义研究所方松华研究员也指出准确判断当前时代主题的重要性，认为当前依然是以"和平和发展"为主题，"重回阶级斗争"等时下热议问题的出炉须引起重视，处理不好将导致严重后果。

此外，其他与会学者围绕此问题提出不少有创见的思想。中共上海市委党校常务副校长王国平同志提出，中国特色社会主义实际上是三结合的成果。第一个结合就是马克思主义与中国实际的结合，包括革命的实践和建设的实践；第二个结合就是马克思主义与中国历史文化的结合；第三个结合就是马克思主义与世界文明的结合。只有坚持三个结合，才能在全面深化改革实践中被赋予强大的活力，显示出蓬勃的生机。复旦大学马克思主义研究院院长吴晓明教授提出了"中国马克思主义研究的国际化"的问题，并对青年学者提出了几点希望，即不仅要学习马克思主义基本原理，更要研究中国问题、中国道路，倘若能结合政治学、社会学、法学、经济学等辅助学科进行研究，将更加有益。中国的马克思主义研究者只有立足中国实际，解决中国问题，才能真正发展并推广具有中国特色的理论成果，才能真正做到将中国的马克思主义研究国际化。复旦大学国际关系与公共事务学院苏长和教授基于自身的教学实践，从发展、和平、价值、文明等方面点明了中国政治发展道路的世界意义。

三、 社会价值观与文化问题

社会主义核心价值观的培育与践行是当前党的工作重点，也是全面深化改革的重要组成部分。经济的发展、社会的转型和文化的复兴，都离不开社会价值观的塑造。不少与会学者针对社会价值观和文化问题阐述了自己的观点。

复旦大学马克思主义学院肖巍教授指出，当前意识形态管控与全面深化改革之间的结构性矛盾日渐突出。中共上海市委党校陈胜云教授、上海市哲学学会秘书长李家珉教授都表示了赞同，承认意识形态的调控和全面深化改革的惯性之间存在一种合理的弹性和张力。李家珉教授用诙谐的谈吐列举了诸多社会现象，提出了全面深化改革过程中意识形态和精神发展的匹配问题，强调文化发展与文化自信的结合。

上海大学哲学系陈新汉教授从"个人认同"和"社会共识"两个维度出发，探讨了认同与共识在社会价值观与国民结合路径中的重要作用，认为研究两者的相互关系和共同机制有助于深化党中央提出的"建设社会主义核心价值体系"和"倡导社会主义核心价值观"的命题。认同与共识的相互转化是个体意识与集体意识的融合，是个体信仰和社会信仰的确立，是整个时代人文精神的体现，对推进改革、促进社会发展都具有十分重要的意义。上海师范大学马克思主义学院周中之教授在随后的点评中进一步强调，社会主义核心价值体系是社会主义意识形态的本质，必须从传统文化，从文化背景的基础出发，使老百姓接受和认同。

复旦大学马克思主义学院吴海江教授认为，国家治理、制度安排、制度执行都离不开文化认同或价值认同的理论。他着重探讨了"文化自觉"的时代背景和基本诉求，强调实现文化自觉就要建立文化自信，要突破传统与现代的对立，价值重建既要体现中国优秀传统文化的精髓，又要具有时代性，不能与世界文明发展的进程脱节。重建中国价值，重塑社会正义，应当成为改革开放后三十年的主要任务。中共上海市委党校刘红凛教授也指出，道路自信、制度自信、理论自信最终要归结到文化自信当中。

四、社会主义运动的新形式与新启示

中国特色社会主义的重大命题，不仅是立足中国实际的理论成果，还包含了整个社会主义运动的深刻转型。我们今天讨论马克思主义与中国改革开放的新成功，也不能忽视国内外社会主义运动的新形势及其启示。

南京政治学院上海分院张雪梅代表孙力教授发言，主要阐释了孙力教授《民族特色展现社会主义运动新的空间形式》一文的主要思想，一是在中国特色社会主义与经典社会主义、苏联社会主义的历史性比较当中，提出了民族特色是邓小平确立起来的，社会主义新命题这一论断，并且用世界性、模式化和民族性这三个关键词以点带面，勾勒了社会主义五百年发展历程；二是我们已经进入一个社会主义多样化发展的时代，社会主义运动将不是在统一的步调下兴盛，而是在多样化的探索中繁荣，不是在模式化的拷贝中向前推进，而是在各具特色的贡献中创造历史；三是我们已经进入一个社会主义运动去中心化的时代，因此当代的社会主义不再企图建立一个主导全世界社会主义运动的中心了。中国既不追求当代社会主义运动的中心地位，也不标榜自己应该是加以效仿的模式，更不力图推销和输出其模式。中共上海市委党校马克思主义研究院官进胜教授认为，社会主义的比较优势在国际金融危机之后逐渐得以显现，在机遇与挑战并存的历史时期，如何应对危机以及实现社会主义的变革，成为世界社会主义运动的主要课题之一。后危机时代的社会主义运动和思潮对我们当前推进中国特色社会主义建设有重要的借鉴意义，通过借鉴国外社会主义运动的经验教训来坚定道路自信、理论自信和制度自信。

“公共文化服务的多元主体建设”专题研讨会召开

10月19日，上海市社会科学界第十二届学术年会学科专场，在上海社会科学院上海社科国际创新基地举办“公共文化服务的多元主体建设”专题研讨会。市社联专职副主席刘世军出席会议并讲话。会议由市社联主办，上海社科院上海社科国际创新基地承办。为深入学习贯彻党的十八届三中全会“关于构建现代公共文化服务体系的精神”，公共文化服务社会化发展是全国公共文化领域都在探讨的一个方向，也是迫切需要解决的问题，受到社会各界关注。在这方面，上海也有很多探索，产生了不少好的经验。来自国家文化部，市文广局、市文化局、市群众艺术馆、市文联、上海文化研究中心、上海社科院等单位的专家学者，以及静安、虹口、徐汇、浦东新区等区文化单位、社团的负责人共聚一堂，热烈交流讨论这一议题。

刘世军副主席指出，“公共文化服务多元主体建设”是党的十八届三中全会对中国未来改革开放所作的一个战略性部署，其中现代公共文化服务体系建设的一项重大内容就是公共文化多元主体建设。这既是一个深化改革的重大理论问题，也是推进公共文化服务上水平、上层次的具体实践问题。其中在现代的公共文化服务体系方面尚存相关问题，这也是需要社科界研究的重大课题。公共文化服务多元主体的建设问题，多元主体之间的关系问题，公共文化如何处理好政府与市场、政府与社会、政府与企业，以及文化事业与文化产业、中央文化部门和地方文化部门等关系；这些关系究竟怎么定位，还有多元主体，是不是既有公共部门，也有私有部门，都可以参与到公共文化服务体系中来。此外，多元主体地位问题、多元主体的管理问题、多元主体的不同定位问题等，既是重大的理论问题，也是重大的实践问题，需要认真研究。

文化部公共文化司巡视员刘小琴指出，党和政府高度重视公共文化服务体系建设。围绕着“构建现代公共文化服务体系”这一目标，推进改革发展的各项工作正逐项展开。近年来，由文化部牵头组织成立公共文化服务体系建设协调组，共同研究起草《关于加快构建现代公共文化服务体系建设的意见》(以下简称《意见》)，研究制定《国家基本公共文化标准》。将要通过实施《意见》，重点推进公共文化的标准化、均等化，统筹基层设施资源，建设综合性文化服务中心，在公共文化机构推行理事会制度，建立法人治理结构，推进公共文化服务社会化，鼓励社会组织、社会力量参与公共文化服务建设等。

国家公共文化服务体系建设专家委员会副主任、上海社会科学院文学所蒯大申研究员指出，“公共文化服务社会化发展”命题里包含着三个核心问题。一是对公共文化服务社会化发展的重要性必要性的理解。必须健全公共文化服务的社会参与机制，创造条件鼓励各类主体参与公共文化服务体系建设，建立政府与社会、市场之间的适度平衡和良性互动关系，推动公共文化服务社会化发展。二是公共文化服务社会化发展内涵：(1)多元社会主体；(2)各类社会资本的进入；(3)社会化管理。在政府支持下，社区居民参与管理，成为公共文化服务和管理的主体，体现了社区公共文化发展的方向。三是社会化发展的路经和方法。要转变政府职能；要培育社会组织；要扩大政府的文化资助和文化采购；并引入竞争机制，发挥市场机制的作用。

国家公共文化服务体系建设专家委员会委员，江苏省文化馆党总支书记、副馆长戴珩认为，构建现代公共文化政策体系，推动公共文化服务的社会发展，是一个重要的议题。2006年，财政部出台《关于进一步支持文化事业发展的若干经济政策》，鼓励社会力量对公益性活动、项目文化设施等方面进行捐赠；文化部出台《关于鼓励和引导民间资本进入文化领域的实施意见》，政府从经费补助、用地和税收优惠等方面都做了很多努力。由此，各项政策对实现公共文化领域的治理体系现代化和治理能力现代化提供了有益帮助。

上海社科院文学研究所副所长荣跃明指出，推动公共文化服务体系向现代公共文化服务体系转变，其中一个很重要的方面，是它的建设主体要社会化。公共文化服务体系，一方面是政府的职能，但同时它也是社会公众文化认同的一个重要形式。公共文化服务，不仅仅是政府提供给社会公众的一种基本文化服务，同时也是社会和谐关系建设的一个具体路径。社会多元主体的参与、投入公共文化，对在社会多元化背景下发展公共文化的现实意义特别重要。

国家公共文化服务体系建设专家委员会委员、上海社会科学院文学所巫志南研究员指出，培育多元公益文化主体，是实现公共文化领域现代治理的重要一环。党的十八届三中全会指出，“按照政企分开、政事分开原则，推动政府部门由办文化向管文化转变”。政事分开，才有可能实现“小政府、大社会”，才有可能改变政府单一主体从事公共生产供给格局，从而缓解供给单一性与需求多样性之间的深刻矛盾。有多元主体竞争才可能是真正社会化。所以，培育多元公益文化主体，特别是培育非营利文化组织是当务之急。

上海市文广局副局长王小明指出，党的十八届三中全会提出要构建公共文化服务体系，大力推动公共文化服务的社会化发展，为公共文化服务多元主体建设指明了方向。当前我国公共文化服务体系建设取得了令人瞩目的成就，广大人民群众精神文化生活较之前得到了很大改善。一个有中国特色的公共文化服务建设机制正在形成。但是，随着公共文化服务体系的深入推进，一些问题也日益凸显，其中最为突出的就是公共文化服务参与主体还不丰富，政府作为单一主体提供公共文化服务的现象比较普遍。为此，合格的社会主体还需要进一步培育。应实现由单一建设主体到多元建设主体的转变。

与会的实务部门负责人还介绍了公共文化服务多元主体建设方面，上海和其他城市做出的很多有益探索。上海市浦东新区文广局局长夏煜静介绍，浦东新区政府不断完善浦东的宣传文化发展基金，每年投入资金支持公共文化服务，同时，争取为社会力量参与公共文化建设创造一个更好的政策环境，从而推动浦东公共文化示范区的创建有新的提升。上海市静安区文化局局长张爱华介绍了静安区政府在企业参与公共文化服务方面的实践探索，出台相关的园区扶持政策，以活动的方式支持文创企业参与公共文化服务。上海市群艺馆馆长萧烨璎表示希望打造更多的开放式平台，将群艺馆建成一个文化资源的枢纽站，为上海的公共文化建设发挥积极的独特作用。江湾镇街道办事处主任陈献安表示，江湾镇社区文化共同体委员会作为一种新型的区域性文化共同体形式，开创了多元主体参与社会公共文化建设的一条新路径。市文联权益处处长张泽纲表示，文化建设的参与者和文化类社团呈快速发展的态势，通过这一基层文化交流平台，能有效推动基层群众文化的繁荣。上海市徐汇区文化局陈峨介绍，徐汇区组建文化发展促进会，使其发挥好社会组织成员的枢纽作用，引导会员之间加强合作。上海市黄浦区五里桥街道朱素娟介绍，五里桥社区文化活动中心基本实现了“政府主导、社团管理、群众参与、社会评估”的托管模式。与会代表一致认为，需要发挥人民在构建现代公共文化服务体系中的主体作用，大力支持群众自我表现、自我教育、自我服务，从中央到地方共同努力，积极探索公共文化服务的多元主体建设，使社会力量全面参与到公共文化服务体系建设中来。

上海市社会科学界第十二届学术年会评审年度推介论文

10月21日，上海市社会科学界第十二届学术年会，在市社联大楼六楼后乐厅召开"上海社联年度十大推介论文"评审会议。市社联党组书记、专职副主席沈国明，党组副书记、专职副主席桑玉成，专职副主席刘世军出席会议并参与评审工作。

"年度推介论文"活动由2013年起创办，对本市学者年度内(2013年9月1日至2014年8月31日)发表于国内中文学术期刊的、引起学界高度关注的原创性学术成果作出推荐，旨在反映本市社科界学术发展水平，起到对学科建设的引领和导向作用，具有良好社会影响。来自上海社会科学院、复旦大学、华东师范大学、上海师范大学、上海文史馆、全国高校文科学术文摘杂志社等单位的10余位主要学科专家参与评审。经过投票推荐，本年度上海市社联"年度推介论文"将于11月6日在上海市社会科学界第十二届学术年会大会上公开发布。具体篇目为：

卜祥记：《〈资本论〉的理论空间与哲学性质》(载《中国社会科学》2013年第10期)

杨国荣：《以人观之、以道观之与以类观之——以先秦为中心看中国文化的认知取向》(载《中国社会科学》2014年第3期)

张明军　陈　朋：《中国特色社会主义政治发展的实践前提与创新逻辑》(载《中国社会科学》2014年第5期)

胡安宁：《教育能否让我们更健康——基于2010年中国综合社会调查的城乡比较分析》(载《中国社会科学》2014年第5期)

苏长和：《共生型国际体系的可能——在一个多极世界中如何构建新型大国关系》(载《世界经济与政治》2013年第9期)

罗长远　张　军：《附加值贸易：基于中国的实证分析》(载《经济研究》2014年第6期)

孙笑侠：《法律人思维的二元论》(载《中外法学》2013年第6期)

吴　刚：《奔走在迷津中的课程改革》(载《北京大学教育评论》2013年第4期)

朱立元：《对西方后现代主义文论消极影响的反思性批判》(载《文艺研究》2014年第1期)

葛兆光：《叠加与凝固——重思中国文化史的重心与主轴》(载《文史哲》2014年第2期)

上海市社会科学界第十二届学术年会大会隆重召开

11 月 6 日，上海市社会科学界第十二届学术年会大会在上海展览中心隆重举行。中共上海市委常委、宣传部部长徐麟出席开幕式并讲话。中共上海市委宣传部副部长李琪主持颁奖仪式。市社联党组书记、专职副主席沈国明主持开幕式。

开幕式上，中共上海市委宣传部副部长李琪宣布上海市第十届邓小平理论研究和宣传优秀成果、上海市第十二届哲学社会科学优秀成果奖项。学术贡献奖获得者汤志钧、伍柏麟、姚锡棠先生接受了颁奖，并为上海年度(2014)“社科新人”授奖。

徐麟指出，上海社科界要深入贯彻落实党的十八大和十八届三中、四中全会精神，紧贴马克思主义中国化的最新成果，用习近平总书记系列重要讲话精神指引哲学社会科学研究；要紧贴意识形态领域的最新动向，密切关注广大干部群众的各种疑惑，推出一批有说服力的理论成果，在全社会范围内增强对社会主义制度优越性的共识；要紧贴上海改革发展的最新实践，深入研究总结全国和上海改革发展的实践经验，充分体现全国话题出上海经验，上海题材出全国影响。

学术年会由年会大会、学科专场、主题专场、青年论坛四大板块组成。本届年会的主题是“全面深化改革与现代国家治理”。围绕这一主题，年会先后召开了 12 个学科专场、10 个主题专场和 10 场青年论坛。专家学者分别就：马克思主义与改革开放新拓展、社会主义核心价值观的中国特色、民族特征和时代特点、比较政治与国家治理、当前中国国家安全形势、全球化视野下国家治理的历史经验与展望、特大城市的社会基层治理、公共文化服务的多元主体建设等学术主题，展开了广泛深入的研讨。年会共收到应征论文 423 篇，评出优秀论文 47 篇，出版优秀论文集 1 卷，百余位专家做了主题发言。参与年会的专家学者和青年学者超过 3 000 人。

大会宣布了上海市社联 2014 年度十大推介论文，本届学术年会优秀组织奖、论文奖。林尚立、周振华、孙笑侠、李骏等学者先后做了主题报告。部分市社联副主席、学术年会学术委员会和组织委员会成员，部分高校和科研院所、党校、部队院校、党政研究部门相关负责人，部分学会负责人，新闻媒体、学术期刊相关负责人和哲学社会科学工作者代表 400 余人出席了大会。

“全面深化改革与现代国家治理”

——上海市社会科学界第十二届学术年会大会举办主题报告会

11月6日，上海市社会科学界第十二届学术年会大会围绕“全面深化改革与现代国家治理”的主题，在上海展览中心隆重举行。复旦大学副校长林尚立教授、上海市经济学会会长周振华教授、复旦大学法学院院长孙笑侠教授、上海社会科学院社会学研究所李骏副研究员等学者先后做了主题报告。各报告主要内容如下：

林尚立：《认同：国家繁荣的基础》

这次大会主题是关于国家治理，关于国家治理是什么，怎么认识国家治理，有必要做非常深入和全面的研究，而这种深入和全面的研究不能只在中国本身，而应该在整个人类的发展历程当中，特别在现代国家建设的历程当中来考察。为什么有的国家遇到危机以后，这个国家能够迅速度过，社会不被撕裂，但有的国家一旦遇到危机，整个社会就被撕裂了，国家就解体了。再看今天许许多多的战争，很多是完全由价值的差异引起的，所以文明的冲突，实际上我们不一定完全认同，但是它的基因还在起作用。因此，从这个意义上来讲，我们今天讲民主、讲法治的时候，一个国家在治理的过程中，不仅要建构民主，要建构法治，还有一个非常重要的要素，就是认同。

国家繁荣的要素是什么呢？有四个，个体的自由，社会的团结，国家经济和社会的发展，以及国家处在秩序的范围里面。至于它的财富积累到什么程度，这是结果，这是后面的问题，只要处于这种状态，这个国家就处于繁荣。从这个意义上来讲，我们对今天的国家应该有一个新的认知。在今天的国家下，要保持这样的一种状态，那么它的机制是什么？民主、市场、法治和有效的政府，这四个机制是现代国家创造繁荣不可或缺的机制。所以我有一个很基本的观点，不是所有的国家都有资格谈国家治理的，因为只有拥有了这四个机制，才有可能、才有条件谈国家治理，所以国家治理的现代化并不是说我们原来治理不现代化，而是我们到了一定程度来谈国家如何把这四个机制整个成为有机的体系，是国家的治理定型完善。我们一定要有一个完全理性的认识。

认同在这里非常重要，个体在与外在力量互动中建构起来的意义体系，用来指导其社会行动。所以现代化和个体化的过程，要把个体化变成一个有序的社会，除了制度以外就是认同，个体在外在力量——社会、国家，甚至包括更外在的力量，国家之外的全球世界——建构起来的体系，以指导其社会行动。因此，这种认同包括多种多样，认同的建构有两个主体,一是个体,二是国家,主体是个人,辅助力量是国家。所以,我们可以从建构认同的角度考虑国家的治理,从这个角度来看,有八个维度是非常重要的。第一,制度体系本身;第二,法律体系本身,制度体系和法律体系不是一个概念;第三是价值体系本身;第四是文化体系;第五是教育体系;第六是参与体系;第七,在中国社会还有一个共享体系;这个社会资源要有一个共享体系;第八是政府体系。

最后有几点小结:第一,认同是现代国家建设的核心资源,认同是资源,不是可有可无的,是个关键性的资源。第二,认同的建构是现代国家治理的关键。第三,认同对个人、社会和国家的协调是国家繁荣的基础,国家保持它持久的繁荣,认同是关键,是基础。第四,在全球化和网络化时代,各国认同建构都面临巨大的挑战。因此,哪一个在这个方面有所作为,哪个国家的繁荣就有了更强的助力。最后,在成熟的现代国家,与经济危机相比,认同危机对国家所具有的破坏性有时候是更为猛烈、致命的,从这个意义上来讲,当民主使个人获得权利之后,当市场使每个人成为自由劳动者之后,会产生经济危机与认同危机,相比较而言,对国家的根本性的摧毁可能是在认同危机上面。

周振华:《国家治理与经济转型发展》

经济学家对国家治理的看法有独特的视角,因为从经济学的角度来讲,政府是提供公共产品的,公共产品就是规则、秩序、基本公共服务、基本社会保障,以及提供某种对社会的激励导向。因此,能够保障市场经济良好运转,解决社会贫富差距,解决贫困问题,以及解决经济学当中所讲的外部性,最好的办法是改善国家质量。

从我们国家来看,改革开放以后,国家的治理其实是发生了重大变化,和传统计划体制下发生了重大变化,而且现在西方也认为,亚洲国家的治理有它的独特性,而且它的绩效很明显。但是从我们提出国家治理体系和现代化来看,现实当中还存在着很大的差距。这种差距主要体现在三个方面:第一是国家治理滞后。就是相对于市场经济的发展所带来大量的私人产品,甚至私人产品过剩,而公共产品供给不足,所以私人产品和公共产品供给存在这种不平衡。比如说,我们很多规则还不清晰,秩序还混乱,产权保护不力,但是行政保护过度,社会保障还没有很好地全社会覆盖,流动性也有障碍,收入差距拉大,腐败高发,这些都表明了公共产品的供给是严重失衡。第二是国家治理失衡。一方面是对政府的严重依赖,任何事情都要找政府、靠政府,另一方面却表示对政府的轻视。前者使得政府承担越来越多的负担,不堪忍受,后者导致政府的合法性问题,所以每次碰到外部冲击或者内部挫折,都可能演化成政府危机。第三是政府的自我管控不够和社会自制不足并存。所以离国家治理的现代化,我们还有很长的路要走。特别是结合我们现在正处在转型发展这个关键时期,这对国家的治理体系和治理结构现代化提出了更高的要求。

在转型当中,国家治理现代化有四个方面。第一是动力转型,原来的投资驱动转向创新驱动,政府职能要发生很大的变化,投资驱动里面很大的是政府驱动,现在要转化为创新驱动。第二是由工业经济主导转向基于产业融合的服务经济主导。在这个过程中,政府的职能转变,国家的治理也要发生根本改变。第三是由基于行政区划的地域发展空间,转向基于经济联系的区域发展空间。这个就牵涉到比如说长三角为什么现在不能形成一个很好的区域型发展，很大程度上和中央和地区的事权财权是有关系的。第四是要从原来的国内特例转向国际惯例。原来我们只要加上一个特色、特点、特征，就都是特别化，在封闭情况下，在国内主战场还可以，现在走向全球市场，如果不按照国际惯例，对方就不愿意合作，所以投资贸易协定当中的高标准，这种国际惯例我们必须要重视。包括高标准的开放、负面清单、竞争中立、劳工权益保障、环境保护、社会责任。在这种情况下，国家治理确实需要政府职能转变，放松管制，提高透明度，依法施政，依法行政，清正廉洁，保护产权，社会保障，缩小贫富差距，核心就在于政府要控制自己，社会怎么放活。个体也要克制，个体没有克制的民主一定是混乱的，所以最后还是孔子讲得对，要克己复礼，不管是政府还是个体。

孙笑侠：《“深化型法治”背景下的法治工作队伍建设》

在我们过去的研究当中，理论上并没有从主体的角度，而往往是从制度本身的角度讲法治。而今天的中国已经明确地提出了法治的“深化版”。在 1997 年提出依法治国，距今已经 17 年，为什么到今天为止还在重复这个主题呢？原因就在于深化版，这次我们的深化我大概认为有以下几个方面：第一，面比以前更广，全面推进。第二，民间有更真切的需求。第三，这个深化版的法治有一个很重要的标志，就是公权力受到法律的控制。第四，司法改革当中诸多新的制度改革措施，首先在上海展开了试点。

我想交流的第一个问题是法治的动力系统。有三种力量在推动法治。第一种力量是老百姓，就是民间力量，这是法治的原动力。第二种力量是执政党，它起到了一个引导或者推进的作用。第三种力量是专业的建构人，正好是和我们的学术观点上是一致的，这三个方面都体现在里面。

第二个问题是新的制度在这次改革当中有哪些内容？主要来说是工作队伍建设上有这样八个制度性的新内容。第一是干部选拔，这次提出来干部选拔是指立法机关、行政机关和司法机关，要选那些有法治思维的，能够善于用法治思维和法治方式来解决问题的人，选拔到干部岗位上来。第二是完善法律职位准入制度。第三是从符合条件的律师和法学工作者当中招录立法者、法官、检察官。第四是政法毕业生，现在提到了能够建立这样一种便捷的规范的招录机制。第五是对职业保障体系又重新做出了规定，做出了新的提法，第六是法官检察官的遴选是采取从基层开始，也就是说主体遴选。第七是各级机构要设公职律师顾问，这也是新提法，要全面铺开。第八是政法部门和法学院校要建立人员的互聘计划。

第三个问题也是长期以来大家关注的问题，就是司法权是强调独立的。司法机关作为一个机构，它在推进办案的个案的工作中是保持独立的。

第四个问题是司法机关公正司法。我们已经推行的司法改革推进的是法院、检察院作为司法机关机构意义上的以及工作程序意义上的独立，而不是政治体制意义上的，更不是法官思想上的一种纯粹意义上的独立。随着体制改革的深入，党的十八届三中全会以深化改革为主题，四中全会以依法治国为主题，这正好是形成了姐妹篇。因此可以认为，依法治国这个新的版本，它本身就是深化改革篇的深化后续，它是政治体制改革的一个组成部分,或者说是依法治国、实现法治国家是政治体制改革比较明智选择的突破口。

李骏:《城市社会治理与社会数据分析》

关于社会治理研究有两个最新的理论模型,一个是周雪光教授最近提出的一个关于社会治理的模型,根据中央与地方的关系是强还是弱,国家与民众的关系是紧密还是松散,得出了四个关于社会治理的模式,如果用这个模式看当今中国,就显得非常复杂,在某些社会领域是在组织化动员,某些领域,比如说网络上,又体现为非组织化动员模式。另一个是福山刚刚提出了一个关于社会治理的模式。他首先提出关于治理的质量和政府的自主性之间存在一个曲线关系,当政府的自主性升高的时候,治理的质量也会升高,但是到达一定拐点的时候,只会导致治理质量的下降。治理质量还取决于政府能力,政府能力越强,治理质量就越高。最后,一个国家最终的治理状况就取决于这两个维度的匹配状况。

当前我们国家治理研究多是理论研究、规范研究和应然研究,实证研究不够,更多是以案例分析为主。但是相比之下社会数据的搜集和分析工作显得相当不够,接下来的问题是,我们如何通过社会数据分析加强我们的城市社会治理。下面我结合自己的研究讲三个社会数据分析的例子。第一个例子是基层社区,我们使用了多种研究方法,比如社区基础数据收集、社区组织调查、社区居民调查、座谈会与焦点小组讨论、工作报告的内容分析以及参与式观察等。第二个例子是通过人口普查的数据反映广东、深圳外来人口的空间分布。第三个例子是调查主观幸福。通过社会抽样调查数据、统计年鉴数据和 2005 年人口小普查数据等反映个人层次的幸福、地区经济增长的影响以及地区收入差距的影响。通过对这些数据进行分析,我们发现经济增长速度能够提高这个地区人民的幸福感,但是同时如果这个地区收入差距过大,又会降低人们的幸福感。

最后,有几点思考:第一是关于政府的数据服务,政府是社会数据最大的生产者和提供方,首先政府要做数据采集的工作,包括各部门的数据采集和跨部门的数据整合,本身是国家治理能力现代化的一个体现。要提高向社会公众、学术研究开放的广度与力度,只有更多人接受这个数据才能最大程度地发挥这个数据的价值。第二是学术成果的转化,社会数据分析的繁荣会产生大量的学术成果,但是学术研究有自己的规律性、专业性,这个时候学术成果的转化就非常重要,大量的学术成果需要相互印证、系统比较和整体消化,再以另外一种方式呈现在政府等实务部门面前。专业化智库可以担当学术成果转化的重任,发挥桥梁作用。第三是社会各界的协同,社会数据的多方收集、整合与分析模式,例如南京市政府与中兴公司的大数据治理项目。另一方面,借助社会数据推进社会治理的多方协同模式,比如说,上海社区发展研究会启动了社区治理体系实验案例项目,在全市找了几个街道,邀请一批专家和有名的社会组织,希望共同把上海的基层社区治理体系推上一个新的高度。

学术研讨

首届上海文化论坛在上海市社联举行

1月18日，由上海市委宣传部、市文广局指导，市社联、市文联主办，市社会经济文化交流协会、上海夏征农民族文化教育发展基金会协办，上海民族民俗民间文化创意推广中心承办的首届上海文化论坛在上海市社联举行。本次论坛以“文化与资本的对话——增强上海文化软实力”为主题，市社联党组书记、专职副主席沈国明出席并主持论坛开幕式，市社联专职副主席刘世军、市文联党组副书记王依群出席并主持主题对话。上海社科院院长王战、上海报业集团党委书记裘新、市作协副主席孙颙、市文联副主席何承伟、深创投资沪浙地区总裁尹於舜、上海国盛集团总裁姜鸣、上海国际时尚联合会副会长邵隆图、上海市社会经济文化交流协会常务副会长陈彪等专家出席开幕式，围绕“文化软实力若干问题的思考”“文化领域的基本规律”“关于文化与资本关系的冷思考”“转型发展中对文化产业基本要素的再认识”“市场化改革与文化产业的机遇”“品牌振兴与增强上海文化软实力”“文化与资本的聚合萌发新生命”“中华元素与文化投资新聚焦”等作主题演讲。来自上海社科院、复旦大学、上海交通大学、上海财经大学、上海大学、上海戏剧学院、新民晚报社、东方网等高校、媒体的知名专家学者张雄、花建、荣跃明、陈圣来、郑祖安、胡惠林、黄昌勇、庄小蔚、徐德忠、范明三、戴逸如、朱琪等，以及部分沪上文化经营单位翡翠画廊、九九艺术网的管理者，围绕文化产业大变迁条件下，如何发挥市场的作用，进一步彰显资本对提升文化软实力的重要作用，开展了对话和交流。市社联及所属学会、沪上有关高校、研究机构的近百位学者出席了本次论坛活动。

《学术月刊》杂志社等单位联合主办的“多元现代性与当代中国”学术研讨会暨《多元现代性》出版座谈会在沪举行

当代著名哲学家、《西方哲学史：从古希腊到二十世纪》作者奎纳尔·希尔贝克(Gunnar Skirbekk)的最新力作《多元现代性：一个斯堪的纳维亚经验的故事》(以下简称《多元现代性》)，近日由上海人民出版社出版发行中译本。3月15日，由市社联《学术月刊》杂志社、上海人民出版社联合主办的“多元现代性与当代中国”学术研讨会在世纪出版大楼举行。市社联党组书记、专职副主席沈国明，世纪出版集团副总裁施宏俊分别代表主办方致辞，上海人民出版社社长王兴康主持会议，童世骏、赵修义、陈卫平、高瑞泉、何锡蓉、刘世军、王为松、季桂保、金福林、郁振华、刘擎、孙向晨、丁耘、成素梅、刘进、王寅丽等学者、专家汇聚一堂，就“多元现代性与当代中国”这一议题进行了深入的讨论，在全球化视野中观照当代中国的现代化进程，思考中国现代化未来发展的可能性。

现代化研究一直都是各国学术界的焦点。然而，其侧重点多为以美国为首的西方经典发展方式的现代化之路，并阐释现代化之路的唯一性。针对“现代化的彼岸在西方”的窠臼，希尔贝克的新作《多元现代性》为我们提供了一个独特视角，通过分析以挪威为代表的斯堪的纳维亚的现代化过程，深入探讨全球化下的现代性之多重含义。

希尔贝克曾担任著名哲学家赫尔伯特·马尔库塞的助教，现为挪威卑尔根大学哲学系和科学与人文研究中心荣休教授，也是挪威科学艺术学院、挪威皇家科学与文学协会的成员。他在合理性和现代化、政治哲学和科学论方面有深厚造诣，并以跨越大西洋两岸哲学传统而著称。希尔贝克的著作是哲学性分析与历史性记叙的完美连接，既学术精湛又亲切可读，他撰写的《西方哲学史》曾被译成十几种语言，在全球范围内广为流传，中译本也受到热烈欢迎。

此次《多元现代性》中文版正是在中国现代性的语境下面世的，因此更凸显出意义非凡。正如著名学者、哲学家童世骏在推荐语中所说，本书“说的是一个小国家的故事，讲的是一个大时代的道理”。斯堪的纳维亚国家常被视为实现现代化过程的成功案例，关注从19世纪到20世纪的一段连续历史，理解一个早发现代化国家的实践经验，将为中国方兴未艾的现代化进程提供一种宝贵的借鉴。百年以降，中国人一直在寻求着民族独立、文明富强的现代化发展之路。在求索、前行的历史进程中，中国走上了一条具有中国特色的社会主义道路，这是一条不同于“西方化”的现代化之路，伴随着中国崛起而广受关注。通过对非典型西方现代化道路成功案例的考察，可以发现，西方现代性并非唯一合理的现代性，现代化和现代性具有多元性和多样性。这与正在进行的中国道路的探索形成相互确证的关系。中国道路的成功证实了现代化模式多元共存的客观性与合理性，而现代化的这种多元特性也为中国的未来发展之路提供了更为多样化的可能，为当代中国的发展之路提供了更多的智慧和选择。

坚持中国的这种独特现代化之路，首先就需要建立起理论自信，讲好中国故事，传播好中国声音。有鉴于此，世纪出版集团和上海人民出版社一直致力于对全球化背景下中国道路、中国未来发展的系统研究和出版工作，特别是在当前为实现“中国梦”而努力的关键时期，展望新的国际政治经济形势下中国经济的发展前景及其对“中国梦”的意义，探究中国的现代化之路，就别具现实意义。世纪出版集团和上海人民出版社一直以来以敏锐的大局意识、大视野思考相关问题，积极展开相关图书的策划与布局。《多元现代性》的出版及其相关研讨可以进一步深化相关问题研究，重新认识中国自己的现代性，从而进一步推动构建我们自己的理论体系，走中国自己的路。

《学术月刊》杂志社等单位联合举办"民族国家理论的再反思与中国自身边疆话语的建构"学术工作坊

3 月 28 日至 4 月 1 日，上海市社联《学术月刊》杂志社和陕西师范大学西部边疆研究院共同发起和举办了"民族国家理论的再反思与中国自身边疆话语的建构"学术工作坊。来自中国社会科学院、中央民族大学、复旦大学、四川大学、西北大学、陕西师范大学、上海政法学院等高校和科研院所的二十余位学者，就中国民族地区和边疆民族地区问题的源流和现实作了学术上的梳理，阐述了中国一直作为一个特殊的民族国家与西方有着不同的历史叙述，传统中国不但混杂着诸多的族群，而且也包含了好几个文明。传统中国的"边疆观"与民族主义知识建立起来的"边疆观"形成了混杂性，这使我们面对"边疆"时经常出现以偏概全的认知。这种文化、语言、族群、边界不同步的现象，已经构成中国民族国家建构的一个现实挑战。真实的"边疆"或许淹没在东方学、民族主义以及传统边疆观的层面，基于当下的历史与现实，构建一种中国自身"边疆"的话语体系，成为本次会议关注并予以讨论的主要内容。与会学者强调，民族边疆问题必须纳入现代国家建设的视野中，传统的区域研究要考虑到地缘政治和国际关系。会议还提出了要构建中国自身的民族国家话语权的论题。

《学术月刊》杂志社、华东师范大学世界政治研究中心共同举办学术论坛

4月10日，上海市社联《学术月刊》杂志社、华东师范大学世界政治研究中心在华东师范大学闵行校区共同举办了主题为“重绘世界政治的知识图景”的学术论坛。

论坛分四个议题，通过8个发言展开研讨。

第一个议题为“现代政治的兴起”。由周林刚和周保巍发表了两篇主题演讲，分别是：“(对)表象的统治：马基雅维里的新君主及其约束”和“创造必然、管理激情与操纵认知——透过福柯思考马基雅维利”。在西方政治思想史上，马基雅维利是一个重要的人物，对现代政治的兴起有着重要的意义。两位演讲者不约而同地选择了马基雅维利作为研究对象来阐释现代政治的兴起，从一个侧面反映了世界政治研究中心的青年学者对于世界政治的相似认知。

第二个议题为“革命、战争与近代世界秩序”。在近代世界秩序的形成过程中，革命和战争是无法回避的两个主题。华东师范大学世界政治研究中心有两位在这方面研究的青年翘楚，崇明对于法国大革命和托克维尔的研究在国内学界有良好的学术声誉，而林国华对战争学说史的研究功力以及研究的深度、广度在国内堪称罕有。在这一议题下，崇明发表了题为“法国大革命中的自由、平等和暴力——托克维尔的革命论述”的主题演讲，尚在美国哈佛大学进行学术访问的林国华则提交了书面发言——“‘正义战争’学说的兴衰演变”。

第三个议题为“近代中国的国家建设与世界图景”。进入清季以来，中国面临着极其严峻的局面，在面对业已形成的近代世界政治格局与秩序，老大帝国轰然坍塌，重新建设近代国家与融入近代世界格局成为了双重一体的任务。在这一议题下，李永晶发表了“甲午战争与日本的世界认识”的主题演讲，另一位演讲者邱立波的题目则是“从湘军到党军——中国国家建构的艰难一页”。

第四个议题为“天下观与世界主义”。这个议题主要是讨论在中国成长背景下，中国如何面对世界，如何与世界相处，又如何自处？这一议题下，有两个主题发言，分别是许纪霖的“共享的普遍性：新天下主义论纲”，和刘擎的“超越民族性：遭遇论视野中的新世界主义”。

《学术月刊》杂志社、上海世纪出版集团的代表，华东师范大学政治学系、思勉高等研究院的青年教师、硕士研究生、博士研究生数十人出席论坛并参加了讨论。

此次论坛的研讨，有助于“中国的成长对未来世界政治之形态与秩序的影响”这一复杂而宏大的命题研究的推进。4 个议题，8 篇演讲反映了对这一课题初步研究的成果。同时，这次论坛也开启了《学术月刊》杂志社作为在人文社会科学领域具有巨大影响力的学术期刊出版机构同高校研究机构合作，共同推进人文社会科学原创性研究，共同支持青年研究者原创性探索的尝试。

“全球化背景下的国家治理”学术研讨会召开

4月25日至27日，由中共中央编译局全球治理与发展战略研究中心、上海市社会科学界联合会、华东师范大学中国特色社会主义理论研究中心主办，《探索与争鸣》杂志社承办的“全球化背景下的国家治理”学术研讨会在华东师范大学隆重举行。

市社联专职副主席桑玉成、华东师范大学党委常务副书记曹文泽、中央编译局全球治理与发展战略研究中心杨雪冬研究员出席研讨会并致辞。来自中央编译局、华东师范大学、国家行政学院、北京大学、中国人民大学、复旦大学、上海交通大学、南京大学、南开大学、浙江大学、华中师范大学以及华东政法大学等多所高等院校的专家学者参加了会议。

与会专家围绕治理理论与治理实践、国家治理与地方治理、他国治理经验与我国治理状况等问题展开了深入讨论。学者们指出，在全球化时代，中国国家治理面临着现代性与后现代性的双重挑战，一方面，以民主与法制为核心的政治现代性构建尚未完善；另一方面，在全球化的浪潮中，若干后现代治理理念又对我国国家治理形成冲击。

针对当前我国国家治理面临的迫切问题，学者们认为，要实现国家治理体系和治理能力现代化，关键是要构建结构科学、组织有效的现代国家治理体系。

第一，执政党现代化是推进国家治理体系和治理能力现代化的基础和前提。有学者在分析国家治理中的执政党因素时强调，只有在党政关系、党群关系、党和其他组织关系、党内组织关系四个层次上实现党组织的现代化，才能为国家治理现代化奠定基础。

第二，规范政府职能是推进国家治理体系和治理能力现代化的保障。针对当前国家治理中政府职能边界不清的问题，学者们提出政府的规模和职能应与市场及社会的规模和职能相适应。

第三，社会力量的参与是推进国家治理体系和治理能力现代化的关键。有学者指出我国国家与社会关系出现了从社会管控到社会治理的转变，随着社会力量的成长和社会活力的激发，“政社共治、官民协同”的国家与社会良性互动局面正在逐渐形成，这正是国家治理走向善治的关键。

第四，地方治理创新为推进国家治理体系和治理能力现代化提供实践经验。学者们密切关注乡镇、县域和城市治理的改革和创新，这些基层治理实践为我国国家治理现代化注入了活力。

第五，他国的治理经验为推进国家治理体系和治理能力现代化提供借鉴。立足于全球化视野，学者们深入分析和学习其他国家的治理理念、机制、方法和手段，为我国国家治理提供经验和借鉴。

《学术月刊》杂志社等单位联合举办“视野、方法与论述:经典文献的再诠释”学术工作坊

由上海市社联《学术月刊》杂志社与安徽财经大学文学与艺术传媒学院联合举办的“视野、方法与论述:经典文献的再诠释”学术工作坊于7月12日至13日在上海举行。来自十多所高校的经学研究专家参加了会议。学者就各自研究的经学问题进行了深入探讨和交流,其间与会学者还就如何繁荣中国经学研究进行了专门讨论和交流。从经学史角度看,“新文化运动”以来一百年间虽然是经学研究的衰微期,却是经学史上一次大变革期,经学史研究的繁荣掩盖了经学在考据、义理、方法和深度方面的不足,如何传承和创新经学研究已经是目前经学研究不能回避的问题,当代学者不仅应当能够承接乾嘉经学研究传统“接着说”,而且应当说出新意,回应变革期的时代召唤。经学不仅仅是中国古代的意识形态,更是前人体悟生活、把握世界的一种方式。研究经学要汉、宋并重,经学如果不能对现实发言,也就失去了生命力。有学者指出,今人照样有条件在经学领域作做出超越乾嘉学派的成就。例如版本学研究,阮元刊刻的《十三经注疏》及其校勘记是目前最好的经学读本。由于阮元校勘十三经,实际上大多出自门人之手,时间紧,水平参差不齐,因而错校、漏校很多。我们今天掌握的版本远超阮元,加上今天学者有优越的工作条件,重校重刊《十三经注疏》一定能超过阮元刻本。需要强调的是经学史的研究应当摈弃那种从几部目录学著作或史志中归纳经学史的做法,学者当在充分阅读那个时代有关经学著作基础上发现问题,归纳出那个时代的经学史。与会学者认为今人经学研究有胜过古人的地方,例如,使用制图软件对于理解《左传》中战争的原因和进程有很大帮助;利用制作动画软件可以分析《仪礼》中的揖让周还与方位次序。与会学者一致认为经学研究除了扎实的基本功之外,还要有开阔的国际视野。同时要注意中国经学有别于西方的工具理性,关注人自身的问题,传统经典在中国现代化进程中的价值不可低估。

《学术月刊》杂志社等单位联合主办“国民革命与中国现代文学”国际学术研讨会

由上海市社联《学术月刊》杂志社、北京师范大学、四川大学、中华文学史料学学会联合主办，四川宜宾学院承办的“国民革命与中国现代文学”国际学术研讨会于2014年7月13日至15日在宜宾举行，来自澳大利亚新南威尔士大学、韩国东亚大学、蒙古国乌兰巴托商学院，以及中国的台湾大学、台湾政治大学、北京师范大学、四川大学、中国社科院、西南大学、上海交通大学、厦门大学的50余位专家、学者围绕“国民革命的文学书写”“中国现代作家的国民革命体验”“革命文学的演变”“中外革命文学史的比较”等话题展开了热烈的讨论。

2014年是国民革命爆发九十周年，这是一个影响现代中国作家及现代文化发展的重要事件。迄今尚未引起中国现代文学界的广泛关注。此次会议属于学界的第一次，与会学者自觉运用“民国史”视角，在文与史的对话中深入研讨了拓展现代文学研究的若干可能，对于推进现代文学的学术思考具有积极的意义。北京师大李怡教授、中华文史学会刘福春教授、台湾政治大学张堂锜等以对民国革命的深度认识揭幕，《学术月刊》编辑张曦在开幕式上代表杂志社致辞。两天紧张热烈的讨论后，上海交通大学张中良教授进行了学术总结和评论，台湾大学黄美娥教授作学术感言，四川大学教授、宜宾学院文新学院名誉院长曹顺庆致闭幕词，再次感谢《学术月刊》对学术生长点的敏锐把握和不遗余力的支持。

上海市社会科学界举行纪念邓小平同志诞辰 110 周年暨"全面深化改革与创新发展"理论研讨会

8 月 8 日，上海市社会科学界在西郊宾馆会议中心百花厅召开纪念邓小平同志诞辰 110 周年暨"全面深化改革与创新发展"理论研讨会。会议由市社联党组副书记、专职副主席桑玉成主持，市社联主席秦绍德致辞，市社联专职副主席刘世军宣读主题征文获奖名单，市社联党组书记、专职副主席沈国明出席会议并讲话。华东师范大学齐卫平教授，复旦大学企业研究所所长张晖明教授，上海社科院经济研究所所长石良平研究员，复旦大学国际关系与公共事务学院刘建军教授，上海师范大学法政学院院长蒋传光教授，中共浦东新区区委常委，宣传部部长尤存，中共上海市委党校袁秉达教授等本市社科界专家学者做主旨发言。会议还对在"全面深化改革与创新发展"主题征文活动中组织工作突出的学会进行了表彰。全市社科工作者、应征论文作者和相关学会负责人 150 余人参加会议。

在深入学习贯彻落实党的十八届三中全会精神，全面深化改革的热潮中，与会者深切缅怀邓小平同志的丰功伟绩，追思和学习老一辈无产阶级革命家为党、为国家、为民族、为人民矢志奋斗的革命精神和崇高品质，从而进一步坚定走中国特色社会主义道路的决心，投身于全面深化改革，为实现中华民族伟大复兴的中国梦作贡献。有学者强调要深刻体会邓小平同志中国特色社会主义初级阶段理论的重要意义和实践价值，进一步推动上海向全球科技创新中心转型；同时用新的理念深化邓小平同志的思想，进一步落实到未来的经济发展战略之中，才能加深对中国特色社会主义理论的认识。有学者指出，正是定位改革开放的发展方向、提出四项基本原则、明确改革开放历史方位、排除改革开放的思想障碍等方面的战略思维奠定了邓小平作为改革开放总设计师的地位。党的十八大以来，以习近平同志为核心的党中央形成了加强顶层设计的新思维，强调改革开放必须着眼整体和通盘的制度性安排，正是对邓小平战略思维的继承和发展。有学者提出，邓小平理论中有关社会主义法治的内容占很大比重，涉及社会主义法治建设的各个领域。邓小平结合中国的国情和社会主义法治建设实践，不仅为中国法治社会的建构勾画了清晰的框架轮廓，而且把马克思主义发展到新的阶段，对马克思主义法学基础理论和部门法学理论作出了新的贡献。有学者认为，作为改革开放总设计师的邓小平同志在探索中国特色社会主义道路的每一步，都蕴含着强烈的时代感、历史感；在设计推进每一项重大改革开放实践的时候，总是满怀百年的历史忧患。邓小平同志在浦东开发的过程中，一开始站在百年历史当中定位上海，提出不能在眼前思维当中打圈子，要用战略眼光、宏观眼光分析问题看待上海。

沈国明书记在总结讲话中强调，缅怀伟人，展望未来，一要进一步加强和深化对中国特色社会主义理论体系的研究与总结，充分体现社会科学的实践价值与应用价值，进一步服务社会主义现代化建设事业。在当前深化改革开放、推进科学发展的实践中，社科界有责任、有义务不断加强对坚持中国特色社会主义的研究，要深入总结和阐述改革开放和中国特色社会主义现代化发展所取得的成功经验，面对新的形势、新的任务，全面建成小康社会，进而建成富强、民主、文明、和谐的现代化强国，实现中华民族伟大复兴的中国梦。二要进一步深入探析和阐述中国特色社会主义理论体系形成的思想根源、指导地位和历史意义，研究总结马克思主义中国化、时代化、大众化取得的重大成果和推进的主体，以及需要解决的重大问题，为社会主义现代化最新发展提供科学的阐释和理论依据，党的十八大以来，党中央提出许多具有重大意义的理论和实践方面的重大课题，这些课题迫切需要社科界从中国社会主义现代化宏大进程的历史条件、文化底蕴、现实依据、内在联系、本质特征和发展趋势上进行系统的全面深入的研究，并做有深度的理性回应。三要重视和加强对重大现实问题的学术关注，为上海发展提出新的理论，作出新的理论贡献。要坚持把当前改革开放和现代化建设当中的重大理论与现实课题，作为我们哲学社会科学研究的主攻方向，努力提高研究的科学性、针对性和预见性。要聚焦加快政府职能转变，扩大投资领域开放，推进贸易发展方式转变，深化金融领域的开放创新，推进财税体制改革，推进诚信建设，积极推进法治建设法治中国一系列问题，力争拿出一些有深度、有分量、有价值的研究成果，真正发挥社科界智囊团和思想库的作用。

《学术月刊》杂志社等单位联合举办“历史与展望：中西交通与华夏文明”国际学术研讨会

8月19日至22日，“历史与展望：中西交通与华夏文明”国际学术研讨会暨丝绸之路经济带高层论坛在兰州召开。此次研讨会由上海市社会科学界联合会与西北师范大学丝绸之路与华夏文明协同创新中心联合主办，《学术月刊》杂志社和西北师范大学历史文化学院承办。来自金泽大学、奈良女子大学、中正大学、北京大学、复旦大学、厦门大学、中山大学、兰州大学、西北师范大学及中国社会科学院等高校科研机构的120余位专家参加了本次会议。会议从丝绸之路源头、形成动因、丝绸之路文明的内涵、丝绸之路与华夏文明走向世界及甘肃在丝绸之路上的历史地位等方面全方位探讨丝绸之路文明，为华夏文明传承创新区建设注入新要素。

多学科认定丝绸之路形成的早期源头

与会专家从历史学、考古学、基因学三个方面进行了论证了丝绸之路的起源。王巍说，古代文献中关于西周穆王与西王母的交往是了解丝绸之路发展的重要线索，张骞出使西域，并非是丝绸之路的开始，而是开启了古代东方与西方交流的新时代。王子今认为，在张骞“凿空”之前，被后人称为“丝绸之路”的东西通道就已经发挥着促进文化沟通、文化交流、文化汇融的作用。韩昇依据复旦生科院团队对新疆小河墓地的古代人类检测，亚洲谱系基因的贡献率在50％—60％，大于欧洲基因的比率。得出在亚系与欧系交汇的新疆地区，而且东西方基因的交流混合的时代要提前3500年到4000年。王巍认为：从穆天子传等文献的记载，考虑到当时的交通手段，西王母的活动范围在甘肃青海至新疆东部的可能性较大，西王母很可能是创造寺洼文化集团的首领。易华认为，丝绸之路穿过齐家文化分布区，齐家文化是东亚文化旧传统与中亚文化新风尚结合的产物。齐家文化是夏代文化，开启了二里头、殷墟文化传统，奠定了中国文化的基调。吴锐认为，认识夏文化最重要的是跳出“夏文化起源于中原”的思维定式，“夏”最初只指西北的一块具体地域，夏文化起源于西部甘肃陕西一带的渭水流域。李并成认为，甘肃是我国历史上率先对外开放的地区，甘肃为世界上独一无二的规模壮观的石窟走廊和艺术长廊。

丝绸之路开通源于人类相互交往的需求

丝绸之路形成的动力在于各地区民族间交往的需求，这一点已经得到与会专家认同。

丝绸之路自史前时期就是中华民族的先民与生活在中亚、西亚和地中海沿岸地区的人们友好往来之路。姜波认为，丝绸之路对于促进丝绸之路沿线国家和地区的政治、经济和文化的发展发挥了极为重要的作用，明代输入的宝石深刻影响了明代的社会经济生活。丝绸之路是古代中西方文明交流的第一大通道，甘肃是丝绸之路上的黄金路段。对"丝绸之路"和"华夏文明"相关热点问题进行专题研究，所取得新的见解，对丝绸之路经济带建设产生积极的影响。丝绸之路文化具有多样性、开放性、包容性。丝绸之路历史悠久，丝绸之路内涵极为丰富。丝绸之路的历史意义在于极大地丰富了世界文明的多样性。丝绸之路是互通互惠之路，是古代中国向世界输出文化的通道，也是向世界学习的窗口，它既是一条中西方的贸易之路，也是一条文化传播之路。丝绸之路中国段丰富的文化遗产促进了近代中国及世界学术的大发展。中西交通、丝绸之路、华夏文明三者内涵不同，但共同涉及一个我们关心的主题：华夏文明走向世界。在建设丝绸之路经济带的新形势下，国内外专家齐聚一堂，探讨丝绸之路的辉煌历史和美好未来，意义重大。

《学术月刊》杂志社等单位联合举办“印刷与近代中国:第二届传播视野下的中国研究”学术研讨会

9 月 12 日至 15 日,市社联《学术月刊》杂志社和复旦大学信息与传播研究中心联合举行的第二届“传播视野下的中国研究”学术研讨会在上海召开,来自中国社会科学院、台湾中原大学、复旦大学、浙江大学、暨南大学等十余所高校和研究院所的三十余位学者出席了本次研讨会。研讨会以“印刷与近代中国”为研究主题,与会学者就报刊与近代社会变迁,近代中国的报人及其身份和阶层建构,阅读、传播与近代中国市民文化,印刷、教育与近代思想文化,纸媒广告与消费社会,报刊与晚近上海都市文化等议题进行研讨,认为近代以来引入的报刊等传播技术革命改变了近代中国都市人的生活和沟通方式,也在影响着商业经营模式的发展和学术文化的交流与传播,而由此带来的影响在逐步改变近代中国社会的各种关系和结构,也引起整个社会交往模式的变迁。本次会议以开放的精神,让各学科学者共聚一堂,以传播的视野研究近代中国,共同探索前沿学术问题,开拓近代中国研究的新路径、新方法。

加强人大制度理论研究，推进人大制度实践发展

——上海市社科界研讨“人大制度发展与国家治理现代化”

9月28日，上海市社联、市政治学会、复旦大学选举与人大制度研究中心联合举办“人大制度发展与国家治理现代化”学术研讨会，纪念我国人大制度创立60周年，学习习近平总书记在庆祝全国人大成立60周年大会上的重要讲话精神。市社联党组副书记、专职副主席、市政治学会会长桑玉成主持会议，全市社科工作者、全国人大代表和市人大实务工作者60余人参加研讨和交流。

市社联主席秦绍德，市社联党组书记、专职副主席沈国明分别结合自己具体从事人大有关工作的切身经验做了主旨发言和交流讨论。

秦绍德是第十一届全国人大代表，同时也是第十一届全国人大科教文卫委员会委员。他在题为“完善人民代表大会制度大有可为”的发言中指出，人大制度是我国的根本政治制度，我们既要毫不动摇地坚持人民代表大会制度，也要与时俱进地完善人民代表大会制度。坚持是完善的前提，同时完善又是坚持的条件。他还提出进一步完善人大制度的两个具体方面的内容。第一，要继续改进人大的立法工作，提高立法的科学化水平，要科学制定立法规划，广泛听取各方面的意见；第二，人大的监督工作要真做、做实、动真格，进一步提高人大的权威性，执法检查不能走过场，对重大问题的监督要询问和执行，监督工作的结果要公开。

沈国明曾长期担任市人大常委会法工委主任，他的发言主题是“充分发挥人大及其常委会的作用”。在发言中，沈国明指出，人大制度是我国的根本政治制度，人民代表大会应该在我国政治生活当中发挥更大的作用，才能满足我国经济社会发展的现实需求。他从中国社会发展的多重复杂性的现实出发，具体强调要进行两方面工作的改进和完善。首先，在人大立法工作上，需要对立法的选项、立法的过程直至最后出台立法的文本，进行改进和提升。要积极听取不同利益群体的诉求，形成共识，特别是应该面对最现实、最直接、矛盾最凸显的社会问题进行立法。立法的过程也应是充分博弈的过程，只有进行充分博弈，才能使出台的法律文本在现实生活中充满生命力。其次，在人大监督工作上，需要进一步重视和加强。现在有立法权的人大及其常委会，是将绝大部分精力放在制定规则即立法上，但目前的社会现实却不是立法少，而是立法多，不是立法执行得好，而是法律没有得到很好的执行。怎么能够帮助这些法律法规落到实处？人大的监督工作应该大大加强，如对财政预算的监督、对人事任免的监督等方面都是大有改善和提升的空间的。

在研讨会上，来自复旦大学、华东师范大学、华东政法大学、市委党校、市人大研究室的十余位相关专家学者围绕人大制度的理论基础、实践发展和运行机制、人大制度对促进中国国家治理能力现代化的积极作用等方面进行了专题交流，并形成了如下基本共识：第一，坚持和发展好人民代表大会制度是增强中国人民社会主义制度自信的关键一环，是从根本制度上建构社会主义理论自信与道路自信的重大战略。第二，坚持和维护党的领导是人民代表大会制度改革完善的基本保障，尊重和保持人民当家作主和人民群众的创造精神，是人民代表大会制度有效运转的坚实基础。第三，善于使党的主张经由人民代表大会通过法定程序成为国家意志，善于通过国家政权机关实施党对国家和社会的领导，善于运用民主集中制原则维护党和国家权威、维护全党全国团结统一，是推进党和人民治国理政能力现代化的最优选择、最佳路径。

与会者一致认为，习近平总书记在庆祝全国人大成立60周年大会上的讲话是我国人民代表大会制度与时俱进的重要指南，也是中国特色社会主义民主政治发展的重要里程碑。在新的历史起点上，要深入领会、认真贯彻习近平总书记就坚持和完善人民代表大会制度提出的各项要求，坚定不移将社会主义民主政治建设推向前进。

“政党与国家治理”国际学术研讨会在上海举行

10月18日至19日，由上海市社联和华东政法大学联合主办，罗蒙诺索夫莫斯科国立大学政治科学系、《学术月刊》杂志社、华东政法大学马克思主义学院承办的“政党与国家治理”国际学术研讨会在华东政法大学长宁校区交谊楼隆重召开。

市社联党组副书记、专职副主席桑玉成教授，莫斯科国立大学政治科学系 Andrei Shutov、Pavel Tsygankov 教授，中国人民大学国际关系学院周淑真教授，天津师范大学政治与行政学院院长马德普教授，分别就政党和国家治理的关系，从管理的视角看政党治理问题、俄罗斯的政治及政权文化变迁、俄罗斯的对外政治关系，以及十八大以来中国共产党治理腐败的路径选择等主题作了主旨发言。

会议还设有多个分论坛，来自莫斯科国立大学政治科学系以及国内相关高校的70多名专家学者分别围绕“政党建设与政党发展”“政党制度”“国家治理现代化”“政党与比较政治”“政党与治理”“中外治理实践比较”“治理的理论反思”“认同与文化治理”“民主与治理”“网络与社会治理”“政党与社会”“法治与治理”等主题进行了深入的交流与探讨。本次会议超越了观念的差异和国家的界限，搭建了一个国际性的开放、互动、平等交流的学术平台，同时又针对当前中国正处在全面深化改革的关键时期，探讨国家治理体系和治理能力现代化问题，形成了很多开拓性、创新性的意见和观点。

比利时根特大学巴德胜(Bart Dessein)教授到上海市社联讲学

随着中国的崛起,欧洲汉学界开始注意中国道路与其他国家发展路径的比较研究,试图寻找解释中国迅速发展的内在原因,同时他们也密切关注中国的发展对欧洲乃至世界可能产生的影响。中国学者有必要了解欧洲学者如何看待中国的变化,客观理性地看待中国未来的发展。

10 月 31 日,比利时根特大学汉学家巴德胜(Bart Dessein)教授应邀到市社联作题为"中国:正在崛起的全球性权力?"的学术报告,报告会由上海大学社会发展研究院特聘研究员戴勇斌主持。巴德胜教授在佛教阿毗达摩、般若学、新儒学等方面有丰硕的研究成果。他 1987 年来中国留学两年,后来多次访问中国,对中国的发展进程和不同地区的具体情况有直观的感受,这是传统汉学家所不具备的。巴德胜教授指出,欧洲的汉学在很长时间内都是以文献学为主,其中最重视的就是研究中国古代的哲学、历史、文学,很少关注当代中国的发展状况。中国自 1978 年改革开放以来,经济一直处于高速增长的时期。欧洲学者对中国发展的看法缺乏一个明确的认识,于是仿照"华盛顿共识",创立了一个新名称"北京共识"来统称这种非欧美式的发展方式。尤其在欧美国家发生金融危机后,欧美国家经济问题越来越多,中国的发展反而越来越好,不少中国企业还把并购事业发展到了欧洲,东南亚、非洲、拉美国家因为地缘政治、殖民地历史背景和发展需要,更加偏好中国的发展模式,一定程度上减弱了欧美国家的影响力。在比利时布鲁塞尔,很多思想库开始研究当代中国,关注中国是不是会给世界的格局带来挑战,会不会是一个正在崛起的全球性权力。

有研究者认为,与西方国家相比,中国快速的工业化,并随着中国发展潜力的进一步释放,很有可能在 21 世纪不远的将来成为世界上经济规模最大的国家,这在历史上是一个例外。巴德胜教授认为,中国是东亚的重要国家,在 18 世纪以前,中国的经济在世界经济总体中就占有相当大的比重。西欧率先实现工业化,经济远远超过了亚洲,中国在近代落后了。清末民初很多学者研究为什么欧洲比中国力量强大,开始认识到科学的重要性。对于现代经济发展来说,不仅庞大的人口是重要的,工业化的生产方式是更重要的。中国如果采用欧洲现代化的经济发展方式,迅速实现工业化,变成了经济规模最大的国家,那只是恢复了过去的地位。从历史的长时段看来,欧洲的崛起倒是一个意外,中国在 21 世纪恢复到本来的地位,这才是世界历史的常态。

因此，巴德胜教授认为，从经济的角度看，中国模式也是欧洲模式，发展经济的方式基本是一样的，都是工业化。中国工业化和欧洲工业化的区别在哪里呢？政治情况不一样，中国的工业化是由国家主导的。面对欧洲主权债务危机，欧洲国家难以迅速地拿出解决方案。政党政治很难达成决议，达成决议也很难有效执行。中国执政党在决策和执行上是强有力的。是不是欧洲政治领导模式落后于中国，欧洲要按照中国的模式来发展呢？对于中国的发展，欧洲有很多声音，有人建议效仿中国的发展方式，也有的人认为应更加尊重欧洲的特点，中国的经济地位很高，在全球化的大背景下，中国的经济发展已经影响到了欧洲、美洲、非洲，但是中国的影响还仅停留在经济层面。

随着中国经济的发展，中国会不会谋求一个新的全球治理模式呢？巴德胜教授指出，中国学者提出的“新天下主义”对欧洲学者触动很大。“天下制度”是不是一种不同于联合国的制度呢？中国学者往往也以中国文明对周边民族的同化力感到自豪。欧洲学者有些担心中国对世界的巨大影响。巴德胜教授认为，“天下”概念是个文明概念，而非民族国家概念。“天下”概念在历史上也有改变，在不同的朝代所指的也不同，与中国的经济文化辐射的范围有很大关系。历史上中国是亚洲的中心，现在中国与东南亚国家、非洲、拉丁美洲联系越来越紧密，中国模式可能对这些发展中国家有示范作用。但是“天下制度”有其特殊性，新的全球治理模式可能是全球各个国家共同参与构建的。

与苏联、东欧相比，中国特色社会主义的“中国特色”具体表现在哪些方面，欧洲学者并不十分清楚。巴德胜教授认为，马克思主义基本在欧洲形成，中国特色社会主义是马克思主义在中国的一种具体实现方法。中国特色社会主义是一个名称，是对于中国模式的一种概括。“小康”“和谐”这些儒家学说中的概念写进了国家的正式文件中。前不久，习近平总书记考察曲阜，表明包括儒家学说在内的中国传统文化对现实政治仍有很大影响，这也是“中国特色”一个重要的方面。

对于中国模式的未来发展，巴德胜教授认为，欧洲走出中世纪，经过启蒙运动，用了几百年时间才发展成为现代化的国家。中国1949年以前是半殖民地半封建社会，从1949年到现在已经取得了巨大的成就。但是中国人口多，地方大，发展水平不一。北京、上海很发达，甘肃、贵州等地就比较落后。中国发展面临环境污染、贫富差距、“三农”等问题。中国未来一段时间首先要解决的还是国内问题。中国属于世界，中国对世界的影响越来越大。如果中国不发展、不稳定，世界也不会稳定。中国的发展不存在危险，因为当今形势下，一个国家不会独立发展，它的发展需要与其他国家联动。只有这样，才有人类共同的和平发展的唯一可能性。

主题报告后，与会学者与Bart教授分别就“如何向欧洲民众报道一个真实的中国”“怎样来看待中国崛起对欧洲的影响”“如何看待新文化运动与新儒家的关系”等问题展开了深入的探讨。

《学术月刊》杂志社等单位联合召开第三届“知行哲学的当代研究”学术研讨会

11月1日至2日，第三届“知行哲学的当代研究”学术研讨会在华东师范大学学术交流中心召开。会议由华东师范大学知识与行动研究中心、中法联合研究院知识和行动研究室、《学术月刊》杂志社、华东师范大学哲学系、上海中西哲学和文化比较研究会共同主办，来自武汉大学、中山大学、厦门大学、首都师范大学、华东师范大学等院校的近20位学者参加会议。

在开幕式上，金福林总编代表《学术月刊》杂志社发言，介绍了《学术月刊》近一年的工作情况，并表示在未来的工作中将更加积极地参与哲学学术活动。华东师范大学哲学系主任郁振华教授欢迎各位与会代表，他向各位学者介绍了华东师范大学哲学系的学术传统以及知识和行动研究中心的宗旨，并特别感谢《学术月刊》杂志社对此次会议的大力支持。

在11月1日的讨论中，厦门大学陈嘉明教授结合赖尔的“knowing how”概念研究中国哲学的知行理论，提出了中国哲学的“力行”知识论。中山大学徐长福教授介绍了通过语用调查研究笛卡尔著作的工作，揭示了笛卡尔以“理论之我”代替“实践之我”的理论尝试。武汉大学吴根友教授认为，王夫之从儒家重视社会实际功效的角度谈论知行问题，其理论与当代哲学视域下的知行哲学之间具有内在的、理论上的可通约性。华东师范大学顾红亮教授主张，梁漱溟的知行理论采取的是功夫论进路，从默会知识论的角度看，其对情意之知的理解带有默会整合的向度。华东师范大学的郦全民教授另辟蹊径，从认知现象的自然性角度研究中国的术数文化及其影响，并认为这种研究在当代社会具有多重意义。华东师范大学的郁锋博士认为，感觉运动(sensorimotor)的研究进路，试图通过联结意识主体和环境的动态交互的感觉运动权变关系，对感觉经验给出合理解释，他对这一研究进路作了批判性的分析。中山大学朱菁教授试图把语义学反个体主义拓展到知识论，在可靠主义的基础上，构造认识论反个体主义，该理论的核心是知识是由世界、个人与社会群体共同参与构建的一种特殊关系。首都师范大学的谭笑介绍了对集体性默会知识的两种解释：集体主义解释和个人主义解释，认为现有的科学成果倾向于支持个人主义解释，集体主义解释更加接近常识。华东师范大学何静博士从身体、认知、身体——认知关系三个层面考察了具身认知研究的三条进路，即运动——知觉进路、延展功能主义进路、生成进路，相对而言，她比较倾向于生成进路的具身认知研究。

在11月2日的讨论中，华东师范大学的郁振华教授对加斯科因(Neil Gascoigne)和桑顿(Tim Thornton)的新著《默会知识》做了一番批判性的考察，认为其对默会知识的理解洞见与盲点并存，其贡献在于将默会知识概念与一些重要的当代哲学争论联系起来，但他们关于默会知识的主张在概念上还有不少漏洞。华东师范大学的宗德生教授指出，安斯康姆(Elizabeth Anscombe)的意向性理论中心议题是语言对意向行动而言是本质性的，他通过研究安斯康姆对意向行动中语言角色的讨论，展示了安斯康姆提供的两种关于理解中心议题的观点，并认为两种观点之间存在着重要张力。卑尔根大学博士生李炳洲通过知—行的语言分析，认为知—行是概念上相互依赖的范畴。华东师大张留华副教授考察了皮尔士对休谟"反神迹论证"的批评，卢析博士和章含舟博士分别汇报了他们在实验哲学和罗素亲知概念的研究成果。

本次会议就知行哲学的最新进展和诸多问题进行了充分的讨论，并在研究进路上达成了两点共识。首先，知行哲学乃至一般的哲学研究应该突破哲学二级学科的壁垒，汇聚多种专长，聚焦于当下问题的讨论。其次，应该发扬"传统的工作坊式的拥有"的态度，创造性地把哲学史资源运用到对当下问题的研究中去。

《学术月刊》杂志社等单位联合举办"现代中国国家认同的多元塑造"工作坊

2014 年 11 月 1 日至 2 日,《学术月刊》杂志社、华东师范大学知识分子与思想史研究中心在华东师范大学闵行校区联合召开了"现代中国国家认同的多元塑造"工作坊。本次工作坊由华东师范大学知识分子与思想史研究中心许纪霖教授负责召集。参会者主要为来自华东师范大学、中国社会科学院、上海社会科学院、上海交通大学、同济大学、上海大学等学术科研机构的青年学者以及《学术月刊》编辑。这些青年学人大多于海内外著名学府接受严格的历史学训练,基础扎实,有广阔的学术视野,对国内外形势、前沿学术议题有着敏锐的感知。

本次工作坊的主题为"现代中国国家认同的多元塑造"。与会学者提交了高质量的学术论文,就国家认同的政治思想基础、国家认同的高层政治塑造与国家认同的地方展开等各个方面,展开了集中而深入的研讨。工作坊研讨形成了几大焦点:一是晚清的古今国家认同的变迁和重建,华东师范大学历史系瞿骏副教授为大家呈现了清末"排满"言论的深层历史因果,同济大学历史所裴自余副教授从孔飞力《中国现代国家的起源》入手,带领大家重点探讨了传统文化因素如何深入地影响了现代国家认同的走向;第二个讨论的焦点是民国初年的国体政体设置、权威重建等相关问题,华东师范大学社科部宋宏副教授、上海社科院历史所沈洁副研究员、上海大学历史系严泉副教授提交的论文在此问题上展开了细密而深入的讨论,在会议上形成了激烈的论争;第三个焦点则由中国社会科学院近代史研究所刘文楠、李志毓等引领,二人利用具体的个案研究,带领与会代表深入考察民国时期新生活运动在地方社会的开展、政治权力如何改造和利用传统信仰形式来实现国家认同,从而从一个更为具体的层面和角度来理解国家认同的塑造过程。

发挥志愿服务在创新社会治理中的作用

——2014年上海志愿服务论坛综述

12月上旬,上海市文明办、市社联、市志愿者协会联合举办"志愿服务与社会治理"2014年上海志愿服务论坛。论坛由市文明办副主任、市志愿者协会常务副会长姜鸣主持。上海市社联党组书记、专职副主席沈国明到会致辞。上海市委宣传部副部长、市文明办主任、市志愿者协会会长燕爽做了主旨演讲。上海社科院社会学所所长杨雄,上海根与芽青少年活动中心理事长陶瑞林,市伦理学会会长陆晓禾,市志愿者协会副会长徐中振,上海理工大学党委书记沈炜,上海大学社会科学学院党委书记陶倩,上海师大慈善与志愿服务研究中心副主任张祖平,宝山区顾村镇党委委员范丽君,瑞金二路街道党工委书记屠奇敏,童潇、李宗克、斯晓光、王洪、邬晓鸣5位志愿服务理论和实际工作者,参与了专题讨论。近200位志愿服务理论和实际工作者参加了论坛。与会专家围绕志愿服务参与社会治理的作用和意义、志愿服务参与社会治理的现状及面临的问题、在社会治理中培育志愿服务文化的价值和路径、以志愿服务推动社会治理创新的对策建议等一系列问题进行了深入探讨。

一、 志愿服务参与社会治理的作用和意义

与会专家认为,开展志愿服务,是创新社会治理的有效途径,对于形成党委领导、政府主导、社会协同、群众参与、法治保障、民主协商的社会治理新格局具有重要作用。燕爽认为,志愿服务参与社会治理有利于理顺政府与社会的关系,促进"全能政府""管控政府"向"有限政府""服务政府"的职能转变,激活社会力量参与社会治理的潜力,拓展多元主体参与社会治理的社会化渠道。徐中振认为,志愿服务有助于构建一种非亲情、非熟人的新型社会互助关系、社会参与途径和社会组织方式,通过将个人幸福感和社会福利连结起来,培育和确立一种新的社会公共精神,在关注公共生活和担负公共责任的同时,获得道德精神的升华、社会价值的实现以及自身的全面发展。陆晓禾认为,志愿服务不仅是一种无偿服务的援助行为,而且是一种以理想和信念为志向的道德行为,彰显的是公民对社会承担的高于所有具体合同或职业的"元责任",参与社会治理对于培育、激发和提升公民的"元责任",具有深远意义。

二、 志愿服务参与社会治理的现状及面临的问题

燕爽指出,上海志愿服务参与社会治理的发展历程,始终与上海经济社会转型和志愿

服务事业发展相伴而行，孕育在改革开放的洪流之中，在精神文明创建中蓬勃发展，在和谐社会建设中渐成体系，始终与中华传统美德一脉相承、与“学雷锋”活动同促互融，渗透在上海城市精神的血脉深处，并且在实践探索中凸显了“两拓展、两转变”的发展轨迹，逐步实现了参与群体从青年和老年人为主向全社会各群体拓展，服务内容从传统便民服务、邻里守望相助为主向适应现代生活方式的公共服务各领域拓展，组织方式从行政主导为主向全社会动员转变，管理模式从阶段性、松散性向常态化、规范化转变，依托日臻完善的志愿服务工作体系，在上海社会治理中扮演着越来越重要的角色。与会学者认为，当前志愿服务仍然面临不少问题，如志愿服务常态化项目不够普及、专业化程度不高，志愿者领袖人数不足，志愿服务的供需有效对接还不够精细；组织动员方式过度行政化，公益活动与公共活动边界模糊，志愿服务泛化现象已经给志愿服务工作带来了负面影响；对志愿服务组织的扶持力度不足，志愿服务组织的成长发展较为缓慢，尤其是针对不同类型组织的支持、引导、规范和监管政策有待完善；志愿服务组织面临的财务、责任、声誉等各种风险管理问题尚未受到足够重视，制度化、规范化、法治化建设有待加强；志愿服务工作多头管理，注册和奖励办法标准不一，社会回报制度尚未健全，等等。

三、 在社会治理中培育志愿服务文化的价值与路径

与会专家认为，志愿服务文化是志愿服务的内核和精髓，是推动志愿服务事业持续健康发展的力量源泉，也是协调人际关系、凝聚社会共识、改善社会风气、培育和践行社会主义核心价值观、推动社会治理创新的丰厚土壤。有专家强调，志愿服务文化，与“仁者爱人”“老吾老以及人之老；幼吾幼，以及人之幼”“兼爱、非攻”等我国优秀传统文化的精神是一脉相承的，要大力发掘和弘扬传统文化中的志愿服务文化元素，培育全社会志愿服务文化自觉。也有专家认为，志愿服务文化是创新社会治理的润滑剂、助推剂和黏合剂，要进一步加强志愿服务文化理论研究、加强先进典型培育、拓宽培育渠道以及吸收优秀传统文化和国外先进志愿服务文化有益成果，发挥志愿服务文化在创新社会治理中的载体作用。还有专家认为，精神层面的志愿服务文化是志愿服务文化的“魂”，物质和制度层面的志愿服务文化是志愿服务文化的“体”，要通过开掘社会治理理念，提升志愿服务文化之“魂”，通过优化社会治理过程，强健志愿服务文化之“体”，使志愿服务文化渗透于社会的每个角落，融化于民众的血脉之中。

四、 以志愿服务推动社会治理创新的对策建议

与会专家指出，志愿服务参与社会治理要注重行政化推动和社会化动员相结合。政府主要发挥引导、支持、协调和监督功能，包括志愿者在内的社会治理多元主体要加强自治参与、合作协调、平等交流、民主协商。要培育共同分享的志愿精神，拓宽志愿服务主体参与的社会领域，拓展志愿服务的组织功能，形成志愿服务微观组织的自组织活力和志愿活动的社会化要素支持体系。志愿服务参与社会治理要注重广泛性参与和专业化发展相结合，形成优化志愿服务人力资源配置和提高志愿服务组织化程度的新格局，引导市民群众将志愿服务作为与自身需求相契合的现代生活方式。志愿服务机制建设要强化人群细

分,根据不同人群特点设计推广灵活、专业、适宜的常态化志愿服务项目。要强化风险管理,完善事前风险预防机制和事后补偿机制。要加大对志愿服务组织的政策扶持力度,通过购买服务、财政补贴、小额贷款等方式,采取场地供给、项目合作、业务培训、人才培养、技术咨询等措施,充分激发志愿服务组织参与社会治理的创新引擎。志愿服务要围绕民生需求开展,社区应成为今后一个时期志愿服务的重点。要以鼓励发展为主,在发展中规范,在规范中发展。要通过项目化设计、品牌化发展、专业化推进、信息化服务、社会化运作,使我国的志愿服务逐步渗透到社会治理的方方面面,成为创新社会治理的重要载体和力量。

燕爽认为,推动志愿服务参与社会治理,一是弘扬志愿服务文化,激发社会治理创新的内在活力;二是拓展志愿服务平台,汇聚社会治理创新的强大合力;三是完善志愿服务制度,加强志愿服务的制度化与标准化建设,为社会治理创新提供有力支撑。

“2014 文化金融论坛”在沪举行

《上海市关于深入推进文化与金融合作的实施意见》发布一个月之际，12 月 24 日，“2014 文化金融论坛”在上海展览中心友谊会堂举行。论坛以“高峰的呼唤：金融动力与文化能量”为主题，聚焦文化和资本的融合发展，破解对接难瓶颈问题，并首次从冷思考的视角聚焦“艺术品与金融的跨界融合”。

据悉，本次论坛由上海文化产权交易所、上海市社会科学界联合会、上海市文学艺术界联合会、上海市静安区人民政府、上海报业集团、中国金融信息中心、新华通讯社上海分社等机构主办，由东方文创网、上海民族民俗民间文化创意推广中心承办。市社联党组书记、专职副主席沈国明主持论坛，第十一届全国政协副主席厉无畏，新华通讯社副社长慎海雄，中共上海市委宣传部副部长朱芝松等出席活动并致辞。交通银行首席经济学家连平、北京大学经济学院教授曹和平等演讲嘉宾做主题报告。

随着文化产业的快速发展，文化与金融之间相互支持与渗透日益显现。金融作为现代经济的核心，已成为文化产业实现市场化、专业化、资本化发展的关键。金融机构的积极介入，金融手段的创新使用，各类资本的大量投入，融资体系的不断完善，都在助推文化产业加速升级。然而，“文化金融”概念不明、行业结构亟待优化、体制机制保障缺失等问题，也致使文化与金融仍存在较大的鸿沟。据统计，目前国内有 200 多万家文化企业，其中 80％是小微文化企业。小微文化企业大量存在于文化产业链前端，进行着文化产业领域极为重要的内容生产。但小微企业由于轻资产多，普遍规模较小，难以与金融实现对接。对文化企业的融资而言，除了走 IPO 通道外，暂无更好的直接融资通道，但文化企业达到上市要求的很少。因此，现阶段文化企业发生最多的融资是项目融资。项目融资发生额小，时间较短，难以获得银行贷款。从现实数据来看，企业发展仍主要依靠自有资金和社会资金投入，在我国文化产业投融资结构中银行仅占 10％，文化产业直接融资与间接融资占比仅为 22％，金融对文化企业的融资支持仍然有限。

在此背景下，国家和地方出台了多项政策支持文化产业与金融等领域融合发展。2014 年 2 月，国务院下发《国务院关于推进文化创意和设计服务与相关产业融合发展的若干意见》。3 月，文化部、中国人民银行和财政部发布《关于深入推进文化金融合作的意见》。8 月，文化部联合工信部、财政部下发《关于大力支持小微文化企业发展的实施意见》。11 月 20 日，上海出台《上海市关于深入推进文化与金融合作的实施意见》，全面推动上海文化金融的发展，该政策围绕文化金融合作机制、合作渠道、合作环境三方面，推出了建立文化金融合作联席会议制度、创建文化金融合作试验区、支持文化金融融合创新等政策。

"2014 文化金融论坛"的召开,是上海呼应中央与地方相关政策的具体举措。论坛吸引了来自文化界、艺术界、金融界、学术界以及相关产业领域 300 余人,近三十位演讲嘉宾多角度、全方位地探讨文化金融各个领域的发展现状和趋势,以及存在的问题和解决之道,为文化各类要素主体更加稳妥地实现文化金融对接提供新鲜视角与实践策略。

学术茶座

上海市社联举办“特大城市人口增长和城市管理”专题学术茶座

党的十八届三中全会的决议提出，在快速城镇化的背景下，国家将加快户籍制度改革，全面放开建制镇和小城市落户限制，严格控制特大城市人口规模。对于上海来讲，控制人口规模、实行人口综合调控已成为当前城市发展的重要工作。1 月 17 日，来自复旦大学、华东师范大学、同济大学、上海社科院、上海计划生育协会、市人口与发展研究中心、市卫生与计划生育委员会的 10 余位专家学者，围绕特大城市的人口增长和控制、上海城市人口的发展趋势与管理等问题进行了深入交流和研讨。

上海交通大学陆铭教授认为，人口作为一种最为重要的资源，对它的配置起决定性作用的仍然是市场。即使要控制人口，也需要以市场力量为先，不违反经济规律。特大城市的人口增长是经济发展、产业发展带来劳动力需求的结果，这恰恰是市场决定资源配置的一个体现。在这样的大背景下，其政策应以增加基础设施和公共服务的供给为主。发达国家的经验是将未来的人口增长作为一个预测指标，通过改善管理和革新技术来迎接挑战，而不是简单将人口作为一个控制指标。

复旦大学任远教授指出，人口综合调控要适应城镇化发展规律，当前我国仍然处于城镇化的中后期，仍然将维持大量人口向城镇和特大城镇集中的趋势。为此，城镇化发展需要实施更加包容和吸纳性的政策、策略，借以促进社会融合。特大城市人口的继续集聚和扩张仍然有内在的动力和客观需求，城市的人口管理策略需要适应城镇化发展和城市发展的基本规律，并在这个过程中通过提升城市管理水平，协调和处理人口高度集聚和城市发展所带来的矛盾和紧张。

在城市人口增长和城市发展关系的讨论中，复旦大学戴星翼教授提出，过去总把人口看成负担，这种观点其实是有偏差的。上海正面临着极其严重的老龄化挑战。如果只考虑户籍人口，20 年后上海的老龄化程度大概要高达 40%。因此处理好人口和城市发展的关系，可能还不是控制人口，反而是要保持吸收外来青年人的速度，进而保持我们这座城市的经济活力。特别是随着房价越涨越高，生活成本高居不下，人口社会保障负担过重，这些问题可能在将来导致上海难以集聚足够的劳动力，这对上海城市发展是不利的。

华东师范大学人口所朱宝树教授提出，上海控制人口需要跳出上海看上海：第一，上海作为全国的上海，既要“独善其身”，也要分担国家发展的责任，不可能首先追求“理想人口规模”。第二，上海的发展不仅仅是为上海本身，它对长三角广大地区形成了强大的辐射带动作用。在城市化进程当中，人口向上海集聚不可避免，因此，城市发展一方面要控量，即控制人口数量，但不要太纠结于上海能够容纳多少人口的问题；另一方面是扩容，即不光是上海本身要扩容，还要带动周边很多中小城市扩容，通过城市体系建设来增加大都市地区的人口容纳能力。要避免“控制人口总量”搞成“控制人口数字”。

同济大学诸大建教授提出，对于城市人口调控有三种观点：一是严格调控，二是完全放任，三是进行适当的引导。他认为，适当的引导是城市管理者实现人口和城市发展相协调的较好办法。为此，应该从城市集群的角度来思考所谓的人口综合调控，上海不是一个通常意义的特大城市，而是一个城市集群，对于上海和北京这样的特大城市发展来说，需要在更大的城市集群角度考虑人口和城市的关系。

上海市卫生和计划生育委员会改革处副处长冷熙亮回顾了北京和上海实施特大城市人口控制的历史过程。上海为了控制人口的快速集聚曾采取两次措施：一是 2002 年 6 月 15 日引进居住证；二是 2003 年 4 月 1 日取消蓝印户口。他认为，严格控制特大城市规模是上海城市发展政策上一直坚持的，但是总体而言对人口规划目标是步步为营、后期补救。冷熙亮提出，应该通过产业调控和严格的社会管理来进行人口调控。人口综合调控的主要手段是以业控人、以房管人、以证管人。对于人口综合调控，第一要靠市场、靠产业调控；第二靠法制，推动综合管理，并在基本公共服务均等化基础上提供相应服务。

上海市人口学会会长孙常敏认为，大城市人口问题的实际源头是中国的城乡差别问题，因此人口调控一定要有大区域概念。人口综合调控要全国调控，一边消除城乡差别，一边调控人口。他提出，人口问题是综合性问题，因此人口综合调控需要在体制上成立具有综合功能的人口委员会，上海可以首先建立人口管理委员会，把各个部门的人召集起来，出台一系列政策和管理服务。

上海市人口与发展研究中心副主任黄玉捷提出，人口控制不能通过行政化的方式将指标划分到区县。过去几年上海一直是用数量来控制各个区县的人口，实际上效果不好。因为各个区县发展具体情况不同、发展不平衡，如果把指标分到各个区县，实际上很难实现，还出现一些数字造假的现象。她提出，人口综合调控要站在全市的角度来思考和实施，同时要站在长三角、要站在全国高度来审视和布局人口调控。

上海社科院城市与人口发展研究所副所长周海旺对开展人口综合调控提出八点意见：第一，要把中国国情与世界规律结合起来；第二，区域调控和城市调控相结合，上海城市人口调控与周边大上海区域的苏州、嘉兴等周边城市调控应相结合，通过产业结构调整，避免劳动密集型企业大量进入；第三，中心城区调控与郊区城市发展相结合，中心城区人口控制应严格一点，郊区新城要加快发展；第四，人口调控与产业发展结合起来；第五，人口数量调控和素质调控相结合；第六，控制人口流入和提高生育水平相结合起来，一方面控制人口进来，另一方面要根据政策鼓励生育，这样才能从根本上解决上海人口问题；第七，短期整治与长效机制建设相结合；第八，公共服务与社会管理相结合，将流动人口对城市的贡献和提供公共服务结合起来。

上海市社联举办“上海文化软实力建设”专题学术茶座

3 月 11 日，来自复旦大学、上海大学、市文明办、市文化产权交易所、世博会博物馆等单位的相关专家学者，围绕文化软实力建设、增强城市文化活力、金融软实力的提升等问题进行了深入交流和研讨。在研讨中，有学者认为，上海的第五个中心建设，须以文化作为核心方向和目标，使之成为国际文化大都市的重要配套，进而促使整个国家的文化软实力建设上一个台阶。

现阶段中国的文化产业，在动力机制上，有本末倒置之嫌。各种文化产业优惠政策，一方面的确有效表达了政府振兴民族文化的强烈意愿，另一方面也以有悖于市场经济规律的方式，破坏了有序的市场竞争，伤害了优势文化企业的发展。与会专家一致认为，首当其冲，就是要自觉调整和转换源于经济治理的政府行为模式与惯性。上海市文化产权交易中心首席执行官袁刚指出，立足上海本土特色，政府应该重点针对比较新的文化业态，也包括影视文化产业，建立起合理的经济价值评估体系，促进相关企业更顺利地找到可持续发展的路径。上海市文明办乔安水认为，作为政府方面要克服两种冲动：第一，要克服急功近利的经济冲动。这 30 多年来，我们经济发展迅速，城市形象变化很快，但是，人的素质提升不可能那么快。因此，发展软实力，我们政府现在可以做的事情是，能否让经济发展稍微慢一点，等一等。第二，要克服行政干预的管理冲动。现在我们政府整个的管理体系和思路，仍然是自上而下的，但文化软实力的培养需要自下而上。尊重民意、尊重市场、尊重社会的真实需求，建立自下而上的目标设定议程，让政府真正地从管理者变成服务者。上海大学巫景飞老师肯定了上海在制度、宣传等方面给予文化产业非常多的关心，但他认为，与关心相匹配的资源支持结构、力度和方式是否合理更重要。否则，不恰当的过多关心反而会抑制创新力的发展。青鸟新媒体总裁许瑞容则就其体会指出，做文创重在文化土壤的培养，文化很丰富、很多元，最好不要界定太多既定走向，哪些地方有原创力在，资源自然就会逐渐朝哪里聚集。外部干预过多，会扰乱资源集聚，尤其是创新智力资源的走向，既不利于文化的发展，也不利于文创产业的发展。文化需要时间慢慢去塑造，不能太急功近利。

随着文化体制改革的深入推进，非公有资本进入文化领域的广度、深度不断拓展，民营文化产业在日益开放宽松的大环境下取得了一些进步。但根据文化部 2010 年对我国 300 家民营文化企业的专题调研结果显示，56.7％的企业融资困难，超过 80％的企业主要依赖自身积累,融资方式极为单一。2012 年以来,各部委密集出台鼓励民营资本的政策细则,落实 2005 年国务院提出的"非公有制经济 36 条",民营文化产业的发展愈发引人关注。巫景飞老师认为,媒体文化创意产业离不开政府的支持,但目前我们的文化产业最突出的问题是,民营成分太少,国有成分太多,且给予民营的支持太少,以至于民营企业被压住了,难以有创新。创意层面上,未必一定要有组织、有规模的企业才做得好。缺乏创意已经成为文化产业发展的软肋。上海红砖文化传播有限公司董事长刘畅尹更进一步指出,整个上海,不管是文化创意产业,还是其他相关行业,真正的活力源自很多小的工作室,是民间力量,它们代表着特别有活力的文化生态,靠自己拼命繁衍、发展。他们既需要硬支持,也需要精神层面的软支持。比如,文化类社团的设立,是否可以更容易一些?更多元一些?能否建立多元的、通畅的沟通渠道和平台,包括企业相互之间,与政府之间,与其他非营利机构之间。多元沟通本身就能够逐步将昂贵的创业成本、生活成本降下来。业界彼此分享与联络,就是一种无形的增值。因为发展文化,需要我看到你,看到你以后才能看到我自己,厘清优劣,自我完善。

发展软实力,尤其是文化软实力,政府需要有比发展经济更高的智慧与能力,需要有比发展经济更灵活、更开放、更前瞻的政策体系。比如在人才方面,上海世博会博物馆美术总监项欣荣谈了自己对"海纳百川"的体会,上海文化资源和人才很多,但我们相对缺少的是包容。海纳百川是对的,但是有很多东西需要包容,包容既是一种力量,也是一种态度。我包容你了,你可以做了,这是一种高高在上的姿态,行不通的。要真的把人家当自己人,才代表上海的软实力,表达出一个城市的大度气质。每个人做每件事都要很真诚,这个城市的文化软实力才能慢慢培养出来。复旦大学新闻学院周笑老师则结合自己一直从事的新媒体传播和文化产业方面的研究指出,无论从政治、经济还是文化层面来说,软实力的取向和标准都应是一致的,就是"能否把做人的尊严带到社会底层"?乔安水也认为,软实力不是建设出来的,而是硬实力或者客观环境发展到一定程度后,必然地、自发地要求软实力与之相匹配,不可能超越硬实力的约束来发展软实力。如果说我们不研究怎么去配合硬实力,我们的软实力发展就只能是被动的、不合拍的。只有主动地去研究其中的规律,才可能有所作为。

上海市社联举办“自贸区建设与政府管理创新”专题学术茶座

改革开放以来，我国经济取得了快速的发展，很大程度是得益于通过体制改革和市场化改革获得的巨大制度红利和改革红利。然而过去一段时间改革缓慢，经济转型缓慢，经济增长质量不高，产业发展也处于全球价值链的低端环节。推动新一轮的制度改革，进一步开放市场，成为转型时期中国经济社会发展新的动力和增长的源泉。而中国（上海）自由贸易试验区建设符合主动改革开放的需求，同时也为中美谈判、TPP 协定中高标准投资贸易规则的制定提供了试验田。如何进一步深化政府管制制度创新，是完成自贸试验区建设的关键环节。3 月 19 日，来自上海财经大学、上海对外经贸大学、上海社科院、上海证券交易所等单位的 10 余位专家学者，围绕自贸试验区发展创新、现代政府建设与政府职能转变、金融综合监管、负面清单管理等问题进行了深入交流和研讨。

上海财经大学孙元欣教授指出，深化自贸试验区外资负面清单管理，乃至在全国推广，需要把握好五大关系：第一，投资涵盖“窄口径”和“宽口径”的关系。目前，自贸试验区试行的投资待遇形式只涉及很小部分，有很多形式还没有涉及。新兴产业审慎开放和采用负面清单管理，也需要进一步明确。第二，政府规章和法律体系的关系。美、英、法、德等国实行基于法律体系的外资负面清单管理。借鉴国际经验，我国政府规章应以法律体系为基础，应加强我国通用法、专门法与政府规章之间的衔接。第三，外资负面清单和综合配套政策的关系。实施外资负面清单管理，也需要完善综合配套政策。第四，自贸试验区负面清单和全国版负面清单的关系。从国际经验看，由于外资政策与国家关系、国际政治、外交、军事等紧密相连，我国编制全国版负面清单，应该在国家层面展开，编制负面清单的试点不能各地开花。第五，企业引进来和走出去的关系。把握好引进来和走出去的关系，完善境外投资服务促进机制，形成多部门共享的信息监测平台，拓展境外投资形式，是对应外资负面清单管理的重大改革任务。

上海对外经贸大学冯军教授对上海自贸试验区如何适应经济全球化的新业态、新问题和新规则的变革，提出几点思考：一是要在自贸试验区的投资管理体制、服务贸易和金融监管方面进行体制机制的创新，加强事中事后的监管，形成有利于投资、服务贸易和金融发展的营商环境和经营监管制度，进一步促进贸易投资的便利化。二是进一步完善监管制度，积极应对电子商务（数字贸易）、服务贸易和货物贸易融合的态势。三是除了进一步强化原有的货物贸易便利化的措施外，自贸试验区还要试验更多的投资便利化，服务贸易、金融服务便利化的措施。四是要按照国际通行规则建立市场化、法制化的国际营商环境。

上海社科院徐明棋研究员认为，上海自由贸易试验区的金融改革开放吸引着全球的目光，因为这关乎上海国际金融中心建设，关乎人民币国际化的进程。“一行三会”关于上海自由贸易试验区金融改革开放的条例和实施细则都已经陆续出台，企业十分关注的“自由贸易账户”也开始落地，自由贸易试验区与海外的资金自由流动和货币的自由兑换已经起步。利率已经在自由贸易试验区先行一步实施市场化，自由贸易试验区的其他金融活动，比如原油期货和黄金期货交易也将更加国际化和市场化。这些都是为未来在更加广泛的区域内进行金融市场化和国际化的改革进行的试验。

“城市级差地租理论新思考”学术座谈会

4月11日，上海市经济学会学术委员会在社联星期五茶座举办“关于城市级差地租理论的新思考”学术座谈会。会议由学术委员会常务副主任、社科院经济所副所长权衡主持。

复旦大学教授王克忠首先介绍了自己多年学习研究马克思关于级差地租理论的一些思考。他提出，在一块土地上的每一项投资都有二重性收益，即在产生级差地租Ⅰ、Ⅱ外，还必定对投资地的周边地块产生辐射作用而引发土地增值。现实中，特别是城镇化进入高速发展期，这种辐射效应大量地、经常地存在。这里的增值与马克思所说的级差地租Ⅰ、Ⅱ是同一形态，还是级差地租的新形态？他认为，这是级差地租的新形态，可定义为级差地租Ⅲ。他希望各位专家帮助分析这一观点在理论上能否成立，对实际工作是否有意义，从而更好地开展研究。

对王克忠教授多年来孜孜不倦地坚持学术研究为社会服务的精神，与会者一致表示敬意，并从不同角度对“级差地租Ⅲ”的含义、科学性等发表了各自的观点。

上海市经济学会副会长、易居房地产研究院院长、华师大教授张永岳表示，王克忠教授从基础理论着手试图概括一个新的范畴，有勇气、有创见、有价值。在理论上，依据马克思级差地租理论，由级差地租Ⅰ、Ⅱ的“外部性”（又叫“外部效应”或“溢出效应”）产生新的价值，称之为“级差地租Ⅲ”，这从探讨角度看有积极意义。但要形成一个新的理论还需要丰富和深化，并要在更大的理论体系中进行多角度验证。就现实而言，提出“级差地租Ⅲ”有积极作用。如地铁开通了，地铁附近地块房价就上涨了，这种溢出效应而产生的级差地租，应该归谁所有？如何分配？如果能进行前瞻性研究，增强预见性，不少问题可以避免。

上海市房产经济学会常务副会长李国华回顾上海旧城区改造取得成功的事实，说明马克思关于级差地租的理论对实践有重要的指导作用。针对“级差地租Ⅲ”的命题，他认为，土地使用者追加开发投资改善环境和基础设施的结果，客观上不仅使被开发的土地增值，引起级差地租Ⅱ的增加，而且对周边地块产生“辐射”效应，引起级差地租Ⅱ的增加。从马克思对级差地租分类的依据看，级差地租Ⅰ的形成条件是“区域”，级差地租Ⅱ的形成条件是“投资”，而王克忠教授所说的“级差地租Ⅲ”的形成条件仍然是“投资”，实质上已包含在级差地租Ⅱ之中了。

上海市经济学会副秘书长、《资本论》研究专委会主任、复旦大学泛海书院常务副院长严法善认为，王克忠教授命题的意义在于研究土地开发后的溢出效应归谁所有。房地产开发，带动周边地块价格上升，这种增值正是因地理位置（区域）的优势而产生的，按照马克思对级差地租的分类，可归结到级差地租Ⅰ之中，因此不宜再提出一个“级差地租Ⅲ”的问题。

上海市经济学会副秘书长、中共上海市委党校上海发展研究院常务副院长鞠立新认为，马克思的级差地租指的是农业地租，王克忠教授讲的是城镇地租。在上海这样的大都市，近郊集体经济的农村，一大批土地占用者都“发财”了。为什么会出现这种现象？说明现有的土地使用、管理制度存在问题，从经济学上说，这是上海近郊的地理位置优势形成的土地增值，这种溢出效益应归到级差地租Ⅰ的范畴。

华东师范大学教授陈伯庚认为，王克忠教授提出的“级差地租Ⅲ”有积极意义，但就其内容而言马克思论述的级差地租Ⅱ已经涵盖了。他简述了几点看法：(1)城市土地级差地租问题本质上是建筑地租问题。土地区位是级差地租Ⅰ产生的主要原因，地铁改变交通条件，从而使附近建筑地块升值，带来级差地租。(2)土地垄断价格是级差地租的主要来源。土地垄断价格产生的原因在于：土地的固定性和不可移动性；土地的稀缺性；土地需求的无限性。(3)马克思论述建筑地段的地租时明确指出，不仅人口的增加，以及随之而来的住宅需求的增大，而且固定资本的发展都必定会提高建筑地段的地租。(4)在城镇化过程中，地价必然上升。建筑投机者的真正对象不是房屋而是地租。(5)建筑地租造成土地升值，并直接地成为开发商超额利润的主要来源。(6)级差地租收益由市场分配，政府、开发商和银行各自得到一定的份额。

上海市经济学会社会主义市场经济研究专委会主任、华东师范大学教授陈承明认为，党的十八届三中全会明确提出“市场在资源配置中起决定性作用”，如今不同经济领域的市场化程度并不一样，还存在要素市场缺失现象。金融领域市场化步伐较快，已没有无偿使用的资金了，但在土地资源领域总体上不收地租，实际上在一定程度上放弃了土地的所有权，这不仅使很多土地收益流失，而且使土地的利用效率下降。因此，要发展和创新级差地租，必须从征收绝对地租开始。

上海市经济学会名誉会长、学术委员会主任袁恩桢在总结发言中指出，经济学的一个很大特点就是实践性。王克忠教授提出“级差地租Ⅲ”的问题已经多年了，这个问题相当重要。级差地租会产生哪些正、负效应，会否推高经济发展成本，产生泡沫，等等，需要很好研究。今天大家提出不少问题，涉及西方经济学与马克思经济学融合的问题，可以结合起来一起研究。

权衡指出，级差地租Ⅰ、Ⅱ、Ⅲ如何划分，关键看来源。在逻辑上，还是要同马克思的研究一致起来。今天这样的探讨很有价值。以前，基础理论的创新研究做得不够。级差地租、价值理论等还有不少问题有待于深入研究。资深学者基础理论扎实，希望今后能进一步开展这方面的研究，并能带领青年学者一起研究。

上海市社联举办“法治政府建设”专题学术茶座

4月17日，由上海市社联和华东政法大学行政法学科联合主办的“法治政府建设”学术茶座在华东政法大学举行。华东政法大学副校长顾功耘教授致辞，市社联党组副书记、专职副主席桑玉成教授做主题发言。上海市政府法制办副主任刘平，上海政法学院副院长关保英教授，华东政法大学沈福俊教授、魏琼教授、江利红教授等与会专家对我国法治政府建设取得的成果以及当前面临的挑战进行了总结和分析，并就如何继续推进我国法治政府建设提出建议。中国行政法学研究会名誉会长、中国政法大学终身教授应松年做总结发言。

应松年教授指出，我国行政法治的建设先于法治中国的建设，行政法治是法治中国建设的核心。早在《行政诉讼法》颁布三年后即1994年，我国便提出“依法行政”理念，后于1999年将“依法治国”写入宪法，并将依法行政目标进一步具体化，最后于2004年国务院《全面推进依法行政实施纲要》中确立建设法治政府的目标，并初步确立于2020年基本建成法治政府。这一目标的提出是我国所特有的，体现了政府法治建设的自觉性，表明了政府进行法治建设的决心，是行政法治建设必不可少的前提和基础。我国法治政府建设的发展过程，从根本上来讲就是政府与市场关系的转变过程，当前法治政府建设的本质就是建设服务型政府。我国法治政府的建设，既要借鉴国外的先进经验，也要考虑我国国情的特殊性。

刘平副主任认为，我国目前的法治状况是遵循着严格的规则主义，依法办事，这对缺乏现代法治理念的社会来说，无疑是必要的。但随着法律体系的逐步完善，成文法的不确定性、不周延性、滞后性等缺陷日渐显现，如果对这些俗称的“恶法”不加以矫正，法律会陷于形式主义的泥潭不能自拔，法律的实质正义便无法实现。成熟的法治国家都有一套矫正客观存在的“恶法”的机制，诸如原则优先定理、公共政策、黄金规则、个别衡平、法律解释、法律议论等。而我国除了进行法律修订，在法律实施层面上还没有任何矫正恶法的制度性安排，没有赋予法律实施者以应有的对恶法条进行能动性矫正的权力。所以，迫切需要一整套矫正恶法的制度性安排。

关保英教授从法治社会的大背景对“中国梦”做了解读。他认为，法治社会的“中国梦”是人民当家作主的梦想。人民群众作为国家的主人和国家政治生活的主体，不仅可以通过国家立法机关把自己的意志上升为国家法律，而且可以通过人民群众广泛的政治参与，依法管理国家事务和社会事务，促进社会主义各项事业的发展。法治社会的“中国梦”也是公民权利有效实现的梦想。我国法律体系框架关于公民权利做了从原则到具体的规定。然而，若将权利予以分解，宪法和法律赋予公民的诸多权利，其在实现路径方面还存在一些不足，特别是我国宪法关于公民基本社会权利的规定。就目前而言，其仅仅在宪法文本中作了一个较为原则的规定，而关于我国社会保障的完整法律体系和相关配套制度还没有建立起来。若要全面、有效地实现公民权利，一是要在立法中建立完整的权利体系。通过法律典则来设计公民权利的具体范畴，在法律法规制定过程中尽可能让公民自身参与，使法律法规能真正起到促进公民权利实现的积极作用。二是要完善公民权利实现的法律程序。程序是保障公民权利合理、公正实现的有效措施，程序有法律程序、行政程序等，这些程序如何设计也非常重要。

上海市经济学会举办“自贸区建设与政府管理创新”学术茶座

3月19日，上海市经济学会工业经济研究专业委员会与市社联联合举办“自贸区建设与政府管理创新”学术茶座，上海市经济学会副会长、工业经济研究专委会主任、上海财大中国产业发展研究院院长干春晖主持会议。

干春晖首先指出，改革开放以来，我国经济取得了快速的发展，很大程度得益于体制改革和市场化改革获得的巨大红利。然而过去一段时间改革转型缓慢，经济增长质量不高，产业发展也处于全球价值链的低端环节。推动新一轮的制度改革，进一步开放市场，成为转型时期中国经济社会发展的新动力和增长源泉。而上海自贸试验区的建设符合主动改革开放的需求，同时也为中美谈判、TPP协定中高标准投资贸易规则提供了试验田。如何进一步深化政府管制制度创新，成为完成自贸试验区建设的关键环节。

一、 改进政府监管职能，由事前审批审核监管向事中事后监管转变

上海社科院世界经济研究所原副所长徐明棋认为，由事前审批审核的监管逐渐到事中事后监管的本质，是要大幅度削减事前的审批流程，为经济主体提供比较简便、成本较低的运行环境。特别是在货物贸易便利化上，需要海关、商检、质监部门经过一站式或窗口式的改革，将以前繁杂的手续简化，通过电子数据平台让货物贸易变得更加简便。

上海证券交易所首席经济学家胡汝银提出，监管方式转变作为简政放权的重要内容，要加法减法一起做，在放宽事前审批审核监管的同时，对事后的行政惩处如何形成有效的执法机制、透明机制至关重要。同时监管的透明度、监管的效率要通过网络公开化。

上海对外经贸大学教授冯军谈到，由事前审批转为事中事后监管，需要自贸区建设相关部门把握创新与合法的边界，在符合相关法律规定的前提下，借鉴新加坡等国家经验，积极探索新的监管模式、方法和原则。

上海财经大学现代金融研究中心主任丁剑平认为，世界发达国家的金融监管方式主要分为综合监管模式、分业监管模式、多头监管模式、综合与分业结合监管模式，自贸区可以采取矩阵式综合监管模式，这样可以保障监管的水平和质量。

二、拓展负面清单管理模式适用领域，实现“内外资”与“区内外”双结合

徐明棋指出，自贸试验区目前只对海外投资实行负面清单的管理，应逐步考虑对内资的负面清单管理，设定民营企业可进入领域、不可进入领域以及规章程序等。这必将对中国经济发展产生更大的推动作用。

胡汝银谈到负面清单管理模式时认为，对内资企业也要实施负面清单管理模式，给予内外资企业公平的待遇。要将该管理模式向区外推广，实现区内外联动发展，从而形成可复制、可推广的经验。

冯军认为，上海自贸试验区现有负面清单的主要内容包括190条特别管理措施，却没有详细说明相应的法律依据和具体解释说明。而美国、韩国等国家的负面清单则将限制条款内容与相应的法律依据、预期变动等进行有机结合。这样既提高了清单的透明度，又避免了对清单内容的片面理解。

丁剑平在谈到上海如何吸引金融业时认为，上海自贸试验区不具备税收优惠的政策，因而适宜采用卢森堡模式，采用不严格限制法定存款准备金的方式吸引大量海外金融业。

上海财经大学自由贸易区研究院副院长孙元欣指出，《美国BIT范本》投资的具体形式有八种，涵盖的准入前和准入后国民待遇有七种。八种形式与七种国民待遇对应，形成了56种形式的矩阵型投资待遇模式。目前，上海自贸试验区试行的投资待遇形式只是其中的一小部分，很多形式还没有涉及。此外一些新兴产业如何进行负面清单管理，也值得进一步研究。

三、提升政府顶层设计能力，加强政府的公共服务与风险管控水平

胡汝银指出，政府在加大公共服务的供给并降低公共服务成本的同时，要不断提高公共服务的透明度，提升公共服务的深度、广度和效度。政府要联合高校，特别是智库的力量进行顶层设计。

冯军认为，上海自贸试验区的建设和政府管理创新要有一定的战略高度，要有战略对照点。上海可以从中欧、中美年度谈判以及中欧高层联委会中探讨的重大问题出发，来制定操作性较强的政策措施。此外，自贸试验区建设需要政府的顶层设计，金融体制改革、文化体制改革等领域，要有一套完备的政策措施，从而保证建设的成效。

上海财经大学公共经济与管理学院教授何精华认为，现代政府的一个显著特征是在公共服务方面，由过去的积极地不干预，转变为现在的积极地干预。政府的服务能力提升，在相当程度上是检验自贸试验区是否成功的关键之一。上海自贸试验区需要构建电子政务虚拟平台。要建设服务功能强大的政府网站或网上操作方式，来满足国内外客商随时随地全球化需求。还要构建一个实体的服务平台，形成自贸区一站式的行政服务中心。

上海财经大学自由贸易区研究中心副主任鲍晓华强调，政府管理的创新，首先是政府顶层设计的问题，自贸试验区总体方案当中，首先开放六大领域，涉及十几个子行业服务分类，这样的服务业开放还比较粗，政府需要对进一步开放服务业，以及相应的开放细则进行顶层设计。

四、建立完备的自贸区建设评估体系，综合客观反映自贸区的建设状况

冯军提出，自贸试验区建设要确立评估的主体、期限和原则。如美国商会、欧盟商会每年的商业调查报告，通过设计自贸区现有企业数量、拟在自贸区开展业务和创办新公司的数量等问卷，综合客观地反映了自贸区建设状况。这也是上海自贸试验区建设中的重要内容，如何设定受访企业类型、企业分类、采样、标准等都关系到评估的效果和客观性。

鲍晓华在谈到评估问题时认为，需要建立一套完备的指标评价体系，包括企业的运营状况、运营环境以及企业对落地政策的满意度等内容。上海财经大学自由贸易区研究中心已经和上海自贸试验区管委会、上海统计局联合着手建立一套功能监测指标体系。

上海市社联等召开“领导干部实践创新”学术茶座

4月17日，上海市社联与中国浦东干部学院联合召开主题为“国际自由贸易港发展及其借鉴”的领导干部实践创新学术茶座。市社联党组副书记、专职副主席桑玉成教授出席会议并致辞，中国浦东干部学院科研部主任何立胜教授主持了本期茶座，复旦大学经济学院院长袁志刚、上海社科院经济研究所副所长徐明棋、上海WTO事务咨询中心业务总监冯军作主旨讲演，中央政策研究室经济研究局副局长王兰军、中央政府驻港联络办经济部部长孙湘一、上海自贸试验区管委会副主任朱民分别作交流发言。来自国家相关部委及部分省市的分管领导60余人出席本次茶座。

市社联党组副书记、专职副主席桑玉成教授在致辞中指出，制度创新与管理创新是上海自贸试验区的主要试验领域，也自然成为理论界的主要研究空间，上海市社联根据中央和市委的有关精神要求，有效整合上海市各学术单位和相关学科领域专家学者的研究力量，围绕“制度创新与管理创新”的主题，组织开展了系列课题研究，提出上海思想界关于自贸试验区建设的思想和主张。他指出，市社联高度重视与中国浦东干部学院就“领导干部实践创新”学术茶座的平台开展深入合作，始终将紧密依托上海广大社科工作者、为中国浦东干部学院的教育教学提供服务，履行自身职责。

在本次学术茶座上，桑玉成副书记代表市社联向与会嘉宾赠送了由市社联组织编纂的书籍：《制度创新与管理创新——中国（上海）自由贸易试验区建设研究报告集》与《中国（上海）自由贸易试验区150问》。

上海市社联举行“改革与发展进程中的思路创新、机制创新和实践创新”学术茶座

9 月 5 日，上海市社联星期五学术茶座举行“改革与发展进程中的思路创新、机制创新和实践创新”专题研讨。来自上海领导科学学会、上海经贸大学、中共浦东新区区委党校、东华大学、上海医药集团有限公司党校、上海市电力公司党校等单位的相关专家学者 10 余人参加学术研讨。

与会者围绕学习贯彻党的十八届三中全会精神，进一步推进和深化改革，在社会、经济、科技、文化等各个领域，研究探索改革与发展进程中的思路创新、机制创新和实践创新等问题，展开了深入的研讨。

有学者就自贸试验区政府治理中的跨文化领导问题谈了自己的看法。增强跨文化领导力，是自贸试验区政府治理的紧迫课题。一是解决好上海自贸试验区提出的新课题，有示范全国的作用；二是增强跨文化领导力，是强化自贸试验区政府公共治理的积极探索；三是以跨文化领导力保障我国高水平、更安全开放是自贸试验区政府的职责。自贸试验区政府发挥跨文化领导力的基本实施方式是：拓展领导思维方式；转变领导行为方式；转变领导履职方式；转变领导考绩方式；拓展领导关系视野。

有的学者提出浦东缩小城乡二元差距的思路与对策。一是要实现功能转型，即实现农业的工业化和服务化，增强农业的城市服务功能以及农村作为国际大都市生态休闲后方的地位；二是要实现社会转型，即转变传统农村落后面貌，实现农村公共设施和内生发展城乡一体化，逐步缩小城乡收入差距，试点建设“城市化的农村社区”。其原则是：城乡统筹、规划先行、产业支撑、以人为本、政府引导、放开放活。主要路径是：创新农村建设模式、确保农民收入和保障持续增长。

有的专家从市场定位的角度，谈了对全面深化改革的见解。他们认为，社会主义市场经济体制从初步建立到完善是一个系统工程，所以，在系统层次上要考虑宏观和微观两个方面，横向视野上要考虑多元，从市场环境氛围上需要有稳定的制度支撑。要抓住系统特点，从层次、整体、联系等多方面进行考虑，要保持社会主义市场经济的平稳、较快发展。从长时段的历史时期来看，整个国内市场发展必须是平衡的，而不应该是长期倾斜的和非均衡的。

有的学者针对高等教育公平保障体系构建中的政府责任作了探讨。有的专家认为，目前高等教育公平保障体系中存在一定缺陷，如教育体制不健全、教育法制不完备、教育

发展不均衡、教育投入结构失衡和经费使用低效率。在高等教育公平保障体系构建中要强化政府责任,一是应明确在教育公平体系构建中的责任地位;二是应在转变职能基础上建立高等教育治理的架构;三是应注重建立健全高等教育法律保障体系;四是应促进高等教育的均衡发展。

有的专家学者从浦东新区的实践出发,从五个方面谈了建设服务型党组织、推进社会治理创新的体会。一是把握开发开放社会发展规律,探索服务型组织有机融入社会的有效模式;二是推进基层党组织由"管理"社会转向"服务"社会;三是完善体制机制建设,寓服务功能于创新社会治理实践中;四是加强利益表达和利益整合功能,把党组织的服务覆盖到社会各阶层;五是增强枢纽型组织的服务功能,充分发挥社会组织参与社会治理的协同作用和专业优势。

还有专家就社会主义核心价值观与"中国梦"的内在联系谈了自己的心得。他们认为,社会主义核心价值观是实现"中国梦"的内在要求,实现"中国梦"就是要建设富强、民主、文明、和谐的社会主义现代化国家,要构建自由、平等、公正、法治的现代社会,要塑造爱国、敬业、诚信、友善的公民意识。社会主义核心价值观所倡导的正能量激发得越是充分,"中国梦"就越能从梦想变为现实,这正是社会主义核心价值观与"中国梦"相辅相成的内在联系。

上海市社联举办“全面深化改革·上海思想”系列学术茶座

2014 年初，上海市社联根据党的十八届三中全会和上海市委书记韩正 2013 年 11 月调研市社联时的讲话精神，经充分分析、研究、归类，围绕上海全面深化改革的重点领域拟定了十大板块重大资政学术专题研究，其中包括：特大城市人口增长和城市管理、政府职能转变、上海文化软实力建设、特大型城市基层政权建设与基层社会治理、解放和激发上海社会活力、土地制度改革和农民权利、法治政府建设、自贸实验区建设与政府管理创新、国资国企改革、国家治理体系和治理能力现代化。3—4 月，市社联广泛发动社科界五路大军的研究力量，通过公开招募和定向委托的方式，围绕十大专题组织在相关领域有长期研究基础和丰富研究成果的专家学者领衔展开针对性研究，陆续举办了十场“全面深化改革·上海思想”系列学术茶座，组织高校专家学者、实务部门工作人员及相关党政机构研究部门工作人员共同开展交流研讨，提出有针对性的对策建议，形成了一批国家建设与改革发展的最新决策咨询研究成果。其中部分决策咨询成果已择优通过《上海思想界》专报形式上报相关部门和领导，《特大城市人口增长和城市管理》内参获得了市委书记韩正的批示。此外，系列学术茶座的相关研讨成果还通过《社会科学报》等报道，取得了一定的学术影响和社会影响。

时　　间	系列学术茶座研讨主题
1 月 17 日	特大城市人口增长和城市管理
3 月 10 日	政府职能转变
3 月 11 日	上海文化软实力建设
3 月 13 日	特大型城市基层政权建设与基层社会治理
3 月 18 日	国资国企改革
3 月 19 日	自贸区建设与政府管理创新
3 月 22 日	解放和激发上海社会活力
3 月 29 日	国家治理体系与治理能力现代化
4 月 9 日	农村土地制度改革和农民的财产权利
4 月 17 日	法治政府建设

成果发布和评价平台

CHENG GUO FA BU HE PING JIA PING TAI

成果发布

2013年度“中国十大学术热点”公布

自2003年始,《学术月刊》发起组织对每年度中国人文社会科学领域的学术研究成果进行全面梳理、盘点,进而评选出最为重要的或最具影响力的十大学术热点,我们坚持这一活动已逾十年。十年来中国经济社会乃至学术生态发生了明显的变化,年度内《中共中央关于全面深化改革若干重大问题的决定》公布,所揭诸项改革议题直指国家多年来所面临问题之积重,同时也催生了学术研究的旨趣。由此,年度十大学术热点的评选既可谓一年来学术研究的记录,也是对现实社会经济焦点问题、深层问题的折射。2013年度“中国十大学术热点”评选活动,由学术月刊编辑部与光明日报理论部、中国人民大学书报资料中心联合主办,经过学界推荐、文献调研、学者研讨、专家评议、投票确定等程序评选出来。现予公布,以飨读者。

热点一　民族复兴与中国梦研究

入选理由　民族复兴与中国梦,是新一届中央领导集体提出的重大战略思想。“中国梦”提出一年就吸引了多学科的共同关注,学界围绕以下几个层面展开了理论建构:(1)中国梦提出的意义和背景。从纵向与横向两个维度高度评价了“中国梦”的历史背景和重大意义。从纵向来说,中国梦与近代中华民族的奋斗历史是紧密相连的。许多学者从中国近代以来中国人民的奋斗历程来阐释中国梦的历史传承,强调了改革前30年创造的财富和积累的经验为国家改革开放后的爆发式发展奠定了基础,毛泽东的许多有益思想是当今建设小康社会过程中应该加以继承的宝贵精神财富。从横向来说,比较分析了中国梦与其他大国梦在价值理念和发展目标上的区别,强调了中国梦的世界意义。(2)中国梦的内涵和特征的理解。围绕实现民族复兴和现代化,学者们对中国梦的内涵作了多维度考察,从不同侧面剖析了中国梦在国家、民族、个人三个层面的深刻内涵和有机联系。(3)中国梦的理论框架。在宏观层面,集中探讨了中国梦与中国特色社会主义的关系,认为中国特色社会主义就是中国梦的根本方向和价值指标,“中国梦”的表述实现了话语体系的转换。在具体层面,将中国梦与党的十八大以来理论创新相结合,落实中国梦在社会主义建设方方面面的理论价值和实践意义。(4)中国梦的实现路径。要想把中国梦变为现实,必须从社会主义初级阶段的基本国情出发,清醒面对一系列挑战。学者们从中国共产党与中国梦的实现、三个自信与中国梦的实现、改革开放与中国梦的实现、实干兴邦与中国梦的实现等多个维度探讨了中国梦的实现途径。

专家点评 目前的研究还处在起步阶段，有待深入和拓展：一是进行多维度、多学科的交叉研究，如从历史、现实与未来，国家、民族、社会与个人，道路、理论体系与制度，经济、政治、文化、社会与生态文明建设，国际与国内等不同视域进行学术研讨；二是继续深入研究中国梦提出的时代背景、现实依据和重大意义，中国梦的本质属性、基本内涵、价值诉求、目标要求和现实路径；三是加强对近代以来民族复兴思想的学术史研究，夯实民族复兴与中国梦研究的学术根基，彰显本研究应有的学术价值。

（点评人王顺生，中国人民大学马克思主义学院教授）

热点二 马克思主义与分配正义

入选理由 当前我国正处在社会、经济全面转型的重要历史时期，收入分配的城乡差距、地区差距、行业差距日趋扩大，引起了社会各界的普遍关注，也引起了学界的反思与探讨。如何运用马克思主义指导我国的收入分配改革并实现分配正义，成为一个时代课题。有关讨论近年来持续升温，到 2013 年成为一个热点。围绕马克思主义与分配正义问题的探讨主要体现在以下几个方面：(1)在学理层面，学界关心的是马克思主义究竟讲不讲公平正义问题，以及所讲的能否用于探讨和解决中国面临的问题。否定论者认为马克思在构建历史唯物主义时消解了正义观念，相反的观点则认为马克思对无产阶级的正义要求持明确肯定态度，由此形成了争论。(2)深度挖掘马克思的理论资源，探讨分配不正义现象存在的社会根源。(3)探讨分配正义的实现，指出实现正义分配的根本途径在于推翻资本主义私有制，建立共产主义公有制；共产主义社会的正义分配原则为人的全面自由发展提供了制度保障。(4)比较分析马克思主义与以罗尔斯为代表的西方自由主义分配正义理论的异同，并基于马克思主义立场反观其理论得失，拓展应对现实问题的理论资源。

专家点评 从 2013 年的相关研究成果来看，从事马克思主义研究的学者虽然已取得不少成果，但还有一些深层问题需要做进一步的探讨。例如，分配正义所讲的“正义”是一种价值判断还是事实判断，在这个问题上，人们的认识还存在很大的分歧。再如，如何看待马克思主义的剥削理论，能否直接用它来解释当前中国存在的分配不公问题？如若不能，那能否根据马克思主义经典作家的思想资源建构马克思主义的新的分配正义理论？再有，自罗尔斯的《正义论》问世以后，当代西方政治哲学家提出了许多基于“平等”的分配正义理论，他们的理论对于解决我们当前面临的分配问题有无借鉴意义？这些深层问题的解决无论从理论上还是从实践上都具有重大的意义。

（点评人段忠桥，中国人民大学哲学院教授）

热点三 全面深化改革整体性战略研究

入选理由 党的十八大明确提出了全面深化改革开放的目标，十八届三中全会对全面深化改革做出系统部署，标志着中国新一轮改革启幕。一年来专家学者围绕这项重大议题展开了广泛深入的研讨：(1)梳理和总结了改革开放 35 年的历史成就，揭示改革是中国最大红利重要论断的深刻内涵；(2)深入探析全面深化改革的核心要义，清晰界定和处理好政府和市场的关系;(3)沿着经济、政治、社会、文化、生态五条改革主线,破解和消除经济社会持续健康发展的体制机制障碍;(4)寻找和开拓实现改革目标的重要途径,注重改革的系统性、整体性和协同性;(5)研究构建可持续的改革动力机制和新的利益调整机制,有效凝聚社会各阶层的共识,突破利益固化的藩篱,等等。

专家点评 我们有充分的理由将全面深化改革的整体性战略研究作为2013年经济学研究的最重要热点。首先,全面深化改革整体性战略问题对于中国当前和未来发展具有重大现实意义。其次,全国深化改革整体性战略问题涉及范围较广泛,从经济学研究涉及的文献来看,除涉及宏观经济问题外,还涉及金融改革、财税改革、国有企业与国有资本改革、土地制度改革、人口与劳动力、城镇户籍制度改革等多个领域的改革。最后,到目前为止,在全面深化改革的理论,尤其是全面深化改革的政策实践方面,还存在许多不同观点的争论,还需要通过今后深入的讨论和调查研究来逐步达成基本共识。

(点评人左学金,上海社会科学院经济研究所研究员)

热点四 大数据国家战略研究

入选理由 从学术界层面来看,2013年,学者对大数据作为国家战略资源的认识更加深刻,将其提升到国家战略高度来考量,围绕大数据国家发展战略展开了一系列的研究:(1)制定大数据国家战略的意义。大数据作为国家战略资源,将会影响国家的方方面面。(2)大数据国家战略规划的内容,主要包括构建大数据研究平台、大数据良性生态环境、大数据产业链等。(3)确定大数据产业发展的重点。应该通过国家层面的战略规划明确大数据产业的发展重点、空间布局和保障措施,推动和改善与大数据相关的收集、储存和分析工具及技术,并在公共服务领域,如安防、医疗、卫生、教育等开展大数据应用示范,提高应急处置能力和安全防范能力,提升服务能力和运作效率。(4)大数据环境下的信息安全战略。大数据安全问题既包括上至国家安全与军事战略,下至数据库、企业以及个人等的网络与信息安全问题的研究,也包括来自法律、政策、标准、技术等层面对于安全的研究。同时,海量数据的汇集无疑加大了用户隐私泄露的风险,因此,应该从政府层面制定完善的法律条文,从行业层面制定严苛的行业规则,从技术层面保证信息安全,也是人们研究的重要课题。

专家点评 大数据国家战略成为年度学术界热点议题,反映了信息时代大数据在国家经济建设与社会发展中的重要价值。首先,大数据已成为国家的重要战略资源。目前,信息产业发达国家,如美、英、德、日等国已经将大数据提升为国家层面的战略,大数据领域的竞争,事关国家安全和未来。其次,大数据已成为国家的核心竞争力。国家层面的竞争力将集中体现为一国拥有数据的规模、活性以及解释、运用的能力,数字主权将是继边防、海防、空防之后,又一个大国博弈的空间。再次,大数据具有巨大的商业价值。大数据的出现,正在引发全球范围内深刻的商业变革。在商业模式上,对商业竞争的参与者来说,大数据意味着令人振奋的业务与服务创新机会。目前,百度、谷歌、阿里巴巴等公司正在积极研究如何利用大数据开发新的商业模式。这些探索对于推动信息经济的发展意义重大。

(点评人卢小宾,中国人民大学信息资源管理学院教授)

热点五 网络时代与虚拟社会治理

入选理由 为回应互联网技术革命导致的社会结构转型与社会行为模式重构，学界近年来对网络社会的研究持续加强，并出现了新的问题意识、理论概念和研究范式。相关讨论主要围绕以下几个方面展开：(1)在社会变迁层面探讨互联网带来的全新时代，认为以互联网技术为核心的时代变迁再造了一个全新的社会——“虚拟社会”。这一全新社会呼唤着重新审视网络时代的新型社会结构。(2)更加积极地探讨互联网在中国语境下的独特涵义。互联网在中国不只是一种技术平台，同时也具有改变了以往社会关系的平台意义，因而，互联网在社会群体性事件、环境运动、慈善捐赠等具体领域的研究愈加深化。(3)“网络反腐”在一定程度上激起了民众网络参政议政的热情，为学界对这一领域的研究提供了丰富的素材。(4)网络语言、网络思想等线上文化研究占据一席之地，通过解析其出现缘由、表现形式和背后内涵，认为线上文化能够折射现实社会的种种深层问题，具有重大意义。(5)虚拟社会治理研究持续升温，一些网络“大V”落网、对网络谣言加强管控等社会现实，刺激学界进一步探索规范网络社会秩序的可行性。

专家点评 毋庸置疑，网络时代正在对当今的社会结构产生着举足轻重的影响，其中包括网民(传统社会统称为个体)之间的互动重构了社会的生活方式、创新了人们的利益诉求方式、改变了人们的价值观念等。当然，网络语境下的虚拟社会毕竟是现实社会的延伸，并不完全是颠覆，因此它也会反映现实的社会结构形态。有鉴于此，对于网络时代的虚拟社会治理不仅考验着全社会从容应对网络时代社会结构变化的勇气，同时也检验着其社会治理的智慧。

(点评人陆杰华，北京大学社会学系教授)

热点六 科学发展观统领下的新型城镇化建设

入选理由 有关城镇化问题的讨论，这些年一直都在持续。2013年，学界从政治、经济、文化、社会、历史角度，从不同层次对新型城镇化进行了深刻的解读，主要集中如下：(1)新型城镇化的内涵，其本质是用科学发展观来统领城镇化建设。(2)新型城镇化的核心是人的城镇化。要着眼农民，涵盖农村，破除城乡二元结构对城乡发展一体化的制约，推进城乡要素平等交换和公共资源均衡配置。(3)新型城镇化要统筹“新四化”发展，平衡多方面关系。(4)新型城镇化需要加大制度变革，实现政府、市场、社会充分互动。必须健全城镇化健康发展体制机制，形成以工促农、以城带乡、工农互惠、城乡一体的新型工农城乡关系，让广大农民平等参与现代化进程、共同分享现代化成果。

专家点评 新型城镇化问题对中国未来的发展有着长远和全局性的意义，它与新型工业化、信息化、农业现代化，与生态文明建设有着广泛的、深刻的综合关联效应。新型城镇化必须研究农村、农民、农业经济问题，而它们可能是中国未来学术研究有可能取得突破的领域。这是科学发展观统领下的新型城镇化建设成为2013年学者们关注热点的深层原因。

(点评人郝旭光，对外经济贸易大学国际商学院教授)

热点七 司法体制改革进一步助推法治建设

入选理由 随着改革进入“深水区”的攻坚阶段，我国面临着各种挑战，如何立足我国国情，进行“改革顶层设计”，构建中国特色社会主义司法制度，成为党的十八大后亟待探究的理论和实践课题。2013年围绕这一议题，学术界展开了充分的理论研讨：(1)在权力配置方面，确保人民法院、人民检察院依法独立公正行使审判权、检察权。(2)在权力运行方面，健全司法权力运行机制，统筹协调政府等权力机关与司法机关之间的关系。(3)在权力监督方面，深化司法公开，着力推进审判公开、检务公开、警务公开和狱务公开制度建设。(4)在司法系统内容管理方面，建立符合职业特点的司法人员管理制度，推进司法人员分类管理改革。(5)在权利保障方面，废止劳动教养制度，完善对违法犯罪行为的惩治和矫正法律，规范大案、要案办案程序，实现个案正义和社会公平，等等。

专家点评　2013年度，中国的法学界和法律界围绕党的十八大报告提出的“进一步深化司法体制改革，坚持和完善中国特色社会主义司法制度”进行了广泛而深入的研究，发表了数量不少的有关司法体制改革的研究文章，也召开了数量不少的专题性研讨会，形成了法学界的一个学术热点。到了11月，党的十八届三中全会提出了“推进法治中国建设”的重要任务，对司法体制改革提出了一系列具体的改革措施和任务，这将会成为下一步中国法制建设尤其是司法体制改革和建设的重要方面，也会成为法学界关注和研究的重点领域。（点评人刘作翔，中国社会科学院法学研究所研究员）

热点八　“新型大国关系”的意涵探索

入选理由　对“新型大国关系”的理论内涵、实践路径作深入探讨，将有助于推动国际和平共识的达成、国际关系民主化的实现和国际制度的改革朝向更加有利于发展中国家的方向发展。目前研究情况大致如下：(1)对“新型大国关系”概念、内涵和意义的阐释。围绕党的十八大提出的国际关系“平等互信、包容互鉴、合作共赢”的新精神，学者们从大国之间对外关系的时代要求、战略出发点与归宿、现实利益与分歧、相互关系的复杂程度等多个维度探讨了新型大国关系与传统大国关系的不同，深刻剖析了“新型大国关系”所具有的“不对抗、不冲突”“相互尊重”“合作共赢”等多重内涵；(2)以中美关系为案例的研究。涉及构建中美新型大国关系的可能性、必要性，指导原则，构建的路径及影响因素，中美“新型大国关系”的未来设想等。(3)将新型大国关系的思维拓展到与美国以外的其他国家间关系的经验研究以及国际治理的语境中，发掘与传统大国、新兴大国、周边大国、地区强国等在内的大国之间关系的新内涵、新特点，使得“新型大国关系”理念更带有全局性，充实了中国多边外交的新理念。(4)强调中国在构建新型大国关系中的核心作用，深入挖掘传统文化中“和合”外交、“共生”原则、“天下体系”等智力资源以丰富西方主导的传统国际关系理论。

专家点评　“新型大国关系”之所以成为2013年中国学术热点，主要原因有三：一是党的十八大报告正式将“推动建立长期稳定健康发展的新型大国关系”作为中国改善和发展同发达国家关系的重要目标；二是构建“新型大国关系”成为本年度中美关系的主旋律；三是构建“新型大国关系”是前无古人的开创性事业，急需理论创新、观念创新、实践创新，由此激发中国学界从更广阔的时空视野展开学术研讨和课题研究。

（点评人袁鹏，中国现代国际关系研究院教授）

热点九　中国当代文学的海外传播及其翻译研究

入选理由　2013 年,中国当代文学的跨文化传播及其翻译研究被提升到比以往更为关注的层面上来讨论,主要定位在以下几个方面。(1)介绍与研究中国当代作家及其作品在异域不同语境下的翻译与接受现象。相关学者采用统计列表、问卷调查、抽样分析等方法对中国当代主要作家及其作品的不同语种翻译与接受现象做出了初步的研究分析。(2)一部分文章较为深入地分析了中国当代文学在翻译的推动下在海外所遭遇的如何传播的问题。全球化时代的当代文学书写不再是作家本土化的私语性表达,而是在文学创作的自觉中能够把支撑民族自信的文化风俗及其世界性元素整合为一体,这种世界性书写对于把中国当代文学翻译为多种异域语言提供了最大且恰切的接受性可能。(3)部分学者开始从翻译研究的视域讨论中国当代文学向海外传播的问题与路径,并以此形成了一系列的问题意识,例如:西方译者对中国当代文学作品进行翻译时的选择立场,译者的跨国文化策略的问题;中国当代文学向海外的传播,是依凭中国本土的译者还是依凭外域汉学家的问题;中国当代文学作品在翻译中所呈现的创造性书写与过渡性书写的问题;对中国当代文学作品的翻译,是坚守异化翻译还是接受归化翻译的问题;等等。上述问题的深度化讨论已经初步关涉到了中国当代文学研究与翻译伦理学的逻辑关系等。

专家点评　中国当代文学的海外传播及其翻译研究作为 2013 年中国学界的热点,已经取得了一些含有学术价值的研究成果,从中国知网上检索可以看到近百篇与此相关的报刊论文和硕博论文,相关的著作也有出版。所存在的问题是,这一研究热点对中国当代文学研究的学术视域及其方法论也提出了新的挑战。中国当代文学研究必须要走出纯然的本土性批评,以更为宽阔的研究视域而有效地面对国际学界,并且西方四十年来所积累的翻译研究理论等也应该是中国当代文学研究者所必备的知识结构,这也要求学者们在国际工作语言上有自我调整的自觉。虽然这一热点还是初步的崛起,但其中蕴含着强大的理论蓄势,为中国当代文学的海外传播及其翻译研究在未来几年的持续性讨论提供了卓然且必要的准备。这也必然推动中国当代文学研究进一步走向国际化,最终与国际比较文学研究接轨且形成交集。　　(点评人杨乃乔,复旦大学中文系教授)

热点十　钓鱼岛历史文献的发掘与解读

入选理由　近年来日本在钓鱼岛问题上采取了一系列挑衅行动,促使钓鱼岛争端迅速升级,钓鱼岛问题也成为学术界的研究热点,历史学者们运用历史学和考据学等方法,从历史文献、历史地理及中外关系史等若干领域对钓鱼岛问题进行了如下全面而深度的论述:(1)学者们通过充分发掘和考证散见于中外古籍中关于钓鱼岛的历史文献及相关古地图,证明钓鱼岛最初是由中国人首先发现、命名、开发和管辖的,钓鱼岛主权属于中国是一个不争的事实。(2)学者们根据翔实的档案和史料,阐述了日本利用中国近代一系列内忧外患无暇顾及之机,非法窃取钓鱼岛的过程,从而有力地反驳了日本军国主义分子歪曲历史的行径。(3)学者们对与钓鱼岛问题密切相关的琉球问题、中琉关系史等问题进行了深入研究,通过考证关于钓鱼岛的所有文献记述,无不证明钓鱼岛一直被记载在中国海疆之内,并非“无主地”,不是琉球的一部分,更不是日本的一部分,而是中国的领土。这些都为中国拥有钓鱼列屿主权提供了坚实的依据。

专家点评 钓鱼岛问题由于涉及国家主权和历史问题、法律问题及其敏感的现状成为一个社会热点，也成为过去一年来中国学界研究的热点，一年来有大批新的学术成果面世，涉及历史、国际法、国际关系等学科领域。在这些研究当中，引人注目的是对钓鱼岛文献的发掘与解读，学界不满足在寻求钓鱼岛属于中国的历史地理依据方面的论述，对与钓鱼岛相关的中日关系、琉球问题等也被纳入研究视野，在此基础上对钓鱼岛问题从第二次世界大战之后国际新秩序的角度进行了深入思考。这种“问题意识”在钓鱼岛历史文献的发掘与解读中起着导向作用，除了为中国拥有钓鱼列屿主权提供坚实的历史依据外，还推进了钓鱼岛及其相关问题在学术上的研究。

（点评人熊月之，上海社会科学院历史研究所研究员）

《学术月刊》在2013年度中国人文社科期刊排行榜转载量、综合指数排名再列第一，实现“八连冠”

3月25日，2013年度“复印报刊资料”转载学术论文指数排名及分析报告正式发布，该排名由中国人民大学人文社会科学学术成果评价研究中心（以下简称“评价研究中心”）与中国人民大学书报资料中心（以下简称“书报资料中心”）联合研制。自2001年3月首次发布以来，“复印报刊资料”转载排名相继在《光明日报》《中国新闻出版报》等传统媒体及中国人民大学网、新浪网、光明网、中国网、中国高校人文社科信息网等数十家网络媒体持续发布14年。2013年度共有约600种人文社科期刊和300家作者机构榜上有名。在人文社科综合期刊全文转载量排名中，《学术月刊》以被转载101篇再次名列第一，实现了自2006年以来的“八连冠”。在对上一年度中国人文社科学术期刊转载量、转载率、篇均分三项指标加权求和的“综合指数”排序中，《学术月刊》也以“综合指数”0.906 997再次居于榜首。在人文社科综合期刊全文转载率排名中，《学术月刊》以42.26％位居第二。

《白领人文社科知识与素养调查报告》发布

5月30日上午,“《上海市白领人文社会科学知识与素养调查报告》新闻发布会”在上海市社联本真堂举行。发布会由市社联党组副书记、专职副主席桑玉成主持,上海大学社会科学学院副院长欧阳光明、上海社科院社会学研究所所长杨雄、华东师范大学社会发展学院党委书记文军、上海大学社科处杨庆峰、共青团上海市委研究室副主任李子等专家,新华社、《光明日报》《解放日报》《文汇报》《新民晚报》《东方早报》《新闻晨报》《青年报》《劳动报》《上海日报》上海电视台、上海广播电台、新浪网等媒体记者,青年学生代表40余人出席了发布会。

课题组负责人欧阳教授在发布会上介绍了课题调查的基本情况、调查所获取的基本数据、分析研究的基本思路、综合性的评价结果等。与会专家围绕《报告》研究方法的科学性、报告的当下社会价值、报告对未来社科规划起到的决策咨询意义作了点评。媒体记者围绕白领调查的选题初衷、白领群体如何界定、优化白领社科人文素养具体路径、白领人文素养如何与上海国际文化大都市匹配、市社联今后社科普及监测评估的课题安排等问题进行了提问。

会上,桑玉成教授指出:自2011年以来,上海市社联先后完成了“上海市民人文社会科学知识与素养调查”和“上海市局处级领导干部人文社会科学知识与素养调查”等两项社会科学普及监测评估项目,今天又一次发布针对白领群体的“上海市白领人文社会科学知识与素养调查报告”。开展上海各界人士对人文社科知识的认知、科学方法的掌握、人文科学精神等一般状况的调查,意义在于引起全社会对市民人文社会科学知识与素养的关注和重视。一个社会的健康发展、文明进步,很多跟素养有关,包括科学素养、道德素养,也包括人文社会科学素养。通常情况下,知识和美德是融为一体、同步提升的。良好的市民素养,良好社会风尚,都与人文社会科学知识与素养密不可分。人文社会科学知识与素养不是仅在学校或其他地方就能解决的,是需要全社会的关注和全社会的努力,包括每个市民、每个生活在当下的所有成员的一起努力。通过大家的努力,才能使我们整体的素养得到提高。

上海市第十届邓小平理论研究和宣传优秀成果、上海市第十二届哲学社会科学优秀成果评奖获奖成果发布

8月4日，经上海市邓小平理论研究基金理事会和上海市哲学社会科学优秀成果评奖委员会评审通过，49项申报成果获上海市第十届邓小平理论研究和宣传优秀成果奖；296项申报成果获上海市第十二届哲学社会科学优秀成果奖，其中4项为学术贡献奖，272项为著作、论文的一等奖、二等奖，内部探讨优秀成果奖20项。

上海市第十届邓小平理论研究和宣传优秀成果获奖名单

一等奖（6项）

著作类（1项）

1. 中国为什么还需要马克思主义——答关于马克思主义的十大疑问　陈学明等　复旦大学

论文类（5项）

1. "半城市化"对中国乡村民主的挑战　熊易寒　复旦大学
2. 当代中国的精神建设及其思想资源　吴晓明　复旦大学
3. "上海精神"与上海合作组织机制：超越地缘政治的视角　杨　成　华东师范大学
4. 善行的边界：社会与市场规范冲突中的公益选择　葛　岩等　上海交通大学
5. 中国海洋强国建设的海权战略选择——海权与大国兴衰的经验教训及其启示　刘中民　上海外国语大学

二等奖（43项）

著作类（15项）

1. 中国特色社会主义公共管理研究　曾　峻等　上海市委党校
2. 中国政治协商制度研究　肖存良　复旦大学
3. 中国触动：百国视野下的观察与思考　张维为　复旦大学
4. 货币理论与物价理论研究　陈其人　复旦大学
5. 中非关系国际贡献论　张　春　上海国际问题研究院
6. 新地缘经济：中国与中亚　王海燕　华东师范大学
7. 风险化解中的治理优化　姚尚建　华东政法大学

8. 政治认同的理论思辨——与大学生谈实现中国梦的自信和自觉
陈锡喜　上海交通大学
9. 社会主义核心价值体系论研究　陈新汉等　上海大学
10. 上海城市发展与市民精神　忻　平等　上海大学
11. 开放中的战略互动——外贸、外资与金融发展的政策协同
赵蓓文等　上海社会科学院
12. 文化软实力——全球化背景下的强国之道　花　建等　上海社会科学院
13. 强国策——中国开放型经济发展的国际战略　张幼文等　上海社会科学院
14. 马克思主义中国化的开创与奠基——以延安时期党的领导群体为研究视角
张远新　上海政法学院
15. 社会主义与市场经济兼容模式探微　徐俊峰　上海政法学院

论文类(26项)

1. 资源产业依赖如何影响经济发展效率？——有条件资源诅咒假说的检验及解释
邵　帅等　上海财经大学
2. 中国地区经济差距的“空间”和“动力”双重因素分解　高　帆　复旦大学
3. 生态文明：马克思主义在当代新的生长点　余源培　复旦大学
4. 新型大国关系的形态分析　陈志敏　复旦大学
5. “复杂现代性”框架下的核心价值构建　冯　平等　复旦大学
6. 制度与文化并重：新时期利益格局调整的路径　周　怡等　复旦大学
7. 去特殊化的中法战略伙伴关系　张　骥　复旦大学
8. 农村转移劳动力的供给弹性——基于微观数据的估计　封　进等　复旦大学
9. 走出民主政治研究的困局　苏长和　复旦大学
10. 贸易开放、垂直专业化分工与产业升级　唐东波　复旦大学
11. 中国文化“走出去”为何困难重重？——以文化产业国际贸易政策为视角的考察
朱春阳　复旦大学
12. 重建思想的维度　俞吾金　复旦大学
13. 浅析非洲的安全纽带威胁与中非合作　于宏源　上海国际问题研究院
14. 中国走向全球强国的外交理论准备——阶段性使命和建构性重点
杨洁勉　上海国际问题研究院
15. 基于物联网技术的文化传播产业商业模式创新研究　戴　勇　华东师范大学
16. 公平取向下义务教育发展的评价指标探究　杨小微　华东师范大学
17. 创新开放模式，全面提升对外经贸发展水平　陈飞翔　上海交通大学
18. 场所叙事：城市文化内涵与特色建构的新模式　陆邵明　上海交通大学
19. 深刻认识当前中国社会体制改革的战略意义　李友梅　上海大学
20. 中国拥有钓鱼岛主权的国际法分析　金永明　上海社会科学院
21. 中国国际经济地位的反差特征及其破解　金　芳　上海社会科学院
22. 中国“劳动—资本”关系变迁与经济转型　权　衡　上海社会科学院

23. 论人民币国际化的两难选择　　周　宇　上海社会科学院
24. 文化规划:城市规划思维的新辨识　　屠启宇等　上海社会科学院
25. 欧亚大陆腹地极端与恐怖主义组织发展态势及对中国的威胁　　潘　光　上海市世界史学会
26. "中国出口商品结构之谜"——一个垂直专业化解释视角　　汪建新　上海对外经贸大学

音像类(2 项)

1. 三集电视专题片《共筑中国梦》　　车岸原　上海电视台
2. 马克思的事业　　邵　菁　上海广播电视台

上海市第十二届哲学社会科学优秀成果获奖名单

学术贡献奖(4 项)

1. 汤志钧　上海社会科学院

主要学术贡献:汤志钧先生研究领域广阔,治学严谨,曾长期致力于近代经学、戊戌变法史的研究,著书立说、硕果累累,在国内外享有盛誉。

代表作:《近代经学与政治》

2. 伍柏麟　复旦大学

主要学术贡献:长期致力于马克思主义政治经济学和中国市场经济理论研究,是国内政治经学研究领域的先驱人物,多年来主持与完成多项国家社科课题,得到学术界高度评价,在实践中也产生了重要的积极影响。

代表作:《中国经济改革 20 年系列研究》(10 卷本)

3. 姚锡棠　上海社会科学院

主要学术贡献:在能源经济、工业经济、城市和区域发展战略研究等领域有着深厚的学术造诣,并在这些学科的应用研究方面取得了突出的成就,为上海经济发展总体战略的形成和推进浦东开发作出了重要贡献。

代表作:《浦东崛起与长江流域经济发展》

4. 陆谷孙　复旦大学

主要学术贡献:陆谷孙先生学养丰富,无论在英文教育、英美文学研究,以及英汉、汉英词典编纂等诸多方面,都取得了令人瞩目的成就,在英美文学尤其是莎士比亚研究方面的论著,堪与国际同行的成果并列前沿。

代表作:《英汉大词典》主编,《莎士比亚研究十讲》

特等奖(空缺)

一等奖(61 项)

著作类(29 项)

1. 中国农村经济:制度、发展与分配　　章　元　复旦大学
2. 复旦宋代文学研究书系　　王水照等　复旦大学
3. 中国历史政治地理十六讲　　周振鹤　复旦大学

4. WTO法与中国涉案争端解决 张乃根 复旦大学
5. 资本与历史唯物主义——《资本论》及其手稿当代解读 孙承叔 复旦大学
6. 中华民国外交史新著(3卷本) 石源华 复旦大学
7. 新传播形态下的中国受众 李良荣等 复旦大学
8. 管理学大辞典 陆雄文等 复旦大学
9. 敦煌社会经济文献词语论考 张小艳 复旦大学
10. 数字边疆的权力与财富 杨 剑 上海国际问题研究院
11. 慈惠与规控:近代上海的社会保障与官民互动(1927—1937) 汪 华 华东理工大学
12. 城市自然灾害风险评估与应急响应方法研究 王 军等 华东师范大学
13. 中华大典教育典 孙培青等 华东师范大学
14. 西方诠释学史 潘德荣 华东师范大学
15. 公私辨:历史衍化与现代诠释 陈乔见 华东师范大学
16. 流动的公共性——区域政府研究 姚尚建 华东政法大学
17. 从词典出发:法律术语译名统一与规范化的翻译史研究 屈文生 华东政法大学
18. 司法鉴定质量监控研究 杜志淳等 华东政法大学
19. 法官的实践理性论 王 申 华东政法大学
20. 当代西方后经典叙事学研究 尚必武 上海交通大学
21. 电影论——对电影学的总体思考 蓝 凡 上海大学
22. 春秋文学系年辑证(4册本) 邵炳军等 上海大学
23. 从制造到服务——上海四个中心建设与上海服务 聂永有等 上海大学
24. 隋唐佛学研究 夏金华 上海社会科学院
25. 收入分配与收入流动:中国经验和理论 权 衡 上海社会科学院
26. 上海图书馆善本题跋真迹 陈先行等 上海图书馆
27. 渐进与巨变:近代以来长江三角洲农村的人口与社会变迁——以1931—1999年的峭岐为例 朱国宏等 上海商学院
28. 中国当代青少年情感素质研究 卢家楣等 上海师范大学
29. 中国农村剩余劳动力转移:机理、动因与障碍——一个理论框架与实证分析 程名望 同济大学

论文类(32项)

1. "价值"的层次与"相对普世价值"的生成 鲁品越 上海财经大学
2. 伦理转型:从身份伦理到契约伦理 徐大建等 上海财经大学
3. 政府卫生支出对中国农村居民健康的影响 李 华等 上海财经大学
4. 社会信息处理视角下的同事对员工的影响 陈志俊等 上海财经大学
5. 中国(上海)自由贸易试验区的司法试验 郑少华 上海财经大学
6. 资本主义文化矛盾理论与马克思的文化思想及其延伸 黄力之 中共上海市委党校

7. 从业主福利到公民权利:一个中产阶层移民社区的政治参与 熊易寒 复旦大学
8. 中国代际收入流动性的趋势和机制 袁志刚等 复旦大学
9. 现代国家认同建构的政治逻辑 林尚立 复旦大学
10. 中国洋泾浜英语的形成 周振鹤 复旦大学
11. 中美关系中的网络安全问题 汪晓风 复旦大学
12. “宠辱若惊”是“宠辱若荣”的误读 裘锡圭 复旦大学
13. 从“幻相的逻辑”到“现象学的逻辑”——探讨胡塞尔对辩证法的处理方式 张庆熊 复旦大学
14. 耳目喉舌:旧知识与新交往——基于戊戌变法前后报刊的考察 黄 旦 复旦大学
15. 抗战时期天津租界中国存银问题——以中英交涉为中心 吴景平 复旦大学
16. 中国城镇职工社会保险制度的参与激励 封 进 复旦大学
17. 共生型国际体系的可能——在一个多极世界中如何构建新型大国关系 苏长和 复旦大学
18. 央地关系:财政分权度量及作用机制再评估 陈 硕等 复旦大学
19. 中国出口扩张的创新溢出效应:以泰国为例 罗长远等 复旦大学
20. 道术必为天下裂,语文尚待弥缝者——中国现代学术的语言认同 郜元宝 复旦大学
21. “生命·实践”教育学派——在回归与突破中生成 叶 澜 华东师范大学
22. 中国社会发展中的“教育尺度”与教育基础 李政涛 华东师范大学
23. 论“小说界革命”及其后之转向 陈大康 华东师范大学
24. 张之洞的别敬、礼物与贡品 茅海建 华东师范大学
25. 刑法实质解释论与形式解释论的透析与批评 杨兴培 华东政法大学
26. 抑制股权转让代理成本的法律构造 罗培新 华东政法大学
27. 网上不同卖家特征和网站设计对顾客满意影响的有效度分析 罗继锋等 上海交通大学
28. 当代中国社会建设的公共性困境及其超越 李友梅等 上海大学
29. 犍陀罗弥勒造像持瓶考 刘 慧 上海海事大学
30. 脆弱的高边疆:后冷战时代美国太空威慑的战略困境 何奇松 上海政法学院
31. 德意志浪漫精神与哲学诠释学 吴建广 同济大学
32. 城市公共体育空间结构现状模式研究——以上海市中心城区为例 蔡玉军等 上海体育学院

二等奖(211 项)

著作类(89 项)

1. 中国的货币金融体系(1600—1949)——基于经济运行与经济近代化的研究 燕红忠 上海财经大学

2. 2013中国财政发展报告——促进发展方式转变“营改增”研究 胡怡建等 上海财经大学

3. 集团转移定价、定价参与和组织后果:理论分析与实证研究 王 悦 上海财经大学

4. 社会保障可持续发展研究——上海案例及其分析框架 杨翠迎等 上海财经大学

5. 断裂与共识:网络时代的中国主流媒体与主流价值观构建 林 晖 上海财经大学

6.《资本论》及其手稿在当代的实践与发展 董瑞华等 中共上海市委党校

7. 综合配套改革中服务型政府的构建——以浦东为例 陈奇星等 中共上海市委党校

8. 儒家“熟仁”新探(3卷本) 杨建祥 中共上海市委党校

9. 理性主义的范式转换及其当代价值——哈贝马斯交往行为理论研究 刘中起 中共上海市委党校

10. 解读林彪 周敬青 中共上海市委党校

11. 全球气候变化治理中的中美欧三边关系 薄 燕 复旦大学

12. 中国公共政策过程中利益集团的行动逻辑 陈水生 复旦大学

13. 诉审商谈主义——基于商谈理性的民事诉讼构造观 段厚省 复旦大学

14. 汉学更新运动研究——清代学术新论 陈居渊 复旦大学

15. 中国城乡二元经济结构转化:理论阐释与实证分析 高 帆 复旦大学

16. 大清帝国时期蒙古的政治与社会——以阿拉善和硕特部研究为中心 齐 光 复旦大学

17. 西汉侯国地理 马孟龙 复旦大学

18. 日常生活审美化批判 陆 扬 复旦大学

19. 心智、语言和机器——维特根斯坦哲学和人工智能科学的对话 徐英瑾 复旦大学

20. 贸易政治学研究 贺 平 复旦大学

21. 激进政治的兴起——马克思早期政治与法哲学批判手稿的当代解读 邹诗鹏 复旦大学

22. 传统刑事责任理论的反思与重构——以刑事和解为切入点的展开 杜 宇 复旦大学

23.《存在与时间》释义 张汝伦 复旦大学

24. 谁是罪魁祸首——追寻生态危机的根源 陈学明 复旦大学

25. 美国国家网络安全战略 沈 逸 复旦大学

26. 产业集聚与区域经济协调发展 范剑勇 复旦大学

27. 中华文明的根柢:民族复兴的核心价值 姜义华 复旦大学

28. 上海地区方言调查研究 游汝杰等 复旦大学

29. 表达与引导 张涛甫 复旦大学

30. 体系改组与规范重建——中国参与解决全球性问题对策研究
杨洁勉等　上海国际问题研究院
31. 人类行动与实践智慧　杨国荣　华东师范大学
32. 电影的语言——影像构成及语法修辞　聂欣如　华东师范大学
33. 我国适度普惠型社会福利制度发展研究　曹艳春　华东师范大学
34. 庄子纂要　方　勇　华东师范大学
35. 文艺复兴时期欧洲经济体的兴衰——以呢绒生产与贸易为视角
朱　明　华东师范大学
36. 战国秦汉简帛古书通假字汇纂　白于蓝　华东师范大学
37. 科学哲学新进展:从证实到建构　安维复　华东师范大学
38. 中国教育文化研究丛书　杜成宪等　华东师范大学
39. 中国古代小说文体文法术语考释　谭　帆等　华东师范大学
40. 商周金文辞汇释　董莲池　华东师范大学
41. 区域一体化进程中的地方立法协调机制研究　陈　俊　华东师范大学
42. 列维纳斯与“书”的问题:他人的面容与“歌中之歌”　刘文瑾　华东师范大学
43. 人类知识的默会维度　郁振华　华东师范大学
44. 反垄断法中的量化问题研究　刘　伟　华东政法大学
45. 公司刑事责任比较研究　毛玲玲　华东政法大学
46. 国际社会中的国际宗教非政府组织　李　峰　华东政法大学
47. 机会空间与个人能量:经济精英地位获得研究——浙江温州L镇私营企业主成长案例　童　潇　华东政法大学
48. 从讯问到询问:关键证人出庭作证制度研究　王永杰　华东政法大学
49. 中国农村文化市场发展研究　史清华等　上海交通大学
50. 慈善宣言信托制度构建研究　徐　卫　上海交通大学
51. 多元视角的当代中国法学研究——以国际法为视角　胡加祥　上海交通大学
52. 民法系统论思维——从法律体系转向法律系统　顾祝轩　上海交通大学
53. 面向创新型国家的研究型大学国际竞争力研究　王　琪等　上海交通大学
54. 汇率期限结构理论及实证研究　冯　芸等　上海交通大学
55. 开放存取的两种实现途径研究——OA期刊和OA知识库
李　武　上海交通大学
56. 国家图书馆图像资源元数据规范和著录规则　郑巧英等　上海交通大学
57. 发展教育,经略世界——全球视野下中国教育发展战略研究
朱兴德　上海市教育科学研究院
58. 教育过程公平——教育活动的内在品性　吕星宇　上海市教育科学研究院
59. PISA测评的理论和实践　陆　璟　上海市教育科学研究院
60. 基于双边道德风险的创业投资契约优化设计研究　殷林森　上海金融学院
61. 国际碳排放交易与中国排放权出口规模管理　张　云　上海立信会计学院

62. 中国文学叙事传统研究　董乃斌等　上海大学
63. 非裔美国文学史(1619—2010)　庞好农　上海大学
64. 海上光影——中国早期电影中的上海影像研究　王艳云　上海大学
65. 群体中的社会网络:前因、后果与影响机制研究　王振源　上海大学
66. 独生子女神话:习俗、制度和集体心理　包蕾萍　上海社会科学院
67. “90后”与未来国家竞争力　魏莉莉　上海社会科学院
68. 企业双元性创新能力的多层次构建　赵付春　上海社会科学院
69. 劳动力流动、产业集聚和工资“俱乐部”:来自中国的理论和经验研究　谢露露　上海社会科学院
70. 历炼精魂:新中国戏曲改造考论　张炼红　上海社会科学院
71. 中国家谱资料选编　陈建华等　上海图书馆
72. 服务经济发展——中国经济大变局之趋势　周振华　上海市政府发展研究中心
73. 会计准则国际趋同与信息质量国际比较　陈辉发　上海海事大学
74. I.A.瑞恰慈与中国文化:中西方文化的对话及其影响　容新芳　上海海事大学
75.《朱子语类》词汇研究　徐时仪　上海师范大学
76. 群际关系的理论和实证研究　贺　雯　上海师范大学
77. 宋代财政史　黄纯艳　上海师范大学
78. 城市自然灾害风险评估研究　尹占娥等　上海师范大学
79. 组织文化——基于组织效能的视角　李成彦　上海师范大学
80. 山西四大梆子唱腔研究　张燕丽　上海师范大学
81. 现代汉语类固定短语研究　陈昌来等　上海师范大学
82. 明清时期政府社会保障体系研究　张祖平　上海师范大学
83. 法律人类学的困境——格卢克曼与博安南之争　王伟臣　上海外国语大学
84. 中东政治专题研究　刘中民　上海外国语大学
85. 激励法学探析　倪正茂　上海政法学院
86. 社会根理论:知识行动论研究　郭　强　同济大学
87. 中国体育产业发展报告　张林等　上海体育学院
88. 美国337条款实施机制研究　于　洋　上海对外经贸大学
89. 江南曲学世家研究　周巩平　上海艺术研究所

论文类(121项)

1. 中国能源开采业全要素生产率的测度框架与实证研究　王克强等　上海财经大学
2. 一般均衡理论的价值基础　冯金华　上海财经大学
3. 养老金双轨制改革:求同还是存异?　张　熠等　上海财经大学
4.《资本论》的理论空间与哲学性质　卜祥记　上海财经大学
5. 均等化转移支付与地方财政支出结构　付文林等　上海财经大学
6. 中国农村消费与收入的结构效应　周　建等　上海财经大学
7. 能源回弹效应的理论模型与中国经验　邵　帅等　上海财经大学

8. 监督者还是掠食者——机构投资者对卖方分析师的影响
李增泉等 上海财经大学
9. 中国制造业资源配置效率与全要素生产率 龚 关等 上海财经大学
10. 基于转移概率模型的老年人长期护理需求预测分析 黄 枫等 上海财经大学
11. 中国英语学习者对普遍语法原则的可及性研究 倪锦诚 上海开放大学
12. 世俗主义与腐败:基于跨国数据的一项定量分析 李 辉 复旦大学
13. "散文"概念源流论:从词体、语体到文体 罗书华 复旦大学
14. 从良心自由到出版自由——西方近代早期新闻出版自由理念的形成及演变
姜 华 复旦大学
15. 对"文学是人学"命题之再认识:对刘为钦观点的若干补充和商榷
朱立元 复旦大学
16. 辛亥革命后基层审判的转型与承续——以民国元年上海地区为例
王志强 复旦大学
17. 中国的周边安全挑战与大周边外交战略 祁怀高等 复旦大学
18. 中国政府对上市银行的隐性救助概率和救助成本 许友传等 复旦大学
19. 历史比较法与汉语方言语音比较 陈忠敏 复旦大学
20. 灾害救助对经济增长的影响:来自中国的证据 许 闲 复旦大学
21. 地缘宗教与中国对外战略 徐以骅等 复旦大学
22. 重解历史的必然性——论齐泽克对《历史与阶级意识》的重新解读
张双利 复旦大学
23. 权力的资源与运用:兼论中国外交的权力战略 陈志敏等 复旦大学
24. 地方行政区划变革与国家控制——对民国江南城镇的一个考察
林 涓等 复旦大学
25. 浦阳江下游河道改道新考 朱海滨 复旦大学
26. 近代城市地图与开埠早期上海英租界区域城市空间研究 张晓虹 复旦大学
27.《京都议定书》的效力与国际技术转让法律制度 马忠法 复旦大学
28. 马克思主义所有制理论的时代发展 顾钰民 复旦大学
29. 信仰:支撑口传文学传承的一种内在力量:以江苏省芦墟镇刘王庙"赞神歌"活动为个案 郑土有 复旦大学
30. 中国制造业工资与劳动生产率的关联:模式与解释 张 军等 复旦大学
31. 市场转型期的"国家—社会双依附模型":行动者、关系和制度——以改革初期温州"农民造城"为例 周 怡 复旦大学
32. 网络媒介时代中国共产党的形象建构 李 冉 复旦大学
33. 论东亚"共生体系"原理——对外关系思想和制度研究之一 任 晓 复旦大学
34. 媒介使用、媒介评价、社会交往与中国社会思潮的三种意见趋势
陆 晔 复旦大学

35. 网购市场能否在恶意坏评的环境下生存？基于经济学实验的研究
李玲芳等　复旦大学
36. 经济集聚中马歇尔外部性的识别——基于中国制造业数据的研究
吴建峰等　复旦大学
37. 超越进步主义意识形态——兼论历史唯物主义的灾难学视角及其意义
汪行福　复旦大学
38. 垂直专业化贸易如何影响了中国的就业结构？　唐东波　复旦大学
39. 非显而易见性和筛选　寇宗来等　复旦大学
40. 反驳语音多样性支持语言从非洲扩张的系列奠基者效应　李　辉等　复旦大学
41. 智的直觉与善相——牟宗三道德存有论及其对西方哲学的贡献
杨泽波　复旦大学
42.《哈姆莱特》的历史问题:《哈姆莱特》与现代早期英格兰的政治性别关联
卢丽安　复旦大学
43. 主权债务危机中欧洲社会保障制度的表现、成因与改革——聚焦北欧、莱茵、盎格鲁—撒克逊和地中海模式　丁　纯等　复旦大学
44. 中国大陆新闻传播学研究十五年:1998—2012　廖圣清等　复旦大学
45. 基于钻石模型视角的区域动漫产业扶持政策比较研究——以杭州、长沙为例
朱春阳等　复旦大学
46. "古文辞"沿革的文化形态考察——以明嘉靖前唐宋文传统的建构及解构为中心
陈广宏　复旦大学
47. 中国就业增长与城镇化水平关系的实证研究　汪　泓等　上海工程技术大学
48. 美国对冲政策的新特点与中国的应对　俞新天　上海国际问题研究院
49. "空间"的思想谱系与理想图景:一种开放性实践空间的建构
文　军等　华东师范大学
50. 学术等级系统与锦标赛制　阎光才　华东师范大学
51. "威慑"与"禁忌":艾森豪威尔政府在韩国的核部署　陈　波　华东师范大学
52. 图书馆服务中儿童权利原则研究　范并思　华东师范大学
53. 阿多诺的大众文化观与中国语境　朱国华　华东师范大学
54. 重塑教育的灵魂——论当前中国教育改革及其路径　吴遵民等　华东师范大学
55. 意向性的计算解释　郦全民　华东师范大学
56. 出口贸易内嵌碳成本因素分解及影响效应研究　李　真等　华东师范大学
57. "倭语"之戏:曹寅《日本灯词》研究　唐　权　华东师范大学
58. 印度对西藏地方的贸易管制和禁运与中国的反应和政策(1950—1962)(上、下)
戴超武　华东师范大学
59. 道咸之际的地丁银制度——以湖北各州县收支结构为中心的考察
周　健　华东师范大学
60. 金文所见商周时期的臣辰史官世家　王进锋　华东师范大学

61. 新满洲的修辞——以伪满洲国时期的《新满洲》杂志为中心的考察
刘晓丽　华东师范大学
62. 论柯恩对罗尔斯差别原则的"动机悖论"反驳　葛四友　华东师范大学
63. 论"庖丁解牛"　陈　赟　华东师范大学
64. 城市化过程中的民间信仰遗产保护研究　田兆元　华东师范大学
65. 波兰尼和维特根斯坦论怀疑　郁振华　华东师范大学
66. 中国周边安全的新认知:特点、功能与趋势　冯绍雷等　华东师范大学
67. 中国文化背景下消费行为的反向代际影响:一种新的品牌资产来源及结构
何佳讯等　华东师范大学
68. 特大城市多中心空间结构的交通绩效检验——上海案例研究
孙斌栋等　华东师范大学
69. 公共政策合法性供给机制与走向——以医改进程为中心的考察
马长山　华东政法大学
70. 不完全行为能力人侵权责任构成之检讨　金可可等　华东政法大学
71. 论西方比较政治学与国际关系学理论路径的趋近　高奇琦　华东政法大学
72. 操纵证券、期货市场罪"兜底条款"解释规则的建构与应用——抢帽子交易刑法属性辨证　刘宪权　华东政法大学
73. 中国古代獬豸神判的观念构造(上、下)　陈灵海　华东政法大学
74. 新中国法学发展规律考　何勤华　华东政法大学
75. 国际法视角下的中日钓鱼岛领土主权纷争　管建强　华东政法大学
76. 毛泽东关于中国共产党的执政能力建设思想及其当代启示
张明军　华东政法大学
77. 证券交易异常情况处置的制度完善　顾功耘　华东政法大学
78. 金融深化、企业贸易信贷和现金管理研究　吴文锋等　上海交通大学
79. 关于税、资本收益与劳动所得的收入分配实证研究　胡奕明等　上海交通大学
80. 我国交强险立法定位问题研究　韩长印　上海交通大学
81. 世界一流大学国际化战略的特征分析　冯倬琳等　上海交通大学
82. "触媒"时代受众自治的"纸媒"社会化媒体特征——以城市生活类周报 iPhone 形态为中心的实证研究　童清艳等　上海交通大学
83. 建筑叙事学的缘起　陆邵明　上海交通大学
84. 公共企事业单位应如何信息公开　朱　芒　上海交通大学
85. *Mt. Tambora, Climatic Changes, and China's Decline in the Nineteenth Century*
曹树基等　上海交通大学
86. 母鸡的长相是否重要:艺术家不良品行信息传播对作品评价的影响
葛　岩等　上海交通大学
87. 城市应急预警网格的空间划分方法研究——基于多层次空间关联挖掘的应急事件分析　樊　博等　上海交通大学

88. 军事政治学的对象范围及其核心问题与分析路径 高民政 解放军南京政治学院
89. 人民币升值、企业行为与出口贸易——基于大样本企业数据的实证研究：2005—2009 张会清等 上海立信会计学院
90. 引文评价合法性研究——基于引文功能和引用动机研究的综合考察 刘 宇等 上海大学
91. 接引地方文学的生机活力——西昌雅正文学的生长历程 饶龙隼 上海大学
92. 一个概念的熵变："第六代"电影的生成、转型与耗散 聂 伟 上海大学
93. 分担与参与：白马藏族民俗医疗实践的文化逻辑 汪 丹 上海大学
94. 技术：全球生态的灾星抑或救星？——生态学马克思主义的启示与局限 徐 琴 上海大学
95. 协同创新能够改善企业的创新绩效吗？——来自中国企业的证据 解学梅等 上海大学
96. 上海居民文化资本与政治参与——基于上海社会质量调查数据的分析 金 桥 上海大学
97. 外资风险视角下的中国国家经济安全预警指标体系 赵蓓文 上海社会科学院
98. "封建论"：是对概念的误植，还是马克思主义中国化的产物——兼评冯天瑜先生的《"封建"考论》 周建明 上海社会科学院
99. 世界城市与全球治理的逻辑建构及其意义 汤 伟 上海社会科学院
100. 中国商业诚信现状与文物艺术品拍卖市场诚信建设 陆晓禾 上海社会科学院
101. 中英关系变动背景下"费唐报告"的出笼与搁浅 王 敏 上海社会科学院
102. 离婚风险的影响机制——一个综合解释模型探讨 徐安琪 上海社会科学院
103. 试论叠加、强化的方式、类型与后果 张谊生 上海师范大学
104. 西宁方言的介词类型 王双成 上海师范大学
105. 外化行为问题与集体道德情绪、集体责任行为之关系：班级氛围的调节效应 李 丹等 上海师范大学
106. 科学发明中启发式思维的电生理证据 罗俊龙等 上海师范大学
107. "我是另一个"——论兰波的通灵说 李建英 上海师范大学
108. 汉语失歌症者对声调范畴的知觉障碍 蒋存梅等 上海师范大学
109. 多通道与单通道的内隐学习效应比较 石文典等 上海师范大学
110. 童年中晚期孤独感的发展轨迹：一项潜变量增长模型分析 刘俊升等 上海师范大学
111. 张华《情诗》的意义 曹 旭 上海师范大学
112．城乡之间：1947 年歙县旅沪同乡会扑灭家乡疟疾运动会 唐力行 上海师范大学
113. 索尔·贝娄、托洛茨基与犹太性 乔国强 上海外国语大学
114. 名词短语的可及性与关系化——一项类型学视野下的英汉对比研究 许余龙 上海外国语大学

115. 测量写作声音强弱在二语议论文中:分析性评分标准的生成和效度测度
赵冠芳 上海外国语大学
116. 局部性公共领域的扩展:Web2.0 时代我国网络公共领域浅析
邵春霞等 同济大学
117. 银行部门的市场化、信贷配置与工业重构 简 泽等 同济大学
118. 公司治理与员工福利:来自中国非上市企业的证据 钟宁桦 同济大学
119. 长三角都市群大众体育与居民生活方式协调发展研究 戴 健 上海体育学院
120. 新中国初期华东区人民监察通讯员制度及其实践 邬思源 上海对外经贸大学
121. 最低工资标准与中国企业的出口行为 孙楚仁等 上海对外经贸大学

音像类(1 项)

1. 纪念宋庆龄诞辰 120 周年专题片《底片》 金晓春等 上海宋庆龄故居纪念馆

内部探讨优秀成果奖(20 项) (略)

上海市第十二届哲学社会科学优秀成果学术贡献奖得主介绍

论及上海哲学社会科学界的前辈重镇，不得不提四位先生的名字：汤志钧、伍柏麟、姚锡棠和陆谷孙。

他们当中最年长的已入鲐背之年，最年轻的也已年逾古稀。

在数十载的学术生涯中，先生们在各自领域传道授业、著述立说，直到满头白发。

他们当中，汤志钧浸润中国经学史、近代史已有 60 余载；伍柏麟潜心研究政治经济学；姚锡棠在工业经济学领域探索不止；陆谷孙在外国文学理论与方法论领域积淀深厚。

在上海市第十二届哲学社会科学优秀成果评奖学术贡献奖的名单中，四位先生位列当中。

不过，即便著作等身，自成一家，学术之路对于先生们而言始终是“路漫漫其修远兮，吾将上下而求索”。

9 月 23 日开始，澎湃将陆续推出四位学者的“求索”之路。

20 世纪 70 年代，章太炎的夫人汤国梨在家中设宴，席间有两位客人：王仲荦和汤志钧。前者是章太炎的晚年弟子，后者是《章太炎年谱长编》的作者。

一张四方桌，汤国梨坐中间，王仲荦和汤志钧分坐两侧。

彼时，王仲荦刚过花甲之年却已满头白发，汤志钧年逾半百。已入鲐背之年的汤国梨看看两人，笑问汤志钧：“你看看是你年龄大还是他年龄大？”

汤志钧答道：“当然是师母年龄大。”

汤国梨闻言，十分开心，第一块肉就夹给了汤志钧。

近 40 年过去了，当 91 岁的历史学家汤志钧向澎湃新闻记者回忆起这一细节，仿若昨日。

“如果说史书中有一个人物令我印象深刻或者对我有所影响，他便是章太炎先生。”他说，“尽管他为人很狂，但教起书来非常认真，这一点我很佩服。”

已在中国经学史、近代史及戊戌变法史中浸润数十年的汤志钧学术成果斐然，被誉为“上海中国近代史研究唯一健在的前辈重镇”，亦收获了诸多头衔：上海社会科学院历史研究所副所长、近代史研究室主任，大学教授……

不过，他本人更喜欢称自己为“老实的读书人”——著书立说和传道授业是他 60 余载史学之路的全部。

师者汤志钧：师出名门，讲课不看讲稿

眼前的汤志钧身形消瘦，镜片厚重却目光炯炯，头发显得有些稀疏但打理得很整齐。虽着一身居家的衬衣长裤，但举手投足间不失温文尔雅。

采访是在汤志钧家的客厅进行的。一张四方桌，老先生端坐一头，背靠椅子，笑容温和。不过就在刚进门的片刻，他近乎很自然地将记者领向书斋——20 平方米大小，书盈四壁；案头设着文房四宝，宣纸上由蝇头小楷写成的文言文墨迹未干。

相较于自己的成就，汤志钧更愿意谈论他昔日的老师们。

唐文治、吕思勉、周谷城和周予同——对于这些曾经教导过他的老师，他如数家珍，每每提及，老先生总会不由自主地直一直腰板，颇为自得。

自得来源于师出名门，即便如今已自成一家，论及昔日恩师，汤志钧仍推崇备至。

而这种推崇也悄然渗入他的传道授业当中。

1992 年 4 月 16 日，台湾台中市东海大学历史所讲堂。

台上，69 岁的汤志钧引经据典，侃侃而谈；台下，该校选读中国经学史、戊戌变法史的博士生、硕士生以及特地从台北慕名而来的旁听者聚精会神。

这是一堂关于“戊戌维新与孔子改制”的授课，汤志钧是当时大陆学者中赴台正式讲学的第一人。彼时，在上海社会科学院历史研究所工作的他，应东海大学文学院院长吕士朋之邀赴台进行为期数日的讲学。

所谓“引经据典”，引据的是四书五经，当中大段篇章，汤志钧信手拈来，不假思索。

这番不假思索在 4 个小时的授课过程中体现得淋漓尽致，包括答疑解惑，哪怕是一时片刻，他的目光都未曾落于讲稿。

课毕，台下掌声雷动。

三天后，台湾《联合时报》以“……汤志钧满脑经典，讲课不必看稿”为题表达了台湾学界对其扎实功底的盛誉。

22 年过去了，向澎湃新闻忆及此事，老先生笑容满面：“这一点恐怕是跟我的老师吕思勉学的（吕思勉：民国时期中国‘史学四大家’之首，国学大师）。吕先生上课从不看讲稿，《史记》三家注中的内容脱口而出。学生问什么他就解答什么，从来不准备。最令人叹服的是有人问他周代的礼制，他用图解一个个画出来，譬如三庙、五庙、九庙。”

言谈间，仰慕之情溢于言表。

学者汤志钧：暗度陈仓，“文革”期间偷偷做研究

汤志钧不仅师出名门，亦算得上是名门之后。

1924 年 6 月，他出生于江苏省武进（今属常州市）。母亲庄氏，数常州大族，清代今文经学的创始人庄存与是其母六世族祖；父亲毕业于清邮传部高等实业学堂（今上海交通大学），师从唐文治，旧学根底深厚，且精通英语、日语。

师范毕业的母亲，教些唐诗、《四书》，令他受了些旧学的熏陶。

这番熏陶最初令汤志钧萌发了文学梦，而“弃文从史”却始于年少时候的心高气傲。

汤志钧在升入无锡国学专科学校二年级后，面临分科。当时本科分哲学、史地、文学三门。

由于一年级时作文分数屡次夺魁，汤志钧便心系文学。但当时他有一个同级同学，平日不用功读书，流连于舞厅，却平白无故写得一手好诗。擅长作文的汤志钧遇及作诗，速度和诗作都不如那位同学。

“当时好胜心作祟，毕竟一直考第一，但作诗总是考不过那同学，干脆就不比了。我想文学看来是要靠天赋的，我比较笨，就只能学历史。”汤志钧对澎湃新闻笑言。

彼时，自觉性情朴拙的汤志钧认为历史是一门踏踏实实的学问，还可以以古鉴今，很是适合。在选择走历史这条路的同时，这个老实人也定下了“立言”的目标。

这一立便是 60 余载。尤其难得的是，在文科类学术研究萧条的“文革”期间，一向以老实自居的汤志钧暗度陈仓，自己偷偷搞研究。

据其子汤仁泽回忆，当时自己在父亲身边，每当入夜，父亲会偷偷把书柜的封条轻轻拉开，偷出书本，挑灯夜战。到黎明，再把书放回去，封条重新黏上。

言及此，父子俩兴致勃勃地带记者参观贴封条的书橱，示范当年如何暗度陈仓。兴奋之情溢于言表。

“好几次晚上 12 点醒来，看到父亲在灯下用蝇头小楷奋笔疾书。”汤仁泽说。

白天养猪、挑粪、扫厕所；晚上“偷”书、看书、写文章。

自觉无事可做的汤志钧便是在这般境遇下写出了《章太炎年谱长编》等关于章太炎的著述。为了防止被抄，他用钢笔写一份，再以蝇头小楷誊抄一份作为副本保存。

关于这段岁月，汤志钧倒也是自得其乐。不过令他感到特别惋惜的是，他与诸多知名学者包括老师周予同、父亲在内的书信都烧毁了，不复存在。

对话汤志钧

澎湃新闻：您在古今文经学方面研究很深，怎么看读经？

汤志钧：首先什么是经？经是以孔子为代表的儒家思想，又分古文经学和今文经学。简而言之，汉武帝之前用的经叫古文经，汉武帝之后用的叫今文经。

经学对中国始终有影响，四书五经是封建文化的主体。为什么说是主体？因为古代的读书人从小就要读经，经是不可以违背的。

研究历史一定要懂经，这样就能够比较清楚地了解中国古代史，所以中国的每一代人都要读经。

经对近代政治的影响也很明显，比如说康有为，他是研究今文经学的，他就利用今文经学书里面的理由作为变法的根据。

澎湃新闻：您曾在台湾讲学，台湾也有不少知名的历史学者，在您看来台湾的历史学者跟大陆的有何不同？

汤志钧：台湾的学者书都是一本一本读的，也没有简体繁体字的麻烦，可以说台湾的学者还是很认真的。我们大陆的历史研究这几年还是不错的，但有些搞历史的人不是扎扎实实地在搞历史，而是根据当时的风气，先在主观上形成一个想法，再从历史中找材料。

台湾就不是这样,应该是先看书,看懂书,再找材料形成想法,我们大陆的有些人有点本末倒置。

澎湃新闻:这是目前大陆史学界最大的问题?

汤志钧:问题恐怕还很多。最大的问题是有些人古书也读不懂,怎么研究?加之繁、简字体的问题,很多人就稀里糊涂。

现在史学界方面还是有所发展的。书很多,材料也不少,但真正要弄清楚历史还是要打好基础,我发现目前有些书很空洞,讲的口号比较多,实际东西没有深入研究。

对研究者来说,首先要全面详细地占有资料,然后对资料进行仔细分析,再实事求是、老老实实、朴朴实实地进行研究。

澎湃新闻:您目前的工作重点是?

汤志钧:现在就是《梁启超全集》,有些都是儿子(汤仁泽)帮着在做了。我这里的函札已经弄好了,他那边还有一半未完成。

市场经济概念最先提出者之一伍柏麟:主编的《新编政治经济学教程》曾惹争议

“今年挺开心的是,拖了很久的《新编政治经济学教程》9 月底要出版了,离上一个版本过了快三十年,增加了很多内容……”

坐在客厅中间,伍柏麟先生虽已是耄耋之年,声音却依然中气十足,茶几上放着记者提供的采访提纲,已被先生仔细画线、写了笔记。

陷入回忆时,伍柏麟会来回摩挲着椅子扶手;说到兴起处,自己会嘿嘿笑出声。先生家中白墙木地板,无过多装饰,亦无收藏。他笑言:“收藏要有条件,我只是一个普通老师。”

“先生给人的印象并非是峨冠博带、正襟危坐的学究,更像是一个随和可亲、朴实祥和的邻家老伯。”复旦大学城市经济研究所所长周伟林这样回忆道。

这位如邻家老伯的“普通老师”,在新中国成立后的政治经济学研究上,添了浓墨重彩的一笔。

他参与了蒋学模先生(经济学家、《基督山伯爵》中文版初译者)主编的《政治经济学》教材;先后主编了《市场经济热点系列》《市场经济新论》《中国经济改革 20 年系列研究》等丛书;对现代资本主义经济进行科学阐述,被认为是“对帝国主义部分理论作创新性研究贡献最突出的学者”;也是最先提出市场经济概念的学者之一,还被称为“北有吴敬琏,南有伍市场”。

如今,早已离休多年,伍柏麟向澎湃新闻感慨道,现在身体不太好,麻烦事情不管了,偶尔听听音乐,看看球赛。

坎坷求学

1928 年,伍柏麟生于浙江宁波。出生后不久,父亲便过世了。家中没什么积蓄,全由母亲一人操持。伍柏麟是家中小幺,待几个姐姐中学毕业去教书后,经济状况有所改善。

1937年,中国抗日战争全面爆发。伍柏麟和家人只能四处逃难。一路避到宁波南乡甲村镇,在那里读完了小学和初中。

由于不愿上日本人办的高中,伍柏麟和同学们步行一百多里,到宁海临时联合中学继续上课。一去一学期,吃的是盐水黄豆泡米汤,住的是草棚大通铺。

生活从来不易。伍柏麟的母亲操劳一生,还未来得及享清福,便被霍乱夺去生命。当时,伍柏麟只有十三四岁,失去至亲,难掩悲痛,“从家走到医院的一里路上,我嚎啕大哭,现在还记得清清楚楚”。

待至1945年抗战胜利,伍柏麟于1947年考入国立暨南大学,师从陈彪如教授学经济学。

谈到为何选读经济学时,伍柏麟腼腆地笑了笑,“当时我们这种家庭环境出身的人,总希望找个好工作。我姐夫在银行工作,收入高、环境好,是个金饭碗”。

当时,伍柏麟自己也没想到,多年后会在政治经济学领域深耕一生。

从美国哈佛大学回国不久的陈彪如先生,带回了美国凯恩斯学派的理论。回忆昔日陈教授课堂上的风采,伍柏麟说,是陈教授严密的逻辑、清晰的条理、通俗的语言,培养了自己对经济学的兴趣。

虽然彼时抗战已经胜利,但国民党政权的腐败、接收大员的贪渎、物价的飞涨,使伍柏麟等青年学子深感不平。学生运动热情高涨,和特务交锋激烈。

“我们有个同寝室同学就被抓了。”伍柏麟告诉澎湃新闻,对国民党的统治逐步有了认识后,他也投身运动。

1951年,伍柏麟被分配到震旦大学当教师。“当时经济专业分计划组和理论组,计划组的同学大多是到实际部门工作,那时正好是第一个五年计划,特别需要青年人才。我是理论组的,于是分配到震旦大学。”

严谨治学

1952年,随着全国高等学校院系大调整,伍柏麟调回复旦大学,担任蒋学模教授开设的社会主义政治经济学课的助教。

回到复旦大学一年后,伍柏麟被派往中国人民大学教师进修班学习。在那里,他系统地学习了《资本论》等,三年没回沪,最后带回的是一张全优成绩单。

“那时压力很大。”伍柏麟回忆道,“不叫读,叫扣,很精细。特别是一些重要概念,要系统联系地学。考试也很细。比如《资本论》第一章第几节的内容,就是在理解的基础上背出来。”

在伍柏麟眼里,这番苦功夫没有白下,“后来(我)做教师的基础和资本都是在人大打下的,特别是马克思主义经济学。”

可当伍柏麟回复旦“大展拳脚”时,遇上了整风“反右”运动。

反复经历着下乡劳动的折腾,搞农业、做农活、撑过船、搞过肥料……回忆这段历史,伍柏麟有些感慨,“起起伏伏,停一段好一段。社会、学校都乱了套”。

直到“文革”结束,邓小平复出工作,经济生产各项活动逐渐恢复,一切回归正轨。当时政治经济学教材缺乏，中央在全国布置了几个点，点名各高校教授编写教材。复旦大学蒋学模先生负责编写供全国理工农医学习的经济学教材《政治经济学》，伍柏麟亦参与其中。

随后，伍柏麟领受了复旦大学另一本政治经济学教材《新编政治经济学教程》的主编任务。在这本新编教材中，伍柏麟对资本主义部分的结构做了新的探索，分为社会经济、商品市场经济、资本主义经济和社会主义经济几篇，按照逻辑顺序和从抽象到具体、一般到特殊的叙述原则来安排。

这一体系，突破了在我国应用了几十年的苏联政治经济学教科书中，有关资本主义部分的体系，体现了商品经济是几个社会共有的关系。

打破固有观念，难免惹争议。

“后来 1989 年在一次同行编书的会议上，有人提出批评。其实我有充分依据，马克思就讲，在阐述社会经济发展理论时，应从一般到特殊，所以商品经济摆在前面。”伍柏麟这样解释。

在 1988 年，蒋学模主编《政治经济学》教材推出第 5 版时，吸纳不少伍柏麟的观点。可见，其构建的理论体系还是得到了广泛认同。

勤恳教学

“伍先生(在课堂上)声音洪亮，尽管有宁波口音，但讲得很好，推理逻辑非常清晰，看他的文章也很舒服。”复旦大学经济学院院长袁志刚告诉澎湃新闻，由于蒋学模先生年纪比较大，相当长一段时间，政治经济学的课堂都由伍柏麟讲授。

周伟林回忆道：“伍先生的讲课风采在复旦是出了名的。理论课从来都难以‘有趣’，他却能讲得那样引人入胜，魅力无穷，除了内容丰富，张弛得当，最令听者佩服的是他的出口成章。”

而令袁志刚印象深刻的，还有伍先生扎实的学术功底和综合能力：“有一次，山西省纪委请我们去做山西发展报告，听了整个山西省的报告后，伍先生一上去就能把山西的情况梳理清楚。综合能力特别强，也说明他经济学功底很扎实，复杂的社会经济现象很快就能梳理好。”

20 世纪 80 年代左右，大家渴望知识的热情尤为高涨。复旦学子白天上课，晚上亦会在宿舍走道辩论，伍柏麟经常亲临现场参与点评。偶尔，他还会邀请学生到家中讨论。

“不一定是周末，在家是一本正经地上课，当时教学条件没这么好，老师也住在校区，这是时代的关系。伍先生会做菜，当时我们真的像父子关系，两代人的情感和现在完全不一样。”复旦大学企业研究所所长张晖明回想起在伍先生家听学的情景，十分感慨。

“先生有时问最近读了什么书，有时谈起某一理论的来龙去脉，经典作家的著作原文张口便娓娓道来，有时听我们谈论当下的经济社会热点，有时干脆天南海北神聊。经常谈话间不知不觉已是半夜，先生毫无倦意，我们怕夜深了多有打扰，便起身告辞，先生却意犹未尽，于是再小坐片刻……”周伟林在回忆伍柏麟先生的文章中这样写道。

伍柏麟在谈及往昔和学生们一起的时光时，呵呵直笑。“那时同学经过大浪淘沙来到校园，讨论都很热烈，老师也愿意一道讨论，一方面可以发表意见，另一方面可以从同学那得到启发。当时研究生的课也是采取讨论式的。”

90年代后，不少从事经济学研究的学者会选择出国深造或下海尝试。伍柏麟则一生醉心教育，刚刚改革开放时，他有机会到南斯拉夫考察学习，却放弃了。

“没什么遗憾的。复旦大学这样的老教师有很多，不光我一个。”伍柏麟笑言，后来也去了其他地方考察，可能每个时代的条件不同，大家所处的机遇和选择亦不相同。

作为最早提出市场经济概念的学者之一，伍柏麟却调侃自己有些“保守”，“也没想过自己会攀登到怎样一个高峰的地步，满足于现状。在这里(复旦大学)也不错”。

对话伍柏麟

澎湃新闻：为何时隔三十年，才出版修改后的《新编政治经济学教程》？

伍柏麟：其中有些遗憾。本来2000年就准备修改了，因为当时已经有很多新变化，由于生病的原因拖了下来。从1986年到现在，才重新出版。

澎湃新闻：修改后增加了什么方面的内容？

伍柏麟：这个版本基本思路还是之前的体系，当时参与的好几个人这次也参加了。

现在再不出不行了。经济全球化到今天仍不断发展，是一个前进的过程，我们新编的书里加上了一篇，市场经济全球化的发展。

不提制度全球化，制度全球化是做不到，但市场经济全球化可以。实际上这个全球化构成老早就开始了，因为资本本身就是向外的，本身就是全球化的萌芽。到了20世纪时，有了资本输出，特别是直接投资，那更加是全球化的开始。

到20世纪70年代末80年代初开始，信息化、网络化技术革命后，使得经济全球化进一步发展。我们以这个为一篇，大概有六七章，和之前的不同了，内容也有很多新提法。

但我们依然遵循的是，第一要坚持马克思主义；第二要联系实际，理论和实际要结合，加以解释和运用；同时也要发展马克思主义。

浦东开发研究发起者姚锡棠：包容各方，比坚持己见更重要

姚锡棠，曾任上海社会科学院副院长。20世纪80年代中期，提出了实施上海工业结构的战略性调整、重塑上海城市功能的发展政策思路；发起浦东开发研究。

甲午马年，姚锡棠正好80周岁。

白发白眉的老先生，年初以来身体不是太好，常要去医院住两天，说话的精神头却还不错。

身穿一件深色条纹衬衣，姚锡棠坐在沙发上，谈起这辈子与社科结缘，得从一部前苏联的小说《在遥远的地方》说起。

高中时期，翻阅了不少前苏联的文学作品，书中做工程的情节让姚锡棠感觉心生浪漫。20世纪50年代后期，作为优秀高中生，被选拔留学莫斯科工程经济学院，于是姚锡棠填下了水利工程的志愿。之后，由于国内缺少既会技术又懂经济的人才，他又转到了能源工程经济专业。不觉枯燥，反而很适合自身的性格，姚锡棠学起来兴趣盎然。

5年的留苏时光，姚锡棠欣赏了莫斯科郊外的美丽农庄、西伯利亚的大美风光，也深

刻感受到计划经济的弊端。“太死了。只有一种牙膏，蔬菜水果的品种单调，莫斯科与列宁格勒餐厅的食物，实行相同的国家标准，保证热量和蛋白质，非常枯燥。”他对澎湃新闻说。

毕业回国，姚锡棠被分配到上海的华东电力设计院，从事电力系统规划工作。喜欢写东西，也中意自由度大一些的工作环境，在姚锡棠的坚持下，1980 年，他调到了上海社会科学院部门经济研究所。

上海“经济发展战略”大讨论

时任上海市市长汪道涵经常召集各部委开会，原材料缺口是汪市长最头疼的事。姚锡棠记得自己第一个重要任务就是关于传统工业的技术改造。

强手聚集，姚锡棠是负责冶金工业的成员之一。炎炎夏日，他一圈一圈骑着自行车到宝山调查需要大约 2 个小时。最终，由他主笔的调查报告，被市委大加赞赏。

如果说 40 岁是意气风发，那么 50 岁就是一个学术研究人员的“黄金时代”——经验丰富，身体条件也足够好。这段时光，姚锡棠完成了事业上的两件大事。

改革开放初期，作为能源经济专家，姚锡棠在国内率先提出了“结构性节能”的政策思路，受到国家高层领导重视。20 世纪 80 年代中期，他提出了实施上海工业结构的战略性调整、重塑上海城市功能的发展政策思路，对当时形成的上海经济发展总体战略作出了重大贡献。

上海经济发展战略的课题，引起了一次不小的震动。姚锡棠提出，为了与国际接轨，沿用的“工农业总产值”建议用“国民生产总值”(即 GDP)替代。他还提出上海要从解放后“工业老大”的现状，向金融、航运等多功能方向调整。

新的观念被传统理论和政策束缚，在当时，受到了猛烈冲击。有人认为第三产业不创造价值，有人质疑借用资产阶级西方经济学是错误的。争论、反对意见诸多，有些批评非常尖锐。姚锡棠只能在不同会议场合把自己的意见与人反复阐释。

1985 年 2 月，国务院正式批转《上海经济发展战略汇报纲要》，肯定了上海发展的两个方向：经济结构调整和城市功能多元化。

上海第一次经济发展战略大讨论取得了积极的成果。这份《纲要》描绘了上海发展的蓝图，确定了今后基本的发展方向、路径和战略，影响深远。

“这是上海、北京、长三角学者与政府实际管理部门相结合，领导与群众相结合，经过深入调研、广泛讨论形成的集体智慧结晶。”姚锡棠强调。

亲力亲为的“老姚”

集众人之所长，是姚锡棠的工作风格。每逢重大项目，他总是邀请精兵强将组成课题组，仔细调研之后，迅速形成提纲进行报告写作。

20 世纪 90 年代初，姚锡棠发起浦东开发研究。

建立浦东改革与发展研究院时，除了上海社科院，他还从上海财经大学、上海外贸学院、华东理工等高校请来十多位正值壮年的学术界精英，深入一线，在浦东产业发展、企业改革、市场体系建设和浦东同周边地区联动发展等多个领域做了大量研究。

在上海社科院工作的陈家海就是其中之一。“当时我们都干劲十足,能够迅速接触高层次的研究工作,同时与各个领域人才交流,是很好的锻炼和培养机会。”

早期,浦东只是被规划作工业、疏散和居住的功能,但姚锡棠带领的团队却想要把浦东设计成一个金融、贸易、航运为主的功能区。“只是把人搬到浦东去的话,整个城市就没办法提升功能。”陈家海说。

姚锡棠习惯把工作高度浓缩在短时间内完成。尤其是开会,确定主题后,不多客套,单刀直入,效率惊人。“我参加过那么多会,没有超过2个小时的,有时候就半小时。”陈家海打趣姚锡棠“弹钢琴”的水平高,“主旋律在哪,和弦怎么配,他了然于心。”

浦东开发研究刚起步时,姚锡棠还要主持上海社科院的日常工作。两头兼顾,每天被各种重大项目的思路讨论排得满满。这正是64岁的姚锡棠最辛苦的时候。超负荷转也直接导致了日积月累的疲劳。最惊险的一次,几近命丧浦东。

1997年的最后一天,在上海社科院开完会,姚锡棠又赶到浦东,不巧听闻院里一个所长突然有情绪,他连忙赶回单位,后又再到浦东。“饭菜已经冷了,加上可能心里还是比较紧张,我就突然心梗了。”所幸送医及时,救回性命。

回忆起18年参加浦东研究,尤其是浦东开发的头十年,姚锡棠感慨良多。他曾写道:可以说,我院为浦东开发开放是尽了一点力的。虽然艰辛,虽然几乎命丧浦东,但我们对研究的爱,对浦东的爱可以说是无怨无悔。

从20世纪80年代中后期一直到退休之后,姚锡棠陆续为长三角一些城市,比如苏州、无锡、常州、南通、宁波等地做了大量的规划研究工作,还为天津、福建、内蒙古、云南、吉林、海南等地做了许多专题研究。从课题思路讨论到整个分工的协调合作,到最后统稿,姚锡棠都亲力亲为。

包容各方,比坚持己见更重要。这个想法贯穿于姚锡棠一生的工作。“做课题的时候,不是一个院长、所长、校长说了就算的。只有最后做出来的东西是权威,那就好了。”

长会短开,长话短说。“跟他那么长时间,从来没有听过一句严厉的话。但有了错误,虽说讲话很客气,但你能感觉到他的要求。”从浦东开发研究开始,陈家海与姚锡棠相识将近30年了。他说,姚锡棠对课题的完成节点把控得较为严格。然而,课题完成以后,他会自己掏钱摆一桌,请忙了几个月的骨干好好吃一顿,聊聊天。“我们与他交往放松而自由,常喊他作老姚。”

最让陈家海深受感触的是,姚锡棠会主动关心一线青年骨干遇到的实际问题,例如评职称或是住房困难。通过这种方式,帮助有志的年轻人克服困难,安心投入工作。曾经全家人均居住面积不到4平方米,深夜在缝纫机上写报告的陈家海,就因两倍于别人的工作量,破格福利分房。

此外,责任感是一名参与城市重大应用政策研究员的必备素质。“上海的未来是与我们有关的。”这也是陈家海从姚锡棠身上学到的。

姚锡棠是常州人,在无锡念高中。至今,乡音难改。可是,对生活了半个世纪的上海,他心中的感情更为深沉。

位于淮海路的社科院门口种着两棵玉兰树。每每经过，姚锡棠总是要去看一看，在边上的小花园坐上一会。

对话姚锡棠

澎湃新闻：当初，您为何会提出上海工业结构的战略性调整？如果把上海做一个比喻，您会比做什么？

姚锡棠：上海有三个核心的优势资源。首先，20 世纪 30 年代繁荣时期，是金融、贸易、航运中心。我有时候开玩笑，真的一点也不比纽约差：外滩是金融街；四川路、河南路、江苏路是洋行，也就是贸易公司；南京路是商业街；福州路是文化街。外滩到西藏路之间有 40 多家剧场，就跟百老汇一样。其次，解放后，上海是全国最大的工业中心，生产了第一片阿司匹林，第一辆汽车，全国闻名。第三，就是容易和国际接轨。我当时想，改革之后，要把这三个优势发挥出来。浦东其实是最早的一个上海，这三点规划的时候都考虑进去了。

澎湃新闻：您对从事社会科学研究事业的年轻人有何寄望？

姚锡棠：社会科学的工作，一般来说是集体的智慧。我总强调，要互相尊重。发挥自己的长处，也要融入集体。最终目的是做出一个扎根于实际又有理论高度的报告，而不是强调哪个人是权威。我们这行需要各方面丰富的知识，希望年轻人善于向周边人学习，设身处地，为各方考虑，才会和别人合作得好。

澎湃新闻：社会科学领域的评奖，通常以单项奖为主。这次的学术贡献奖类似于终身成就，您获奖有什么感想？

姚锡棠：（摆摆手）都是大家的功劳。我做的就是把大家的意见集中起来。如果说我有什么长处的话，就是善于倾听，善于向大家学习，让大家发挥长处，把大家的意见合起来，做出一个成果。

陆谷孙：以后的字典应该互动性就像维基百科一样

瓢泼大雨天，跟陆谷孙先生约了上门采访。他住处的过道里，一位老爷爷给还在婴儿车上的孩子念格林童话，起初安静的孩子突然被逗乐，咯咯直笑。

之前澎湃新闻记者告知他获得两年一度的上海学术贡献奖时，陆谷孙也是在电话那头咯咯笑。他再三推辞采访，说最近一直吊水，身体欠佳，更重要的是，他似乎并不想躺在过去的功劳簿上，也不愿再玩老先生们轮流互评得奖的游戏。

这位陆谷孙，人称“陆老神仙”，是复旦大学外国语言文学学院教授，编写过《新英汉辞典》以及《英汉大词典》，同时也长于莎士比亚文学。

陆谷孙最后还是接受了采访，但他也再三强调，编字典的影响并没那么大，而且也是集体的功劳所致。他坚持在《英汉大词典》再版时附上第一版编写组的名单，其中有些人已相继过世，他则关照出版社也不要给他们的名字打黑框。

眼下，他在编撰《中华汉英大字典》，他摩挲着校译的一卷纸，在纸上添删勾画，兴之所至还会增加一句戏谑放在勾画的气泡里，“Don't take all your readers to be bloody fools!”（别把你的读者都当成大傻瓜！）。

他像孩子有了惊奇发现一般，指着纸上的“轰趴”(在家开派对，Home Party 的音译)二字问澎湃新闻，你知道这是什么意思吗，我之前不知道呢。

一会儿陆谷孙又说，你看“满脸横肉”怎么翻译呢？我想到的译法似乎也很勉强。

“敏而好学，赤子之心。”学生丁骏这样评价已逾古稀的他。

陆谷孙向澎湃新闻说出了自己的构想，以后的字典应该是上不封顶，下不保底的，使用者同时也应该是编写者，互动性就像维基百科一样。

他说自己编字典是寻章摘句老雕虫，但时下也需要更多精通科技的数字化人才。

他几乎大半生岁月，与字典难舍难分，而他目之所及，一步步看着它不再挥舞政治的大旗，乃至挣脱原有的物理属性。

“以学为先”的家风

1940 年，陆谷孙生于上海，因母亲早逝，后来父亲陆达成去远方工作，陆谷孙便被送回家乡余姚，由祖母一手抚养，但学业进退仍由父亲每周至少一信“遥控”监督，陆谷孙称之为“龙文鞭影”和“长辔远御”。

陆谷孙说父亲是个非常骄傲的人，但却一贯秉持“以学为先”。

“1949 年，上海解放，别人都从上海去香港，父亲则从香港返回上海。父亲那时的老板是后来香港特首董建华的父亲董浩云。父亲无法忍受身边的人们在麻将桌上聊度余生，于是向老板提出辞职。董浩云当时还特地从公司总部东京赶到香港挽留他。这算是很大情面了，还是没留住。回上海不久，父亲又去了北京的中科院工作。”陆谷孙娓娓道来。

父亲常挂在嘴边的话，“小富即可，大富则不敢”，这点对陆谷孙影响很大。

“1980 年我到美国，碰到了董浩云，他操着宁波口音说，小陆先生我想送你一样东西，你就拿你爸的中国航运书留我做纪念。我当即说不要。事后他写信给我父亲说，达成先生，家风不灭。”

“还记得有一年开始购房热，我宿舍里面就有个朋友拼命想办法钻研要买几套房子，我当时还笑他，你买那么多房，12 点睡一套，13 点睡另一套，14 点再换一套，睡得过来哦？”

学生张楠说起陆谷孙，认为他拥有学界“难得的沉静”，陆先生是不喜欢到处出差做学术交流，确切地说，“不喜欢打着交流的幌子四处玩乐”。

他在采访中说，父亲当年学法语、做翻译，对他之后的语言学习也不无影响，“每个人的化学成分不同，可能我语言方面的化学成分多些”。

陆谷孙在 1949 年返沪，当时国内一边倒向苏联学习，因之他中学阶段学了六年俄语，俄语就此在他生命中留下潜移默化的烙印。“这次住院，有学生给我拿了点音乐过来，发现喜欢的都是俄国当年的曲子。柴可夫斯基、格林卡、里姆斯基·科萨科夫……苏联倒是没把俄国的文化消灭得干干净净，没有出现‘破四旧’。”即便如今身体抱恙，他还是没有放下对文化的反思。

陆谷孙以俄语作为外语考大学时，全国只有八个院校有英语系，他后来顺利进入了复旦大学的英语系，因为完全没有英语基础，他去了慢班学习。

兴趣与禀赋的统一让他在“慢班”学生中得以“小荷才露尖尖角，早有蜻蜓立上头”。

陆谷孙在大四时遇到了林同济，他是陆谷孙的莎士比亚启蒙老师。当时林同济“右派”的帽子刚刚摘掉，由于他的讲课风格和讲究的英文表达，三个班60多个学生吵着都让他教。林同济除了讲莎士比亚，还会自己翻译毛泽东的诗歌，跟官方版本做对比。“官方翻译的肯定也不是等闲之辈，但我们都觉得他翻译得比官方好。”陆谷孙记忆犹新。

“加加加，你们就知道加！”

陆谷孙说起最早开始编字典，实属无奈。

“文革”开始后，红卫兵当家，军宣队、工宣队被派驻学校。恰逢陆谷孙女儿满月当天，他在家里支起了圆台面请客吃饭，突然来了两个红卫兵，让他卷铺盖，带粮票，押他至学校。

“他们觉得我这种人不能教书，上台就是放毒，于是发配我去编字典。”陆谷孙说。

除了编字典，就是政治学习，开批判会、拉练。每年开学他还会被领到学生面前，让学生知道这是个“有问题”的人。

陆谷孙回忆起编字典的伊始，“要遵循几点，比如赤脚医生好，‘五七’干校好。美国的帝国主义和苏联的修正主义一定要批判。领导会拿着个小本到编写组问，你们看，批判到百分之几啦？美帝苏修的批判句子比例要大致持平”，“后来排字已经排成样子了，我们看这个字典实在没用，于是决定偷偷地‘救’这本书。”

彼时，陆谷孙在为“四人帮”组织的写作小组翻译外报外刊，偷偷收集了很多东西，随后悄悄放入《新英汉辞典》。

“有人监督，但他看不懂我们在干嘛。”监督的人看到陆谷孙在内的一群编写人员执行速度放慢，又“打翻了墨水瓶”——在校样时把红笔、蓝笔、黑笔交叉地画在小样上。

于是工宣队的干部急了：“加加加，你们就知道加，加什么死人骨头？”

1975年，这本《新英汉辞典》终于付梓，商务印书馆的陈翰伯和陈原突然给陆先生发来外报外刊的评论，其中包括《南华早报》《远东经济评论》《华尔街日报》《纽约时报》，报道中称，虽然新出的字典是一份政策声明，但不能否认它有许多新的东西。

让陆谷孙欣慰的是这本字典最后销售了一千万册，“幸好加了这些内容，这本字典在‘文革’后也没有马上被扫进历史的垃圾桶”。

到了《英汉大词典》的时代，陆谷孙还没电脑，只有打字机。他收集着各种各样的句子，将四张纸加三张蓝印纸卷入滚筒打出四份，陆先生说，那么多纸，当时打字机的滚筒都滚不起来。“我编了这样48页的材料，葛传槼先生讥讽我说那些句子是孤例，不能说明问题。因为那时有流行说Solitary swallow doesn't make summer（孤燕不成春），于是后来我就把这48页的材料称为‘孤燕’（solitary swallow），还特地给了葛先生一份。”

陆谷孙在采访中多次强调，一本字典没那么重要。话虽如此，“这本字典现在看来也是‘神’一样的存在，这跟他的双语造诣和人格魅力分不开”。译文出版社文学编辑室主任黄昱宁说，她母亲也恰好是陆谷孙的学生，所以她常常在公开场合叫他一声“祖师爷”。

孤傲的"愤"老

学生张楠也向澎湃新闻记者谈到,陆先生具有真性情的幽默,而同时有持之以恒的毅力,他原来仿效为艺术而艺术提出过"为英语而英语"(English for English's sake),他更多追求的是智性愉悦(intellectual delights)。

黄昱宁说,后来出版社成功"忽悠"他翻译了格林的自传《生活曾经这样》,他倒也不计报酬,只在乎内容上是否对他有触动。

陆谷孙之前独居于复旦大学老宿舍楼的底层,因采光欠佳,他乐呵呵名之"洞府"。最近"洞府"装修,他暂住别处。夫人和女儿早年就定居美国,他常年由一位胖阿姨照顾其饮食起居。

他习惯饭后问胖阿姨,"把热毛巾给我,今天是'地主'还是'贫农'啊?"

所谓"地主"和"贫农"即热水毛巾和温水毛巾。

胖阿姨也只能摇摇头同不解的来客说,什么思想觉悟啊,"三反五反"都那么多年了。

当被澎湃新闻问及,独居陋室会否觉得孤单,他笑笑说,还好,已经习惯了。

陆谷孙的夫人是他当年的学生,比他小 6 岁,当时只能秘密来往。他在 2006 年在接受《南方人物周刊》采访时曾说:"'文化大革命'开始,他们那个班就写我的大字报,我妻子是唯一一个不签名的。这个事情让我还觉得……不错。"

他现在同澎湃新闻记者说起此事,仍然感动于夫人的勇气,"要知道 1966 年,院系所有老师和同学都知道大字报上独缺她的名字"。

如今,女儿已是职业律师,而夫人已是一家医药公司的管理层,她俩已逐渐适应了美国的主流文化生活。陆谷孙去美国、英国多次,每次出去都不可遏止地想家。"一到秋天,秋虫叫起来了,就想到小时候在余姚斗蟋蟀的情景。"他因此一个人生活着,但也自得其乐。

据他的学生们介绍,陆先生腿脚尚健时,有着固定的散步路线:过邯郸路,从正对国顺路的 2 号校门进入本部,经光华楼西侧,上"本北高速",绕相辉堂草坪,至燕园,自正对国权路的校门而出一程下来,耗时约 40 分钟。因此复旦大学"日月光华"BBS 偶尔会有"傍晚看到陆爷爷了"的帖子。

陆谷孙自开博客之后,每周一两篇更新,很是勤快,看新闻时,路见不平,挥笔相助,会抨击城市的"嘉年华综合征",也会对一些媒体的报道立场嗤之以鼻。"写个一两千字,也挺痛快的。"陆谷孙说。

对话陆谷孙:

澎湃新闻:"文革"时期编字典时,势必会经历一种矛盾,一边要批判美帝苏修,还一边要学习汲取外语的菁华。

陆谷孙:就是矛盾。而且根本不谈汲取文化上好的东西。开始我们出去征求意见,那些工农兵读者的建议很奇怪,比如,他们提出字典可以编作两部分,积极词汇和消极词汇,革命是积极词汇,资产阶级是消极词汇,那吃喝拉撒睡算什么类型的词汇?不过最后幸好没采纳这一建议。我记得最初编的字典相当革命,像例句里会有"喜儿打了地主一下耳光"。

澎湃新闻:最早读的莎士比亚作品是哪部?

陆谷孙:就是最流行的《哈姆雷特》,顺着读完了四大悲剧中剩下的三部。我教书后精讲悲剧《哈姆雷特》《李尔王》;喜剧《第十二夜》《暴风雨》;历史剧《亨利五世》。

澎湃新闻:自己有偏爱吗?

陆谷孙:当然有,早期我爱读《哈姆雷特》,从外形、品相、气质都很喜欢,但要把它读懂,才有味道。像哈姆雷特讲的这句话,"你怎么还是那么不开心,脸上还是郁郁寡欢,接着一句是 I'm too much in the sun",光这句话就有 40 多种解释,很有嚼头。

1962 年我大学毕业,我们这届毕业生参与的英语版《雷雨》成功演出,大家预备排演大戏《哈姆雷特》,可是 1964 年"千万别忘记阶级斗争"一来,大戏就此搁置。

到了老年以后,我更多会念《李尔王》,不太念《麦克白》这种关于篡位或者政治斗争的书。莎士比亚的魅力在于,38 个剧画面好看、人物丰富,高贵的、低贱的、幽默的、哲理的、文的、武的……

澎湃新闻:你怎么看待国外同样编字典的塞缪尔·约翰逊(Samuel Johnson)?

陆谷孙:约翰逊本人是个自大狂,博览群书、富有学识但又喜欢卖弄。但跟他倒有共通之处,比如骨气和蒙羞的苦楚(Bitterness of being insulted)。他编了字典后给罗斯特菲尔德爵爷大人写信揶揄,我当时是个微贱的人,在你的门房里待了多久你也不理我,现在字典编成了你倒是要做保护人了。我在《英汉大词典》第二版作序时,我也有些跟约翰逊一样的傲气,也试图步他的后尘,可惜没做到。

澎湃新闻:怎么会没做到?

陆谷孙:毕竟时代不一样,那是一个出伟人的时代。我们现在是"群众运动"的年代。而且《英汉大词典》也就是收词多一点,有什么大不了呢?字典里有些词条可能是无数人查阅的,而有些词则几乎零人次查阅,约翰逊在这方面却还是很下功夫。人说,靠字典学好外语,但是我认为单凭词典你学不好外语。

澎湃新闻:听说原来钱锺书给你写信说,希望你女儿能像字典编撰者詹姆斯·默里(James Murrey)的小孙女一样给你著书立传。

陆谷孙:钱锺书写信的时候客气得不得了,不能当真的,哈哈。我的老师徐燕谋是钱锺书父亲钱基博的得意门生。当时我做了两三个月徐老师的研究生,他看了我写的文章后说,你可以试试看,让钱锺书来指导你。我当然很开心啦。之后钱锺书来信自谦说自己不够资格指导陆谷孙。

澎湃新闻:那你觉得他说不够资格是什么心理?

陆谷孙:是不够资格,哈。所以我也有点约翰逊的傲气,既然你不收我,我也不来讨饶。后来《英汉大词典》要题书名了,本来也不是让钱锺书写的,是让中文系系主任朱东润教授题,他书法好,又是英国留学生,还是我宿舍邻居,我们一老一小常在院子里走来走去。但他说自己年纪大了,写字手抖,还是让钱锺书写吧。

社科志编纂

上海市社联方志办召开第一次专家论证会

11月26日下午，上海市社联方志办召开专家论证会，就《上海市志·科学分志·人文社会科学卷(1978—2010)》章节目录(第一稿)吸纳有益智识。来自华东师范大学人文学院的高瑞泉、上海社科院社会所的卢汉龙、市社联的王邦佐、上海财经大学人文学院的张雄、上海市中共党史学会的张云、上海市方志学会会长朱敏彦六位专家与会，吴伟余、王心红、陈梁、王军参加会议。

市社联方志办首先向与会专家介绍了人文社会科学卷编纂的工作情况：一是按照要求成立了方志编纂办公室，并设置了相应工作人员；二是方志编纂的工作时限为五年，字数要求在60—80万字，最多不超过100万字，要求充分反映上海市社会科学自党的十一届三中全会以来至2010年的概貌；三是方志办当前的工作进展是拟定了章节目录的初稿，本次会议旨在邀请各位专家对篇章目录的内容设置、章节安排以及人物遴选等内容进行论证。

与会专家在听取说明之后，提出了诸多具有宝贵意见。要完善现有办公室设置及人员配置，建议名称改为"市社联修志办公室"，并按照规定由上海市社科办、上海社科院等参编单位人员共同组建；目前章节目录在整体上呈现出标准化、模式化的样态，建议后续着力提升章节目录的灵活性、生动性和新鲜感；章节目录建议采取"机构与团体——规划与管理——学科研究——学术成果——学术交流——社科普及——社科媒体——人物"的总体框架；学科研究的内容建议按照从社会科学到人文科学的顺序，以一级学科、二级学科为基本原则，辅之相应的例外进行编排；章节目录中建议加入博士后流动站点、一级博士点、一级硕士点和跨学科研究的内容。

上海市社联方志办召开第二次专家论证会

12月3日下午，上海市社联方志办召开第二次专家论证会，在充分吸纳第一次论证会诸多有效建议的基础上，再次就《上海市志·科学分志·人文社会科学卷(1978—2010)》的章节目录进行科学性、合理性论证。市社联专职副主席刘世军主持会议，市委宣传部理论处处长季桂保、国际关系学会秘书长金应忠、复旦大学历史系姜义华、市哲学社会科学规划领导小组办公室主任李安方、上海社科院历史所熊月之、上海社科院经济所袁恩桢、华东师范大学哲学系赵修义七位专家应邀与会，党组书记沈国明、吴伟余、王心红、陈梁、王军参加会议。

刘世军副主席首先说明了方志编纂工作的重要性，强调按照市方志办要求逐步推进编纂工作的常态化进行，并感谢到场专家拨冗与会，指导方志工作。市社联方志办汇报了人文社会科学卷编纂工作的基本情况，描述了当前章节目录编纂的基本原则和方案，提出了工作进程中的重点和难点，并结合第一次专家论证会的相关建议，希望各位专家多多提供宝贵意见。

沈国明书记听取汇报后，再次从历史重要性的角度重申方志编纂工作的重大意义，并真诚希冀在与会专家的莅临指导下，人文社会科学卷的编纂能尽量追求完美，少留下遗憾。与会专家接下来从框架设定、章节安排、学科研究、人物遴选标准等方面提出了具体建议。除了总述以外，每一编都需配置综述。注重资料长编的不断累积。学科分类要再三斟酌，比如国际关系、人口学、哲学、历史等。要在传统学科内容以外补充新兴学科、交叉学科等内容。将学术研究部分替换为研究成果，降低编纂的难度。与已有的《上海社会科学志》保持提纲上的传承。分解编纂工作，发动各个学会，全面收集材料。

上海市社联方志办召开第三次专家论证会

12月17日下午，上海市社联方志办召开第三次专家论证会。本次论证会围绕《上海市志·科学分志·人文社会科学卷(1978—2010)》的章节目录(第三稿)进行专家论证。市社联郝德良、市地方志办公室李洪珍、上海电力学院李家珉、市地方志办公室莫建备、上海社科院文学所荣跃明、上海人大研究室周锦尉六位专家应邀与会，吴伟余、王心红、陈梁、王军参加会议。

市社联方志办首先汇报了人文社会科学卷编纂工作的基本情况，描述了章节目录(第三稿)完成的基本原则和方案，提出了工作进程中的重点和难点，并结合前两次专家论证会的相关建议，希望各位专家多多就总体框架、哲学学科、马克思主义学科等提供宝贵意见。

与会专家听取了市社联方志办工作进展后，首先肯定了工作的成效，并指出了编纂工作存在很大难度的同时，也具有非常大的意义。接着，六位专家结合自身编纂经验和学科专长，对于篇章的总体设置、机构与团体的位置与内容、规划与管理的内容、马克思主义学科的统筹归类、学科研究如何突出重点提出了具体建议。将学科研究拆分为以编为单位的章节，并置于第一部分，突出其重要性。方志编纂要考虑上海特色，并通过学科研究、评价体系、获奖成果和人物等内容充分反映出来。马克思主义学科可以划分为马克思主义、毛泽东思想与中国特色社会主义理论两大部分。党史党建的内容可以考虑加入政治学的内容。民族问题、国际问题两部分研究与现有学科不匹配，考虑改为民族关系学和国际关系学。具体开展工作时可以首先制作好资料收集模板，并在此基础上形成资料长编。

上海市社联方志办召开第四次专家论证会

12 月 24 日，上海市社联方志办召开地方志推进工作第四次专家会议。与会的上海社科院部门经济研究所陈家海、上海社科院中国马克思主义研究所方松华、《中国文化报》上海记者站洪伟成、市地方志办公室市志处处长黄晓明、上海大学党委副书记李友梅、上海社科院信息所徐觉哉、《上海思想界》主编许明、《解放日报》党委副书记周智强八位专家，对《上海市志·科学分志·人文社会科学卷（1978—2010）》的章节目录（第三稿）进行了科学性、合理性论证。

社科普及平台

SHE KE PU JI PING TAI

东方讲坛

讲坛工作

东方讲坛召开2014年第二季度工作例会

8月12日，东方讲坛在上海市社联召开了2014年第二季度工作例会，市社联专职副主席刘世军主持会议并讲话，市社联科普工作处处长应毓超汇报了东方讲坛上半年工作情况和下半年工作计划。各区县宣传部分管东方讲坛工作的副部长和联系人出席会议。

刘世军指出，做好下半年的东方讲坛工作，需要对各方面的形势有很好把握，要对经济社会发展和意识形态领域的情况，以及民众关于民主法治和国际局势的看法有准确研判。他强调，下半年，东方讲坛各项工作要聚焦核心价值观的宣传、群众路线教育实践活动、法治中国等主题，在创新宣讲活动的内容和形式上做探索；要基于“共识是在交流互动中得以形成”的认识，增进讲师对听众关心问题的了解，加强讲座中的交流互动；要加强多层次讲师队伍建设，做好基层宣讲员队伍的培训和资讯服务工作；要推进各区县特色举办点建设，探索举办优秀东方讲坛产品征集、评选活动。

与会人员充分肯定了东方讲坛上半年在内容建设和服务基层上取得的成绩和进步，介绍了各自区县讲坛工作的开展情况，交流了工作经验、分享了好的做法，还提出了提升讲座内容吸引力、扩展讲坛对两新组织的覆盖、密切与区县推荐师资的联系、建立讲坛与基层的衔接机制、推进正能量在新媒体上的传播等建议。

“东方讲坛走进红色遵义”系列活动第二期顺利举行

9月18日，“东方讲坛走进红色遵义”活动第二期在遵义师范学院举行。华东师范大学教授、博士生导师，上海市中共党史学会副会长兼秘书长，上海市新四军研究会副会长唐莲英做“回顾、缅怀与启迪——纪念红军长征80周年”主题报告。贵州省社科联秘书长吴黔斌，遵义市委宣传部部务委员、市委讲师团团长曾征，遵义市社科联秘书长杨润民，遵义师范学院副校长王刚，以及学院师生代表200余人参加报告会，并与唐教授就长征精神的当代意义、红色文化开发与保护、新时代大学生的精神追求等话题进行了互动交流。

唐莲英教授的报告分为三部分。一是长征英雄史诗气壮山河。她从“无奈的选择，悲壮的转移”和“长征：谱写人类英雄史诗”两个方面阐述了长征的原因和意义。二是长征精神的动力源泉。她认为，长征精神就是“革命理想大于天，人民利益重于山，顾全大局团结协作,艰苦奋斗甘于奉献”。三是弘扬长征精神的时代意义。她表示,长征精神的正确认识有三点:学习历史,继承革命传统;正视现实,树立理想信念;展望未来,重在自身实践。讲座最后,唐莲英教授向学生提出三点建议:一是从我做起,就不能光盯着别人;二是从现在做起,就不能等待观望;三是从小事做起,就不能好高骛远。

“东方讲坛走进红色遵义”系列活动是上海市社联对口支援遵义市的文化帮扶项目,已经举办的两场讲座受到了当地听众的高度评价。本次讲座还被列为 2014 年贵州省社会科学学术年会的主要活动。

哲学演讲季

为城市文化软实力补给“思想钙”
——访上海市社会科学界联合会专职副主席刘世军

1月20日,《文汇报》提前一个月在显著位置刊登了哲学“东方讲坛·文汇讲堂——哲学与我们的时代”演讲季的半版预告,当天便引来不少关注,东方讲坛和文汇讲堂不断接到电话;随后几天,“上海发布”微博发布了哲学季内容,两处的求票电话就一直响到年关。如果说微博是民意的某种“PH”试纸的话,我们听到的一种意见是“阵容蛮强大的,不过题目似乎还有些老套”。

即将呈现给大家的是一种新的尝试:专题讲座专业人群,互动方式移动传播,问题导入哲学切入。成功与否,交给听众来评判。

为此,我们采访了这次哲学演讲季的总策划——上海市社会科学界联合会专职副主席刘世军。

文汇报:在上海的市民几乎都知道“东方讲坛”,这次的特别策划风格有所不同,是出于怎样的想法?

刘世军:这是东方讲坛顺应上海建设国际文化大都市、增强文化软实力的主动探索。东方讲坛从创办到现在已走过了十个年头,作为一个深受基层群众和广大市民欢迎的讲座品牌,早已走进了千家万户,融入了这座城市的文化血脉。经过10年的探索,我们把讲坛打造成为传播主流意识形态的主阵地、公共文化服务的大平台、社会科学知识普及的大课堂,正是这三大功能的承载使东方讲坛成为上海的一个独特的文化存在。“其作始也简,其将毕也必钜。”东方讲坛要有更好发展、更大影响,必须打破僵化、固化思维,克服倦怠、自满情绪,在保基本的前提下求突破,在积极探索中求创新,以改革创新的精神,努力在讲师队伍建设、课程建设、组织创新、影响力提升等方面取得新突破,不断推进内容创新、形式创新、手段创新。这次系列讲座的推出,是一次探索和试验。

文汇报:在这个快速变革的时代,谈论哲学问题,似乎是一件很奢侈的事情,作为一个大众讲坛,推出哲学演讲这个冷话题,有没有担心无人喝彩?

刘世军:当然这是一次探索和冒险,任何一种冒险都蕴含着创新的梦想,这就是我们工作的价值和意义所在。东方讲坛是时代发展的产物,它的成长必须要跟上时代前进的步伐,听取时代的召唤。我们推出哲学演讲季既是响应习近平总书记提出的领导干部学哲学的号召,同时也是满足社会需求的必然选择。正如您所说,我们这个时代是一个快速变革的时代,在这种快速变革中我们中国人形成了一个伟大的愿景,这个愿景就是习近平总书记提出的实现国家富强、民族振兴、人民幸福的中国梦。实现中国梦，将是一项震撼人心的壮丽事业，我们既面临前所未有的机遇，也面临着巨大的挑战。我们必须明确，中华民族的伟大复兴，不只是经济上的复兴，同样应该是文化、精神和哲学的复兴。当我们暂停快速前进的车轮观察一下同样忙碌不停的世界，我们会发现这个时代的精神状况，不足以支撑这个伟大的复兴。我们会强烈地感到，要解决经济社会发展的一系列矛盾和问题必须要有哲学的眼光和哲学的思维，要整合社会的价值和认同、提升工作和生活的意义离不开哲学的关照。当然，哲学同样也是治疗我们“本领恐慌症”的一帖良药。从现在火爆的报名预约中，我们已深切感到，我们的选择是正确的。

文汇报：东方讲坛选择与文汇报联合推出哲学演讲季，有什么特别的考虑吗？今后会不会有更多的合作？

刘世军：媒体对于这个时代的意义众人皆知。通过媒体的传播与再创造，会成倍地扩大讲坛的受众面与影响力，加强与媒体的合作是东方讲坛实现新突破的重要途径。当然与媒体合作不只是把讲坛的内容简单搬上媒体，而是双方共同的一个创造过程。这些天来，我们从题目的选定到讲座嘉宾的选择，从演讲风格的确立到内容的最终呈现，期间所进行的讨论、争执和激发出的思想火花、好的创意，已经证明了这种合作的意义和必要，所谓功夫在台下就是这个意思。“文以载道，汇以厚德”，“选择文汇就是选择文化的品质”，这是我们对文汇报的一个评判与期待，文汇讲堂不走所谓的“明星路线”，一直坚守一些平实的好东西，剔除浮躁，不搞夺眼球的“讲座秀”，这也是我们能够合作的一个前提。东方讲坛是一个开放的讲坛，在上海标志性的文化地标举办更多的东方讲坛的讲座，应该是我们进一步发展的方向，也是开展合作的基本选向。

哲学与我们时代的当务之急
——复旦大学哲学系教授吴晓明首讲东方讲坛哲学演讲季

习近平总书记在中央政治局第十一次集体学习时强调，推动全党学习历史唯物主义基本原理和方法论，更好认识国情，更好认识党和国家事业发展大势，更好认识历史发展规律，更加能动地推进各项工作。学哲学、用哲学，是我们党的一个好传统。党员领导干部要努力把马克思主义哲学作为自己的看家本领。因此，加强马克思主义哲学学习，努力提高领导干部的哲学素养，意义重大，非常迫切。

东方讲坛在创办十周年之际，推出哲学演讲季既是响应习近平总书记的领导干部学哲学用哲学的号召，也是顺应上海建设国际文化大都市、增强文化软实力进程的一次主动探索。演讲季邀请沪上七位知名的哲学教授：吴晓明、王德峰、张汝伦、童世骏、俞吾金、高瑞泉、陈卫平，以半月一次的频率，历时四个月，从哲学视角切入时下诸多令人困惑的领域，共同为我们这个时代所需要的精神输入“思想钙”。话题既宏至时代所需的思想高度、思维方式、批判价值、当代意义，也微入凡俗生活和理想境界、文化精神、正能量等。

2 月 22 日，由上海市社会科学界联合会和文汇报社联合主办的“哲学与我们的时代”演讲季拉开帷幕。首讲主讲嘉宾上海市哲学学会会长、复旦大学哲学系教授吴晓明以“哲学与我们时代的当务之急”为题，为听众烹制了一顿蕴含哲思的智慧大餐。讲座由上海市社联党组书记、专职副主席沈国明主持,市委宣传部副部长李琪对听众提问作点评。来自本市党政机关领导、高校师生、市民群众等300余人聆听了讲座。

在本期讲座中,吴晓明教授提出了哲学是智慧之学、思想之事,每个人心中都有哲学的观点,解答了"轴心时代意味着什么""如何开启我们这个时代急需的思想"等重要哲学问题。

吴教授指出,哲学不同于一般的知识和学问,它是智慧之学、思想之事。但哲学也并不是与时代脱离、与大众无关的高深学理,它是时代精神的精华,和大众生活密切相关。哲学是一个人的世界观、人生观、价值观,是一个人与事物打交道的基本方式、生活的基本态度和思维的基本趋向。所以,每个人心中都有哲学,生活中随处可见哲学。

吴教授认为,并不是所有人、所有文化、所有民族的哲学都是相同的。在被德国哲学家雅斯贝尔斯称作"轴心时代"的2500年前,人类的基本想法和行为方式开始出现历史分叉。人类历史上最古老的三大文明体:中国、希腊和印度,纷纷确立了各自文明的基本哲学路向,并因而为各自的文化发展奠定了哲学根基。这三大哲学定向对生活的基本态度、与事物打交道的基本方式、思维的基本趋向相当不同。按照黑格尔的说法,古希腊哲学是纯粹理性,或者叫做形而上的理性;中国传统哲学是实用理性;而古印度哲学则是无节制的想象力。

古希腊哲学把世界分成两个对立的世界:理念世界和现实世界。他们认为真理仅仅存在于理念世界当中。传统中国哲学认为,真理存在于现实事物当中,道和器不能分开,体和用也不能被分割,大道不离人伦日用。这两种哲学产生了不同的基本行为定向。认为规则存在于理念世界中的西方人,严格遵守规则,视规则为神圣。服膺实用理性的中国人虽然也讲规范,但中国人认为要合于大道,不仅要有"经",即遵守根本原则,也要有"权",要懂得权衡变通。古印度哲学的特点是无节制的想象力。印度人有着非常高的智慧和丰富的想象力,这让他们在宗教和艺术方面极为擅长,在哲学沉思方面也取得了非常了不起的成就。但是他们不擅长理性和实用理性的特点,也阻碍了他们的现代化进程。

吴教授认为,作为一般智慧或思想的哲学,深深植根于民族精神之中。民族精神作为客观精神,赋予每个主观精神以基础定向。不同的哲学意味着不同的文明和文化发展,认识到这一点,对于我们了解不同的文化、不同的文明,以及了解中国未来发展非常重要。

吴教授提到,今天阻碍我们思想的最大障碍是"外部反思"。外部反思从属于"主观思想":它从来不能真正地深入于事物的客观内容之中,但它知道一般原则,并且知道把一般原则运用到任何内容之上,约言之,所谓外部反思就是忽此忽彼的推理能力,这种能力会把一般原则运用于任何内容之上。通俗来说,外部反思就是形式主义或者教条主义。毛泽东同志当年批判过生搬马恩经典和苏联经验的教条主义,但今天中国知识界的教条主义,比那个时代有过之而无不及。今天中国知识界的教条来自西方,特别是来自美国。学界在讨论中国发展道路的时候,往往采用外部反思的方式,完全照搬外国经验和教条,忽视了它们适用的前提和界限问题。

吴教授指出,批判是能够开启思想的最重要方法。这种方法是自康德以降,由德国哲学家不断继承发展而来的,是哲学史上最重要的成果之一。批判最基本、最原始的含义是八个字:澄清前提,划定界限,即:任何结论的成立都需要前提条件,其适用范围也有一定限度。而找到其之所以成立的前提和其能成立的界限就是批判方法。

吴教授认为,中国最近30年做了很多事,但在理论观点和学术思潮方面更多的是学习和模仿。到了今天的发展阶段,我们必须要以批判的方法来消化和反思各种外来的模式、路径和知识,并从而开始自己的思想,只有这样,才可能真正应答时代提出的重大课题。哲学是思想的事情,而思想已成为我们的当务之急。

本次讲座的听众全部为报名预约参加。在讲座开讲前15分钟,文新大厦二楼报告厅250个座位已座无虚席。走廊两侧临时"加座",旋即又告"客满"。下午两点开讲时,不少虔诚听众只能拿着主办方的备用垫子席地而坐,还有的听众只能全程站立听讲,但始终无人退席。吴教授的精彩演讲深深吸引了听众,他们时而颔首沉思,时而会心一笑,时而击节叫好。讲座结束后的互动环节,听众提问也十分踊跃,一度还出现争抢话筒的局面。

81岁的许卫华竖起了大拇指,"让哲学和生活结合起来,用哲学来指导生活,哲学离我们真的很近"。上海师范大学哲学系博士生谢伏华说,尽管所学专业就是哲学,但通过讲座能更多地了解到哲学对现实问题的关切。刚从北美归来的青年钢琴家王鲁感叹道,在西方学习了十多年,听了讲座才理解应该怎样用哲学来看待中西方文化差异:"我们真的需要哲学指点困惑。"上海市虹口区委宣传部副部长赵明在微信中评价:听一场讲座虽然不能马上解决实际问题,但这样的场面让他想起1993年上海学者曾发起过的人文精神大讨论。

从时代的角度让受众感知马克思哲学的高度
——复旦大学"哲学王子"王德峰主讲东方讲坛哲学演讲季第二讲

3月8日,由上海市社会科学界联合会和文汇报社联合主办的"哲学与我们的时代"演讲季第二期开讲。复旦大学哲学系王德峰教授以"马克思哲学与现代资本文明"为题,给听众带来了一场思想的盛宴。讲座由市社联党组副书记、专职副主席桑玉成教授主持,市社联专职副主席刘世军出席讲座。来自本市党政机关领导、高校师生、企业精英、市民群众等300余人聆听了讲座。

讲座中,王德峰教授将问题徐徐展开,逐步引向深入:从休谟问题引出价值理性的缺失和马克思对社会权力的发现,阐明了马克思哲学对西方传统哲学的革命;从马克思对资本来历、逻辑和命运的揭示,强调了马克思哲学的当代意义。

王教授指出,资本主义的到来,给欧洲的社会和文化带来了根本性影响。以新教创立为开端,主体理性开始取代上帝的位置,占据了世界的支点,并催生出如下信念:只要每一个人发挥理性,就可以解决知识和道德的问题。很快,这一信念便受到质疑。18世纪英国怀疑论哲学家休谟提出了一个重要追问:如何从存在中推出应当?即:如何从关于事实的知识中推出关于价值的真理?康德在《实践理性批判中》试图证明:人类社会秩序和道德的基础是理性可以论证的,并提出了绝对命令三原则:一是在任何情况下,始终要让你的行为具有普遍立法的意义,你的行为才有一个行为道德价值;二是在任何情况下,始终要让你的意志受理性的统率;三是在任何情况下,始终要把每一个人都当作目的本身,而不是当作工具。然而，现实历史并未如康德论证般展开，康德提出的绝对命令三原则，也始终只是抽象的道德原则。之所以如此，是因为在价值领域，多元的不同利益彼此冲突，无法用理性论证出一种全人类共同的利益。

王教授认为，凌驾于诸种利益之上并决定斗争趋势和结局的不是人类理性，而是命运。正是马克思，揭示了这一命运。马克思揭示出，主宰当代社会生活的基础，是经济学中的价值范畴。凝聚在商品上的交换价值，用货币这种物化的形态，表达为货币量。价值不是商品的自然属性，它凝聚着一部分人支配、统治另一部分人的社会关系。这一社会关系就是“社会权力”。社会权力的货币形态，表现为拥有越多的货币，就拥有越大的权力，就能支配更多的别人的时间和劳动，这便产生了资本的统治。资本裹挟着所有人，制定出一条进步法则：每个人必须不断地把有限的生命活动服务于资本的增值，否则就会被淘汰。

王教授指出，马克思之前的西方传统哲学认为，凡是能够说明人类生活基础以及人与自然界关系的东西，都首先被理性所规定。但马克思发现了非理性的社会权力的存在，揭示了人与人之间达成的一部分人支配、统治另一部分人的社会关系，进而引发了一场哲学革命。是否对资本本性和命运进行揭示，从本体论层面上批判资本原则，成为了近代哲学与当代哲学之间真正的分水岭。20世纪以来，在欧洲哲学的舞台上堪称真正当代哲学思想家的人，无一不构成对资本进行批判的存在论或者本体论的视野。

王教授指出，马克思社会权力哲学（历史唯物主义），揭示了非理性的社会权力，如何上升为得到宗教或哲学辩护的法的权利。马克思揭示出，代表着未来新的社会权力的原则，即使在道德上没有得到承认、在法律上没有得到认可，它仍然是真实的力量。建立在它基础之上的意识形态，将引发思想解放运动和观念变革，从而将已经存在的、并且一定会拥有未来的社会权力，论证为合乎理性的法的权利。

王教授认为，《资本论》是马克思社会权力哲学的真实成果。《资本论》不是一本经济学著作，因为经济学仅仅研究国民财富增长之规律，而《资本论》既揭示财富增长的规律，也揭示了社会权力增长的规律，即剩余价值规律。当经济学家总是用范畴来规定经济事实的时候，马克思揭示了这种范畴本身的来历。马克思开创的资本论学说进入了让社会事实建立起来的社会实践，打开了人类未来知识的道路和未来科学的形态。这种科学的第一种形态叫政治经济学批判，是马克思给出的最初示范。

王教授认为，马克思对资本者的批判，绝不是站在伦理学和道德的立场，而是要揭示资本的来历、本性和必然的命运。所以，马克思对资本的文明作用予以了充分的解释，指出了资本的三大文明作用：一是极大地提高劳动生产力；二是极大地提高了人的社会化程度；三是打开了空前丰富的使用价值的领域。

王教授指出，马克思的资本论学说，揭示了资本主义的自我扬弃。《资本论》不断地揭示出自满自足的资本逻辑是不存在的，资本在每一步发展当中，都生长出否定自己的力量。这个力量来自资本的四个内在界限：一是必要劳动是活劳动能力的交换价值的界限。二是资本逻辑的内在界限，剩余价值是剩余劳动和生产力发展的界限。三是货币是生产的界限。四是交换价值是使用价值生产的界限。马克思确认，资本主义生产方式是人类生产关系领域当中的最后一个对抗形式，资本主义总有一天要消亡，人类生活的全面异化必然终结。

“哲学王子”盛名在外。下午两点，慕名而来的听众再次将文新二楼报告厅“变成”了大学校园——或席地而坐，或倚墙而立。王教授在演讲中侃侃而谈，娓娓道来，从一个哲学家的视野，为我们作了一场思考深入、思想深刻、内涵深厚的讲座，现场不时传来阵阵掌声和欢笑声。互动环节，听众争相提问，讲座结束后，许多意犹未尽的听众还将王教授围住，追着王教授问问题和索要签名。

市妇联原主席章博华说道：“我出生于 20 世纪 30 年代，在清华大学读书时学的是理工科。当时哲学课是大课，没有深入研究。现在年龄大了，对社会了解有了延伸，想要补补哲学课。王教授从社会存在结构和社会发展进程的视角来看待资本权力，和当初自己从人与人间关系的角度来看颇有不同，给我很多启发。”浦东新区花木街道团委书记周洋意犹未尽地提到：“王教授把货币、商品，和现代资本文明的内涵和外延都说得很清楚，给了我很大启发，也给我带来了更多问题。”英特尔公司销售总监吴镇在微信给出了这样的评价：“王教授讲得很好，从时代的角度让受众感知马克思哲学的高度，回答问题所应用的对立面原理又是对理论的详细补充。”本场讲座正值“三八”妇女节，报名参加活动的“80 后”俞先生说：“这几天，我老是琢磨要陪老婆过个有意义的‘三八’妇女节。虽然一束娇艳的红玫瑰、一顿烛光晚餐也浪漫，但和爱人一起听哲学家烹制的思想大宴更有意义。”同样是报名参加活动的张女士则说：“这也是不失浪漫的一种表现，夫妻一起听讲座，学习知识，增进感情，挺好的。”

让大众真正听懂哲学——复旦大学张汝伦教授做客东方讲坛哲学演讲季

3 月 22 日，由上海市社会科学界联合会和文汇报社联合主办的“哲学与我们的时代”演讲季第三期开讲。复旦大学哲学系张汝伦教授以“哲学的意义与批判的价值”为题，和听众分享了自己几十年来对哲学的体验和感悟。市社联党组书记、专职副主席沈国明出席，市社联专职副主席刘世军主持。来自本市党政机关领导、高校师生、企业精英、市民群众等 300 余人聆听了讲座。

“如果‘用’指的是解决某个实际问题的话，那么大学所有专业中，哲学最没有用。”张汝伦教授开场就指出，哲学不是针对任何具体问题的实际知识和技能，它具有普遍性的、整体性的、反思性的思维特征。

张教授回顾了哲学在希腊产生的历程。在希腊，随着文明的发展，相当一部分人可以脱离谋生的压力，能够从事更高级的思维，哲学便应运而生。哲学在希腊语中意为“爱智慧”。哲学产生前，智慧是指与生活有关的知识与能力，哲学产生后，它的含义便发生了根本变化。智慧有知识所没有的一种境界，它是一种高级的人类精神的结晶，包括对人生目的的反思、对行为方式的斟酌、对事件的判断和洞察，以及对价值取向的决断，还包括对宇宙奥秘的一种洞察。

张教授提到，泰勒斯是古希腊第一个哲学家，到今天都被世人尊为“哲学之父”。他提出“水是万物的本源”，标志了哲学最基本的特性：无用性、根本性和反思性。泰勒斯对宇宙整体的、根本的思考，标志着人类摆脱了日常生活的束缚和限制，能够达到一种超越性的自由;也标志着人类走出动物性王国,走向精神性的世界。毕达哥拉斯将“智慧”专指为人类的、比较超越的理论知识。在古希腊人那里,理论是对普通永恒真理的追求,而理论的理论就是哲学。

张教授认为,具体的、特殊的事物的真理会随着具体处境和情况的改变而改变,但是宇宙万有全体(大全)的真理却是永恒的,这个真理就是关于什么是“是”、什么是“非”的标准。离开这个标准,我们的一切行为就无法决定。西方哲学认为哲学主要就是研究这个有关“是与非”问题的存在论。当然,哲学有极为丰富多样的发展,有很多现代西方哲学家否认有一个永恒不变的秩序,但这改变不了哲学本身的普遍性、整体性和反思性的特征。

张教授指出,近代科学的产生,对人类的思维方式产生了决定性的影响。科学思维具有片面性的特点,它习惯量化思维,忽视事物的整体性和特殊性;它注重实用性和有效性,而不问目的的正确性和正义性;它是一种非此即彼的思维方式,非黑即白。康德将这种思维方式称之为知性思维。知性思维在日常生活和科学研究中非常有用,但它也有一个很致命的盲点:治标不治本。与知性思维相比,哲学会思考解决问题的根本方法,它在应该非此即彼的时候当然也会非此即彼,但是更多的时候它会考虑到事物其他可能性;它当然要追求普遍性,但是这种普遍性不是人为的普遍性,而是一种绝对的普遍性或者说先天的普遍性,这种普遍性不会因为追求普遍而忽略事物的特殊性。

张教授认为,常识是指从生活经验而不是专门研究得到的一种好的实践判断。讲批判的哲学,要尽可能地分析事物的复杂性,尽可能不满足于当下的直观,当然要对常识抱批判的态度。批判作为一个哲学的术语,它的基本的意思是分析、辨析,以及在这个基础上做出评判。哲学从基本方法上来讲,是追求批判思维的方法。批判思维就是不教条地、不独断地、不贸然地肯定任何东西,而是宁可先把一切付诸批判,只有坚持批判的东西才能得到肯定。

张教授指出,现在中国人越来越藐视哲学,也越来越缺乏批判的态度。我们现在要说明一个问题和道理,很少有仔细的分析和论证,往往引用某几个西方大牌学者的话就算定论了。百余年来西方的思想家在我国各领风骚三五年,实际上没有一个思想家的思想我们是好好吃透的,更不用说对西方思想提出我们自己的批判。这是一个悲剧,这个悲剧恰恰是因为我们没有批判头脑。

张教授指出,哲学的批判可以分成两个方面:一个层面是不满足于事物表象和第一感觉,而对事物进行仔细的分析和辨析,看看它们是否包含根本问题,尤其是检查它们的预设是否有问题;二是总体性思维,把一切问题放到一个更大的视野当中来考察。

讲座开场前半小时,听众已把会场围得水泄不通。张教授以惯有的激情和自称“民工”也听得懂的形象语言,像一团火焰一样点燃着在场听众追求智慧的内在激情。他偶尔夹杂着沪语的欧化长句一气呵成、喷薄而出,流露出“不可救药”的理想主义情怀,博得会场阵阵掌声。

连听了三场演讲的进华中学教师潘婷婷提问后,向张教授赠送了徐悲鸿的“双马图”,感谢哲学演讲季在浮躁社会发挥的“老马识途”之效。葡萄酒内训师吴志明在提问中感慨:“这堂课让我真正听懂了哲学——哲学是培养时代所需要的真正的‘批判精神’,即辨析后的评判而非简单否定。"浦东新区花木街道的团委书记周洋说:"这个下午,思南公馆、浦东图书馆都有讲座,我还是选择了文汇的哲学季,就是想把七场听个完整。"而中远集团的吴翊在文汇讲堂俱乐部微信群里说:"原来对哲学的印象还停留在中学的历史唯物主义中,这次哲学季大大改变了我的认识。"

凡俗生活何以达致理想境界——童世骏教授做客东方讲坛哲学演讲季

4 月 12 日,由上海市社会科学界联合会和文汇报社联合主办的"哲学与我们的时代"演讲季第四期开讲。华东师范大学党委书记、哲学系教授,市社联副主席童世骏作"凡俗生活和理想境界"专题讲座。文汇报社副总编王勇主持讲座,市社联专职副主席刘世军出席。挪威最著名的哲学家之一希尔贝克教授发来视频提问,复旦大学哲学系教授陈学明担任点评嘉宾。来自本市党政机关领导、高校师生、企业精英、市民群众等 300 余人聆听了讲座。

"凡俗是神圣的反义词,说我们的时代是凡俗时代,就是说我们的时代已经不再是神圣的时代"童世骏教授指出,在凡俗时代,上帝被理性赶下台,而理性作为批判的方法和实现目的的手段,却不能替代上帝来支撑目的和理想。这一方面造成了信仰领域公说公有理、婆说婆有理的局面,为滋生各种违反法律、违背人性的新兴邪教,以及对传统宗教做极端的理解,用宗教信仰为恐怖主义辩护提供了条件;另一方面这种局面也很容易产生相对主义和虚无主义。

童教授认为,人类社会中发生的事情多数都是有人参与其中的,而人是会在各种可能性中自觉地做出判断选择的。在这种判断选择过程中,精神发挥了重要作用,所以精神对于人类社会理想的实现,是会起非常重要作用的。所以彻底的唯物主义者不仅是可以有精神的,而且是必须有精神的。"说共产主义一定要实现,并不是说已经有了一个完整无缺的论证,而是说如果我们希望追求是一个公正的社会,如果我们希望实现人的全面发展,如果我们愿意为此做出努力,那么共产主义一定会实现。"

"一旦把批判精神、认真态度和健全常识结合起来,独断主义和虚无主义的非此即彼,工具主义和空想主义的非此即彼,好高骛远和醉生梦死的非此即彼是有可能避免的。"童教授认为,在凡俗生活当中要达到理想境界,至少有两个共同特点:第一是理想境界中要包含着真善美的价值,第二是要拥有认真的态度。在凡俗生活当中守护并努力实现理想,我们要用批判精神防止认真态度走火入魔,变为独断主义和非理性主义;同时用认真态度防止批评精神发展成虚无主义。无论批判精神还是认真主义态度都要与凡俗生活紧密结合,于是就有健全常识。

陈学明教授的激情点评也掀起了一场头脑风暴:"我对童老师把传统时代和现代时代的关系,理解成神圣时代和凡俗时代的关系,持保留意见,因为每个时代都有自己神圣的东西。但我很赞赏童老师提到的'理性批判'与'认真'精神的结合。"

哲学季讲座进入第四期,渐入佳境。讲座现场听众们席地而坐、倚墙而立,他们认真记录,时而欢笑、时而鼓掌。带着批判精神,守护自己的理想,哲学季正在影响着更多的人。

摆脱历史主义、确立当代意识，是国人的理论自觉
——俞吾金教授做客东方讲坛哲学演讲季

4月26日，由上海市社会科学界联合会和文汇报社联合主办的“哲学与我们的时代”演讲季第五期开讲。复旦大学哲学系教授俞吾金作“历史主义与当代意识”专题讲座。上海浦东干部学院常务副院长、市社联副主席冯俊主持讲座并点评听众提问，市社联专职副主席刘世军出席。来自本市党政机关领导、高校师生、企业精英、市民群众等300余人聆听了讲座。

历史反思的现实意义

为什么需要反思历史？俞教授认为有如下原因：第一，中国人有悠久的历史，但没有成熟的历史意识；第二，中国有二十五史，但没有历史哲学理论；第三，中国人主观上想“重写历史”，但客观上只能“重复历史”，因为国人对历史没有获得自己新的借鉴；第四，中国虽正处在社会转型的过程中，但很少从历史经验中间吸取灵感。

历史研究的基本概念

俞教授对历史和历史学、历史事实和历史资料、客观性和理论视角等历史研究中常见的三组基本概念做了澄清。

他指出，历史学家对历史的某种描述（历史学）不等于真实发生的历史本身（历史）。历史学家对历史事件的观察和思考有自己的盲区，他们既可能把“历史事实”的头衔错置到一些不重要的事实上，也可能漏掉那些本应成为“历史事实”的重要事实。当研究者试图通过历史资料去重新确定历史事实，一定要以批判的眼光对历史资料的真伪和准确性进行考察。他认为，客观性的前提是植根于主观性中的“理论视角”，历史学家总是带着一定的理论视角进入研究活动，这个视角将决定他能够看到哪些历史事实，也将决定他看不到哪些历史事实。任何历史学家都要先行向内指向自己的理论视角，并对其是否合理做出批评性反思。

历史主义的表现形式

俞教授指出，历史主义作为一种有影响的史学理论，可以上溯到德国哲学家黑格尔和意大利历史学家维科。这种理论赋予历史本身以无限的意义，信奉“不懂得过去，就无法理解现在”，一般有三种具体的表现形式：一是对历史起点和历史过程的崇拜；二是对虚构的历史和历史泡沫的兴趣；三是对历史实事的厌倦。

确立自觉的当代意识。

俞教授提到，当代意识是指当代人通过对自己置身于其中的现实生活的深入反思，把握与当代现实生活本质相切合的价值观念，并自觉地把这样的价值观念作为立场和出发点运用到历史研究中去。它的表现形式是：“不懂得现在，就无法理解过去。”

俞教授认为，当代中国社会正处于从计划经济向市场经济转型的过程中，正在追求现代化，这些事实正是当代现实生活的本质。与这一本质相切合的价值观念则是：珍惜生命、尊重人格、追求自由、倡导民主、维护平等、强调公正，等等。他指出，当一个历史学家自觉确立当代意识，并与这些价值观念保持一致时，他回过头去看历史资料，历史资料便以崭新方式呈现在眼前，他也很容易找到合适的主题和题材。

最后，俞教授总结道："摆脱历史主义的思维方法、确立当代意识，是当代中国人的理论自觉。"

讲座当天风雨交加，但难阻听众的热情，他们还是早早就填满了会场。望着满座的会场，俞吾金教授也深深感动。听众们被俞教授的睿智和思辨深深折服，纷纷反应受益匪浅，不少人还在讲座后围着俞教授请教问题、索要签名。

哲学照亮文化精神——高瑞泉教授做客东方讲坛哲学演讲季

5 月 18 日，由上海市社会科学界联合会和文汇报社联合主办的"哲学与我们的时代"演讲季第六期开讲。华东师范大学终身教授高瑞泉作"哲学照亮文化精神"专题讲座。文汇报社党组书记陈振平主持讲座，市社联专职副主席刘世军出席，复旦大学谢遐龄教授担任点评嘉宾。机关干部、高校师生、企业精英、市民群众等 300 余人聆听了讲座。

高教授认为，哲学透过"贤智之伦"的论辩，在时代的自我意识形式中可能达到相应的文化自觉。它外部显现为若干方式，即哲学对于文化选择、文化认同、文化创造具有特别重要的作用；同时又是哲学内在本性使然，即人类理性反思和理想范导之间既相反又相成的辩证过程。

高教授指出，哲学起于"断疑"，断疑的方式不同，引起哲学风格和气质上的差异：希腊哲学透出两种基本情绪："惊异"和"担忧"，中国先秦哲学的"基本情绪"也许可以叫"忧患意识"和"通达态度。"前者似乎是童年气息，后者有一种成人气象。

高教授认为，中国"哲学的突破"是文化危机的产物。西周末期礼坏乐崩、价值(秩序)失范，同时"王官之学散于百家"，"礼失求诸野"，造成了先秦百家争鸣的自由创造，引来了中国哲学的黄金时代。

高教授提到，19 世纪中叶之后，如先秦那样的历史性大讨论在中国历史上梅开二度，中华文化"再度青春化"：国人发现了文化上和地理上的"新世界"，开始从追求"通古今"，到追求"通中西"；中国思想家也开始具备世界哲学的眼光。与之相应，中国现代哲学进入了童年期。作为现代性的建制化表现，中国的学院哲学此时刚刚诞生。它在形式上表现为所谓"反向格义"，同时具有猎奇好新精神取向与类似"弑父"的心理。它在成长过程中表现出高度的文化反思意识，构成了文化自觉的题中应有之义，但同时引发了相对主义和独断论的弊病。

高教授指出，鸦片战争之后，中国文化面临了两个同等重要的问题——追求富强和重建秩序。对重建秩序的追求，引发了中华文化的"返本开新"运动：一是从中华文化基本价值出发，以历史文化为本，构建未来世界的秩序。二是马克思主义的普遍真理与中国革命的具体实践相结合，以本土实践为本，同样包含了传统哲学的实践智慧。

高教授认为，在围绕富强和秩序这个复调的变奏进程中，国人通过对"传统的转化"实现了哲学创造：对传统的天人合一有了新的解释；在不断讨论普遍与特殊、共相与殊相的过程中，寻找到了自己的道路；从人我之辨到群己之辨之中，中国道路获得伦理学的辩护。这些成果深深地影响了我们现在的文化认同和创造。

从本期开始，哲学演讲季主题转入中国哲学。在传统智慧的召唤下，300 多名听众冒着淅淅沥沥的小雨,早早来到会场。面对着满座的听众,高教授寄语:“只要不断思索,智慧的大门就是开放的。”哲学季正在把越来越多的人引入智慧之门!

中国传统哲学的正能量——陈卫平教授做客东方讲坛哲学演讲季

6月1日,由上海市社会科学界联合会和文汇报社联合主办的“哲学与我们的时代”演讲季第七期开讲。华东师范大学哲学系陈卫平教授主讲“中国传统哲学的正能量”。市社联党组书记、专职副主席沈国明,专职副主席刘世军出席,复旦大学哲学学院院长孙向晨教授应邀点评。机关干部、高校师生、企业精英、市民群众等300余人聆听了讲座。

陈教授认为,当下中国传统哲学之所以具有正能量,原因在于在传统被现代瓦解的过程中,逐渐表现出了与现代的互补性,传统哲学能给当下的我们提供认识自己、认识世界的智慧。

陈教授指出,儒家学者将认识自己、造就自己概括为“成人之道”。关于认识自己,儒家学者认为,人和动物的根本区别在于人有道德自觉意识,是“由仁义行”而非“行仁义”;而能够“明分使群”,形成一个内在稳固的社会结构是人类区别于动物的又一特征。

怎样才能造就自己、形成君子人格?陈教授指出,儒家一方面强调“事上磨炼”,即通过将现实土壤的培养和超越理想的指引结合起来,形成“极高明而道中庸”——在平淡无奇、没有故事的日常生活中达到最高的人生境界;另一方面强调“变化气质”,通过潜移默化,让个体不断领悟,日积月累,进而豁然贯通,达成理想人格。

陈教授认为,儒家为认识世界提供了三种方法:一是“叩其两端”,即通过分析事物内在矛盾的两个方面,一分为二、合二为一地看待事物,弄清全貌;二是“解蔽去私”,即除去自我认知局限和限制的蒙蔽,以一个客观公正的价值观看待世界;三是“百虑一致”,即通过不同意见的相互争论,获得对世界的真理性的认识。

在改变世界上,传统哲学又能给我们提供哪些正能量?陈教授认为,儒家将改变世界表述为“赞化育天地”,并为此贡献了独特的智慧资源:一是“不诚无物”,要求在改造世界的过程中,顺应自然规律,在面对困境时坚守理想;二是“因革损益”,既继承又发展,在此过程中充分考虑人民的利益和需求;三是以“天下大同”为终极目标,以实现人和自然、人和人、身和心的全面和谐。

这是东方讲坛哲学演讲季的第七场。哲学季系列讲座既有形而上的关怀,又有形而下的指导;既系统普及了哲学知识,又从各学派资源中挖掘出了能支撑时代精神的“思想钙”,受到了听众热捧。能容纳300人的会场,每场都挤得满满当当。一些市民反映,参加到哲学季之中,仿佛回到了20世纪80年代那种赶场听报告的情景。

参加了七场哲学季的花木街道团委书记周洋说道:作为上海哲学界代表的七位哲学教授,在哲学演讲季的演讲中苦苦追问哲学对这个时代应有的意义——当代中国哲学家直面时代赋予中国人文知识分子的历史责任,有助于普通人更清楚地意识到自己在追寻中国梦当中的生命意义和自我责任。

用哲学滋养时代精神、弘扬核心价值
——“东方讲坛·文汇讲堂”哲学演讲季开放论坛在上海市社联举行

6月21日，由上海市社联和文汇报社联合主办的“东方讲坛·文汇讲堂”哲学演讲季开放论坛在市社联举行，主题为“哲学与我们的时代·核心价值与民族复兴”。市社联主席秦绍德，上海报业集团党委书记、社长裘新致辞。市委宣传部副部长李琪出席并作总结发言。市社联党组书记、专职副主席沈国明主持，副书记、专职副主席桑玉成，专职副主席刘世军，文汇报社党委书记陈振平出席。中国浦东干部学院常务副院长冯俊，复旦大学哲学学院院长孙向晨，同济大学人文学院院长孙周兴，复旦大学哲学学院教授、市哲学学会会长吴晓明，华东师范大学哲学系教授陈卫平，复旦大学哲学学院教授陈学明、俞吾金教授，华东师范大学哲学系教授高瑞泉，华东师范大学党委书记童世骏，复旦大学社会发展与公共政策学院教授谢遐龄，华东师范大学中国现代思想文化研究所教授赵修义与会演讲。

冯俊教授谈到了习近平总书记5月4日在北京大学师生座谈会上讲话的四点启示：一是倡导社会主义核心价值观，反映了时代的要求，体现了时代精神。二是倡导社会主义核心价值观，需要继承和弘扬中国传统文化。三是社会主义核心价值观的内涵，归根到底就是一个“德”字。四是践行社会主义核心价值观要发挥领导干部的示范引领作用。

孙向晨教授指出了对社会主义核心价值观理解的三个维度，第一要扎根传统，核心价值观要成为我们生活行为的指南，关键在于把五千年来积累的文化智慧贡献于现代世界；第二要沐浴现代文明，用理性的方式来坚守现代生活的标杆——尊重和守护每个人的权利、自由和尊严，对于推进核心价值观非常重要；第三要守护天下理想，天下为怀的理想既是时代要求，也是中国文化和传统的特质所在。21世纪的民族复兴，需要有天下为怀的情怀。

孙周兴教授认为，人与其他动物的本质差别在于人总能够重新开始。人是面临未来、面向可能性的动物，有一种现场发动的能力。哲学要为人的创造性、可能性和自由做辩护。如果没有基于个体的，建立在重新发动、重新创造的意义上的个体意义，民族复兴是一句空话。

吴晓明教授指出，今天社会科学界的当务之急是揭示作为实存和本质统一的社会现实。他认为，从社会现实的角度思考中华民族的伟大复兴有三个要点：一是民族复兴是自近代以来的一个根本任务，直到今天还在被执行；二是中国的快速发展，加速了现代化进程，迅速抵达了现代性限度；三是中华民族的复兴要在现代化任务的展开过程中，开展出一种新文明类型的可能性。

陈卫平教授从儒学成为传统社会核心价值观的历史经验中，为社会主义核心价值观的培育和弘扬找到了两点启示：一是社会主义核心价值观要成为全社会的行为规范，既需要相关制度加以落实，也需要义理阐释与制度配套。二是社会主义核心价值观的入耳、入脑、入心，需要建立一套合适的话语体系，要有自己的“经”——不可动摇的基本价值观念和原则，“史”——能阐明观念和原则的历史事实，“子”——包容其他价值体系，“集”——艺术形象的生动阐释。

陈学明教授认为，当下培育和践行社会主义核心价值观面临着三个困境：一是在目前中国的生产方式和经济形态中，能支撑社会主义核心价值观的力量较小；二是某些党的高级领导干部在培育和践行社会主义核心价值观上言行不一，不能率先垂范；三是在一个价值观念多元化的时代，较难做到社会主义核心价值观对其他价值观念的统领。

俞吾金教授指出，历史没有旁观者。当代中国哲学研究者一个根本任务，就在于守护社会主义核心价值，实现中华民族伟大复兴。守护社会主义核心价值，一方面要正确理解什么是价值，揭示出价值涉及的人和人之间的社会关系的事实；另一方面要严格区分主观价值判断和客观价值关系这两个不同概念，揭示出核心价值之所以值得守护，是因为它建立在对生活世界本质深刻反省的基础上，代表着民众对价值本身的客观追求。实现中华民族伟大复兴，一方面要继承和弘扬中华民族正道直行，“天行建，君子以自强不息”的伟大传统；另一方面要努力把中国人信奉的经验性实用理性，提升为博大精深的实践智慧。

高瑞泉教授指出，在社会主义核心价值观的提出与中华民族伟大复兴的进程中，哲学曾经有过先导的作用。哲学的先导首先表现为实践优先开辟了道路，使我们的政治家、企业家、个人能够大胆行事；其次表现为开辟了精神解放的社会氛围。在这样的氛围里，哲学也迎来了繁荣的新天地。但由于和实际关系过于密切，中国的哲学未免受制于实践进程，表示出很多偶然性和人为的缺失。相对于民族复兴的伟大实践，中国的哲学并没有完全准备好。

童世骏教授指出，社会主义核心价值观的核心就是讲理的态度和能力。通过学习哲学，能够在讲理的能力和态度培育方面起到一些作用。学会讲理，不仅意味着学会讲理的方法，享受讲理的过程，而且意味着学会克服讲理的不足：主观上，讲理的努力和能力都有欠缺；客观上，讲理的条件和语境也还不完全具备。我们要学会讲理，也意味着要为讲理具有更合适的条件和语境做出更多努力。

谢遐龄教授认为，富强是物质性含义占较大比重的项目，不能作为属于文化产品内涵的核心价值。他建议，确立社会主义核心价值体系，需要完全遵循从群众中来到群众中去的思路——先去感应民众人心，而后教化民众。他认为，核心价值体系可以浓缩为一个“和”字，因为核心价值深深植根于中华民族传统文化之中，但近几个世纪以来，中国已经发生了翻天覆地的变化，建立社会主义核心价值体系必须立足本位，充分考虑综合性。

赵修义教授对哲学季的火爆感到欣慰，进而引出恩格斯的论断：一个民族要想站在世界前列，就一定要在理论上站得高，而理论的高度需要哲学维系。他指出，哲学有它的技术性层面，但必须要与时代息息相关。推进社会主义核心价值观的认同，必须要回答很多认知层面的问题，如一般与个别、普遍与特殊的关系问题。他呼吁哲学界的同仁推进认识论的研究和普及。

机关干部、高校师生、企业精英、市民群众等近 150 人参加了论坛。哲学季的听众代表还将写有“哲学走进大众　智慧丰润人生”和“大众喜爱哲学　哲学丰润人生”的锦旗分别赠送给了市社联和文汇报社。

（摘自《文汇报》）

文学演讲季

向大众传递文学的温情和力量
——东方讲坛·文汇讲堂文学演讲季拉开帷幕

生活如同阳光、空气和水一样，滋养着文学花朵的盛开。文学同样以特有的方式给生活以勇气、力量、温暖、想象和反思。当十月的阳光洒满丰收的大地，上海市社联和文汇报社继哲学演讲季后再度携手，联袂推出“文学与我们的生活”——东方讲坛·文汇讲堂文学演讲季，邀请格非、方方、孙甘露、贾平凹、韩少功五位著名作家和杨扬、汪涌豪、罗岗、陈思和、王晓明五位文学评论家，与大家一起领略文学的魅力，分享生活的意义。

10 月 25 日，文学季拉开帷幕。著名作家、清华大学中文系教授格非，华东师范大学中文系教授、市作协副主席杨扬分别作“开放的写作”“安顿在城市的文学”专题演讲。市社联党组书记、专职副主席沈国明致辞，市社联专职副主席刘世军出席，上海文艺出版社副总编辑曹元勇主持。来自机关、企业、高校等各行业的现场听众，以及在华东理工大学视频分会场的学生听众共 600 余人，共同分享了思想大餐。

“凡写作必然有对读者的想像，这实际上是作家跟读者交流的最重要环节。”格非认为，作家在写作中如何想像读者，涉及他的作品品质和叙事策略。依据对读者想象的过程，作家可以被分为四类：讨好读者的纯商业写作者、带有实验性质的现代主义作家、“老少通吃”的通俗作家、面向未来读者的古典作家。

商业写作必须迎合读者，要把握好叙事分寸——既不能太天真，让读者一眼识破；也不可太深奥，让人琢磨不透。同时还要对细分市场，找准定位，不可妄想男女老少一网打尽。现代主义作家，如卡夫卡、乔伊斯、普鲁斯特等，以“蔑视普通读者”为口号，完全漠视普通读者，为某些特定精英写作。他们的小说阅读面不广，但却广受尊敬。现代主义的最大赞助者是大学，一代一代的大学生把现代主义作家视为偶像，一代一代的大学中智力过剩的研究者，通过对这些作品的研究拿到博士学位。通俗作家，如克里斯蒂、钱德勒、村上春树等，他们为市场写作，但也会直面严肃主题，兼顾精英读者。他们的作品广受欢迎，永远不会过时。古典作家的作品不仅能给你带来愉快和享受，同时它还在耐心等着你成熟。你可以不断地重读，每读一遍、每一次成长，都能够从中读出不同的东西。

“伟大的作品是值得我们一读再读的作品，是需要我们不断重读的作品。”“文学需要重新回到现代主义出现之前的节点，来考虑开放写作的问题。”格非强调，我们今天必须以一个开放的姿态，来面对中外所有的文学遗产，然后创造新的方法，在不同层次上跟读者进行交流。这是今天的文学急需变革的重要方面。

杨扬教授阐述了城市化进程对文学的影响。他认为，城市化让“文学变化的节奏越来越快，文学领域隔几年就会涌现出一种思潮和审美方式”。城市化也让作家从技巧角度，或者说从生活敏感度，产生了不同的处理方式；同时还让生活在城市的作家描写除了不一样的乡村生活。

杨扬指出，上海不同于中国古代的皇城，它是一个近代城市，在其特殊的文化氛围当中，其孕育的文学也和中国传统不一样。上海城市对文学的影响，构建了中国传统文学和现代文学的分水岭——区分传统文学和现代文学的关键，就看这个文学中心是在上海之外还是之内。

城市化进程如何影响当代文学？杨扬认为，随着我们进入城市化社会以后，文化产业、大众媒介更多塑造了群体想象力与表达方式，写作产生了一种“观念先行”的倾向。此外，它还让作家在处理城市生活的时候，基本上都是在小空间当中展示人物的性格、细节。

格非、杨扬的精彩演讲，激起台下听众踊跃提问。华东理工大学视频分会场的一名女生提问：“文学究竟‘有用’还是‘无用’？”在杨扬看来，文学自然有它的现实意义，但文学的作用不是立竿见影，而是潜移默化的，急不得。一位同济大学中文系讲师问：“作家需不需要信仰？怎么处理信仰与市场压力之间关系？”格非干脆作答：“文学本身就是一种信仰。在我看来，文学最关键的关注就是信仰和真理。你为什么活着、吃那么多苦的意义、人性的细微与波澜，这些都会体现在有分量的文学作品中。”格非、杨扬谈到，严肃写作在当下的意义，更像是结成联盟，人多人少不是最关键，而是这一群体有没有建立一种专注、安静的内心生活。

文学是照顾人心的艺术——东方讲坛·文汇讲堂文学演讲季第二期

11月8日，由上海市社联和文汇报社联合主办的“文学与我们的生活”演讲季第二期开讲。著名作家、湖北省作家协会主席方方主讲“文学创作的个人表达”，《复旦大学学报》主编、中文系教授汪涌豪主讲“文学：超越与否定的力量”。市社联专职副主席刘世军出席，著名作家、《文汇报》首席编辑潘向黎主持。来自机关、企业、高校等各行业的现场听众，与在华东理工大学视频分会场的学生听众共600余人，一起聆听讲座，分享阅读。

“文学对我来说是我的救命恩人”——方方开宗明义地讲述了自己个人经历与文学的“捆绑”关系，她认为，作家的成长经历和阅读背景对其创作起了至关重要的作用，正是青年时代遭受的各种挫折和艰难经历，使得自己走上创作的道路，并在作品中格外地关注社会底层和“小人物”的命运。

“文学应该有态度。”从文学革命开始，小说逐渐替代了诗歌成为文学的主体，并肩负起“创作有诚意的现实主义小说”的重任，需要作家写普通人的生活，写近距离的人生。方方认为，现实主义的小说创作应该是关注现实社会和面向芸芸众生的，也应该是“有情怀，有力量的文学，有鲜明的倾向和价值判断”的。

方方所理解的文学是与弱者息息相通的。相较于关注宏大的事情，方方更愿意关注每一个个体的生命，关注他们的爱恨情愁、生离死别等个人情感，关注他们存在于这个社会的方式，以及他们感受这个世界的方式。作为文学的小说，它是能够照顾人心的，能够更宽阔地表达一种人情和关怀，并且陪伴和温暖被历史遗忘的弱者；在方方看来，“文学自己是需要弱者的，文学并不需要更多的强者，而是需要这些被冷落的人同她们一起共同往前走”。

文学作品是一种个人表达。方方说，其实每一个作家，真正好的作品都带着强烈的个人色彩，表达个人对这个世界的看法，尽管不同的作家会有不同的方式表达，但是对每一个触点有限的读者而言，读到不同的作家各自对世界和社会的不同认知和看法，会从中得到更多的收获，扩大自己的眼界，并从中找到对应的能够跟自身有感应的一个“伙伴”，从而去选择适合自己的生活方式。

汪涌豪教授围绕文学的否定与超越力量展开了阐释。文学首先是具有否定力量的。在全球化、现代化的当下中国，人们往往用物质的东西衡量发展进程，导致物对人的控制，甚至文学创作也不可避免出现了内容上商业化的倾向。针对这种倾向，汪涌豪指出，“人是通过有目的的活动，改变环境创造更有意义的生活”，表现生活的文学不能够“不审视不批判不否定”，而应该提供给人“自由的舒展”，创作者应该探索各种途径“拿出否定的力量，否定物对人的控制”。文学和艺术天然就是站在社会的反面，监管社会、批判生活，使这个社会保持健全的理想。同时，也正是在这样一种非自由的状态中，文学只能通过否定非自由获得维持自己自由的形象。

汪教授认为，文学还必须有一种超越的力量，超越既存和已知的东西，把人朝向将来和未知的东西。超越正是人对自身现实的一种反思突破，超越也是一种根本的属性，是人本质力量的体现。文学是人学，文学通过超越寻求日常生活之外的人的终极的存在意义和价值，并且把这个东西作为自己的理想和目标。因此，好的作家不甘心于对生活浮光掠影地简单复制，也不甘心接受世俗的，躲避崇高，而是努力在接近生活真实的同时，用富有洞察力的眼光，替自己找回一个完整的视界。汪涌豪强调，文学要“超越对当下的实录，实现精神的提升，这样才能获得认识意义、价值意义和审美意义”。曹雪芹的《红楼梦》、巴尔扎克的作品之所以伟大，就是因为它们“没有成为一个个人化的文本，而成为一个时代忠实的记录”。

汪涌豪总结，否定就是超越，超越就是否定。文学的超越性从有限走向无限，就依然要对当下投怀疑的态度，通过否定和批判，让人走向反思。“只有当我们独立在这个时代，才可以有助于满足这个时代任何的要求，因为只有满足这个时代任何要求的文学，才是尼采说可以给人慰藉的文学，只有创作这种文学的作家，才是具有无穷胆量和想象力未来世界的英雄。”

方方、汪涌豪的精彩论述引发了现场共鸣，激起台下听众踊跃提问。一位初中教师提问：“《万箭穿心》中女扁担李宝莉形象传达了作家怎么样的人生思考？”方方说，我想告诉大家的是，面对生活纵使万箭穿心也要扛住，扛得住——这个就是最底层老百姓的精神。一位来自朝阳一中的同学问道，如何评价中国的古体诗？汪涌豪评价说，诗是语言献给灵魂的礼物，用非常精练的语言，深刻地直指人的内心，并且是碰触到人心当中最柔软的部分。古诗的深厚也正是在于这里。方方和汪涌豪围绕“文学对人心的照顾”和“文学在否定中给人理想，超越中给人希望”的讲演在初冬时节传递给广大听众文学的温度和力量，并促使听众在快生活中学会“慢思考”。

文学的动力——东方讲坛·文汇讲堂文学演讲季第三期

“只要你内心有不变的东西”

“在微信上阅读会消解纸质阅读的快感吗?”“当代靠想象来虚构的乡土文学和之前依托经验构建的文学是否让情感和叙事分离?”

11月29日,由上海市社联和文汇报社联合主办的“文学与我们的生活”演讲季第三期现场,两位主讲嘉宾——作家、上海作协副主席孙甘露作了“情感与故事”演讲,华东师范大学中文系教授罗岗对“迁徙与阅读”作了百科全书式评析,复旦大学、上海交通大学、同济大学、上海大学、华东理工大学等7所沪上高校的学子通过提问表达了他们对文学创作源头的关切,以及对于当下阅读环境的思考。

把独特的个人经验转变成具有普遍性意义的故事

什么是创作的动力?孙甘露和罗岗主打不同话题,却不约而同从“离别”谈起。孙甘露以热映电影《星际穿越》捧红的诗歌《不要温和地走进那良夜》开启话题,历数狄兰·托马斯、雷蒙德·卡佛、阿城、奥登、苏轼等中外文学大家对“亲人离世”的表达。孙甘露认为,人类在承受感情变故时的心理消化过程,在文学创作上往往有集中而微妙的呈现。好的写作,往往把真切独特的个人经验转变成具有普遍性意义的故事。

罗岗则将“离别”作为现当代文学创作源头来考察。他选取中国自20世纪30年代以来特有的迁徙历史,讲述作家在新旧世界夹击中展现出的体验和反省。他表示,今天的作家已远离迁徙,阅读成了创作的重要支撑,讲述他人故事的方式产生了改变,这也是留给写作者迫切需要面对的问题。

碎片化阅读与纸质阅读可以兼得

高校学子构成了听众的主体,在提问和对话阶段,他们接连抛出对新旧媒体阅读环境的困惑——碎片化传播对深度的经典阅读会造成怎样的影响?纸质书会消亡吗?诗歌是否面临困境?

在孙甘露看来,两种方式的阅读并不冲突。“新媒体时代来临是必然趋势,我们要积极适应和转型。况且很多时候,内容并没变,只是载体发生变化。其中的影响是否正面,主要取决于个人能否善于利用时间,以及内心是不是有这种求知探索的自觉意识。”

身为思南读书会发起人之一的孙甘露认为,一旦将追求心灵提升融入生活方式中,也就不用担心人类会轻易被工具所异化。上海人民出版社总编辑王为松则以《奥登诗选》竞选图书销售十大排行榜为例,呼应了孙甘露“诗歌创作很活跃,但传播略有困境”之说。

在朋友圈被戏称为“刷屏达人”的罗岗,把网络社交工具玩得很溜,密集转发文学热点专业帖,同时也“啃”下大量大部头著述。“面对海量信息,更需要的是训练出有选择的眼光。比如推动城市阅读共同体,促进市民在有限时间内,接触更多有益的读物。”

“只要你内心有不变的东西,介质变化不重要。”嘉宾回答不仅予文学爱好者以信心,也给进行中的火热文学季做了极佳佐证。

文学，时代的招魂者——东方讲坛·文汇讲堂文学演讲季第四期

12 月 6 日，“商洛品种”、著名作家贾平凹带着新作《老生》来到由上海市社联和文汇报社联合主办的“文学与我们的生活”演讲季，与复旦大学图书馆馆长陈思和畅谈文学。市社联专职副主席刘世军出席，中福会党组副书记、上海市新闻出版局原副局长阚宁辉担纲主持。贾、陈两位重量级嘉宾的超强影响力，让现场座无虚席，站无空隙，人气爆棚。

“我其实最不会讲话，讲话一定要有讲稿才行，为什么要把演讲的题目定为‘品种、招魂和家园’？这完全出自我最近的生活体验”，操着一口质朴的陕西方言，贾平凹开始了散文式地人生漫谈。宛如厚重黄土，蜿蜒的秦岭，生活与生命曾经留给他的是沉重和曲折。“人生如果是悲苦的，为什么那么多人来到世上，为什么人都不愿意去死呢?”50 岁时贾平凹突然意识到：其实人到世上其实是来爱的，苦是爱的副产品。“一个社会正经历着大转型，一方面社会为每一个人提供了很多的平台，另一方面社会又让每一个人焦虑、恐惧和疯狂，善良，机敏，阴邪，贪婪……不同特质的芸芸众生参与建构着这个时代的轮廓，而这个时代构成了一代人的命运。”在贾平凹看来，这些转型期阵痛都是时代发展的副产品，爱所处的时代，爱所属的“品种”，承受其带来的痛苦。他的文学就诞生在大时代的兴衰和小命运的起伏中。

贾平凹认为，这几十年来形成的文学思潮，对当代文学的发展繁荣起到了极其重要的作用，但我们作品要真正体现社会价值，就要了解时代现实和民族的文化“品种”特性，就要写中国人的生存状况和精神状况，像《红楼梦》《阿 Q 正传》那样的经典作品，在大背景、大纬度里，刻画中国人的世界和人类世界，这样方能让作品行之久远，留下价值。

套用狄更斯的名言：“这是一个最好的时代，也是一个最坏的时代”，文学开不了治疗中国社会转型期病症的药方，却可以“招魂”，这是贾平凹对文学的社会价值的定义。当这个社会人人都在路上，魂无所系，心无所归，每个人心里都是恐惧、惊恐的。招魂的目的是把迷荡游离的魂招回来，让身心回归到安稳的家园。这是除了忠于时代，刻画现实，文学更重大的使命所在。“它取决于文字背后的生命，没有大的关怀，境界不高，即使要招魂，反而招来的是邪气。”贾平凹说：“现在的佛像，都是人物塑像，没有神形。过去的佛像，是有神形的，能让人肃然起敬，因为雕刻者把对神明的崇敬之情不自觉的融入作品之中。文学也应该是这样。作者的本性，决定了作品的境界。”

“从 20 世纪 80 年代到 90 年代，到 21 世纪这样一个漫长的差不多 30 多年的历史，文学走到这一步就出现了我们的贾平凹，不仅贾平凹也出现了莫言，也出现了王安忆，也出现了严歌苓等等一大批作家，这批作家在今天都走上了一个非常辉煌的时代。”接过贾平凹的发散式思考，作为当代著名文学评论家的陈思和指出，近代中国动荡、分裂、战争曾经给中国文坛带来不可弥补的影响，社会主题和生活主题的频繁变化，让中国文坛始终处于变动状态，使我们的文学主题不停变化，如王蒙说“各领风骚三五年”。这种现象带来的问题就是，作家在青年时期创作，还未形成个人成熟的风格，就被后继者替代了，所以他们的成名作往往变成了他们的代表作，例如郭沫若的《女神》、曹禺最著名的《雷雨》、张爱玲的《倾城之恋》等。作家创作生命的短暂，对中国文学无疑是相当不幸的。

但从 20 世纪 80 年代之后，中国进入了空前稳定的发展时段，直到 21 世纪。有一批作家在这 30 年中形成并保持了他们独立、稳定、成熟的文学风格。陈思和认为，相比“五

四"以来激情但稚嫩的青春文学，今天的作家是走向成熟的，他们对社会有非常深刻的认知，对文学有非常稳定的见解。在这支队伍里，贾平凹走在前面，除外还有王安忆、严歌苓、余华……他们极其高产，不断超越自我，仿佛在跟时代较劲，在跟时间赛跑，不停地用最充分的力量在进行创作，而且几乎每一部作品出来都会引起震撼，引起大家的关注。

对此，陈思和的评价是：这样像火山爆发一样文学井喷的情况从 20 世纪开始，100 年以来在中国是没有的。这种景象繁荣的盛况在今天的时代是非常令人鼓舞的，跟中国以前残疾文学的情况截然对照。更可贵的是，当代作家形成了鲜明独特的个人风格，正如我们不会混淆贾平凹和莫言的作品，不会把王安忆的文字当成严歌苓的。

这批作家的个人风格源于他们对独立创作的几十年坚持与沉淀。曾经我们的文学作品和政治走得太近，太反映政策对生活的影响。而贾平凹这类作家的出现，《商州初录》《秦腔》这类作品的出现，给中国文学带来了一个全新的审美空间。解除文学与社会、与政治的紧张关系，归还文学于民间风土，于日常生活，于自然轮回。他们将现实生活的点滴、琐碎进行研磨粉碎，重新加工，再造出一个属于作家自己的艺术世界，这个世界就是大观园，就是《红楼梦》，就是贾平凹的商州。里面有神话、传说，有自己时间的纬度，就跟日常生活一样的真实，一样的琐碎，一样的生动，一样的充满生命力。没有特定的情节，没有突出的主线，甚至没有明确的主角，仿佛仅仅在记录日常庞杂琐事中，在一种介于散文与小说之间，似真似幻的叙述风格中，完成了对时代变迁的描述。这种法自然的写作方式颠覆了"五四"以来文学创作的模式化、程式化，将现实主义艺术推到了一个非常高的境界。

贾平凹的朴实，陈思和的睿智激发了现场听众的强烈反响，在互动环节争相提问。当被问及"当文学变革遇到互联网变革，会产生怎样的碰撞，是否会给阅读赋予新的意义和变化"，陈思和说，互联网将这种阅读分层现象平铺展现在了我们面前，造成了严肃阅读的危机感，其实我们无需过度紧张，人们仍旧会坚持自己的阅读偏好，只不过这种偏好转移到了互联网的空间里，爱好滑稽戏的人还是会看滑稽戏，喜欢莎士比亚的人还是会选择莎士比亚。但我反对在高校里，特别是中文系或者大学的教育里，提倡通俗化、娱乐化，"高校教育必须承担继承经典、传承文化的功能"。有听众向贾平凹提问：现在市场经济大环境下，许多作家都开始多元化发展，比如涉及电影、电视、网络等多个领域，您作为一个作家怎么看待文化作品的社会效应和经济效应的关系？贾平凹幽默地回答道，写作是件辛苦的事，对于尚未出名的基层作家尤其如此，我能够理解他们在物质生活上的压力，但就个人而言，"如果谁给我一百万元给哪个企业写篇文章，我肯定不写，因为我自己有钱。你有钱之后你就自由了，创作也是这样。我现在还比较自由，以后中国社会怎么发展还不了解，但是估计那个时候年纪大了也不写东西了"。

观人性之爱，察人间之苦，纳众生，收万物，诉说时代更迭，人心起伏，自然轮回，贾平凹献给读者的作品如是，陈思和传递给听众的思考如是。

当代文学的"新常态"——东方讲坛·文汇讲堂文学演讲季第五期

12 月 20 日，上海市社联和文汇报社联合主办的"文学演讲季"迎来收官之作——著名作家、海南省文联名誉主席韩少功，上海大学中文系教授、上海市作协副主席王晓明，分别作“文学的变与不变”“新的困难与新的可能”主题演讲。上海作协副主席、著名作家赵丽宏担纲主持。上海市社联副主席刘世军出席并为文学季作总结感言。来自机关、企业、高校等各行业的现场听众,以及在华东理工大学视频分会场的学生听众共600余人,共同分享了思想大餐。

“20世纪80年代很多年轻人谈恋爱,经常在征婚启事里夸耀自己或者要求对方热爱文学。但是今天如果在征婚活动当中谈这个事情,会被认为是神经病。”韩少功开场便聚焦文学之变,他认为文学主要有三点变化:第一,文学的认知功能在弱化。作家不再是社会各层面、各地域、各阶层生活信息的主要报告人。第二,文学的娱乐功能在弱化。随着娱乐设施和娱乐方式的多样化,尤其是电子娱乐设施的兴起,文学吸引人的能力在减弱。第三,文学的教化功能在弱化。人们不在从文学中寻找生活的价值和意义,文学也不再是满身光环、灿烂夺目,激励人心的精神号角。

韩少功认为,文学也有其不变的几个方面。首先,人们需要语言文字来表达、沟通情感,这不会改变。语言文字在表现能力、抽象能力上的优势,是视觉艺术难以比拟的。其次,人需要文学建构有情有义的价值方向,这不会变。再次,生活经验和文化学养作为好作家的两大动力资源也不会改变。

王晓明教授认为,文学在今天的中国仍处于中心地位。这有其根深蒂固的原因,与几千年来从未中断的中华文明只使用一种语言文字息息相关。中国的历史和文学因文字传承累积,由此形成了国人非常厚重的文化习性——习惯于用文字来表达所想、所感、所思。

王教授勾勒了当今文学比较重要的几个现象:一是文学阅读的代际差别越来越大;二是大资本进入文学,文学被当成一门生意和一门工厂化的产业在经营运作;三是改变现实、打破社会再生产的文学基本精神正在被边缘化。今天的文学从整体上使人们越来越安于现状。

为何会出现以上现象?王教授认为政府对文学重视度的降低,市场将文学往符合需求方向上引导,助长消极心理的强制性教育,技术的进步、城市化的影响等等,都在不同程度上促成了以上现象。王教授指出,最近二十年造就了文学生产的新机制,这种机制正在不断强化,也造成了中国文学的重大变化。

在互动环节中,有听众问文学与方言的关系,韩少功回答道:世界上所有的自然语言都是方言,普通话是人定的,普通话创造活力来自对方言吸收。要保护方言但也不能过头。有听众问王晓明教授,代际阅读差异的原因何在,王教授回应:一部分是因为新媒体的兴起和大资本的运作,另外还与整个社会氛围的变化有关。文学阅读经验的分裂,其背后是社会生活经验的剧变。

文学演讲季至此落下帷幕。五位著名作家和五位文学评论家联袂奉献的5场精彩演讲,场场爆满,部分场次甚至站无空隙。上海市社联和文汇报社联手打造的文学演讲季,在初冬申城掀起了一股浓浓的文学热潮,让更多人感受到了文学抚慰人心的温情和引领时代价值的力量。

(摘自《文汇报》)

望道讲读会

上海市社联发起“望道讲读会”

在我们这个时代，有一种纠结的精神状况令人不安。一方面出版业似乎呈现出繁荣乃至井喷之势，另一方面平静的阅读却成为最为难得的奢侈品。当读书越来越成为一种外在需求时，阅读必然会以各种冠冕堂皇的名义被阻断、放弃乃至异化。这种状况持续蔓延的短期表现是学术浮躁之风日盛，长此下去，其后果就是精神生活的贫困和创造之花的枯萎，显然这与我们时代正在追逐的伟大梦想是格格不入的。在这样的背景下，我们发起创办望道讲读会，其目的只有一个：让读书之风吹遍大地。

我们的口号是：“十年读书，以启学林。沉浸浓郁，含英咀华。”众所皆知，《宋书·沈攸之传》有“恨不十年读书”之慨叹，黄庭坚曾写下“十年读书厌藜苋”之赞誉，韩愈《进学解》中的“沉浸浓郁，含英咀华”，更是历代读书人之向往。这些名句之所言，正是当下之所缺，故这四句话，也就准确表达了望道讲读会之宗旨。

我们取“望道”为讲读会冠名，亦颇含意蕴，除开《共产党宣言》第一个中文全译本译者陈望道乃上海市社联第一届主席不论，“望道”二字所承载的文化意义和开启的阅读想象也足以让人热切期待。陆游的“望道心常渴，观书言欲枯”，文天祥的“哲人日已远，典刑在夙昔。风檐展书读，古道照颜色”，堪称“望道”的最好注释。“望道”倡导一种深度的阅读，在通往梦想的路上将阅读进行到底。阅读在，希望就在。“望道”当然也就象征着对理想的内在守望。

“望道”与阅读相伴，与书相守，让阅读成为一种永久存在，让阅读把我们的内心天空扩展到远方，让阅读把我们的日常生活装点得充实。同样值得一说的是“望道”的英文表达：HOPE ROAD CLUB，这个看上去很不地道的洋泾浜翻译，却表达出更有意思的另一层含义——希望之路。因此，望道讲读会，就是希望之路讲读会，这就是我们的目标和努力方向。

望道讲读会以讲读哲学社会科学为主要内容，以古今中外学术大家诞辰、学术名著、学术新作的出版等周年纪念为基本选取对象。我们强调讲读结合，互动交流，中西会通，古今对话，把望道讲读会打造成一个“博约兼顾、广深结合”的高端学术交流平台；我们强调专业讲读、阅读推荐、社会开放、媒体传播的互动，把“望道”塑造成一个引领大众阅读的文化符号。

“望道讲读会”首场　袁志刚、权衡聚焦资本的逻辑和当代中国思考

8 月 13 日，在陈列着马克思《资本论》1938 年中译本、皮克迪 2014 年英文新著《21 世

纪的资本》展柜的市社联群言厅内，一场跨世纪的资本“对话”随着“望道讲读会”首场而拉开序幕。复旦大学经济学院院长、教授袁志刚以“资本的逻辑及其当代思考”为题，和对话嘉宾上海社科院权衡研究员为听众做了资本的全球透析和中国解读。

经济学要研究大问题，当回归政治经济学

资本问题一直是经济学研究中绕不开的重要命题，19 世纪 50 年代马克思的劳资关系理论，揭示了资本主义生产方式的基本矛盾。而 2008 年国际金融危机爆发，让世人不免再度反思资本逻辑支配下的社会制度及世界秩序。在此背景下，法国经济学家托马斯·皮克迪的《21 世纪的资本》在年初甫一问世便在美国和法国引起轰动。6 月底，在美国销售已达 45 万册，在法国销售 15 万册，经济学家读，历史学家读，普通读者也读，人人想从中得到答案，解开心中的经济谜团。2014 年恰逢马克思《资本论》(第三卷)出版 120 周年，皮克迪的新著，被一些学者认为是向大师的一种致敬。“皮克迪不是马克思主义者，他并不认为资本主义会终结。”袁志刚坦言，“但是，两者都对收入分配问题极为关注。这也是我本次讲座想要传递的一个信号——马克思的《资本论》并不过时，经济学离不开政治经济学。西方包括受西方影响巨大的中国学者中太多人埋头计量经济学的当下，皮克迪的这本书无疑是当头棒喝——经济学要研究的是大问题。”

袁志刚和皮克迪是 1993 年同在法国社会高等科学院读研究生的校友。袁志刚分析道，虽然极为擅长数理分析，但在美国麻省理工大学待了两年的皮克迪之所以回到法国，是更青睐于将经济研究和人类活动相关的历史学、社会学、人类学、政治学相结合，而法国给他提供了土壤和志同道合者。因此，该书“带有很强的编年史学派”的痕迹。专著以 300 年的数据研究得出一个结论:全球的资本回报率高于经济增长率。

国际金融危机源于全球化中的资本逐利

经济学要研究的是大问题——就这点而言，皮克迪的确在某种程度上做到了向马克思关注方向的回归。

袁志刚站在全球化的角度为大家阐释了 2008 年国际金融危机罪魁祸首:由于信息的非对称，资本市场的无效性，投资活动过度投机，虚拟经济的高度发展有时会危及实体经济，带来对实体经济具有巨大破坏作用的金融危机。

而这一轮经济全球化的基本动力是资本逐利，载体是跨国公司。以美欧日为代表的发达国家和地区为跨国公司全球产业价值链的布局提供资本和技术，而以中国为代表的新兴经济体为跨国公司全球产业价值链提供劳动力、土地和环境等要素，由此形成了全球层次明晰的要素供需循环体系，以美国为代表的发达国家成为产品需求方、产业资本供给方以及金融资本需求方，而以中国为代表的新兴经济体成为劳动力供给方、产品供给方、产业资本供给方以及金融资本供给方。新兴经济体因为要素供给能力的上升超过其产品需求，而成为贸易顺差国和外汇储备盈余国，在本国缺乏有效率的资本市场的情况下，这些资本又通过国际金融市场回流到美国进行配置。使得美国的虚拟经济过度繁荣，资金流向各类债券、金融衍生品和大宗商品市场，带来个人、公司和政府杠杆率的大幅上升，最终酿成全球性金融危机。

这样的资本逻辑是马克思在一个多世纪前的资本论中已经揭示和预言的。

中国收入差距加大的原因有其特殊性

“中国当前呈现出收入差距扩大的趋势,各类金融资产,尤其是房地产资产发展迅猛,社会阶层分化,导致社会流动性下降。”袁志刚抛出了更让全场听众关注的焦点,“皮克迪理论模型的关键点,在于对库兹尼茨收入分配倒U形曲线的颠覆。经济增长到一定高度后,收入差距会随之下降——这在现实中是很短暂的。”

皮克迪在书中分析,从历史长河来看,资本回报率高于经济增长率(r > g),拥有资本的人的收入增长快于劳动收入的增长,收入差距自然扩大,直至愈演愈烈。皮克迪的数据显示,美国最富有的10%人口所占国民收入的比例虽从20世纪20年代的近50%下降到50—60年代的30%,但2000年之后又再一次上升到50%,经历了一个U形曲线;欧洲国家的情况也是如此;这是资本主义的本质弊端。对此,皮氏提出了一个激进的政策建议:联合全球向资本征重税。对此,袁志刚认为颇有理想色彩,并不可取。

在6月的巴黎之行,袁志刚曾与老师弗朗舒瓦·布吉尼翁,世界银行前首席经济学家,也是皮克迪20世纪90年代的老师,讨论此话题,布吉尼翁教授认为,中国的资本回报率似乎没有高过经济增长率,因此皮克迪的公式不适用于中国。袁志刚认为,中国的情况与皮克迪分析的发达国家差异明显。首先,中国收入差距的主要贡献因素是城乡差距,城乡居民在房地产等财富及其收入方面的差距远超过劳动收入的差距,同时在公共产品的享有上差距很大,进而影响人力资本的差距。其次,国有资本在经济发展中扮演重要角色,近年来国有部门资产负债的发展迅速,资产与负债共进,土地资产与金融资产互为前提,使得总体经济的融资成本不断上升,虚拟经济挤出实体经济的现象明显。再次,中国的实业资本处于劣势,近年来各类成本大幅上升,平均利润下降,资本回报率不及国民收入增长率。实体资本需要扶持,企业活力需要增加,因为这是中国经济继续增长的关键。最后,社会资本在经济社会生活中起着重要的作用,当前大学毕业生不是根据能力而是“拼爹”获得好职业,社会流动性因此而大大下降。须知,社会的充分流动性是一个社会前进的动力所在。

“仔细看,跨国公司在中国的资本回报率一定是高于经济增长的。”袁志刚最后提示了特殊性背后的普遍性。

建议:加强社会流动性,扶持实体资本

“分配问题是经济学核心问题”“社会流动滞缓僵化出现拼爹”等关键要素让互动提问环节兼具人气与深度。财富总是集中在那一批“少数人”手中、父辈资本馈赠对子辈的影响远超个人奋斗所得……面对不公的社会现象,该如何化解?

袁志刚结合“中国梦”说了自己的看法:“无数个人梦,组合成中国梦。要实现中国梦,则社会流动性要充分,这样才是健康的。”权衡认为:“其实20世纪八九十年代我们的社会流动性还是非常快的。如果现在我们把教育资源分配、权力影响、非实体经济资本因素理顺,那么是可以改善中国的现状的。”而针对我国目前房地产等虚拟经济过度繁荣乃至泡沫化的情况,袁志刚作出警告,他极力倡导扶助实体资本:“我们的实业资本企业家其实很困难的。中国需要改变,包括混合所有制,包括基础设施,将来中国经济增长很大的一块要靠实体资本的发展。房地产一定要受到制约,地价、租金这么高,不控制怎么行?”

诚如权衡所总结的，马克思写《资本论》时的历史背景与皮克迪写《21 世纪资本论》时的信息科技时代不可同日而语。然而，贫富分化、劳资矛盾的问题却一直存在。在这样的情况下，中国经济仍然崛起，不得不说是依仗于制造业的迅猛发展。我们现在需要经济转型，到底转到哪里去，则须集纳各方观点，这次关于两个世纪“资本”阐释的对话，正是一个提供思考与启发的平台。

2014 年 11 月，皮克迪将在中文版发行之际访问上海，如主持人、市社联党组书记沈国明所评论，“袁志刚、权衡的对谈恰如对中文版尚未发行的新书的导读，尤其让我们对中国的社会公平、经济发展、实体经济等问题产生了新的思考，打开了新的思路”。作为书展新增板块，“望道讲读会”首场便显示了强劲的深度阅读优势。

“望道讲读会”第二场　高瑞泉、高力克多维视角纵论严复留给中国道路的精神遗产

“李大钊、陈独秀甚至毛泽东等共产党人是否受到严复思想影响？”“严复引进进化论，与早期主张的循环论有何不同？”“如果没有甲午战败，新儒家之路是否能强国富民？”8 月 14 日下午绵绵细雨，市社联群言厅内书展分会场第二场“望道讲读会”尾声的互动现场，听众带着现实困惑的真诚提问将严复专题讲读会推向了高潮，其和主讲嘉宾、华东师范大学哲学系教授高瑞泉的“严复与现代中国道路的探寻”的演讲，特地从杭州赶来的对话嘉宾、浙江大学传媒与国际文学学院的高力克教授的“严复与中国启蒙”演讲一起，情不自禁激发听众再次思考——百余年来中国思想界对中国道路的探索的心路历程给今天现实带来的启发。

现代思想史开端人物，引领社会达成新共识

“甲午战争是中国现代思想史的分界点，严复就是这个分界点中进入现代社会的开端人物。”在数十年从事中国思想史研究的高瑞泉教授看来，中国现代思想史承载了几代国人探索中国道路的使命。而甲午战争后引领中国思想界长达十年之久的严复，其最大贡献在于，“在社会动力的基础上，给已经出现裂隙的社会价值体系提供了一个新的共识，激发了社会‘竞争—进步’的精神动力”。

高瑞泉认为，甲午战争以后原先相对统一儒家意识形态共同体不复存在，从出现裂隙到分裂成保守派、激进派和自由派等多种派别。尽管思想各异，但是，严复《天演论》的出版，在进化史观的基础上形成了新的共识。与同时代的其他思想家相比，严复对于中国富强的思考更为标本兼治和富有现代性。如何富强就含有富强的目标和实现手段，这使得他既不像谭嗣同、康有为那样将希望寄托于激进的变法；也不同于张之洞那样守住既有体制，试图以最小的代价来改良。在高瑞泉看来，严复在激发动力的同时兼顾了秩序，不仅宇宙和生命世界是有秩序的，社会或“群”也必须有秩序，体现在政治领域就是“自由为体，民主为用”，“富强”是为了“利民”而利民，则要“鼓民力、开民智、新明德”。在英国的两年留学经历使严复见识了一个迥然不同于 19 世纪的中国社会。严复也为西方现代的社会政治理论所吸引，他将穆勒、亚当・斯密、斯宾塞、赫胥黎等人的著作译介到中国，就是要使人们在船坚炮利的器物之外，更多地了解西洋各国之强盛的根本即社会制度和观念的

现代化。

而在高力克教授看来，严复的现代性在于他没有停留在器物和制度这两层的自上而下的改革，而是意识到国民观念改变的重要性，这使得他进入了陈独秀认为的晚清现代化的第三个阶段——伦理的觉悟，即文化层面的全人格改造。在改造国民性以求国家富强上，严复走在了同时代人之前，成为了五四运动一系列国民性改造吁求为主的启蒙运动的先声，这些话题也一直延续到了21世纪经济总量占据世界第二的当代中国。

寻求富强表爱国，以开放心态分析地“拿来”

作为中国现代思想的开启人，严复一生不遗余力地将西方学说介绍给国人。在高瑞泉看来，这位被毛泽东称为“中国共产党之前向西方寻找真理的代表人物”之一的思想家，他实际上是采取“有分析的拿来主义”姿态，其目的在于为中国急需的富强之梦开出熔铸中外古今于一炉的药方。因此，严复既以开放的心态看待外部世界，同时又谨慎、理性地做出其选择，这是我们今天对他的爱国主义丰富内涵的理解。

纵观严复的译著，有《天演论》《原富》《群学肄言》《群己权界论》《社会通诠》《穆勒名学》《名学浅说》《法意》《美术通诠》等西方学术名著，涉猎极为广泛。“与梁启超不同，严复并不只是简单的贪多求快，照单全收；而是努力发掘传统思想中的资源与之对接，以便国人更易于接受。”高瑞泉认为，严复不仅能够做到学贯中西，而且能够对中西思想都做到理性的分析，以中化西，融会贯通。严复在译著《天演论》中，将斯宾塞的“普遍进化论”与中国《易经》中丰富的进化论思想相融通。同时，严复也从荀子到柳宗元、刘禹锡这些在传统儒学中原先相对边缘化的人物那里，来发掘接续外来学说本土资源，使得它们获得社会植根性。

同样值得注意的是，严复对于西方名家的选择，也总是伴随着对于中国社会现实的考虑。高瑞泉认为，严复不仅有选择地翻译介绍了一批西方思想家，同时也明确地拒绝了卢梭的理论。在他看来，中国需要的绝不是一场法国式的轰轰烈烈的大革命，而是通过逐渐的改革—进步而达成的理性的现代社会：既有强劲的动力、又是有秩序的国家。他的思想是否完全正确，有讨论的空间，但是他的心路历程表达了一种贴近现实的理性思考，是显而易见的。

由于严复对于国人需要的考虑，高力克将他称为晚清的启蒙思想家。17世纪，欧洲通过启蒙运动走出了中世纪，凭借的是理性精神；晚清的中国，也需要理性来走出封建社会，但还有着更重要的使命，因此，高力克认为“它更显示出中国特色——救亡图存式的启蒙”。因为，中国需要的不只是思想上的包容与多元，更需要能够在社会生活中产生实际效果的先进理论。从这点来看，严复的爱国主义情怀对今人仍有很大表率和启发。

“中体西用”命题在当代中国的解答与完善

2014年是严复诞辰160周年，也是甲午战争120周年。语境已经大为不同，但国人对于中国道路的探索却并未停止。严复作为中国现代思想的开启人，给我们留下了许多宝贵的财富。两位学者认为，严复从视孔子为“一尊”的知识共同体中走出，以开放心态对待西方思想；既对自身的传统保有一份敬意，又把对于学理的探索根植于对中国现实问题的关心与考量。眼下，中国尽管已从《马关条约》的屈辱中走出，却仍然没有终结晚清以来的思想任务。

晚清的知识界，曾有流行一时的“中学为体，西学为用”的主张。严复对这一主张进行了反驳，除了在经验的层面提出了反驳以外，严复运用传统哲学的“体用不二”的论式来批评张之洞。有牛之体就有牛之用，有马之体就有马之用，“未闻以牛为体以马为用者也”。在高瑞泉看来，严复的批判从逻辑看上似乎并没有错，然而在实际生活中，历史有自己的逻辑，“中体西用”并没有因为严复的批判而退出历史。但今天摆在我们面前的问题是：如今的“中体”是什么？

在高瑞泉看来，如果以“体用”来讨论文化，不能将文化看成是固定的给予，而是生成的活的过程。从这样的观点看问题，今天的“中体”大大不同于严复当时的了，虽然有传统的某种延续，但其实已经融合了西方的成分，加之几代中国人的创造。三者合成了“中国的现代性”。高力克则认为，今天的中国社会，其变革性甚至要大于严复当年，用波兰尼的话来说，就是“大转型”时期，甚至可能是最大规模的“大转型”。那么此时，严复又能给今天的中国人以怎样的启示？怎样助力中国梦的实现？

习近平多次为纪念严复的学术论文集作序。1993 年为《严复国际学术研讨会论文集》所作的序中，提出要进一步学习和发扬严复的三种精神：爱国主义、首倡变革、学贯中西。诚如本场主持人、市社联专职副主席刘世军的点评，今天听学者谈严复，一方面可以加大对中国道路内涵丰富性的理解，“动力、秩序、开放、分析、民本、理性、大转型、富强、现代化、自由、科学、民主、法治、文明都是其中具体的维度”；另一方面，也在学理上找到中国道路的理论支撑。今天我们对中国道路的探索，有着与严复当日类似而又不尽相同的思想任务。而严复的这份丰富的精神遗产值得今人检视和深思。

“望道讲读会”第三场　张维为、苏长和、吴新文感性讲述
“邓小平：不打苏联牌，也不打美国牌”

“演得总体可以，特别是讲话、声音、用词、语音、语调很真很像，但有一点点遗憾，他没有邓小平的眼神。”8 月 15 日下午，随着主讲嘉宾、中国发展模式研究中心主任张维为对当下热播电视剧《历史转折中的邓小平》演员的点评，书展子单元之一的“望道讲读会”第三场在市社联群言厅内拉开序幕。与前两场的典型学术氛围不同，这是一场关于邓小平思想和个人魅力在具体历史场景中的回忆梳理，张维为以曾任邓小平英文翻译的珍贵经历，和点评嘉宾复旦大学国际政治与公共事务学院教授苏长和、复旦大学哲学学院副教授吴新文，从时间、空间以及实践的三重维度，还原了历史转折中一个“活生生”“只有近距离接触才能感受”却也意志如钢、战略长远的邓小平，阐释了邓小平对今天的中国选择的巨大意义。

个人：演不像的是邓小平的眼神

在邓小平诞辰 110 周年的今天，书籍、讲座、纪录片……各种纪念活动纷至沓来，热播电视剧《历史转折中的邓小平》，就是纪念大潮中的一个高峰。作为曾经在小平身边工作过的当年的年轻人，传神与否？张维为自然具有发言权。讲座伊始，张维为就谈到了饰演邓小平的演员，他认为什么都好，就是眼神不像。

回忆起邓小平，张维为脑海里常有邓小平听完汇报，一言不发，坐着抽烟思考片刻的定格场景。“邓小平看上去总体上是一位很淡定、慈祥的老人，但你仔细观察他，观察他讲话，哪怕持续一刻钟，你一定会看到他那种犀利，坚定而又深邃的眼神。”的确，充分体现邓小平智慧和阅历的犀利眼神，对于演员来说是个挑战。

谈及邓小平丰富的个人魅力，他说：“邓小平也是一个活生生的，很本色的人。”当年在外交部工作，张维为有机会听到或翻阅一些邓小平接待外宾的资料，他所借的《纽约时报》副总编索尔兹伯里采访副总理万里后出版的回忆录说，邓小平爱打桥牌，输了怎么办呢？当时定下的规矩是要钻桌子。每回邓小平输了，大家就发出豁免权，但邓小平总是坚持。

战略：邓小平总是关注十年百年后的大事

张维为1983年到1988年在外交部工作，曾多次给邓小平担任英文翻译。和听众分享了诸多生动和珍贵的历史镜头后，张维为以“眼光、思路、清醒、大气”八个字来概括他心目中的邓小平。

让他印象颇深的是邓小平的战略眼光。早在1978年，邓小平就提出“政府应该为经济服务”；那年参观大庆时，他还提出要搞一个“24小时开着的计算机中心”，让它“形成一个网”。“当西方政客谈‘一百天内要做什么’的时候，他已经在关注‘一百年内要做什么’了。”张维为感慨：邓小平对问题的聚焦总是能穿透本质。1985年9月，邓小平要接见加纳总统罗林斯，会见前5分钟他听外交部领导汇报，担任那场翻译的张维为听到邓小平问了三个问题：加纳的政局稳定吗？百姓生活有无改善？与西方关系如何？如今这三个问题还是对非洲国家的重要考量。张维为回忆，资本主义和社会主义的纠缠等问题，是常常在邓小平脑海中思考的内容。

吴新文则用西方语汇，认为邓小平是一个“权力意志很强”的政治家，“将历史的重任担在肩上，在关键时刻果断决策，甚至不惧身后可能出现的骂名”，他认为这是一个政治家必备的素质。吴新文借毛泽东对邓小平的评价——“论文论武都是一把好手”——认为邓小平是中国传统文化标准中“立德、立功、立言”的伟人。

底线：社会主义探索中的两个不变

“文化大革命”结束后，国内各种思潮纷然杂陈之际，邓小平复出主持工作。在厘清了如何看待毛泽东和毛泽东思想这一历史问题，明确表示“永远不会像赫鲁晓夫对待斯大林那样对待毛泽东”后，他开始了大刀阔斧的中国改革之路。当时，一些第三世界国家对此都纷纷表示忧虑，其中尤以津巴布韦总统穆加贝最为担心，害怕中国在改革中走向资本主义。

时任邓小平英文翻译的张维为回忆，1985年8月28日，邓小平会见穆加贝时就解释，“我们在工业、农业、科技、国防的现代化前面，有一个词叫社会主义”，“我们的社会主义是公有制占主体，不搞两极分化”。张维为认为邓小平的社会主义是一种整体观，“要理解邓小平的社会主义观，必须将它当成一个整体来看，而不是锁定在具体的小事情上。资本主义社会的很多东西只是工具，可以为社会主义服务，最终目的是让中国人民富裕起来，让国家富裕起来，让社会主义社会富裕起来”。

邓小平也曾多次提到，“什么是社会主义我们还没有完全搞清楚，我们还在探索”。但张维为注意到，邓小平总是强调两点，一是坚持党的领导，二是坚持公有制占主体，当然公有制的形式可以创新。这是邓小平的底线思维。现在看来，由于坚持了这两条，哪怕探索中出现一些问题，比如地区差距大、医疗保险、养老保险等，也可以纠正过来。当穆加贝仍然表示不放心时，邓小平斩钉截铁地说："我们还有强大的国家机器。"

改革：邓小平的稳健模式最成功

在邓小平的话语中，发展社会主义，尤其是发展中国特色社会主义，离不开改革开放。但是，改革开放究竟如何开始，要怎样进行？张维为认为，"这么大规模的对外开放其实是一步险棋，大概只有中国这样的国家能真正做成"。苏联解体，东欧剧变，很多人担心红旗还能打多久，但邓小平看到的却是中国难得的机遇。

苏联解体才 20 天，邓小平就开始视察南方，要中国抓住机遇，扩大改革开放。当然，与发展社会主义一样，"我们可以对西方开放，对全世界开放，甚至利用外资充实社会主义，但必须守住发展社会主义的底线"。张维为认为，"绝大部分其他社会主义国家要么是小打小闹、技术性地改革调整，要么是走极端，采取休克疗法，但邓小平很早就考虑到根本的问题，他推动的是稳健有效的体制性的改革"。

正如吴新文从哲学角度的论述，"在改革的性质、目标和方向上，邓小平的思路是明确的，有的东西不能改革，比如坚持四项基本原则；但改革的策略、手段和步骤则是允许'摸着石头过河'的，允许犯错误和多元化"，"只要抓住大的本质的东西，细枝末节不重要"。因此，张维为认为，"朝鲜、古巴的保守改革模式导致经济萧条；而苏联、东欧的激进改革模式则完全将旧体制瓦解，最终社会主义体制崩溃；只有中国的稳健改革模式在邓小平的指导下，目前看来是最为成功的"。

"邓小平是中国的，也是世界的"

以《中国触动》《中国震撼》和《中国超越》作为自己对中国道路和中国模式研究的张维为，昨天也举例论证了邓小平其实是"中国模式"的最早提出者。虽然邓小平坚持认为，对于其他国家而言，"我们的经验只能参考，你们要走自己的路"，但是这种改革的思维和策略，仍然为世界其他国家带来启示。苏长和由此出发，认为"邓小平是中国的，同时也是世界的"。

他认为，邓小平和毛泽东一样，都以不同的方式对世界历史产生过启蒙作用。当时毛泽东领导的中国革命道路对很多亚非拉国家产生了非常多的启蒙作用。"毛泽东是抓住了世界民族独立的时代脉络。"而邓小平，"他抓住了和平与发展的问题，这是世界历史在 20 世纪 70 年代的潮流。"苏长和强调，"不是只有中国在改革，其实全世界都在改革，包括发达国家"，而"从整个国家关系和世界的影响出发，如果再往后三十年或者五十年，回过头来看，会发现不仅仅是中国的转折，也是对世界历史的转折"。因此，苏长和认为，"邓小平不仅仅是中国的，也是世界的"。

在学者们以历史维度、空间维度解读邓小平思想后，主持人、中共上海市委宣传部副部长李琪在点评中指出实践维度的生命力，以乌克兰、埃及等国实现所谓美国式民主而导致的现实悲剧，回应了邓小平理论在当下的现实意义。"要在世界的大格局中去感知中国特色社会主义道路"，李琪引用邓小平打桥牌时所说的话——"不搞苏联牌，也不打美国牌"。

"望道讲读会"第四场　熊月之、章清、傅杰谈章太炎：民族文化不灭，国家就有复兴可能

被鲁迅称为"有学问的革命家"的章太炎，如何做到学问"世无其二"，革命"世无其二"？他是如何处理两者关系的？重读这位近代史上的丰碑人物，哪些值得今人"虽不能至而心向往之"？8月16日下午，书展子单元、望道讲读会第四场上，主讲嘉宾上海市历史学会会长、上海社科院研究员熊月之和点评嘉宾复旦大学历史系教授章清、复旦大学中文系教授傅杰，与听众一同重读章太炎。言者和听者在崇敬之余也感慨良多，而望道讲读会提倡的"沉浸浓郁、含英咀华"之意也在无声传递。

动力：学问追求背后是革命热情

"我认为，章太炎不懈的学术追求背后是强烈的革命热情，革命支撑了他的学问。革命的目的是不能让民族文化灭亡。"傅杰和听众分享自己的观察视角。而研究了30多年章太炎的熊月之，则用"致用和求是"的关系来诠释章太炎对革命和学问的理解，"革命要致用，学问也可不致用，但要求是"。因此，章太炎经常以学问来推动革命。而其革命背后，爱国和民主是两个关键词。

清末民初是一个狂飙突进、革故鼎新的社会大变动时代，也是一个西学东渐、新陈代谢的学术大繁荣时代。然而，即便大时代里风云迭起，群星熠熠，章太炎集学问家、革命家、思想家于一身，仍堪称其中最闪亮夺目者之一。

熊月之引鲁迅的数次赞誉予以描述，在熊月之看来，章太炎是以古代治学的"通才"自期自求，遍习古今中西儒道佛，以现代知识的分科而言，涉猎文史哲、经济、社会、政治、宗教、天文、地质、生物各科，章太炎在语言文字学、经学、史学、子学乃至佛学等方面都是自成宗派的巨人，所著《訄书》《国故论衡》《新方言》《小学答问》《文始》与《齐物论释》等，至今仍为经典。熊月之以自己早年参加注释《訄书》证明章太炎"过目不忘"的天分，"这是真的天才，常人再怎么努力也是力不能及的"。

傅杰借用章门弟子钱玄同为其写的挽联中的数字"七次被通缉、三次入狱，著书20种，教书30年"来表其革命和学问令后人望其项背。"《章太炎文集》第八卷就是谈医学，其中所开的药方，为现代中医权威所赞誉"。章清则介绍6月在日本的见闻，"日本学界的章太炎研究会里有经学家、历史学家、宗教学家、语言学家……研究一个章太炎，需要出动好多'家'"。

章太炎67年的人生旅途中，前三分之一的时间是纯粹的学问家。甲午惨败、马关辱国的刺激让他走出书斋，从杭州奔赴上海寻觅改革图强。熊月之以"改良—客帝—分镇—剪辫—苏报案—民报—反帝—抗日"梳理了章太炎的革命轨迹。"1900年就毅然断辫易服，其举动实在惊世骇俗"，为反清，在沪被关三年，为反袁世凯独裁，在京被软禁了三年。熊月之虽然讲述平静，但依然让听者感受到历史人物所为的惊心动魄。

在熊月之看来，章太炎的某些学问是可以用来支持革命的，"1906年在日本，章太炎用宗教来增进国民的道德，用国粹增进爱国热肠，而晚年他又鼓励世人读经，有人认为他和早年批判儒家有矛盾，但章太炎的逻辑是，为了抗日抵御外侮"。

而1935年国家面临民族存亡之危，晚年章太炎回到苏州，一心系挂的是要开国学讲

学班。傅杰认为,"革命热情确实鼓舞了章太炎的学术追求"。在章太炎看来,抗日的最好方式就是把民族文化保存下来,"国家可以灭亡,只要民族文化没有灭亡,就有复兴的可能,民族文化灭亡了,国家存在也是空壳子"。在回苏州之前,66 岁的他还和 99 岁的马相伯一起发通电以"上海二老呼吁抗日"来激发国人抗日斗志,而不顾健康,日夜整理著作得以让国学存继,也是出于保存民族文化之热切。

革命和学问的动力关系,也体现在对"为己之学和为人之学"的智慧转化上,熊月之以此来评价章太炎在狱中研读佛书。章太炎与邹容在苏报案中同被关进西牢,结果邹死而章生。章在狱中读了三年佛经养性,而更为年轻的邹容因凌虐而早逝。熊月之认为,章太炎深谙革命、学问间的平衡之道。他研究历史学、经学、人种学所得的结论,是他反清的思想基础;他从事反清革命的社会实践,"革命推动着学术研究"。

求通:理想主义催生文化复兴使命

作为当之无愧的"国学大师",章太炎身上的"求通"在熊月之看来是其一大突出的治学特点。他对古、今、中、西、儒、道、佛,文、史、哲、经济、社会、政治、宗教、天文、地质、生物等都有研究,并且打通了它们之间的界限。

傅杰把章太炎的"通"归因于追求文化复兴的理想主义。章太炎身处民族危亡之时,如何保住民族文化,使民族文化得以复兴是他一直考虑的问题。甚至到他去世前一周,无法进食之时,他仍然要坚持讲授国学课程,在他看来,国学承载着民族文化。他对夫人说,"饭可以不吃,但学不能不讲"。这样的理想主义,在当代可能已经退化为学术兴趣或为稻粱谋,"对此,我们现代人或许只能是虽不能至,心向往之"。傅杰评价道。

在章清看来,章太炎能够如此影响历史的原因还在于当时新兴媒介的传播和放大,而这点上也充分显示了章太炎对新事物的"通"。在最近出版的一本新书《清季民国时期的"思想界"》中,章清特别讨论了当时新出现的传播媒介对读书人生活形态的改变,而章太炎就是充分利用了媒体报章的作用。他先《时务报》担任主笔,又加入《民报》发表一系列论著,就使得舆论从主张君主立宪的康有为、梁启超转向了主张民主革命的孙中山和自己。而他对于新技术的迅速接受和应用,到老年也没有懈怠,通过发通电的形式在社会上继续发出声音,产生影响。是否能用今天时髦的语言来说,章太炎主动拥抱了新媒体,仁者见仁,智者见智,但是,利用新兴传播媒介的确也是将复兴民族文化作用发挥到极致的明智之举,对今人不无启发。

求是:反省革命凸显未完成的现代性

熊月之赞誉章太炎治学的第二特点是求是——"他敢于怀疑敢于批判"。对此,章清认为,章太炎的"求是"反映在了他对革命的反思中,这种反思显示了章太炎的现代性,使他超越了同时代人。尽管他作为革命元勋,对辛亥革命发挥了重要的作用,但他对待这场转型革命是不断反省的。他在 1906 年的演讲中就承认自己之所以反满,是因为他所生活的浙江充斥着明末清初带有族类思想的著作。他坦承这种族类思想是难以支撑一场革命的。"他对于这场革命转型的认识超越了同时代的很多人,他所使用的关键词是我们今天谈到西方资本主义时所使用的词,比如政党问题、共和国问题、代议制问题等,对这些问题他都提出了非常深刻的检讨。"在章清看来,如果我们把章太炎进行的这场革命看成广义概念的转型，那么今天依然在进行时中，如当代德国哲学家哈贝马斯所说，现代性就体现在它的未完成性上，是值得今人进行下去的。

正是这种深刻的反思性，使得章太炎既能质疑传统文化也能质疑西方的经典理论。对于传统的经学、史学、诸子学，他都予以批判。熊月之举例，当时，严复翻译了赫胥黎的《天演论》，进化论思想成了知识界和社会的共识，但是，章太炎用佛学批判进化论，认为社会领域的规律和自然领域的规律是不尽相同的。

双面：恃才傲物与学术负责

在世人眼里，章太炎因为有学问而显得很狂，有时近乎“疯”，被人称为“章疯子”。但在傅杰看来，观其评己评人，“狂”源自他对学术的自信，在治学上，章太炎十分严谨认真，有非常自谦的一面，这是源于他对学问的负责。

“上天以国粹付余”“吾死后，中夏文化亦亡矣”等尽皆章氏“狂言名句”，不胜枚举，通常的记载中，章太炎对梁启超、王国维、谭嗣同、严复等鼎鼎大名的人物都甚为不屑。章太炎的确有些名士风范，熊月之询问现场的听众：“㸚、叕、㠭这三个字你们认识吗?”大家面面相觑。“㸚(音“丽”)、叕(音“辍”)、㠭(音“展”)，分别是章太炎三个女儿的名字。”答案公布后，听众愕然。

其实在治学上，章太炎相当严谨认真。傅杰介绍，章太炎写好文章会给弟子黄侃看，让黄侃提出意见，而其后刊印的书稿中常常吸收并会说明是采纳了黄侃的建议；而当代杰出学者朱季海与章太炎的学术往来更是一段佳话。朱季海是投入章太炎门下年龄最小的学生，章初见16岁的朱季海后大赞其天分，朱季海早年读书颇为用功，时常看书达20小时，章太炎便令其身边人“替我好好看管”，目的是让朱季海做“可持续发展”。三年前去世，高寿95岁的朱季海先生身前回忆说，“章先生救了我一命，不然，当年我就夭折了”；苏报案出狱后在日本时，为了更好研读佛学，章太炎不惜每月花40大洋聘请专人教授梵文，但因资金不充裕，便写信邀约学人同学以摊薄费用。傅杰感慨，“这种对学术的负责，实在让后人感佩和汗颜”。三位学者的演讲结束后，全场听众沉浸在“谈不完说不透”的章太炎气场之中——无法企及的通才学识和为民族文化复兴的使命感和革命业绩，既让一位老年听众发出了现在高校有哪些学者值得敬重的极端感慨，又让前出版博物馆馆长、研究员林丽成女士提到自己拥有毛泽东看的大字版《訄书》，呼吁上海史学界要像科学家学习，多做市民的史学普及，“上海书展的国际文学周这几年都疯了，书展前十年可是演艺明星的市场”。主持人上海人民出版社社长王兴康引用了王国维的“一代有一代的学问”，说明大师的培育既需要天才的使命感人物，也许同样需要民众和社会的氛围支持。在纪念“有学问的革命家”章太炎诞辰145年之际的“望道讲读会”上，受触动的不仅仅是当代学者和革命家，如章清所言，重读当是常态。

“望道讲读会”第五场　谢遐龄、郁振华、张双利解读康德对当代中国的意义

两百多年前德国科尼斯堡小镇上，曾有一位貌不惊人的单身汉每天在同一个时间散步经过一条小道，周围的居民甚至以他出现的时间来调整自己的时钟。他一生从未离开

过这个地方，却以思想撼动了整个现代西方思想史，他就是康德。这个看似离我们的空间和时间都很遥远的哲学家，却吸引了一代又一代中国学人。8 月 17 日，书展子单元、望道讲读会第五场上，主讲嘉宾复旦大学社会学系教授谢遐龄与点评嘉宾华东师范大学哲学系主任郁振华、复旦大学哲学学院教授张双利共同解读康德对当代中国的意义。市社联大厦群言厅外秋雨菲菲，会场内却座无虚席，主办方一再加座，依然有人只能围站在后排，其间亦无一人离席，将“沉浸浓郁，含英咀华”为宗旨的望道讲读会推向了高潮。

重建形而上学，应对欧洲精神危机

18 世纪末，是法国大革命进行得如火如荼的年代。而大革命之所以演变得如此激烈和冲动的原因，在谢遐龄看来与法兰西民族的特点有关：“热情、冲动、好斗，崇尚自由，但这个自由缺少对情感的约束。”

与激进的法国人相反，思辨的德国人却穿着拖鞋、戴着睡帽在书斋里写哲学著作，这就是后人心目中的康德形象。当时法国唯物主义风行，情欲泛滥，信仰受到冲击，道德败坏之风吹遍欧洲，欧洲精神遭遇又一次严重危机。这是康德所处的时代背景。

“康德认为自己的使命是重建形而上学。对以往哲学家用形式逻辑和经验科学论证自由和信仰的错误思路，开创先验逻辑、倡导纯粹思辨。”谢遐龄将康德的《纯粹理性批判》视为西方哲学史上的高峰之一，“虽然是对欧洲精神危机的回应，但具有划时代意义”。

张双利曾在攻读硕士学位阶段跟随谢遐龄读过一个学期的《纯粹理性批判》，她指出：“康德的哲学一般被视为批判哲学，对理性本身做出批判，但这样的批判在社会层面更是回应当时的精神危机的。康德对自由进行了重新审视，如果自由只是法国式的消极放任，那么现代意义上的人与人的普遍关系是无法得到理性安放的。”

眼下，欧洲当时所遭遇的精神危机似乎也在以另一种形式在当下的中国上演，“康德的背景与中国现在的危机是类似的。这也就是为什么当中国学生去读康德之时，不会觉得有很大的隔阂”。多次留学、访学的张双利眼中的康德并不遥远。

康德的批判哲学为理性划界，重建形而上学，不仅仅只是认识领域的革命，“他也告诉我们现代人如何能凭靠理性安身立命”。张双利再次强化了谢遐龄的观点。

发动“哥白尼革命”，影响中国哲学

在谢遐龄看来，康德思想创新的切入口是逆向思维。“原来的哲学研究都预先设定知识要符合对象，但康德反过来想，提出对象是由人的先天的概念建构起来的。”这就是康德自称的“哥白尼式的革命”。“这与佛学‘法相生于心、识’接近。这点被精通佛学的梁启超所认识，因此他成为最早系统解读康德哲学，并且向国人介绍康德的学者。”曾经流行“哲学即认识论”的观点。而作为中国思想显流的儒学少见与西方认识论相当的论著，因而不少人认为中国思想史缺少哲学。谢遐龄通过梁启超解读康德的案例告诉听众，佛学中有大量深入研究认识论的论著，揭示康德哲学与中国思想有大因缘。

谢遐龄进一步揭示康德哲学与儒学的因缘。在道德哲学领域，牟宗三曾把康德思想与孟子—宋明新儒学结合研究，发展当代儒学；而李泽厚关于康德的无上律令（或译绝对律令）与儒学“存天理、去人欲”相当的论断可谓天才洞见。而康德晚年对判断力的研究与中国思想文化的关系也很密切,“他直接解决美学与知识体系的问题,以及科学与信仰如何关联的问题”。

郁振华把康德称为“所有哲学人心目中的英雄”。在他看来,一百多年来,经过一代代学人的努力,康德思想对于中国人来说不再是某种舶来的、外在的东西,而是成了中国现当代思想发展内在的因素。“20世纪中国学人有的是‘照着’康德讲的,有的‘接着’康德讲的。”他认为,我们应该感谢两方面的学者,一方面是康德专家,康德的研究者、诠释者、翻译者,如郑昕、蓝公武、韦卓民、邓晓芒、李秋零等;另一方面是哲学家,他们通过“化用”康德思想来自成其学,致力于哲学创作,建构了自己的思想体系。他着重分析了后一种情况,并以张东荪的“认识论的多元论”、牟宗三的新儒学、冯契的“智慧说”、李泽厚的“人类学历史本体论”为例,对此做了阐明。他认为,在这些哲学创作中积累了重要的思想成果,而康德哲学无疑其灵感来源,且影响到其体系的中心骨架,所以,不了解康德哲学,就无法理解20世纪中国哲学。郁振华认为,谈论中国思想不应该厚古薄今。先秦诸子、宋明诸子当然是高峰,而“现代诸子”融汇中西的哲学创作,亦颇有可观者。

构建理性主义，奠基马克思哲学

一般认为,马克思主义的一大来源是黑格尔哲学,马克思与黑格尔的直接关系已经为许多人所熟知,而马克思自己也说,《资本论》的第一章体现了黑格尔辩论法。“但实际上,关于使用价值和价值的划分,起源于康德关于一切存在体区分为现象体、智识体的学说。”谢遐龄将马克思哲学中的德国古典哲学来源继续往前追溯了一代。

“而法哲学里面最主要的概念,人格和财产,以及由此推衍出来的资本,都建基于自由意志。人权概念辨析也以此为基础。只要我们还讲人权和财产,我们就仍然在康德哲学笼罩的时代。”对马克思主义哲学中的概念,谢遐龄也追根溯源到了康德,“康德的法哲学虽然不是最伟大的,但他起到了开创和奠基作用,是绕不过去的。”

多年从事西方马克思主义研究的张双利也指出,她在教学过程中,经常提醒学生要留意康德—黑格尔—马克思三个环节的打通,而不是仅仅止步于黑格尔:“康德对于大部分国内的马克思研究来说还是新鲜的。但只看到黑格尔显然是不够的。”

发现康德与马克思之间关系的一个典型的例子是卢卡奇,他深受黑格尔的影响,“但你如果仔细阅读,会发现他是从解读康德开始的,当他明确了近代哲学所走的理性主义哲学道路,就发现了,只有到康德这里才能落实下来”。张双利在她的研究领域里也找到了康德哲学的奥秘。“而当康德在第一批判(纯粹理性批判)里明确告诉我们,凭靠理性的知识无法安放人与人之间的社会关系之后,他没有停止住,继续在第二批判(实践理性批判)里建构理性主义道路。”

从这个角度解,张双利得出结论:“马克思的《资本论》中有关人和人的社会关系的理论,其实和康德哲学遥相呼应。”

我国正进行着经济体制改革,在学习马克思主义的过程中,学习好《资本论》有着深刻的意义,因此厘清《资本论》的康德来源就非常有必要。“但我国对康德法哲学的研究尚处起步阶段,需要多下功夫。”谢遐龄提醒学界。

主持人、上海新闻出版局局长徐炯提出了“为价值搭台,向品质致敬”的书展新十年口号。他道出了康德热的一层原因,“王蒙所说的尊重快乐阅读、轻松阅读固然重要,但是,我想,今天我们更需要提倡精读、苦读、深读”。

康德有一句名言,可谓妇孺皆知——“有两种东西,我对它们的思考越是深沉和持久,它们在我心灵中唤起的惊奇和敬畏就会日新月异,不断增长,这就是我头上的星空和心中的道德定律”。三位教授对康德的解读,揭示出一个不仅是关在书斋中思辨的康德,更是一个将星空下的人类共同命运视为己任的思想家。30 年前,中华大地处在打开国门后的“文化热”,当时尚是哲学系研究生的谢遐龄在复旦大学的 3108 教室内演讲,这由多位硕士博士组成的 15 次系列“哲学与社会改革”演讲吸引了里三层外三层的大学生和社会听众,不仅孔子被重读,弗洛伊德等现代西方思想家纷纷被引入介绍。而 2014 年夏天的这个下午,中国社会已不同往日,望道讲读会却借着康德的星空,吸引了从高中生到白发老人等各个年龄段的听众。而康德“来到”中国已经一百余年,他就需要被中国社会“深读”,继续成为学人们咀嚼扬弃的课题。

“望道讲读会”第六场　杨国强解读变法对数代中国知识分子的影响

“历史给我们知识和事实,同时更给我们智慧和意义。今天反思甲午,就是借对过去人、事的显示,来返照今天时事,能把问题想得远一点,看得深一点。”8 月 18 日下午,主持人、上海人民出版社总编辑王为松以此为“望道讲读会”第六场做引言,主讲嘉宾华东师范大学教授、上海社科院终身研究员杨国强以国耻激生的思想丕变——甲午战争 120 年再思为主题,与听众分享他多年来的研究心得——甲午前后知识分子阶层的思想激荡,为救亡、图存所做的努力,以及那场激变所留下的思想遗产。

伴忧患:士大夫由对比中西转而追究自我

“甲午战争后,中国由‘变局’而‘危局’,士大夫心态因之大变,开启‘救时’,渐而变为‘救亡’‘图存’。”杨国强认为,变法在短时间内演变为各阶层的共识,背后的动因是中国文化中士大夫的忧患意识。

注重知识分子与中国近现代社会变迁研究的杨国强分析,两次鸦片战争至甲午,中国两千年历史文化形成的自我形象渐趋破碎,这与中国知识分子的忧患意识内在相关。知识分子总是不合时宜的,“传统知识分子用周礼批评当下,以后朝代的知识分子用未来批判当下,就是承认当下的不合理性”。这种忧患意识自古至今依然伴随着中国社会的发展。今天,中华民族复兴的伟大任务之一就是重树人们心中的中国形象。

从甲午战争开始,中国士大夫批判的角度发生了变化。刚与西方交往时,中国士大夫带着如同历史上与游牧民族交往的历史经验和眼光,但自 1840 年以后,西方两次用坚船利炮打开中国,尤其是 19 世纪 60 年代,列强的战火从沿海烧到北京,咸丰皇帝仓皇逃往承德。西方成为了历史经验、历史惯性不能笼罩的东西,此时国人开始反思。杨国强认为,1860 年代的洋务运动对比中西,一些激进的士大夫走向、维持“中体西用”,但到了 19 世纪 90 年代,部分激进的士人开始追究自我。在他看来,这是一种自我反思的进步。

甲午战争后,中国经营了三十年的海防、塞防已防无可防,2.3 亿的赔款、西方各国在中国设厂导致土货不敌洋货,致使民怨沸腾。最重要的是,从甲午战败开始,侵略者开始占领土地或借机占领土地，这些构成了比“变局”更为急迫的“危局”。杨国强认为，中国以一个破碎的自我形象面对如此急迫的外患，诚如梁启超所讲“变亦变，不变亦变”，“变法”成为一种时潮、共识。这种中国传统文化固有的忧患意识，既是三千年未变之时局的使然，也是中国知识分子的底色，只是在甲午战争之际更为凸显而已。

丢中庸：“借法”因急迫而走向“变法”求快

甲午战争之后，“变法”意在快速求变。在杨国强看来，这将复杂的问题简化了，一个根本上待解决的问题，却时常找不到“根本”，导致变法连遭挫折。杨国强认为，今天反思甲午战争，可以看到，这种急迫性与中国历史文化中所强调的“中庸”大不相同，却在甲午战争失败后，深入转化为中华民族的一种思维方式。

杨国强认为，中国的“变法”由“借法”而来。鸦片战争后，中国人没办法对付西方人的坚船利炮，开始“借法”，学习制造轮船、大炮，用西方人的方法来对付西方人，即“师夷长技以制夷”。30 年的洋务运动，矛头都是朝外的。虽说“借法”已使中国发生了变化，然而其宗旨是为了守住中国的本有和固有。

“变法”与“借法”一样，都是为了中国的自强，但其矛头已转向内部，本质上是要求除旧布新，改变中国的本有和固有。甲午战争后，“危局”催逼，变法因而比“借法”更为急迫，要“大变、速变、全变”，维新变法、革命派的代表人物均无例外。康有为给皇帝上的奏折中，有过大体相同的两段文字，说西方变法三百年，日本学西方三十年，如果中国学日本，三年初成，十年大成；而孙中山也提出“举政治革命、社会革命毕其功于一役”，政治革命解决国际问题，社会革命解决贫富差距，将两个东西放在一并解决。

这种“求快”思维根植在了中国社会之后的变革中。杨国强认为，中国新民主主义革命时期三次左倾错误、新中国成立初期的“大跃进”等无不含有这种思维痕迹，这与中国历史文化中的“中庸”思想大异。

弃守成：布新需要普遍性中的历史依傍

杨国强看来，甲午之变留给后人的另一个反思是：对“守成”的完全摒弃，使得“布新”无所依傍，缺少历史文化的根基。

杨国强认为中国的“变法”并非由内部矛盾自然产生，而是由外来刺激逼迫产生的。这种由外而内的变法造成的结果是，不得不以西方人的“法”来变中国，“变法”意在将一个整体的西方搬入中国。然而，杨国强强调，“除旧”可以用彻底去除的方法实现，但“布新”需要普遍性、具体性合一，需要追溯历史因果，依傍历史文化，否则单靠西法的普遍性、抽象性、彻底性、决定性，“变法”就会成为一个没有真实性和细节性的东西，因而变得“悬浮”。相对而言，“守成”则意味着对历史文化的传承、尊重和敬畏。杨国强还认为，19 世纪末开始的中国近代化历程中最大的矛盾就是破坏与建设之间的不对称。人们常喜欢说“推倒”“重建”“再创”，却很少提“继承”“延续”。就这点而言，“变法”实际上改变了拥有三千年历史的中国的社会思想倾向。一方面，这表现在除旧之易，他仔细分析了代议制的吸收，以及与中国郡县制的区别。另一方面，国人在从日本引进诸多新事物时，未曾留意：日本在借鉴西方的同时，却很好地保留了本国的传统文化。“给中国提供了那么多所谓‘主义’的日本，自己本身却很少受这些‘主义’的影响，全部供应给了中国。”

"我这几年反过来想，'中体西用'是不是那么没道理？借法自强从船炮下手，引出一系列的形而下的变化；而变法自强引来的主要是思想，是理想，然后整个20世纪的前期就成为用思想改造社会的时代。"

意大利历史学家克罗齐曾说过："一切历史都是当代史。"中国也有以史为鉴的传统。昨天，虽然气象局发布了暴雨蓝色预报，但上海市社联大厦的群言厅里依然座无虚席。从严复、章太炎到甲午战争，甚至是200多年前的康德，到2014年走红的皮克迪的《21世纪的资本》，望道讲读会吸引着民众，更大的原因在于大家内心对于国家富强的渴盼，对于当代社会发展中矛盾的解惑的心切。从这点来说，中国知识分子的忧患意识的传统依然在影响着整个社会，这也是今天中国梦实现的社会基础，正如首次"望道讲读会"后上海新闻出版局副局长阚宁辉所评价的，书展搭建的"深读式"平台呼应了上海读书生态的需要。

"望道讲读会"第七场　洪涛、刘建军、瞿铁鹏多元讲述韦伯：在"合理性"的"农奴制之壳"中，人性之伟大和高贵何以可能

早在20世纪80年代，马克斯·韦伯就因《新教伦理与资本主义精神》一书而为广大中国学人所熟知，该书在当时为中国能否实行市场经济、诸如东亚等非西方文化国家能否发展资本主义等问题的思考，提供了崭新的思想语境，其背后展示的社会经济发展与民族精神文化之间的内在勾连恰好为改革之初的中国提供了新的思考方向。然而，随着中国实践市场经济的深入，许多新问题慢慢浮出水面，该书观点似乎越来越不足以解释复杂、多面的社会现实。借韦伯诞辰150周年的契机，8月19日，复旦大学国际关系与公共事务学院教授洪涛、复旦大学国际关系与公共事务学院教授刘建军、复旦大学社会发展与公共政策学院教授瞿铁鹏三位学者相聚书展子单元——"望道讲读会"第七场，从政治学、经济学、社会学等角度多元解读马克斯·韦伯这位后繁荣时代的政治思想家，阐释这位德国思想家的思想及其时代对当代中国的意义。

思想博大渊深，尚有待全面、深入地理解

作为现代最具生命力和影响力的思想家，马克斯·韦伯被后人冠以诸多头衔：哲学家、社会学家、政治学家、经济学家……这也说明了他研究领域之广泛，研究成果之丰硕。除广为人知的《新教伦理与资本主义精神》，他的《经济与社会》《德国的选举权与民主》《新政治秩序下的德国议会与政府》涉及社会学、政治科学、现代组织理论等，且均有不凡创见，对迄今为止各学科的研究产生持久影响，学界对于他的推崇也在情理之中。

不过，洪涛指出，学界对韦伯的兴趣，固然主要源于韦伯思想本身的巨大魅力，但部分也可能和对韦伯的一些误解有关。如对韦伯的社会科学方法，"大部分推崇韦伯社会科学方法论的学者，其实并不真正了解他方法论底下的根据"。韦伯主张，学术、科学没有能力解决价值和信仰的问题。他的这种方法论主张，与他所处时代流行的哲学相关。

这位出生于1864年的德国学者与早于他140年出生的康德相反，后者希望通过理性解决价值和信念之争，韦伯则主张把价值冲突问题逐出大学校园。洪涛问道，既然价值冲突在根本上无法通过理性方式得到解决，这种看似强调学术纯粹性、中立性、工具性的立

场，是否可能在实际上加剧了生活世界尤其是政治领域中的暴力冲突和斗争？他的这种方法论立场，与他所深恶痛绝的泛滥于20世纪二三十年代德国街头的群体暴力是否也存在着某种关联？

洪涛还指出，韦伯思想有待于更加全面地把握，他后期的某些重要作品（如《德国的选举权与民主》《新政治秩序下的德国议会与政府》等长篇论文）似应得到更多的关注，它们比今天甚为流行的晚年韦伯两篇演讲（《以学术为业》和《以政治为业》）更全面、更准确、更深入地反映了韦伯的思想。

洪涛认为，要全面、准确把握韦伯，了解他的真正意义，需要理解什么才是在韦伯思想中一以贯之的基调。为回答这个问题，不妨从韦伯最为人所熟知的《新教伦理与资本主义精神》一书入手。

缅怀资本主义英雄时代的"清教徒"，要义在于关注人的素质

人们对《新教伦理与资本主义精神》这部发表恰好110周年的名作的理解，可谓言人人殊。洪涛指出，这部著作试图探讨资本主义何以在西方文明且仅在西方文明中产生的问题，其答案在今天不少西方韦伯研究者看来，已不具有充分说服力，但这并不足以否定这部书的价值。

韦伯一方面以主要篇幅指出现代理性资本主义与诸如官僚、权力、政治、掠夺等前现代资本主义的区别，另一方面却并不那么显著地指出了在资本主义英雄时期，作为现代资本主义企业开创者的清教徒们的虔敬、勤勉、节制、理性和充满理想主义的牺牲精神，与在资本主义完成时期的依赖于机器、放弃了天职观，只为牟利而生活的无灵魂、无心肝的工作者的区别。一旦资本主义进入了进一步发展的轨道，作为其"第一推动"的宗教动机涣然消散，理性则继续前行，最终形成了著名的"铁笼"。在韦伯看来，恰恰是这种工具合理性让资本主义变得不可抗拒。

洪涛认为，看起来韦伯留恋早期资本主义时代的怀着宗教激情的清教徒，实际上，他这本书并不是为了唤起或复兴清教徒的生活方式及其宗教信仰，更不是如马克思所曾批评过的李斯特那样证明"发财是有道理的"，而是正如韦伯在《新教伦理与资本主义精神》"反批评"中所说，他的核心兴趣不在于资本主义扩张的过程，而毋宁在于关心"人性特质"的发展。而这也正是韦伯早期著作的主题。

1895年，韦伯在就任弗莱堡大学国民经济学教授的就职演说中指出，一切以"人"为对象的科学说到底关切的是"人的素质"。他说："当我们超越我们自己这一代人的墓地而思考时，激动我们的问题并不是未来的人类将如何丰衣足食，而是他们将成为什么样的人，正是这个问题才是政治经济学全部工作的基石。我们所渴求的并不是培养丰衣足食之人，而是要培养那些我们认为构成了我们人性之伟大与高贵的那些素质。"

洪涛认为，与此相同，韦伯研究新教伦理与资本主义的关系，既不是为了宣扬一种新教信仰，也不是关心资本主义精神事实上的起源，而是关心在现代资本主义社会的技术和组织的理性控制之下——对这种技术和组织的理性控制，韦伯用了一个词："农奴制的外壳"——真正自由的人，即伟大和高贵的人，如何可能。这一关怀也同样贯穿于韦伯后期的政治思考中。

韦伯的“德国时代”关照今日中国

那么，韦伯给今天的中国怎样的启示呢？

改革开放以来，进入中国思想界的西方思想家不少，但受持续关注的不多，而马克斯·韦伯乃是其中之一。洪涛指出，继 20 世纪 80 年代第一波韦伯热之后，90 年代中后期开始的第二波仍在持续，这里反映出韦伯及其所处的时代，对当今中国的发展是有借鉴意义的。

作为现代德国的同时代人，韦伯一生贯穿了它由兴而盛、由盛而衰的过程。德国 1870 年完成统一之后，以三十年时间就赶超英、法，却在短短三四十年后遭遇覆灭，究其原因，由韦伯或许可得若干启示。

韦伯身前曾指出，带领德国民族走入统一的俾斯麦，却没能够留下任何遗产，或者说，他所留下的遗产，是“一个缺乏任何政治教育的民族”，“一个完全没有任何政治意志的民族”，习惯于逆来顺受、忍受凡是愿意谁都可君临其上的民族。在韦伯看来，一个真正的政治家应该从未来几代人的角度来考虑统治问题，而不应仅仅致力于当下的物质和权力利益，更不应该靠牺牲“民族的未来”来谋取眼前利益。

韦伯所说的“民族的未来”，指的是人民的素质。在 1895 年演说的最后，韦伯呼吁政治科学的教育刻不容缓。在韦伯看来，当时德国技术—工业高度发展、经济繁荣、科学文化昌盛，唯独缺乏政治教养和政治成熟，就像一个四肢发达而大脑萎缩的巨人。这样的民族没有未来。

瞿铁鹏沿着新教伦理与资本主义精神之间的关系进行拓展，认为韦伯在研究社会行动时，的确看到了人们在资本主义社会中，被物质利益驱使而从事金融活动。瞿铁鹏认为，韦伯当时面临的处境跟中国现在的情况一样，心态也和当下中国社会许多资深学者类似，他们共同看到人们低头忙于赚钱发财，却拒绝承担社会责任的现实。

“韦伯的目的是为创业的人重新找回精神支撑，而你去看当今中国那些成功的老板在讲创业时，也往往离不开精神层面的东西。”因此，他们成功后，往往会通过修桥修路、捐助学校等善事来赢得一定的社会地位。瞿铁鹏认为，这就是韦伯提出的培养人在经济活动中的光辉素质在当今中国的现实呼应。

刘建军则主要从社会阶层的分化出发，用中国现实回应了韦伯的相关论述。他认为，韦伯将社会看作各种力量之间复杂的不断变动的相互作用。不同于马克思将阶级作为社会分级的基本单位，韦伯以阶层和群体作为基础，把整个社会分成政治、经济和文化三类阶层，并且这三个等级之间互相融合、互相斗争。“有钱的人希望有权有教养，有权利的人利用他们的影响获得财富且尽力使自己变得高雅，而文化精英则试图利用他们的声望获取财富和权力。”

这个观点，无疑和孙立平针对中国社会阶层现状提出的经济、政治、文化资源可以相互转换是同构的。而阶层的流动就在刘建军所说的“三种等级一次一次强化、崩溃、重组”的过程中得以实现，这不仅造成了日常生活的基本结构，也形成了历史的发展。

昨天是上海书展最后一天，首次推出的“望道讲读会”也以对韦伯这位德国伟大思想家的深读画上圆满的句号。如同三位学者的共识，尽管由于对德意志民族利益过于关切，且这种关切还是其思想中非常突出的一点，因此韦伯被视为“民族主义者”颇受诟病；但这位文化民族主义者贯穿研究核心的思想——关注“好的生存”而不仅仅是“生存”，关注如何培养人性之伟大与高贵素质——对于正在经历物质大繁荣的中国而言，如何在政治科学教育、经济发展、科学研究中寻求逃脱“合理性”牢笼的“好生存”，有着丰富的精神资源。而这正是上海市社联这个学术共同体策划举办向社会开放的“望道讲读会”的宗旨所在：让批判的思维从学术研究的象牙塔中逐步走向更大范围的社会和民众。而深读，深读经典，共同深读经典，如主持人市社联党组副书记、专职副主席桑玉成所言，这样的“含英咀华”方式是树立批判思维的一种有效途径。这个书展新十年上的首次七场实践，由冒雨而来的民众和普遍的优质提问，给出了生动肯定的答卷。

“望道讲读会”第八场　法治中国：沈国明、郝铁川、季卫东从时空和学理维度纵论人大制度与五四宪法的历史作用、中国智慧及现代化抉择

1954 年 9 月 28 日下午，第一届全国人民代表大会第一次会议闭幕式上通过了五四宪法，确立了人民代表大会制度，这一被学者赞誉的中国“立宪时刻”被永久地载入了中国法治的历史史册。60 年后的同一时间，在上海市社联群言厅的第八期望道讲读会上，三位学者与近百名听众共同以“法治中国：历史逻辑与未来走向”为主题，以深度解读的方式纪念了这一重大的历史时刻。上海市社联党组书记、华东政法大学兼职教授沈国明以“八二宪法对 30 年成就起了直接作用，人大制度还可以释放更大制度潜力”的鲜明观点，肯定了与五四宪法有本质相通的八二宪法的历史作用和巨大现实潜力；上海市文史研究馆馆长郝铁川在与西方宪法比较中列举了中国宪法凸显的五大中国特色，并强调了其显示出的中国智慧——中庸之道，在西方和苏联模式中走出了中国特色的社会主义政治道路；上海交通大学凯原法学院院长季卫东则从现代化国家的角度总结了现行宪法体制 60 年间进入全面深化改革的轨迹和逻辑，同时提出了在学术界很有可能就法律意识形态的解释性转换取得共识的价值三元素、共和主义理念以及沟通的程序公正原则。三位业界资深学者的论述既展现了其在学理上扎实的功底，丰富的一线实践经历也彰显了他们理解角度的实事求是风格，同时以“啄木鸟精神”对中国政治制度的发展提出了与时俱进的殷殷期待与具体建议，让现场的听众对中国法治的历史逻辑有了准确和深入的理解，对未来走向增加了制度自信、理论自信、道路自信。

十年读书　以启学林　沉浸浓郁　含英咀华
——“望道讲读会”系列学术讲座 7 位主要演讲嘉宾观点

由上海市社会科学界联合会、上海市新闻出版局、黄浦区委宣传部联合主办，东方青年学社、上海人民出版社、社会科学报承办的望道讲读会系列学术讲座，成为 2014 年上海书展的一大创新亮点。讲读会所提的“十年读书，以启学林。沉浸浓郁，含英咀华”宗旨，在学术界产生强烈共鸣。我们有理由对望道讲读会在引领深度阅读方面的示范效益有所

期待。现将本系列讲座中 7 位主要演讲嘉宾的观点摘编如下，以飨读者。

马克斯·韦伯思想的特点

洪涛　复旦大学国际关系与公共事务学院教授

2014 年是马克斯·韦伯冥诞 150 周年，重温这位德国伟大思想家的思想，具有重要意义。韦伯 7 岁时，德国完成统一。在俾斯麦领导下，以短短 30 年时间完成工业化进程，成为仅次于美国的第二大工业国。韦伯一生贯穿了现代德国由兴而盛、由盛而衰的过程，可谓现代德国的同时代人。

韦伯 30 岁不到即作为罗马法和日耳曼法专家受聘为柏林大学法学教授，一年后转赴弗莱堡大学任国民经济学教授，在他著名的就职演说《民族国家与经济政策》中，呼吁德国市民阶级勇于担当，使德国成为一个现代的文明国家。为此，韦伯指出，政治科学之教育实为当务之急。韦伯的呼吁针对当时德国现实。与经济和科学方面的辉煌成就相比，德国在政治上可谓侏儒。当时德国政体素称“奇特”：貌似代议制，内阁却不向议会负责；看似皇权专制，邦国却相当独立；军队强大，却自成一体；官僚机构日益膨胀，将优秀青年学子悉数网罗，却只为使他们成为单向受令的科层部件。容克贵族日薄西山，却依然长袖善舞；市民阶级日益壮大，却一心寻求一位新恺撒，以便在其庇护下继续埋头赚钱。

对德意志民族利益的关切，是韦伯思想的特点。他为此被视作民族主义者。不过，韦伯的民族主义不同于一般政治民族主义，毋宁说是一种文化民族主义。政治民族主义通常强调民族在世界上的生存，以“富强”为至高目标；韦伯的民族主义则关注“好的生存”，关注如何培养人性之伟大与高贵素质。韦伯认为，文化才是民族国家的目的。经济发展的主要目标是更好地保护文化。

德国的迅猛发展使现代病集中爆发。韦伯并未沉湎于现代技术文明所带来的便利与舒适，而是意识到现代社会诸种制度，对西方自古希腊经文艺复兴到启蒙时代以来的永恒价值，构成极大威胁。其所谓诸种现代制度，在经济领域中为资本主义，在政治领域中为官僚科层制，在文化领域中为现代科学研究和大学体制。韦伯在《新教伦理与资本主义精神》《以政治为业》《以学术为业》和《经济与社会》等著作中分别予以探讨。就现代资本主义而言，这一萌生于禁欲主义新教的经济活动，在获得了作为其副产品的巨大财富力量后，抛弃了人的灵性生活，依凭现代技术和组织力量，将这种活动固化为使所有现世和未来者都无法摆脱的“铁笼”。就现代科层制论，原本作为现代资本主义企业要素出现，以满足现代社会日益复杂、精确的管理要求，却与无生命的机器（工厂）一道，作茧自缚，固化为钢筋水泥式的网络化权力结构。而作为人得以超越其生存有限性的科学，也丧失了其自古以来的作为人性解放的力量，宣布无能于探究是非善恶，而沦为服务于任何人任何主观意图的工具。经济上的“铁笼子”（无形之手），政府管理上的“钢筋水泥”（无人统治），科学研究上的“破碎大道”（专业化），在韦伯看来，都是对人类自由和创造力的威胁乃至于禁锢，或使人类沦落于前所未有的奴役之中。

韦伯承认，这些现代制度之建立出于必然，有些亦属必需。他如同一名体检医生，对人的病症作冷静观察和客观描述，既不回避，也不救治，只是诊断。这就是韦伯所认为的科学研究态度。后人往往忽略他冷静言辞下的嘲讽,将“描述”误作“认同”。

在第一次世界大战中的失败终结了近代德国的黄金时代,却提供了改造并完善其政治的契机。韦伯认为,政治制度是德意志民族和文化向着理想目标前进的障碍,他在战时和战后提出“议会制”和“总统制”设想,主张治国者由人民直接选举,以避开官僚科层的中间阻碍,在政治家与人民之间建立直接联系,既作为对官僚科层制的“机械化”和“反政治”倾向的克服,也促使富有远见、敢于担当、勇于负责的政治人才涌现。

韦伯没有亲见其所参与创建的魏玛体制如此之快便告崩溃,也没能预见在真的出现了“克里斯玛型”人物,领着整个民族走向失败。但他毕竟说过:“耽误了一百年的政治教育不可能用十年时间就补上,而由一个伟人统治亦非就是政治教育之道。”一个民族的国家由它的人民共同创造,谁也不能越俎代庖。

邓小平与历史大转折

张维为　复旦大学中国发展模式研究中心主任、上海社科院中国学所所长

20 世纪 80 年代中期,我曾有幸以一位英文译员的身份近距离接触了邓小平,他的气度和思想给我留下了深刻的印象。

为了做好领导人的翻译工作,外交部当时破例允许我们这些翻译新手阅读邓小平会见外宾的谈话记录,这使我有机会较早地了解到邓小平的一些改革思路。其中邓小平 1982 年 9 月多次会见朝鲜领导人金日成的谈话给我印象深刻。我注意到邓小平谈了中国已经回到了“实事求是”思想路线,谈了“有好多体制问题要重新考虑”,谈了要按照“经济规律”来发展经济。当其他社会主义国家还局限于小打小闹的“治标”时,邓小平已经在考虑“治本”的问题。

我第一次给邓小平做翻译是在 1985 年 8 月 28 日,邓小平会见津巴布韦总理穆加贝。在那天的谈话中,邓小平回顾了新中国的发展历程,强调了中国既要反“左”也要反右,谈了中国还在探索社会主义,但他强调在这种探索中,一定要坚持党的领导和公有制占主体。回头看,这体现了邓小平的底线思维。只要有了这两条,即使我们探索中出了一些问题,也可以逐步纠正过来。后来的实践证明我们改革中不少问题就是这样得到纠正的,如地区差距的缩小、医改、养老等。当穆加贝对中国改革开放的未来仍表示某种担忧的时候,邓小平说:“我们还有强大的国家机器。”并说,“一旦发生偏离社会主义方向的情况,我们的这个国家机器就会出面干预,把它纠正过来。”这再一次展现了邓小平对于中国命运的长线和底线思维。邓小平的切身经历使他比任何人都了解中国的历史上出现过多少混乱和动荡。我后来做过一个粗略的统计:从 1840 年鸦片战争到 1978 年的改革开放的近 140 年间,中国持续的太平年景最长不超过十年,中国现代化的进程总是一次一次被打乱。后来,是邓小平下了决心,把追求中国的政治稳定、经济发展放在最优先的地位,结束了给中国人民带来无数灾难的政治动荡,创造了国家迅速崛起、人民生活水平大幅提高的奇迹。

邓小平会见穆加贝之后不到一个月,我第二次有机会为邓小平做翻译。1985 年 9 月 18 日,邓小平会见加纳国家元首罗林斯先生。那是很特殊的一天,因为中国共产党召开

了全国代表大会。在两届党代会(十二大和十三大)之间召开党代表大会,这种先例不多。这次会议基本实现了领导班子的新老交替。中央政治局的组成变动很大,下了十人(叶剑英等老一辈政治家),补选六人(胡启立、李鹏、田纪云、乔石、姚依林、吴学谦),并决定131位老人不再担任中央委员、中顾委委员、中纪委委员,增选一大批新人进入中央领导机构。从这次大会开始,中国政治有序接班的进程逐步形成,这无疑是确保国家长治久安的一项关键举措。邓小平致完开幕辞之后便步行到福建厅来会见罗林斯。邓小平显然还沉浸在党代会的气氛中,他花了不少时间谈干部的新老交替、选拔人才、用好现有人才等。现在看来,邓小平当时推动的这一系列体制改革的意义重大。当罗林斯请邓小平谈谈中国改革开放的经验时,邓小平说:"如果说中国有什么适用的经验,恐怕就是实事求是,也就是说,按照自己国家的实际情况来制定自己的政策和计划。"邓进一步解释,"在前进的过程中要及时总结经验。好的坚持,贯彻下去,不好的,不大对头的,就及时纠正",并补充道,"恐怕这一经验比较普遍适用"。

在纪念邓小平诞辰110周年之际,我们缅怀这位伟人的睿智、远见和勇气,缅怀他为中国历史大转折和中国崛起所作出的巨大贡献。相信在邓小平理论指导下,我们的国家将会创造新的奇迹并深刻地影响整个世界和人类的未来。

资本的逻辑及其当代思考

袁志刚　复旦大学经济学院教授

资本是一个极其复杂的经济学和政治经济学概念,可以指投入生产过程的生产要素而发挥作用的资本;也可以指社会关系而进行展开的资本,如马克思在《资本论》中就是借助这个重要的资本概念,揭示了资本主义的基本矛盾。资本可以从企业微观的角度去研究,也可以从宏观经济的角度去研究;资本既是一个实体经济的概念,也是一个金融或者虚拟经济的概念。

这一轮经济全球化实质上是资本要素的全球化,基本动力是资本逐利,载体是跨国公司。以美欧日为代表的发达国家为跨国公司全球产业价值链的布局提供资本和技术,而以中国为代表的新兴经济体为跨国公司全球产业价值链提供劳动力、土地和环境等要素,由此形成了全球层次明晰的要素供需循环体系,以美国为代表的发达国家成为产品需求方、产业资本供给方以及金融资本需求方,而以中国为代表的新兴经济体成为劳动力供给方、产品供给方、产业资本需求方以及金融资本供给方。新兴经济体因为要素供给能力的上升超过其产品需求,而成为贸易顺差国和外汇储备盈余国,在本国缺乏有效率的资本市场的情况下,这些资本又通过国际金融市场回流到美国进行配置,使得美国的虚拟经济过度繁荣,资金流向各类债券、金融衍生品和大宗商品市场,带来个人、公司和政府杠杆率的大幅上升,最终酿成全球性金融危机。

2014年法国经济学家托马斯·皮克迪的《21世纪的资本》出版,封面上的"Capital"使人联想到马克思的《资本论》。皮克迪通过对法国、英国和美国等国300年历史数据的分析,发现财富或者说社会总资本对国民收入的比重一直是很高的,第一次世界大战以前高达700%,两次世界大战期间开始下降,至20世纪70年代这个比例维持在300%左右,之后又迅速回升至500%到600%。财富的分布决定了国民收入的分配状况。第二次世界大战期间及之后30年,确实出现收入差距下降的现象,但1975年之后,收入差距再次扩大,21世纪呈现扩大趋势。所谓库兹尼茨关于收入分配的倒U形曲线,即收入差距随着经济增长而上升,但当经济增长到一定高度后,收入差距会随之下降,在现实中是短暂的。背后的逻辑,就是资本和财富的逻辑。皮克迪理论模型的关键点:从历史长河来看,资本回报率高于经济增长率,假设资本回报率约为5%,经济增速为2%,拥有资本的人的收入增长会快于劳动收入的增长,收入差距扩大。皮克迪的数据显示,美国最富有的10%人口所占国民收入的比例从1920年的近50%下降到20世纪五六十年代的30%,2000年之后又再一次上升到50%。欧洲国家的情况也是如此。这是资本主义的本质弊端,因此,皮克迪的政策建议是,必须向资本征重税的方式来重新分配社会财富。

中国当前也呈现出收入差距扩大的趋势,各类金融资产,尤其是房地产资产发展迅猛,社会阶层分化,导致社会流动性下降。但仔细考察,中国情况与皮克迪分析的发达国家情况差异很大。首先,中国收入差距的主要贡献因素是城乡差距,城乡居民在房地产等财富及其收入方面的差距远超过劳动收入的差距,同时在公共产品的享有上差距很大,进而影响人力资本的差距。其次,国有资本在经济发展中扮演重要角色,近年来国有部门资产负债的发展迅速,资产与负债共进,土地资产与金融资产互为前提,使得总体经济的融资成本不断上升,虚拟经济挤出实体经济的现象明显。再次,中国的实业资本处于劣势,近年来各类成本大幅上升,平均利润下降,资本回报率不及国民收入增长率。实体资本需要扶持,因为这是中国经济继续增长的关键。最后,社会资本在经济社会生活中起着重要的作用,当前部分大学毕业生不是根据能力而是"拼爹"获得好职业,社会流动性因此大大下降。须知,社会的充分流动性是一个社会前进的动力所在。

康德哲学的现时代光芒

谢遐龄　复旦大学社会学系教授

2014年是康德诞生290周年。虽然传统的说法是:康德哲学是对法国革命的英雄行为作出的德国式的软弱反映,但两个多世纪过去,原先落后、分散、粗野的德意志,现在无论科技、文艺、哲学,还是国力,不少让于优雅、冲动的法兰西。看来,理性和情感二者,理胜于情更好一些。康德哲学是对理性本身的系统阐述。全球化时代,各种文明相互接触。传统为理强于情的文明与传统为情强于理的文明要彼此容纳,就要探及根本。两百多年前的康德哲学是今日哲学的入门和基础。

康德的《纯粹理性批判》是他掀起哲学革命的划时代巨著。他在序言中宣布了重建形而上学的使命。尽管20世纪哲学主潮是摒斥形而上学,然而人类的思考和生活却不能不建基于形而上学。独立于意识的世界处于无休止的变动中。然而,人类的思想自发地认定有"不变者",而变动是"不变者"在变。形而上学是以"不变者"为基本设定的哲学。科学、信仰、财产(即所有权)都建基于形而上学。因此,即使有了比形而上学更透彻、更深刻的哲学,形而上学仍然不可能摒弃。康德的重建成果就仍然屹立不倒。

康德对理性作"批判"用意在于,通过对理性本身的研究,确定知识是怎样可能的——

意思之一是,有些一向被看作知识的,其实不是知识。上帝存在,一直被当作知识论证。康德揭示以往一切上帝存在之论证建基于经验,而上帝不可经验,因而这些论证都不成立。上帝只是信仰之对象。这个思想凝结为那句遭到广泛误解的名言——“我否定知识,为信仰留地盘”。其实“否定”按德语原文可译作“扬弃”、清理,表达划分科学与信仰为两个不相干领域的意思。信仰对象不能由科学证明;同理,也不能由科学否证。康德这一结论至今对我国有重要现实意义。

康德哲学有不少论点属于终结争论、不可移易的结论。他对宇宙概念的辨析即为范例。宇宙是激起人类好奇心的永恒话题。究竟有几个宇宙?宇宙究竟是有限的还是无限的?这本来是科学问题,不属于哲学。自然科学家出身的康德一贯认为科学研究永无止境;但形而上学中的宇宙是个理念,虽然是经验科学得以开展的前提,却不可经验,因而不是科学研究对象。于是,天文学的宇宙与哲学的宇宙区分得清清楚楚。由此开创了哲学思维的新原则:切勿在哲学中混杂经验命题。这原则启示黑格尔哲学观——哲学是研究纯粹思维规定的学问。

康德的道德哲学在西方是形式主义派的代表,晚近由于正义理论涉及人的本性而重新受到世人瞩目。国内,李泽厚创立实践美学,开辟正面解读康德哲学新局。稍后,牟宗三把康德思想与孟子—宋明新儒学结合研究,发展当代儒学。康德实践哲学的另一个方面——法哲学,对今日中国尤其重要。马克思《资本论》是德国古典哲学与英国古典经济学的融合。马克思自己说,这本书第一章体现黑格尔辩证法。实际上,关于使用价值与价值的划分,起源于康德关于一切存在体区分为现象体、智识体的学说。而法哲学的最主要概念,人格与财产(以及由此推衍出来的资本),建基于自由意志。人权概念辨析也以此为基础。康德对法哲学的贡献具有划时代意义。只要还要讲人权和财产,我们就仍然在康德时代。我国对康德法哲学乃至对德国古典法哲学的研究目前尚处于起步阶段,应当多下功夫。

国耻逼生的思想不变

杨国强 华东师范大学思勉高等人文研究院教授

梁启超说:“吾国四千年大梦之唤醒,实自甲午战败割台湾、偿二百兆始。”他所说的“唤醒”,显然是一种剧痛带来的憬悟。与之相表里的,则是19世纪60年代忧时之士眼中的“变局”,已一变而为此日中国人所看到的“危局”。而后,身在“世变之亟”的四围之下,作为对应和回应,“唤醒”的本义便在急迫地归向“变亦变,不变亦变”的过程里为时势所引导,在一路集聚之中最终落脚于自觉的变法意识和群体的变法意识。

19世纪60年代,中国人以“借法自强”回应“三千年未有之变局”,其要义是中国人的办法对付不了西方人之后,遂不得不借用西方人的办法来对付西方人。所以,这是一个取彼之长,以新卫旧的过程;并因之而是一个守护中国之本有和固有的过程。与此相对比,由“甲午战败”而促生的变法意识仍然以中国的自强为归指,但变法自强的主旨则在为中国除旧弊和除积弊,从而“非将教育、政治,一切经国家、治人民之大经大法改弦易辙,不足以变法”。因此,变法自强不能不除旧布新,并因之而不能不着力于撼动和冲击中国之本有和固有。而以此观照“甲午战败”之后同时产生的维新变法和革命变法,则两者虽然登场各有先后,但他们共有的历史渊源已决定了两者之间不会没有同一和共性。与30年以洋务为中心的借法自强始终守内朝外相比，维新变法和革命变法着眼的都是锋芒向内。就中国近代的思想历史而言，这是民族战争逼拶下的一种显然的丕变。

由于“唤醒”因“甲午战败”而起，从而变法因“甲午战败”而起，所以，变法虽然锋芒向内，而其来路则出自由外铄我。与这种外铄相伴随的，还有中国的自我形象在中国人心中的大幅度破碎。文物教化之邦经此重击而满目破败。由此推演而论之，又有士大夫“冥然无知，动引八股家之言，天不变道亦不变，不知道尚安在”的深度追索，以及“今日即孔孟复生，舍富强外亦无立国之道，而舍仿行西法一途，更无致富强之术”的论断和独断。合两者而综贯之，则中国之道既已不复存在，引来的“西法”便成了道之所在。这种推演论断以急迫之心，大而化之地从观念上把西法与中国社会接了起来。其意中所预设的中西之间在西法面前的无差别性，漠漠然湮灭了产出“西法”的西方世界 200 年间的历史因果，及其与此日中国历史因果之间的异同。对于中国人来说，仿追“西法”以改变自身的本有和固有应是一个前所未有的复杂过程。但战争逼出来的思想丕变以锐利直捷和仓促亟切的相互缠结为常态，因此，起于 19 世纪末期追蹑西法的大变、速变、全变里，这个过程本有和应有的复杂性都会为“西法”的普遍性、抽象性、彻底性和绝对性所化约，在观念和论说中变得非常直接和非常简单。所以，大变、速变、全变始终成为一种没有殊相、细节、具体性和历史因果的东西。而后是，这种因思想丕变而促成的新陈代谢一方面能够以大变、速变、全变非常醒目地节节摧锄已“不可恃”的“旧法”；另一方面又难于用大变、速变、全变筚路蓝缕地造就“易为功”的“新政”。由此启端，后来很长时间里，一方面是古老的中国社会在剧烈的变迁中越走越远；另一方面是破坏与建设的不相对称成了中国历史变迁中的深刻矛盾。

今日返视 120 年前的历史，我们既可以看到战争逼生的思想丕变，也可以看到战争逼生的思想丕变里没有从容，并因之而不能深虑远瞩。读史之际，两者都会牵动人心和引出省思。

重读有学问的革命家章太炎

熊月之　上海社会科学院历史所研究员

清末民初是一个革故鼎新的社会大变动时代，革命家成群涌现；也是一个西学东渐的学术大繁荣时代，学问家成批涌现。但合革命家与学问家于一身若章太炎者，却凤毛麟角。盖革命家需要理想与激情，学问家需要底蕴与冷峻，二者很难兼得。

在 67 年的人生旅途中，章太炎在前三分之一时间里，走的是纯粹学问家路子，读经治学，写了一大堆自有见地的笔记。1895 年以后，中国在甲午战争中惨败，帝国主义列强掀起瓜分狂潮，空前的民族危机将章太炎从宁静的书斋里驱赶出来。他从杭州来到上海，寻觅救国之路。他对维新改良做过努力，追随过康有为，联系过李鸿章，拜见过张之洞，但都归于失望。他于 1900 年毅然断辫易服，走上反清革命道路。此后，他义无反顾地冲锋在革命第一线上，批驳康有为的保皇主义，推荐邹容的《革命军》，参与发起组织光复会，主编革命喉舌《民报》。辛亥革命以后，鉴于袁世凯破坏共和，专制独裁，他又投袂而起，站到反袁第一线。辛亥以前，他多次遭到清政府通缉，被清政府与租界当局串通，关在上海监牢里三年，还曾被日本政府传讯过。辛亥以后，他又被袁世凯软禁在北京三年。但是，他为国家的前途与民族的命运而勇猛奋斗的意志未减分毫，愈挫愈勇。诚如鲁迅所说："以大勋章作扇缀，临总统府之门，大诟袁世凯之包藏祸心者，并世无第二人；七被追捕，三入牢狱，而革命之志，终不屈挠者，并世亦无第二人。"

章太炎在语言文字学、经学、史学、子学、佛学等方面，都是创榛辟莽、自成宗派的巨人。所著《訄书》《国故论衡》《新方言》《小学答问》《文始》与《齐物论释》，至今仍是各相关学问的经典之作。他视野极其广阔，中国传统学问之外，西学、日本学、印度学，无所不窥，对于域外传入的文、史、哲、经济、社会、政治、宗教、天文、地质、生物等学，无所不涉。他高举理性治学之大旗，一秉独立之精神与自由之思想。诚如侯外庐所说，章太炎在治学方面，坚持理性精神，言文字学主发明而不坚守古人旧说，言经学主存古而非以之适今，言史学主明流变而反对大义微言之说，言中西百家之学主长短取舍，反对似是而非的附会，言方法论主名理，反对主观妄说，凡此皆体现了理性的本质。

在章太炎那里，革命家与学问家每每是相得益彰的。他研究历史学、经学、人种学所得的结论，是他反清的思想基础。他从事反清革命的社会实践，也对他的学术研究有重要推动。他又十分清楚，做学问是求是，搞革命是致用，"学者在辨名实、知情伪，虽致用不足尚，虽无用不足卑"，"致用本来不全靠学问，学问也不专为致用"。因此，不能屈学以致用，不能因情而蔽理。这类话，章太炎在早年、晚年多次说过。这是章太炎大智大慧的地方，也是他在两方面都能有过人业绩的内因所在。

章太炎很狂，有时近于疯，被人称为"章疯子"，但是他一点都不呆。苏报案中，他被关进西牢，以学养性，以学养身，三年牢狱，他读了三年佛经，出狱以后，成了佛学大家。章太炎以汉学起步，但并不株守汉学，对心学、佛学中有益于人生修炼的内涵恣意汲取。搞革命，做学问，常人能得其一，已可足当不朽。章太炎两者兼长，实在千古难得。

严复与现代中国道路的探寻

高瑞泉　华东师范大学哲学系教授

2014 年是严复诞辰 160 周年，也是严复开始活跃在中国思想界的 120 周年。从 120 年前发生的甲午战争，到 20 世纪初的一段时间，是中国现代思想史的一个分界点。严复就是标志"分界点"的代表性人物之一。他出于强烈的爱国精神，向西方寻找真理，提倡科学和民主，留给现代中国一份重要的精神遗产。

甲午战争有某种划时代的意义。此前，儒家（儒学）已经酝酿着严重的裂隙，甲午一战促使它突然呈现。思想形态则是从"中体西用"意识分裂出来。在不足 10 年时间里，儒家分裂为不同的派别，各与不同的外来思想关联，开始形成激进主义、保守主义和自由主义。这些派别的分合争持，支配了 20 世纪思想史。无论是激进主义还是后来演变为自由主义的，都对"中体西用"论持批判态度。严复的批判是最具有哲学意味的。

严复最重要的贡献，是激发社会"竞争—进步"的精神动力。当代中国有如此强大的动力性，应该追溯到严复等前贤的贡献。不过他其实同时对"秩序"有深入的考虑。宇宙包括生命世界，服从决定论的秩序；社会秩序的原理则是"自由"。以新的自由观念为基础的群己关系（群学），延伸到政治领域则成"自由为体，民主为用"。富强的目的是"利民"，需要从“鼓民力、开民智、新民德”做起，由此“国贵自主”和“身贵自由”平行实现。

严复是兼通中西学问的一流人物，在以“古今中西”之争中勘定中国道路的历史中，占据了特别显著的地位。历史的选择包含了思想的选择。

严复是那个时代以最为开放的心态看待东西文化，努力兼容中西，寻找中国道路的人物；尽管他广泛吸收西学，但并非无原则的“拿来主义”，而是有所选择。譬如他选择密尔和亚当·斯密，而拒绝当时非常流行的卢梭学说。

同时，他努力发掘中国传统思想的资源，来接纳和消化西学经典，表现出立足民族意识主动融合中西。不过，传统在严复的视域中也是有分析的，并不是独断的教条，他既未忘情于孔子，又特别重视原先比较边缘的、甚至异端的思想。所以，传统在他那里是开放的，没有什么被认定为“一尊”。

作为一个“思想人物”“行动人物”兼而有之的人物，在实际的政治活动中，严复采取的是现实主义而非浪漫主义的态度，但是革命还是不可抗拒地发生了。严复曾用通俗的哲学分析，给张之洞的“中体西用”论以最严重的批评。但是，“中体西用”是否就此被驳倒？后来陈寅恪和熊十力等，都依然遵循“中体西用”的路径。回顾20世纪中国崛起的道路，也可以对“中体西用”获得新的理解。

除了被历史否定的“三纲”政治和教育程序，今天需要问的是，什么是“中体”？什么是“中学”？如果我们不把文化视为固定的实体，而是活的过程，尤其是考虑到中国经历了巨大的社会变迁，“中体”实际上已经是融合了西方文明的诸多因素，此时就如里亚·格林菲尔德说的那样，中国人已经拥有曾经使西方人富有创造性的思维方式和变得强大的民族主义竞争精神，而却没有让其占有文明的全部生活。考察现代中国的道路，也许会体会到历史进程与思想逻辑之间更为复杂的关系。

科普活动

上海市社联携手上海市科协首次组织跨界对话

5 月 29 日，由上海市社联和上海市科协主办的“科技与人文的对话”在上海科学会堂举行，首场“对话”主题为“弘扬核心价值观，构建和谐医患关系”。邀请了中科院院士王恩多，复旦大学教授葛剑雄、胡守钧，中山医院原院长杨秉辉四位对话嘉宾。来自本市医疗机构、管理部门、高校、市民代表约 300 人参加。

市社联党组书记、专职副主席沈国明在致辞中指出：随着经济和社会的发展，人们越来越感受到科技的发展需要人文的支持，人文社会科学的发展，同样需要科技的支撑。市社联与市科协相隔了一条淮海路，我们应该有很好的合作，真正的成为“车之两轮，鸟之两翼”。医患关系是热门话题，市民非常关心、医务工作者非常关心、政府非常关心、学者们也非常关心。怎么来很好地调整和处理好这对关系，是我们当前面临的一个很突出的现实问题。如何贯彻落实习近平总书记在上海考察时所提出的：“上海一定要把培育和践行社会主义核心价值观工作做得更细、更实、更深入人心，努力在这方面走在全国前列。”今天，我们选择这个话题，作为科技与人文对话的首场内容，我觉得很有意义。相信今天只是一个很好的开始，我们还会举行更多类似的活动。

会上，四位嘉宾首先作主旨发言。杨秉辉认为，首先，现代医学建立在科技进步之上，易造成唯技术论，而忽视医学中人的因素，造成了医患关系紧张，需从医学教育这一源头补上人文一课，让学生既了解疾病，又了解人与社会，做一个丰满、完整的人。其次，医学是有缺陷的科学，医疗不是万能的，更多情况下，医生给予患者的不是治愈而是减轻病痛的照顾，民众应该理解医疗的局限性，了解医疗的风险性，多一些宽容，也应该大力提倡建立社区全科医生。最后，医患之间的不和谐，也有政策方面的原因，希望政府在医疗上能够有更多投入，让民众少些后顾之忧，这会大大缓和医患关系。

胡守钧认为，第一，医生和病人相互依赖，医患关系是典型的共生关系。当共生关系主体产生利益冲突的时候，就会产生矛盾冲突。化解医患关系的矛盾，优化医患共生关系，医患双方首先必须遵守相关法律和制度，这是共生关系的关键所在。第二，共生双方都有自己的权利，但每一方也要承担相应义务。医生有职业发展的权利，也有遵守职业道德、照顾病人的义务；病人有得到治疗的权利，也要承担尊重医学、配合医生的义务。除了此之外，医院、医生、药厂、病人、家属等多重利益交织和冲突，加剧了医患紧张。建立一个公正、独立的第三方介入机制，引进一支专业医疗社工队伍，调节、缓和、沟通利益冲突各方，十分必要。最后，在医患关系中，科学精神和人文精神都不可偏废，既要遵守科学规律，尊重科学知识，又要医患之间的互敬互爱。

王恩多认为，医生是高尚的职业，医学人才的培养周期特别长，医生成长的过程非常艰苦，绝大多数医疗工作者是尽责尽职，恪守职业道德的，患者应该对他们多些理解和宽容，信任与敬畏。作为一名生命科学研究工作者，更重要的使命是在基础科学上发现疾病机理，用科学进步减轻人类病痛，减轻医生的压力。比如，设计靶向药物，抑制癌症生长，培育干细胞实现组织再生。但这一过程需要不断进行临床试验，所以基础研究的任务非常艰巨，更需要患者和医生相互的理解和配合。

葛剑雄认为，医患矛盾在中国已经超出医患的本身，超越了学理研究和学术讨论的范畴，它与各种社会矛盾和利益群体交织在一起，形成了一个转型时期特殊的社会问题。解决这个问题，第一要排除干扰，综合治理。比如，法律的干扰，政府政策不科学的干扰，既得利益群体的干扰，媒体错误导向的干扰，等等，让医患关系牵一发而动各方，矛盾自然难以解决，应该让医患关系回归简单，创造一个医患互信的条件。第二，每一方都要在利益面前守住自己的道德底线，承担起各自的责任。很多人一面批评腐败，批评社会，批评不守纪律，批评不守公德，但一有机会，也希望可以分一点。只讲权利，都想争取利益最大化，而不愿意承担相应的责任。每个人都应反思应该承担什么责任，守住什么底线。第三，要更加重视政府与媒体的作用。有关管理部门应多做些政策解释和宣传工作，消除由于某些制度因素造成的社会对医疗系统的误解，不要诱发民众对医保制度过高的期望，媒体应该尽量谨慎、客观、公正地报道相关新闻，不要夸大医疗技术进步的作用，也不要妖魔化医疗工作者，营造一个良性的舆论环境。

主旨发言后，与会嘉宾展开对话交流，并回答听众提问。两个多小时的“对话”，嘉宾直面现实，观点鲜明、分析深入、说理透彻、通俗易懂，不时赢得全场听众的热烈掌声。

会后，来自华东医院的戴慰萍感慨地说：“现在群众对医院和医生的误解很深，医务工作者的心理压力很大。人身安全都得不到保障，我们怎么治疗病人？医生真的非常需要社会舆论的支持，需要病人和家属的理解！我们医务工作者希望这类活动经常举办。”“现在不明实情，不辨真相就张口指责的人太多了。”一位市民对专家说：“我是一名社区志愿者，我要把今天专家的观点带回去，发动身边亲朋好友担当公民责任，从自身做起，共建和谐医患关系。”上海大学社会学专业学生苏亮和陈志杰说：“今天的对话活动应该在电视、广播等大众媒体上多多出现，并且通过一些会议进行更加深入的跨界学术探讨。”一名市卫计委宣传干部向主办方表示：“今天通过两界专家的声音，有助于大家认清医患问题的根结。市卫计委非常重视并已经着手开展了一系列提高人文素养、疏导医务人员心理压力、提高医患沟通技巧的培训和活动。今天专家提到的很多观点对我们启发很大。希望在全社会共同关注和努力下，把当前的医患矛盾处理好、解决好。”

新时期科普工作如何把握“时代脉搏”

为交流科学普及工作经验、进一步提升工作水平和成效，8 月 5 日，上海市社联举办了上海市社会科学普及工作座谈会。座谈会上，与会代表就如何在新时期把握科学普及工作“时代脉搏”畅所欲言、积极献策。

上海社会科学院世界经济研究所所长张幼文结合自己参与编写《中国（上海）自由贸易试验区 150 问》的切身感受强调，首先，科普读物的选题一定要有大众性，这样容易激发更多人的兴趣和关注；其次，科普读物的定位必须要务实、瞄准目标受众，“只有把各种跨学科的概念都解释清楚，老百姓才能真正弄明白”；最后，科普读物同样具有时效性，依据现实的变化，及时对科普读物所阐释的内容进行删减和补充非常重要。

复旦大学哲学系教授、上海市哲学学会会长吴晓明认为，科普工作要注重与地域特色的结合。他指出，以上海为例，上海是具有深厚文化底蕴的国际大都市，其中，具备较高文化水平和人文素养的市民占据了相当大的比例，因此，除针对普通市民进行科学普及外，还需要特别重视高知识水平市民的文化需求，“东方讲坛・哲学演讲季”高端系列讲座的成功经验值得借鉴。

据介绍，“东方讲坛・哲学演讲季”活动是上海市社联为满足高知识水平市民的文化需求而推出的高端系列讲座。讲座邀请了俞吾金、吴晓明、王德峰、张汝伦、童世骏等沪上七位知名学者从哲学视角分析解读了当下时代的发展和变化。“一些市民朋友对我说，参加这个‘哲学演讲季’，仿佛又回到了 20 世纪 80 年代那种赶东赶西听报告的情景。300 多人的报告厅里，每场报告都挤得满满当当，有很多人甚至坐在地上或站在墙角自始至终听到底，这种文化氛围让人感动。”吴晓明感叹道。

上海市社联党组书记、专职副主席沈国明表示，新时期，丰富科普活动的传播方式非常关键。“以这次‘哲学演讲季’为例，讲座结束后，我们及时将讲座的内容通过广播、报纸、微信、微博、图书等多种形式传播给大众，这极大地扩大了原本有限的受众人群，取得的效果也超乎想象。”

座谈会前，上海市社联副主席刘世军还为获得全国科普优秀奖的人员、作品和单位颁奖。

奏响弘扬核心价值观的华彩乐章

——上海市社联举办第13届社会科学普及活动周

为全面贯彻落实党的十八大和十八届三中全会精神，坚持面向广大群众普及社会科学知识，弘扬科学精神，传播科学思想和科学方法，更好地满足广大市民群众精神文化需求，上海市社联于5月25日至31日组织开展了“第13届上海市社会科学普及活动周”。本届活动周以“弘扬核心价值观，凝聚时代精气神”为主题，紧紧围绕社会主义核心价值观“三个倡导”这一基本内容，凝聚上海社科界力量，运用群众喜闻乐见的方式，搭建起了社科界服务中心工作和市民大众的公共平台。

活动周期间，市社联组织开展了主题论坛、主题朗诵会、主题漫画楹联书法展、主题广播访谈、社科普及成果发布、专项科普活动、科普讲座七大板块230余项活动，市社联所属学会、区县宣传部及街镇等百余家举办单位，600多名社科专家学者积极参与，直接受众达10余万人次。活动达到了预期目标，收到了很好的社会效果，形成了四大看点：

看点一：整合资源，凝聚力量，打造社科界宣传普及社会主义核心价值观的重要阵地

本届社科普及活动周将宣传普及社会主义核心价值观作为主线，集结上海市社科界力量开展了一系列宣传普及系列活动。在这些活动中，既有专家学者谈理论内涵，也有普通市民谈自身体会；既有专题讲座、演讲比赛等常规宣传，也有主题朗诵、原创漫画书法作品展、线上的主题词微言、短句征集评选等创新动作；既通过报纸、广播等传统媒体展开宣传，也充分发挥微博、微信等新兴媒体的传播能量，发出了社科界践行宣传社会主义核心价值观的最强音。

开幕式上，市社联在长征社区文化活动中心组织举办了“同守价值观，共圆复兴梦”主题朗诵会，精选了一些能准确阐释24字社会主义核心价值观基本含义的经典诗歌，邀请奚美娟、刘广宁、梁波罗等沪上著名艺术家倾情朗诵。经典诗歌的阐释辅以艺术家恰到好处的演绎，让听众享受艺术盛宴的同时，对核心价值观有了更直观、更深刻理解。

为了能更形象地对社会主义核心价值观进行诠释，市社联开展了“核心价值观”主题漫画、楹联书法作品征集活动，围绕核心价值观12个主题词创作了12幅漫画和12对楹联书法作品，在《解放日报》《新民晚报》、市社联网站、“社科窗口”新浪官方微博等多终端刊登发布；还将12副原创主题漫画印制了6 000张，张贴于社区、学校等公共场所，在全

市范围内为社会主义核心价值观的宣传普及营造了浓郁的氛围。

市社联还发动各学会围绕社会主义核心价值观，在全市各地开展了250项有滋有味、有声有色的宣传普及活动，直接受众约10余万人次。市法治研究会等12家学会联合12家新媒体共同举办的"核心价值观主题词微言、短句征集评选活动"向社会大众征集对每一个主题词的理解和阐发，千余网友争相参与。市演讲与口语传播研究会等举办的"践行核心价值观，从我做起"上海职工演讲新人赛，数百名新踏上工作岗位的青年职工集聚一堂共同分享"爱国、敬业、诚信、友善"的价值观；杨浦区委宣传部和上海社会科学普及研究会联合举办的"弘扬中华美德，传递爱的力量"道德故事会，邀请"90后"护士扈晓静和全国教书育人楷模、辛灵中学校长谢小双介绍了自己的感人事迹……这些形式新颖，互动性、参与性较强的活动，拉近了广大民众与社会主义核心价值观的距离，有利于社会主义核心价值观在民众中"内化为精神追求，外化为实际行动"。

活动周期间，市社联又联手上海人民广播电台，邀请上海市社科界著名学者在上海人民广播电台首席主持人秦畅主持的"市民与社会"栏目中开展"社会主义核心价值观"系列讨论；还邀请李天纲、陈卫平、李佳珉等知名教授在沪上各高校、社区举办了"社会主义核心价值观主题"系列讲座17场，直接听众3 000余人。专家学者立足于社会主义核心价值观24字基本含义的深入解析，着力于对社会主义核心价值观话语体系的通俗化解读，使群众对社会主义核心价值观的理解入眼、入脑、入心。

看点二：科学与人文跨界对话，聚焦医患关系

本届社科普及活动周期间，市社联联合市科协推出"科技与人文的对话"论坛，旨在通过定期组织跨界专家聚焦重大社会问题，搭建自然科学与社会科学两界的交流平台，以两界联动的方式，更好地宣传科学精神、科学知识、科学方法，为市民素质的提升贡献力量。

5月29日下午，该论坛举办首次活动，以"弘扬核心价值观，构建和谐医患关系"为主题，邀请中国科学院院士王恩多，复旦大学教授葛剑雄、胡守钧，中山医院原院长杨秉辉等，从技术、制度、伦理等多个层面探求医患矛盾的化解之道。经过两个多小时的"对话"、探讨，对话专家认为，迷信医学科技能解决一切问题，对社会现象理解极端化等综合因素失衡；医护科技人员的人文素养欠缺；法制、信息不对称、医疗社工体系缺失是导致医患矛盾激化的主要原因，而理顺医疗秩序、增进整个社会的医学的认知和理解，推进法制化进程，建设合理医药体系等等，是构建和谐医患关系的必经之路。《新闻晨报》、新华网上海频道对活动进行了报道，介绍了专家观点。

为了提升论坛效果和广大市民参与度，市社联通过报纸、网站、"社科视窗"微博、东方讲坛微信订阅号等媒体提前发布活动消息，介绍对话嘉宾及其观点；并开放微信通道，接受听众微信预约，征集市民对这一话题的观点和对专家的问题。广大市民反应热烈，参与踊跃。

首次活动的成功举行为"科技与人文的对话"论坛开了一个好头，也为自然科学和社会科学合力打造普及平台，构建科普工作联动机制做了一次有益探索。

看点三：首次发布白领人文社科知识与素养状况

市社联自2011年建立社科普及监测评估机制以来，已组织开展了“上海市民人文社会科学知识与素养调查”和“上海领导干部人文社会科学知识与素养调查”。去年8月，市社联启动了“上海白领人文社会科学知识与素养调查”，在浦东、黄浦、徐汇、静安等13个区县内白领居住、工作比较集中的开发区、商圈、写字楼等地抽取2 800个调查样本，以问卷调查、个案访谈和网络征集为调查方法，从人文知识、思想、方法、精神和素养五个维度展开调查，了解上海白领对人文社科知识的认知、科学方法的掌握、人文科学精神状况。

5月30日上午，市社联在社联大厦7楼发布了《报告》。这也是首份针对本市白领人文社科知识与素养状况的报告。发布会由市社联党组副书记、专职副主席桑玉成主持，上海大学社会科学学院副院长欧阳光明介绍了报告内容，上海社科院社会学研究所所长杨雄、华东师范大学社会发展学院党委书记文军、上海大学社科处杨庆峰、共青团上海市委研究室副主任李子等专家点评。新华社、《光明日报》《解放日报》《文汇报》《新民晚报》《东方早报》《新闻晨报》《青年报》《劳动报》《上海日报》、上海电视台、上海广播电台、新浪网等媒体出席。会后，各媒体都以较大篇幅、从多个角度介绍报告内容，其中《时代周报》《中国经济报》《青年报》等几乎开辟整版来介绍报告内容，引发了大众对这一话题的热议。

活动周期间，上海市社联资助出版的《大师的欧洲——文学中的千年欧洲史》《古诗讲读》《甲骨文十二生肖》《就业漫谈》4部社科普及读物也与广大读者见面。

看点四：专项科普活动精彩纷呈

活动周期间，市社联与有关单位合作，把满足群众需求作为工作目标和努力方向，组织社科工作者深入群众，在办公楼宇、小区里弄、公园绿地、小区文化活动中心等地，开展义务咨询服务、展览展示、知识竞赛、科普海报、科普沙龙、科普文艺、民俗文化活动等近百场专项社科普及活动，将科普服务送进农村、企业、校园、部队、社区，搭建起广大社科工作者联系实际、服务社会的宽广平台。

无论是老年人感兴趣的健康养生，还是老百姓关注的投资理财、食品安全、古玩鉴赏，或是家长关心的教育、青年人关注的创业就业等问题，都可以找到解决方法。上海市老年学学会举办了“走进小区，走进老人”大型义务咨询服务活动、上海市法学会等举办的普法教育咨询服务活动、松江区商旅委等举办的“端午龙舟赛暨民俗文化活动”，都吸引了大量市民参与。

市社联还组织了“学会系列”“校园系列”“社区系列”“文化场馆系列”等近150场社科普及讲座。复旦大学教授吴晓明、著名作家林华、语言文字专家过传忠等将免费讲座送到了听众身边，给市民大众带来了一场丰盛的精神文化大餐，极大丰富了他们的精神文化生活。

据统计，新华社、《光明日报》《解放日报》《文汇报》《新民晚报》《东方早报》《新闻晨报》《青年报》《劳动报》《上海日报》、上海电视台、上海广播电台、新浪网、中国经济网等20余家媒体参与了活动周报道，引起了社会的广泛关注。

社会科学普及读物

上海市社联在“上海书展”开幕日赠送社科普及读物

8月13日上海书展开幕日，上海市社联在上海市展览中心赠送社科普及读物。

市社联党组书记、专职副主席沈国明向区县图书馆、企事业单位职工图书室代表赠送由市社联组织撰写的《中国(上海)自由贸易区150问》(新版)《大师的欧洲：文学中的千年欧洲史》《古诗讲读》《甲骨文十二生肖》《就业漫谈》等科普读物。其中，上海市社会科学界联合会编著的《中国(上海)自由贸易区150问》第一版印刷1万册，自2013年12月面世以来受到社会各界巨大反响，短短几个月业已售罄，新版《中国(上海)自由贸易区150问》则在上海书展开幕日亮相。

沈国明书记对参与编写和出版《中国(上海)自由贸易区150问》的上海社会科学院世界经济研究所及格致出版社致谢，并表示上海市社联将会再接再厉组织编撰各类科普读物，以飨社会大众。赠书仪式后，有关专家围绕新版《中国(上海)自由贸易区150问》开展“政策解读”活动，进行自贸试验区政策科普。

据悉，为向社会大众更好地普及人文社会科学知识，上海市社联自2011年开始通过公开向上海社科界征集社会科学普及读本的选题汇集出版，或者在已经出版的社会科学类书籍中选择适合于社科普及的读本向社会宣传推荐等方式，向社会各界推出各类社科普及读物，截至目前已累计推出26部。这些科普图书由市社联科普处免费赠送到区县图书馆、社区文化活动中心、企事业单位、驻沪部队、各类学校等单位，及时满足了各类群体学习社科人文知识、了解社科人文知识的需求。

《就业漫谈》

上海市社会科学普及读物系列之《就业漫谈》，由上海市社联资助，上海人民出版社出版。就业是民生之本。本书在介绍就业与失业基本概念的基础上，理论结合实际，适当运用西方的有关经济学理论，探讨劳动力供给与劳动力需求的内涵与外延，分析劳动力市场的运行机制，考察劳动收入的形式及影响因素，介绍具有代表性的就业理论与促进就业治理失业的一般措施，结合我国就业实践提出推动实现更高质量就业的对策措施。具有使公众较全面地了解就业知识、有效促进就业和社会进步的现实意义。

作者刘杜建，经济学博士后，上海社会科学院经济研究所研究员，博士生导师，人口、资源与环境经济学研究室室主任。

《大师的欧洲——文学中的千年欧洲史》

上海市社会科学普及读物系列之《大师的欧洲——文学中的千年欧洲史》，由上海市社联资助，上海人民出版社出版。自古希腊罗马以降欧洲数千年的历史，历史学家记录下了无数令人振奋的成就和无奈的衰亡，以及对宗教的崇敬和法律的实施，但我们还是会感到缺憾——这样的历史只是人们的“所作所为”，而其背后也许还有同样重要的东西：人们的所思所感。当所思所感形成的思想和价值标准显现在行动中时，历史才显得生气勃勃。本书以极富情感的优美笔触细致勾连了欧洲文学以及历史之间的回环往复，具有较强的可读性。

作者杜心源，华东师范大学中文系副教授。

《古诗讲读》

上海市社会科学普及读物系列之《古诗讲读》，由上海市社联资助，上海人民出版社出版。本书为一本为普通读者撰写的讲解古代诗词的书，分为十个专题，通过对讽刺诗、山水诗、咏物诗、爱情诗等百余首诗歌的具体阐释，展示了中国古代诗歌的抒情性特征，阐述了诗歌如何表达义理、如何叙事、如何表现历史，并且详细讲解了诗歌所展现的审美艺术性。

本书讲解古代诗词，不求面面俱到，而是力求“立意高”，对于读者有审美教育和思想启迪的意义；“选材精”，选取名篇讲解；“注释简”，对于所选约 120 首诗词都作简要注释，方便读者阅读，不作繁琐征引；“讲解细”，对于诗词的背景、内容、情感、义理和艺术性进行精细的串讲。

作者周兴陆，复旦大学教授、博士生导师，主要从事中国古代文学与文学批评的教学与研究。

《甲骨文十二生肖》

上海市社会科学普及读物系列之《甲骨文十二生肖》，由上海市社联资助，上海人民出版社出版。甲骨文是我们现在所能看到的最古老的汉字，是汉字的源头、是中国书法的鼻祖。甲骨文字中独体字80%是象形字。有意味的象形图形符号的介入，其图形设计融入了各种情境的绘画语言，表现出不同的功用和审美意味，具有鲜明的民族特色和奇妙的造型功能。作者选取传统文化中最为普通民众熟知的“十二生肖”，将民俗与学术相结合，说文解字。作者认为，甲骨文是汉字的源头，独体字中象形字占多数，而且一字多形、一形多意的现象很多；十二生肖都是动物，所以用甲骨文象形字具象书法来表现更显生动、逼真。作者通过二者互为表里，为广大读者上了一堂知识性、趣味性兼具的通俗理论课。

作者韩志强，教授，享受国务院政府特殊津贴，上海文化发展基金会甲骨文世界记忆专项基金理事长，中国甲骨文书法艺术研究会理事，中国古文字学会理事，上海市书法家协会会员。

《中国(上海)自由贸易试验区 150 问》

上海市社会科学普及读物系列之《中国(上海)自由贸易试验区 150 问》,由上海市社联资助,上海人民出版社出版。全书的整体框架参照《中国(上海)自由贸易试验区总体方案》的内容,分为基础知识、政府改革、扩大开放、贸易转型、金融创新、完善法制、制度环境七个方面,梳理出 150 个问答,涉及关键名词的解释、相关背景的分析和比较、政策目标的解读、重要制度和突破性措施的分析与评价等。本书的突出特点是全面准确,简明扼要,针对性强,实用性强。本书不仅是对上海自贸试验区相关知识的介绍,更能帮助读者理解相关制度的来龙去脉,理解设立上海自贸试验区这一新形势下推进改革开放的重大决策与举措的战略意义。

学会服务平台

XUE HUI FU WU PING TAI

党的十八大精神与学术社团党建工作

为深入学习贯彻党的十八届三中全会决议与习近平系列重要讲话精神，进一步推进学术社团党建工作，上海市社联于1月17日组织部分学会、民非负责人召开“党的十八大精神与学术社团党建工作”研讨会，围绕十八届三中全会决议与习近平系列重要讲话精神对于加强学术社团党建工作的重要意义、学术社团党组织如何推动学术社团工作及社团党工组在活动方式上的探索和创新等问题展开讨论，以期进一步提高党在社团组织中的凝聚力和影响力，发挥社团党组织的作用。市社联党组书记、专职副主席沈国明出席会议并讲话，市社联学会处处长王克梅主持会议。30余位社联所属学术社团的负责人与会发言。

一、 加强学术社团党建工作的重要意义

与会同志认为，党的十八大和十八届三中全会以及习近平总书记的系列重要讲话，对加强党的建设提出了新的更高要求。社团党建是党的建设新的伟大工程的一个组成部分。学术社团党建工作开展得好坏，直接影响到学会的整体工作水平。市金融法制研究会许慧诚表示，在《中共中央关于全面深化改革若干重大问题的决定》中，要求党的组织坚决维护中央权威、保证政令畅通；发挥总揽全局、协调各方的领导核心作用；发挥基层战斗堡垒作用，齐心协力推进工作。这对于研究会的党工组，是明确的要求和清晰的理论支持。市档案学会张世东表示，党的十八大报告从战略和全局高度，强调要“创新基层党建工作，夯实党执政的组织基础”，这对基层党建工作提出了新要求。加强学术社团党建工作，对于社团更好贯彻落实党的路线、方针、政策，扩大和提高党的工作的覆盖面、影响力、渗透力，对于学术社团的健康发展，保证党对学术社团的政治领导都具有重大意义。市房产经济学会郭树清表示，联系学会的工作实际，加强党建工作，必须深刻领会党的十八届三中全会精神实质，充分认清学会作为房地产业的学术团体，担负着为房地产业改革发展提供智力支持、发挥参谋服务作用的使命，要抓住改革、发展、稳定的有利时机，增强忧患意识，紧密联系房地产业改革和发展的大局，切实把党的十八届三中全会精神全面落实到学会党建工作中去。

二、 学术社团党组织推动学术社团工作

与会同志结合各自学会特点，介绍了如何使党工组融入学会日常工作之中，在学会政治方向引导、年度工作安排、重大事项决策、学术活动组织、学科人才培养等方面发挥作

用。市民营经济研究会顾惠民介绍了研究会每月开展一次党工组会议，坚持把学习放在党工组工作的重要地位，把党工组成员的思想统一到中央的一系列方针政策上来。对于学会的重要活动，首先在党工组会议讨论研究后再提交研究会办公例会讨论，使党的意图和方针政策在研究会的各项工作中得以贯彻，充分发挥政治导向作用。市固定资产投资建设研究会杜静安介绍了研究会坚持每周一次学会秘书处工作会议，学会领导兼党工组负责人参加。在布置和检查学术工作的同时布置和检查党建工作，做到两者自然结合。特别是涉及重大的工作安排时，必须先经党工组讨论和同意。市演讲与口语传播研究会林伟民介绍了学会换届时，党工组对学会更名、正确定位等一系列工作把握方向，五年来研究会工作变化很大，举办了 20 场学术研讨会，17 场演讲比赛，研究会会员推出专著二三十种，并且举办了面向全市的首届上海青年学者口语论坛，储备了一批年轻学科人才，实现了“贴近社会、贴近时代、贴近高校”的目标。市新四军历史研究会颜宁介绍了党工组在学术研究、宣传教育、精神文明共建、新会员发展等方面，起到了把关和指导的作用。例如，开展“南京路上好八连”系列宣传活动，党工组提出要逐层展开、逐步深入、逐级扩大，取得了较好的宣传效果。同时，党工组还注意分析会员的思想动态，发现问题，及时有针对性地开展思想教育，保证会员思想统一，牢记为人民服务的宗旨，努力为革命理想奉献自己的全部精力。上海华夏社会发展研究院汪斌峰认为，党组织建设对以马克思主义理论为指导的学术社团具有重要意义，因而研究院始终将马克思主义哲学和马克思主义中国化的新理论、新思维、新方法不断运用到社会发展的研究理路中去；始终结合最紧迫的现实问题，展开科学研究与咨询，为政府决策提供参考和依据，从而在研究者与决策者之间、在“知识”与“权力”之间、在“知”与“行”之间架起一座桥梁，形成了颇具影响力的社会发展系列成果，如城市文明发展指数、社会责任蓝皮书、科学发展指数研究和社会建设指数研究等，以及正在开展的幸福指数研制工作。部分研究成果被中央和一些地方政府吸收采纳，运用到实际工作中，取得了良好的经济社会效益。

三、 学术社团党工组在活动方式上的探索和创新

与会同志还对如何深化学术社团党建工作进行了交流。上海党建文化研究中心张克文比较了社会组织联合会的五种党建工作模式，以市文联为例的委派式党建模式，以市科协为例的中介式党建模式，以市社联为例的党工组党建模式，以市工经联为例的直属式党建模式，以团市委为例的联络式党建模式，认为五种党建模式都是合理的，符合工作对象的实际，适应社会组织管理的需要。其中，市社联的党的工作小组作用明显。因为，事实上社会组织的大局与方向由领导层决定，而领导成员的组织关系都在本单位，因此在社会组织领导层建立党的工作小组既符合实际又适应需求，需要在今后党的制度建设中加以确认并推广。市经济学会郝德良提出，市社联所属学术社团党的工作小组是社联党组批准设立的，党组要加大领导和管理的力度。在全面深化改革、激发社会组织活力的新形势下，市社联对于社团党建要在思想认识、理论阐释、实践举措等方面继续占领制高点。市城市经济学会姚仲华提出，建设中国特色社会主义的实践证明，要推进国家治理体系和治理能力现代化，必须加强党的领导，发挥党组织的政治核心作用。学术团体的构架完全是

一种自治性的群众组织，因此在学会建立党的工作小组是形成科学有效的治理体制的创举，有利于提高社会治理水平。要在实践中进一步探索发挥党的工作小组的作用，尤其在全面深化改革的大形势下，要深化党建工作的内容实质，细化党建工作的活动方式，优化党建工作的实质效果，真正发挥党组织在学会这样自治性组织中的政治核心作用。市金融学会李安定提出加强学术社团党建工作要加强长效机制建设，认真落实新社会组织党建工作责任制，进一步理顺新社会组织党组织管理体制，积极探索新社会组织党组织发挥作用的有效途径，切实加强党员队伍建设，扩大党的组织覆盖和工作覆盖，提高新社会组织党建工作科学化水平。

上海市社联举行 2014 年度学术团体负责人会议暨党建工作会议

2 月 28 日，上海市社联举行 2014 年度学术团体负责人会议暨党建工作会议，市社联所属学会、民办社科研究机构的 200 余位负责人参加会议。市社联党组书记、专职副主席沈国明出席会议并讲话。市社联党组副书记、专职副主席桑玉成主持会议。市社联专职副主席刘世军宣读了获得上海市社联 2013 年度第七届“学会学术活动月”优秀组织奖和组织奖的学术团体名单。市社联学会处处长王克梅布置了本年度学术团体的几项具体工作。上海市伦理学会会长陆晓禾、上海华夏社会发展研究院院长鲍宗豪分别围绕全面开展学会工作和推进课题研究成果社会化作了交流发言。

沈国明在讲话中，回顾了 2013 年市社联学术团体管理和服务工作。市社联认真履行市委、市政府赋予的本市哲学社会科学学术社团和民办社科研究机构的业务主管单位的职责，坚持正确导向，以促进学术团体学术引领为立足点，以促进学术团体的健康发展为目标，加强学术团体的科学化、规范化管理，推动所属学术社团在工作机制、人才培养、规范发展等方面创造性地开展工作，取得了显著成效。

沈国明重点部署了 2014 年社联学术团体工作：

1. 把握政治导向，增强阵地意识。各学术团体要学习领会党的十八大、十八届三中全会精神，贯彻落实市委书记韩正在上海市宣传思想文化工作会议上的讲话，进一步明确肩负的重要职责，为推动社科理论队伍建设取得新进展、社科理论工作迈上新台阶多做工作。社联要组织学会开展系列研讨活动，对学会开展的“党的十八届三中全会精神”理论课题研究项目，经评审立项后要给予经费资助。市社联要召开党建工作研讨会，进一步探索学术团体党工组工作机制，为社科类学术团体始终坚持正确政治方向提供保障。

2. 坚持学术立会，服务改革大局。各学术团体要进一步培育学术功能，推进哲学社会科学创新发展。要加强对中国特色社会主义发展道路、理论体系、基本制度的研究，对上海“四个中心”建设、城市安全、社会建设和管理、党的建设、国际文化大都市建设等课题的研究，增强理论成果的说服力。要利用自身优势，充分发挥整合协调功能，汇聚分布在高校、党政机关、企事业单位的专家学者，对本学科或相关研究领域的重点、难点问题开展深入研究。市社联将围绕上海“创新驱动、转型发展”大局，召开研究成果专题交流会议，推动学会开展课题研究、决策咨询研究。要搭建“基础学科”“社科热点一月一会”“学会学术活动特别资助”等合作平台，举办“第八届学会学术活动月”，鼓励、支持各学术团体开展多种类型的理论研究和创新。要继续推动和引导学会开展联合学术研讨活动，对学会主办的重要学术活动、跨学科学术活动给予特别资助，支持优势学科、重点学科、新兴学科领域的学术团体在学科建设方面发挥作用。

3. 加强梯队建设，培养青年人才。社科类学术团体是专家学者集聚之地、培养优秀人才的重要基地。学术团体要继续把青年人才的培育、发展作为一项重要任务，在青年人才培养开发、评价发现等方面形成更加科学、更具活力的一整套机制，成为发现青年人才、吸引青年人才、培育青年人才、成就青年人才的重要学术组织。市社联要引导、支持、鼓励各学术团体，加强青年学术骨干队伍的培养和建设，举办青年学者论坛活动。要设立"学会青年学者活动"专项合作经费，鼓励学会开展优质的青年学术活动，为增强学会的凝聚力和吸引力提供支持。要着力倡导开展跨学会青年学者活动，促进不同学科青年人才的交流互动，推动学术观点和流派的形成，为学术研究注入活力。

4. 推进制度建设，促进规范发展。自身建设是学术团体各项工作的基础和保证。各学术团体要按照中央精神和有关法规，依法治会、治院所，按章办会、办院所，实现自主活动、自我发展、自律管理。学术团体党工组要发挥引领作用、导向作用，领导班子要增强自觉性、使命感，以高度负责的精神做好学术团体各项工作。要建立行之有效的内部管理结构、运行机制和自律模式，形成重大事项民主决策的机制。社联要进一步完善《上海市社会科学类学术社团章程示范文本》《学会工作制度汇编》，为学会规范运作提供制度保障。要召开学术团体负责人会议、学术团体党组织负责人会议，传达有关精神，总结、交流、部署社团管理和社团党建工作。要开展"年检年报""达标创优"、审计监督等工作，提升所属学会与民办社科机构的建设、管理水平。要举办学会工作专题培训班、基础学科学会建设调研与交流活动、应用学科学会建设调研与交流活动、民办社科研究机构专题会议、相关学科学会工作例会等，提高学会负责人和专职干部的思想素质、业务素养。

会议还要求各学会，在开展学术研究活动中，认真执行好"八项规定"，做清正廉洁的模范。

交流学术研究成果　发挥学会学术功能

——上海市社联召开2013年学术成果交流研讨会

2013年，上海市社联组织开展了党的十八大精神理论课题研究项目申报和立项工作，得到了市社联所属学术团体的积极响应。为总结、交流学术成果，进一步推动理论创新，服务科学发展，市社联于7月9日召开了所属学术团体2013年学术成果交流研讨会。40余家学术团体的课题负责人参加会议，部分学术团体的代表围绕2013年学术团体研究成果和学术团体在组织开展学术活动上的探索和创新等进行了交流发言。市社联党组书记、专职副主席沈国明出席会议并讲话。

沈国明向与会者通报了社联近期工作的亮点和下半年的重点工作安排，高度肯定了学会工作的重要性，希望学术团体紧密联系改革发展实践开展学术研究，并进一步做好研究成果的转化和推广。

在学会代表交流环节，上海市哲学学会高惠珠、上海科技系统思想政治工作和人才管理研究会吴德葵、上海市民营经济研究会施南昌、上海市国际关系学会阙天舒、上海易居房地产研究院崔裴等课题负责人围绕课题主要内容，分别以“中国梦与马克思主义哲学新视野的开启”“创新驱动的文化支撑”“传统文化与企业管理”“公共外交的危机反应——以灾难为媒介的视角”“新型城镇化与房地产业发展”为题作了课题介绍。

高惠珠主要从三个方面介绍了课题的研究成果。一是“中国梦”与群众史观理论的新拓展。人们往往认为强调阶级斗争就是强调了群众史观，这一理解自然与当时夺取政权的革命任务的需要联系在一起了，当然这也有其历史的合理性。但是，当革命政党依靠人民群众夺取了政权，成为执政党之后，其执政的合法性必然来自对群众利益的尊重以及为群众谋利益。中国梦的理想图景中，“国家富强”“人民幸福”“梦想成真”“人生出彩”，都以承认利益的存在为前提，明确地、直言不讳地把利益作为创造历史活动中主体所追求的目的。中国梦也给“个人梦”提出了明确的价值取向：与祖国和时代一起进步。“中国梦”与“个人梦”都是以社会主义核心价值观为导向的。“中国梦”及其实现路径的提出，从宏观到微观，深度拓展了对群众史观理论的理解。二是“中国梦”与马克思主义公正理论的新拓展。社会公正，是中国富强梦的根本前提。“中国梦”所蕴含的中国特色社会主义公正理论，已超越了传统的理论而具有鲜明的时代特征。“中国梦”思想在各种关系中阐释公正、体现公正，从而使公正为“各得其所”或“得其应得”的传统理论拓展为“追求利益的均衡与合理”，这使“公正”的践行具有更大的现实性与可操作性；对公正作“所得比例相同”

的传统观念,把对社会弱势群体的关照度作为当前践行社会公正是否得力的评价标准;坚持人际差异性公正与人际同一性公正、实质公正与程序公正的统一,使中国特色社会主义公正理论具有了鲜明的当代色彩。三是“中国梦”与马克思主义人学思想的新拓展。众所周知,在以往的理解中,人们往往对“人民”“群众”这些概念,作为一个整体概念理解,而“中国梦”思想所内蕴的个体与群众、个体与人民的关系有了新的内涵:共同体并不抹杀个体,在一个由个体组成的“共同体”中,共同体为个体发展创造条件,以个体成功为共同体的目标。进而言之,这一理解表明人民群众是由一个一个“现实的个人”所组成,每一个人都具有唯一性与独一无二。在强调国家之梦时,对个人之梦的承认,也就是对个人权利之承认,这与改革开放之前的那个历史时代,把共同体视为一个整体,而轻视个体存在、个体权利的整体主义理解是极为不同的。

吴德葵介绍了课题开展的缘由和创新文化的特质、功能以及发展思路。指出上海的发展定位,上海的客观现实,发展的逻辑理路,知识的特性和价值,都指向一个结论:创新驱动、转型发展。这是上海在更高起点上推动科学发展的必由之路。创新驱动、转型发展,就是把创新贯穿于上海经济社会发展各个环节和全过程,着力推进制度创新、科技创新、管理创新和文化创新,坚持人力资源优先开发和教育优先发展,充分发挥科技第一生产力和人才第一资源的作用,切实增强自主创新能力,使科技进步和创新成为上海转型发展的重要支撑,使城市转型发展真正建立在人力资源优势充分发挥、创新创业活力竞相迸发的基础上。目前,上海正处于创新驱动、转型发展的攻坚阶段,需要有强大的精神力量驱动创新,需要有坚韧的文化氛围支撑转型。创新文化具有激励创新的精神内核,先进性、求新性、求真性、开放性、人文性的鲜明特质和涵养科学情怀、凝聚创新精神、营造创新氛围、导航创新活动、规范创新行为等社会功能。创新文化的内涵、特质和功能决定:创新文化不仅是创新驱动的精神动力,更是转型发展的文化支撑。发展创新文化,打造创新驱动、转型发展的文化支撑条件,在宏观上,要以党政领导机关为主导,构建推进创新文化发展的协调机制;以正确的舆论为导向,营造崇尚创新的社会氛围;以制度创新为抓手,建立有利于创新的制度体系;以增强自主创新能力为目标,强化激励创新的政策导向;以深化科技体制改革为动力,形成激励创新的机制。在微观上,要以各类创新主体为重点,以价值观建设为核心,培育勇于创新的价值理念;以制度建设为重点,促进创新文化的生成、生根;以环境整治为抓手,营造有利于创新的环境和条件。

施南昌引用大量的事例,从传统文化的角度反思了现代企业的经营管理。著名哲学家冯友兰曾提出人生四境界,即天然质朴的自然境界,趋利避害的功利境界,成仁赴义的道德境界,放眼大局的天地境界。施南昌借此来比喻企业经营的三个境界:第一是制度;第二是道德,即企业文化,伦理的层面;第三就是天地境界。在此基础上提出当前要反思企业的三个倾向。第一个倾向是只见制度不见人的价值。例如,一个并没有违法的富士康集团产生“十三跳”,这就是只见制度不见人的价值。第二个倾向是只见市场不见社会责任。第三个倾向是只见全球化,不见民族自主。许多企业依赖于西方市场,依附于西方的品牌而生存。最后,他提出企业文化建设的方向是要实现三个统一。第一是契约原则和伦理关怀的统一。企业当中的人与人关系都有契约的一面,就是契约原则。古代的中国企业，内部管理则是伦理道德。现在要实现道德境界和制度境界的统一，这是企业文化建设成功的重要标志。第二是企业发展与个人发展的统一。企业的员工既有功能性的存在，同时还是一个自主的生命意义体。我们所创立的企业制度要对功能化的逻辑采取必要的限制，不能把每一个员工都当成是一个螺丝钉、一个齿轮，还要为他们的生命意义留出空间来。所以，企业制度当中一定要包含一定范围内的员工个人发展的资源系统，不能把企业的职业培训当成是员工个人发展的资源，这还是工具化的态度，非职业化的文化教育资源要有一定的配给，看上去它毫无经济效益，但它带给员工对这个企业生活精神上的认同。第三是企业效益与社会进步的统一。要让企业的每一个员工认识到这个企业在社会生活当中的重大意义，它是参与推动社会进步的，这是企业文化建设的一个非常重要的方面。在企业奋斗目标中，要特别强调企业在社会生活之中的意义，进而形成这个企业的精神传统，这就是企业文化建设。

阙天舒主要从灾难外交的形成及其特征、灾难外交的作用、灾难外交的开展与运作等方面介绍了课题成果。他认为危机和灾难的发生不仅影响到国家的根本利益和核心价值，也往往成为一国国家形象建构的契机。正是对灾难的关注为人们呵护生存环境提供了驱动，也为处理国家间关系提供了契机。因此，当灾难给外交提出了挑战，考验着各国公共外交的危机反应能力时，我们需要控制、解决灾难并以灾难为媒介的国家交往方式——灾难外交。可以说，作为公共外交危机反应模式的灾难外交，其作用和价值日益凸显。灾难外交作为一种新兴的外交手段，体现出了与传统外交不同的四大特点：一是内涵不同于传统的外交，是一种从“工具外交”到“价值外交”转变的尝试。二是主体多元化，非国家行为体也可以发挥作用。三是在形式上不能简单地只是国家间的合作，它是国家围绕灾难进行互动的新形式，是国家参与、具有共同合作性质的灾难治理。四是带有明显的公益性特点。灾难给各国的外交机遇在于检视免于危机（灾难）国和危机（灾难）发生国在灾难面前的行动，并对国际事务和国际关系提供了良性转变的契机。国际交往方式是一个由低级向高级化发展的过程，灾难外交作为一种更高层级的国际交往形式，它的开展方式主要包括免于危机（灾难）国的施援救治和危机（灾难）发生国的危机管理。对于危机（灾难）发生国，要主张救灾外交模式，建立灾情通报机制、吁请国际援助机制、组织自救机制、信息交流互动机制，树立透明、开放、高效和负责的国家形象，如“四川汶川地震”中的中国、“911 恐怖袭击”中的美国等；对于免于危机（灾难）的国家，要主张感动外交模式，建立舆论反应机制、人道主义援助机制、经验交流机制、国际倡议机制、社会网络机制，树立富有爱心、同情心和责任心的国家形象，如“日本特大地震”中的美国、韩国、中国等。阙天舒还介绍了危机（灾难）发生国灾难外交的启示、免于危机（灾难）国灾难外交的启示、中国灾难外交及其实践。

崔裴主要截取了课题成果里两个比较重要的方面作了介绍。一是均衡城市化。课题从全球城市化发展视角，通过国际比较，发现城市化空间格局的演进具有一种普遍趋势——均衡城市化，即产业活动和人口从向少数的集聚点集聚（集中城市化）转为向更多的集聚点集聚（均衡城市化）。以德国经验为例，可以考证出主动均衡城市化的社会经济意义。首先是对产业结构升级的影响。德国各类中小城镇的市政设施水平与大城市差异很小，加之接近大自然的生活环境，使小城镇拥有大城市无法比拟的优越性，从而更受德国人青睐。人口流动的分散性，使得在其他发达国家因人口向大都市集中而产生的各种“城市病”，并没有在德国形成积重难返的严重问题，使德国的产业结构升级减少了许多经济成本和社会成本。其次是对城市化速度的影响。通过比较英、法、美、德、日五国的城市化速度，可发现德国快速城市化令人瞩目，比发展年代接近的法、美提前约 40 年。再次是对房地产市场的影响，其一表现在供求关系上是德国均衡城市化为德国国民提供了更多可选择的定居城市，实质上增加了房地产市场的供求以及各个城市房地产的替代品，大大缓解了房地产市场的供求矛盾；其二表现在对市场结构的影响上是，与各发达国家相比，德国是住房租赁市场最发达的国家，房地产买卖市场与租赁市场之间的规模结构关系高度平衡。二是新型城镇化背景下的城镇文化。新的城镇文化的出现，不仅是新城镇与新城镇人之间的介质，也成为新型城镇化本身的“培养基”。新型的城镇化，呼唤新型的城镇文化。而新型的城镇文化也必然对新型城镇化产生重大影响。新城镇文化可能成为有别于乡村乡土文化和城市大众文化的一种新型的中间文化形态。但是城镇建设的超前与城镇文化建设的滞后，尤其是乡土文化的灭失，是当前城镇化过程中潜伏的危机。新城镇文化形态中精神文化内核的三大转变，包括从熟悉的既成秩序到不确定因素下的竞争、从礼治到法治的转变、从语言到文字的转变。建立城镇文化，不是靠城镇文化精神内核的强制性改变，而常常是通过城市文化空间的打造，“润物细无声”地形成人们普遍接受和认可的城镇文化。这是一个通过文化生态空间塑造潜移默化形成城镇文化的过程。因此，城镇文化生态空间，是塑造城镇文化的抓手。

上海市高教学会谢仁业、上海市法治研究会包志勤分别以“学会学术活动的组织创新”“深化法治理论研究，服务上海法治建设”为题谈了开展课题研究工作的心得体会，提出在课题研究中，要发挥学术团体的主观能动性，特别是组织青年学者活动，要从现实需要出发，要求他们自我选题、自我组织、自我交流，解决青年会员自己感兴趣的问题；学术团体发布课题要注重问题导向、战略导向、需求导向，从上海经济社会发展和学科发展的实际需要出发；要注重合作，广泛开展跨学科、跨学会、跨地域的研究合作，充分发挥社科类学术团体的优势。

学会学术交流

XUE HUI XUE SHU JIAO LIU

语言、教育、文化、新闻

上海市外文学会举行第17次专题研讨会

3月8日，上海市外文学会第17次专题研讨会在上海理工大学外语学院举行。上海理工大学副校长刘平，上海外文学会会长、上海对外贸易大学副校长叶兴国，上海外文学会名誉会长卢思源以及来自上海20多所高校外语院系的负责人和教授60余人出席此次研讨会。会议由上海理工大学外语学院院长吕乐主持。

上海理工大学副校长刘平和上海市外文学会名誉会长卢思源在会上先后致辞。

本次研讨会的主题是"英语类本科专业教学质量国家标准与课程建设"，会上作主旨发言的有上海外文学会会长、上海对外贸易大学副校长叶兴国，上海市外文学会副秘书长、上海交通大学外语学院副院长彭青龙和上海理工大学外语学院英语系系主任祁小雯。

叶兴国教授发言的主题是："关于英语类专业教学质量国家标准问题的几点思考"。他在发言中提到了以下几个方面：(1)高等教育质量与专业标准；(2)专业教学质量标准定义的域外和日本的经验；(3)制定英语类专业教学质量标准的基础和依据；(4)英语类专业质量标准的共核和差异；(5)英语类专业教学质量标准的价值取向；(6)英语专业的发展趋势。他着重从近五年毕业生就业去向分析、国际商务发展形势和英语专业建设的新要求谈了第六方面的一些思考。

彭青龙教授的发言谈了关于"多元外语人才培养"的思考。他指出，社会需求和学生发展要求我们教学应有多元人才观，树立"以需求为导向与以学生为中心"的办学理念，建立"思想创新和实践创新"的核心能力培养标准。彭教授指出，教学中需求是"源"，特色是"魂"，质量是"本"。需求来自国际、国家、地区、教师、家长和学生等方面，特色要能做到"人无我有、人有我优、人有我新"，要保证质量需牢记"能力是核心、基地是平台、科研是支撑、教师是关键、制度是保证"。培养多元人才观，要以学生成才为本，要授予学生相关知识，交际能力，人文素养和实践创新能力。

祁小雯副教授以"培养多维专业能力，探索专业发展方向"为题介绍了上海理工大学外语学院英语专业教学改革的情况。她在发言中分析了目前英语专业面临的挑战：学生专业素养与现实需求的差距，指出社会需求的改变要求专业教育政策要与时俱进。她介绍了近几年来上理工外语教学改革的情况，如何在课程设置和提高学生语言能力上不断加强语言基本功、专业知识、学科素养、通识能力的培养过程情况。

与会的专家学者结合所在院校的实际情况，针对英语类专业教学质量国家标准、行业标准、学校标准进行了深入的讨论。大会发言踊跃,气氛热烈。

此次研讨会的召开,对促进上海市各高校之间的联系和学术交流,推动上海市英语类专业本科教学质量提升,起到了积极的作用。

上海市家庭教育研究会举行年会暨换届选举大会

4月25日，上海市家庭教育研究会在社科会堂召开年会暨换届选举大会。十届上海市政协副主席、市家教会会长王荣华，市社联党组书记沈国明，市妇联主席徐枫出席会议并讲话。单位会员和个人会员100余人出席了会议。

会上听取并审议通过了第四届家教会工作报告和章程修改的说明，选举39名同志为家教会理事，王荣华当选第五届家教会会长，刘琪、高德毅、杨雄等7人当选为副会长，陈建军当选为秘书长，同时产生了下设3个专业工作小组的负责人。

王荣华会长代表第四届家教会做了工作报告，从注重理论为先，深入开展家庭教育研究；注重服务为本，广泛进行家庭普及教育；注重宣传交流，着力营造良好氛围三个方面回顾了第四届家教会五年来的工作。并从研究将社会主义核心价值观有效融入家庭教育的方法，为完善上海家庭教育指导服务体系提供科学依据，为家教会的健康发展提供不竭动力等方面，对第五届家教会工作提出了建议。王荣华会长在会上做了财务报告。

沈国明书记对市家教会顺利换届表示祝贺，肯定了第四届家教会的工作有品牌、有特色、有作为，并表示将继续支持、服务家教会建设。他在讲话中指出，中国处在高速发展的城市化进程中，家教会在新形势下任务很重，可做的事很多。提高全民族的素质从孩子抓起，是弘扬社会主义核心价值观的重要内容，家教会大有可为。家教会要着力进行家训、孝道、家教的教育，加强对家长的研究、教育者的研究。

市妇联主席徐枫对市家教会提出了三点要求：一是要进一步提升做好家庭教育工作的使命感和责任感，促进上海家庭教育水平的提升。二是要进一步加强对家庭教育工作重点、难点问题的理论研究，为党委、政府和妇联正确决策提供参考。三是要进一步推进上海市家庭教育指导大纲的运用和实践，将规划大纲细化成具体的行动方案，普及家庭教育经验，形成上海的特色和品牌。

会议还就“夫妻冲突对儿童心理适应的预测：教养方式的中介作用”及“对孤独症儿童家长压力及情绪状态的评估”等2013年上海市家庭文明建设重点立项课题进行了交流发布。

“蒙太古语法及其应用学术研讨会”综述

5月12日，由上海市逻辑学会主办、华东师范大学哲学系承办的“蒙太古语法及其应用学术研讨会”在华东师范大学闵行校区人文学术沙龙召开。会议邀请上海社会科学院信息研究所教授朱水林、《华东师范大学学报》编辑部教授王善平以及华东师范大学哲学系硕士研究生梁飞做专题报告，来自上海交通大学、上海古籍出版社、华东师范大学等单位的近30位学者、逻辑学会会员和研究生参加了研讨会。会议由上海市逻辑学会会长、华东师范大学哲学系教授冯棉主持。

朱水林教授首先作题为“蒙太古语法及其应用研究”的主题报告。报告介绍了蒙太古语法的基本理论，认为蒙太古语法是用形式化的逻辑方法研究自然语言的指号学，特别是内涵语义学的理论，它是现代逻辑学和现代语言学发展到新阶段的成果，其理论的基本思路是将表现力丰富、歧义性的自然语言，翻译为表现力有限但精确、非歧义的内涵逻辑语言，并通过对内涵逻辑语言进行解释从而达到对自然语言间接解释的目的，以此来构建自然语言的形式语义学理论。蒙太古的内涵逻辑系统是采用类型层次、高阶量化、带有λ抽象、时态与模态算子的形式语言系统，尽管架构复杂，但通过精确的形式语言尽可能地逼近了我们的自然语言。

朱水林教授从逻辑学、哲学、语言学及信息科学四个角度介绍了蒙太古语法的应用。在逻辑学中，蒙太古语法以PTQ系统为范本，实现了从外延逻辑到内涵逻辑的转变；从哲学方面看，蒙太古理论是从逻辑角度研究哲学问题的进一步实践；在语言学中，蒙太古语法开创了从形式化的角度研究自然语言语义的形式语义进路；在信息科学领域中，以蒙太古语法为基础的机器翻译系统于20世纪80年代应运而生，其目标是用计算机把某种语言的文件翻译为另一种语言。朱水林教授还对蒙太古语法的理论发展和应用前景作了展望。

王善平教授做了题为“蒙太古语义学在文献信息组织和检索中的应用探讨”的报告。报告引述J.Landsbergen的说法，指出蒙太古语义学(下称MS)能够有效地应用于机器翻译之中的两个条件：一是语义的“合成性原则”，另一个是源语言与对象语言可以通过MS建立“同构语法”的联系。在自然语言中，许多不符合语义“合成性原则”的现象如俗语和隐喻以及词语的多义性，使得建立“同构语法”极为困难，这就造成了用MS处理自然语言时的障碍。尽管如此，事实证明我们仍可以根据我们的特定目的限制MS的应用范围，使其应用于受控制的自然语言之中。结合自身的工作经验，王善平教授对传统的文献检索方法进行了介绍和评价，提出建立一种用于文献信息组织、管理和检索的CNL系统框架的可能性，并简要阐述了 MS-CNL 系统的工作原理和框架结构。

梁飞做了题为“普遍语法——自然语言与人工语言的统一”的报告。报告从蒙太古建立普遍语法的动机即“为自然语言建立经验上充分的语义学理论”出发，从代数的角度介绍了蒙太古普遍语法的基本构架，并解释了如何把自然语言与人工语言看作是同一代数结构的不同系统，说明了蒙太古所构建的自然语言系统与内涵逻辑系统之间的同态关系。在此基础之上，进一步阐述了蒙太古如何通过建立内涵逻辑系统的语义模型达到对自然语言系统间接解释的映射关系，指出正是通过这种关系蒙太古做到了自然语言与人工语言的统一。

研讨会上，与会者与报告人就“内涵逻辑”“机器翻译”“文献检索标准”“MS 应用”等问题进行了热烈的讨论。

庆祝"国际家庭年"20 周年座谈会举行

为纪念"国际家庭年"20 周年，上海社会科学院家庭研究中心、上海社会科学院社会学研究所、上海市婚姻家庭研究会于 5 月 13 日在上海社会科学院召开"庆祝国际家庭年 20 周年座谈会"，市妇联副主席黎荣、上海社会科学院社会学研究所所长杨雄、著名社会学家邓伟志以及来自北京、上海的婚姻家庭理论专家学者、妇女干部约 50 余人参加了座谈会。

会上，上海社会科学院社会学研究所研究员徐安琪、上海社会科学院家庭研究中心副研究员薛亚利、上海小矮人之家总干事林志敏、中国社会科学院社会学研究所研究员唐灿分别做了"家庭代际结构变迁与社会支持""家庭化流动及其贫困化风险的对策思考""专业性社区家庭创伤发现与治疗——家庭危机预防与应对的重要资源""东南亚国家的家庭政策"的主题演讲。

与会者从不同侧面阐述家庭政策的设计制定及性别平等，并从可持续发展的思路探讨未来家庭政策的走向。与会者认为，家庭结构的变迁使家庭的代际支持面临责任和能力的两难选择，呈现出"年轻父母多重压力普遍焦虑""老年父母隔代抚育不堪重负""独生子女家庭面临养老风险""非预期困厄令家庭陷入危机"等多种问题，急需改变家庭政策设计理念，重视预防性和支持性的政策支持。针对危机家庭和流动化家庭的问题，与会者提出，在社区为每个家庭设一扇"窗"、开一个"通道"，建一个"观察哨"，通过引进专业治理机构、落实干预机制等，发现与治疗家庭的创伤。对于有九成家庭化流动带来的贫困化风险的问题，希望在就业政策上要放宽就业条件支持流动化家庭创业，在教育政策上要做好教育的流动衔接及提高职业教育水平。对于如何进一步完善中国家庭政策，与会者建议，一是以宪法中的原则作为制定所有家庭政策的出发点，借鉴东亚国家和地区的家庭政策，将性别视角纳入家庭政策的讨论，制定全面的家庭友好的政策，包括托幼育儿服务、产假、养老和社会保障制度；二是完善工作和家庭平衡的公共政策，鼓励男性参与家庭照料工作，推进消除劳动力市场上对女性就业的性别歧视；三是重视多元化家庭的研究，尤其对贫困家庭、女户主家庭、有残疾人口的家庭、流动人口的家庭、儿童独居的家庭、老年人独居的家庭等处于边缘和弱势的家庭呵护，推动政府在家庭政策中给予她们更多关照和倾斜；四是适时设立家庭管理行政部门或协调机构，实施婚前或家庭生活的科学教育和训练的制度化，促进社会和谐，增进家庭福利。

本次座谈会由上海社会科学院社会学研究所所长杨雄主持会议、市妇联副主席黎荣作了讲话。

立足传统文化，弘扬核心价值观

为深入研究交流各学科如何立足中华优秀传统文化，培育和弘扬社会主义核心价值观，上海市社联于9月4日主办“多学科视野：中华文化传统与社会主义核心价值观”研讨会。研讨会由上海炎黄文化研究会、上海市历史学会、上海市哲学学会、上海市伦理学会、上海市民俗文化学会和上海市文史馆承办。上海炎黄文化研究会常务副会长杨益萍主持会议，上海市社联党组书记、专职副主席沈国明作主旨讲话。熊月之、沈祖炜等与各学科六十余位专家学者与会。

姜义华、胡申生、仲富兰、崔宜明、李伟国、陶飞亚、徐洪兴作了专题发言。学者们一致认为，中华优秀传统文化，积淀着中华民族最深厚的精神追求，为中华民族生生不息、繁荣兴盛提供了无尽滋养。培育和弘扬社会主义核心价值观，必须立足中华优秀传统文化。徐洪兴教授论述了社会主义核心价值观的培育与弘扬传统与现代的辩证关系，既要坚持马克思主义立场，又要继承中华民族的文化传统，必须与世界文化对接。胡申生教授条分缕析社会主义核心价值观中的“和谐”“平等”“友善”等重要概念，既汲取和传承了中国古代社会思想中的优良传统和基因，又赋予这些思想以新的内涵。崔宜明教授提出要以中国近代历史经验教训为背景，以西方优秀文化传统为参照，重新反思和总结中华民族五千年发展中所创造的精神财富和文明遗产。

学者们从各自研究的专业课题，对于如何立足传统文化弘扬社会主义核心价值观作出具体深入探讨。姜义华教授在发言中着重阐发中国素称礼仪之邦，礼、礼制、礼治在漫长岁月中有相当完备的发展，形成中华文明强大的软实力。在考虑如何方能“切实把社会主义核心价值观贯穿于社会生活方方面面，把传统美德制度化”时，《礼记・曲礼》中所述的“道德仁义，非礼不成；教训正俗，非礼不备”，礼、礼制、礼治的建设，特别值得我们重视。李伟国教授提出范仲淹《岳阳楼记》中的“先天下之忧而忧，后天下之乐而乐”名句，几乎每个有文化的中国人都能背诵，是传统文化的精粹。今天对于知识分子和各级干部来说，应当大力提倡“先天下之忧而忧，后天下之乐而乐”的崇高精神和人生价值观。陶飞亚教授在回顾往昔燕京大学的国学研究和博雅教育的基础上，认为“燕京国学研究其实存在一个结构性的系统”，首先一条就是燕京高层对国学高度重视，“司徒雷登懂中文，能使用中文进行交流，对中国文化是存有某种程度的敬意的。高厚德能够把《劝学篇》倒背如流。吴雷川本人是进士出身，洪业痴迷于研究中国历史文化，在国学研究上成就卓著。有这么一个对国学研究有兴趣的领导层，自然能够千方百计抓住机遇，推动燕京国学的开展”。

仲富兰教授在发言中，则从两桩成功实例即晚清的经学家俞樾如何既精通学术，又擅长撰写叙事诗、咏物诗，以谐趣、调侃蕴含人生哲理，和当下的中央电视台“百家讲坛”请来各学科领域专家学者用简捷明了的方法讲清深奥复杂的道理，引申出一个传播策略课题——培育和践行社会主义核心价值观、弘扬优秀传统文化的过程，需要关注“以一种新鲜的、平易的面貌出现在当下人们的视野中，而不是抽象说教，令人生厌，以求更好地契合当下传播受众的接受心理”。

听取七位教授的专题发言后，熊月之、陈卫平两位教授作了点评。

熊月之教授在点评中，充分肯定七位同志的发言，认为他们的发言有学问、有价值。姜义华教授发言的核心就是要重视仁义道德的礼治教育；陶飞亚教授从燕京大学对国学教育和研究谈起对当代人文与科学教育怎么结合传统国学的传承和推动作了相当深入阐述。古代值得敬仰的人很多，但像范仲淹那样先忧后乐的人还是很少，李伟国教授很完整地表述了范仲淹先忧后乐的思想，这对培养现在知识分子和各级干部要具有崇高精神和人生价值观具有很大的激励作用和现实意义。国学需要国家熏陶、制度保障、榜样示范、历史教化、崇敬警示。陈卫平教授从哲学角度对七位发言作了综述点评，他说中华传统思想来源于中国的传统文化，现在社会主义核心价值观的思想基础就是来自中国的传统文化，西方外来的有价值的思想。大家发言的一个共同点，就是要深入认识为什么把传统文化作为社会主义核心价值观一个思想基础。怎样有批判地接受传统文化中的先进思想，怎么认识和梳理传统中的一些糟粕和先进，使社会主义核心价值观，真正在人们心中落细落实。

两位教授点评后，沈祖炜、冯绍霆等几位同志作了互动发言，他们从现实社会中一些道德滑坡的思想例子中谈起，认为当前的确要深入学习习近平总书记关于培育和弘扬社会主义核心价值观的一系列论述，要充分认识到树立社会主义核心价值观的任务的艰巨性、复杂性和长期性。大家认为这次跨学会的学术研究开了个好头，还需要继续深入的研究，让广大人民充分认识中华传统文化与社会主义核心价值观这一辩证关系，真正大力倡导社会主义核心价值观。

上海市比较文学研究会举行第十二届上海高校比较文学博士生论坛

10月25日，上海市比较文学研究会举行第十二届上海高校比较文学博士生论坛。本次论坛由华东师范大学中文系承办。会议由华东师范大学林辰主持。华东师范大学奚皓晖、上海大学张宗蓝、复旦大学韩蕾、华东师范大学刘苏周、上海师范大学魏懿、上海交通大学许雅靖分别作了学术报告。

奚皓晖探讨了“自由恋爱”与1887年至1945年间日本现代文学之间的关系。他认为，“自由恋爱”是日本在西欧影响下形成的，并分别从五种模式研究“自由恋爱”在“文明开化”以后的形成、演变与崩溃。张宗蓝以《乘槎笔记》和《航海述奇》为例，探讨了晚清首次旅西官员海外游记中的德国叙事。韩蕾在论文中探讨了罗兰·巴尔特的话语符号学，并分析了其思想渊源、理论成型、他我反思和批判性的书写实践。刘苏周从后殖民主义的视角，分析了萨尔曼·拉什迪的小说《羞耻》中的边缘女性形象。魏懿以凯瑟琳·安·波特短篇小说《他》为例，解读了波特在该篇小说中表达的南北战争后美国南方人对自身身份的焦虑。许雅靖提出了“合法性背离”这一概念，来分析欧里庇得斯的《安德洛玛刻》和拉辛的《昂朵玛格》对古希腊神话以及神话作品的操纵和改写。

华东师范大学教授陈建华，上海师范大学教授陈红，上海市比较文学研究会会长、上海外国语大学教授宋炳辉，复旦大学副教授戴从容，上海市比较文学研究会副秘书长、《中国比较文学》杂志编辑胡荣及来自各个高校的评议人，从论文选题、结构框架、理论与作品的关系、批评风格以及口头表达能力等方面对上述报告作了点评。与会的各高校博士生也就西方文论与文学作品、论文主题与材料支撑等问题作了深入的交流和探讨。

第三届“文化资源保护与利用”研讨会召开

11 月 15 日，上海市民俗文化学会、上海炎黄文化研究会联合举行上海第三届“文化资源保护与利用”研讨会。会议由上海炎黄文化研究会常务副会长杨益萍主持。胡晓明、陈卫平、唐亚林、陈圣来、葛壮、桂国强、王晓葵、刘巽达、陈江和张治中等著名专家学者参加了本次研讨会。

市民俗文化学会会长仲富兰作了题为“互联网思维与文化资源保护形态转换”的主题报告。他认为，在当今互联网时代，文化资源保护与利用，不能是死气沉沉、积满灰尘的所谓“固态保护”，而应该是建构一种与城市的人息息相关的文化，是一种乐于沟通交流、传递感情的文化，是一种平等共建乐于分享的文化。上海文化资源的保护与利用，应该从以下四个方面着手，一是要善于把静态的文化保护向活化的文化展示、文化营销转变；二是要在保护与利用上海文化资源过程中梳理城市文脉；三是把文化资源保护与利用的重心更多地沉入社区；四是文化资源保护与利用要坚持取之于民、用之于民。与会专家认为，文化资源要与人们的日常行为和礼仪制度结合起来，落实到当代的生活当中来，才会有生命力。

“上海市教育领域社会信用体系建设”专题研讨会在沪召开

11月20日，上海市教育委员会和上海市信用研究会在上海立信会计学院联合举行“上海市教育领域社会信用体系建设”专题研讨会。上海立信会计学院副校长许玫致欢迎词。市教委政策法规处处长王磊、市社联学会处处长王克梅、市经济信息委信用管理处副处长王晋出席会议并致辞。会议由市信用研究会会长、上海立信会计学院教授洪玫主持。

上海大学教授顾骏作了“诚信问题的技术解决”的专题报告。他认为，交易需要诚信，社会生活需要诚信，我们让社会生活让交易本身发挥作用，就可以解决诚信问题。社会生活中有许多自己的机制，我们要通过技术手段将这些机制发掘出来，因此我们在诚信建设上，要多考虑释放社会生活原有的机制，把现有的造成诚信资源流失的窟窿堵上，双管齐下，诚信建设效果会更好。

市信用研究会副会长、上海大学经济学院院长沈瑶，市信用研究会副会长兼秘书长、上海交通大学教授刘海龙，浙江财经大学教授叶谦、上海师范大学教授张玉华，市信用研究会理事、上海大学副教授钱海梅围绕教育领域社会信用体系建设，结合各自的研究方向作了主题发言。专家们认为信用研究应围绕上海市社会信用体系建设的重点工作，结合上海自贸试验区建设、国际金融中心建设、长三角信用联动、中小企业信用体系建设等重大的理论和实际问题，加强信用理论、信用管理、信用技术、信用标准、信用政策法规等方面研究，为政府决策提供咨询服务和智力支持。

市信用研究会特聘专家、上海国际汽车城人才培训学院院长浦维达认为要加强信用管理国际化和应用型人才的培养，建立健全信用管理职业培训与专业考评制度，为社会信用体系建设提供人力资源支撑。

上海财经大学张晅昱、上海第二工业大学赵迎东、上海金融学院刘晓明、华东政法大学张敏、南京审计学院肖振宇等博士也作了交流发言。

与会者一致认为，教育诚信的缺失，并非一个单纯的教育问题，而是一个社会问题。教育不是一个孤立于社会之外的存在，教书育人也并非只是学校、教师的职责。要通过加强教育领域信用体系建设，营造良好的诚信环境，促使社会信用与教育诚信的良性互动，从教育本身入手，政府、社会和高校齐努力，共同推进上海市教育领域信用体系建设。

上海市外文学会举行上海市 2014 年度十大外语人物颁奖典礼暨学术年会

12 月 28 日，上海市外文学会在上海财经大学外国语学院举行上海市 2014 年度十大外语人物颁奖典礼暨学术年会。上海财经大学副校长黄颖，上海市社联党组书记、专职副主席沈国明到会致辞。会议由市外文学会常务副会长史志康教授主持。市外文学会会长叶兴国教授作 2014 年度工作回顾和 2015 年度工作展望。上海财经大学外国语学院院长吕世生教授作了题为“严复与‘非正法’翻译”的学术报告。上海师范大学教授李照国、上海外国语大学教授乔国强、同济大学教授吴建广、上海交通大学研究员尚必武、华东政法大学教授屈文生、上海交通大学教授胡开宝、同济大学教授赵劲、华东师范大学教授袁筱一、市外文学会彭青龙教授，上海对外经贸大学讲师戴家琪获得 2014 年上海市外语界十大杰出人物称号，华东理工大学教授王建国、上海理工大学讲师李勤、复旦大学副教授李新梅获得 2014 上海市外语界十大杰出人物青年教师提名奖。沈国明书记、卢思源名誉会长和叶兴国会长为上述获奖者颁奖。

哲学、史学

社会发展呼唤新文明类型

——上海市哲学学会、伦理学会、宗教学会联合举办学术研讨会

1月11日,上海市哲学学会、市伦理学学会和市宗教学学会在上海社科院共同举办了“文化强国与精神动力”学术研讨会。市哲学学会副会长何锡蓉主持了开幕式,市社联学会管理处处长王克梅到会致辞。市宗教学会会长晏可佳和市伦理学会会长陆晓禾分别主持了会议的主题发言和自由发言两个阶段。市哲学学会会长吴晓明对会议进行了精彩总结。来自上海社科界近60位学者参加了会议。会议就文化强国的内涵,建设文化强国的途径,如何通过价值治理和发挥宗教正能量为国家发展提供精神动力,文化的认同与传播,以及如何在汲取自身传统和世界优秀文化的基础上呼唤新文明类型等问题展开了热烈讨论。

一、 价值治理与构建价值观制高点

上海政法学院党委书记杨俊一认为,在中国经济社会发展中,价值观念和价值规范要充分发挥作用,就需要进行价值治理。所谓价值治理,就是对“价值失范”进行治理。价值治理的主要任务是,解决价值问题、化解价值矛盾、调解价值冲突和提升价值信任。其中,提升价值信任最为重要。价值失范会造成“劣币驱逐良币”的现象,形成“破窗效应”,而且会瓦解社会已经形成的主流信任体系。价值失范的原因有很多,主要是政府依法治理不够,缺乏综合治理意识,政府管理的错位、越位和不到位,造成公信力减弱,出现所谓“塔西佗陷阱”。价值治理的目标,是形成好人有好报、恩将德报的正面效应。

上海师范大学哲学学院常务副院长崔宜明在发言中指出,文化强国在根本上是生产能够为世界各个国家、民族所认同的价值观念,建构当今世界的价值观制高点。中华民族的伟大复兴与建设一个和谐世界是一体两面的事情,前者要求坚持对中国特色社会主义道路、理论和制度的自信,后者要求以建构当今世界的价值观制高点为中心不断地发展和完善中国特色社会主义道路、理论和制度。中国特色社会主义道路、理论和制度不仅属于中华民族,也属于全人类,其中蕴含着的普遍价值是需要认真总结和面向当今世界全方位传播。

二、 文化传播与文化认同

同济大学政治与国际关系学院章仁彪教授认为,“己所不欲,勿施于人”是中国传统文化贡献于人类的古老智慧,但时值经济全球化、文化多元化时代,“己所欲者”,也不要“强施与人”。“人类只有一个地球,各国共处一个世界”,“多元一体”是中华民族悠久历史留给我们的最宝贵的财富,这是我们最重要的“认同”。文化的“竞争力”最终将是一种促进人类文化进步发展的竞合力。而爱好和平,倡导人类命运共同体意识的中华民族的“文化强国”建设,将为人类更加美好的未来作出自己的有力贡献。

上海电力学院李家岷教授认为,我们在世界各地建立了孔子学院,与世界各民族进行文化交流和传播,取得了一定成效,但是很多孔子学院一直停留在教汉字学汉语的层次,儒家所讲的仁义礼智信等内容甚至都还未涉及。而且,与西方资本主义文明进行对话必然要讲到我们的社会主义文化,这里就会出现意识形态纠缠与碰撞的问题。

三、 伦理自觉与文化强国

复旦大学哲学学院思想史研究中心研究员吴新文指出,西方伦理精神提供了发展现代性伦理的丰富资源,中国传统伦理精神提供了驾驭现代性的文化底气,两种伦理的相生相摩、相互激荡,将成为未来很长一段时间内伦理建设的主题。把马克思主义和中国传统的伦理精神结合起来,融化西方的现代性伦理,以遏制市场经济、形式民主、现代科技和多元价值的僭妄要求,是中国这一文明古国的“旧邦新命”,也是中华民族这一“文化民族”当仁不让的文明使命。

上海大学教授陈新汉认为,文化最根本的核心是人文精神。历史上,人文精神和反人性的兽性,非人性的物性,超人性的神性对立统一,相互作用。人文精神在不同的时期表现不同的时代特征。我们用人文精神对文化的两重性进行审视和批判,从而使人类不断地发展走向自由。上海社科院哲学所副研究员张雪魁认为,主流意识形态的改革创新存在两种片面的倾向:要么只搞经济建设,不顾意识形态,一路狂奔,造成“魂不附体”;要么只搞主流意识形态,试图抛开经济基础另搞一套,造成“失魂落魄”。要从意识形态顶层设计角度考虑问题,文化强国和精神动力问题才有可能迎刃而解。

四、 宗教正能量与文化软实力

上海大学文学院执行院长、历史系教授陶飞亚认为,相对于一般伦理而言,宗教伦理有特定的宗教经典为其伦理基础。鼓励和引导宗教自身的建设和对其经典的正确诠释,有利于发挥宗教作为一种精神动力的积极功能。宗教伦理能够提供丰富而独特的资源,支持世俗社会的道德实践。宗教为人类提供的不单是生活的看法,更是生活的方式。正如赵朴初所说,宗教要同社会主义社会相适应,社会主义社会也要圆融宗教。

复旦大学国际政治系系主任徐以骅认为,就目前而言,宗教仍是中外之间相互认知水准最低、信任赤字最大、分歧最为严重的一个领域。尽管中国致力于营造和谐健康的政教和教教关系,却未形成向国际社会有效阐述真实宗教国情以及在宗教领域的政策论辩能力,常常在一些国家对中国宗教问题的“政治化”和政治(主权)问题的“宗教化”运作面前陷于被动。在中国全方位“走出去”和国家利益全球化的背景下，实现宗教与国家总体外交的良性互动，便成为中国和平发展以及民族复兴进程中具有全局性意义且亟须面对的战略问题。国内宗教界和学界要牢牢抓住中国和平发展的战略机遇，在对接我国政府对外关系的基础上充分发挥自主性，促进我国公共外交和民间交流在宗教领域的更新换代和更大发展。

上海社科院宗教所研究员钟国发和上海市宗教学会张化教授认为，文化是精神生产，而精神生产是自由自觉的活动，当前要进一步贯彻宗教信仰自由政策，积极引导和发挥宗教的正能量。从历史与现实情况来看，应当承认民间信仰的合法性，让其走出灰色地带，纳入宗教的管理范畴。上海社科院哲学所研究员陆晓禾指出，宗教文化与世俗文化存在交叠共识，同样可以支撑社会主义的核心价值观。但如果把宗教与国家的文化软实力结合起来，是不是会造成政教另外一种形式的结合呢，这里面存在结合的方式方法的问题。

五、 文化融合与文化自信

同济大学邵龙宝教授认为，如何实现马克思主义的终极关怀与心性之学等传统方面的有机结合，尚存许多空白，该领域可能成为我国 21 世纪最重要的人文社会科学研究主题。西方文明的内涵是自由、平等、民主、制度机制、法治社会、责任政府，这些内容在党的十八大报告中都有所吸取。上海师范大学教授周中之认为，精神信仰要放在中华民族的历史文化发展中进行分析思考，才更有成效和现实意义。我们把市场当做配置资源的决定性手段，人们的功利意识进一步增强。因此，在传统文化方面，可以考虑多讲一些道家的思想，庄子“物物而不物于物”，淡泊物欲，对减少社会焦虑感会起到矫正作用。另外，理论建构与社会接受之间的错位值得我们反思，在讲精神动力的时候要考虑多元化，在主流意识形态下要更多顾及民众实际的所思所想。上海财经大学教授徐大建认为，文化强国的基础是现代化，现代化一个重要的方面就是市场经济。市场经济可以有不同的市场经济，体现的自由平等可以有不同的自由平等。我们要追求中国式的自由平等。这就要文化“杂交”，形成自己新的文化。另外，文化的先进性和影响力不是看文化本身，而是看这种文化是否能成就国家的繁荣富强。上海社科院哲学所副研究员张志宏认为，文化强国最主要的是要有文化自信。当前很多学人对传统文化持一种怀疑态度，言必称西方。有的几乎沦为“文化买办”。对于悠久的文化传统，首先要寻求全面的理解，然后才能产生认同和自信。在当前建设文化强国的形势下，对中国传统进行辩证的总结，积极的继承和发扬尤为重要。

六、 物质力量需要精神统治

复旦大学哲学学院教授吴晓明对会议进行了总结。当前的快速发展已经非常临近现代文明的限度，一个是自然的限度，一个是社会生活的限度。例如生态破坏、食品安全、道德失范等问题就是其集中表现。托克维尔谈及美国人时曾说，法律给他们自由，但宗教使他们不敢为所欲为。但在没有救赎宗教的国家，仅仅遵循市场法则，为所欲为，唯利是图，可以让社会很快解体。这个情形和马克思所谈 1843 年的德国情形非常类似，他说，“德国人在处于现代解放之前，就处于现代崩溃的境地”。在这种情况下，我们面临的局势非常危险。当然，正像荷尔德林所讲，“哪里有危险，哪里就有希望”。精神和文化的建设，其定向既不可能在传统当中，也不可能在所谓现代西方类型当中，应该是新文明类型。在这个转变当中，精神文化建设具有非常重要的责任。正如海德格尔的说法：一切伟大的东西都从人有个家，并且从传统中生了根产生出来。马克斯·韦伯说，一帮在咖啡馆里的知识分子和书生总想制造宗教，但他们从来没有制造过宗教，宗教是在社会中逐渐形成的。这件事情就要求我们研究中国的社会，研究这种生活中发生的种种转变，以及其中蕴含的可能性。因为这方面的问题的太重大太迫切而且也太复杂，“文化强国与精神动力”研讨会恐怕也只是一个开端。

上海市新四军历史研究会召开 2014 年年会

3 月 11 日，上海市新四军历史研究会在青松城召开 2014 年年会。名誉会长阮武昌，会长王春瑞和常务副会长刘苏闽、张文清、刘谦桢，副会长张云、张锦新、陈挥、王苏炎、周立光、罗新安、杨元华、颜宁，各分会会长，以及市会顾问、理事共 100 人出席会议。

2014 年春节即将来临，与会领导向全体顾问、理事表示新年的祝贺，对他们在过去的一年里为新四军研究工作所作的工作和贡献表示感谢。

会上，副会长兼秘书长颜宁对 2013 年工作进行了回顾总结。他在报告中说，2013 年，是我们认真学习贯彻党的十八大精神的开局之年。在党的十八大精神指导下，我们和热心新四军研究的社会力量，深入发掘历史，密切联系实际，认真学习贯彻党的十八大和十八届三中全会精神；有计划地开展学术研究与宣传工作；重点组织了“好八连”命名 50 周年纪念活动、“新四军与上海”学术研讨会、纪念毛泽东诞辰 120 周年等活动；“共建”工作取得新成绩；积极组织新四军重要人物的纪念活动；进一步加强了学会自身建设。学会在各方面取得了显著成绩，产生了良好的社会影响。

颜宁通报了 2014 年工作思路：

一、突出重点，抓好落实。一是要把学习和贯彻党的十八届三中全会精神作为当前和今后一段时间重要政治任务。二是继续抓好学术研究和纪念活动。年内重点组织好邓小平诞辰 110 周年纪念活动和其他的纪念活动。三是深入开展学术研究，进一步深化“新四军与上海”专题研究，逐步形成系列和学术研究特色。四是《大江南北》杂志要在继续提高办刊质量的基础上，再接再厉，争取再上一个新台阶。

二、着眼特色，巩固提高。一是继续抓好“共建”工作。二是充分发挥我会特色，办好“东方讲坛”。三是组织编写以百名新四军女战士的小故事为主要内容的《理想在我心中》四编。四是年内编辑完成《新四军研究》第六辑。

三、打好基础，持续发展。为迎接 2015 年市会换届，以及 2015 年纪念世界反法西斯战争胜利 70 周年、红军长征胜利 80 周年，2014 年要在抓好经常性工作的同时，注重打好基础，做好相关准备。一是要加强组织建设，拟于年内举办一期骨干集训班。二是要完善规章制度，市会的《分支机构管理条例》已制定完成，在年内实行。

会上，常务副会长张文清就人事安排情况作了通报。

“哲学与上海文化”学术论坛召开

3 月 23 日，由上海市哲学学会、上海大学社科学院共同主办，上海大学社会科学学院哲学系承办的“哲学与上海文化”学术论坛在上海大学乐乎新楼顺利召开。这是上海哲学界在上海“十二五”发展期间，针对上海文化软实力所召开的一次重要会议。上海大学党委副书记忻平、上海市哲学学会会长吴晓明、上海大学社科学院院长王天恩，以及来自上海七所高校的五十余位专家学者出席了此次论坛。

此次论坛以上海深化改革为重要契机，围绕上海文化的核心价值、上海精神的哲学意蕴等核心问题，对海派文化的历史传承、现实际遇及未来发展，进行了务实而深刻的研讨。

忻平副书记在大会开幕式上指出，上海大学立足上海城市发展，不仅在社会治理问题上有一己之长，同时，在文化领域也重视将理论研究与现实社会问题相结合，以哲学的深刻性，为上海文化的发展提出高屋建瓴式的观点。同时，上海市哲学学会会长吴晓明教授表示，哲学作为精神文化的中心，更需要为上海文化的建设提供厚实的理论基础。

在主题报告阶段，上海大学教授陈新汉等多位学者，提出上海城市精神的内核在于尊重和保护上海城市文化的历史，重视海派文化对城市发展的促进作用。在主题报告之后，大会进行了自由讨论，来自上海电力大学的李家珉教授，以上海文化的独特性为切入点，提出了上海文化在发展过程中，应重视人的培养与发展。另有学者指出，上海文化中应注重对青年文化的重视等热点问题。大会在各方的热烈讨论及碰撞中，圆满落下帷幕。

上海大学社会科学学院哲学系主任宁莉娜最后作了大会小结，提出本次会议的举行，更好地加深了对上海这座城市内在灵魂的重视与反思。上海大学社会科学学院党委书记陶倩致闭幕词，指出上海问题研究是上海大学的历史使命，并肯定了本次会议对于上海城市发展及建设的积极贡献。

上海市新四军历史研究会与市党史学会举办资深专家论坛

4月15日，上海市新四军历史研究会与市党史学会联合在上海市青少年活动中心科技艺术活动馆举行第九届资深专家论坛，主题为“中国历史与中国共产党——学习习近平关于党史与党建的论述”。市新四军历史研究会副会长、学术委员会主任，兼市党史学会会长张云主持会议，近40余人出席。会上，荆位祜、唐培吉、王建刚、华强、刘惠恕，以及市党史学会孙仲彝、杨雪芳、苏惠娥、于龙生等专家教授作了发言。他们指出，习近平总书记非常重视党史党建工作，4年中曾经16次讲到要学习党史。他提出，要认真学习党史、国史，知党爱党，知史爱国。要了解我们党和国家事业的来龙去脉，汲取我们党和国家的历史经验，正确了解党和国家历史上的重大事件和重要人物。这对正确认识党情、国情十分必要，对开创未来也十分必要，因为历史是最好的教科书。唐培吉教授强调，中国共产党的诞生并成为领导中国新民主主义革命的核心力量，是中国近代历史发展的必然；中国共产党是领导中国社会主义革命和社会主义建设的核心力量，也是中国现代历史发展的必然；中国共产党是改革开放的坚强领导核心，是当代历史发展的必然结果。华强等人说，老同志对学习研究党史党建很热心，但年轻人缺乏兴趣，大学生对党的历史缺乏了解，有的学生连刘少奇、彭德怀等老一辈革命家的情况不清楚。这种现象令人担忧，建议高等院校特别是军校要开设党史课。

市新四军历史研究会副会长、市党史学会副会长唐莲英在总结讲话中指出，专家论坛会开得很成功，大家发言紧扣主题，面对现实，针对性和理论性强，各位专家提出了许多很好的建议。

德国经济学教授 Hansjoerg Herr 来上海市社联与青年学者学术对话

5 月 12 日，东方青年学社在上海市社联举行“中外学术对话”首场活动。德国经济学家、*Decent Capitalism* 一书作者 Hansjoerg Herr 教授以“从资本主义的危机到新的增长范式”为题，为本市青年学者带来一场精彩的学术报告。市社联专职副主席、东方青年学社常务副理事长刘世军，德国艾伯特基金会新任主任史丽娜 Catrina Schlaeger 分别致欢迎辞。本次活动由上海社科院经济所副所长、东方青年学社副理事长权衡主持。市委宣传部理论处处长、学社副理事长季桂保，上海社科院金彩红、李凌，《学术月刊》常务副总编金福林，《上海思想界》主编许明，《文汇报》记者李纯一，*Decent Capitalism* 翻译者郭建南教授及艾伯特基金会代表罗仁昌等三十余人出席会议。

刘世军在致辞中说道，非常荣幸能和德国艾伯特基金会合作举办东方青年学社的首场国际学术交流活动。德国人的思想是以深刻而影响世界的，中国人对德国人的思想文化尤为敬重，不言而喻的是马克思的学说与中国的实际结合以后，使我们中华民族命运发生了巨大转折，当然康德、黑格尔、费尔巴哈、马克斯·韦伯、哈贝马斯等大家的学说至今在中国也被广泛传播。他认为，马克思《1844 年经济学哲学手稿》从根源上对资本主义经济危机进行分析，遗憾的是后来的人们包括西方人也没有很好地理解马克思的学说，使资本主义没有从根本上摆脱周期性的危机怪圈。2008 年爆发新的资本主义危机以来，时至今日，还很少看到真正从根源上反思危机的经典著作，而 *Decent Capitalism* 一书则难能可贵地成为观察这次危机原因的显微镜和望远镜，并对书中关于中国要建立社会包容和生态可持续的经济模式的建议深以为然，因为这个观点也是我们实现中国梦的要点之一。史丽娜在发言中说道，德国艾伯特基金会非常乐意成为中介者和传播者，在中德之间搭建交流桥梁。虽然两国的历史背景、发展水平、经济结构不同，但都在寻找适合自己的可持续性的经济增长范式，让更多的人分享经济增长所产生的收益。

演讲环节，Herr 教授首先界定了不同类型的资本主义市场经济类型，并分析了 19 世纪五六十年代的黄金资本主义时代崩塌后，建立的市场激进型的资本主义市场经济不可能带来经济的繁荣且导致 2008 年的深重危机的原因。随后，他介绍了市场失灵的四大领域，分别是货币和金融市场、劳动力市场、自然和资源的合理分配以及收入分配。他认为收入分配过于不公不平等，使得社会的参与和社会的进步就没有办法实现，社会的聚合力就会受到破坏，并对四个领域如何进行规制展开具体讲解。演讲最后，Herr 教授特别强调，完全放手的市场能够实现中国梦的观点是错误的。在他的书里对各个不同的经济部门进行规制提出了建议，中国的相关部门及学者可以结合中国国情参考吸收。

随后，青年学者们围绕“中国应该建立怎样的市场经济、如何处理好政府和市场的关系”“当市场经济被全球化和信息化扩展了以后，这样的市场经济比我们早期认识的市场经济有什么不同”“市场化的机制当中，到底有效的监管和规制的边界在哪里”“新的阶段，服务经济和工业经济之间如何协调发展”“如何看待国有企业的功能定位及未来的改革方向”等话题与主讲人开展了热烈的对话交流。

“2014 中国知青文化博鳌高峰论坛”隆重开幕

5 月 13 日，由中国知青网、上海市知识青年历史文化研究会、全国知青文化发展促进会(筹)、中国社会学会方法研究会联合主办，知青天地(北京)文化交流有限公司、海口市知青联谊会、大宏图旅游策划(上海)有限公司、家天下国际旅游集团有限公司、海南杨帆旅游开发有限公司承办，中国老年报社、“中国梦、知青情”组委会和全国部分知青文化研究会、知青网站、联谊团体支持协办的“2014 中国知青文化博鳌高峰论坛”在海南著名的“亚洲博鳌论坛”主会场隆重开幕。这是知青文化和学术活动首次在博鳌亚洲论坛举行。中宣部原常务副部长龚心瀚委托阮显忠、邢燕子、侯隽，董加耕委托周秉和，向知青朋友们问好并预祝“2014 中国知青文化博鳌高峰论坛”圆满成功。

会议由上海市知识青年历史文化研究会会长阮显忠主持，中国知青网理事长周秉和宣布开幕，本届博鳌知青论坛秘书长马运昌向大会介绍了参会主要嘉宾，中国高新技术产业开发区协会理事长张景安和嘉宾代表作了热情洋溢的发言。中国传记学会会长万伯翱，董必武研究会副会长兼秘书长董良翮，中共中央党史研究室研究员郑谦、张化，巡视员、研究员李向前，著名知青模范全国政协委员周秉建，新疆自治区科协原副主席杨永青，海南省政协文史委主任李朱全，海南省政协办公厅副巡视员韩继光，海口市人大原副主任王若娴，陕西省作家协会副主席莫伸，海南省作家协会副主席晓剑，广东省作家协会副主席郭小冬，全国知青文化发展促进会(筹)会长钟杨，全国健康产业工作委员会主任胡广雪，中国老年报社编审陈雪梅，“中国梦、知青情”组委会秘书长田爱生，香港知青联常务副会长李峰，海南省有关部门负责人，全国各地知青专家、学者和知青研究组织负责人，以及来自全国各地参加中国知青之旅走进海南旅游文化活动的知青近千人出席了开幕式。各地知青文艺团队表演了精彩的文艺节目。各地知青研究和文化等组织纷纷来信表示祝贺并赠送了锦旗和字画。

本次论坛以“回首、沉思、展望”为主题，来自全国各地近百名知青学者专家和知青组织负责人等围绕知青历史、知青文化和后知青三个方面，开展为期三天的深入研讨。参加本次论坛的有来自中共中央党史研究室、高等院校、研究机构、文化单位、学术团体的专家学者，有来自中央和地方各单位的领导和从事管理、社会等工作的人员；不仅有著名的知青研究专家学者，也有年轻的教师和博士生。会前收到论文 49 篇，其中不乏新资料、新视角、新观点，这些都使本次论坛具有高层次、权威性、多角度、多视野、新思路、新观点和理论与实践相结合的特点，将会为加强知青文化建设，为党和政府有关决策提供积极意见，为广大知青老年生活幸福和发挥更好作用，为国家的建设发展和实现中华民族伟大复兴的中国梦作出贡献。会后将编辑出版有关论文集。

上海宋庆龄研究会举办“中苏关系百年回顾”专题学术讲座

5月27日，由上海宋庆龄研究会主办，华东师范大学终身教授、著名中苏关系史、国际冷战史研究专家沈志华主讲的《中苏关系百年回顾》学术讲座，在上海社会科学会堂举行。讲座由上海宋庆龄研究会副会长、上海市孙中山宋庆龄文物管理委员会副主任李竞业主持，上海宋庆龄研究会部分会员及部分社会人士到会。

沈志华教授概要介绍了中苏关系近百年的历史，展示了中苏结成同盟及破裂的过程，并分析了原因。

沈志华教授把近百年的中苏关系分成了若干阶段，并着重阐述和分析了前三个阶段，尤其是第三阶段。他说，第一阶段是1917年至1935年。在这一阶段，“十月革命”成功之后，列宁为进行世界革命，将希望寄托在东方落后国家的落后民族，共产国际成立之后的主要任务就是在东方各国发展共产党，中国共产党便是共产国际帮助建立起来的。苏联从自身利益出发，认为国民党力量强大，要求国共合作，中共起初基本听从共产国际的指挥。但在大革命失败后，情况发生了变化，中共最终在毛泽东领导下开辟了自己的道路。

第二阶段是1935年至1945年。在这一阶段，中共实际上独立性很强。

第三阶段是1945年至1953年。这一阶段是中共夺取政权，中共和苏共、1949年后新中国和苏联形成同盟关系的阶段。

沈志华教授认为，中苏关系的第四阶段是1954年至1964年的赫鲁晓夫掌权时期，中苏双方在对外政策和政治理念上均发生严重分歧。在马林诺夫斯基事件的诱导下，中苏于1965年之后彻底决裂。1965年至1985年，是两国对抗时期。1985年至1991年，因为两国领导人的观念均发生了变化，中苏关系开始走向正常化。

沈志华教授在最后分析中着重指出，在处理国与国之间的关系时，一定要按照现代国家关系的结构和理念构建两国关系，要尊重对方主权，相互之间平等相处，才能构建正常而稳定的外交关系。

李竞业副会长在总结时指出，中苏关系的研究与孙中山和宋庆龄的研究也是密切相关的，他对沈志华教授的讲座予以了高度评价。

上海市新四军历史研究会纪念邓小平诞辰 110 周年

6 月 3 日，上海市新四军历史研究会和《大江南北》杂志社举行座谈会，纪念邓小平诞辰 110 周年。来自江苏、浙江、安徽、江西、福建、北京和上海等地的新四军老战士、党史军史研究人员、《大江南北》杂志社各地联络站代表等近 300 人参加。

会上，有关专家作了“邓小平关于社会主义制度优越性的思考”的报告。邓小平心目中的中国社会主义制度是与苏联社会主义制度不同的，是吸收苏联的教训而创立起来的。这个社会主义制度优越性的本质就在于“全方位改革开放”。中国社会主义制度优越性的发挥是由制度的改革和创新所造就的。社会主义最大的优越性就是共同富裕，这是社会主义本质的体现。

会上，上海市社会科学界联合会党组书记、专职副主席沈国明，上海市新四军历史研究会常务副会长刘苏闽发言。

美国学者让·皮埃特斯(Jan Nederveen Pieterse)来上海市社联与青年学者对话交流

7月3日,东方青年学社在上海市社联举行本年度第二场中外学术对话活动,邀请美国加州大学圣芭芭拉分校让·皮埃特斯教授,举行题为"社会不平等:多元的视角"的演讲。市社联专职副主席、东方青年学社常务副理事长刘世军出席并致辞,上海社科院经济所副所长、东方青年学社副理事长权衡主持。来自上海社科院、复旦大学、上海交通大学等沪上高校、研究机构的青年教授、研究人员等近30人出席了本次交流活动。

刘世军指出,社会不公是贯穿人类社会发展过程的主题之一,各个国家对于平等含义的认识和理解都打上了各自的烙印。平等同样是中华民族千百年来不懈的追求,新中国的建立为中国实现真正的平等奠定了根本的制度基础。当下的中国,平等观念已经深入人心,并正在成为我们的核心价值观。消除中国现存的贫富差距、城乡差距、地区差距、行业差距、民族差距等各种不平等现象,只有靠全面地深化改革开放,坚定地走中国特色的社会主义道路。

皮埃特斯教授的演讲,以宽广的全球视角,比较了不同的经济发展模式国家的不平等的现状,并对其根源进行梳理和分析。皮埃斯特认为,全球化浪潮冲击下的不平等,无论在发达国家、发展中国家、新兴经济体,甚至在落后国家,都在呈上升的趋势。不同的发展模式背景下,各国对全球化内涵的理解并不一致。比如,全球化对达沃斯的精英和跨国公司意味着自由,对最不发达国家意味着边缘化和风险,对低技能阶层意味着外包和被社会排斥,等等。不同的发展模式中,全球化对不平等的加剧作用表现形式也各不相同。比如,在自由市场经济体系中,大多数的工人工资出现停滞、中产阶层在缩小,而新兴经济体的中产阶级在增长。对于全球化机制在收入分配中扮演什么角色,也是理解各异。发达国家自由市场经济体,把不平等日益加剧归咎于全球化与科技发展,新兴经济体则把经济增长、人民脱贫归功于全球化与科技发展。皮埃特斯强调指出,制度安排的差异,是全球化背景下社会不公的重要根源。一个好的制度设计,可以避免全球化和技术创新带来的不平等扩大;制度设计不好,同样的全球化、技术创新,却会导致收入不平等扩大。最后,皮埃斯特教授与专家学者、青年学生进行了互动交流。

权衡研究员对本次对话交流作了简短小结。他认为，皮埃斯特教授的演讲对于我们深入地理解和思考金融危机之后，我国的发展方向、发展模式、发展道路，以及如何有效化解当前全球化过程中的收入不平等重大理论和实践问题，具有借鉴意义。东方青年学社今后将举办更多高质量的对外学术交流活动，为促进沪上与海外学者的对话交流积极搭建平台，把“中外学术对话活动”打造成一项具有更大影响力和吸引力的品牌活动。

上海市中共党史学会等单位联合举行“国家治理能力现代化与党的执政能力现代化”理论研讨会

6月23日，由上海市中共党史学会和华东师范大学党的执政能力建设创新基地联合举办的“国家治理能力现代化与党的执政能力现代化”理论研讨会在华东师范大学中山北路校区小礼堂举行。华东师范大学党委书记童世骏，市委宣传部理论处处长季桂保，市社联党组副书记、专职副主席桑玉成，市中共党史学会会长张云分别致辞。来自华东师范大学、复旦大学、同济大学、南京师范大学、华东政法大学、济南大学、武汉大学、中共上海市委党校、中国浦东干部学院、解放军南京政治学院上海分院、上海市社联、解放日报社、人民日报社、光明日报社、文汇报社等数十家单位的专家和学者40余人参加了此次研讨会。

研讨会第一阶段的讨论由济南大学政治与公共管理学院教授包心鉴主持。复旦大学国际关系事务学院教授陈明明围绕“国家治理中的三个结构性主题”发言，提出改革开放以来中国国家治理的基本进程主要是围绕政府与公民的关系、中央与地方的关系、政党与国家的关系三个结构性的主题展开的，这三组关系是国家治理需要面对和解决的三个影响全局性的关系。南京师范大学马克思主义学院教授王跃针对“国家治理能力现代化的三个维度”，就国家治理的基本制度问题，治理里面具体的体制、机制、问题，以及问题的解决、治理成本和治理效力的问题展开了深入的探讨。上海市社联党组副书记、专职副主席桑玉成根据“着力推进治国理政的制度化水平”的主题指出，中国政治面临的是一个整体性的困局，同时也具有结构性的病源，分别表现在五个方面：廉洁性问题、价值性问题、认同性问题、权威性问题、预期性问题。上海市委党校刘宗洪教授就“习近平党建思想的时代特色”进行发言，他从治理的目标到治理的理念，再到治理的思路，对习近平自党的十八大以来的讲话进行了深入解读。武汉大学马克思主义学院丁俊萍教授以“党的建设制度改革的若干问题”为题进行发言，她在探讨党的建设制度改革这个命题基本内涵特殊规定性的基础上，进一步分析了深化党的建设制度改革的重大意义。解放军南京政治学院上海分院孙力教授围绕“探索与中国道路相契合的国家治理”的主题进行发言，从治理主体的主体性成长问题、中国道路的治理要处理好中心与多元的关系、中国式治理必须和中国核心价值观相契合三个方面，对与中国道路相契合的国家治理方式进行了探索。

研讨会第二阶段的讨论由上海市中共党史学会会长张云主持。济南大学政治与公共管理学院包心鉴教授以“国家治理现代化对党的执政能力建设的新要求”为主题发言，在对国家治理能力、治理现代化的定义、内涵作了界定之后，他指出经济市场化、社会多元化和文化价值多元化是国家治理现代化对我党执政能力建设的三个新要求。中国浦东干部学院刘靖北教授以“党的建设制度改革与执政能力建设”为题，对国家治理和制度建设问题、国家治理体系和治理能力、治理的现代化与科学化、制度化、规范化，以及共产党执政和共产党领导等问题展开探讨。上海同济大学马克思主义学院教授丁晓强围绕“贯彻群众路线，提高治理能力”进行发言。他指出，在新形势下坚持和进一步发展党的群众路线，必须要与推进党的国家治理体系和治理能力现代化这一深化改革的总目标相结合，党的群众路线对于提高党的治理能力具有重要意义。他主张要以人民主体的原则构建国家治理体系、以人民共享利益的理念作为国家治理目标、以群众工作为基础提高治理能力。华东政法大学政治学与公共管理学院教授张明军就“新时期中国共产党国家治理模式的新趋向”问题指出，国家治理模式以治理手段划分可分为三种类型：政策主导的治理、法治主导的治理、民主主导的治理。解放军南京政治学院上海分院教授张云围绕“国家治理现代化与党建科学化研究的学科定位”的主题进行发言，指出这一课题的研究是以党史党建学科为主的学科定位，并从理论层面、现实层面、历史层面对其进行了分析阐述。华东师范大学政治学系教授齐卫平就“国家治理视野下党的领导能力建设”的主题指出，国家治理现代化和党的建设之间的关系要坚持三个必须：治国理政必须坚持党的领导、党的领导必须符合国家治理现代化的要求、推进国家治理现代化必须提高党的领导能力科学化水平。华东师范大学社会科学部教授唐莲英围绕“提高党的执政能力必须坚守党的建设的四道防线”对习近平的系列重要讲话进行了深刻解读，指出必须用理想信念构筑党的精神防线，密切党群血肉关系、构筑党的生命防线，以德为先、构筑党的细胞防线，用清正廉洁构筑党的为政底线。华东师范大学政治学系教授郝宇青围绕“新媒体时代下执政党面对的挑战与应对”提出了新媒体对意识形态的三大挑战：对意识形态传播方式的挑战、新媒体去中心化的挑战、新媒体的开放性以及西方信息霸权的挑战。华东师范大学政治学系博士唐兴军以“治理现代化与执政党的社会整合能力论析”为题作了发言，在对国家治理的内涵和特征进行归纳的基础上，对执政党在国家治理中实现对社会整合的方式，以及面临的挑战和问题进行了分析和探讨。华东师范大学政治学系博士、浙江省委党校教授姜裕富就“国家治理现代化视野下建设服务型政府和服务型党组织的内在统一”的主题提出，国家治理现代化与建设服务型政府和服务型党组织的关系是一个目标和两个着力点的关系，要实现国家治理现代化这个目标，就必须在服务型政府和服务型党组织建设中同步展开，以促进国家治理的现代化，并分别从三个方面分析了这个问题。华东师范大学政治学系博士王可园以“治理现代化理念融入马克思主义执政党建设的意义”为题进行了发言，重点从政治经济学的角度探讨了治理现代化的理念融入马克思主义执政党建设的重大意义。

在自由讨论环节，专家学者就治理能力是否具有传统和现代之分、党的执政能力科学化与现代化的区别等问题展开热烈讨论。

最后，齐卫平教授对研讨会作了总结发言，就各位与会专家的发言分别从两个角度概括出了四组关系。从“国家治理现代化”的角度指出了“国家治理现代化与西方化”“国家治理体系与治理能力”“国家治理主体的中心与多元”“国家治理当中的传统与现代”四组关系；从“国家治理现代化视野下党的建设”的视角概括出“国家与政党”“领导和执政”“国家治理能力与党的执政能力”“执政党建设的科学化与现代化”四组关系。

甲午战争与中国梦的觉醒

——甲午战争120周年学术研讨会综述

7月15日，上海科学社会主义学会与华东政法大学联合举办“甲午战争与中国梦的觉醒”甲午战争120周年学术研讨会，上海科学社会主义学会会长夏军与来自山东大学、江苏省现近代史学会、华东师范大学、华东政法大学、市委党校、上海师范大学、解放日报社、《探索与争鸣》编辑部等单位的20位学者参加了研讨，上海科学社会主义学会副会长、华东政法大学政治学与公共管理学院院长张明军主持了研讨会。

江苏省现近代史学会副会长张衡认为，日本自“明治维新”以来，鼓吹“脱亚入欧”，加紧海外扩张，通过26年长期处心积虑的准备，先后吞并了琉球，攻占了朝鲜和中国辽东半岛，发动了甲午战争。清皇朝妄自尊大、固步自封、腐败内斗，导致甲午战争失败，割地赔款，不仅又一次中断了国家现代化的进程，而且使整个民族陷入水深火热的灾难之中。然而物极必反，清王朝的崩溃、列强瓜分、日本侵略，不断刺激中国人民觉醒，通过艰难曲折的斗争，中国赢得民族解放，选择了中国特色社会主义道路，通过改革开放，不仅在与资本主义竞争中获得比较优势，又对世界和平发展作出了贡献，中华民族日益接近了复兴的目标。

山东大学王成教授认为，清政府的政治制度僵化与管理混乱是导致甲午战争失败的直接原因，主要表现在军事管理制度混乱，监察制度滞后，未能有效遏制和清理各领域存在的严重腐败，人才选拔与管理制度随意性强，导致外行管理内行现象大量存在。执政思想的保守取向，采取欺骗麻醉与屠杀镇压相结合的政策，致使人们鲜有敢于进行政治制度变革的要求，是导致失败的深层原因。必须澄清的是：甲午战争失败不能简单视为中国传统文化的失败，进而全盘否定中国传统文化，也不能从整体上否定中国古代政治制度为人类制度文明发展作出的贡献。

上海市委党校教授袁秉达认为，甲午战争失败是民族复兴的悲剧，说明唯依赖器物的洋务运动实现自强的道路行不通，晚清政府的制度腐败是垮台的根本原因，对探索民族复兴的道路具有警示作用。随后的发生的戊戌变法、辛亥革命和中国共产党的诞生是民族复兴道路探索的三次历史性变轨。中国共产党人自觉担当起探索民族复兴的伟大重任，经历了艰难探索，历史教训和经验告诉我们：实现民族复兴中国梦必须依靠人民主体走中国特色社会主义道路，弘扬民族精神，绝不能让历史悲剧重演。

《探索与争鸣》总编辑秦维宪认为，思想是推动历史前进的动力，甲午战争失败是清王朝“重器物轻思想”的必然结果。汲取历史的教训，必须重视和加强“软实力”的创新和竞争，认真反思我们的教育，破除儒家的“奴化教育”，从根本上学习世界先进文明成果，用制度反对腐败，加强军队建设。

上海师范大学教授邵雍认为，历史资料表明，上海自开埠以来，上海人民面对日本侵略，同仇敌忾，不断斗争。甲午战争期间，成功阻止日本间谍潜入吴淞口勘察地形，有效防止日本利用朝鲜人从上海渗透进入内地，坚决反对清朝政府对日议和。

华东师范大学教授徐显芬认为，纪念甲午战争具有当代意义，反思中日关系的历史连续性和非连续性，当前中日关系具有复杂性和脆弱性。安倍政府面临日本国内经济长期低迷，力图依仗美日安保条约从战略上突破困境。要从相互依存互惠和长远制度化协调上着力避免中日关系的情绪化。

上海市委党校教授王公龙认为，甲午战争的结果是中华民族严重失血、刺激了日本对外扩张的野心。安倍政府右倾化，解禁集体自卫权，配合美国亚太再平衡战略，企图颠覆第二次世界大战后的国际秩序，图谋建立以日本为主的亚洲新秩序，削弱了中日关系回暖的能量。发展中日关系，我们必须在强大自身软硬实力的同时，联合各种力量从战略上将日本拉回和平发展的道路。

上海科学社会主义学会副会长吴解生认为，晚清政府从封闭自守、权力腐败、奴役人民，到崇洋媚外、丧权辱国，进而逆时代潮流而亡，教训十分惨痛。甲午战争以后，马克思主义开始传入中国，使以救亡图存为起点的中华民族复兴有了思想和理论武器的指导。历史告诉我们：中华民族从来不缺有智慧的人，但缺乏有信仰的人，民族有了信仰，民族复兴一定成功。

上海科学社会主义学会会长夏军认为，甲午战争失败是民族耻辱，根本原因在于民族性，落后就要挨打。军队腐败触目惊心，十分危险。我们要居安思危，丢掉幻想，两种意识形态斗争从来没有双赢。

文汇报社史煦光、解放日报社周智强、上海师范大学黄福寿在互动讨论时也作了发言。

从世界大战中吸取结盟、民粹、科技、文明的教训

从 1914 年 6 月巴尔干半岛的一声枪响，到 1914 年 8 月，一连串宣战文书将欧洲各国拖入一场生灵涂炭的世界大战。2014 年是第一次世界大战爆发 100 周年。值此 100 周年，上海市世界史学会、上海市国际关系学会、上海市俄罗斯东欧中亚学会以及上海市欧洲学会于 8 月 26 日联合主办“第一次世界大战一百周年学术研讨会”，与会读史以鉴今，回望一战，共同探索如何构建维护世界和平、遏止战争爆发的有效国际机制。

“一战”死伤：究竟有多惨？

“在欧洲主要国家，‘一战’的死伤人数，比‘二战’更多”，中国世界近代史研究会副会长、复旦大学历史系教授李宏图在会上说道。

李宏图分享了这样一个故事：“2012 年 10 月，在秋风凄雨中，我在英国格拉斯哥附近的小镇上，发现了一个纪念在‘一战’和‘二战’中牺牲的本地居民的纪念碑。我惊诧地看到，铭刻在纪念碑上的在‘一战’中牺牲的人数居然比‘二战’要多 1 倍以上。在全英各处的烈士纪念堂上，陈放的‘一战’和‘二战’的牺牲名册也证明了这一点。”

他列举出这样一组数据：在“一战”中，英国有 75 万士兵死亡，150 万士兵伤亡，当时英国总人口仅 3 000 万人左右。在法国也是如此：“一战”动员起了 841 万人，其中死亡 135 万人，伤亡 359 万人，60 万名妇女成了寡妇，76 万名儿童成为了孤儿。在“二战”中，英国死伤共 160 万人，法国共 50 万人。

他分享了另一个故事：“2013 年，在英国的某一个战壕之中，竟然还挖出了一名‘一战’士兵的尸体，遥想到当年战争的惨烈，不禁为之深深震撼。”

“如今，‘二战’的关注似乎比‘一战’更多，但事实上，‘一战’的惨烈不输‘二战’，今天的历史学家不再仅仅关心战争的原因和过程本身，而更关注作为人类历史上第一次如此空前激烈的‘一战’。”李宏图说道。

西欧各国的民族主义

上海欧洲学会副会长、上海国际问题研究院研究员叶江表示，“一战”后，欧洲历史地位、欧洲民族主义思潮均发生变化，但皆具有现象与实质的矛盾性。

事实上，“一战”结束是欧洲退出历史中心舞台的标志，但是在《凡尔赛条约》签订后，欧洲反而表现得愈发强大。比如英国的实力仍处于高峰，殖民地的数量不降反升。

“一战”爆发的主要原因之一是受民族主义思潮的影响，战争结束后欧洲各国都看到

民族主义的危害，但事实上，“一战”结束后的欧洲却大肆兴起民族主义的极端化。

“有时候，历史会形成一些假象，但不要被假象迷惑”，叶江说道。

俄国与社会主义革命

华东师范大学国际关系与地区发展研究院院长冯绍雷表示，“一战”期间，列宁抓住机会，对俄国进行国家革命，使得社会主义蓬勃发展，但世界范围内，社会主义并未完全被接纳，俄国对国际革命期望过高，也遭受了一些挫折。

非洲与殖民地

中国非洲史研究会副会长、华东师范大学教授沐涛表示，“一战”对非洲的影响有三方面：第一，针对非洲的波及面比“二战”时期更大，被卷入的时间更长。

第二，致使非洲政治版图发生变化，德国在非洲的殖民地大多被英国、法国、比利时瓜分。

第三，推动非洲各族人民的政治崛起与发展，非洲本土经济获得一定发展，“一战”加强了非洲与欧洲的道路联通，欧洲的政治思潮传向非洲，工业水平也得到提高。

结盟、民粹、科技、体系、文明等概念的参考价值

“历史本身不会重演，它不是简单的重复，而可能是惊人的相似。”上海俄罗斯东欧中亚学会会长、华东师范大学副校长范军说道。

西方历史学家有云：一切历史皆为当代史。上海市世界史学会会长、上海社科院研究员潘光总结了“一战”给当今世界带来的五点历史启示。

第一，互相对抗的军事联盟是导致战争发生的主要因素。“一战”中国家间的结盟具有牵动效应，具有迅速的扩散性，并会导致战事步步升级。这也对如今中国是否需要结盟的讨论带来一定参考。

第二，民粹主义、极端民族主义和沙文主义的危险性。民族主义是导致“一战”爆发的主要原因之一，在当今世界，特别是经济危机爆发之后，许多国家存在民粹主义现象，比如日本的民粹主义，欧洲右翼政党的崛起，需警惕。

第三，科技发展可以造福人类，但亦会对人类造成深远灾难。“一战”爆发推动军工业的发展，却造成了数以万计的伤亡和无数破坏。反观今日，如何科学利用化学武器，避免用于战争用途是需要各国思考的议题。

第四，建立一个维护世界和平的体系极为重要。“一战”结束后形成的凡尔赛—华盛顿体系的不平衡性，国际联盟的脆弱性无法阻止日本侵略中国、德国走向纳粹道路，最终导致“二战”爆发。“二战”后，联合国起到维护和平的作用虽强于“一战”后的国联，但存在许多问题，需要不断完善。

第五，不同人民间需有包容性，增强彼此对话。“一战”的爆发促使不同文明发生碰撞，而当今的冲突中的文化因素愈发凸显，这就需要世界不同文明间架起桥梁、加强沟通。

中国历史上的治国理政经验与教训学术座谈会在沪举行

为了深入学习习近平总书记关于学习中国历史上治国理政经验的讲话，系统总结中国历史上的治国理政经验教训，10 月 15 日，上海市社联、市历史学会与文汇报社理论部举办“中国历史上的治国理政经验与教训学术座谈会”。市社联专职副主席刘世军出席会议并讲话。姜义华、熊月之、李伟国、陶飞亚、周山、完颜绍元等专家学者进行了交流发言。

姜义华教授认为中国古代社会不能笼统地以“封建专制主义”涵盖，中国古代治国理政的实践和伦理，如大一统的郡县制度，官员的选拔、晋升、考核制度如科举制度，民为邦本及礼法合一的伦理等，使中国作为一个稳定的大一统国家长期延续下来，并成为一个文化、经济、政治共同体。中国古代的国家治理的实践展示了适合中国国情的根本原则，对于当代探索中国道路具有重要意义。

熊月之研究员论述了“以史为鉴”的当下意义，史学在传统社会中起着“准宗教”的作用，以史为鉴是中国重要的历史传统，以史为鉴之所以可能在于历朝历代在变迁之中依旧有着其客观的历史延续性，且古人、今人有其“心同理同”之处。在当下中国，当代的某些有效的制度与实践如巡视组制度与历史上的刺史监察制度有其血缘联系，显示了历史对于当代治国理政的积极意义。

陶飞亚论述了对习近平总书记“牢记历史经验、牢记历史教训、牢记历史警示”三个牢记的理解，中国古代国家治理有其独特的复杂性，如辽阔的疆土、多元的文化和民族，但基本延续了大一统的局面，因此其历史经验值得总结学习。而近代以来中国国家落后于历史潮流，未能发展出资本主义及现代自然科学，其之所以如此的教训值得总结。而历史上古代社会重农抑商、闭关锁国、文化专制主义等阻碍中国社会发展的政策所带来的警示必须牢记。

李伟国从范仲淹、王安石的个人经历论述了宋代科举制度的积极意义，从汉文帝处理与南越、匈奴及各诸侯国的实践论述了其大一统的思想及实践。完颜绍元以中国古代官邸制度为例论述了中国古代治吏制度的体系性，官邸制度以官员任免、回避制度为基础，其具体内容包括官员家属的随任制度、官邸的形制规格制度、官邸的日常管理制度，又同时为其他制度如监察制度提供了条件。周山从《周易》开始讲起，认为《周易》是周文王给周武王的治国大纲，是对历史上治国理政经验的总结，对我们有很大的学习意义。

上海市新四军历史研究会召开"深化改革与创新发展"学术研讨会

10月24日,上海市新四军暨华中抗日根据地历史研究会举行"深化改革与创新发展"学术研讨会,会议由副会长兼学术委员会副主任陈挥主持,共有23位学术委员出席了本次会议。

陈挥在致辞说,上海市新四军历史研究会,要深入学习贯彻习近平总书记系列重要讲话,做社会主义核心价值观的弘扬传播者,把研究会建成传播先进文化的阵地。市新四军历史研究会积极参加市社联开展的上海市"全面深化改革与创新发展"理论研讨征文活动,向市社联推荐了刘惠恕、邵雍、陆俊青、徐剑雄、华强、曹景文、孙频捷、孙仲彝、唐国栋、董欢、刘诗晨、王景斌、黄拥军、王苏凌、陈立艺、岑毅、施芸等人写的16篇论文。经过市社联组织专家评选,曹景文、陆俊青、孙频捷、刘诗晨、王景斌等撰写的四篇文章获奖优秀论文,入选市社联优秀论文集。获奖比例高达到25%,受到市社联表彰,我会还获得市社联8月份颁发的优秀组织奖证书。在这个基础上,我们召开"深化改革与创新发展"学术研讨会,对各自的研究成果进行交流研讨。

会上,华东师范大学教授曹景文、上海政法学院博士孙频捷、上海建设党校教授刘惠恕、南京政治学院上海分院唐国东、黄拥军两位年轻上校学者围绕深化改革与创新发展这个主题,分别从利益多样化视阈下密切党群关系的若干思考,新时期社会精英变化与政协制度发展,践行社会主义核心价值观、改革国家基础教育制度,基于历史视域的军队改革心理动力分析,开启"大数据"工程,推进国家治理工程现代化五个方面作了专题发言。接着,上海师范大学陈晨、原《浦东改革开放》杂志主编王建刚、解放军南京政治学院教授华强、《探索与争鸣》杂志主编秦维宪教授先后作了自由发言。

专家学者们认为,改革开放是党在新时代条件下带领全国各族人民进行的新的伟大革命,是当代中国最鲜明的特色,是决定当代中国命运的关键抉择,是党和人民事业大踏步赶上时代的重要法宝。面对新形势新任务,全面建成小康社会,进而建成富强、民主、文明、和谐的社会主义现代化国家、实现中华民族伟大复兴的中国梦,必须在新的历史起点上全面深化改革。

“社会主义核心价值观的中国特色、民族特性和时代特征”研讨会在沪举行

由上海市社联主办，上海市伦理学会、上海师范大学哲学学院承办的上海市社会科学界第十二届学术年会学科专场“社会主义核心价值观的中国特色、民族特性和时代特征”研讨会于10月25日召开。出席本次研讨会的专家学者共20余人，其中外地专家学者3人，研讨会共收到论文及摘要14篇。

研讨会开幕式由上海师范大学哲学学院院长崔宜明教授主持，上海市伦理学会会长陆晓禾、中南林业科技大学副校长廖小平先后致辞。出席开幕式的有南京师范大学教授高兆明、华东师范大学教授余玉花、上海应用技术学院教授张自慧、上海师范大学教授毛勒堂、上海师范大学教授高惠珠等10余所高等院校和科研机构的20多位著名专家学者以及《文汇报》和《解放日报》的记者、《社会科学》和《思想理论教育》杂志社的编辑。

本次会议围绕“社会主义核心价值观的中国特色、民族特性和时代特征”这个主题展开学术交流和讨论。上午研讨会由陆晓禾研究员主持，廖小平、余玉花、毛勒堂、唐迅分别作了题为“论价值观建设之理念定位与人格特征”“探讨社会主义核心价值观教育”“马克思主义利益视域下的核心价值观思考”“社会主义核心价值观与公民意识”等主题报告，与会专家学者围绕主题报告展开了积极热烈的讨论，高兆明教授给予了精彩点评。下午研讨会由毛勒堂教授主持，高兆明、陆晓禾、周中之、高惠珠、代训锋、张自慧、崔宜明分别作了题为“民主与秩序重构”“社会主义核心价值观中的人权概念探讨”“中华传统美德与社会主义核心价值观”“论社会主义核心价值观与中华精神文脉的传承”“优秀传统文化是社会主义核心价值观的文化之根”“论社会主义核心价值观的传统文化基源”“社会主义核心价值观提出的哲学问题”等主题报告。华东师范大学教授赵修义围绕研讨会主题进行了深入分析和解读，并对下午的研讨作了精彩的分析和点评。

崔宜明教授认为，本次研讨会关注了当前社会主义核心价值观教育和建设中的热点问题，在与会专家学者的共同努力下，一批高水平的研究成果在会上得到了充分交流，一些研究中的问题在会上被提了出来并得到了认真探讨。最后，崔宜明教授再次感谢上海市社联、上海市伦理学会，在它们的大力支持下，在上海师范大学哲学学院的精心组织和合理安排下，研讨会取得了圆满成功。

“珍贵历史档案抢救与保护”专题研讨会召开

10月28日，上海市档案学会、上海市档案馆、上海音像资料馆在市档案馆外滩馆联合举办珍贵历史档案抢救与保护专题研讨会。市档案学会常务副理事长朱金铃出席会议并致辞，市档案局(馆)副局(馆)长刘志成出席会议并讲话。市档案局(馆)有关部门和本市部分区县档案局(馆)、高校的领导和专家围绕有关抗战题材的珍贵历史档案、音像资料及抗战遗址的抢救、保护与传播等主题展开了研讨。

复旦大学新闻学院党委书记周桂发介绍了上海高校在抗战档案史料征集保护与研究传播上的具体做法。他提出，档案传播要紧紧围绕党和国家以及市委、市政府的大局和中心工作，以及社会热点，在重要节点适时推出，扩大影响力。

上海文广集团版权资产中心副主任、上海音像资料馆副馆长叶丹及上海音像资料馆节目策划部主任汪珉等就本馆在抗战历史影像的收集、保护、传播、利用上的有益探索、实践经验和心得体会进行了分享，强调了资源要分享、合作要跨界、文化要传承。

解放军南京政治学院上海分院教授彭远明分析了部队在抗战档案抢救与保护方面的理念与做法，指出对于新技术，要选择那些适用的、管用的、长期起作用的，要经得起考验。

淞沪抗战纪念馆研究员林杰谈了自己在收集、利用与两次淞沪抗战有关的档案史料过程中的一些实践心得。市档案馆保护技术部主任张建明、闸北区档案局(馆)局(馆)长孙臣康、闵行区档案局(馆)局(馆)长施惠刚、宝山区档案局(馆)局(馆)长奚玲、嘉定区档案局(馆)局(馆)长沈越玲、黄浦区档案局(馆)局(馆)长华骏等也分别从各自的实践出发，不仅介绍了本馆在抢救保护包括抗战档案在内的珍贵历史档案方面的先进技术和宝贵经验，还对今后的工作提出了自己的设想和规划，大家一致表示要进一步加强对珍贵档案抢救与保护的研究，进一步加强馆际间交流与合作。

刘志成在总结讲话中对研讨会的主题、形式及所取得的效果给予充分肯定，并对如何进一步做好珍贵历史档案抢救与保护工作提出了三点要求：一是要刻不容缓地对珍贵历史档案进行抢救保护；二是要不断创新档案抢救保护的技术和方法；三是要通过多渠道、多领域加强交流与合作以满足档案保护事业不断发展的需要。

“新中国建立 65 周年暨上海 65 年发展”理论研讨会举行

10 月 28 日，由上海市地方史志学会、上海市文史资料研究会、上海市中共党史学会和当代上海研究所联合举办的“新中国建立 65 周年暨上海 65 年发展”理论研讨会在上海市社联六楼群言厅举行，来自本市史志界、文史界的专家学者近 80 人参加了研讨会。

市地方史志学会会长、市文史资料研究会执行会长朱敏彦主持了会议开幕式。市社联党组副书记、专职副主席桑玉成致贺词，指出 65 周年是一个非常重要的节点，希望本市社会科学界的专家学者通过积极理性的研讨形成一定的共识，为未来的发展，为“两个一百年”的宏伟目标提供有益的启示、思考和真知灼见。上海市地方志办公室党组书记、主任洪民荣讲话，感谢各位专家学者对地方志工作的关心和支持，指出这次研讨会在党的十八届四中全会提出依法治国的时代背景下举行，从城市、经济、文化、社会等多角度全方位探索新中国成立以来，特别是改革开放以来，建设什么样的国家、怎么建设国家这样的问题，非常必要，也很有意义。

市文史资料研究会副会长陈汝南主持了会议并作主旨演讲。市委党史研究室副主任、市地方史志学会副会长、副研究员徐建刚以“建国以来上海城市空间转换”为题演讲；市人民政府发展研究中心原副主任、上海浦东改革发展研究院院长、研究员朱金海以“改革开放以来上海城市发展战略演进”为题演讲。

当代上海研究所副所长宋仲铮主持了会议交流发言。市委党史研究室研究二处副调研员、副研究员张励，解放军第二军医大学教授，市委党史研究室特约研究员孙道同，松江区史志办公室原主任、市地方史志学会方志理论专业委员会主任、编审何惠明，市委党校社会学部副主任、副教授何海兵，市第五批援藏干部、西藏日喀则地委组织部原副部长、市委组织部党政干部处副处长陈雪强等，分别发言交流了“上海：从消费型城市到生产型城市的转型”“论新时期上海对外经贸改革发展历程及其战略作用”“新时期上海农村粮食生产经营方式改革的研究——松江区粮食家庭农场调查”“新世纪上海当前居委会工作若干思考”“上海对口支援西藏工作 20 年的成就和经验”等新中国成立以来上海 65 年发展的相关问题。

市档案局巡视员、市地方史志学会副会长杨智敏主持了会议学术总结。市中共党史学会会长、解放军南京政治学院上海分院教授、市委党史研究室特约研究员张云作学术总结。

上海市哲学学会举办“唯物史观新视野与中国道路理论”研讨会

11 月 2 日，由上海市哲学学会举办的“唯物史观新视野与中国道路理论”研讨会在复旦大学光华楼西楼 2401 会议厅举行。本场研讨会分为上下两个半场，分别由高惠珠教授和李家珉教授主持，来自本市哲学界的十多位资深专家学者参加了本次研讨会。

上半场会议由胡振平教授、黄力之教授、吕会霖教授和吴德勤教授围绕“唯物史观新视野与中国道路理论”这个主题，分别从“‘三个自信’与中国道路”“文化创新与中国道路”“国家治理理论与中国道路”和“世界历史理论与中国道路”四个方面进行了阐述，由陈新汉教授进行点评。下半场会议由黄斐华教授、潘宁教授和高慧珠教授分别作了题为“社会形态理论与中国道路”“人民主体论与中国道路”“历史选择论与中国道路”的学术报告，由孙承叔教授进行点评。

专家学者们在充分交流研讨后一致认为，中国道路理论研究是一个重大课题，面对复杂的现实情况需要发挥唯物史观新视野的理论指引作用。研讨会由会长吴晓明教授进行了小结。他认为，今后市哲学学会的专家学者们既要在学术领域有所新突破，又要将学术钻研精神传播与培养年轻一代。

第五届上海市历史学会青年论坛召开

11 月 8 日，市历史学会在华东师范大学闵行校区举办“世界、国家与地方——全球视野下的现代中国”第五届青年论坛。论坛由市历史学会主办、华东师大历史系青联会合办。华东师大历史系主任王东主持会议开幕式，华东师大历史系教授杨奎松致开幕辞。

学术报告与讨论会共分五场。第一场由华东师大历史系黄爱梅主持。华东师大历史系李孝迁和王传分别探讨了进化论对中国近代史学的影响和以“云南调查事件”为中心考实史禄国与中国学界的关系，王东担任评论人。

第二场由华东师大学历史系李磊主持。上海大学历史系吴静探讨了近代上海民营企业技术内化问题，上海大学历史系杨雄威报告了 1930 年上海药业安插失业风潮问题。上海大学历史系严泉担任评论人。

第三场由严泉主持。上海社科院历史所葛涛考察了近代日本游记中的上海形象，上海海洋大学陈晔探析了“海派”的来源，上海市群众艺术馆董天艺报告了早期上海纪录片与 1843 年至 1927 年间的上海社会。上海社科院历史所王敏担任评论人。

第四场由王敏主持。上海师大历史系姚菲考察了“文革”时期的标语口号及其图像化呈现，上海社科院历史所赵婧以民国上海的产科为例探讨了性别、医事纠纷与医患的关系。华东师大历史系姜进担任评论人。

第五场由李孝迁主持。复旦大学历史系孙青探讨了清末新学课艺与地方校士馆、复旦大学中华文明国际研究中心章可介绍了阿米蒂奇与思想史的“国际转向”。华东师大历史系瞿骏担任评论人。

“饶家驹与战时平民保护”国际学术研讨会在沪举行

11月8—9日，上海市历史学会和上海师范大学联合主办中法友好年项目“饶家驹与战时平民保护”国际学术研讨会。该会还得到中国人民对外友好协会、德国海德堡拉贝交流中心、在华法侨历史协会上海委员会等大力支持。来自法国、德国、美国、荷兰和中国各地的学者90人参加了会议。

法国神父饶家驹(Robert Charles Emile Jacquinot de Besange, 1878—1946)是与中国人民有患难之交的国际友人。1937年11月，饶家驹以他的博爱、坚韧、独创与责任心，在上海方浜中路、民国路(今人民路)内创立战时平民救护的难民区——饶家驹区，延续至1940年6月，保护了30多万中国难民，此后又在广州、汉口等地设立安全区，救援中国难民，贡献卓著；第二次世界大战结束后他又赴德国救济难民，并因劳累过度而逝世，堪称一位伟大的国际人道主义者及法德和解的先行者。由他所首创的保护平民安全区模式直接促成了战后修订《日内瓦公约》并加入战时平民保护的相关条款，其影响深远而知者寥寥。

会议上，国际红十字会国际红十字委员会东亚地区代表处Richard Desgagne先生、中国人民对外友好协会欧亚部主任、法国和德国外交官发表致辞，缅怀饶家驹这位伟大的人道主义者。三个基调报告分别是：国际红十字会专家理查德·德加涅的“饶家驹区及其对《日内瓦公约》的影响”、《饶家驹与安全区——战时上海难民》的作者　美国国会图书馆研究员阮玛霞的“饶家驹难民区”、上海师范大学人文学院院长苏智良的“伟大的人道主义者饶家驹”。

会议日程精彩纷呈，除了宣读交流20余篇论文以外，还邀请上海战时难民代表86岁的王晓梅老人讲述难民区的亲身体验，放映上海音像资料馆制作的《饶家驹与战时难民保护》历史纪录片，观看饶家驹与难民救助的展览，代表们实地参观了位于人民路和方浜中路之间的南市难民区旧址，画家桑麟康先生捐赠了《大爱无疆——饶家驹救助平民》新作。

为纪念饶家驹创立南市难民区的壮举，颂扬他热爱和平、憎恨战争的博大胸怀，会议倡议：一，在原南市难民区旧址建立纪念碑，记述这段历史；二，在原南市难民区区域内，竖立饶家驹先生的纪念像；三，尽可能地保护难民区原来的建筑，保存城市的文脉；四，加强对这段历史的研究，将这一事例写入教科书和其他书籍；五，争取在原南市难民区区域内，建立纪念馆，长期固定展览，广为宣传。

上海市医学伦理学会召开“构建和谐医患关系”专题会议

11月13日，上海市医学伦理学会、上海市卫生计生系统文明办和上海中医药大学联合召开构建和谐医患关系专题研讨会。中华医学会医学伦理学分会主任委员马强到会致辞。与会专家指出，医患关系在实质上是利益共同体的关系，构建和谐的医患关系，应该从政策、文化、经济、法律等层面统筹谋划，通盘考量。会议汇编了专题论文集，收入专题文章106篇。

市医学伦理学会会长邬惊雷指出，医患之间是相互依存、密不可分的，医患关系在实质上是利益共同体的关系，应该成为社会中最和谐的人际关系。他认为，构建和谐的医患关系，强化医患沟通是基础，加强内涵建设是关键，加强医德医风建设是保障，深化医改是根本。医学科学是一门实践性强、风险性高的学科，医患双方在同疾病作斗争的过程中，应该相互信任，医务人员要加强与患者的沟通，尊重患者的知情权、选择权。要加快医疗卫生体制改革，尽快建设覆盖城乡的医疗卫生服务网络。不断完善法律法规制度，切实维护医务人员和病人的合法权益，对违法违规的医务员、病人都应依法处理。邬惊雷强调，医患关系不仅是病人个体和医务人员个体交往关系的集合，而且是整个医务界乃至社会关系的缩影。彻底解决医患矛盾，也不能简单从个案来考虑，更应该上升到政策、文化、经济、法律等层面统筹谋划，通盘考量。

上海医药卫生行风建设促进会会长范关荣从第三方满意度测评角度，立足于患者视角来审视医患矛盾，认为构建和谐医患关系的基础是沟通和理解，医务人员应该从学会沟通技巧做起，从尊重病患做起，从细节服务做起。

上海市律师协会医疗卫生业务研究委员会主任、上海市联合律师事务所卢意光律师认为，医患纠纷将长期存在，医改可以改善医患纠纷，但不会消除医患矛盾。医患纠纷要依法解决，分类应对，对有暴力背景的，要依法严肃处理；对难以沟通的，要建立心理辅导机制。同时，要建立医务人员医患沟通、医患纠纷处理的培训机制。

上海中医药大学社会科学部李久辉教授着重比较了中国与法国应对医患矛盾的方式方法后表示，现代意义上的“医患关系”已经不再是一个医学领域的问题，而成为现代国家治理行为所涉及的一项极其重要、复杂的工作内容，也可以说，是现代国家治理成熟与否在医学临床实践中的一个表现。在践行医疗卫生领域“依法治国”理念时，更加关注、注重这一领域的法制化建设和制度化建设，这是构建和谐医患关系的必经之路。

研讨会上，部分医疗卫生机构交流了构建和谐医患关系的做法与成果。上海胸科医院探索建立环形工作机制，即从病人的意见出发，通过医院内部核实、梳理、分发、整改、监督等环节，有效处置病人意见，改善医院服务与管理，并通过病人满意度测评进行反馈，形成一个良性循环。闵行区中心医院推行“夜间值班咨询制度”，要求夜间值班医师“走出值班室”，在咨询点“坐诊”，主动亮出身份，为病人及家属提供一个固定的、便捷的沟通渠道。杨浦区中心医院创新推出急诊医患沟通“圆桌会议”，让医生与患者家属围坐圆桌前，平等对话，充分交流，把“谈话”转为协商，使患者家属行使知情权，了解疾病诊疗的全过程。妇产科医院充分发挥医务社工在解决医患信息不对称问题中的作用，加强与医方、患方和社会资源方的沟通，提升彼此之间的信息量，有利于促进医患信任。

这次构建和谐医患关系专题研讨会，作为上海市社会科学界联合会学术活动月主题活动之一，吸引了医学、伦理学、法律界专家和医务工作者 200 余人参加。

“2014 中国知青馆建设与发展”研讨会在上海召开

11 月 15 日,上海市知识青年历史文化研究会、上海市青年运动史研究会、黑河知青博物馆、上海知青博物馆联合主办的“2014 中国知青馆建设与发展”研讨会在上海青年管理干部学院举行。会议由市知识青年历史文化研究会会长阮显忠主持。上海青年管理干部学院党委书记兼院长、市青年运动研究会会长褚敏,著名文博专家费钦生,中共一大会址纪念馆研究室主任信洪林分别致辞,来自全国各地知青场馆的代表 70 余人参加了会议。

研讨中,黑龙江黑河知青博物馆馆长刘树新、河南广阔天地大有作为纪念馆馆长马朝显、四川西昌知青博物馆馆长马玉萍、上海知青博物馆举办单位上海海湾园副总经理陈燕、江苏大丰中国知青纪念馆馆长陶耸、崇明上海知青纪念馆馆长李玉棠在会上作了主题发言。21 个知青馆馆长和与会人员交流了办馆的经验,分析了知青馆的现状和存在的问题,提出了对策建议。著名文博专家费钦生、复旦大学教授陆建松等专家学者作了点评并提出了意见建议。

会议认为,当前,我国知青场馆已经形成一定规模,具有一定质量,为社会主义文化建设发挥了重要作用,但也面临许多困难和必须解决的问题。当前应当紧紧抓住政府、社会和广大知青都很关心知青场馆建设的有利时机,进一步加强知青场馆建设,努力使知青场馆建设科学化、规范化、特色化,实现可持续发展。会议认为,知青场馆建设是一个艰巨的过程,必须始终坚持以中国特色社会主义理论为指导,始终坚持正确的办馆方向,始终坚持从各自实际出发,加强互相间的学习、交流和协作,充分依靠政府、社会和知青等各方力量,大力加强知青文物的收藏和保存,深入开展知青场馆的研究,客观反映知青的历史,全面展示知青的工作、生活和文化,努力弘扬知青的精神,充分发挥知青场馆的教育功能,为加强社会主义文化建设和实现中华民族伟大复兴的“中国梦”提供知青的正能量,不断提高办馆水平。

会议期间,上海知青研究资料中心与八个知青馆签署了建立分中心和加强协作的协议,与会人员参观了上海知青博物馆和上海知青文献馆。

《远东反战会议纪念集》出版座谈会在沪召开

11月20日，上海宋庆龄研究会在上海展览中心友谊厅举办《远东反战会议纪念集》出版座谈会。参加座谈会的有掩护远东反战会议召开的革命母亲朱姚的外孙女朱继姚，参与会议筹备工作的周文、郑育之夫妇的女儿周七康、何俭朝兄妹，还有本书的上海作者李东生、华校生、邵雍、刘世炎等。上海宋庆龄研究会会长许德馨，上海市孙中山宋庆龄文物管理委员会巡视员、上海宋庆龄研究会副会长兼秘书长匡成鸣，上海市孙中山宋庆龄文物管理委员会副主任、上海宋庆龄研究会副会长李竞业，复旦大学近代中国人物与档案文献研究中心主任、上海宋庆龄研究会副会长吴景平，市社联学会处处长王克梅等出席了会议。来自中共上海市委宣传部、中共上海市委党史研究室、上海社科院、复旦大学、华东师范大学、上海市档案馆、上海文史馆、中共虹口区委党史研究室以及中国福利会等系统的有关专家学者90人应邀参加座谈。

《远东反战会议纪念集》由上海市孙中山宋庆龄文物管理委员会、上海宋庆龄研究会主编，中国出版集团东方出版中心出版。主编匡成鸣在座谈会上致辞，介绍了该书成书经过，指出该书比较系统地揭示了共产国际为什么和如何组织召开远东反战会议，中国共产党如何逐步落实共产国际的指示，这次会议在世界反战运动中的地位，以及世界和平事业先驱宋庆龄同志对这次会议的召开所起的具体作用，等等。他表示，上海市孙中山宋庆龄文物管理委员会、上海宋庆龄研究会编辑出版该书的目的既是为了从学术上对远东反战会议进行进一步的梳理和研究，也是为了弘扬宋庆龄等先贤志士伟大的爱国精神和革命品质。

在座谈会上，上海市委党史研究室研究一处副处长吴海勇作了题为“1933年的中共上海中央局”的专题报告，介绍了远东反战会议召开时的中共党史背景。该书执行副主编、上海市孙中山宋庆龄文物管理委员会研究室副研究馆员朱玖琳作了题为“一次从反一切帝国主义向反法西斯统一阵线过渡的会议”的专题报告，向与会者汇报了远东反战会议学术研究的最新成果。

新的研究成果显示，远东反战会议在筹备期间，共产国际所领导的世界反战运动将反帝国主义运动与反法西斯运动统一，远东反战会议的名称遂从“反帝国主义战争大会”转变为“远东反战反法西斯代表大会”。远东反战会议虽然依旧呼吁发动民族革命战争来反对帝国主义在华战争，但是会议同时抨击德、意、日法西斯，尤其是日本法西斯暴行。来华参加会议的5名国际代表除法国代表古久里外，其余均为非共产主义者。会议吸引和动员了广大被视为小资产阶级的知识分子，体现了共产国际所领导的世界反战运动扩大反战运动阵线的精神，为以后中国抗日民族统一战线的形成起到了积极推动作用。

新的研究成果还显示，宋庆龄作为世界反帝大同盟的执行理事会成员、国际反战委员会的中国代表、远东反战大会筹备委员会主席，第一个公开出面支持大会在中国召开，积极争取蔡元培参加筹备工作，以临时筹备委员会主席的身份向外界证实会议将于 9 月在上海召开的消息，并发表宣言请各界参加会议。她在形势极端严峻的情况下坚持与共产国际和中国共产党合作，在工作中异常积极的表现和“对于革命的忠实”最终使她成为共产国际和中国共产党在世界反战运动中的同志。

围绕《远东反战会议纪念集》的最新研究成果，与会专家学者纷纷发表感言。周七康女士代表远东反战会议筹备人员的后裔发言，她呼吁党史研究部门重视对远东反战会议的研究，并确立远东反战会议在中共党史中的地位，建议上海市政府将霍山路 85 号设为远东反战大会遗址纪念馆，并在此立一尊宋庆龄塑像。她还希望能拍摄一部以远东反战大会为题材和背景的影视作品。该书作者代表李东生女士向与会者介绍了革命母亲朱姚自传的来历，她从朱姚外孙女朱继姚处得知，掩护远东反战会议召开的临时家庭“小孙子”——3 岁毛毛是刘允若，他在母亲被捕牺牲之前，于 1932 年底由母亲亲自托付给朱姚照管。

上海中西哲学比较研究会举行“形而上学：过去、现在和未来”(Metaphysics：Past, Present and Future)国际学术研讨会

12 月 13—14 日，“形而上学：过去、现在和未来”(Metaphysics：Past，Present and Future)国际学术研讨会在华东师范大学中山北路校区成功举行，本次会议由上海中西哲学比较研究会联合国际形而上学学会(ISM)、华东师范大学中国现代思想文化研究所、上海社科院哲学所、华东师范大学哲学系等单位共同举办。

会议开幕式由华东师范大学哲学系主任、上海中西哲学比较研究会副会长郁振华教授主持。

国际形而上学学会主席、上海中西哲学比较研究会会长杨国荣发表了书面致辞。杨国荣教授认为，我们生活在“道”逐渐隐退的时代，“技”往往成为主要的关注之点，后者意味着以特定的方式解决某一领域或某一方面的问题，其中蕴含着专门化与分化。就哲学的领域而言，与特定进路相联系的技术化也每每成为一种趋向，上述趋向同时折射了更广意义上世界的分离和视域的分化。如何由“技”进于“道”、从单向度或分离的视域转换为“以道观之”，是形而上学的关切所在。本次会议的主题聚焦形而上学的发展，这意味着我们不仅要关注形而上学的历史，而且应当注重未来的形而上学。历史地看，形而上学有不同的形态，大概而言，有抽象形态的形而上学和具体形态的形而上学，前者疏离于现实的世界，而世界本身是具体的，真实的存在同时也是具体的存在。作为存在的理论，形而上学的本来使命在于敞开和澄明存在的这种具体性，后者就是具体形态的形而上学。

伊朗哲学学会(IPS)主任、国际伊斯兰哲学学会(ISIP)主席 Gholamreza Aavani 教授，上海社科院哲学所副所长何锡蓉研究员，加拿大圣弗朗西斯泽维尔大学(St Francis Xavier University) William Sweet 教授分别致辞，对本次形而上学会议的召开表示热烈祝贺。

在主题报告阶段，William Sweet 教授宣读了题为 *Transhumanism and the Metaphysics of the Human Person* 的论文。他在概述超人类主义的基本立场、厘清关于超人类主义的关键假设的基础上，通过将人作为具身性的存在，回应了超人类主义的主张。

浙江大学彭国翔教授以 *A Confucian One-body Worldview：Rereading the Inquiry on the Great Learning* 为题，通过重读与分析王阳明的《大学问》，阐明了儒家“万物一体”的观念，并勾画了儒家“一体观”的系谱。“一体观”不仅涉及自己与他人、人与自然等面

向,也体现了自然的价值维度。上述思考同时是对西方哲学关于事实与价值二分的回应。

Gholamreza Aavani 教授的论文题目是 *Volunterism in Post-Cartesian Western Philosophy*,他认为笛卡尔之前的哲学偏重于理性主义,而笛卡尔以后,唯意志主义进入哲学,并成为破坏形而上学的一个力量。尤其值得注意的是,Aavani 教授在讨论中引入了伊斯兰哲学的资源。

上海社科院俞宣孟研究员做了题为 *On the Self-Awareness of Life* 的报告,他通过对中西哲学的比较研究,认为未来哲学的主题应当是生命的自觉。未来哲学应该强调在全局和局部的关系中对全局的倚重,在长远和眼前的关系中对长远的照应,在义和利的关系中对义的关切。

荷兰蒂尔堡大学(Tirburg University)的 Peter Jonkers 教授宣读了题为 *Pluralism and Unity: The Challenge of Deconstructive Philosophy to Metaphysics* 的论文。他认为解构主义哲学对形而上学的挑战主要体现为对统一性的破坏,然而多元主义(pluralism)的世界中仍然需要统一性(unity)的超越观念。"统一性"并不是被给定的,而是假设的,这就是康德有限理性的形而上学,它为未来形而上学提供了一个新的视角。

中国台湾东海大学史伟民教授讨论了黑格尔的形而上学 *Hegel's Idea of Metaphysics*,认为黑氏的形而上学不是关于超验实体的理论,而是关于构成历史现实的概念架构的理论。

加拿大多伦多大学沈清松教授的论文 *Articulating an Ontology of Events: Huayan Buddhism's Concept of Event and Whitehead's Ontological Principle*,以怀特海的存在论原理为基础,尤其注意到怀特海哲学中的创造性(creativity)与和谐(harmony),并细致地分析了华严宗的"事"概念。

美国东康涅狄格州立大学(Eastern Connecticut State University) Catherine Lynch 教授的报告 *Li Zehou's Historical Ontology and American Pragmatism*,把李泽厚的历史本体论和美国实用主义做了比较研究,认为将李泽厚的思想放在实用主义的背景下才能突出其独特的贡献。

英国格拉斯哥大学(University of Glasgow) Victoria S.Harrison 教授的讨论以 *The Metaphysics of Mathematics and Religion* 为题,她认为数学对象与上帝都是抽象对象,因此可以以数学对象的实在性为范例,讨论宗教领域的实在性。

印度德里大学(University of Delhi) L.P.Singh 教授的报告主题是 *Ontological Mysticism: The Future Metaphysics*。他通过对形而上学历史的梳理、对科学哲学的省思以及自身的体验,得出未来形而上学的形态是本体论的神秘主义。

美国价值与哲学研究委员会 Hu Yeping 教授的论文 *Metaphysics as an Open Horizon for the Understanding of Human Life: A Critique of Wilhelm Dilthey's Critique of Metaphysics*,以狄尔泰对传统形而上学的批判出发,认为传统形而上学都是以概念化的方式追求普遍绝对的共同本质,而忽视对生活的关照,因此,真正的形而上学应当回到人类生活,注重以开阔的视野实现对人生的更好理解。

华东师大哲学系陈赟教授讨论了中国古典思想中形而上学,它涉及天道、主体与创造性等问题，认为其实现了从“无体之体”到“与化为体”的转化。

澳大利亚天主教大学 John Tālivaldis Ozoliņš 教授从罗素对形而上学的看法出发，对罗素关于神秘主义与科学相互对立的观点表示质疑，他指出为了保证知识的统一性，我们不仅需要科学，也需要神秘主义。哲学史上对形而上学有过责难，甚至是拒斥，但从实质层面看，形而上学并没有从哲学中隐退。

本次会议共有来自美国、英国、加拿大、澳大利亚、罗马尼亚、荷兰、波兰、伊朗、乌干达等国和中国大陆及香港、台湾地区的 40 余名专家学者出席会议。会议设置了八场小组讨论。来自不同哲学背景的专家学者，从中西哲学出发，围绕形而上学展开讨论，深刻阐述了形而上学的发展。

上海市伦理学会、上海社科院经济伦理研究中心联合举行“社会主义核心价值观与公民道德建设”学术研讨会

12月19日，上海市伦理学会、上海社科院经济伦理研究中心联合举办“社会主义核心价值观与公民道德建设”学术研讨会。来自上海社科院、华东师范大学、同济大学、上海师范大学、上海体育学院等20余名专家学者出席了本次研讨会。会议由市伦理学会会长陆晓禾研究员主持。陆晓禾表示，自2001年《公民道德建设实施纲要》颁发以来已有13年了，社会主义核心价值观的提出为我们在新的历史起点上推进公民道德建设提供了新动力，有必要从伦理学的角度深入探讨。

赵修义教授认为，在讨论如何使人们遵守规则之前，首先要问“规则是否合理”。对于规则的践行，需要探讨规则意识的三个方面，第一是关于规则的知识，即了解规则；第二是具有遵守规则的愿望或习惯；第三是培育遵守规则的能力。在当下的中国社会，遵守规则面临特殊困难，原因主要是中国现代进程迅速使得许多人无法适应；中国传统文化讲究的是“分殊”的规则，与现代社会要求的普遍规则往往相悖；改革开放初期由于规则的不完善，各行各业的潜规则盛行。党的十八大以来对规则的严格执行为解决这些问题指明了方向。党的十八届四中全会进一步强调强化规则意识，倡导契约精神，弘扬公序良俗。发挥法治在解决道德领域突出问题中的作用，引导人们自觉履行法定义务、社会责任、家庭责任，让人们认识到尊崇规则的重要性。

陆晓禾会长梳理了新中国成立后国家在公民道德建设方面的举措，并提出自己对于核心价值观与公民道德建设新规范关系的看法。2001年的《公民道德建设纲要》是我国迄今为止最完全的道德建设规范文件，它既规定了公民道德建设的实施体系，也规定了道德建设的规范体系。与新中国成立后的《共同纲领》、1954年的宪法以及“文革”后的两部宪法相比较，国家的法定道德建设权限和责任明显增大。与2001年的《纲要》相比较，党的十八大报告更为清晰和概括，在公民道德建设的规范体系方面，增加了“个人品德”教育、弘扬中华传统美德等方面。党的十八大对公民道德建设的要求做了新的概括，提供给我们两个重要启示：一是把道德建设与社会主义核心价值观联系起来，按照社会主义核心价值观来重视和加强道德建设；二是对道德建设作进一步的概括提炼，用简洁明晰的语言，把道德建设作为四个道德领域（社会公德、职业道德、家庭美德、个人品德）、四个基本道德规范（爱国、敬业、诚信、友善）和四个良好风尚（知荣辱、讲正气、作奉献、促和谐）构成

的规范体系来把握和推进。可以以社会主义核心价值观中公民层面的爱国、敬业、诚信、友善为核心,以四个道德领域的基本行为准则和四个良好的社会风尚要求为主要内容,为我们在新的历史起点上推进公民道德建设提供清晰明确的指导方针。

余玉花教授认为,党的十八大提出的社会主义核心价值观保持了与2001年提出的公民道德规范的一致性,特别是核心价值观中的公民层次的价值要求基本上延续了2001年公民道德规范的内容。核心价值观要起到最大公约数的作用,其提出的要求就不应当是高不可攀的。从公民道德规范教育入手是培育社会主义核心价值观的重要路径。践行公民层面的核心价值观着重于信念的培育,而公民道德规范虽然也属于意识领域,却着重于行为的指导,更具有实践性的意义。从公民的道德行为到道德习惯,进而内化成信念,符合价值观培育的规律。

王荣发教授从三个方面说明公民道德建设与社会主义核心价值观的关系。首先,改革开放以来我国公民道德建设的阶段性发展和社会主义核心价值观形成的过程,给我们的重要启示是公民道德建设是社会主义核心价值观孕育形成的土壤,而且是社会主义核心价值观继续发育成长丰满的土壤。其次,公民道德建设是践行社会主义核心价值观的根本手段,社会主义核心价值观的生命力恰恰在于公民的内化于心、外化于行,成为公民的价值信仰和道德实践。最后,公民道德建设是社会主义核心价值观发挥引领作用的基础工程。核心价值观的"三个层面",个人层面是最基础的层面。社会主义核心价值观的引领作用只有落实到公民道德建设层面,落实到公民道德素质的提高,才能真正体现出来,才能保证社会、国家层面核心价值的真正落实。

邵龙宝教授从富强与文明的关系看中国公民的民主法治观。"富强"内蕴着"文明"的支撑。中国道路、中国模式包含三个层次:一是经济奇迹;二是制度的合理与理性化,即国家或政府机体的高效运作;三是传统文化的滋养。富强理应需要内含伦理的价值理想作为支撑,同时又把文明当做自身的目标和指向。一方面我们需要反思和批判中国传统文化中阻碍现代化进程的负面因素,另一方面在批判的基础上继承和弘扬中国传统文化中的精髓,以与西方文化的积极因素相融合,创新我们的文化,以确立文化自信和价值自信。

周中之教授从慈善事业的角度谈论培育和践行社会主义核心价值观。市场经济建立和发展以后,出于利益诉求的差异产生了不少社会矛盾。增强慈善意识并且诉诸行动,能有助于落实社会主义核心价值观的"文明、和谐、公平"的要求。慈善意识是个人文明程度的标志。目前社会道德状况堪忧,道德失范,诚信缺失。慈善事业应该成为社会主义核心价值观实践的平台。

陈正桂副教授从道德认同探讨道德践行。通过梳理西方道德认同理论说明道德认同是形成责任判断的基础,即如果道德价值对于一个人的自我认同非常重要,就会产生一种高度的道德责任去实施道德行为。因此,道德认同是道德判断转化为道德行为的重要的自我调节机制,是激发道德行为的重要动机。使社会主义核心价值观得到更加有效的践行,首先要获得真正的认同。

张亚月副教授认为党的十八大对社会主义核心价值观的二十四字规定是社会价值的回归,反映了执政党致力于建立自我约束、自我治理的社会。2010年颁发的《国家中长期教育改革和发展规划纲要(2010—2020年)》与2014年教育部颁发的《完善中华优秀传统文化教育指导纲要》将公民社会道德与中华民族传统美德融入德育指导思想之中,使我国德育指导思想更加贴合中国的文化传统和社会实际情况。

与会专家认为,公民道德建设要重建道德真诚,为此学术界要避免道德研究的理论化、国家则要避免道德建设的政绩化,职业道德应当成为践行社会主义价值的核心。朱贻庭教授进行了总结性发言,他认为应当采用试错的逆向思维方法来建设道德。正向思维是"人们应该如何做",而逆向思维则是在人们的试验中,学习"什么是不正当",从而学会如何行为正当。

政治、法律、社会、行政

上海人大工作研究会发布各地人大制度理论研究会状况调研报告

调研报告的主要内容包括:(1)各地人大理论研究会概况(数量、会员、组织结构、章程、分布、名称、经费、管理方式等);(2)活动开展的方式、内容与影响;(3)经验总结,存在的问题与不足;(4)发展与完善的建议。

调研报告认为:人民代表大会制度是我国的根本政治制度,建设社会主义民主政治,最重要的是坚持和完善人民代表大会制度。但是从制度运作的实效来看,它在整个国家政治生活中的地位和作用的发挥,与宪法和法律所设定目标之间具有较大的落差。随着依法治国基本方略的实施和社会主义政治文明建设的加强,迫切要求进一步加强对人大制度的研究。

党的十八大报告指出,人民代表大会制度是中国特色社会主义制度的重要组成部分,是当代中国发展进步的根本制度保障,必须倍加珍惜、长期坚持。要深刻认识我国人民代表大会制度的本质特征、进一步发挥人民代表大会制度的特点和优势、不断推进人民代表大会制度完善和发展都必须加强人民代表大会制度的研究。

地方人大工作是人大制度创新的重要源泉。在过去的三十多年里,地方人大在人大制度建设、地方立法、人大监督、重大事项决定等方面都进行了探索创新,为社会主义法治建设和民主发展作出了重要贡献。有必要及时对地方人大工作进行经验总结、理论研究。

正是基于以上几个方面的因素,应当珍惜地方人大制度研究会这一重要平台,充分发挥“体制内”研究力量作用,为人大工作提供参考,为社会主义民主法治建设贡献力量。

第一,人大领导应高度重视研究会工作。实践证明,研究会的活动情况和作用发挥程度与领导是否关注密切相关。

第二,为研究会工作提供物质保障,创造良好环境。“兵马未动、粮草先行”,物质保障是做好一切工作的前提。调研中发现,状况不佳的研究会普遍缺乏独立的办公地点、专职工作人员和必要的专项经费。

第三,结合人大工作实际,创新活动内容。研究会应面向本地党委中心工作,面向人大工作实际,面向民生,面向基层,切实发挥好咨询、参谋作用。根据常委会重点工作,积极组织会员围绕加强立法、改进监督、提高人民代表大会及其常委会会议质量与效力等问题进行调查研究，组织理论研讨，加强学术交流。

第四，注重成果转化，充分发挥作用。有作为才有地位，研究会应当利用自身优势，以理论研究的实际成果推动人大工作。具体包括：(1)为党政决策、人大工作提供咨询、参谋作用。研究会有很多实践经验丰富、理论功底深厚的资深专家，在这方面大有作为。(2)对外培训。研究会可以开展人大知识、人大理论、人大工作培训活动，满足人大代表培训、人大机关工作人员培训、公务员培训、党校干部培训等需求。

第五，完善机制，充分激发研究会活力。建立健全与学术研究单位和其他人大工作理论研究机构的联系交流机制，加强与专家学者和人大工作者的沟通联系，定期组织开展学术交流和人大工作理论研讨活动，互通信息，促进工作；建立完善科学有效的课题研究机制，努力增强人大工作理论研究的前瞻性、科学性和针对性；改进完善人大工作理论研究成果奖励和宣传机制，宣传理论研究成果，推进研究会工作，推动成果转化。

第六，丰富研究方法，提升研究能力。国内学界和实际工作者对人大制度和人大工作研究主要可以概括为如下几种模式：一是制度描述途径，即描述人民代表大会制度在中国的产生和发展过程，阐明人民代表大会制度的合理性和特殊性；二是制度改进途径，从制度原理和问题解决的角度来寻求现有制度的完善；三是工作总结途径，以人大的工作为中心而展开，通过工作经验交流的方式解决实际问题；四是实证研究途径，通过访谈和统计来考察地方人大的实际运作状况。各地人大制度研究会往往比较习惯于第三种模式的研究，但是可能会缺乏对整个制度的实际生长过程和运行状况的反思，从而难以对整个制度形成深入和全面的认识。

第七，拓宽研究领域，加强综合研究。在我国，人大制度建设和人大工作涉及的领域和范围很广泛，包括经济、政治、社会生活的各个方面。与此相适应，人大理论也是一个较为复杂的综合体，涵盖多层次、多侧面的内容，如立法制度、监督制度、代表制度、选举制度、任免制度、自身建设等；而且还和众多的社会科学，如哲学、政治、经济、文化、法律、民族、宗教等学科交叉相连。应当把目光扩展到社会政治经济生活的各个方面，进行多层次、多侧面的综合研究，才能对一些重大的问题作出及时的回应或理论突破，为人大工作提供理论支持。

第八，加强交流合作，形成研究合力。一方面是实现不同性质研究机构的优势互补，如 2003 年 7 月，湖北省人大常委会和中南财经政法大学在武汉共同成立“湖北地方立法研究中心”，这是我国地方国家权力机关与高校成立的第一家地方立法研究机构；2004 年 4 月 20 日，北京市人大和北京联合大学成立“人民代表大会制度研究所”，被誉为中国第一个专门从事人大制度理论与实践研究的学术研究机构。

上海市社会建设研究会召开会员代表大会

2月25日，上海市社会建设研究会召开会员代表大会暨党的十八届三中全会精神学习研讨会。会上确定研究会2014年重点工作，同时围绕学习贯彻党的十八届三中全会精神开展专家研讨交流。市社会建设研究会会员和特邀研究员等近150人与会。

2014年市社会建设研究会的主要工作是深入学习贯彻党的十八大和十八届三中全会精神、市委十届五次全会精神，按照中央、市委提出的推进社会建设要求，在市社会工作党委、市社会建设委员会办公室指导下，结合实际，聚焦重点，深化社会建设理论研究，探讨社会治理体制创新，聚合研究力量，充分发挥智库平台、参谋助手、服务指导等支持作用，整体推进上海社会建设研究上新水平。会上，复旦大学教授范伟达、上海第二工业大学副教授李太斌两位专家紧扣党的十八届三中全会提出的重大理论问题，分别从社会建设要突出民生、注重民意和加快推进社会体制改革等角度破题，作了精彩的学术交流。而对党的十八届三中全会通过的《决定》对社会建设和社会治理的新思想、新观点、新要求的深入学习也将贯穿研究会全年各项工作。年内研究会还将通过开展沙龙活动、组织观摩研讨、举行报告会等形式深化社会建设的理论和实证研究。

会议选举市社会工作党委书记、市社会建设委员会办公室主任陆晓春为研究会新任会长。他在讲话中充分肯定了研究会2013年的工作，并对研究会2014年工作提出四点要求，一要以党的十八届三中全会精神指导社会治理工作；二要充分认识上海社会发展面临的机遇和挑战；三要加大以民生为重点的社会建设问题研究力度；四要不断增强上海社会建设研究活动的影响力，努力把研究会建成上海社会建设的智力库、点子库、思想库。

“环保中的女性力量”专题研讨会在沪举行

3月3日，由上海市妇联、市妇女学学会、市婚姻家庭研究会等联合举办的“环保中的女性力量”研讨会暨“我爱零负担环保行动摄影展”在上海戏剧学院召开。市妇联副主席孙美娥、世界自然基金会负责人任文伟先生致辞，市妇女学学会秘书长、副巡视员余伟星主持会议。来自同济大学、上海社科院等高校科研机构的专家学者，环保部门负责人，社团组织，以及环保实际工作者和志愿者近百人参加研讨会。

与会者认为，生态文明建设已成为妇女儿童未来生存与发展的重要课题，要把妇女、自然、社会和谐共生的理念转化为具体实践，把生态文明体现在妇女生活和妇女发展的每一个细节之中。与会者还从社会性别视角认为，与国际环保运动相比，中国的女性环保运动与性别政治、公民政治运动相对疏离，参与人群多在民间从事实际项目的操作，对公共政策影响力较弱，女性参加生态文明建设的义务与权利、制度与机制等方面的建设还不到位。

与会者建议，职业女性要在岗位上，倡导保护环境、节约资源、清洁生产，积极探索实现环境保护与经济发展协调的新方法；在消费上，要发扬勤俭持家的传统美德，倡导绿色消费，建立健康、文明、环保的生活方式；在环境保护教育上，要以母亲的行动影响自己的孩子，使他们在生活的点点滴滴中养成保护环境的好习惯，增强下一代保护环境、热爱自然的自觉性。妇女理论研究的专家学者要为解决生态文明建设存在问题服务，研究妇女参与生态建设的有效途径。进一步加强媒介的宣传，提升女性生态自然意识、生态经济意识、生态社会意识、生态关爱意识和生态责任意识，充分发挥女性智慧、热情和执着的精神，为建设“美丽上海、美丽中国”而作共同的努力。

“我爱零负担环保行动——2014年海上女摄影家作品展”展示的70幅摄影作品是女摄影工作者和女摄影爱好者用摄影语言阐明对生态文明建设的态度，用独特视角反映绿色环境、低碳生活、美丽家园和女性心灵释放的愿望，用美妙构图唤起公众减低碳排放的新理念，共同营造绿色、宜居美丽家园，共同托起一个天蓝、地绿、水净的美丽上海。影展结束后将在静安区社区继续展示。

上海金融法制研究会、市立法研究所联合召开中国（上海）自由贸易试验区立法调研座谈会

3月11日，上海金融法制研究会联合上海市立法研究所在上海证券交易所召开中国（上海）自由贸易试验区立法调研座谈会，围绕自贸试验区金融创新等主题进行座谈。市人大常委、财经委委员、海通证券副总裁李迅雷，市人大常委会法工委领导胡家辉等代表主办方参加了会议。出席座谈会的有中国工商银行上海市分行副行长顾国明，上海证券交易所副总经理徐明，上海银行原副行长、城市商业银行清算中心理事长王世豪，申银万国证券股份有限公司原总裁、中国证券业协会副会长冯国荣，华夏银行上海分行原行长夏小华、中国太平洋保险公司上海分公司副总经理、太平洋保险自贸区分公司副总经理邵健，华东政法大学经济法学院院长、教授、博士生导师吴弘，上海证券交易所法律部总监卢文道等专家。本次座谈会由上海金融法制研究会名誉会长倪维尧主持。

建立中国（上海）自由贸易试验区是党中央在新形势下推进改革开放的重大举措，自贸试验区的试验重点之一就是金融创新和金融市场开放，为积极推进上海市人大有关条例的制定工作，各位专家分别就鼓励金融创新、创新账户体系、投融资汇兑便利、人民币跨境使用、利率市场化、外汇管理、金融风险防范等问题提出了许多有针对性的意见和建议。

关于金融主体的发展，与会专家认为要根据自贸试验区需要，经国家金融管理部门批准，允许不同层级、不同功能、不同类型的金融机构进入自贸试验区。引导和鼓励民间资本投资区内金融业。支持自贸试验区互联网金融发展。允许在区内建立面向国际的金融交易平台，提供登记、托管、交易、清算等服务。

上海市统战理论研究会召开“全面深化改革与上海统战发展”学术年会暨六届二次理事(扩大)会议

3 月 25 日，上海市统战理论研究会在市委统战部多功能厅召开“全面深化改革与上海统战发展”学术年会暨六届二次理事(扩大)会议。中共上海市委常委、市委统战部部长、市统战理论研究会会长沙海林出席会议并讲话。市政协副主席、民建上海市委主委、市统战理论研究会副会长周汉民代表常务理事会向会议作了工作报告。会议由市委统战部秘书长、市统战理论研究会副会长李群策主持。

会上，沙海林充分肯定了市统战理论研究会一年来的工作，同时指出，研究会广大会员要学习领会中央精神，深刻把握全面深化改革与统一战线的关系，深入学习习近平总书记关于统一战线的新思想新观点新要求，紧紧围绕实现自身科学发展对统战工作提出的新要求开展研究；要聚焦统战工作重点，继续深化一致性与多样性关系研究，开展统一战线在协商民主中重要作用的研究，关于坚持中国特色解决民族问题的路径研究，加强对宗教事务管理法制化问题的研究，加强对统一战线发现举荐人才工作的研究，深化新的社会阶层人士工作研究；研究会要着力加强自身建设，坚持正确的研究方向，运用恰当的研究方法，发挥研究的整体合力，提升整体研究水平。

上海市社会主义学院副院长姚俭建，九三学社市委主委周锋副，上海师范大学法政学院教授商红日，中共长宁区委常委、长宁区委统战部部长刘春景和华东师范大学资源与环境科学院教授林拓分别就社会治理结构创新与统一战线的功能定位、协商民主与参政党的自身建设、党的统一战线工作的大局观和使命感、统一战线在社会治理改革中作用发挥的再认识和思考、直面非公经济人士成长困惑作了交流发言。

上海市统战理论研究会副会长张颖、徐卫、蔡建国、姚俭建、林尚立、商红日，及理事、会员代表一百余人出席会议。

上海金融法制研究会发布青年人才课题

国家选择上海作为自由贸易试验区，是在改革开放关键时期做出的一项重大战略部署，试验重点之一就是金融创新和金融市场开放，上海具有建设国际金融中心、国际贸易中心、国际经济中心和国际航运中心的优势，将在未来金融创新方面承担起更为重要的先行先试的职责。上海必将成为金融创新的引领者，人才则是创新的核心要素。为致力于服务青年成长成才，挖掘优秀青年人才，构筑青年人才高地，为上海国际金融中心建设提供智力支持，上海金融法制研究会、上海市立法研究所启动了青年课题研究工作。2014年1月，发出了征集本年度青年课题题目的通知，广泛征求上海金融系统、各大银行以及各层级法院、检察院、公安系统等相关部门的意见和建议。上海金融法制研究会学术委员会、秘书处及青年工作小组多次召开专题讨论会，与会人员纷纷畅所欲言、集思广益，从各自角度分别发表了很多真知灼见。上海金融法制研究会办公室召开了几次小型座谈会，商讨活动的范围和方向。在此基础上，上海金融法治研究会确定了"资本市场创新发展与金融犯罪圈的边界""第三方理财的法律问题研究""中国(上海)自由贸易试验区与人民币国际化的互动关系研究""互联网金融监管与法制保障研究""上海市养老金融模式与政策扶持体系研究"五个课题。

3月27日，上海金融法制研究会召开了联系人会议，向各会员单位联系人发出了青年课题招标通知书，学会会长倪维尧提出本次青年课题研究要突出"创新性、学术性、规范性、原创性、实践性"，并做到学术观点鲜明、富有创新思维、为上海国际金融中心建设和自贸区金融创新提供有力的理论支撑和有效的决策参考。截至4月15日，共有17位青年会员申报本年度青年课题。上海金融法制研究会在汇总所有招标书的基础上，组织了相关专家学者、青年工作领导小组成员担任评委，本着实事求是、客观公平的原则，慎重选择、打分，最终五位会员脱颖而出，赢得中标。他们是金山区人民检察院副检察长徐庆天、上海政法学院刑事司法学院副院长刘瑞瑞、中国人民银行上海总部副处长周厉、中国人民银行上海总部金融服务一部副处长陈钢、上海市人大信访办徐星。

“科学社会主义理论重构问题”学术研讨会综述

4 月 10 日,“科学社会主义理论重构问题”学术研讨会在中共上海市委党校海兴教学楼 409 会议室举行。上海科学社会主义学会会长夏军,市委党校副校长、上海科社学会副会长郭庆松,市社联专职副主席刘世军,来自上海党校、高校、社科院的有关学者与上海人民出版社编辑等 20 人出席了会议。会议由上海科学社会主义学会副会长兼秘书长吴解生主持。

郭庆松就如何看待全面深化改革面临的阻力、全面深化改革如何破局、打开反腐倡廉的缺口和认识新权威主义等问题作了发言,指出科学社会主义学科建设和学术专著撰写应重视理论与实际问题的结合,既体现其应有的学术价值又对科学社会主义未来学术研究作出突出贡献,并表示市委党校将全力支持学会学术研究,对学会的新发展充满期待。

夏军指出,上海科学社会主义学会必须加强学科理论建设。理论研究和学科建设要围绕科学社会主义相关问题进行,以中国特色社会主义理论的形成、发展、成熟和对社会主义、国际共产主义的杰出贡献为主线;现实问题研究要突出对关于人的问题、经济的问题、政治的问题及社会发展问题等进行细致阐述,使科学社会主义基本理论在总体上推向深入。当代科学社会主义理论创新,相比经典的科学社会主义就是重构,就是实现其学科的回归。

上海科社学会副秘书长、市委党校教授王公龙认为:马克思主义作为一种科学信仰具有特定的基本要素、内涵特征和功能,梳理社会主义、共产主义信仰的历史溯源,分析当下社会主义信仰的现实困境,分析产生信仰危机的原因,提出未来社会主义实现路径,最终的落脚点是中国特色社会主义的道路、理论和制度自信。

上海交通大学教授陈锡喜认为:中国特色社会主义理论就是对科社社会主义理论的当代重构,具有实践性和时代性,与马克思主义的基本原理一脉相承。其中包括对科学社会主义基本原则的重新梳理,对马克思所发现的人类历史发展规律的新认识和对科学社会主义对未来理想社会制度特征的预测(包括物质前提、经济基础、政治上层建筑、思想文化等方面)。社会主义社会是不断变革的社会,在对现实社会的不断批判和问题解决过程中,发挥人的主体能动性和选择性,实现理论和历史逻辑的统一。

上海社科院教授成素梅认为,科学技术对科学社会主义理论的形成和发展始终产生重大影响。工业革命、信息革命和互联网技术为代表的当代科学技术的发展对人类文明发展的推进,主要表现在对社会发展规律认识的演变,对人们世界观、价值观和发展观的改变产生巨大作用。中国当代的科学技术发展同时为中国特色社会主义发展与推进人类文明发展作出了贡献。

上海科社学会副会长、解放军南京政治学院上海分院教授孙力认为，科学社会主义理论促进了当代人类政治现代化，马克思、恩格斯关于政治革命的理论是科学社会主义思想的首要环节，社会主义政治制度的创立开辟了人类政治发展的新里程，社会主义政治现代化展现出推动人类进步的空前强大功能。中国特色社会主义理论创新发展集中体现了科学社会主义的政治价值。

上海科社学会资深顾问、华东师范大学教授周尚文认为：列宁关于科学社会主义的理论贡献，主要表现在论述经济落后国家的共产党人如何夺取政权、如何巩固政权和加强执政党建设等主要方面，开创了非资本主义国家的现代化道路。列宁对特殊时期社会主义理论的论述具有时代价值，但也有缺陷。学术研究必须理论联系实际，反思斯大林等人的错误，为中国特色社会主义的建设提供借鉴经验。

上海社科院徐觉哉研究员认为：中国特色社会主义是对科学社会主义理论的创造性发展。传统西方社会主义和东方现实社会主义的演进理论和历史逻辑不一样。中国特色社会主义回归了人类社会发展的自然历史进程，中国式发展道路是回归了马克思关于发展资本市场、追求“用资本消灭资本”重要论述的历史普遍性的必然反映。我们要从理论与经验上加以提炼和归纳。

上海科社学会副秘书长、上师大教授黄福寿认为，研究当代西方社会主义思潮，尤其是民主社会主义、市场社会主义、生态社会主义这三种典型社会思潮，对中国特色社会主义发展的影响与联系，学习借鉴其科学之处，实现对现有制度、体制改革和西方治理制度的超越具有重大价值和意义。马克思主义理论形成时期对各种社会思潮的学习研究和批判态度，对中国特色社会主义理论创新发展和世界社会主义多样化探索具有重要启迪和指导意义。

刘世军认为，中国特色社会主义理论在市场经济、所有制、民权、社会和谐、全球化、改革开放与执政党建设等方面的理论与实践创新有了突破，对科学社会主义理论重构作出了重大贡献。建设中国特色社会主义与建设马克思主义执政党是互为前提、内在统一的，中国共产党的执政理念、执政资源的维护与开发、执政方式、完善社会制度、执政能力与国家治理现代化等方面理论创新，展现了当代马克思主义理论与时俱进的品质特征。

上海市委党校教授陈胜云，上海社科院研究员杨建文，上海科社学会副秘书长、华东师范大学教授郝宇青分别作了“唯物史观是科学社会主义的理论基石”“强大的经济实力是科学社会主义存在的一个基本前提”“当代不发达社会主义国家的执政羁绊”的书面发言。复旦大学副校长林尚立和上海社科院党委书记潘世伟对研讨会的召开和学术专著的撰写给予了高度关注和积极支持，分别向研讨会提出了“以人民为本位的现代国家建设理论体系”和“社会主义的新认识、新实践和新归纳”的研讨专题。

与会学者围绕理论重构涉及的有关重要内容展开了热烈的互动交流，一致认为，科学社会主义具有强大生命力，中国特色社会主义决不是空想，它从理论与实践上与时俱进，对人类文明发展作出了并将继续作出巨大贡献。上海科学社会主义学会作为基础理论学会，必须抓住机遇，高举科学社会主义大旗，为巩固执政党的主流意识形态、推进中华民族的伟大复兴，积极回应学界的争议和各种社会思潮挑战，服务社会需求，努力将学术研究成果编撰成学术专著，提高学术研究、重大理论问题研讨和学科建设质量和成果水平，进一步扩大学术影响力。

夏军作了总结发言，对学者们的专题发言给予了充分肯定和高度评价，提出了值得商榷和进一步探究的建议。会议同时通报了《科学社会主义决不是空想——理论重构的问题研究》学术专著编著的项目进展，要求按计划完成，下半年由上海人民出版社出版发行。

追寻“马克思主义与改革开放”的真谛与导向

——2014年上海市马克思主义研究首季度论坛暨上海市马克思主义研究会2013年年会

4月13日，由上海市社会科学界联合会、中共上海市委党校和上海市马克思主义研究会共同举办，市委党校马克思主义研究院协办的上海市马克思主义研究2014年首季度论坛暨上海市马克思主义研究会2013年年会在市委党校举行。市委党校常务副校长王国平、市社联专职副主席刘世军、市委党校副校长郭庆松，市马克思主义研究会副会长童世骏、周锦尉、丁荣生、石磊，以及本市有关高校马克思主义研究博士点负责人、市马克思主义研究会理事会员120余人与会。开幕式由市委党校副校长郭庆松主持，市委党校常务副校长、市马克思主义研究会会长王国平与市社联专职副主席刘世军作了学术致辞，副会长周尚文与副会长周锦尉分别主持了专题研讨的第一场与第二场，秘书长王建国主持自由发言并作小结。

王国平指出，党的十八大以来，习近平总书记围绕坚持和发展中国特色社会主义的主题主线发表了一系列重要讲话，其鲜明特点之一就是运用唯物史观阐明了马克思主义与改革开放的辩证关系。改革开放就是要把马克思主义与中国的历史传统、文化积淀和基本国情相结合，同时吸收各个国家文明的优秀成果，从而赋予马克思主义以鲜明的实践特色、理论特色、民族特色和时代特色，不断推进马克思主义的中国化、时代化和大众化。

刘世军指出，今天的论坛以马克思主义与改革开放为主题来开局，这就清晰表明了我们的根本态度和主张，那就是越是全面深化改革开放，越要毫不动摇坚持马克思主义。马克思主义与改革开放是命运共同体，马克思主义与中国特色社会主义也是命运共同体，毫不动摇地坚持马克思主义，一刻也不停地丰富和发展马克思主义，应该成为这个论坛乃至上海理论界的一个基本的原则，我们必须牢牢抓住并始终坚持。

一、 经济学视野中的现实、经典与方法

复旦大学经济学院党委书记、市马克思主义研究会副会长石磊阐述了对当前中国热点经济问题的看法。第一，商品经济的充分发展是人类社会不可逾越的一个阶段，市场在资源配置当中起决定性的作用，那就表明中国仍然处于商品经济的社会形态。第二，劳动不能从资本和土地的关系中分离出来，分离出来以后任何一种要素只是潜在的生产要素，

而不是现实的要素。党的十八届三中全会的《决定》里提到，要释放一切生产要素的财富效应。第三，马克思认为，股份制其实是对私人财产制度的一种扬弃。作为积极的扬弃，中国可以在社会主义基本制度框架下面搞市场经济。第四，中国不要陷入虚拟经济的泥潭，不要让金融改革化为经济虚拟化。第五，农村土地要素的适当化流转才真正能够让土地从二元的刚性结构下面转化为可流动的资本，增加农民财产性收入。中国最大的土地所有者是国家，在现有的制度和宪法基础上，政府拥有地租是有法理基础的。地租最好的用途，一是兼顾土地所涵盖的全民的利益，二是提供涵盖全民利益的最基本最迫切的公共服务。

复旦大学企业研究所所长、市马克思主义研究会理事张晖明对改革开放作了马克思主义方法论尤其是历史唯物主义方法论的反思。他认为，我们的改革是从经济体制改革开始的，我们既要承认要发挥经济体制改革的这种牵引的能力、动力，同时又要承认改革到今天已经不能够像当时那样一马当先，而是在经济改革的牵引下要全面深化。

二、 文化与价值的反思

上海市委党校马克思主义研究院特聘研究员、市马克思主义研究会理事黄力之阐述了“马克思主义中国化与中华文化的历史转折”，认为 1840 年以来中国在与西方发生文化交流的过程中，中国文化处于一个劣势。文化的失败打击了中国人对文化的自信心。但是，在现代化过程中，中国传统文化本身没有完全消失。在马克思主义影响中国的时候，中国传统文化有一种本能的反应。20 世纪 30 年代的所谓“中国文化本位论”，认为马克思主义是来自西方和国外的东西，与中国的实际是不相适合的。由于有这个政治意图，我们曾把“中国文化本位论”看作是一个落后的思想。今天应该从另外一个角度看，它从消极的方面坚持了中国传统的文化。从积极的方面坚守中国的传统，就是毛泽东对马克思主义的中国化，反对教条主义化的马克思主义。

解放军南京政治学院上海分院中国特色社会主义理论体系研究所所长、市马克思主义研究会常务理事孙力呼吁“社会治理需要价值中轴”。中国社会多元主体参与社会管理有了历史性的前提，并带来了一个可以进行治理的历史性转换。不仅是要注意整合多方力量，还强调政党的领导作用，强调政府的主要作用以及社会主义核心价值观的引导作用。要发挥社会主义核心价值观在治理当中的功能，运用软实力推动社会发展。

上海师范大学知识与价值研究所所长、市马克思主义研究会常务理事何云峰提出“劳动价值是社会主义核心价值的基础”。第一，就是尊重劳动价值，因为在马克思的理论中劳动是最基本的，人类劳动是最基本的东西，劳动创造一切，劳动创造人的本质，劳动创造社会，劳动创造人。第二，就是对人民疾苦的关心，就是我们对于人民要关爱，我们要爱人民，我们要尊重人民，我们要敬畏人民。第三，是消灭或者确切讲是缩小差别，尤其是缩小三大差别。第四，就是人类联合。这四个方面最基础的就是劳动，所以劳动是社会主义核心价值观的基础。

上海师范大学思想政治教育研究所所长、市马克思主义研究会理事周中之提出“人民性是理解马克思主义与改革开放关系的一根红线”。改革开放和马克思主义的关系，怎样来加以理解？马克思为什么讲阶级斗争，讲无产阶级专政，因为他看到了工人在资本主义当中的一种悲惨的境遇，要推翻资本主义制度，在当时历史条件下，他的根本目的就是为大多数人谋利益。今天的改革开放也是为了最广大人民群众的利益，那么现在我们讲改革开放是继承马克思主义的，可以从这个最高的价值观念上把革命和建设串联起来。

三、 驾驭、创新与思辨的三重奏

上海市人大常委会法工委委员、市马克思主义研究会副会长周锦尉对“驾驭改革的三个环节”作了深入浅出的阐发。邓小平领导中国改革是从三个切入点进入的，一是从农民有实践经验的但是过去受批判的“联产承包”切入，在全社会展开。第二个从广东和港澳台地理人文环境比较融合切入。第三，从上海切入。他的理论最重要的也是三点，第一是强调了社会主义本质的理论。第二是把市场经济引入中国。第三是认为中国是初级阶段。这三个原创性的东西非常助力，中国成功地驾驭了改革，走到现在难度更高了。如何对待执政党、政府所把握的权力，是如何对待自己的权力，怎么对待群众，如何对待自然。如何对待这三个问题，对我们执政党是个非常大的挑战。

上海市委党校马克思主义研究院特聘研究员袁秉达论述了“改革理论创新及其方法论特点”。第一，改革的定性与定位是至关重要的，它涉及我们到底是什么样性质的改革，改革在整个经济社会发展当中到底处于什么样的地位。它是新的伟大革命，是当代中国最鲜明的特色，是强大动力，是有力保障，是重要法宝，是关键抉择。这六条关于改革定性定位的关键词，从理论上可概括为三个基本的特点：伟大革命；关键一招；制度完善。第二，改革的方向与导向。这个领域也有四个比较重要的论点：全面深化论；政治方向论；价值取向论；目标导向论。第三，改革的动力与活力包括改革动力论、激发活力论、改革解放论、改革创新驱动论、不停改革论。第四，改革的主导与主体，包括市场决定论、政府主导论、人民主体论。第五，改革的方式和方法，包括顶层设计论、战略战术论、调查研究论、底线思维论。

上海大学社会科学院院长、市马克思主义研究会常务理事王天恩教授以思辨与实证相融贯的方式论述了“马克思主义哲学与全面深化改革”。中国改革的发展必然面临全面深化，中国的改革是独一无二的，中国的道路也是独一无二的。目前，关键的问题是理论和实践在很多领域都是脱节的，马克思主义哲学不能停留在抽象的层次上，必须具体化。我们哲学工作者的任务，特别是马克思主义哲学工作者的任务，应该是要让哲学更好地深入科学和社会实践。

市委党校马克思主义研究院教授官进胜着眼于国际视野来论述中国道路与中国梦，主要是关注外国人如何评论中国的改革开放的现代化之路。改革开放30多年来中国取得了巨大的成就，国际地位显著提升，国外因而掀起了对中国发展道路研究的热潮。国外的研究不仅关注中国发展道路的内涵、特征、意义，同时更加关注中国道路所提供的经验、发展的前景以及我们新提出来的“中国梦”。

上海市委党校马克思主义研究院常务副院长、市马克思主义研究会秘书长王建国对本次论坛作了小结。他认为，本届论坛具有以下几个特点：一是信息密度高。二是开幕式上学术致辞的指导高远有力。三是问题意识凸显自觉，问题的疑难度较高，现实针对性较准，理论学理性较强。四是学科支撑扎实广阔，与会专家注重从学科、学术与学理去寻找支撑。五是研究方法丰富多样，诸如理论与实际、传统与现代、全球与本土、真理与价值、经典与现实、语义与语用、革命与建设、主观与客观、条件与规律、反思与批判、辩证与科学、理性与人性等，在研讨中都有所体现。

上海金融法制研究会、市立法研究所共同举办“金融风险预警教育”报告会

4月16日，上海金融法制研究会与市立法研究所共同举办“金融风险预警教育”报告会。

此次讲座特邀上海市金融服务办金融稳定处处长赵万兵、上海市经侦总队一支队政委任志强主讲。上海金融法制研究会名誉会长倪维尧、学术委员会主任李克渊、学术委员会副主任刘晓明及相关会员60余人参加了活动。

赵万兵指出，当前重点关注的金融风险集中于三大类：一是行业性、领域性信用违约风险；二是相关影子银行业务风险；三是非法金融活动风险。各类风险的具体表现不同，处理方式和管理办法需要把握市场规律、健全早发现体制、建设诚信体系、加强宣传教育。

任志强则以经济犯罪侦查为视角，分析了金融从业人员犯罪总体情况及案件特点、目前金融系统突出问题及重点监控领域，并在此基础上提出“将金融风险预警工作与内部风险防控有机联系起来”，“找准衔接点、抓住关节点，为防范化解金融犯罪风险服务”两大工作建议。

讲座内容精彩，现场掌声热烈。通过此次讲座，加深了会员对于金融风险知识的理解，也为强化金融风险防范意识起到了有益的作用。

殷一璀出席上海人大工作研究会年会

4月21日，上海人大工作研究会召开第一届第三次会员大会。会议由研究会副会长甘忠泽主持，84名会员及市社团局、市社联，市人大各委员会、办公厅、研究室和各区县人大研究会的嘉宾115人出席。上海市人大常委会主任殷一璀出席并讲话，研究会名誉会长刘云耕，终生顾问陈铁迪，名誉副会长王培生、胡延照、杨定华、周禹鹏以及顾问张圣坤参加了会议。

会议听取并表决通过了会长姚明宝作的“关于2013年度工作及2014年度计划的报告”。2013年，上海人大工作研究会以课题研究为抓手、以双月理论座谈会为平台、以促进研究成果转化运用为目标，推进人大工作的理论研究与实践创新。

2013年研究会共立项11个研究课题，其中市人大常委会党组委托课题2项。“他山之石与我们的思考”是学习借鉴全国人大和兄弟省市人大常委会的工作经验，推动上海人大工作实践创新的重要课题；“地方人大常委会党组作用研究”是根据党的十八大关于民主政治建设和十八届三中全会《决定》提出的“推动人民代表大会制度与时俱进”精神而设立的专项课题。小组集体课题4项、会员个人课题4项。此外，研究会还首次接受企业委托完成了“关于本市电力建设运行中若干问题的专题调研报告”，殷一璀与刘云耕分别在调研报告上作了批示，调研报告提出的意见与建议被人大相关委员会所采纳。2013年，研究会共有5项研究成果获评优秀成果奖，殷一璀主任、陈铁迪、刘云耕等老领导为获奖成果颁奖。

双月理论座谈会是研究会的学术交流平台。2013年，研究会共召开了“增强三个自信、推动人大工作”等6期专题理论学习会和讨论会；举办了“3D打印技术及后续发展效应”“我国周边安全及软实力建设”“干细胞采集与应用”等新知识讲座；参与合办了“中国(上海)自由贸易试验区法制保障”专题讨论会等。

为促进研究成果的转化运用，研究会召开了媒体通气会，《解放日报》《文汇报》《上海法制报》《新民晚报》《社会科学报》《上海人大月刊》等报刊相继专版介绍或发表研究会的研究成果。

会上，两位会员代表就参与课题研究及兴趣活动的体会作了交流发言。副会长袁以星通报了会员成果展示的情况。

殷一璀在讲话中充分肯定了研究会各项工作的成绩：一是研究会课题研究成效显著，体现了较高质量和水平，为市人大常委会借鉴兄弟省市人大和历届市人大常委会的好经验、推进本市人大工作与时俱进提供了重要决策参考，相关建议已结合党的群众路线教育实践活动整改工作落实到各项具体制度中。二是各类活动丰富多彩。找到了一条让老领导、老同志为人大工作贡献经验和智慧的新途径。三是运行机制科学有效。研究会探索建立的自我管理、自我服务、自我教育和自我监督的内部工作机制,有效保障了各项工作的顺利开展。研究会知名度和影响力不断提高。

殷一璀指出,研究会要根据党的十八届三中全会对人大工作提出的新要求,以及上海市委确定的今年人大工作改革创新的七项任务,围绕常委会履职实践,加强对有关深化立法协商、加强区域人大联动、开展持续跟踪监督等人大工作中新情况新问题的研究,提出有针对性、操作性的工作建议,发挥智库和决策咨询作用,努力成为促进本市人大工作创新发展的有效推动力。

金融法制研究会举办自贸试验区立法情况专题讲座

5月16日，上海金融法制研究会联合上海市立法研究所在兴华宾馆五楼兴华厅举办“中国（上海）自由贸易试验区立法情况”专题讲座，特邀市人大常委会委员、市人大法制委副主任委员、常委会法工委主任、市立法研究所所长丁伟主讲。上海金融法制研究会名誉会长倪维尧主持了本次专题讲座。

丁伟首先向大家简要地回顾了上海自贸区决策形成和筹备过程。他指出：自贸试验区落户上海，充分体现了党的十八大以来，党中央和新一届政府对上海寄予厚望和给予的大力支持；上海自贸区的筹备工作又一次向世人展示了上海的改革热情和办事效率，刷新了“上海速度”。可以相信，上海自贸试验区的建设必将给上海的发展注入新的动力，带来新的发展机遇。

丁伟围绕自贸试验区的法制建设，先向大家介绍了国际上现存自贸区的法律模式、特征和功能，比较了我国各类海关特殊监管区与自贸区的差异，重点介绍了上海自贸试验区建设的法制保障问题，其中包括：先行先试的内容及需要突破的相关制度、关于国家层面的法律授权、关于本市法制保障问题等。他向大家透露：中央对中国（上海）自由贸易试验区的总要求是“重在制度创新，不搞政策优惠，避免形成政策洼地”。在已经确立的98项试验项目中，有58个项目涉及制度创新，主要包括“准入前国民待遇和负面清单为核心的投资管理新体制”“以货物状态分类监管为核心的贸易监管新体制”“以资本项目可兑换和金融服务业全面开放为标志的金融监管新体制”“以事中、事后监管为重点的综合监管新体制”四个方面。

上海科社学会常务理事会学习习近平讲话

5月16日，上海科社学会在解放报业集团会议中心召开党的十八届三中全会以来习近平同志的重要讲话学习会暨八届四次常务理事会。上海市社会科学界联合会原党组书记、副主席、学会顾问王邦佐，学会会长夏军，副会长周智强、张明军、杨志英、王子奇等20位理事参加了会议。会议由学会副会长、秘书长吴解生主持。

学会副会长、党组成员、解放日报委员会副书记周智强指出，党的十八届三中全会以来习近平同志的系列重要讲话，贯穿马克思主义的立场、观点和方法，放眼几千年世界文明史、中华文明史，结合世界社会主义发展实践，立足中国特色社会主义建设实际，注重运用现代思维和观念，全面系统、深入浅出地阐述了坚持和发展中国特色社会主义等系列重要问题。习近平总书记系列重要讲话，充分体现了坚持和发展、继承和创新的统一，为马克思主义理论宝库注入新的时代精神和鲜活思想；从历史的大视野和发展的大趋势思考分析问题，贯穿着坚定的信仰追求和强烈的历史担当；集中体现了党的执政理念，充满着真挚的为民情怀和务实的思想作风；准确把握党和国家事业发展的新任务、新要求，深刻回答了中国特色社会主义建设中亟待解决的重大理论和现实问题；具有很强的系统性和指导性，全面体现了在治国理政方面的创新和发展；体现出领航中国的大胸怀、大战略、大智慧。习近平近期在比利时布鲁日欧洲学院发表的重要演讲，关于"中国是有着悠久文明的国家""经历了深重苦难的国家""实行中国特色社会主义的国家""世界上最大的发展中国家""正在发生深刻变革的国家"的概括，具有全面性、系统性和高度概括性，准确把握了党和国家的历史方位和时代坐标，需要认真领会和准确把握。

上海科社学会副会长、华东政法大学政治学与公共管理学院院长张明军指出，习近平同志在党的十八届三中全会以来的系列重要讲话是继续推进马克思主义在中国发展创新的新思考，具有深刻的理论内核（哲学基础），是解决当前中国发展面临重大问题的基本战略性思想，在未来通过改革实践总结，形成系统的理论观点之后，必将成为成熟的指导中国特色社会主义发展的新理论。

文汇报社史煦光指出，习近平同志的系列重要讲话中多次涉及了对国际关系的论述。习近平同志指出，"这个世界，和平、发展、合作、共赢成为时代潮流。多个发展中心在世界各地区逐渐形成，国际力量对比继续朝着有利于世界和平与发展的方向发展"。近阶段，部分周边国家就领土问题不断挑衅，摩擦增多，我们一定要保持清醒的头脑，不上别人的当，努力维护局势的稳定，坚持走和平发展道路，保证中国经济社会的稳定发展。

上海海事大学教授刘泽雨指出，习近平同志的系列重要讲话明确了社会主义核心价值体系同中国梦、中国传统文化的关系。社会主义核心价值是党领导人民实现小康社会和民族复兴追求的思想、动力和保障，民族文化是区别于其他民族的标识，中国梦的宣传要与当代的核心价值体系紧密联系，提高国家文化软实力，努力展示中华文化独特魅力。重点宣传教育的对象是党员领导干部和青少年。

解放军南京政治学院上海分院副教授李海平指出，习近平同志担任中央军委主席以来，高度重视军队建设，遍访各大军区和兵种，围绕党的十八届三中全会提出的建设一支听党指挥、能打胜仗、作风优良的人民军队这一强军目标，着力解决制约发展问题和矛盾，创新军事理论，加强战略研究，推进国防和军队改革，为军队履行维护中国特色社会主义事业发展环境与社会稳定、维护国家主权和领土完整、维护世界和平的职责作出重要指导。

上海科社学会副会长兼秘书长吴解生认为，习近平同志在党的十八届三中全会以来，在不同场合，针对国内外发展的形势和重大理论与实践，做出了多次有关全面深化推进改革开放总目标和社会主义核心价值观的重要讲话，具有很强的针对性，对未来中国的发展和走向，意义重大。“完善社会主义制度与提高国家现代化治理体系和能力建设”和“弘扬培育核心价值观”，不仅是实现中国梦的两大翅膀，也是坚持和发展中国特色社会主义道路、制度和理论的必然选择。科社学会作为主流意识形态的社会学术团体，必须聚焦重大学术主题，以高度的政治敏感和责任感，以社会主义核心价值观为引领，围绕服务改革开放、服务国家和社会发展，服务学会学术骨干，出成果出人才。

上海科社学会会长夏军作总结讲话，强调了三个“坚持”。一要坚持把党的十八届三中全会以来习近平同志的重要讲话作为今后学会长期关注的内容，特别重视对改革开放实践推进过程的观察、研究和评价，保持学者的清醒。二要坚持科学社会主义的基本原则、基本精神，把学会的各项工作做好，一步一个脚印。三要坚持学会的特点，即理论联系实际，关注前沿和现实问题。2014 年还要特别把学科专著的编辑、出版、发行摆上重要议程，从不断完善中国特色社会主义理论的战略高度，出一本高质量、受欢迎、有影响的学科理论专著。

上海市社联原党组书记、副主席、学会顾问王邦佐在发言中，充分肯定了上海科社学会一直以来的工作成绩及本次学习会的重要价值。他指出，科学社会主义有着丰富的内涵，也有很多理论和现实的问题值得研究，是一门有着旺盛生命力和影响力的学科。他希望上海科社学会继续发扬优良的传统，更好地利用市社联的平台，加强同外省市科社学会的联系和各类学术团体的沟通交流，进一步促进各项工作的有效开展和质量提升。

上海科社学会常务理事会对学会工作重点进行了部署。2014 年学会要在深入学习、研究、宣传和贯彻党的十八大和十八届三中全会精神基础上，有效整合学术资源，结合上海改革开放和创新发展，联系实际积极开展中国特色社会主义理论专题学术研讨；依靠理事单位和广大学者，努力落实市社联提出的学术项目合作指导意见，以学会学术活动月、学术年会和各种论坛等平台为依托，继续推进跨学会、跨学科和跨地区的专题研究；要依章办会，加强学会科学管理，在学科理论建设、青年骨干队伍培养两大领域，创新改革，谋求突破，形成新成果。

上海科社学会召开社会主义核心价值观专题研讨会

5月28日，上海科学社会主义学会与市委党校第三分校联合举办“社会主义核心价值观与习近平同志中国梦战略思想”学术研讨会，上海市社联党组书记、专职副主席沈国明，上海科学社会主义学会会长夏军，市委党校副校长郭庆松，市委党校第三分校校长朱亮高等与来自党校系统、高校和媒体的50多位学者参加了研讨。第三分校副校长任锴荣和上海科学社会主义学会副会长吴解生分别主持了研讨会。

沈国明指出，习近平同志在上海的重要讲话具有高度战略意义，弘扬社会主义核心价值观不仅维护主流意识形态，而且确保经济社会健康持续发展，广大党员干部和社科界学者要认真学习、思考和研究，提升能力，才能主动应对国内外的严峻挑战。

夏军指出，社会主义核心价值观是以马克思主义理论为指导、爱国主义和改革创新为核心内容的执政党主流意识形态的集中体现，要通过体制改革的顶层设计，遏制腐败，率先示范，不仅是纳入国民教育体系就可以了，而且是长期和艰巨的任务。

吴解生认为，一个伟大民族要崛起于世界之林，必须拥有符合自己国情、历史潮流的价值理念，这个理念比武器和财富更具活力，能够引领国家战胜困难走向光明未来。社会主义核心价值观体现了马克思提出的社会主义自由、公平、正义、民主和法治等本质特征。用社会主义核心价值观指导改革开放、国家治理体系和治理能力现代化建设，确保中国道路不偏离，是实现中国梦的基石。

华东师范大学赵修义认为，习近平同志从国家治理的角度将制度选择和价值选择有机结合，具有理论创新和现实针对性，有利于在当今世界全球化、市场化的浪潮中保持和维护中华民族的独立性。

朱亮高指出，习近平同志在亚信会议后视察上海时，将培育和践行社会主义核心价值观提高到“凝魂聚气、强基固本”时代高度，提出了将“知行合一、行胜于言”落实到“日常化、具体化、形象化、生活化”的实践新要求。社会主义核心价值观与“中国梦”战略目标紧密联系，相互贯通，党校要努力为“践行、守护和推动”二者增强自身的“定力、活力与合力”。

上海市委党校三分校张钦亚认为，社会主义核心价值观具有共同理想信仰引领、共识凝聚社会认同、文明复兴形象塑造、增强软实力话语权、重构个体整体统一、人民幸福社会正义六方面的重要意义。

解放日报社周智强认为，习近平同志要求上海率先培育和践行社会主义核心价值观，是对上海特大城市提升文明素养的新要求，实现中华民族伟大复兴的中国梦就是用价值观塑造文明形象的过程，这是执政党执政理念的新跃升。同时，提升执政文化形象，要有价值观和执政目标的双重支撑，坚持马克思主义理论指导和党在不同历史阶段的使命目标贯通，是马克思主义中国化、大众化和时代化的与时俱进。

解放军南京政治学院上海分院孙力认为，马克思主义主张用社会主义制度平等以实现“共享”和防止贫富分化，邓小平主张改革开放来推进和发展社会主义平等，中国梦就是发展道路多样性的新表达，提出各国根据各国实际决定自己的发展道路，绝不走“分裂世界、欺霸弱小”排他性的西方霸权道路，“爱国”是价值观的基本要素，“和谐”是中国道路目标的创新。

复旦大学吴新文认为，社会主义核心价值观立足中国民族大地和中国历史积淀，是“定海神针”，其引领作用超越了“左”和“右”，能够防止改革滑向实用主义，发生颠覆性错误。坚持毛泽东提出的国家统一、人民团结、民族团结是事业胜利的底线，有效组成“国家、民族和人民的共同体”，才能抵御西方敌对势力的渗透。

郭庆松认为，习近平同志的系列重要讲话，针对我国面临的一系列重大理论和实际问题，回答了建设什么样的国家、建设什么样的社会和培养什么样的公民三大问题，提出用社会主义核心价值观发展和完善中国特色社会主义制度。

研讨会上，上海师范大学周中之、高惠珠，市委党校吕会霖等专家也作了发言。

“创新社会治理的法律作为”研讨会

5月29日，上海市法学会举办主题为“创新社会治理的法律作为”的第36次青年法学沙龙。来自本市各法学院校、科研机构的学者及市委政法委、市社会工作党委，徐汇区综治办、检察院等实务部门的专家共30余人参与研讨。

会上，徐汇区综治办主任陆恒炯作了主旨发言。他梳理了当前社会治理存在的若干问题：即社会发展模式以GDP为导向还比较明显；社会管理上缺乏系统性设计；自治组织和中介组织行政化倾向比较明显；社会自我约束能力非常弱，缺乏一种契约的精神。他分析当前基层一线面临的执法困境：即相对于上海人口膨胀，基层一线执法力量明显不够；当前行政执法成本较高；运动式、灭火式的执法方式和综合执法大联勤大联动等不具有可持续性；社会治理公平和效率的问题需要兼顾。他认为，破解这些困境需要从以下三个方面入手：一是正确处理政府与社会关系的问题，政府职能要有进有退；二是要加强政府职能分配的顶层设计，加快政府管理体制改革，职能交叉重叠的要整合，机构要精简；三是处理好刚与柔的关系，执法要刚性，体现法制的作用、法制的力量，公共服务方面应体现柔的特性。最后，他认为创新社会治理，法治应发挥以下三个方面作用：一是要以推动预算公开为核心，进一步强化政务公开，建设阳光政府；二是要以兼顾公平效率为原则，加快推进政府行政管理体制改革；三是要以职业化为导向，改革公务员管理制度，建立高素质公务员队伍。

与会人员围绕主旨发言和困扰本市社会治理的“顽症”，如黑车、群租房、校园维稳、社会组织的功能发挥、未成年人保护等难题破解中如何发挥法律的作用和功能进行了深入探讨。大家一致认为，社会治理创新不仅是法律的议题，还涉及公共政策的制定，涉及很多社会数据的实证调研。社会治理创新要从社会治理内涵入手，以社会路径推动社会治理主体多元化，推动社会治理方式多样化。要强化对政府与社会、政府与市场关系的科学认识，对传统社会管理方式实行重大变革，实现社会治理方式的转变；坚持系统治理，使治理主体从政府包揽向政府主导、社会共同治理转变；坚持依法治理，使治理方式从管控规制向法制保障转变。

市法学会副秘书长、市委政法委研究室主任施伟东作了总结发言。他结合本市社会治理的现状，从社会的再组织、社会治理的运行规则、突发事件应急处置等方面进行了精彩点评。首先，社会治理重要的方向，重要的任务是要实现社会成员社会再组织化。社会转型过程中，大多数人从单位人变成了社会人，但是社会现状是碎片化的，这些人进入社会后并没有能够真正有效地组合起来。而进行社会治理或者有效的社会治理，必须把所有社会成员，通过各种各样有效的社会组织再组织起来。其次，不同主体参与社会治理需要建立起完善的运行规则。政府向社会购买服务，社会组织按照政府要求做好替代型公共服务产品的生产等方面，都需要大量规则。无论是社会学还是法学、法律的相关学者研究机构、实务部门都要进行很好的制度设计和制度安排，保证不同主体真正有效地参与到社会治理工作当中来。第三，如何处置突发应急事件。我国社会已经进入高风险期，要加强执法方面的调整。社会治理需要充分发挥硬和软两个方面要素的作用。在硬的方面，立法要转向，违法成本要大大提高，执法成本大大下降。在软的方面，需要加强社会救助、社会保障、社会安全网的建设，这是人文关怀的问题。创新社会治理，我们需要法律规制，也需要相关社会政策的灵活应用。

上海首届跨界领导力论坛举行

5月30日,由上海市领导科学学会主办、沪港国际咨询集团协办的“上海首届跨界领导力论坛”在上海展览中心举行。上海市领导科学学会名誉顾问、上海市现代服务业联合会会长周禹鹏,上海市领导科学学会会长、中国浦东干部学院首任常务副院长奚洁人,上海市领导科学学会名誉顾问、上海宝钢集团原党委书记刘国胜,上海市社联党组副书记桑玉成,上海市总工会副主席周志军,中共上海市委组织部原副部长周鹤龄,上海市领导科学学会副会长倪安和、郭庆松、周智强,上海市现代服务业联合会副会长郭康玺,以及来自政府部门、党校、高校、企事业单位、群众组织、学术团体等领域专家学者约300人出席了论坛。

与会专家学者围绕“跨界领导力”这一领导学研究的新视域,展开了热烈而又深入的探讨。

一、 将跨界领导力融进现代服务业之中

周禹鹏认为,跨界领导力是现代服务业的重要元素。上海市现代服务业联合会的特征就是跨界,现代服务业有460多个会员单位,是非常大的跨界组织,其依托互联网与各行各业相融合,产生了新的商业模式和业态,实现了跨界融合,凸显了跨界领导力。跨界领导力是从事现代服务业领导干部的必备素质。领导干部提升跨界领导力非常重要,从事专业服务领域的干部,走上领导岗位也一定要跨出他原来的专业知识范畴,去涉略更广泛的领域。所以,理论工作者和实践工作者要共同努力,把跨界领导力的问题研究深、研究透,为上海的现代服务业建设发挥积极的作用。

二、 跨界领导力研究的时代意义与社会价值

奚洁人认为,跨界是时代需要与社会的进步。社会发展带来的商品流、知识流、文化流,如长江之水奔腾而来,在社会多元化和多样化的情况下,对跨界领导力的研究具有重要的社会意义和广阔的学术空间。所以,我们要在新的历史起点上,顺应潮流的变化,担当前瞻性的重任,迎接新的挑战。跨界是一种创新性思维。要重视跨界特定的研究对象,要研究跨界思路、方式、路径等一系列的问题,怎么跨?凭什么跨?必须要对自身学科有造诣才能去跨界,达到专业与跨界相结合。跨界领导力是“有界”与“无界”的统一体。既要打破原有组织框架去实行跨界机制,又要发挥原有组织框架的优势,使“有界”与“无界”有机地融合起来。

三、 正确处理专业领导力与跨界领导力的关系

桑玉成认为,不同领域、不同性质组织的领导有不同的特征。无论从对领导选拔任用还是领导开展工作,不同领域、不同层次的领导是有差别的。领导者必须具有丰厚的专业知识和水平才能跨界,但是,如果固守专业知识而忽视跨界,也不可能提高和丰富自身的专业水平,这是一个相成相辅的过程,因此,需要正确处理专业与跨界的关系,才能真正实现跨界。跨界,不仅需要一个领导干部有超越自身领域的知识基础和实践基础,还需要有超越自身领域更广阔的视野。

四、 发挥枢纽型组织中跨界领导力的积极作用

周志军认为,在当前社会组织正处于快速发展阶段的形势下,需要枢纽型的社会组织来帮助引导其他的社会组织。跨界不能丧失自我,而应该更好地拓展自我,履行自身的核心功能。大量的社会组织产生后,需要借助不同的通道进入到民众、社区和企业之中。当前,劳动关系和矛盾已经成为社会不可忽视的问题,工会的核心功能要放到劳动关系中去定位。要通过建立工会的平台,让各类社会组织把为职工服务的项目放在这个平台上,与企业、社区对接,使各类社会组织拓展生存空间,增强发展能力,形成跨界合作共赢的格局。

五、 提升跨界领导力是消除“本领恐慌”的良方

刘国胜认为,政治素养、管理素养和人文素养三种元素,在任何领导岗位上都是必须具备的,可以说是跨界领导力的基本内涵。现在,有些领导干部出现了“本领恐慌”,这应当引起重视。随着市场经济迅速发展,时代呼唤着领导者做好人文关怀工作。然而,目前领导者的人文素养普遍跟不上形势发展的要求。因此,领导干部必须养成学习人文经典的习惯,广泛阅读古今中外的人文经典。同时,将阅读人文经典与自身的实际工作结合起来。实践证明,只有提升自己的人文素质,才能担当起领导责任。培养跨界领导力,是领导干部消除“本领恐慌”的良方。

六、 培养跨界领导力要注重“两环节”“三跨越”

周鹤龄认为,要注重跨界领导力的两个关键环节。环节之一是领导的德才跨界。德是领导力的一种要素,即诚信、人品、德行。体现领导力的“德”在中国历史上有特殊的功能,起到凝聚民族的巨大作用,历史和现实证明,真正打动民心的是领导的品德修养因素。环节之二是领导的能力跨界。如知识能力、专业能力、行为能力、气质能力等,都需要跨界的互动与融合。他认为,对领导进行跨界领导力的培养和形成还需要“三个跨越”,即跨越文理科、跨越行业领域、跨越理性和感性。最后,领导力的艺术性是深层次的,具有丰富的内涵,提升领导力对实现中国梦有非常大的作用。所以,在新的历史阶段,培养领导的跨界领导力,既是领导者更好地开展工作的需要,也是培养高素质领导的新途径。

七、 跨界领导力为新闻媒体架构起立体化格局

周智强认为，新闻媒体要形成立体化格局，必须提升跨界领导力。新闻媒体的跨界领导力表现为内部的学习创新力、融合力，外部的传播力、影响力、动员力。一方面，新闻媒体如何报道包罗万象的社会事件、社会问题和社会现象，本身就有跨界领导力的要素。另一方面，新闻媒体如何应对网络媒体的挑战，通过多媒体、全媒体融合，发展自身固有的作用，这就更加需要跨界拓展。新闻媒体要专与广相结合。既要有专业的素养，也要涉略各个领域、各个层面，拓展广阔的社会空间，十八般武艺样样在行，充分发挥其跨界领导力的优势。

论坛上，郭庆松宣布了“关于成立‘上海市领导科学学会跨界领导力研究中心’的决定”，周禹鹏和奚洁人共同为“跨界领导力研究中心”揭牌。“研究中心”是上海市领导科学学会的内设机构，也是中国第一个研究跨界领导力的专业机构，上海市现代服务业联合会副会长、沪港国际咨询集团董事长、党委书记郭康玺任“研究中心”主任。

与会者认为，首届跨界领导力论坛的成功召开和国内第一个跨界领导力研究中心的成立，是落实习近平总书记讲话精神的重要体现，不仅在广大理论工作者与实践工作者之间架起了一座“跨界”的桥梁，也为潜心研究领导科学的广大同仁们开辟了广袤的“跨界”研究新领域。

“全球化背景下创新型领袖人才培养”国际高层论坛举行

6月15日，“全球化背景下创新型领袖人才培养”国际高层论坛在上海交通大学徐汇校区举办。上海交通大学领导力国际研究中心同时揭牌成立。上海市社会科学界联合会党组书记、专职副主席沈国明，中国领导科学研究会常务理事、宝钢集团原党委书记刘国胜，国际伦理管理学会会长、国际行政管理学会原会长唐纳德·门泽尔，中国领导科学研究会副会长、上海市领导科学学会会长、中国浦东干部学院首任常务副院长、上海交通大学兼职教授奚洁人，上海交通大学党委副书记朱健，国内外嘉宾、兄弟高校师生等参加论坛。论坛由上海交通大学马克思主义学院党总支书记、副院长黄伟力主持。

朱健宣布了上海交通大学领导力国际研究中心成立的决定及机构组成人员名单，并代表学校对论坛举办和领导力国际研究中心成立表示祝贺。朱健指出，“全球化”是当今世界关注度非常高的热点之一。它不仅是社会发展进程中的经济现象，更包含着政治、文化和社会等多重维度的人类社会整体交往关系的加强和深化。在全球化背景下，创新型领袖人才培养是一个重要命题。围绕领导力研究和教育，举办国际高层论坛和成立领导力国际研究中心，专家、学者沟通交流，思想碰撞，共同思维，激发灵感。朱健希望借助这一平台，国内外、校内外以及校际间的专家、学者能加深了解，深化友谊，巩固和形成更紧密的合作关系。

新成立的领导力国际研究中心由奚洁人和上海交通大学党委副书记胡近共同担任主任。奚洁人对论坛举办和领导力国际研究中心成立表示祝贺，并代表中心团队表示，将认真履行岗位职责，在学校领导下，树立担当意识，努力把领导力国际研究中心建设成为国内有特色、国际有影响的领导力国际研究中心，为实现上海交通大学建设世界一流大学的目标作出贡献。

沈国明在讲话中指出，领导力国际研究中心与科技创新和人才培养密切相关，关系到未来深化改革的方方面面，它的成立非常及时，具有远见卓识。希望借助这个平台，凝聚更多相关研究人员，多出人才，多出成果，深入推进可持续发展，全面实现各项改革目标，使我国真正立于世界先进国家之行列。上海市社联将一如既往地支持领导科学研究工作，繁荣社会科学，推进国家进步。

论坛上，奚洁人作“创新型领袖人才培养与跨界领导力”的主旨演讲；门泽尔作“创新型领导力：一个西文的视角”的主旨演讲。上海市领导科学学会副会长郑金洲作点评。

在学术演讲环节，宝钢集团原副董事长、党委书记刘国胜作“中国企业的转型发展与领导力创新”的报告；澳大利亚国立大学安德鲁·波杰教授作“21世纪高级公务员领导力的培养”学术演讲；上海交通大学马克思主义学院副院长陈鹏作“上海交通大学领导力”报告。与会专家、学者还围绕领导科学的新发展和前沿问题、高校大学生领导力培养等话题，进行了学术研讨。《领导科学》杂志社副总编聂世军，上海市领导科学学会相关领导郅庭瑾进行了点评。

上海市委党校副校长、上海行政学院副院长郭庆松，牛津大学贝利奥尔学院高级研究员尼古拉斯·莫里斯，韩国浦项科技大学领导力中心主任权纯宙，中国浦东干部学院教研部副主任柏学翥就领导科学的前沿问题发表了学术演讲。上海交通大学马克思主义学院副院长胡涵锦，解放日报社党委副书记周智强，上海对外经贸大学教授母天学主持或进行点评。

上海理工大学党委书记沈炜、浙江大学城市学院党委书记胡礼祥、上海市领导科学学会常务理事翁文艳、上海交通大学领导力国际研究中心副秘书长李国峰、中国大学生领导力发展研究中心秘书长陶思亮就高校大学生领导力培养发表了学术演讲。上海海洋大学党委副书记汪歙萍、上海中医药大学党委书记张智强、中国领导科学研究会副会长周振国主持或进行了点评。

上海交通大学学生工作指导委员会秘书长林立涛、教务处副处长陈业新也出席了会议。

本次会议由上海交通大学与上海领导科学学会共同举办，上海交通大学马克思主义学院承办。

“基层妇女组织与创新社区治理”专题研讨会召开

8月15日下午，上海市妇女学学会、市妇联政策研究室、长宁区妇联在长宁区政府会议室召开“基层妇女组织与创新社区治理”专题研讨会，长宁街道党工委领导、区（街道）妇联干部、居委会干部、妇代会主任、家庭志愿者代表、女性社团组织负责人、专家学者20余人共同探讨基层妇女组织的功能开发、社区居民家庭需求解惑的载体和方法、妇女参与基层社区治理创新的激励机制以及提高妇联组织公共治理的能力。市妇联政策研究主任李苏华主持会议，市妇联副主席黎荣作了讲话。

会上，长宁区妇联党组书记、主席王秀红，华阳（社区）副书记李家蓉，新泾镇副调研员胡永兴，新华社区（街道）妇联主席杨艳，新华居民区书记方艳玲，街道华山居民区书记叶玫，天山街道家庭志愿者代表牟桂金，北新泾开心家园马路娣，晓东社工师事务所代表王力分别从“妇联组织、社会服务项目、妇女之家、开心家园、妇女议事会、社工队伍、新媒体运用”等形式参与创新社区治理的经验和体会。

与会者认为，从“管理”到“治理”一字之差，其内涵发生了实质性的变化，将昭示妇联组织大胆运用政府、社会、市场等资源，协同解决妇女家庭发展中问题。从妇联组织来说，在创新社区治理过程中要发挥桥梁纽带作用，形成顶层一条线、基层一张网的枢纽式管理架构，激活基层组织活力，提升“妇、联、群”的功能；与会者指出，基层妇女组织在创新社区治理中要采用“三社”联动的模式，即整合社区服务资源、链接社会有效资源、借助社工专业力量，引导各类女性社会组织参与社区治理。在价值导向上，支持社区妇女以民主方式，参与社区生活、社区管理，强化自我服务、自我教自我管理，以母亲的情怀，实现社区善治。据不完全统计，长宁区妇联以爱心网、联情结、活力源、安全屏、温度器、解压器等创新思路，推出了近1 000多个服务信息项目，培育出“开心家园”“叶子工作室”“葫芦缘议家社”“乐邻下午茶”“爱苗辅导班”“家庭志愿者工作室”等服务品牌；与会者建议，在创新社区治理的平台上，基层妇女组织以“服务”换资源、以“感情”激发资源、以“作为”争取资源，扩大妇联的群众性和社会性的功效，但是在参与社区治理上仅局限于本系统，社会影响力较小。为此建议，一是处理好“服务”与“治理”的关系，探索从服务项目走向治理的路径；二是处理好妇联组织和功能开发的关系，把握好从本系统跨越到社会治理的大环境，争取多方支持，扩大妇联组织的凝聚力和影响力；三是处理好结构和体制的关系，从组织化、制度化打造持续发展的社会治理服务品牌。

上海廉政研究会召开课题推进会

8月27日，上海廉政研究会召开中期课题推进会，会上12个课题组负责人汇报了课题的推进情况，上海廉政研究会会长董君舒出席会议并讲话。会议由上海廉政研究会副会长、秘书长赵增辉主持。

会上，复旦(中国)反洗钱研究中心、华师大廉政文化研究中心、华东政法大学、上海市委党校党建教研部、市公安局纪委、上海师范大学预防职务犯罪研究中心、市编办审改处、华东理工大学廉政文化研究中心、上海财经大学、闵行区纪委、市委巡视办、市纪委组织部、市纪委“两个责任”课题组等汇报了课题推进情况以及需要协调的问题等。

最后，上海廉政研究会会长董君舒对课题推进提出了几点要求。一要坚持问题导向。廉政研究工作要聚焦到中央、市委以及群众最关心的现实问题上来。现在反腐败形势严峻复杂，中央提出反腐败要建立不想腐、不能腐、不敢腐的有效机制。王岐山同志说，这三个“不”要正着念，倒着做，当前还是要在“不敢腐”上下功夫，加强治标，为治本赢得时间。课题研究要适当超前，在各级纪检监察部门都在加大“不敢腐”查办力度的同时，我们要紧密结合当前存在的一些问题，研究如何建立起“不能腐”的制度和机制，研究要新要深，更要避免形式主义。二要坚持思想引领。我们要吃透中央的精神，特别要坚持学习习近平总书记系列重要讲话，以指导我们的廉政研究工作。习近平同志的系列重要讲话是中国特色社会主义理论的最新成果，廉政研究必须按照习近平同志系列重要讲话的精神、内涵和实质，去进行实质性的、操作性的研究，这样的理论研究才会有真正的成果。如巡视工作、纪检监察队伍自身建设、理想信念教育等中央都有许多新的要求，是我们廉政研究的思想引领和理论依据，因此必须深刻理解，才能把握好研究的方向。第三要坚持务实为本。上海廉政研究会是为上海加强党风廉政建设和反腐败工作服务的，研究成果要在理论成果、实践成果、制度成果上体现出来，在思想上引领实践。因此，我们的廉政研究成果要可操作、可实施、可推开，不虚、不空、不偏。衡量研究成效的标准，不是广告，而是实效，老百姓不信广告信实效，我们的廉政研究成果也是不信广告信实效。

上海市领导科学学会召开“习近平领导思想学术座谈会”综述

9 月 27 日，上海市领导科学学会、市委党校共同举办“习近平领导思想学术座谈会”，国防大学教育长夏兴有，市领导科学学会会长、中国浦东干部学院首任常务副院长奚洁人，中共浙江省委党史研究室主任、浙江省委文献研究室主任金延锋，中共中央党校科研部副主任倪德刚，市领导科学学会副会长、《现代领导》杂志社主编倪安和，市领导科学学会副会长、市委党校副校长郭庆松，市领导科学学会副会长、中共浦东新区区委党校原常务副校长陆沪根，市领导科学学会副会长，中共解放日报社委员会副书记周智强，市社联学会处处长王克梅，以及专家学者 60 余人参加了座谈会。陆沪根、周智强分别主持了会议。

郭庆松在致辞中说，习近平总书记的领导思想、领导实践内容系统全面，可以归结为“四个气”：接地气，有底气，讲正气，长志气。今天的座谈会，围绕习近平总书记的领导思想，大家在一起共同研讨，这是一个非常好的机会，有助于对我们进一步深化习近平总书记领导思想的学术研究。

夏兴有认为，新一届中央领导集体上任之后，中国改革和建设面临着四个方面的挑战，即发展的挑战、改革的挑战、外部环境的挑战、执政地位的挑战。因此，习近平总书记强调，一是抓作风建设和反腐败斗争不手软，把权力关进制度的笼子；二是抓经济社会发展和改革开放不动摇；三是抓国际关系和外交战略不示弱；四是抓国防和军队建设不含糊，深刻阐明了国防和军队建设的根本性、方向性、全局性等重大问题；五是抓党的理论创新不停步，着眼于探索中国特色社会主义建设规律和共产党执政规律，阐发了一系列重大思想观点。

倪德刚认为，习近平总书记的领导力集中体现为：一是洞察力——强化对改革难度的认识，对我们执政党腐化的判断。二是决断力——第三轮改革的重拳和切入点放在了整治干部队伍上。三是担当力——对遗留问题不推卸，遇到问题不回避，出现问题不含糊，未来问题不忽视。四是实干力——多次强调改革要发扬钉子精神，改革是一分部署九分落实。五是自信力——坚信对中国特色社会主义道路越走越宽广。六是法制力——提出宪法至上的原则；指出要法制国家、法制政府、法制社会一体化建设；抓紧制定和修改全面深化改革的法律；执政党必须依法执政；司法为民；要在法制轨道上推进各项工作等。

金延锋认为，习近平总书记求真务实、执政为民的执政理念和领导风格在《之江新语》

中集中体现在四个方面，一是调查研究，科学决策，习近平非常重视深入基层调查。二是关注基层，巩固基础，习近平指出，党的基层组织是党联系群众的桥梁和纽带。三是真抓实干，为民谋利。四是从严治党，执政为民，强调要重视党的建设，尤其是党员领导干部和队伍的建设。金延锋认为，《之江新语》中的文章虽然不长，但是思想性、针对性、实效性都很强，贴近现实，贴近百姓，所以，《之江新语》是研究习近平执政理念和领导风格的宝库。

复旦大学教授沈丁立认为，习近平总书记的外交战略思想是讲中国与世界的关系，那么就有着中国同世界各国处在同一个国际体系里的一种相对的利益关系，以及转变对我们不利的利益格局战略。习近平的外交战略强调了处理好世界的主要矛盾，当今世界的矛盾不是发展中国家同发达国家之间的矛盾，而是在构建新型大国关系之间的矛盾。习近平的新型国际战略既是和平的，但又是敢于碰硬的，中国一步一步变革，使我国在国际关系战略中，塑造成越来越能够适应国际关系的新型格局。

华东师范大学教授齐卫平从中国共产党在执政过程中必须充分体现对社会的领导力、党的领导力与党的领导能力是两个概念、要改进党的领导方式和执政方式三个方面展开了研讨。

市领导科学学会执行秘书长、市委党校科研处处长梅丽红教授就社会主义核心价值观为“中国梦”奠定价值基石、核心价值观融入中国梦需有效的实现形式、核心价值观与中国梦交互推进要有全球视野等方面作了探讨。

市领导科学学会副秘书长、东华大学教授贺善侃认为，习近平总书记的领导战略智慧体现在四个方面：一是敢于啃硬骨头、涉险滩的战略勇气；二是高瞻远瞩的战略目标；三是整体推进与重点突破相结合的战略策略；四是明确了今后的战略步骤。

座谈会上，中交第三航务工程勘察设计院有限公司党委书记沈明达、浦东新区政协教文卫体专业委员会副主任李国弟、闸北区政协主席陈永弟、市科委机关党委原副书记金骏彪作了研讨发言。

最后，奚洁人作了题为“习近平系列讲话思想精髓与精神品格”的总结发言。他说，习近平总书记的领导思想是他系列重要讲话的核心主题与思想精髓，我们要从历史的高度认识习近平总书记的领导思想和领导风格。我们研究习近平总书记的领导思想和领导风格，不仅需要收集资料、研究他的讲话，更重要的是必须将他的思想和行为结合起来进行深入的研究。

会上，陆沪根宣布成立上海市领导科学学会领导教育与素质测评专业委员会的决定，夏兴有和奚洁人为专业委员会揭牌。

“镜鉴与前瞻:新阶段、新改革、新常态”2014 年年会在沪举行

10 月 30 至 31 日,上海金融与法律研究院、刘鸿儒金融教育基金会联合主办了“镜鉴与前瞻:新阶段、新改革、新常态”2014 年年会。

本届年会分为七个主要环节:10 月 30 日晚“鸿儒夜话”之“光荣与梦想:金融改革再出发”和“中国经济前景及潜在风险”,10 月 31 日上午大会主旨发言、大会讨论,以及 31 日下午“互联网金融专场”“经济停滞与持续增长”和“新型城镇化的实现路径”三个论坛。

亚洲开发银行首席经济学家魏尚进、野村证券首席经济学家睾朝明、IMF 亚太区前主管 Anoop Singh、复旦大学经济学院教授张军、海通证券副总裁兼首席经济学家李迅雷、中科院计算所上海分所所长孔华威等与等国内外 60 余位专家学者,围绕上述话题展开了讨论。中国证监会首任主席刘鸿儒、前副主席范福春参加会议并作了发言。

随着经济增速的逐渐企稳,“新常态”重新进入了中国的视野。对于 2015 年的中国经济增长,与会嘉宾普遍给出了 7%以上的经济增速预期,当前经济面临进一步下行压力,降息降准可谓势在必行。其中,李迅雷指出,“总体来说,中国经济下行趋势难以改变,但调整方式是好的”。他认为制约潜在经济增长的主要因素还是供给减少,包括老龄化问题、投资增速减缓等。

与会嘉宾认为,在全球化模式下,不断用贸易来实现增长以及中国内部过去靠地方政府之间相互的竞赛来推动经济增长的模式已不可持续,在未来更长的一段时间里面,中国经济会处于一个比较低的增长。东方证券首席经济学家邵宇认为,目前改革的动力相对不足,如何能够真正走出“全球化的断裂、增长的断裂和改革的断裂”这三重断裂地带,或成为中国下一步的挑战。未来一两年可能出现一个低潮,但如果能够释放户籍改革、国企改革和土地改革的红利,加上供给端的改革,未来 8—10 年经济增速会在 7%左右。对于普遍关注的中等收入陷阱,重阳投资总裁王庆指出,中国在 2005 年汇率改革时的人民币汇率升值不到位,导致后来股市泡沫和今天房地产泡沫的出现;新常态下的金融创新应需要金融产品定价的市场化,而影子银行带来利率的高企,更多反映的是不彻底的金融创新;此外,在未来的若干年可能还会面临比较紧的货币环境,需要充分加以关注。

专家们判断,目前全球经济体中,除了美国,似乎其他经济体都面临着经济发展增速减缓甚至倒退的风险。欧洲迫于通货紧缩压力开始实施宽松货币政策,日本则扩大量化宽松规模,新兴市场则在美联储 QE 退出压力下货币贬值、市场再度遭到抛售。

对于全球经济增长停滞的现象，美国哥伦比亚大学金砖四国研究中心主管 Marcos Troyjo 表示，目前大宗商品市场价格多数都呈下跌走势，而任何价格上下的波动都是财富转移的过程，也是购买力从消费者和生产者之间互相转移的过程，这种财富的重新分配或者是购买力的重新分配也是为市场所利用。

对于中国经济增速减缓的问题，IMF 亚太区前主管、摩根大通亚太区监管战略与政策主管 Anoop Singh 则指出，对目前的中等收入陷阱观点并不十分赞同。Singh 认为，从近期来看，全球市场会有一个经济增速放缓的过程，但是如果从长期来看，有很多的亚洲国家，包括中国，将渐渐成为一个中等收入的国家，这也许会存在一定的风险，面临经济放缓的局面。对于如何预防乃至走出中等收入陷阱，Singh 认为，生产率要非常高，生产率降低则是一个不好的现象，同时要有一定的驱动因素来保持生产率的走高，比如加大对教育、研发的投入。

此外，布雷顿森林体系再生委员会执行官 MarcUzan 表示："金砖国家的崛起是在深度的国际化当中以及去国际化的过程中崛起的。我们可以称之为金砖国家 1.0 版本。现在针对未来将发生的情况，我们要有金砖国家 2.0 版本。"

上海科社学会召开“习近平中国特色社会主义战略新思想学术研讨会”

11 月 3 日，上海科学社会主义学会与中共上海市委党校联合举办“习近平中国特色社会主义战略新思想”学术研讨会。市社联专职副主席刘世军、上海科社学会会长夏军、市委党校副校长郭庆松与来自上海高校、党校系统的 70 多名学者以及《解放日报》《文汇报》《探索与争鸣》《社会科学报》《支部生活》等媒体参加了研讨会，郭庆松和上海科社学会副会长吴解生联合主持了研讨会。上海交通大学教授陈锡喜、市委党校教授袁秉达、华东师范大学教授郝宇青、市委党校教授王公龙、解放军南京政治学院上海分院教授孙力、市委党校教授马西恒围绕研讨主题，就党的十八大以来，以习近平为核心的党中央有关坚持马克思主义在意识形态的主导地位，中国梦的正确定位，新一轮改革开放的战略目标，我国国际关系和外交战略新布局评析，党的群众路线和社会主义价值追求，现代社会组织体制与社区建设的新思想、新战略、新部署、新要求展开了深入研讨。

一、 科学回答中国未来何处去的重大理论和实践问题

刘世军充分肯定了研讨会主题是当前学术研讨出彩的亮点，认为习近平总书记有关中国特色社会主义建设的一系列新思想，涉及了我国经济、政治、文化、社会、党建、军队、外交各个领域，回答了思想界、理论界、党员干部以及社会各方有关中国未来何处去的理论与实践热点问题，这些新的战略思想为继承和发展当代中国马克思主义、继续谱写中国特色社会主义这篇大文章作出了巨大努力和探索。对贯彻落实党的十八大精神，坚持党的领导，紧密依靠人民，实现中华民族伟大复兴，具有重大战略指导意义。郭庆松认为，上海科社学会和市委党校联合举办学术研讨会，主动适应和契合了党中央关于做好领导干部学习习近平总书记系列重要讲话精神培训教育的要求，起到了理论学术研究为未来的领导干部培训教育奠基的前瞻作用。

夏军认为，习近平总书记一年来有关中华民族未来生存的战略新思想，凸显了中央对当今世界社会主义逐步复兴，中华民族伟大崛起步入快车道关键期，世情、国情和党情发展特点的科学把握，特别是有关全面深入推进中国的改革开放战略部署，继承和发展了邓小平关于改革开放的思想，将不断为中国特色社会主义科学发展注入新动力。

郝宇青认为，新一轮改革开放进入深水区和攻难克坚的关键阶段，习近平总书记提出推进改革开放的系统性、整体性和协调性的论述，彰显了全面深化、整体规划、顶层设计的

策略，是主动适应时代发展，改变倒逼型改革的随意性，努力修复和拓展执政合法性资源和人民主体地位的重大战略举措。

王公龙认为，党的十八大以来，我国外交新一轮转型发展，展现了新一届党中央外交思想的创新和实践魅力，推进世界和平发展、坚持互利合作，坚持维护中国核心利益的底线思维，坚持利和义辩证统一的价值导向，坚持承担国际责任和主动协调国际关系，为民族复兴和崛起服务，树立了大国新形象。

二、 努力改变马克思主义理论被边缘化的趋势

上海交通大学教授陈锡喜认为，习近平总书记关于巩固马克思主义在意识形态领域的指导地位的论述，准确地拓展了党的十八大的精神，释放了中国坚持政治发展道路方向的信号，对克服马克思主义被边缘化的现象，具有强烈针对性，对廓清各类社会思潮负面影响，巩固全党全国人民团结奋斗的共同思想基础，坚持马克思主义的科学性和实践价值，对坚持中国特色社会主义的合理性和价值导向具有理直气壮的作用。马克思主义，在历史定位上，是人类文明的继承者和资本主义文明的超越者；在理论定位上，是以实践为逻辑起点批判旧世界而达到对发展规律清晰认识的理论揭示。马克思的理论范式，既是社会前进的“方向盘”，又是社会转型的“稳定仪”。马克思主义具有对社会现实问题揭示的准确性、对矛盾批判的深刻性、对价值把握的科学性，可以成为文化繁荣的“推进机”和国家软实力的“增强剂”。然而，任何一个科学的理论都是发展的理论。根据马克思主义的观点，对意识形态领域应作科学区分，既可抵制去意识形态或淡化意识形态的思潮，又可避免泛意识形态或强化意识形态斗争的倾向，同时避免制造群众和干部无所适从的未经科学论证的新概念和空洞口号。

夏军认为，认真学习领会习近平有关科学社会主义理论的阐述，通过思维方式的调整创新，全面跟上时代发展步伐和科技创新的潮流，树立学术创新自信。面对“一球两制”和当代资本主义发展现实的挑战，中国地位的提升展现了世界社会主义发展的总趋势，有利于改变全球马克思主义被边缘化的现象。

袁秉达认为，习近平提出的“中国梦”战略新思想的正确定位至关重要，这是个严肃的政治命题，是中华民族复兴的战略目标，不是理论体系或理论形态的表述，同时也不能被泛化或异化。正确解读习近平总书记提出中国梦的历史背景、内涵实质、与中国发展道路关系和实践要求，才能充分发挥其凝聚全党全国人民正能量，激励为实现“复兴、富强、幸福”的共同理想奋斗，主动把握对外话语权、消除“中国威胁论”。

三、 坚持社会主义理论的发展和实践的创新

孙力认为，群众路线是中国共产党人对科学社会主义发展理论和实践创新的重大贡献。社会主义运动是人民群众的事业，体现最广大人民群众的利益。中国共产党的几代领导集体在中国社会主义革命和建设探索实践过程中，不断深化和丰富了马克思主义关于群众、政党和领袖的理论，紧密地整合了社会主义运动的主题要素，在实践上提供了方法和路径。坚持群众路线成为中国共产党人执政的基本方法、基本经验和强大资源。系

统地体现了社会主义运动史上无产阶级执政党对社会主义理想、价值和本质属性的追求和坚持。防止脱离群众脱离人民、反对官僚主义,防止权力过度集中和权力腐败,控制收入分配两极分化和维护社会公平正义,成为社会主义运动战胜严峻挑战的关键性选择,让人民共享社会生产的物质财富、掌控国家和社会事务,维护社会主义的本质属性,这是习近平总书记提出坚持中国特色社会主义贯穿马克思主义基本立场思想的灵魂。

吴解生认为,习近平的战略新思想是代表党中央关于中国特色社会主义实践活动的全局性思想观点,它的根本任务是研究如何正确处理实践活动中各个方面、各个阶段以及历史和现实的关系,以期达到整体和局部、近期和长远利益相结合的最佳效果,是处理中国国内外复杂实践活动及应对各种挑战的新判断、新思考、新对策、新部署。这些战略新思想表现出:立场坚定、旗帜鲜明,把握大势、预见未来,顺应时代要求和人民期待,立足当前、重点突出,摒弃干扰、多谋善断的特点和特征,有利于整合资源,化解矛盾,克服障碍,调动各方积极性,有利于不断推进中国特色社会主义事业沿着正确方向前进。

马西恒认为,市场经济发展带来的社会转型问题和矛盾日益凸显,原来以单位用人管人的稳定社会结构业已解体,多元社会发展的风险容易引起民众普遍的社会焦虑。党的十八大以来,中央有关现代社会组织体制建设的重要性和紧迫性在思想观念上不断受到重视,社会组织体制改革和社会管理创新的思路十分清晰,政社分开目标明确。当前,在改革实践中,国家需要向社会赋权,以推进开放融合、畅通民意表达、责任联合承担的社区自治的建设实践不断深入,国家在公共政策导向、机制杠杆调控和财政激励扶植上必须加大力度。

上海市委党校吕会霖认为,社会主义核心价值观必须从国家干部公务人员教育的角度加入“廉洁奉公”的要求。文汇报社史煦光认为,习近平总书记的新思路十分清晰,守住社会主义的底线,坚持党的领导和人民当家作主的群众路线、加大改革开放的力度。市委党校第五分校吴志洁认为,加强党的建设科学化,必须加强党建学科建设和加大党的建设规律的探索,有效解决党员干部的信仰危机和企业党建的薄弱状况。上海海事大学董金明认为,马克思主义指导思想、中国特色社会主义理论和“五位一体”总布局的战略思想、党的方针政策及其贯彻执行是一个整体,必须围绕民族复兴和人民幸福贯通一致,知行统一。上海师范大学黄福寿认为,中央下决心推进生态文明建设有了良好开端,必须在实践中加大学习和借鉴人类文明发展成果的力度,良好的生态环境不仅是人民的期盼,更是社会主义制度优越性的体现。

上海市社会学会 2014 年学术年会召开

11 月 15 日，上海市社会学会 2014 年学术年会在上海社会科学院分部召开。本届学术年会的主题是“创新社会治理，促进社会发展”。共计 100 余位来自本市各高校和科研院所的社会学研究人员与会。

上海社会科学院社会学所所长杨雄致辞，并转达了李友梅会长对会议召开的祝贺。杨雄指出，学术年会是上海社会学界的一次重要的常规性学术活动，而此次参会论文的构成和质量都显示，年青学者已经成为一支重要的学术力量，希望以后能构建更多的交流与合作平台，促进年轻学者的成长。

市社会学会副会长、上海社会科学院社会学所卢汉龙代表学会理事会和秘书处，汇报了学会 2014 年度的工作。他总结道，学会致力于加强跨学科学术交流，构筑学术平台，在市社联指导下，聚焦学术前沿，举办了一系列研讨会。学会会员致力于学术研究，据不完全统计，会员主持国家哲社基金重大攻关项目 3 项，一般项目 15 项，青年项目 9 项。课题主持人大部分都是 40 岁以下的中青年骨干力量，市哲社优秀成果、邓小平理论成果奖得奖共计 30 余人次。学会坚持依法治会，按章办会，秘书处组织健全，积极参与市社联组织的达标创优活动，2013 年又一次被评为达标协会。卢汉龙研究员还宣读了此次年会的论文获奖名单。

在大会主题报告单元，杨雄和华东师范大学社会学系副教授刘拥华分别做了大会主旨演讲。杨雄的报告主题是“激活‘主体’与‘活力’是创新社会治理的关键”，他在报告中厘清了政府、市场与社会的三对关系，并提出社会治埋体制改革的问题与瓶颈。刘拥华副教授的报告主题是“差序格局、公共性与国家建构——费孝通认识”，他从费孝通的差距格局出发，通过对费孝通的各种札记、书信等文本资料的梳理，考察其对于现代陌生人社会之间如何构筑人际信任与合作，如何超越基于家族的差序格局所提出的见解。

大会交流之后，由上海大学、华东理工大学、复旦大学、华东师范大学和上海社科院社会学所分别组织“基层治理与社区建设”“社会工作、公共服务与社会政策”“社会结构转型与社会公平”“新型城镇化与社会发展”和“社会变迁中的家庭、青少年、老人与其他特殊群体”五个分论坛就社会重大理论和现实问题展开学术研讨，40 余位专家学者在五个分论坛中宣读了论文。

理论经济、综合经济、产业经济

上海市统计学会召开“2014 年统计课题研究”专题研讨会

12 月 3 日，上海市统计学会在上海统计资料中心召开“2014 年统计课题研究”专题研讨会，上海市统计局、市统计学会，以及各区统计局、统计学会的主要负责人和有关业务人员 30 余人出席会议，共同探讨统计工作当前的热点和难点问题，会议由学会秘书长金慧莲主持。

上海市统计局科研所朱国众作了题为“大数据在政府统计中的应用研究”的专题发言，从大数据现象的起源与发展、大数据“四大”核心思维、大数据应用实践与新思路、大数据的统计化应用探索、大数据的产品化应用探索、存在的问题及对策研究六个方面作了阐述。

国家统计局上海调查总队金佳颖作了题为“上海土地规模化经营现状和发展路径研究”的专题发言。最近，中央一号文件鼓励发展规模化经营模式。金佳颖通过梳理近几年的研究资料和文献，开展调研和调查等准备，构建了课题的框架和思路，从现实的迫切要求、基础条件的成熟、发展现状效益评估、适应性研究、政策建议五个方面阐述了上海土地规模化经营现状和发展路径。

宝山区统计局舒菁瑜介绍了课题组以宝山区为例对上海市混合经济发展所作的研究。她在发言汇总阐述了该课题的研究背景、写作思路，以及宝山区发展混合经济的做法、经验和启示，从宏观、微观以及对策建议等方面进行了论述。

普陀区统计局张威作了关于普陀区全面加强人口服务管理的调研报告。他在报告中介绍了普陀区人口基本构成、人口服务和管理中面临的问题以及加强人口服务和管理的对策建议。

松江区统计局马一峰通过分析和探讨松江经济在实现“产业升级”过程中的现状、积极和制约因素，提出了下阶段如何通过进一步实现“产业升级”来成功打造“经济升级版”的建议。

中国物流业转型论坛举行

2月13日,“自贸试验区背景下的中国物流业转型升级之道”暨《上海物流年鉴》创办三周年高层论坛在长宁区图书馆多功能厅举行。上海现代服务业联合会会长周禹鹏,市政府发展研究中心主任周振华,上海海事大学校长黄有方,中共长宁区委常委、统战部部长刘春景,长宁区副区长解冬出席。

周禹鹏在主题论坛上致辞。他认为,物流行业是现代服务业中的一个重要组成部分,随着信息化水平的不断提高以及互联网技术的广泛应用,电子商务的发展正以前所未有的惊人速度爆炸式增长,物流服务已日益深入到社会经济活动中的各个层面和各个角落,传统意义上的仓储运输服务正在日益向跨领域、细分化、多样式的现代物流新模式转变。

在谈到自贸试验区对物流业带来的影响时,周禹鹏认为,上海自贸试验区的设立对物流业来说无疑是一个实现大发展的新机遇,同时对传统物流企业来说也是一个十分严峻的挑战。目前,虽然物流业迅速发展,但上海物流领域整体规模偏小、劳动生产率偏低的状况尚未得到根本性改变,10年前上海从事交通运输的企业有2 000多家,每家企业平均有1.8辆车,10年后的今天,运输企业增加到4 000多家,但每家企业平均也仅有2.8辆车,虽然现代物流不能再以有多少辆车作为衡量标准,但上海物流企业规模偏小却是不争的事实。上海两家位居全国民营快递业第二、第三的企业,职工年平均产值仅有8万元,再结合物流业近几年飞速发展的现实,不难看出,上海物流业还有很大的发展潜力和空间。在上海各行业物流信息整合和利用效率尚不理想的情况下,通过第三方平台,将物流信息加以综合,以年鉴的方式予以发布,这对各相关企业和行业有效利用物流信息资源,降低物流成本,提高生产效率,起到了十分重要的作用。

在论坛研讨发言中,来自物流业各界的多位嘉宾围绕中国(上海)自由贸易试验区建立与地区物流业发展专题进行了深入探讨和对话,分别就国内外自由贸易区的运作特点、物流业借助自贸试验区平台的发展契机、物流业与制造业的联动发展、供应链拓展提升物流业的发展水平等议题展开了热烈的讨论。与会者多角度就物流业发展议题的精辟论述,得到了全体与会嘉宾的热烈反响。

此次论坛由上海市流通经济研究所、《上海物流年鉴》编辑部、上海市物流协会(学会)、浦东现代物流行业协会、上海物流企业家协会主办,民建市委经济工委会、民建长宁区委及长宁区工商联协办。来自苏浙沪三地的物流业和相关产业的企业、社会团体、科研院所、政府部门参加了论坛。

上海市经济学会等研讨马克思经济思想的当代价值

《资本论》无用吗？马克思主义过时了吗？3 月 28 日在上海市经济学会《资本论》研究专业委员会与复旦大学泛海书院联合举办的“马克思经济思想在当代”学术研讨会上，与会者对此展开热议。

上海社科院《毛泽东思想邓小平理论研究》编辑部主任杨卫认为，马克思经济思想没有过时，这不只体现在学术领域，还体现在当下中国经济社会快速发展的实践中。但说不过时，不是说马克思经济思想不需发展与创新。相反，中国经济的飞速发展、改革的不断深化，更为迫切地要求中国特色社会主义政治经济学学科体系的与时俱进。这主要体现在两方面：一是实践创新，结合实践变化来创新理论；二是方法创新，引入数学计量等西方经济学中的新方法发展马克思主义经济理论。中共上海市委党校教授鞠立新针对经济学领域中“西风劲吹”的现象，提出了几个建议：一是应当对马克思主义政治经济学基本原理正本清源，准确地把握其理论精髓；二是应当深入剖析我国经济改革发展的实践，揭示社会主义市场经济发展变革的走向；三是加强政治经济学与西方经济学的对话，吸收现代西方经济学中的合理成分，创新分析工具和理论话语体系，提升理论经济学的话语权和影响力。

“中国经济转型与产业升级:新改革与大转型”2014年中国产业经济高端论坛举行

3月23日,上海财经大学中国产业发展研究院主办,上海市经济学会与中国(上海)自由贸易试验区协同创新中心协办的“中国经济转型与产业升级:新改革与大转型”2014年中国产业经济高端论坛上,国内知名产业经济研究专家、高层决策咨询专家以及实业界人士聚集一堂,问道中国经济发展与产业升级的新动向。

上海市经济学会副会长、上海财大中国产业发展研究院院长干春晖在阐述论坛主旨时指出,中国经济现在已经由高速的增长进入到了中高速增长的档位,未来的二十年到三十年,中国如能保持中高速增长,就能够跨入高收入的国家,对于中国这样一个大国,意义十分重大。产业经济学有一个理论,经济的发展来自经济的转型与产业经济的转换。我们希望通过新一轮的改革来推进经济转型,来驱动经济的增长,来实现中国经济的升级版。从产业经济的角度看,那些原来中国赖以在全球具有竞争力的制造业的优势在不断丧失。未来三十年,中国的比较优势在哪里?如果在全球范围内,产业没有竞争力,找不出比较优势,未来经济的中高速增长就没有保障。再比如,上海服务业已经超过50%,在产业结构上已经完成了从第二产业向第三产业的转化,但应该马上加快制定服务业内部结构的战略。中国的学者讲究心系天下的情怀,做决策咨询,为社会服务,有良好的传统;而中国政府是一个强有力的政府。如果两者相结合,更能够把这些战略、方案转化为治理国家的力量。

中国国际经济交流中心常务副理事长、上海财经大学中国产业发展研究院名誉院长郑新立围绕经济转型升级,发表了如下的观点:第一,随着通胀压力的缓解,宏观调控应当从以控制总需求为主,向结构调整为主转变,才能通过发展方式的转变来实现经济的持续健康发展。第二,促进经济转型升级,要突出重点:扩大经济消费的拉动作用,发展第三产业,依靠技术进步和提高劳动力素质实现经济增长,推进城乡一体化。第三,转型升级需要计划、财税、金融三大调控杠杆形成合力,才能事半功倍。第四,结构调整政策要从选择性转向公正性,为各个行业、各类企业创造公平的竞争环境。郑新立认为,上海转型升级在全国具有重要的地位和引领作用,应当研究:如何发挥上海国际金融中心在人民币国际化中的重要作用,从而为创造新的改革红利作出贡献;如何发挥上海自贸区在建设开放性经济体系中的带动作用,尽快地创造经验;如何在建设创新型国家中发挥带头作用;如何发挥在长三角都市群中的引领作用。

中国社会科学院学部委员吕政认为，在产业结构转型和产业升级过程中，应考虑“高也成，低也就”。我国现有的产业，既有市场，也有经济生产的基础。因此，应推进现有产业的技术和产品的升级，找准与美国、德国、日本等工业先进国家的差距，实现技术赶超。

江苏省社科院院长、党委书记刘志彪则认为，目前经济转型发展中暴露出“实体经济不实，虚拟经济太虚”的问题，而解决这个问题应该跳出产业经济的思维来思考。他认为，在改革创新中推进经济发展和产业转型，应该振兴资本市场。随着资本市场的振兴，将很好地解决企业直接融资渠道太少、资本定价未能市场化以及国内居民缺乏优质资本产品的现状。

上海市经济学会会长、市政府发展研究中心主任周振华指出，发展服务经济将是中国结构效应的一个很大增长点。发展服务业，要有高度的社会分工，具有创新的活力和能力，必须是产业融合的，依靠广泛的网络关联，需要高端的人力资本来支撑。要转向服务经济，必须提高市场化的程度，而要提高市场化的程度，必须进行体制的变革。促进服务经济的发展，需要准入、监管、信用体系、税收、统计等体制机制的进一步改革。周振华还介绍了在上海自贸试验区建立监管影响评估制度的构想，这个制度的作用，就在于对监管者的监管。例如，监管行为是不是合理，监管成本和社会的收益是不是相匹配，是否不当监管或监管过度等。

上海市经济学会副会长、市政协经济委员会常务副主任张广生认为，上海现在处于非典型增长最典型调整的特殊阶段，在调整转型当中要保持一定增长速度，还要完成调整转型既定的目标。实际上，中国的经济始终处于相当频繁的调整和转型时期。问题在于，我们在产业升级当中如何选对选准目标。如果要减少过于频繁的动荡、过于频繁的调整和转型，就必须选准选好增加值增值率高的产业，要集中有限的资源，在制度创新上支持它加快发展。张广生还以纯电动汽车为例指出，涉及重大的技术路线的问题，要先搞清楚国情，再来决策发展什么。

上海市经济学会学术委员会常务副主任、上海社科院经济所副所长权衡提出，要从五个维度来看产业转型。第一，要在制造业转型升级中推动产业转型升级。要在制造业从低附加值向高附加值升级转型过程中，推进市场化要素的改革，才能实现产业的升级。第二，在城镇化的模式转型中，推动产业的升级转型。第三，在经济增长的动力转换中推动产业升级。从要素驱动转变为靠创新驱动，使自主创新成为产业升级的一个动力。第四，在政府职能转变中实现产业升级。产业要升级，政府要有一定的退出，为市场为企业腾出更多的空间。第五，在资源环境的可持续发展中实现转型升级。

上海财经大学党委书记丛树海，市教委副主任袁雯，上海电气(集团)总公司党委书记、董事长徐建国，金山区委书记杨建荣，上海财经大学自由贸易区研究院院长赵晓雷等领导和专家也作了演讲，中国产业发展研究院理事长夏大慰、上海财经大学副校长蒋传海先后主持会议，专家学者和媒体记者近百人出席。

上海市固定资产投资建设研究会召开青年学者理论研讨会

4 月 18 日，上海市固定资产投资建设研究会在上海市社联召开了“上海市政公用基础设施承载力分析”青年学者理论研讨暨 2014 年度征文工作会议。来自上海财经大学公共经济与管理学院、上海投资咨询公司、上海市城市建设投资开发总公司、上海市行政法制研究所和浦东新区投资咨询公司等单位的多位青年学者与会并参加了讨论。

会上，上海市固定资产投资建设研究会副秘书长杜静安首先就 2013 年本会开展的“上海市政公用基础设施承载力分析”课题研究做了简要回顾总结，接着大家就课题中所涉及的当前城市建设、发展和管理及城市承载力等面临的问题及解决路径展开了讨论。

与会学者一致认为，近 20 年来上海抓住举办世博会这一千载难逢的机遇，城市建设以“四港三网三体系”为重点，重点转向枢纽型、功能性、网络化的基础设施，城市面貌发生了天翻地覆的变化。市政公用基础设施建设投入力度之大，数量之多，是以往从未有过的。自 1991 年到 2010 年，上海基础设施建设投资累计达到 14 293.08 亿元，年均增长率达到 18.3%，占同期固定资产投资比重达到 29.36%。基本建成了枢纽型、功能性、网络化城市基础设施体系。上海作为资源短缺型城市，近几年对资源基础设施投入力度较大，极大地弥补了资源的不足，资源承载力得到了极大的提升。

但作为特大型城市，上海的城市承载功能仍面临严峻的考验主要有：上海中心城区的公共交通出行率远远低于东京和香港等城市，故尚待发挥的潜力很大；上海市环境污染与排放尚需有效控制；土地资源紧缺，能源消耗较大；城市绿地面积偏少，碳排放量较高；$PM_{2.5}$超标，空气污染严重；海域污染严重，地面沉降明显等现象。因此，城市的建设、发展还需在建立定量核算的评价体系，加强基础设施总量控制、基础设施安全保障能力和基础设施运营维护，完善基础设施的区域分布，提升基础设施一体化程度等方面下功夫。

杜静安同志就上海市社联关于“坚持和发展中国特色社会主义”的征文活动及本会 2014 年度学术研讨主题暨征文活动做了动员部署，与会青年学者一致表示将积极参与活动，并环绕“城乡一体化发展中的投资与管理”研讨题目纷纷提出了各自的设想。

本次会议继承和弘扬了固定资产研究会的学术研究气氛，增进了青年学者间的沟通，并就现实工作中遇到的一些亟需解决的问题提出了有益的学术见解和解决思路，达到了预期的效果。

区域与产业协调发展专题研讨会

4 月 19 日，上海市经济学会与上海对外经贸大学区域与产业研究中心共同举办的“区域与产业协调发展专题研讨会”在上海对外经贸大学举行。

来自复旦大学、上海交通大学、华东理工大学、华东政法大学、同济大学、上海大学、上海对外经贸大学等高校的专家学者就中国区域与产业发展问题以及中国经济发展前景等热点问题进行了深入交流与研讨。上海对外经贸大学副校长聂清出席并致辞，上海对外经贸大学国际经贸学院副院长赵红军和上海财经大学教授孟大文先后主持会议。

研讨会上，上海交通大学教授陆铭首先发表了题为“统一、效率与平衡——大国的城市化道路”的演讲。陆铭认为城市化的发展关键是要为城市化“立法”，要让市场和政府的边界划清界限。在城市化发展过程中，统一的要素市场是城市化发展的前提和条件，而效率和平衡则是城市化发展的目标。但三者确实是相互矛盾的，统一、效率和平衡往往不可兼得。这是因为城市化程度越高，集聚程度越高，效率也会越高，但与此同时地区之间、城乡之间发展差距就会出现“不平衡”。所以，中国未来的城市化道路中，我们必然牺牲“平衡”这一目标才能使得城市化道路健康迅速地发展。当前，中国既要追求市场统一，同时又兼顾平衡，最后导致经济发展效率下降。过去十年间，中国 TFP 生产率、资源配置效率都呈下降趋势，而地方债务呈现恶化趋势。为了解决上述问题，陆铭认为必须积极稳妥从广度和深度上推进市场化改革，大幅度减少政府对资源的直接配置，推动资源配置依据市场规则、市场价格、市场竞争实现效益最大化和效率最优化，要让市场成为配置资源的决定性因素。

接着，复旦大学教授陈钊就城市化中的市民化问题发表演讲。第一，首位城市该多大。通过对世界各个国家首位城市规模比较发现，中国首位城市的规模相对来说还是太小。如果中国城市规模遵守齐夫规律，通过计算中国理想的首位城市规模来衡量中国当前各个城市规模发现，当前中国城市规模集聚程度仍然不够，尤其是特大城市的规模集聚程度远远小于其理想规模程度。所以，我们仍然需要推动中国的城市化发展。第二，外来移民在哪接受教育。城市化归根到底还是人的城市化，要解决移民进城，必然要提高移民的人力资本积累和劳动生产效率。陈钊通过研究发现，职业教育的学校所在地会影响受教育者的工资收入，越是发达地区的职业教育给受教育者带来的回报越高。但当前的户籍制度却阻碍了实现异地接受职业教育的权利。第三，关于城市贫民窟。陈钊认为，城市发展壮大过程中不仅不会加剧贫民窟这一城市病，反而有利于减少贫民窟的发展。这是因为城市化程度越高，城市效率越高，市民收入也会越高，这将有利于减少城市贫困人口的数量。所以,针对上述研究发现,陈钊认为应该放开劳动力的户籍限制,实现劳动力市场要素的自由流动。

赵红军教授在会上介绍了自己关于“气候冲击、美洲白银输入与社会动乱关系”实证研究的成果。赵红军认为,气候变化是外生自然冲击,海外白银则是外部世界的经济冲击,它们都通过影响一国经济体内部的经济因素而发挥作用,这种扰动可能断送农业经济体的社会稳定。海外白银对社会动乱的影响可能具有双重性,一方面,从存量看应该能够扩充国内的市场规模和商业化水平,降低了动乱的可能性;另一方面,从流通中的白银流量看,可能由于存在着白银窖藏(谨慎性货币需求)、过度投机性需求的可能,因而银价上升,物价上涨,导致了对经济体和社会动乱的严重负面影响。

孟大文教授也介绍了自己的最新研究成果,认为进入遏制战略是市场在位者公司一个最重要的战略。在位者公司可以通过建立网络,通过网络的外部性阻止拥有更先进技术或更低成本的潜在进入公司。这项研究主要是想回答在位者公司如何建立网络使得在位者具有先发制人的优势阻止新进入公司,哪些因素会影响在位者公司的先发制人的能力。通过研究发现,网络外部性具有双重作用,它既可以通过外部性能强有力地阻止潜在进入者,同时又是脆弱的,因为存在有限理性的消费者,使得网络外部性又是不稳定的。

上海财经大学博士吴一平在学术报告中提出,现有工商联组织内企业政治资本是存在异质性的,我们之前的研究并没有给予足够的重视,但是从一个新的视角,通过对目标企业的严谨的实证研究分析,可以清楚地看到工商联组织内部政治资本的异质性对企业融资贷款和企业发展是有显著影响的。

上海市工商行政管理学会召开 2013 年年会

6 月 19 日，上海市工商行政管理学会召开 2013 年年会。年会由市工商行政管理局副局长、市工商行政管理学会副会长钟民主持。市工商行政管理局总经济师、市工商行政管理学会副会长杜贵根代表第七届常务理事会作工作报告，市工商行政管理局局长、市工商行政管理学会会长陈学军作了讲话。市工商行政管理学会常务理事、理事，各区(县)工商行政管理学会秘书长，市工商行政管理局机关学会小组长以及受表彰的优秀论文作者代表共 110 余人参加了年会。市工商行政管理学会副会长、华东师范大学原党委副书记罗国振，市工商行政管理学会副会长、上海市政府政策研究室副巡视员沈瑞良在主席台就座。

杜贵根副会长在工作报告中，回顾总结了市工商行政管理学会 2013 年在理论研究、学术交流、科普宣传以及自身建设等方面的工作，对 2014 年度工作作了部署。与会代表审议并通过了工作报告。

钟民副会长宣读了市工商行政管理局《关于表彰 2013 年度工商行政管理系统优秀论文(调研报告)的决定》。经专家学者评审和学会常务理事会评定，共有 120 篇文章分别荣获一、二、三等和优秀奖。与会领导给获得一、二等奖的优秀论文作者颁了奖。

陈学军会长在讲话中，充分肯定了市工商行政管理学会 2013 年的工作和取得的成绩，并对加强工商行政管理系统理论调研工作提出三点要求：一是要进一步提高认识，统一思想，增强工商行政管理理论创新的责任感和紧迫感；二是进一步突出重点，顺应形势，加强对工商行政管理新问题、新领域、新情况的研究；三是进一步完善机制，提升水平，不断加强学会自身建设。同时，希望广大会员领会和贯彻党的十八届三中全会精神，把握机遇，深入研究，努力把理论成果转化为工商行政管理工作的动力，不断提升服务工商行政管理改革发展的水平。

专家聚首纵论发展混合所有制经济

——上海市第三届民营经济论坛综述

6月26日，上海市民营经济研究会联合市工商联、民建上海市委、市政协理论研究会、市统一战线理论研究会和市经济体制改革研究会在市社会主义学院共同举办了“上海市第三届民营经济论坛”，主题是：深化改革与发展混合所有制经济。

论坛由市民营经济研究会常务副会长夏斯德主持。市统一战线理论研究会副会长、市社会主义学院副院长张颖代表六家主办单位致开幕词。市委常委、统战部部长沙海林就发展混合所有制经济提出了三点要求：一要着眼发展大局，深刻认识发展混合所有制经济的重要意义；二要抓住改革机遇，积极投身发展混合所有制经济的改革实践；三要发挥统战优势，为社会主义市场经济发展多作贡献。

市政协副主席、民建上海市委主委周汉民，市委统战部副部长、市工商联党组书记赵福禧，市发改委学术委员会副主任、市经济体制改革研究会会长浦再明，市社联学会处处长王克梅等以及来自各主办单位的部分会员和100多位民营企业家参加了论坛。周汉民作了题为“建设中国(上海)自贸区，以更大的开放促进更深入的改革”的主旨报告。然后，浦再明作了“改革历史逻辑战略转型利器”的主题演讲，全国政协委员、市工商联副主席、市民营经济研究会执行会长、汇银集团董事长沃伟东作了“关于发展混合所有制经济的几点认识”的主题演讲，市政协经济委员会常务副主任张广生作了“国资改革与混合所有制经济”的主题演讲。中国民营经济研究会副会长、市民营经济研究会会长季晓东作了“市场经济理论的新发展与民营经济的新机遇”的书面发言。最后，赵福禧作了小结讲话，“上海市第三届民营经济论坛”在热烈的掌声中落下了帷幕。

本次论坛的特点是，既有理论思考，又有专家建言为支撑。整个论坛主题鲜明，重点突出，无论是周汉民的主旨报告，还是三位专家的主题演讲，都紧紧围绕“深化改革与发展混合所有制经济”这一主题展开论述，给与会者以很好的启迪。

上海自贸试验区建设是改革的重要举措

周汉民关于上海自贸试验区创新、开放、改革的主题演讲赢得了与会企业家和有关学术团体会员的热烈反响。周汉民指出，上海自贸试验区运行9个月来，最大的成功就在于深化改革，而自贸试验区的核心就是制度创新。在他看来，上海自贸试验区已产生七大溢出效应，分别是党的十八届三中全会通过60个方面、336项改革举措的核心内容，“权力清单”管理成为国家行政体制改革的重要内容，推进了中美双边投资协定实质性谈判，开启了中欧双边投资协定的谈判，推进了中欧自由贸易区协定谈判的可能性研究，上海自贸试验区在2014年就要形成第一批可复制、可推广的经验。上海自贸试验区的努力为全国其他地区的进一步开放提供了借鉴。他说，上海自贸试验区金融创新和体制改革的总体目标是以服务实体经济为目标，以国家金融改革的大方向为引领，以金融风险防范为底线，以金融机构和市场组织为主体；努力的方向不仅是可复制、可推广，还要可辐射，即向泛长三角领域、丝绸之路经济带、海上丝绸之路、长江流域经济一体化发展辐射。上海自贸试验区目前要做的重要工作之一就是加快贸易转型升级，推动贸易多元化发展，并进一步提升贸易功能——打造集商品进口、保税仓储、分拨配送、展示销售、维修检测、数据处理及售后增值服务为一体的完整贸易服务链；强化国际贸易集成功能，拓展高端服务贸易功能，探索离岸贸易功能，鼓励贸易金融、航运、物流、制造、会展等产业融合发展。在加快提升贸易规模和能级方面，建议重点培育和发展工程承包、设计咨询、信息技术、金融保险、教育医疗、文化创意等现代服务贸易。同时，主动承接国际服务外包产业转移，建议重点发展软件开发外包、研发设计外包、物流外包和金融后台服务等领域。

国资改革重在优化资源配置

在谈到发展混合所有制经济的思考时，浦再明谈到，加快发展混合所有制经济对于深化国资国企改革、提高资源配置效率、促进经济发展，推动整个经济社会的战略转型都有着不可替代地位和作用。他认为，发展混合所有制经济一要注意转变观念，确立新的国资国企改革战略：从关注国有企业转向关注国有资本；二要从提升整个经济体整体活力出发，推动混合所有制经济发展，不断完善整个所有制结构；三要实行分类改革与治理，全面深化整个国有经济战略性重组；四要实行资本结构和产业结构双重开放战略，形成混合所有制经济加速发展态势；五要多管齐下，营造发展混合所有制经济有利环境。

张广生在谈到国资改革与混合所有制经济改革时称，当前上海正在推进的国资改革的重点应该是结合创新驱动发展、经济转型升级的要求，促进国有资本有序流动，合理布局，优化配置，提高国有资本的配置效率和运营效益；国有企业发展成为混合所有制经济的改革重点应是促进国有资本融合社会各类资本乃至社会各类资源，增强国有经济的控制力和影响力。简而言之，通过国有资本自身的有序流动，优化配置，融合社会各类资本，从而驱动各种要素的优化配置。实现这一深化改革目标的载体就是混合所有制企业。

民营企业迎来新机遇

沃伟东表示，当前国企和民企都面临着严峻的局势，包括如何应对世界产业颠覆性创新与国内调结构转方式由量变到质变的倒逼；如何应对要素价格的嬗变；如何应对企业制度跟上与适应产品更替与产业更迭。他觉得，民营企业在已改革的领域占比高，国有企业在未改革的领域占比高。以产权（股权）为纽带的结合不仅是资本的结合，更重要的是股东的资源与能力、思维与方法、观念与机制、优势与特色的结合，即硬实力与软实力的结合。

季晓东结合党的十八届三中全会精神作了“市场经济理论的新发展与民营经济的新机遇”的书面发言。他认为，以党的十八届三中全会《关于全面深化改革若干重大问题的决定》为标志，市场经济进入“理论创新发展和制度完善”新阶段，该阶段的关键词是市场与政府的关系。市场经济的新论断明确了改革的重点是政府自身的改革，更将推动加快建立、完善法治经济。市场经济理论新突破给民营经济带了新的发展机遇；公平竞争市场环境的构建，必将进一步激发民营经济的发展活力；营造一个产权同等维护的环境，必将进一步提升民营企业发展的信心；建立公开透明的市场规则，进一步激发了民营企业的投资热情；发展混合所有制经济为非公有制经济共同发展创造了战略机遇。“在《决定》拓展的历史大舞台上，民企大戏将精彩迭出。”

上海市世界经济学会举行企业“走出去”国际研讨会

9月19日，上海市世界经济学会在社联大楼七楼会议室举办了小型国际研讨会。会议由上海社科院世界经济研究所所长张幼文研究员和世界经济研究所全球化经济研究室主任黄烨菁主持。

会议主题围绕着企业“走出去”这一世界经济领域重大问题进行理论探讨，结合上海自贸试验区的发展与上海面临的经济转型与商务环境发展从多个层面分析了企业海外投资的影响因素，及其对上海与中国的开放型经济发展的影响，会议邀请了学界与国际专业人士从不同的视角展开了深入的研讨。

会议共邀请了十位发言嘉宾，来自上海社科院、华东师范大学与澳大利亚 La Trobe 大学等海内外兄弟院校的教授、国际知名智库 Economists Cooperation Network 的专家、从事境外投资法律咨询的律师事务所等专业服务机构的负责人与四位外国使领馆的负责人等，分别从国际经济学理视角、国际商务关系的视角与实务机构经营视角，对中国企业海外投资与经营的发展现状、机遇与挑战、战略取向等问题作了阐述。会议的主要议题包括三个方面：第一，中国民营企业海外投资与上海营商环境；第二，发达国家投资环境与中国企业的机遇；第三，中国在澳大利亚的投资现状与展望。会议听众来自兄弟院校的学者、世界经济学会的会员、沪上若干外国驻沪领事馆负责人、国际学术交流与商务咨询机构的专家以及上海社科院相关学者，听众对发言嘉宾的发言反响热烈，就上海自贸试验区对境外投资便利化等问题展开了热烈的讨论。

与会学者一致认为，企业的对外投资对中国开放经济而言是一个新的挑战，是中国经济可持续发展的重要动力，目前对外投资主体是国有企业，未来民营企业海外投资将日趋活跃，对后者而言，需要形成一个投资促进服务平台，其中政府将发挥作用，但不是由政府来主导的一揽子激励政策，而是需要政府的协调作用，尤其需要为中小企业投资的各个环节提供一定的帮助。在自贸试验区的背景下，这个平台建设也将有利于提升上海乃至全国的营商环境建设。

上海邮电经济研究会举行深化改革专题研讨会

10月17日，上海邮电经济研究会举行“全面深化改革对邮电业深刻影响和邮电业如何借势转型和发展”专题研讨会，来自电信运营商、电信制造商、电信和邮政研发机构等单位20多人参加。上海邮电经济研究会秘书长杨锡高主持会议。

上海邮电经济研究会顾问、上海市通信管理局原巡视员李振坤从宽带中国战略、信息消费、引入民资、虚拟运营商联盟、自贸试验区电信对外开放、以及信息安全、新一轮智慧城市建设等角度，介绍了当前我国电信业在全面深化改革战略引领下的总体形势，并分析了今后发展趋势。

上海邮电经济研究会副会长、上海联通副总经理王林着重介绍了大数据的发展机遇，指出发展大数据是电信业新的增长点。发展大数据是电信业的优势，需要政府相关部门予以支撑，需要各运营商协同配合，共同努力推向社会，使之价值最大化。

与会代表围绕十八届三中全会关于全面深化改革给邮电通信业带来的机遇与挑战，结合邮电业改革创新、转型发展的实际，畅所欲言，集思广益，提出了很多建设性意见。例如，在深化改革形势下，运营商如何用互联网思维实现管理、经营、服务、发展的跨越，如何规划和研发自身的优势产品，如何抓住新一轮智慧城市建设的机遇，对标上海市的要求，早规划，早启动，助力国民经济增长，提升人民生活质量。与会者还谈到了电信运营商正在开展的划小承包经营改革，希望认真处理好当前在划小承包中出现的问题，给承包者更多的政策，充分调动他们的积极性，真正实现向市场要效益。所以，改革一定要以人为本，通过体制机制的改革创新，留住人才，培养人才，让人才有展示才能的舞台，使所有员工都有用武之地。

上海邮电经济研究会举行优化快递干线研讨会

10 月 23 日，上海邮电经济研究会、上海市邮政管理局、上海快递行业协会共同举行优化快递干线专题研讨会。本会副会长、市邮管局副局长夏颐，本会首席顾问高仰止，本会秘书长杨锡高，上海快递行业协会秘书长陈麟华以及邮政老领导陆卫亚、陈良安等出席，出席研讨会的还有来自本市邮政相关部门与企业、邮政研究与设计机构以及来自顺丰等社会快递公司的专业人士 30 多人。

专题研讨会上，中国邮政集团上海研究院项目组作主题报告，介绍了“构建快递干线运输通道”的研究成果。报告对快递运输通道建设的意义与必要性、快递企业未来运输通道建设的需求作了深入分析，并对如何进一步优化快递运输通道的总体思路和研究方法提出了独到的见解，对不同运输资源条件下的通道网络设计、相关配套建设和实施方法，提出了积极的建议。报告指出，近年来中国社会交通运输发生了巨大变化，为快递企业利用各种运输方式的资源优势，建立稳定、灵活、多层次的运输通道奠定一定的基础。因此，要充分发挥各种运输方式的优势，打造多运输方式的快递运输通道，以解决运能供需矛盾，满足快递企业多层次的运输需求，更好地促进快递服务水平的提升以及快递行业的持续、快速健康发展。

上海蔬菜经济研究会召开“蔬菜发展问题与对策”青年学者论坛

10 月 24 日，上海蔬菜经济研究会在上海科学会堂召开了“蔬菜发展问题与对策”青年学者论坛。论坛由副会长朱为民主持，市社联学会处副调研员李嘉俐、市农委王国忠总经济师、市农委蔬菜办主任陈德明以及研究会有关领导出席了本次论坛。

来自上海市农业技术推广服务中心张瑞明，上海交通大学牛庆良，上海农林职业技术学院张琴，上海市农业科学院马莹、许爽和陈旭四个会长单位的六名青年学者结合自己的学习、研究，分别就上海蔬菜补贴政策分析与建议、蔬菜植物工厂的研究进展、光照在蔬菜生产上的应用、蔬菜质量安全控制的经济分析、阳台蔬菜与家庭园艺、基于移动终端的绿叶菜生产信息采集系统等方面作了精彩的报告。他们的报告涉及与蔬菜产业发展紧密相关的政府政策、科研进展、生产技术和市民生活等方面，让人们从不同角度了解当前蔬菜产业发展前沿和方向。

会上，王国忠总经济师对本次论坛给予了充分的肯定。他表示本次学术活动具有开放性，学术报告具有建设性，为年轻人提供了一个展现自己学术观点和风采的机会和平台，报告内容对今后本市蔬菜行业的建设发展具有重要借鉴和指导作用。衣开端会长首先对六位同志的精心准备和导师的悉心指导表示感谢，他指出广大青年要从现在做起，从自己做起，勤学、修德、明辨、笃实，使社会主义核心价值观成为自己的基本遵循，并身体力行大力将其推广到全社会去，努力在实现中国梦的伟大实践中创造自己的精彩人生。陈德明讲话时指出本次论坛体现了青年学者的蓬勃朝气和锐意进取的精神，标志着上海蔬菜行业后继有人，也使我们看到了蔬菜产业的发展希望，是蔬菜从业人员的一大福音，更是上海 2 000 多万市民的福音。

上海市物流学会 2014 上海物流创新与发展论坛综述

10 月 28 日，上海市物流学会、市物流协会共同举办“2014 上海物流创新与发展论坛”。来自上海高校和物流企业的学者、企业经营者参加论坛。会议由学会副会长韩志雄主持，会长周纪东致辞。

会上，复旦大学上海物流研究院院长徐以汎、远成物流股份有限公司程小昱、上海交大教授王东、上海东方久信集团有限公司王一明、上海二工大教授郝皓分别以“上海物流业统计核算与运行监测研究”“坚持物流创新，做大做强企业”“上海智慧物流产业技术创新战略联盟的发展趋势与展望”“跨境电子商务下保税货物集配中心”“电商环境下逆向物流的思考”为题作了精彩演讲。

与会专家认为，随着经济的发展和全球化进程的加快，社会竞争日趋激烈，物流研究与物流发展必须不断创新。中国物流与发达国家相比，尚处于起步发展阶段。但必须看到，国家“十二五”纲要中明确“大力发展现代物流业”，在良好的政策背景与条件下，中国物流业的整体规模快速增长，这势必带来企业间的激烈竞争。此外，随着国际化程度的加深，国外发展较成熟的物流企业也相继进入中国市场，提高我国物流综合竞争力的关键在于准确定位，大胆创新。第一，加强上海物流业统计核算与运行监测研究，在于准确把握行业运行规模现状与发展趋势，发现行业发展存在的问题，在于服务上海市物流业主管部门对行业发展规划的制定以及对行业发展的宏观调控，在于辅助市场运行主体的经营决策。第二，跨境电子商务的研究，直接引领我国外贸转型，服务上海自贸区试验区建设，在于为中小企业进入国际市场提供商业机会、成本、时间、手续、融资、市场信息等便利，在于延续中国制造业的优势，带动物流、仓储、保险、结算、融资、数据、信用服务等其他服务业发展，在于确立了新型的国际贸易综合服务行业。第三，建立“上海智慧物流产业技术创新战略联盟”，是政府支持，依托行业，又服务于行业的产物，是产学研一体化的产物。发挥好这一个载体，有利于研究机构与物流企业的共同发展。第四，在电子商务环境下，我们讨论的逆向物流主要是指退货逆向物流，是指下游顾客将不符合其订货要求的产品召回给上游供应者的商品实体转移过程，随着电子商务的迅速发展，电子商务环境下的逆向物流已经成为一个不可忽视的问题。

上海市世界经济学会举办上海自贸试验区建设与中国对外经济发展战略研讨会

11月5日，上海市世界经济学会主办的"上海自贸试验区建设与中国对外经济发展战略"学术研讨会在上海市社联大楼后乐厅举行。来自上海各高校、研究机构、实务部门等多位专家学者及实务界人士参与了研讨，来自高校、科研院所的数十位师生参加了此次研讨会。

上海社科院世界经济研究所所长、上海市世界经济学会会长张幼文在致辞中指出，中国(上海)自由贸易试验区是中央的大战略，虽然是在上海做，但是冠以中国的名字。对于自贸试验区建设与中国对外经济发展战略的关系，需要做更深入、更冷静的研究，需要给相应的研究以理论支撑。对于自贸区研究而言，主要关注两个方面：其一，是自贸试验区设立的国际国内背景。国际背景是现行国际贸易体制建设停滞不前，有关国家可能使用更高标准的贸易投资协议来抑制或者排斥中国，中国要拓展未来发展空间需要在机制体制上与国际标准进行进一步协调。从国家的战略意图而言，自贸试验区设立的直接动因是为中美BIT谈判做准备。国内背景则是改革开放三十多年来，政府与市场的关系发展到了一个关键阶段，如何约束政府的有形之手，发挥市场的无形之手以及决定性作用，需要进一步探索与实践。政府主导型的发展模式如何稳定过渡到市场决定性的发展方式，需要有深入探索。这是自贸区设立的国际国内背景，也是自贸区设立的使命。其二，自贸试验区设立运行之后可能会出现的各种状况。自贸试验区是一个试验，试验就有风险，就需要对未来的风险做好防控。进一步的开放，将由贸易领域向投资领域延伸，而投资开放带来的各种不确定因素更多，更加需要深入研究，特别是要深入研究有关国家资本项目放开、投资领域放开之后的各种案例，形成理论总结，供上海自贸试验区建设参考，更广义上，也是供中国未来开放参考。更进一步思考，今天自贸试验区方案中，只有30%左右是具有较大可操作性的，很多的方案设计，还都是原则性和方向性的。这就意味着提出了一系列对外开放的新课题。目前已经提出的18个领域、23个方面的开放，都值得去研究。而进一步的金融开放与金融创新，可以深入研究的内容会更多。这就是世界经济学科未来研究的方向。

来自各个高校和科研机构的各位资深专家教授纷纷就自贸试验区建设发表了自己的看法。复旦大学教授干杏娣指出，中国经济依靠人口红利、外资引进、土地流转实现的三十年高速发展，目前已经到了一个瓶颈期。人口红利在逐渐丧失，进一步引进生产加工型的外资空间不大，而大城市房地产价格的高企也使得企业的经营成本骤增。自贸试验区的建设，对于如何突破这些资源要素瓶颈约束具有十分重要的探索意义。目前的上海自贸试验区开放，步子迈开了，但还迈得不够大，28 平方公里范围太小了，建议未来自贸试验区能够逐级扩展，从一级区域扩展到二级区域，进一步扩展到整个浦东或者上海。当然，与此同时，其他省市的自贸试验区也可以同步推进，进一步形成全方位深化改革开放的大格局。此外，自贸试验区的很多政策，如负面清单管理、一元企业开办等，在拓展民营企业发展空间、降低微小企业创建成本，提升市场经济活力，都是大有裨益的。

上海世界经济学会副会长、上海财经大学教授丁剑平从要素流动性差异的视角，提自贸试验区建设会导致区内区外的各类要素流动性差异被放大，这需要通过制度建设使得要素配置达到一个动态优化平衡。并且自贸试验区建设中的这种制度创新要可复制、可推广。自贸区土地很少，土地要素不可能流动，而资金、人才等则会大量向自贸试验区流动，如何在这一流动中，解决好流动的稳定性问题，值得进一步探索。上海社科院研究员金芳指出，自贸试验区建设是新一轮开放型经济升级的必要手段。目前国际上的经济制度也正在进行转型升级，从贸易协定向贸易投资协定升级，如 TPP、TTIP、BIT 等都是这些升级的具体体现。就中国国内而言，上一轮通过大力引进外资发展对外贸易的方式已经空间有限，接下去对内需要从依靠外需向依托内需转变，对外要开展中国的对外投资，要进一步发展起中国本土的跨国公司，开展对外直接投资。在最新的世界 500 强企业排名中，中国已经有 73 家入围。中国也有很多企业开展了走出去的投资，但以跨国公司的标准来看，中国还远远不够，中国的跨国公司还远远落后。培育本土跨国公司，自贸试验区提供了一个很好的契机。通过自贸试验区建设，建立具有国际水准的投资贸易便利化制度环境，从而推动企业走出去。上海海关学院副院长石良平总结了国外的自贸区建设，大概可分为四种类型：(1)中国香港、新加坡，本身是自由港，不设园区。(2)汉堡港和美国特别经济区，采取境内关外的方式。(3)出口加工区的特别保税区，采取境内关内的方式。(4)海关出口监管区。从这个意义上看，自贸区已经超出了自贸区的本来含义，实际上是包含金融、投资等更宽泛意义上的开放改革区。石良平从贸易实务、海关通关实践等方面对自贸试验区建设提出了建议。他认为，将来一定要将自贸试验区的各类通关机构、影响贸易便利化程度的机构进行精简与合并，才能真正起到一个贸易便利化的作用。

上海 WTO 事务中心研究员张鸿、上海市委党校教授鞠立新、上海国际经济贸易研究所高级商务师戴桂麟、上海社科院研究员赵蓓文、上海大学教授沈瑶等也都阐述了自己对于自贸试验区建设与中国对外经济发展战略的见解。

上海市数量经济学会举办“经济形势分析与研判”研讨会

11月6日，上海市数量经济学会在上海社会科学院举办“经济形势分析与研判”研讨会。会议由副理事长兼秘书长朱平芳主持，来自本市各高校、科研机构以及交通银行研究发展部等业界的专家参加了本次会议。会议围绕“2014—2015年中国宏观经济形势特点以及转型期科技创新对中国经济发展的作用，货币财政政策的有效利用”等主要议题展开讨论。

会上，理事长左学金通过分析美国硅谷创新模式的变化，强调了创新对中国潜在增长率的重要性。他认为未来20年中国经济仍能保持6%—7%的增长，但是0—14岁小孩所占人口比例大幅下降以及农业户口小孩比例加大所带来的问题突出，应重视人才培养和人力资本投资问题。交通银行周昆平从世界经济走势、我国政策走向、房地产行业的发展等方面对2014至2015年期间上海经济形势进行分析。他认为美国经济好转，欧元区经济难见起色，日本经济温和复苏，新兴经济体整体增速放缓，两极分化严重，中国稳增长政策渐成合力，制造业前景并不乐观，出口由于外部需求改善以及基数效应消失有好转迹象，消费面临居民收入放缓和房地产市场调整的负面影响，2014年全年的经济增速前低后稳，全年波动幅度明显收敛，预计2014年中国经济增长7.4%。其他专家学者就中国经济形势也发表了各自的观点，分别从财政政策、制度改革等方面分析了未来中国经济的潜在增长点。

上海邮电经济研究会举办学习贯彻党的十八届四中全会精神报告会

11 月 6 日，上海邮电经济研究会举办学习贯彻党的十八届四中全会精神报告会。报告会由秘书长杨锡高主讲，本会会员和邮电系统离退休干部、职工 100 多人参加了报告会。

杨锡高从四中全会的一个总目标、五大体系以及六大任务，引申出依法治国的主题，阐述了以法治思维法治方式推进改革发展的重要性和必要性；根据四中全会透露的重大信息，剖析了新形势下依法治国的本质特征和根本保证，即“中国共产党的领导是中国特色社会主义最本质的特征，是社会主义法治最根本的保证”，表明中国的法治建设旨在强化执政党的权威；从当前国内外形势变化和趋势，分析了坚持依法治国和坚决反腐败的现实意义。他指出，党的十八届三中全会确定全面深化改革，四中全会确立依法治国。依法治国当然也包括反腐败，如果我们能真正按照“以法治思维法治方式推进改革发展和反腐”这个路径图扎扎实实去做、去落实，中国未来的发展就有了可靠的制度保障。

上海邮电经济研究会举办深化改革推进电信发展专题研讨会

11月7日，上海邮电经济研究会举办“深化改革与电信运营商转型发展”专题研讨会。本会副会长、上海市通信管理局副局长孙万毅，本会副会长、中国电信号百集团公司副总经理钮钢，以及本会首席顾问高仰止等出席并讲话，本会秘书长杨锡高主持会议。

党的十八届三中全会确立了全面深化改革的目标任务，最近召开的四中全会又明确了依法治国的目标任务，这为电信行业，特别是电信运营商的转型发展注入了新的动力，指明了新的方向。为此，上海邮电经济研究会将这一内容作为今年电信课题的研究主题。课题组代表、中国电信上海研究院胡世良认为，运营商应以三中全会和四中全会精神为动力，进一步增强以全面深化改革和依法治国推动企业发展的紧迫性，以深化转型破解企业发展中的突出矛盾和问题，集中精力抓好事关全局、事关发展、事关长远的大事要事；要以法治思维法治方式切实推进现代企业制度建设；要发挥市场配置资源的决定性作用，遵循市场经济规律和移动互联网发展规律，将互联网思维切实落实到具体行动中去。

钮钢和孙万毅对当前电信运营商如何在推进企业改革发展和建设完善现代企业制度时贯彻党的十八届三中全会和四中全会精神进行了深入分析，并介绍了行业发展形势和面临的任务。

上海青年规划师专题研讨会举行

11 月 14 日，上海市城市规划学会举行“放飞梦想，美丽上海”青年规划师专题研讨会。市城市规划学会常务副理事长叶贵勋出席会议并致辞。市城市规划学会、市建筑学会和本市城市规划设计研究单位领导，市首届十佳青年规划师和市规划学会会员单位青年规划师代表 50 余人出席会议。

本次研讨会围绕“放飞梦想、美丽上海”主题，立足我国和上海改革开放、城市建设和社会发展的实际状况，总结、研究和探索推进社会经济发展、产业结构调整、新型城镇化建设，和绿色、生态、可持续发展的重大问题，以青年规划师严谨、睿智和开拓的职业视角，为上海新一轮城市总体规划修编和上海“创新驱动发展，经济转型升级”建言献策。倡导学术研讨“更开放、更自由、更大胆、更深度”的理念，并紧密结合新一轮上海市总体规划修编及相关课题，在前期上海城市规划行业青年征文活动基础上，选取优秀论文进行交流。

首届上海市十佳青年规划师、上海经纬建筑规划设计研究院副院长张榜作了题为“规划创新与实践”的主题报告，从编制上海新一轮总体规划和展望未来 30 年的视角，就养老设施规划、智慧城市建设、新型城镇化、低碳发展模式和生态文明建设五个方面，阐述了城市规划工作如何支撑、引领和保障这些事业的科学、正确地予以实现。上海市城市规划设计研究院交通分院规划总监周翔、上海经纬建筑规划设计研究院规划师陶修军和上海浦东轨道交通开发投资公司规划发展部总经理周毅人分别作了“轨道上的大上海”“宗教场所规划探讨”和“浦东新区发展与轨道交通建设相辅相成”的交流发言。与会青年规划师就以上报告和自己研究成果及工作体会踊跃发言。与会代表认为，青年规划师专题研讨会不仅搭建学术交流平台，活跃学术研讨氛围，促进事业繁荣发展，分享青年规划师的理论研究、实践探索的最新成果和经验，同时彰显上海市十佳青年规划师的先锋模范和学术引领作用，对树立青年规划师坚定正确的核心价值观、严谨务实的职业操守，都具有一定的积极作用。

上海市生态经济学会 2014 年年会召开

11 月 13 日，上海市生态经济学会 2014 年年会暨“环境保护的社会参与及创新”研讨会在上海社会科学院召开。此次会议由市生态经济学会会长王荣华主持。

王荣华在致辞中指出，当前公众环境意识已显著提高，公众主动参与和监督的愿望十分迫切，只要引导得当，就会成为推动环保工作的重要力量。现在对很多污染事件的查处，也都会受到公众的关注，公众的关注已成为一种无形的监督和推动力量。要让更多的公众参与到环境保护中来，建立一个透明化的、对公众开放的信息平台。上海在开放环境信息、建立公众参与保障机制方面做了创新性的尝试和探索工作，如在上海环境和上海环境热线上公布重点污染源监控实时信息、上海空气环境质量实时信息，定期公布排污费征收信息、违规违法排污企业名单，开通上海环境空气质量手机应用，等等，让公众第一时间能获得相关环境信息；开通上海环境政务微博、上海环境投诉热线，建立与公众沟通的渠道；出台《关于开展环境影响评价公众参与活动的指导意见（2013 年版）》，为公众参与环评提供法律保障；开展绿色供应链管理试点等，鼓励企业主动参与环境保护，等等。但不可否认，公众对环境保护的有效参与正在对整个环境监督管理体制和多年形成的传统定式思维带来新的冲击，这种自下而上的力量督促政府部门在环境管理模式上不得不进行改革和创新，思考政府、企业和社会公众在环境保护工作的角色定位。在此基础上，公众的参与热情能否与政府部门形成良好沟通和互动？环保“自上而下”和“自下而上”的两股力量能否凝聚到一起？这些都是建立公众参与环保机制的关键，需要在如何建立畅通的沟通渠道、如何将沟通机制法制化、如何建立公众参与后的处理机制方面做出创新和探索。

柏国强的演讲主题为“积极推进环境污染第三方治理，加快转变环境治理和管理方式”。他指出推进第三方治理需要在以下几个方面进行转变：理念上，从“治污”到“治理”；职能上，从“直接管理”到“依法行政、主动服务”，从“事前管理”到“事中事后监管”；对象上，从“管企业”到“管市场”。推进第三方治理的关键是发挥市场主体的作用和政府社会的推动作用。目前，制约市场发挥作用的主要瓶颈包括：第一，推动排污单位合规治理的外部压力不足；第二，排污单位委托第三方治理的内生动力不足；第三，第三方治理的市场发展不够规范；第四，第三方治理缺乏有实力的市场主体。因此，需要强化责任体系，加快完善排污者负责、第三方治理、政府监管和社会监督；强化约束监督，增强治污和委托治理的内生动力；完善政策引导，支持第三方治理主体和市场发展。

王治卿的演讲主题为“公众参与，打造一流——公众参与企业环保的实践”。他认为，企业既要注重污染物源头控制，又严格把关污染物过程管理，落实企业环境保护主体责任，明确各单位一把手对区域环保工作负总责。认真做好各项环保问题的后续追踪，运用体系标准严格环境保护管理，全面实施环境治理，并开展“绿色低碳、节能减排”专项行动等。上海石化建立了完善与周边社区共同成长的良性机制，把居民请进来了解企业，让职工走出去服务社区，探索形成了项目参与、环保宣传与“企地联动”“公众开放日”活动等公众参与途径，努力促进区域和谐发展。

周冯琦的演讲主题为“环境保护公众参与的绩效评价及公众参与的互动机制”。她指出，从环境保护公众参与的绩效评价体结果可以发现，目前公众参与环境保护缺少相应的法律程序保障、政府与公众互信水平有待进一步提高、环境保护公众参与的内容和渠道过窄等。要建立环境保护公众参与的互动机制，需转变环境管理理念，向多元参与式环境治理转型；完善环保公众参与的相关法规，提高法规的可操作性；规范环保公众参与的行为，推动公众依法参与；增进政府与公众的互信，提高环保公众参与效率等。

宝钢集团有限公司原党委副书记欧阳英鹏，上海地方志办公室党组书记、主任洪民荣，复旦大学党委副书记陈立民做点评互动交流。欧阳英鹏认为，企业要发展与环境治理并举，宝钢 2014 年在环保方面的投入力度很大；他强调加强环境保护，领导干部每年要做环境绩效审计，离任时也要做离任环境绩效审计。陈立民认为，依法治国，对环保带来了历史性的机遇，要进一步加强环保严格执法，加大对环境污染的评估以及负面影响和损害赔偿的力度。洪民荣认为环境保护公众参与诚信体系建设很重要，要保护公众参与的主动性，政府进一步完善信息的完整性和真实性，提高执法的有效性。

上海市经济学会举行第十六届会员大会第三次会议暨 2014 年学术年会

12 月 14 日，上海市经济学会第十六届会员大会第三次会议暨 2014 年学术年会在上海社科院举行。200 多位会员出席会议。

会议第一单元由副会长、上海社科院经济所副所长石良平主持。

轮值常务副会长、上海社科院经济所副所长沈开艳代表理事会作年度工作报告。她指出，一年来，市经济学会坚持以中国特色社会主义理论体系为指导，认真学习贯彻党的十八大和十八届三中、四中全会精神，在市社联领导下，发挥学术社团功能，积极开展学术活动，努力加强自身建设，为经济学理论的发展创新和经济改革发展的实践服务，取得了众多的学术成果，形成了活跃的学术氛围。据统计，从 2013 年 12 月至 2014 年 11 月，全年共开展了 63 次学术活动，参与的专家学者约 3 600 人次。市经济学会开展的各项工作和取得的成绩得到了各方面的好评。2014 年 8 月，在全国社科联系统首次开展的省级先进学术社团评选表彰活动中，市经济学会被授予“全国社科联先进学会”的光荣称号。这是市经济学会在连续 6 次蝉联“上海市优秀社会科学学会”称号、2 次蝉联“上海市先进社会组织”称号之后，获得的又一项新的荣誉。最后，沈开艳代表理事会提出了 2015 年的工作设想：认真学习、深刻领会、切实贯彻中央和市委重要精神，在经济学理论的发展创新和经济改革发展的实践中发挥学术社团的独特作用，重点在关于社会主义政治经济学的研究、关于全面深化改革与上海自贸试验区的研究、关于打造中国经济升级版与上海创新驱动转型发展的研究、关于“面向未来 30 年的上海发展战略”的研究、关于经济改革与发展中热点难点问题的研究五方面开展学术研究和交流活动。副会长郝德良作关于学会财务情况、学会会费缴付和管理办法的说明。经与会会员审议，一致通过了理事会工作报告、学会财务情况报告、学会会费缴付和管理办法；增选五位中青年学术骨干为本会理事；宣布副会长干春晖担任新一年度轮值常务副会长。

会议第二单元由新一年度轮值常务副会长、上海海关学院副校长干春晖主持。副会长、复旦大学经济学院院长袁志刚以“经济学理论前沿问题”为题，介绍了当前经济学理论关于国际资本流向问题的研究。他指出，在新一轮全球化中，资本全球化是最快的，全球化的本质是资本在全球的优化配置。发达国家向发展中国家投资是高回报，而发展中国家向发达国家投资是低回报；资本总是从低收益国家流向高收益国家。事实上国际资本在不断地流向世界上最发达的美国，这是一个值得研究的现象。美国的纽约实际上成了一个“世界银行”,以非常低的利息吸纳全世界资金。像马云创办的企业为什么不在中国上市,而到美国上市?这是值得深思的。上海提出2020年成为国际金融中心,上海能不能像纽约这样的借短贷长,让全世界最好的企业来上海上市?要成为国际金融中心,必须有非常好的金融定价制度。如果我们有好的金融定价制度,就能让上海成为国际金融中心。我国进入经济发展新常态,就是要优化要素配置,重要的是加强金融市场建设,关键是金融制度改革。他指出,全球资本的优化配置导致所有的其他生产要素的优化配置,所以对全球化来讲其效益是高的,尽管存在着不平等、有贸易逆差。在当今的收入分配下面,所形成的全球的总需求吸纳不了全球的总供给,这个总供给和总需求之间的矛盾,就体现出资本主义的基本矛盾。

副会长、市政府发展研究中心主任肖林以“当前经济形势展望”为题,简明扼要地分析了2015年世界经济、国内经济和上海经济发展趋势。他指出,世界经济仍处在国际金融危机后的深度调整期,2015年世界经济增速可能会略有回升。美国经济有望维持增长态势,但欧盟经济乏力,欧元有望回升;日本经济将低位增长;新兴经济体略有回升,但势头脆弱。2015年影响全球经济最大的是美元升值,美元升值将会导致三方面的变化:原来大量流入发展中国家的国际资本将向发达国家回归;全球经济可能进入低增长、低利率、低通胀的“新常态”;部分新兴经济体会出现新一轮的货币危机和债务危机,特别俄罗斯会发生债务危机。他指出,中央经济工作会议从九个方面系统地阐述了我国经济发展进入新常态所呈现出的发展速度变化、经济结构优化、增长动力转换的特点,要认真领会。他指出,2015年中国经济要关注四大风险:房地产市场降温和土地收入下降、财政收入下滑以及地方政府债务上升三碰头的风险;通货紧缩的风险;就业矛盾凸显的风险;部分地区出现的经济风险。肖林强调,上海将按照中央提出的要努力保持经济稳定增长、积极发现培育新增长点、加快转变发展方式、优化经济发展空间格局以及加强保障和改善民生五大任务逐项加以落实。

最后,会长周振华对会议作简要总结。他指出,2014年学会各项活动卓有成效。2015年,学会要继续发挥学术联合体的作用,继续发扬好传统、好做法,把各项工作做得更好。中国的很多问题将越来越会成为世界的问题,学会有责任组织开展对这些问题的深入研究,为今后经济学的发展提供基础。

上海市工商学会、市法治研究会、市行政法制研究所联合举办"诚信与治理"专题研讨会

12月15日,上海市工商学会、市法治研究会、市行政法制研究所联合举办"诚信与治理"专题研讨会。会议由市工商学会秘书长徐上主持,相关专家、企业代表以及论文作者20余人参加了会议。

与会专家从政府、社会、企业三个层面探讨了市场监管在诚信体系建设中的作用、专业部门治理和社会共治如何相互补充、社会诚信建设与社会治理中的困境以及解决对策等问题。

徐汇区市场监督管理局全开明提出,社会信用建设迫切需要开拓创新,提高效能。在借鉴西方国家征信系统先进经验的基础上,将经营责任与社会监督结合在一起,在建设网络信用平台中实行自动申报机制和承诺机制,实现"信用自治"。

市行政法制研究所副所长程彬通过具体的案例分析提出诚实守信是政府依法行政的基石,行政机关诚实守信也是进一步完善市场经济体制必然要求。市场经济是以信用为主的经济,因此建设社会信用体系,政府诚信是核心环节。

市行政法制研究所刘莹提出,社会诚信是在社会生活中逐渐形成的,诚实守信是一种社会风气,我们国家的社会诚信经历了三个发展阶段依然存在许多不尽如人意的方面。为此,要以政府主导为信息系统搭建平台、培育市场,鼓励企业生产信用产品,带头使用信用产品。

市府办公厅区政处处长盛强介绍了上海市部分区县在推动社会诚信体系建设中好的经验和做法,同时提出要让信用融入到中国的传统文化,市场经济也是契约经济。

上海纽迈律师事务所律师方正宇提出,当前大家都对社会信用体系建设非常重视,但建立完善的着眼点以及各单位之的衔接点在何处,也就是"取自何处""用向何处""纠错机制"等方面如何解决,需要用法治思维的方式进行探讨。

上海联合律师事务所律师汪智豪提出,在社会经济活动中,要改变政府大包大揽的做法,通过信用平台的建设,增加企业的活力,同时充分体现市场在资源配置中的主导作用。

市法治研究会秘书长包志勤作了小结发言。他认为,诚信是一种价值追求,是规则的强化,是一种机制的建设。要注重社会诚信危机应对和治理,以问题为导向,加强顶层设计,把诚信问题治理作为一个制度来建设,纳入国家整体的治理体系之中。

金融、财税、会计审计、其他经济

上海市信用研究会成立

3 月 1 日，上海市信用研究会召开研究会成立大会暨首届“诚信上海”信用创新论坛。会上筹建小组组长洪玫报告研究会筹备工作情况报告，会议通过了研究会章程，以无记名投票方式选举产生了第一届理事会理事。在随后举行的一届一次理事会会议上，选举产生了学会领导班子，洪玫任会长，刘海龙、黄京志、沈瑶、吴弘、茆训诚、施继元、张春景、施永雷、樊芸任副会长，刘海龙兼任秘书长。上海市社联党组书记、专职副主席沈国明出席大会并讲话。在完成研究会成立大会的议程后，大会进入“诚信上海”信用创新论坛环节，来自国务院发展研究中心市场经济研究所的任兴洲研究员、新加坡国立大学风险管理研究所的段锦泉教授等作主旨演讲。

上海自贸试验区建设人民币问题国际研讨会

4月19日,由上海国际金融中心研究院、上海市金融学会与上海市世界经济学会联合举行的“中国(上海)自由贸易试验区建设中关于人民币问题国际研讨会”在上海财经大学金融学院同德楼一楼报告厅举办。研讨会由上海国际金融中心研究院副院长丁剑平主持,会议邀请美国康奈尔大学教授 Eswar Prasad(美元陷阱与人民币国际化),上海发展研究基金会秘书长乔依德(上海自贸区金融开放和人民币国际化),上海市世界经济学会会长张幼文(上海自贸试验区的金融创新),复旦大学金融研究中心主任、经济学院副院长孙立坚(上海自贸试验区的挑战),上海证监局主任科员干云峰(自贸试验区金融政策国际比较及其对上海自贸试验区建设的经验借鉴)作了主题发言。

Eswar Prasad 教授指出,国际金融危机后对美元的储备需求反倒上升了,因为美元仍然是世界认可的相对比较安全的金融资产(由美国的金融市场深度、资本开放、法律制度等因素决定)。资本项目开放、汇率的灵活性、资本市场的深度是成为国际货币的重要条件。如果中国保持一个相对快的经济增长,继续推动金融市场和经济改革,人民币将变成一个重要的储备货币。但如果要成为一个安全的货币,则需要进行一系列的政治、法律和制度改革,包括一个相对独立的司法体制、相对独立的央行。人民币虽然国际化进展很快,但要实现国际化还有很长的路要走。

丁剑平认为,中国境内和境外利率存在很大差异,人民币在海外的利率是3%至4%,而大陆理财产品的收益率则在6%左右,这可能造成自贸试验区出现人民币回流一边倒的现象。回流后的人民币如何管理面临难题。

乔依德指出,自贸试验区金融开放创新和人民币走出去有很大的关系。自贸试验区的跨境资本流动,对人民币国际化有以下几个好处。一是促进跨境的人民币贸易结算,二是促进人民币资本向外流,三是促进人民币资本的回流。

孙立坚认为,要从国家战略的角度定位自贸试验区,探索国家治理模式,上海学者应做好自贸试验区的绩效评估。在中国面临产能过剩的背景下,自贸试验区里不应该再探索政策洼地效应。自贸试验区的发展,要突破成本优势(人口红利)的发展瓶颈,解决资源红利丧失的问题,放弃政策红利。同时,他指出,宏观调控要加强预期管理,遏制货币的增长,中国现在的资金非常的泛滥,但是资金的成本非常的昂贵,只有在通胀预期的环境下才会出现这样的偏离。收益风险要建立匹配机制。金融和实体经济的关系不存在谁引领谁,是一种良性互动的关系。

张幼文指出，上海自贸试验区是投资不是贸易。金融定位是支持实体经济而不是支持虚拟经济，支持贸易投资的便利化、总部经济和融资汇兑便利化。金融创新的重点是对外投资来开启中国经济发展的新阶段。以开放促改革。在自贸试验区的金融改革有难点，金融创新和改革应该是按照行业和业务来逐项的推进，而不是按照区域来推进。发挥自贸试验区对上海国际金融中心发展所起的作用，其中最关键的是用好央行方案的一条，就是有限渗透。

干云峰谈到，大多数国家和地区的自贸区不仅仅是一个自由贸易区也是一个金融城的概念。金融、投资开放度度非常高。

最后，与会学者与学生交流问答，会议圆满结束。

上海市保险学会召开第八届会员代表大会

5月13日，上海市保险学会召开第八届会员代表大会，中国保险监督管理委员会上海监管局党委书记、局长裴光，上海市社联专职副主席刘世军等到会并讲话，170余名会员代表出席。刘世军对上海市保险学会进一步发展提出三点意见：

一是抓住保险学会发展的难得历史机遇。上海自近代以来，就是中国经济金融贸易中心，上海金融保险业的发展有深远的历史传统和丰厚的历史经验。新中国成立后，特别是改革开放以来，上海金融保险事业与改革开放同步发展，并走在全国前列。上海要继续当好改革开放的排头兵，科学发展的先行者，金融保险业的创新发展首当其冲，上海市保险学会取得大发展大进步的机遇已经摆在面前，这就是天时与地利。然而能不能抓住天时、用好地利，关键是人和。以抓"人和"为基础来抓发展机遇，是新一届保险学会理事会必须做好的、首要的、基本的一件事情。

二是抓住保险学会的办会宗旨和发展方向。办好学会的前提是坚持宗旨、执行章程、把准方向。保险学会要牢牢把握推进保险理论的研究普及，推动保险学科建设，培养发现保险领域人才，服务金融、社会保险事业发展，服务上海改革开放和现代化建设这个立会宗旨，把坚持正确发展方向，体现在理论研究、学术交流、知识普及、成果发布等学会工作各方面。要坚持"学"字当头，"用"在其中，以学立会，以会促学，继续把保险学会办成会员满意、行业满意、社会满意、党和政府满意的，具有中国特色的社会主义学术社团组织。

三是抓好自身建设，遵纪守法，活而不乱，风清气正，确保安全。经过改革开放三十五年的快速发展，我国的国际地位发生了根本转变。现在，我们聚精会神做的一件历史大事就是实现中华民族伟大复兴的中国梦。要做成这件大事，一个根本的要求，就是高举中国特色社会主义伟大旗帜，坚持党的领导，贯彻党的路线方针政策，遵守宪法法律。遵纪守法，是我们做好学会工作最起码的要求。学会作为社会组织，特点是比较宽松、宽容。这些提醒我们，失之于宽、失之于松，易于成为学会管理上的隐患。希望保险学会的领导能够切实负起领导责任，按照学会章程开展各项活动，确保学会保持正确的发展方向，为上海社会经济发展作出应有贡献。

上海市保险学会八届理事会第一次会议选举产生了新一届学会领导班子，高志缨任会长，王荣桃、丛新、吴军、张家庆、张渝、钟明、赵雷、徐文虎、徐琪、韩光任副会长，赵雷兼任秘书长。大会还回顾总结了第七届理事会四年来的主要工作和取得的成果。四年来，上海市保险学会坚持正确办会方向，紧密结合上海保险业实际，从服务经济社会发展全局出发，立足于防范和化解保险风险，着眼于解决当前突出问题，大力推进上海保险理论研究，积极参与国内外保险学术研究，编辑出版保险刊物，组织保险课题研究，开展保险知识的普及和宣传，为进一步提高上海保险业理论水平，推动保险业又好又快发展作出了贡献。

"银行家与上海金融变迁和转型"研讨会在复旦大学举行

由复旦大学中国金融史研究中心、上海金融法制研究会和上海市档案馆联合主办的"银行家与上海金融变迁和转型"研讨会于10月21日在复旦大学举行。来自美国、日本，以及中国大陆、香港和台湾地区多家高校和多家金融机构的60余名专家学者出席会议，共同研讨了近代以来银行家与其他金融业同行、社会工商各界人士，在上海转型成为一个国际化、现代化的金融中心的过程中所起到的巨大作用。20世纪二三十年代，上海在成为中国乃至远东金融中心的进程中，中外银行业均取得了长足的进步，证券、保险、信托、外汇、票据交换等近代意义的金融市场也萌生勃兴。上海金融变迁和转型的过程历经曲折反复，有过重大进展，也曾屡遭困顿。这中间的经验值得吸取，教训值得反省，很有借鉴价值。

本次"银行家与上海金融变迁和转型"研讨会从"人"的角度切入，具体涉及对象既有近代中国的银行家群体，也有著名的银行家陈光甫、张嘉璈、周作民、王志莘、资耀华等人，探究银行家们的经营管理实践活动和社会责任、信奉的理念和思想主张，如何维系上海金融市场的健康运行，进而引领整个中国金融业朝着现代化、国际化的目标前行，分析银行家与其他金融业同行、社会工商业人士以及政府之间的互动，以及如何心系国家民族命运，为救亡、强国和富民而作出的贡献。

上海市审计学会举办“新预算法与预算管理”学术论坛

10 月 23 日，上海市审计学会举办“新预算法和预算管理”学术论坛。市财政局局长、市财政学会会长宋依佳作主题报告。市审计局 200 多名审计干部参加了学术论坛，各区、县审计局通过视频方式参与活动。市审计局局长、市审计学会会长田春华主持论坛。

在两个半小时的论坛活动中，市财政局局长、市财政学会会长宋依佳站在宏观和战略的高度，运用大量数据和生动案例，结合当前全国和上海的经济形势，从预算管理改革的基本内容与发展趋势、税收制度改革的方向、事权与支出责任相适应等方面，对新预算法进行了全面、深入的解读。同时结合预算管理七个方面的新要求，就审计工作需注意的相关内容进行了重点阐述。本次论坛内容丰富，针对性强，对指导开展审计工作具有帮助作用。

市审计局局长、市审计学会会长田春华在论坛总结时指出，此次论坛内容站位很高、视野很宽、信息量很大，对广大审计干部掌握下一步全市财税改革要求，具有很强的指导作用和启发意义。他要求全体审计干部认真消化吸收论坛主题报告的内容，按照新预算法有关精神，进一步做好相关审计工作。

“我国征信自律组织建设课题研讨暨互联网金融发展给征信业带来的机遇和挑战”专题研讨会召开

10月27日，上海市信用研究会和中国人民银行上海总部联合召开“我国征信自律组织建设课题研讨暨互联网金融发展给征信业带来的机遇和挑战”专题研讨会。中国人民银行上海总部征信管理处处长张丽红对人总行征信管理局2014年研究课题“我国征信自律组织研究”的立项背景和情况作了介绍；上海市信用研究会会长、上海立信会计学院教授洪玫详细介绍了课题的研究框架和主要观点；上海市信用研究会特聘专家、上海信而富企业管理有限公司总裁王征宇作了“互联网金融发展给征信业带来的机遇和挑战”主题演讲；上海市信用研究会副会长樊芸，理事周忆东、林振雄、胡乃红、戴旭东等都发表了自己的见解。会议由上海市信用研究会副会长兼秘书长、上海交通大学教授刘海龙主持。来自政府、高校、金融机构、征信机构、互联网金融企业的40多位专家学者参与了研讨。

与会专家认为，透明高效的监管体制和健全的征信行业自律机制是社会信用体系的重要保证。随着征信行业的不断发展以及征信制度的逐渐完善，我国征信市场体系已基本确立。在征信市场建设取得巨大突破的同时，征信行业也面临着诸多有待解决的问题，其中最突出、最迫切的问题之一就是我国尚未成立统一、高效的征信自律组织。同时，随着数据化和信息化技术的不断发展，大数据技术越来越受到关注，应用逐步渗透至多个行业。征信业如何顺应大势，利用新技术条件发展新业态征信，实现战略调整和业务融合，又要加强风险防控水平，实现规范可持续发展。

与会专家指出，较监管部门而言，行业自律组织更为了解和熟悉本行业的技术情况，对市场的刺激和反应更为敏感，通过发挥行业自律组织的作用，建立更具体、更明细的行业运作规范，强化本行业的自律，成为征信国家普遍采取的加强信用管理的措施之一。结合我国具体情况，在借鉴国外发达国家经验基础上，我国征信行业市场情况决定了现阶段发展征信自律组织必须依靠政府力量的推动，政府应积极引导、推动征信自律组织的建立和发展，随着征信自律组织的不断成长，再逐步将监管职权移交给市场，直到自治机制成熟时，政府完全退出对市场的直接干涉，只为征信行业提供制度保障及间接的监管。以最高的效率建设出契合我国市场特点的征信行业自律组织，形成有效的行业自治体系，加强行业自律，充分发挥各类社会组织在推进社会信用体系建设中的作用。

上海财务学会举办“公司治理与企业绩效”研讨会

11 月 6 日，上海财务学会在上海社会科学院举办“公司治理与企业绩效”研讨会。会议由会长朱平芳主持，来自本市各高校和科研机构的专家参加了本次研讨会。会议围绕“企业并购、公司治理以及法人治理结构”等主要议题展开讨论。

会上，上海财经大学邓文慧分析了证券分析师跟踪对企业并购绩效的影响，重点探讨了分析师跟踪与信息不对称的关系以及分析师跟踪对企业股价的短期和长期影响。他认为中国的分析师跟踪对企业股价的负向影响显著，主要是因为分析师获得的内幕消息使得消息提前泄露带动股价提前反应。上海社科院韩清就此问题提出了不同的看法，他认为中国企业并购更多的是政府行为而不是企业行为，如何在模型中体现这一点值得考虑。与会专家从样本的选择、行业的横向比较等方面发表了各自的看法。副会长谢荣兴就公司的法人治理结构发表了自己的见解。他从独立董事的作用分析了上市公司的治理情况，重点探讨了分类投票和网络投票制度。他认为，当前混合所有制改革，既为退出的民营资本找到了投资方向，同时也加强了国家的掌控力。复旦大学喻坤主要从外部治理的角度分析了控制权市场、资本市场、产品市场和会计准则对公司治理的影响。

上海市保险学会举行 2014 年学术年会

12 月 10 日，上海市保险学会 2014 年学术年会在上海保监局召开。会议由市保险学会会长高志缨主持。上海保监局党委书记、局长裴光出席会议并作重要讲话，上海市新闻出版局报刊管理处处长赵靖应邀出席并致辞。市保险学会团体会员单位负责人、个人会员以及荣誉会员等两百余人参加会议。

会上，裴光对年会的召开表示热烈祝贺。他说，市保险学会及其所属《上海保险》杂志已经走过 30 年的历史，在上海保险业发展过程中作出过积极贡献。现在，市委、市政府正积极推进上海国际金融中心、中国（上海）自由贸易试验区、现代保险服务业及国际保险中心建设，保险理论研究将在其中发挥更大更重要的作用。上海保监局和相关主管部门高度重视上海保险理论研究与创新工作，市保险学会要站在新的历史起点，积极组织协调保险机构、相关高校、政府部门等开展保险市场问题调研、探索研究发展新思路、创新转型保险服务举措，为上海保险业提质增效、转型升级提供理论支撑，为服务上海经济社会发展、服务民生作出更大的贡献。他要求学会继续推动保险理论创新，引导保险实践发展。把上海保险业先行先试的“两个中心、一个试验区、一个基地”作为理论创新的源泉，引进新理论、新观点，广泛开展保险产品、服务、投资、机制等方面的保险研究创新；不断提高保险宣传质量，提升全社会保险意识。以《上海保险》杂志为平台，构建和谐共生的舆论氛围，通过通俗易懂、喜闻乐见的形式，开创全社会学保险、懂保险、用保险的文化格局；积极推进保险智库建设，做好政府智囊后盾。上海市保险学会要以各专业委员会建设为基础，推动产学研融合，强化与国内外保险学术机构的合作交流，广泛参与政府的顶层设计和战略决策；严谨开展保险历史研究，凝聚行业成果精髓。要以对历史和行业高度负责的态度，配合上海市地方志办公室做好新一轮上海修志和保险业卷资料搜集、编撰等工作。

2014 年，上海市保险学会成立 30 周年、《上海保险》创刊 30 周年。应邀出席会议的领导嘉宾均向学会、杂志社表示祝贺，对 30 年来学会、《上海保险》杂志社所作工作表示肯定，并对学会与杂志社工作寄予希望。在课题发布环节，复旦大学教授许闲、华东政法大学教授李伟群、华东师范大学教授周延、同济大学教授王海艳、华东师范大学教授仇春涓、上海第二工业大学教授曾鸣分别代表课题组，介绍了“区域经济发展水平对我国保险业的促进作用”“上海市车辆保险中人伤理赔管理的问题与对策”“上海市住房反向抵押贷款养老保险问题研究”“上海市开办反向抵押贷款业务的可行性研究”“我国住院医疗保险费率研究——基于理赔成本假设的实证分析”“上海地区物流保险的全方位研究”六项课题成果。各课题组围绕我国特别是上海经济社会发展，针对目前上海保险行业关注的重点热点问题进行调查研究。其中一些课题成果引起政府有关部门的高度关注。在学术报告环节，复旦大学经济学院保险系常务副主任陈冬梅就市政府刚刚印发的《上海市人民政府贯彻〈国务院关于加快发展现代保险服务业的若干意见〉的实施意见》(沪府发〔2014〕73 号)进行政策解读。中国人民银行上海总部有关领导向与会代表作了题为"现状与趋势——中国宏观经济金融形势简要解析"的报告。

上海市审计学会举办审计专题研讨会

12月26日，上海市审计学会举办“经济责任审计责任界定与审计促进国资国企改革”专题研讨会，来自国家审计署，上海市、区县审计局，有关机关企事业单位内部审计机构，部分社会审计机构的负责人和业务骨干，市审计学会理事以及有关专家250余人出席研讨会。市审计学会副会长、市审计局总审计师林忠华主持研讨会。本次研讨会旨在进一步加强审计服务改革创新的研究，促进群众性理论研讨活动的开展。

国家审计署经济责任审计司副司长张广春就“经济责任审计如何界定责任和助力国企改革”的发表主题讲话。他对“责任”的内涵及审计如何界定责任作了分析，并就当前经济责任审计的外部环境与要求、经济责任审计面临的挑战和国企改革走向三个方面进行了阐述。上海市国资委预算收益处、中国太平洋保险(集团)股份有限公司审计中心、上海电气集团财务有限责任公司、嘉定区审计局和市审计局经济责任审计处等单位的专家围绕经济责任审计责任界定及审计促进国资国企改革等主题作了交流发言。

副会长林忠华在研讨会总结时指出，本次研讨会对广大审计工作者今后开展经济责任审计和国资国企审计工作具有较强的指导作用和启发意义。今后无论是国家审计、内部审计还是社会审计，都要明确目标，形成合力，进一步加强经济责任审计和国资国企审计的理论研究和实务工作，更好地为推进上海改革发展服务。

国际问题、涉港澳台、其他

变革中的全球治理:中国与联合国

——上海联合国研究会等联合举办国际学术研讨会

由联合国训练研究所、中国联合国协会和复旦大学共同主办,中国浦东干部学院、中国和平发展基金会、中国外文局、中国发展研究院、北京大学和中国和文化研究院协办,上海联合国研究会和中导集团承办的"变革中的全球治理:中国与联合国"国际学术研讨会议于1月13日至14日在上海举行。

联合国负责政治事务的副秘书长 Jeffrey Feltman,联合国秘书长2015年后发展议程特别顾问 Amina J.Mohammed,联合国秘书执行变革特别顾问 Kim Won-soo,助理秘书长、联合国开发计划署亚太局局长徐浩良,奥地利驻华大使 Irene Giner-Reichl,以及包括联合国亚太经社理事会、联合国贸发会议、联合国开发计划署、世界知识产权组织、联合国粮农组织、联合国大学、国际贸易中心和南方中心等联合国系统和国际组织的30多名官员和学者出席了会议。外交部、中联部、中国联合国协会、中国外文局,以及本市有关单位的领导,来自多所高校和研究机构的专家学者等60多位国内嘉宾参加会议。

会议围绕"中国、联合国与全球治理"这一主题,就"全球治理面临的挑战""南北对话和南南合作""食品安全和清洁能源""2015年后发展议程""公私伙伴关系"等议题进行了广泛对话和深入研讨,特别是就中国和联合国如何在全球治理中相互合作发挥领导作用提出了许多建设性的意见和建议。会议成果将提交联合国和中国政府。

会议期间,与会的中国和联合国的官员和学者开展了多种形式的对话和交流,达成了很多合作意向和交流项目。联合国开发计划署将在上海加强投入、深化合作,南方中心、联合国大学、哈马舍尔德基金会等机构表示将积极开展在上海的合作。复旦大学联合国研究中心执行主任张贵洪教授代表上海联合国研究会与联合国训练研究所执行所长萨莉女士签署了战略合作备忘录,双方将在共同培训发展中国家的外交官和国际职员、网上课程学习、选派优秀学生赴联合国机构实习、年度会议、联合出版等方面开展实质性合作。

上海联合国研究会挂靠复旦大学,成立于2013年9月,旨在整合和加强上海地区的联合国研究,推动联合国和相关机构在上海的发展与合作,为上海的国际化大都市建设争取联合国和国际组织更多的支持。

上海市俄罗斯东欧中亚学会举行“乌克兰局势动荡的原因解析”研讨会

3月6日，上海市俄罗斯东欧中亚学会举行“乌克兰局势动荡的原因解析”研讨会。来自华师大、同济大学、上海社科院、上海外国语大学、上海大学、上海政法学院的教师们，以及来自乌克兰、俄罗斯的留学生代表出席了本次讨论会。

学会会长范军在发言中指出，国际关系、国内局势的变化，虽然表面呈现的是经济和政治，但其核心的因素还是历史和地理。乌克兰问题无疑牵涉到国际关系，例如其同俄罗斯、欧盟、美国、中国的关系。特别是牵涉到中国的问题，乌克兰局势动荡对中乌之间的经济关系、对中国的东欧战略有什么影响等问题都值得深入研究。

乌克兰局势在2013年11月发生了变化，2014年2月再次急剧变化。针对乌克兰国内的乱局及其背后对整个国际局势的影响，各位学者在研讨会上踊跃发言，针对以下几方面问题进行讨论并提出观点。

一、 对乌克兰局势动荡的性质判断

1. 目前有很多学者认为乌克兰乱局是一场“颜色革命”，也有人认为“颜色革命”肯定是西方国家在里面起作用，也就是用阴谋论来加以解释。但是也有学者提出来，乌克兰乱局本质上还是一场国内危机，以现在的结果收尾具有很大的偶然性。

2. 后苏联国家选民结构发生了很大变化，苏联解体之后的年轻人在新交易体制下，已有投票权，在社交媒体日益发达的背景下，这些年轻选民很容易被动员起来，这是必须要考虑到的变量。

3. 乌克兰变局是介于第四波浪潮和第五波浪潮之间的过渡期。

4. 从比较政治角度来讲，此次变局暴露出乌克兰体制不成熟，没有形成成熟的民主文化，没有强势的架构。乌克兰精英没有找到一个能够统一团结整个民族、国家共识的主题，从国家性来讲是很弱的。

5. 尽管通常认为乌克兰东西部分裂，但在某种意义上不是完全分裂的。东部的民众也不是完全靠向俄罗斯。这场危机是偶然的，欧盟、俄罗斯、乌克兰都错误判断了群众可能的反应。

6. 这次变局说明了后冷战之后一种现象，即小玩家玩动大国。利用街头战争来夺取政权的这种方式，小国间互相传导、互相习得。

7. 如何定性:“颜色革命”、政变？现在很难判断。欧洲、美国等因素推波助澜，乌克兰国内一些反对派寡头在起作用，事件的报道上都不是很公正的，会影响整个事件的发展过程。

二、 对乌克兰局势动荡的原因解析

1. 对任何现实问题的了解从历史方面要做深入探讨。第二次世界大战期间，乌克兰对纳粹配合最突出。现在的关联性是怎样的，不是偶然的事件，只有系统地研究。

2. 通常把东西部的政治分裂作为整个事件的起点，可以追溯到很远的历史时期。但是，政治分别、身份意识上的差别转换成一个激进的政治表达，中间要跨越很大的过程，这种政治表达是怎么被激发起来的，这是解释整个过程开始的很重要一点。

3. 街头运动的主体力量是右翼，这与之前的很多社会运动的特征是相反的。此外，相对少数的力量劫持了大国，这是一个值得研究的问题。

4. 在研究中还有一些势力没有得到足够的重视。比如，商业资本、大资本在里面起到的作用，亚努克维奇后面有一组资本支持，没有很好的研究。

5. 为何亚努克维奇这么快出现了变化。可能是这一代政治家忽略了后果，但也有可能有其他解释。学理上是有价值的，政治上是有影响的，也许代表着一种新的政治形态出现。

6. 整个过程具有宪法瑕疵。乌克兰问题从学理角度来说是好的案例。

7. 俄罗斯武力干涉，尽管首要目的是维护俄罗斯利益，但更多还是做给美国、欧洲看。俄罗斯动用武力还是有依据的，并且是节制的。

8. 这种局面尽管是偶然的，但是仍有其必然因素。乌克兰国内经济很糟糕，财政大量赤字，负增长，这些都是主要因素。

9. 亚努克维奇本人的性格优柔寡断，涉及维护稳定方面显得太弱，这次为了保命，弃甲而逃，被反对派抓住把柄。俄罗斯对亚努克维奇也不再支持。

10. 乌克兰乱局很大程度上是乌克兰的内部因素导致，西方大国是被迫加入混乱局面。属于激进主义者挑起的运动，民主性色彩几乎没有。另外，乌克兰的传统是中央权力很软弱，无法有效控制。反对派有能力和最高权力对抗，呈现相对混乱的状况。季莫申科出狱之后导致反对派内部分裂。季莫申科强调继续抗战。

11. 外交是内政的延续，从政党政治生态的角度来谈。内部经济存在严重问题。此外，乌克兰社会转移变迁远远没有结束，这是最终的根源。

三、 乌克兰局势动荡带来的影响

1. 导致俄罗斯的欧亚联盟时间表受挫，普京长期规划的欧亚战略面临失败状况。对于实现欧亚经济联盟，乌克兰很重要，只有乌克兰加入，欧亚经济联盟才能真正意义上成立。俄罗斯如果在西部受挫，其战略则会往东部转移。

2. 这次出兵对俄罗斯经济的影响大，俄罗斯损失很大，股市大跌。这次乌克兰变局显示俄罗斯脆弱的一面。俄罗斯已经没有妥协空间。今后战略中，硬实力应该让位于软实力。

3. 对后苏联空间的示范效应。假如中亚发生类似情况，乌克兰就是样本。中亚国家希望有自己的一个组织。更加致力于亚信会议，成为地区性的组织，更希望成为中亚国家主导的国际性组织。中国应该支持。中亚有更多自主性独立性，对中国也有好处。

4. 实力是最关键的要素。中国需要考虑自身的国家利益如何最大化。

5. 做乌克兰研究需要新的范式。看到国际政治和国内政治的联动性。专制制度下的长期执政者，信息渠道单一，准确性也堪忧。此外，研究中容易忽略精英变迁，选民结构。

6. 右翼的作用日益强大，极端主义人数不大，但影响很大。不止要研究其对某个国家产生的影响，更应该作为一个普遍现象来进行研究。

四、中亚国家对乌克兰问题的反应

从中亚国家媒体报道的反应来看，中亚国家对乌克兰变局的态度呈现出一片寂静。反应最多的是哈萨克斯坦，然后是吉尔吉斯斯坦，其他国家官方没有任何声音，也不许报道。吉尔吉斯的报道称，从苏联解体后，吉尔吉斯斯坦从民族心态上以及思想上是和乌克兰同步的。中亚有学者提出，亚信会议 2014 年 5 月即将召开，这个时间很微妙。俄罗斯很强势，会不会把亚信平台变成发布乌克兰局势的平台。乌克兰、美国都是亚信会议的观察员国。

最后，学会会长范军对整个研讨会作了精彩总结。

本学会讨论乌克兰当前局势，有几个维度视角和逻辑出发点是值得思考的，一个维度是全球经济；此外，还有国际法这个维度。与国际法相关的，一个国家的领土主权的完整是受到国际法保证的。另外，从转型问题这个视角来看，乌克兰不同意他们的局势动荡是颜色革命，认为还是二十年前苏联解体转型过程中的一个问题，继续在转型。乌克兰这样一个国家主导力量是在变化的。从社会运动和国内政治势力视角来看，这个势力可以从阶级的角度分析，可以从年龄的角度进行分析的。此外，还有文化认同、大国博弈等视角。

对乌克兰问题的研究最终还是要落实到中国的立场。中俄战略关系是中国全球外交的一个部分，而不是中国外交的全部和支柱。要和生产力最先进的国家交朋友，来发展自己，这才是中国的全球战略。从中国的角度看，中国已经进入改革深水区，本身矛盾问题突出的，在国际问题上面要有明确和合理的定位。

作为中国国际关系学者，重要事件是考验、训练、观察我们智慧的时候。重大问题上的判断要研讨，让时间来检验是否判断准确。今后凡是与本学会有关系的重大事件都会组织讨论，这对学者的学术发展是有好处的。

上海市 WTO 法研究会举办中国涉案争端解决研讨会

5 月 10 日，新获准成立登记的上海市 WTO 法研究会在复旦大学法学院举办了“迎接 WTO 成立 20 周年系列学术活动之一：近半年中国涉案争端解决回顾与应对”专题研讨会。会长张乃根主持，副会长陈剑平、师华，理事沈秋明、彭德雷、朱秋沅和 30 多位会员参会。国家商务部条法司 WTO 事务处处长陈雨松及多位专家专程前来指导研讨，并介绍有关案件最新进展和应对，中国政法大学、北京师范大学、南开大学、南京大学和西南政法大学等高校 WTO 法著名学者也出席研讨会并发言。本次研讨会围绕近半年中国涉案 WTO 争端解决的若干基本法律问题和“美国等诉中国稀土案”的重点法律问题，展开了深入的讨论，形成了会议记录文件供商务部条法司应对争端时参考。

核心价值体系建设与国家形象塑造学术研讨会综述

5月10日，上海市国际关系学会、上海国际战略问题研究会、上海欧洲学会、市美国学会、市日本学会、市俄罗斯东欧中亚学会、市世界史学会联合举办核心价值体系建设与国家形象塑造学术研讨会。会议由上海国际战略问题研究会常务副会长杨剑主持，来自相关学会的专家学者20多人与会。

上海社科院研究员胡键围绕国家形象的塑造、维护、转型展开研讨。他认为就中国国家形象来说，可能需要做出这样几个观念的转型：第一，从单一的物质性大国转变为一个物质性与精神性，也就是文化平衡发展的大国。我们不仅仅是要发展经济，同时还要发展文化，不仅仅是发展硬实力，同时还要发展软实力。第二，从只关注自身内部发展的大国转变为既注重内部发展，又关注世界发展的大国。第三，从着重关注意识形态的社会主义大国转变为具有全球命运共同体意识的大国，特别是党的十八大报告里面讲的，要有全球命运共同体意识。第四，从着力于自身的和平发展转变为中国在自身和平发展的同时，需要其他国家也要和平发展。只有这样，中国的形象才能够根本性地塑造好。

上海社科院博士徐庆超围绕"核心价值观要求向里用力塑造国家形象"的发言中指出，对于当前中国国家形象，特别是当前所面临的突出问题，就是国内外关于中国形象认知的巨大差异。这些认知差异的原因大概归纳为三点：第一，国家形象宣传机制的他塑性，这是对于中国国家形象自新中国成立以来的历史变迁，可能会有这样一个认识，就是说中国形象大体上都是外在塑造来的，不是中国自己想表达什么就是什么。第二，国际传播力长期以来的弱势，主要表现在信息传播方面，中国主流媒体的信息很少被采用。其次就是在知识传播层面，知识精英和智囊机构在外开展的一些协商的游说，包括国际会议方面，可能自觉的意识不够。最后是在价值传播层面，主要是在道德、伦理、观念和意识形态的交流互通上面，这个可能是更为主要和突出的问题，不仅与西方国家，与非洲其他国家也一样，中国在文化上有自己的一套逻辑，有悠久的文化传统，在这方面某种程度上存在着一种文化的摩擦。

上海交通大学教授郑华在题为"社会主义核心价值观的培育与中国国家形象塑造"的发言中指出，我们首先要明晰国际社会在当前信息传播中的一些特点。第一个就是全球性的，尤其是青年中的政治冷漠，这种政治冷漠是指一个国家的公民对政治活动的冷淡或对政治问题的漠视，作为一种政治行为，它是指对政治的疏远或者是逃避。第二个是作为信息和娱乐的复合体，信息娱乐在全球蓬勃兴起，所以在传播社会主义价值观的时候，我们不仅让它有意义，还要让它看上去能够吸引人，能够打动人心。第三个特别强调的就是价值观的培育，这是一个传承和继承，我们更多的首先要把对 13 亿人培育的工作做好，然后才能形成外力效应。

市俄罗斯东欧中亚学会副教授宋黎磊围绕中东欧国家对华的认知以及中国在中东欧的形象塑造问题做一个现状的分析。因为从 2012 年开始，中国跟中东欧国家有一个重新发现的过程，中国跟中东欧国家加强相互认知是有两方面的需要，首先是经贸层次的需要，其次是战略层面的需求。在中东欧国家对华认知方面，有三点特征：第一点，我们跟中东欧国家的传统友谊。第二点，中国跟中东欧在合作过程当中要认识到今天的中东欧国家基本上是转向欧洲了。第三点，中国和中东欧国家要加强合作，希望还是在未来的几代人身上。在塑造中国对中东欧地区的形象方面，有三个步骤，第一个就是长期的步骤，就是塑造中国在中东欧国家民众心目中的友好形象。中期目标是合作性，主要是建立与当地政府、民间机构的联系，主要是人对人的友谊，同时在这样的基础上加深相互的了解和合作。短期目标是防御性，主要是克服中欧国家对华的一些负面的宣传，形成一种良好的环境。那么，目前最紧迫的任务就是消除中国对中东欧地区的投资压力，创造一个良好的投资的软环境。

市俄罗斯东欧中亚学会副会长汪宁发言的主题是“俄罗斯爱国主义与国家形象的塑造”。他认为是一个民族与国家国际形象非常重要的，也是决定性的因素。第一，俄罗斯找到新的国家思想，这是所谓的俄罗斯新思想，为俄罗斯文化确定了新的立足点，所以他的俄罗斯新思想作为俄罗斯民族思维方式的根本体现，就像一根长长的线贯穿于俄罗斯一千多年的历史当中第一个值得我们汲取的。第二，大力发展经济，从稳定经济发展开始，一直到规范管理，再到扩展能源经济，再到开创所谓的创新经济，再到恢复大规模军演，现在还在展示它的军事实力，一直到启动西伯利亚远东地区大开发，无一例外都是为了俄罗斯民族复兴和军事这个国家的大战略。第三，全面实施以东正教文化为核心的俄罗斯文化复兴战略。第四，展示俄罗斯新一代领导人的领袖形象的魅力。最后结语就是一句话，只有建立起以优秀文化为支撑的，树立起能够代表全人类正能量的核心价值观，才能够得到全世界认同和接受的大国与强国的形象。

市俄罗斯东欧中亚学会会长范军认为关于核心价值观，他非常欣赏《人民日报》一篇文章的标题：“人民有信仰，国家才有力量”，这句话可以反过来讲，如果人民没有信仰的话，那么国家只是一盘散沙。俄罗斯的爱国主义正是从苏联解体的灾难中重新总结出来的。普京总结俄罗斯的思想，其实讲到底就是四个字：爱国强国。历史虚无主义其实对一个国家来说是非常危险的一件事情，你怎么能否定自己呢？你可以自由选择，但是你不能否定，你否定了就没有根。最近冯绍雷的一篇文章讲得很有意思，他说戈尔巴乔夫 1985 年做总书记以后就推行改革，他的改革纲领是《改革与新思维》这本书，这本书里面讲的都是全人类的价值观，他说这种讲法一点都没有错，错在哪里？错在他忘记了本国价值观。也就是说，全人类的价值观是需要的，但是你本国的价值观也是需要的。我觉得普京在《千年之交的俄罗斯》这篇文章里就讲到了这个问题，俄罗斯背离了人类发展的道路，所以俄罗斯要把人类的价值观与俄罗斯传统的价值观相结合。当前的政治和大国的政治，使得俄罗斯最近的爱国主义非常的突出，但是同样的，普京讲的那句话也是对的，俄国 20 世纪 100 年的历史上曾经走过弯路,还是要回来,但是这个回来不是纯粹的学习或者怎么样,是把自己本国的东西相结合。无论是俄罗斯也好,无论是中国也好,确实是有这样一个独立自主的大国外交,同时又不能脱离世界的潮流。

市世界史学会副会长余建华从非洲的案例,就当今中非关系演进与发展的视角谈了核心价值体系建设与国家形象塑造的认知。市日本学会常务副会长陈永明就日本案例,探究核心价值观建设的重要性以及需要从传统文化中汲取智慧。市世界史学会刘锦前侧重谈了如何在民族地区推行核心价值体系建设的坚决性与国家形象塑造的长期性问题。上海欧洲学会副会长曹子衡就欧洲国家的案例,谈了国家形象的一些需要关注的事项。

上海市俄罗斯东欧中亚学会研讨亚信峰会与亚洲安全

5月29日，上海市俄罗斯东欧中亚学会“亚信峰会：亚洲地区的多边安全论坛”研讨会在华东师范大学举行。本次研讨会由上海俄罗斯东欧中亚学会举办，研讨的主题围绕亚洲相互协作与信任措施会议第四次峰会的相关主题以及亚信峰会在地区多边安全框架发展中的作用等展开。学会副会长兼秘书长杨烨主持了会议，来自上海市社联、华东师范大学、上海社科院、上海外国语学院、上海大学、上海政法学院、同济大学、复旦大学、上海译文出版社等单位的专家学者出席了本次讨论会。会议主要针对以下问题进行了讨论：

一、对亚信峰会性质与意义的判断。针对这一问题，学者们提出了以下观点：(1)亚信峰会是一个先天不足的非政治的国际会议机制。亚信峰会的召开仅有中、哈等国给予了局部的重视和关注。亚信峰会最终来说还是论坛性质的，是非政治的。同时，这一机制的效率仍然低下，内部有很多待解决的问题。(2)亚洲本身是高度碎片化的，从来不存在统一的亚洲和统一的亚洲性。(3)对美国的判断存在误区，国内盛行的说法是美国已经进入不可逆转的衰落期，另一种实际是，国内少数学者在讨论今天的美国是否处于世界帝国的初级阶段。(4)对于亚洲安全秩序的构建，国内表现得过于强势、进取，但在价值体系上还没有提出一种新的东西并产生对外界的吸引力。实际上，当下的问题是在美国帝国有所收缩的时候防止国际体系出乱而联合自保，而不是要挑战现有的国际秩序。(5)亚信峰会发挥了中国外交主场的作用，中国成功地传递了自己的声音，中国因素、亚洲局势以及美国重返亚太促成了中国高度重视这个平台。

二、新安全观的提出及其解读。关于新安全观是否存在，新在哪里，以及新安全观的性质等问题，各位学者展开了热烈的辩论，并提出了以下观点。(1)亚洲新安全观是非排他的，不针对第三方的。目前，对于新安全观的表述有媒体夸大的成分在里面。(2)新安全观的内涵有待完善。这个新安全观只是一个名词、概念，内容还有待发掘，中国政府提出后需要学者加以完善。(3)新安全观和中国新意识形态表述是相通的。(4)新安全观在机制上和操作层面上如何落实是今后要考虑的问题。安全危机依靠亚信峰会这个平台能够解决到什么程度，今后尚存在疑问。中国担任轮值国这两年期间，有什么可行的举措也值得我们思考。(5)提出亚洲新安全观这个概念，对中国有积极意义，亚洲范围内中国有可能起主导的力量。

三、亚信峰会与中国的选择。针对这一问题，学者们也表达了各自的看法。(1)西方媒体把中俄签署的协议和亚信峰会联合起来看并对其进行了渲染。而我们认为中国领导人则主要从战略角度出发，才有了联合声明。(2)我们的做法做实了和美国的对抗，从认知角度上来说是不利的。因为当前的中国角色变化了，经济体量和影响力都扩大了，中国的一举一动都受到更大的关注，此时的政治表态应该表现出更多的刚柔并济和自我克制。(3)关于亚信峰会的基本评价，从学者角度来说没必要判断其有没有用，中国应该在会后提出有效的建议，在议程设置、路线图设计等方面作出贡献。(4)中国和俄罗斯搞地缘政治以及西进是目前的好选择，中俄不能结盟，一旦结盟则不可控。(5)中国在亚信峰会上讲主场外交，这一点值得思考。我们应该内紧外松，通过程序设计、议程设计来推进外交，而不是通过举办会议就能解决一切问题。(6)关于美国衰落的问题，从绝对国力来说，美国并没有衰落。从长期趋势看呈相对衰落态势，但并不意味着别国有挑战美国的资本。

四、关于研究方法的探讨。(1)除了重视外交手段和外交策略之外，还需关注结构性的变化。亚信峰会背后，除了体量上的差别，更多是结构和性质上的变化，从结构性特征的分析出发，反过来再去看外交策略更合理。(2)把历史眼光放长远一点，受制于更大的结构性的变化。(3)学者的研究可以考虑领导人政策，但也要从意识形态等更高方面去研究问题。(4)从后现代观点看，当我们在反对某个体系的时候，说明你先认同了某个体系的存在。但目前我们的自我建构能力很差。我们可以借鉴三个世界的观点，从这一主题下来讨论，分别按时间跨度、国家性质以及中国内部区域三个标准来划分三个世界。(5)中国学界最大的问题是国际问题和国内问题的研究是分离的，今后的研究应更加强调体系性。

第六届“金仲华国研杯”颁奖仪式举行

6月10日，上海市国际关系学会与上海国际问题研究院等单位联合举办第六届“金仲华国研杯”颁奖仪式暨国际形势与中国外交研讨会。会议由上海市国际关系学会会长杨洁勉主持，来自相关科研院所的专家学者70多人与会。

中国国际问题研究基金会第一副理事长沈国放、外交学院副院长郑启荣、上海国际问题研究院院长助理严安林、上海国际问题研究院研究员蔡鹏鸿、上海国际问题研究院院长助理叶青、上海外国语大学博士舒梦分别作了“中国当前外交环境”“今年中国外交的挑战与应对”“海上安全与中国外交”“‘一带一路’与中国的中东外交”“中国外交资源的差序式管理”等主题发言。杨洁勉会长肯定了与会专家发言中提出的观点，指出深入研究国际形势与中国外交要做到，一是将历史与现实相结合，二是要有战略性思维，三是研究要有理论指导，特别是要建立中国特色的外交理论，四是研究者要有很强的责任感。

"亚信·软实力·国家安全——2014年中国主场外交"青年论坛召开

7月5日,上海国际战略问题研究会举办主题为"亚信·软实力·国家安全——2014年中国主场外交"的青年论坛,会议由学会副会长兼秘书长杨剑主持。来自相关高校科研院所的青年学子30多人与会。学会会长杨洁勉作了题为"亚信上海峰会和亚洲信任理念机制建设"的主旨演讲,分析了当前亚洲安全两大突出趋势、亚信峰会取得的三项成果以及亚洲信任的理论建设与机制建设需要思考的问题。

论坛第一部分主题是"对亚洲新安全观的思考",李昕、蒋尊泽、孙畅池分别作了"亚洲新安全观——创新与启示""亚洲新安全观:国内理论创新与国际共识推广""地缘变化与中国国家安全"的主旨发言。论坛第二部分主题是"软实力与国家合作",吴梦雨、程子龙、顾帆扬分别作了"中俄天然气合作的成因及战略意义""本土知识的全球意义""制约中国公共外交的意识形态"的主旨发言。与会青年学者围绕主旨发言展开了热烈的讨论。

上海市台湾研究会举办“两岸医疗体制合作论坛”

为加强海峡两岸同胞的相互了解，促进彼此交流与学习，10 月 23 日，上海市台湾研究会、《台商周报》联合举办“两岸医疗体制合作论坛”。来自台湾、上海医疗领域的专家、台胞 40 多人与会。会议由台商周报社社长杨文山主持，市台湾研究会常务副秘书长孙英华致词，闵行区卫生与计划生育委员会副主任程佳、台湾在沪禾新医院院长吴振龙就两岸医疗体制的现状与合作前景作主题发言，复旦大学教授陈洁、台胞代表等人作交流发言。

一、 两岸医疗体制特点

程佳以闵行区医疗单位为例，介绍了大陆医疗体制的概况及发展前景。认为大陆大型公立医院的特点是功能全、专科强、医疗设备先进，但病人看病无论大病小病都首选大型公立医院，造成医院人满为患、医患矛盾时有发生，服务质量有待改进，这方面台湾确实比大陆做得好。禾新医院吴振龙院长在介绍两岸医疗体制的特点时，认为大陆医院“大而全”，以公立医院为主，社区医院为辅，私人诊所稀少。而台湾，早期与大陆一样公立医院与私立医院的比例是 80∶20，如今的比例是 33∶67。公立医院、私立医院都加入健保，且私立医院看病的费用比公立医院低，因此，一般感冒等小病，都会首选私立医院或专科医院，这样病人看病得到了有效的分流。

二、 在沪台胞医疗服务现状

由于台胞对大陆公立医院的医疗程序和环境、医疗水平和服务等方面不熟悉和不适应，因此，大部分台胞患病时首选台资医院。目前上海只有两家台资医院。上海禾新医院是《海峡两岸经济合作框架协议》签署后大陆首家台资综合医院，每日就诊人数 70%—80%为台胞。现场嘉宾及台胞表示，生病就医时，台胞的首选是台资医院，一方面大部分医生都来自台湾，且医院装潢温馨舒适，服务周到体贴，给台胞一种回家的感觉；另一方面，其提供便捷的台胞返台转介及代办健保医疗费用核退申请服务。

三、 台胞在沪就医困境

一是台湾健保报销繁琐。现场嘉宾介绍，在大陆医院就医的费用，使用健保报销比例偏低且手续复杂、周期长，故大部分在沪台胞都选择购买商业医疗保险。为方便在沪台胞就医报销，上海很多医院开通了台胞医疗服务部，支持健保报销，但大部分在沪台胞对医院中台胞医疗服务部的运作及相关职能尚不清楚，医院方面也没做好相关宣传，致使这一政策没有被很好利用。此外，大陆医疗凭证在台湾需要较长时间的审核，也增加了健保报销时间。

二是台资医院数量较少。目前上海仅有两家台资医院，上海禾新医院和上海辰新医院。目前，上海地区注册台胞人数已达 80 万人，台资医院数量和规模已远不能满足日益庞大的台胞医疗服务需求。另外，受医生职称衔接问题、台湾药品无法进入大陆、台资医院内缺少大陆医疗人才参与等问题困扰，台资医院数量很难在短时间内有较大增长。

三是大陆医改已进入深水区。大陆医疗体制仍处于改革期，管理有待提高，制度有待优化，这也客观导致了在沪台胞就医所遇到的一些问题。大陆公立医院较合资医院虽然在数量上有绝对优势，但医院管理和服务质量仍存在许多问题。如医疗服务费用居高不下，医患比例较高，医务人员工作负荷大、态度差，以药养医现象严重等，都造成了大陆公立医院与台湾医院的医疗服务水平和管理体制存在一定差距，使大部分台胞不愿到大陆公立医院就诊。

四、 关于两岸医疗体制合作的建议

一是改善大陆医院费用健保报销流程。台胞在沪就医后，部分费用单据需要交至台湾相关单位审核，审核周期长、效率低，且通过审核后报销比例也偏低，给在沪台胞就医带来诸多不便。两岸相关部门应以务实的态度，以提高台胞医疗福祉为出发点，提出解决两岸医保缴费水平、报销比例、报销范围等实际内容的具体方案，如实行医保缴费互认抵扣制、统一药品报销范围、缩小报销比例差距等。

二是完善大陆医保与台湾健保对接与互认。一方面，台湾全民健保是强制性投保，几乎所有在沪台胞都已参加健保，因此在沪台胞不愿意重复参加大陆医保；另一方面，大陆参保政策规定，不能将医保单列出来参保，而要和工伤、养老等一并参保。对此，与会嘉宾提议，要完善大陆医保与台湾健保的对接，实现费用互通。参与台湾健保者在大陆产生医疗费后可按此比例分别从大陆医保、台湾健保账户报销。同时，也希望大陆相关部门针对台胞出台特殊政策，允许台胞单独选择参保种类。

三是提高整体医疗资源利用效率。禾新医院院长吴振龙建议，希望与大陆公立医院建立交流合作平台，引进大陆专业医生到台资医院，就疑难杂症一起会诊，以提高台资医院的医疗水平。程佳建议应提高公立等大型综合医院的整体管理水平和医疗服务质量，使公立医院成为重大型疾病的治疗中心，建成集科研与医疗于一体的科研型医院。同时，加强社区医院建设和发展，使其成为民众医小病、日常保健护理的主要场所，大型医院和社区医院分工明确，从而促进医疗资源的合理分配，进一步提高医院医疗水平和服务质量。

本次论坛议题与在沪台胞生活息息相关，得到许多台胞的积极参与及好评，主办方认为很有意义。一是搭建了两岸医疗领域互相交流、学习的平台；二是通过探讨在沪台胞就医面临的困难与问题，提出两岸医疗合作的建议，为进一步改善工作，制定具体政策提供了帮助；三是学会与在沪台胞就共同关心的话题开展交流研讨的模式，加强了信息传递、加深了彼此了解，使两岸大交流、大合作真正落实到了实处。

上海联合国研究会举办“联合国与全球治理”学术年会

10 月 24 日，上海联合国研究会举办“联合国与全球治理”学术年会，会议由副会长夏立平主持，来自相关领域的专家学会 80 多人与会。同济大学党委副书记马锦明、联合国前副秘书长陈健、中国联合国协会副会长兼总干事刘志贤、上海联合国研究会会长潘光分别致辞。全国政协常委、上海市政协副主席周汉明作了“迈向 2040 年的绿色上海”主题演讲，围绕全球城市化进程、世界人居面临的问题、绿色经济、城市发展的挑战以及 2040 年“绿色上海”的特征进行了解读。

俞新天研究员认为研究会应该更注重前瞻性的研究，加强对联合国在政治领域中作用的研究，特别是要加强理论上的探讨。季平教授就中国与联合国的关系进行了专题发言。沈丁立副会长从治乱关系角度对中国参与全球治理的过程与对策进行了梳理，提出要更加主动创造性的参与全球治理。王少普教授分析了亚太地区秩序调整中的日本因素及其中国对策。夏立平副会长就联合国与国际军备控制进行了专题发言。

“中国海外经济利益保护与上海总部经济发展”学术研讨会召开

11 月 12 日，上海国际战略问题研究会和上海市世界经济学会联合举办“中国海外经济利益保护与上海总部经济发展”学术研讨会，会议由上海国际战略问题研究会副会长兼秘书长杨剑主持，上海市社联学会处处长王克梅致辞。来自相关领域的专家学者 20 多人与会。

上海国际战略问题研究会会长杨洁勉、上海市世界经济学会会长张幼文分别作了“中国外交和对外战略新趋势”“中国发展空间的变化与国家经济安全”的主旨演讲，分析了 2014 年中国外交发挥“主场引领、重点推进、南南联动、东西策应”的特点，展望了 2015 年中国对外战略需要加强“政策建设、战略建设、理论建设、亮点建设”，剖析了海外利益的概念与特征，深入探讨了影响国家经济安全的各种因素，并提出相应的政策建议。

与会专家学者还围绕中国对外资产匹配、人民币国际化、海外投资的区位选择、当前柬埔寨形势与中国对柬投资存在的问题、海外并购的法律风险与运营挑战、对外投资协定与海外经济利益保护等问题展开了深入的研讨。

上海市日本学会举办第三届中日教师教育研讨会

11月12日，上海市日本学会举办第三届中日教师教育研讨会，来自相关领域的专家学者和青年学子20多人与会。会议由学会副会长兼秘书长陈永明主持。

东华大学外语学院教师李薇作了题为“日本大学教师发展(FD)的研究”演讲。她从以下五个方面探讨了日本大学教师发展：(1)产生背景：全球化、市场化从政治、经济领域逐渐渗透到教育和文化领域，大学之间的竞争愈发激烈，为了吸引生源，各国大学愈发重视教学与研究，尤其强调教学以提高教师质量。在20世纪中期，日本高等教育步入大众化阶段，2005年迎来了普及化阶段。学生多样化日趋明显，总体学习能力和学业成绩却逐年下降，于是提高教师的教学能力以应对这种恶化的局面成为社会共识。而日本大学素有重研究轻教学的传统，近年来教师的教学能力不断受到学生和社会的批评。(2)历史脉络：日本自20世纪80年代开始，受欧美影响，开始了相关理论和实践的研究，推行大学教师发展，并将其直呼为FD(Faculty Development)。其发展主要有三个阶段：探索期(20世纪80—90年代初)——此阶段主要是翻译欧美国家相关文献；推进期(20世纪90年代)——政府通过一系列措施推进FD的制度化，于1999年在《大学设置基准》中规定，开展FD为各大学应努力实行的义务；制度化期(21世纪初以来)——在政府的积极推动下，自2008年日本各大学的研究生院及本科学部都必须实施FD活动，这样，日本大学走上了FD制度化的道路。(3)主要模式与方法：目前，比较有代表性的模式有两种，京都大学开发的相互研修型和名古屋大学主张的教材开发型。前者强调教师之间相互学习、自下而上自我组织学习活动，后者以研发适合本校需要的教学指导手册来推动FD活动。(4)代表院校及项目：北海道大学的新任教师培训项目及京都大学的研究生院Pre-FD都颇具特色。(5)特点与启示：日本FD发展快、重实践、可操作性强。在活动中通过建立据点大学等措施，充分注意资源共享。而且各大学充分发挥专门研究机构的作用，即各校的高等教育研究开发推进中心、全校教育推进机构等，使其成为既是研究FD理论，又是实施FD活动的机构。

上海师范大学张丽珺作了题为“从教师资格证更新制度看日本教师教育改革”演讲。她从日本教师资格证的实施、更新制度的介绍、更新制度中存在的困境，以及对我国教师资格证制度的借鉴作用等方面，论述了日本教师资格证更新制度给我们带来的思考。通过对日本教师资格证制度及其更新制度的背景和现状分析，提出我国教师教育中教师资格证更新的必要性，以及在信息化时代背景下教师终身学习的必要性，思考我国教师教育中该如何使教师从资格型教师向智慧型教师转变。教师的养成和管理是教师教育体系中极为重要的环节,教师质量的高低会对教育质量产生影响。我国需要不断完善教师资格制度体系,取消教师资格证终身制,同时需要为教师终身学习创造有利的环境。

上海师范大学陈永明在题为“中日教师教育比较”的演讲中分析了日本教师教育现状及其特征。他介绍了我国决定从1985年开始全国普及九年制义务教育而面临的师资问题。中国长达110年教师教育之演变,是一部模仿或学习发达国家学制的演变史,同时也折射出中日两国师范教育政策兴衰存亡的变革历程。

市日本学会会长吴寄南对上述演讲比较作了点评,并分析了中日关系的最新走向及其特征。与会的年轻教师和研究生们踊跃提问,与专家学者进行了良好互动。

上海市国际关系学会举行会员大会暨 2014 年学术年会

12 月 2 日，上海市国际关系学会举行会员大会暨 2014 年学术年会。会员大会由副会长冯绍雷主持，来自相关领域的专家学者、会员等 80 多人与会。会员大会审议并通过了副会长苏长和代表理事会作的 2014 年度会务工作报告。

学术年会由会长杨洁勉主持，清华大学国情研究院院长胡鞍钢作“世界发展与中国国情(1949—2030)”的主题报告。胡鞍钢首先介绍了 1949 年到 2014 年中国现代化的情况，提出中国道路要具有三个要素，一是现代化，二是社会主义，三是中国文化，详细地阐述了什么是现代化，如何衡量现代化，中国现代化发展的现状是什么样子。第二，他分析了中国现代化进程对国际社会的贡献。从正外部性方面详细阐述了贸易、技术、减贫等方面具体指标变迁，展现中国对国际社会的贡献率。当然，从负外部效应来说，未来在能源、资源、二氧化碳排放等方面，中国还面临许多工作要做。第三，胡鞍钢展望了 2030 年的中国与世界情况，既指出中国发展积极的一面，也分析了可能会遇到的一些困难。杨洁勉在总结中希望上海国际关系研究学者能够抓紧、抓准、抓实研究，为国家外交工作服务。

“转型中的世界:大国关系与国际格局的演进”跨学会青年论坛召开

12 月 14 日,“转型中的世界:大国关系与国际格局的演进”跨学会青年论坛在上海市社联召开。本次论坛由上海市世界史学会、上海欧洲学会、上海市俄罗斯东欧中亚学会联合举办,来自相关领域的专家学者 60 多人与会。会议由市世界史学会秘书长余建华主持,市社联学会管理处处长王克梅致辞。

华东师大历史系教授孟钟捷、上海社科院国际关系研究所副研究员李开盛、华东师大国际关系与地区发展研究院教授刘军、复旦大学国际关系与公共事务学院博士张骥、上海外国语大学国际关系与公共事务学院副教授毕洪业、华东师大国际关系与地区发展研究院副教授杨成围绕会议主题分别作了“萨拉热窝事件与第一次世界大战前的大国关系”“大国关系和国际格局百年演进”“后金融危机时代的美欧关系”“大选后欧洲一体化及对外关系”“乌克兰危机对大国关系影响”“俄罗斯国际战略与俄美中欧四极关系”精彩发言。华东师大历史系教授余伟民、上海社科院研究员伍贻康、上海外国语大学教授汪宁分别作了点评。与会青年学者围绕上述主题发言进行了深入的互动研讨。

民办社科研究机构

上海金融与法律研究院举办 2014 年第 12 期鸿儒论道论坛

7 月 5 日,上海金融与法律研究院举办了 2014 年第 12 期鸿儒论道论坛。厦门市规划局局长赵燕菁,以“土地财政与中国新型城镇化”为题阐述了中国土地财政模式的起源、作用与改进的方向。同时,对于中国新型城镇化问题,各位嘉宾也进行了深入探讨。

城市的本质是什么?赵燕菁提出了他自己的定义:城市就是交易公共服务的空间。公共服务的水平,决定了城市化的质量。从这个意义上来看,政府的本质就是提供公共产品的“企业”,因此不应该把政府看作是市场的对立面,而是市场的一部分。

城市化的启动,离不开原始资本的积累。原始资本的积累,需要信用经济支撑,因此如何获取信用便是关键。赵燕菁认为,土地财政是一种基于未来收益贴现的制度创新。土地财政基于信用的积累,使中国城市化进程中源源不断的大规模、长周期融资成为可能。离开土地财政,政府这个特殊的“企业”,将没有办法提供足够的公共产品。

1994 年,中国进行了税制改革,这是中央政府对中央和各省、自治区、直辖市之间的税收分配制度及税收结构进行的一次较大规模的改革。这次改革,一方面解决了中央财政此前的经费匮乏危机;另一方面,也促使地方政府不得不开启了土地财政之路。赵燕菁认为,土地财政解决了税制改革后地方政府税收财政严重不足的问题,以土地为信用基础获取了提供城市公共服务所必需的原始资本。

从 1996 年开始,中国货币发行 M2 开始超过了 GDP。到了 2013 年,中国货币 M2 与同期 GDP 之比将近是二。然而一个有趣的现象是:中国改革开放后几次较为严重的通货膨胀时期都发生在 1996 年之前;而 1996 年之后,尽管货币超发越来越明显,长期的 CPI 平均涨幅却基本保持在一个温和的范围内。赵燕菁认为,实际上,房价的上涨抵消了部分货币超发的影响,实现了低通胀。

城市化过程中出现的大规模公共服务,其价值具有高度的正外部性,并会显著的外溢到土地上。不同于税收财政,土地财政实际上是对城市公共服务进行信用融资。因此,房产是具有升值功能的资本品。公共服务的价值,转移到了土地和房产中。房价中,其实包含了对公共服务未来价值的贴现。

对于近 20 年土地财政的实践过程,赵燕菁认为也存在着许多的问题。土地财政使得房价居高不下,国民的贫富差距也不断地加大。由于城市公共服务基建是一个大规模、长期的行为,必定要占有大量的资源,也带来了潜在的金融风险。任何一个环节出现问题,都会引起一连串连锁反应。

尽管如此,赵燕菁认为不可因噎废食,完全抛弃土地财政这一高效率的公共服务融资模式,是既不现实又带有较大风险的。中国国民目前的税负负担虽然较重,但绝大多数是以间接税的形式体现的。如果抛弃土地财政,公共服务的提供就必须依赖于税收的进一步加强才能弥补放弃土地财政造成的巨大缺口。而纵观世界历史,凡是公共服务无法做到产权明晰的,最终都不可避免地陷入“中等收入陷阱”中。

对于土地财政未来的改进方向,赵燕菁认为,土地财政是中国快速城市化的保障,而城市化的最终目的是人的城市化。要做到这点,就要将城市的外来劳动力凝聚在城市中。解决方法,可以依靠“先租后售”的保障房制度。一方面,提高了住宅持有率;另一方面,也使得城市新增人口成为了利益共同体。通过保障房这种形式的财富转移支付,中国贫富差距造成的社会阶层对立,也将得到一定程度的缓解。

本次活动由上海金融与法律研究院执行院长傅蔚冈主持。一百多位业界人士参加了此次研讨会,与会嘉宾还就土地财政收入使用的透明化、土地财政产生的邻避现象、保障房的分配机制、土地财政与其他融资平台的关系等多个话题进行了探讨。

上海金融与法律研究院举办 2014 年第 13 期鸿儒论道论坛

7 月 25 日，中国银行首席经济学家、上海金融与法律研究院学术委员会委员曹远征做客上海金融与法律研究院 2014 年第 13 期鸿儒论道，以“利率市场化、金融脱媒与实体经济发展”为题阐述了利率市场化背景下中国实体经济发展的方向。同时，各位评议嘉宾对相关的话题也进行了深入探讨。

曹远征首先提出，利率市场化改革是中国经济体制改革的重要组成部分，是现今中国经济发展现状的大势所趋。2012 年中国城镇化率为 52.6%，未达到高水平(70%)，经济发展应该还有上升潜力，但中国的经济增长率却有下降趋势，这表明我国尚未形成支持城镇化的机制，需要全面的改革。党的十八届三中全会决定顺应了这一历史潮流。而在金融市场上，竞争性价格的形成是通过各类金融企业根据自身的实际情况，竞争性地提供价格不同的金融产品，并由产品的竞争形成市场基准。这一过程既是利率的市场化，同时又是市场发育完善的过程。

自 1993 年党的十四届三中全会以后，利率市场化改革一直在推进中。截至 2013 年底，我国仅有各期限存款利率存在管制，但允许上浮 10%，下浮不受限制。目前市场上各银行的存款利率已出现差异，市场化定价趋势出现。党的十八届三中全会提出：“建立存款保险制度，完善金融机构市场化退出机制。”曹远征预计存款保险制度将在两年内建立。这意味着存款利率开放将在两年内完成。

利率市场化改革的总体思路是先外币、后本币，先贷款、后存款，先长期大额、后短期小额。推进原则是“放得开，形得成，调得了”。曹远征提出，放开利率是利率市场化的第一步，而其核心则是风险的释放：它既为金融的发展奠定了基础，同时也意味着风险管理需要加强，其中期限错配，即流动性风险管理十分重要，6 月和 12 月流动性紧张更深刻地体现了这一点。从未来的发展来看，要使流动性的补充更加平稳，央行有必要改善公开市场业务操作，完善操作工具，即用国债代替央票。

金融脱媒是指随着直接融资（即依托股票、债券、投资基金等金融工具的融资）的发展，资金的供给通过一些新的机构或新的手段绕开商业银行这个媒介体系，输送到需求单位，也称为资金的体外循环。金融脱媒既是经济发展到一定阶段的产物，也是利率市场化的必然结果。利率市场化使风险得以释放，为应对风险，金融部门需要通过不同的定价方式提供不同的风险合约，即金融产品。金融产品的多样化、风险定价手段丰富化，使企业拓展了融资渠道，完善其资产负债表。同时，金融脱媒也会反过来加速利率市场化的进程。届时，金融产品创新将开始活跃，市场基准利率也将在竞争中形成。

中国的实体经济已经告别两位数的超速增长阶段，而转入7%—8%的中高速增长，就此，我国的经济增长进入了新阶段。在这个新阶段，中国经济增长的重心将从供给推动转为需求拉动，产业结构也将由工业为主转向第三产业。同时，新阶段的金融需求也有所变化。一方面，企业对于巩固资产负债表的需求显现，出现了债券融资代替贷款的现象；另一方面，进入中等收入社会以后，居民的风险偏好出现了变化，与储蓄相比，投资的需求更为显现，所以承担风险的高收益金融产品热销。存款理财化、贷款债券化将成为趋势。在这种新需求的驱动下，利率市场化正在加速。与会嘉宾还就利率改革与汇率改革的关系、影子银行现象、存款保险制度等多个话题进行了探讨。

上海金融与法律研究院举行2014年第14期鸿儒论道论坛

8月8日，香港经纶国际经济研究院中国研究副总裁肖耿博士做客2014年第14期鸿儒论道论坛，以“探寻中国城市发展模式：以佛山为例”为题阐述了中国城市治理中制度与产权的重要性，佛山案例研究暴露出的相关问题及相关对策建议。本次论坛由上海金融与法律研究院执行院长傅蔚冈主持，由上海金融与法律研究院研究员高利民、上海市政府发展研究中心开放处处长郭爱军、上海交通大学安泰经济与管理学院教授黄少卿、上海财经大学城市与区域科学学院教授刘乃全担任评议嘉宾。与会嘉宾也对上海的城市发展及优势定位等问题进行了深入探讨。

2013年初，由国家发改委学术委员会秘书长张燕生和肖耿教授的带领下，开始做“佛山案例”这个研究。这个研究的一个重要目的，就是要向全世界解释中国的增长模式。肖耿提出，长久以来关于中国的增长模式，优势在什么地方，问题在什么地方，通常存在两个极端观点。一种观点认为随着中国经济改革，经济增长率越来越高，国家越来越富，但是在政治、制度方面，仍有很多潜力。另外还有一种观点，认为中国制度上的制约，最终会导致严重的问题。

肖耿认为，中国目前正在进行的改革，有可能创造出一种中西方结合的，以城市为中心的治理体制、治理系统。这个治理结构很重要，因为它直接影响世界上1/5的人口，而且具有延续性。在研究过程中，肖耿教授及其团队用了大量新制度经济学研究方法及研究框架，得出了一个矩阵式的条块治理结构。

所谓“条”，是指有悠久历史的中央集权，大一统的管理体制、监管体制、控制体制。所谓“块”，是指地方自治与管理。过去35年的“条块互动”，在不断打破旧的制度，建立新的制度。而实际上，“块”与“块”之间，也有相互竞争。中国几百个城市之间，不光是竞争资源，同时还在竞争改变游戏规则。这种竞争，同时又受到中央集权监管机构的约束。所以约束和反约束、创新之间，就形成了一个互动关系。这是中国过去改革成功的关键，也是了解中国未来发展的关键。

地方之间的竞争，造就了佛山的30多个专业镇，这些专业镇相互竞争、相互合作。这种地方自主格局的形成来源于地方政府早期的放权与权力下沉。因此肖耿认为，政府与市场，完全是互补的，是一个硬币的两面，但是要区分政府的职能到底是做什么。政府非常重要的一个作用，就是要帮助市场建立产权基础设施。

佛山市缺少资源，不是省会城市或经济特区，因此相比“北上广深”等超大型城市，不管是经验还是问题都对国内的中型城市更有借鉴意义。肖耿提出，按照房价收入比来计算，佛山等城市的房地产市场泡沫较少，因此限购实际上会伤害此类城市的经济。

中国科学发展指数发布 上海科学发展综合指数列榜首

11 月 17 日，由上海华夏社会发展研究院和华东理工大学人文科学研究院联合研究编写的《中国科学发展指数——中国 31 个省市自治区及其区域科学发展研究》发布，上海在全国 31 个省市自治区（不包括港澳台）科学发展综合指数的排名中名列榜首。

该研究报告是上海华夏社会发展研究院和华东理工大学人文科学研究院对中国 31 个省市自治区科学发展综合指数展开的多角度、全方位的研究。这份报告按照科学发展观的本质要求，遵循客观、可行、可比和可操作原则，围绕着“经济增长指数”“人文发展指数”“社会进步指数”“生态文明指数”四大维度，“经济质量”等 11 个分维度，以及“万元地区生产总值能耗”等 58 个细分评价指标进行分析排序，从不同方面反映了各省市自治区科学发展的整体态势。同时又将 31 个省市自治区科学发展指数的 22 个核心指标进行对比，将各地区科学发展指数进行对比，以厘清城乡之间、区域之间的发展差距，为实现城乡一体化，区域一体化的统筹兼顾、覆盖全局的未来发展战略提供指引，从而弥补以 GDP 为核心指标体系衡量经济社会发展水平的局限和不足。

根据这次公布的数据：从整体上看，全国 31 个省市自治区科学发展综合指数百分制得分平均水平为 62.79 分，全国有 10 个省市自治区高于平均水平。从排名上看，科学发展综合指数百分制得分排在前五位的是上海 88.47 分，北京 85.73 分，天津 76.55 分，浙江 76.26 分，江苏 75.65 分；排在后五位的是甘肃 54.81 分，云南 53.14 分，青海 52.46 分，贵州 50.05 分，西藏 45.43 分。第一名上海与最后一名西藏科学发展综合指数差距巨大，达到 43.04 分，这也凸显了各地区间科学发展水平不平衡的特点。

科学发展综合指数排在前三名的城市上海、北京和天津，在四个大维度的“经济增长综合指数”“人文发展指数”两个维度中的排序与综合指数排名一致，并且都远远高于平均水平 58.60 分和 76.44 分。“经济增长综合指数”排在前三位的是上海、北京、天津，大幅领先排在后三位的青海、新疆、甘肃。第一名上海与最后一名甘肃差距达到 48.56 分。“人文发展指数”得分排在前三位的是上海、北京、天津，大幅领先排在后三位的云南、贵州、西藏。第一名上海与最后一名西藏差距达到 41.92 分。数据分析说明几个直辖市的经济增长质量良好，“创新驱动转型发展”战略充分激发了经济活力，提升了经济质量。而伴随经济快速发展，区域发展差距也在拉大，人文发展水平的差异问题日益凸显。

“社会进步指数”：得分情况与各省市自治区的经济社会发展水平密切相关，经济发展水平较低的地区社会建设水平也相对较低。全国 31 个省市自治区社会进步综合指数百分制得分平均水平为 62.56 分。得分排在前三位的是北京、上海、浙江,大幅领先排在后三位的河南、贵州、广西。

“生态文明指数”:全国 31 个省市自治区生态文明建设的水平均不高,平均水平仅有 69.74 分。前三名的主要是沿海地区,排在最后三名的主要是西部地区。得分排在前三位的是广东、海南、山东;排在后三位的是贵州、新疆、甘肃。

为了更好地反映出各省市自治区的总体情况,在综合考虑各个维度,各个分维度之后,报告还从 58 条评价指标中精选出 22 条核心指标进行进一步排序分析。由 22 条指标的排序分析数据显示:各个地域间平均水平差距较大,个别指标地域差距在 4 倍以上;地域间与全国平均水平的比较基本呈现出该地域发展的优势以及不足;各个省市间个别指标差距十分悬殊,甚至出现 10 倍以上的差距。该数据充分反映出我国各地域间、各省市自治区间发展情况的不均衡性依然存在,不过我们也应该看到,诸如西部地区、少数民族地区的发展正在以惊人的速度向前大步迈进,将成为我国继续推进科学发展的新增长点。

这份报告直观地反映出中国在科学发展中的短板和不足:(1)当前,中国科学发展水平虽逐年提升,但区域之间、城乡之间的巨大落差仍然是制约深入科学发展的深层次矛盾,应当看到,我国经济总量虽位居世界第二,但人均总量排在 80 多位,仍大幅落后于其他经济体,还有 2 亿人生活在贫困线下。(2)就整体而言,经济发达的东部地区,其经济增长点已由传统的工业驱动转向以现代服务业为主的第三产业,政府对社会民生、教育文化的投入力度正在加大,而由于前期以能源消费为主的发展方式,正在为这些特大城市造成环境隐患。(3)城市发展仍存在着诸多难题亟待解决,城市率先实现“中国梦”的目标还存在一定距离,发展需要不断地转型升级。

针对中国科学发展的成绩和问题,报告指出,科学发展是特大城市的发展方向,有着如下借鉴:一是发展要以人为本,发展理念要由“经济增长”向“经济发展”理念、由“国富优先”向“民富优先”、由“做大蛋糕”向“分好蛋糕”的理念转变。二是以持续改善民生为导向,加快社会转型。不断提高居民收入在国民收入分配中的比重,不断提高劳动报酬在初次分配中的比重,要让人民群众共同享受经济发展所带来的财富或者收益。降低低收入人口比重,大幅提高中等收入人口比重。推动财政结构转型,即通过增加财政投入,解决好老百姓所关心的住房问题、就业问题、就医问题、物价问题、环境保护问题、交通问题等,构建城乡均等化公共服务体系。继续转移农村人口,构建由农村人口为主导转向城镇人口为主导的现代社会。

上海东方研究院举办 2014 年度社会保障与保险论坛

12 月 10 日，上海东方研究院在上海社科院举办 2014 年度社会保障与保险论坛。本次论坛主题是“学习贯彻四中全会决议，研究进一步深化养老改革的主要问题及对策”，由严家栋教授主持。来自本市各高校、上海社科院等有关单位专家学者 20 余人参加了本次论坛。

上海市政府参事、市第十一届政协常委左学金，市社保局戴律国，上海财经大学教授粟芳，复旦大学教授沈可，长江养老保险公司李春平分别作了题为“扩大内需和改善民生：社会保障体制改革大有可为”“上海深化养老改革，推进‘医养融合’的思考”“费率市场对养老保险的影响”“人口老龄化与代际转移，关于中国生命周期盈利的变动”“我国推动多支柱养老保险的政策举措与实践”专题报告。

与会专家认为，党的十八届三中、四中全会以来，中央和有关部门非常重视改善民生，着力推进社会保障尤其是养老体制改革。当前需要进一步具体研究细化改革实施方案并真正落到实处，这是我国人口老龄化增速加快和“未富先老”的客观现实需要。中国是一个社会主义国家，关于人民群众社会福利的公共服务事业理应得到更大发展。

上海华夏社会发展研究院成立 20 周年暨华夏民间智库高层论坛隆重召开

12 月 17 日，上海华夏社会发展研究院召开了成立 20 周年庆祝活动暨华夏民间智库高层论坛。

全国政协原副主席、经济学家厉无畏，华东理工大学校长、中国工程院院士钱旭红，上海市社联党组书记、专职副主席沈国明，上海市人大城市建设环境保护委员会主任许德明，中国浦东干部学院原常务副院长、上海市领导科学学会会长奚洁人，上海市文明办副主任宋慧，上海社科院信息研究所副所长党齐民，内蒙古包头市政协主席董汉忠等出席论坛。来自北京大学、上海交通大学、同济大学、华东师范大学等高校和研究机构的专家学者及媒体代表 100 多人参加了论坛。

上海市委宣传部副部长、市精神文明办公室主任燕爽，全国人大常委、中国社会科学院原副院长李慎明等发来贺信、贺电。钱旭红、沈国明等发表了致辞讲话，对上海华夏社会发展研究院取得的成果给予了肯定，对上海华夏社会发展研究院未来的发展提出了殷切的期望。

上海华夏社会发展研究院院长鲍宗豪作了华夏研究院成立 20 周年工作成果汇报。上海华夏社会发展研究院作为民间智库在融入民族复兴“中国梦”的实践中，有着坚持“4S”理念，不断攀登“三个高峰”的鲜明价值诉求，有勇于研究并破解现实中的种种难题，为政府科学决策、社会全面进步提供更多更好咨询服务的社会担当。他认为中国民间智库不仅其形成和发展不同于西方，而且其地位和角色正处于一个塑造的过程中。尽管如此，处于中国经济社会转型发展过程中的民间智库，要在研究社会、服务社会、奉献社会的担当中，在研究中国社会现代化种种复杂社会问题，为推进中国特色社会现代化提供政策与决策咨询、文明标准与绩效评估、网络平台与大数据服务等“社会产品”中，形成具有中国特色的民间智库产品，确定自己的地位与角色，并实现民间智库在社会现代化事业中的社会担当。智库要以思想和知识产品应该回馈社会，在社会实践中不断拓展发展空间。

全国政协原副主席厉无畏，中国人学学会会长、北京大学哲学系教授、丰子义，21 世纪教育研究院理事长、院长杨东平发表了主旨演讲。中国医药卫生事业发展基金会秘书长杨利明、华东师范大学教授陈卫平等六位专家代表发言。

伴随着浦东改革开放而诞生的上海华夏社会发展研究院，立足浦东，研究社会、服务社会、奉献社会，在领导、学界前辈和专家学者的关怀下，在中央文明办、上海市文明办、上海市社联、上海市社团管理局、北京市委社工委、浦东新区政府以及华东理工大学等单位的大力支持下，连续3届被评为上海市先进民办社科研究机构(2006—2012年)、上海市先进社会组织(2005、2012年)，2013年被上海市社团管理局评为“上海五A类社会组织”，获得了良好的社会荣誉，被“澳大利亚时报”列为中国十大民间智库。20年来，上海华夏社会发展研究院充分发挥民间智库的作用，取得了令人瞩目的成绩，也以自身的努力赢得了社会的广泛尊重。

活动现场还集中展示了上海华夏社会发展研究院20年来的主要研究成果：1998年出版的《华夏社会发展丛书浦东系列》(5种)《当代社会发展导论》；1999年国家社科基金项目《城市化与农民的现代化问题研究——浦东农村23个镇的考察》；2002年出版的《全球化与当代社会》；2005年完成2005年版《全国文明城市测评体系》《全国文明城区测评体系》及2008年修订版、2011年修订版；2013年与上海市文明办合作出版《上海市文明单位社会责任报告》(白皮书)，与北京市社科委合作出版《2013年北京社会建设报告》；2014年11月在贵阳与国家创新战略研究会联合发布2014中国社会建设指数等相关著作、课题等60余项成果。

中美关系建设

ZHONG MEI GUAN JI JIAN SHE

学术研讨

上海市美国问题研究所举办“亚信峰会：成果、前景与中国作用”学术研讨会

5月22日，上海市美国问题研究所与上海国际关系学会、上海社科院国际关系所共同举办“上海亚信峰会：成果、前景与中国作用”学术研讨会。上海市国际关系学会副会长、上海社科院副院长黄仁伟，华东师范大学副校长范军，同济大学政治与国际关系学院院长夏立平，上海交大国际与公共事务学院院长胡伟等十余名学者与会。

与会专家围绕刚结束的亚信峰会的成果、特色、影响和发展前景等议题进行了深入的探讨。与会专家认为此次亚信峰会是中国主场外交的一次空前的成功：一是中方提出了新安全观——“亚洲安全观”，这与注重霸权、单边绝对安全的“老安全观”或“西方的安全观”有显著区别，其影响不容低估；二是中方提出应建立“地区安全合作新架构”，表明了中国开始主动推进地区安全合作机制建设，体现了中国外交风格的转型和负责任大国的国际形象；三是“海上丝绸之路”等中国提出的概念获得了更为广泛的认可与响应；四是中俄签订巨额天然气合同对两国经济的发展和双边关系的提升具有重要意义。此外，与会学者还就亚信会议机制存在的待改进之处等问题进行了深入交流。新华社、新华社上海分社、上海电视台、《解放日报》进行了跟踪报道。

上海市美国问题研究所举办“中美海上安全合作与博弈”研讨会

6 月 14 日，上海市美国问题研究所召开了“中美海上安全合作与博弈”研讨会。会议由上海市美国问题研究所、复旦大学美国研究中心、上海社会科学院中国海洋战略研究中心联合主办。上海市美国问题研究所所长吴心伯主持会议。

当前，随着中国海上力量的成长和海上战略范围的拓展，中国正在加大海洋资源开发和海上维权力度。今后在海洋问题上，中国面临着多个方向、多种性质的博弈与互动，其中最主要的因素就是美国因素。在此背景下，此次会议围绕“中美海上安全合作与博弈”这一主题，进行了深入的探讨。高恒、韩旭东、罗海曦、邢广梅、杨毅、邹立刚等外埠学者，以及上海学者高兰、金永明、廉德瑰、夏立平、信强、焦世新、杨洁勉等与会。会后，上海市美国问题研究所执行所长胡华，还召集、安排了本埠有关研究人员对此次会议的主要议题继续进行跟踪研究。

上海市美国问题研究所举办“第六轮中美战略与经济对话”评估会

“第六轮中美战略与经济对话”于 2014 年 7 月 10 日在北京闭幕。7 月 11 日，上海市美国问题研究所与上海国际关系学会、复旦大学美国研究中心、解放日报社联合举办专家座谈会，评估会议成果。

对话“逆风而上”

与会专家指出，客观而言，本次中美战略与经济对话的背景并不十分有利，是在中美关系近期以来遭遇“逆风”的情况下展开的。

这同半年多来东亚地区涉海冲突相关。中方认为，美国在中国与周边国家海洋冲突中涉嫌拉“偏架”；而美国政坛的一些人，将中国维护国家利益的正当行为视作是“咄咄逼人”之举。基于此，两国间的战略猜疑情绪正在上升。

此外，尽管中美都在广泛意义上支持建立“新型大国关系”，但双方对这一概念的认识却并不一致，甚至出现了“一个观点，各自表述”的情况。中方认为，新型大国关系应该是“不冲突、不对抗、相互尊重、合作共赢”；而美方则更强调“务实合作和建设性管控分歧”。因此，如果双方不能碰面“对表”，中美关系的未来方向有跑偏之虞。

彼此注入正能量

因此，评估这次对话会取得多少成效，除了关注中美有没有扩大合作领域之外，外界更应关注是否在以下两个方面取得成果：第一，通过此次对话，中美间能否减少猜疑；第二，对话有没有帮助中美减少双边关系中的负能量。令人欣喜的是，专家认为，本次对话有助两国关系“换挡”并“提速”。“换挡”，即从之前的后退挡，换成前进挡；而“提速”，则意味双方增加彼此关系中的正能量。

对话一开始，中美之间就有意识地释放出合作信号。习近平主席在对话会致辞中说，中国“正在努力实现中华民族伟大复兴的中国梦，比以往任何时候都更需要一个和平稳定的外部环境”；而美国总统奥巴马在书面致辞中表示，“美方欢迎一个稳定、和平、繁荣的中国”。两国元首的表态说明，尽管当前中美间存在矛盾，但对话合作依然是主流。这既能打消彼此之间的疑虑，又在告诫某些国家不要误判形势。

而在具体成果方面，本轮对话和人文交流高层磋商共达成 300 多项具体成果，几乎涉及双边关系各个领域和双方共同关心的国际地区问题，将会对下阶段中美关系发展起到积极推动作用。

最后就是如何建设性地管控彼此分歧，这显然是中美关系中最难啃的骨头。一方面，无论是在海洋问题上，还是在领土主权及网络安全问题上，中美双方还主要在各说各话。但同样也要看到，两国不仅同意就朝核问题、伊核问题以及阿富汗等国际与地区问题加强磋商与协调，还在气候变化、两军关系等方面取得一系列共识。

座谈会由上海国际关系学会副会长陈东晓主持，吴心伯、范军、徐明棋、张海斌、龚柏华、沈国兵、宋国友、吴其胜、金应忠，以及上海市美国问题研究所胡华、孙海泳等参会并发言。

上海市美国问题研究所举办“中美文化外交：历史与启示”学术研讨会

12月8日，上海市美国问题研究所在沪举办了“中美文化外交:历史与启示”学术研讨会。美领馆新闻文化处处长欧阳天(Brian Gibel)和中美教育基金会主席、美国前驻尼泊尔大使张之香女士应邀出席并致贺词和主旨演讲。出席研讨会的有来自中国人民大学、中国政法大学、中国社科院、上海社科院、复旦大学、上海交通大学、南开大学、浙江大学、东北师范大学、吉林大学、吉林社科院、大连理工大学、美国霍特商学院以及高盛(亚洲)集团等高校和科研机构的20余位中美专家学者，他们围绕“中国对美国文化外交的实践与启示”“基金会与美国对华文化外交”以及“其他NGO与文化外交的国际视角”三个专题进行了深入的研讨。

研讨中，中国人民对外友好协会副会长谢元、上海市美国学会秘书长潘锐以及陕西省斯诺研究中心名誉会长安危先生分别介绍了他们所在的机构在对美文化外交实践中的经验与启示。其他与会专家还分别以美国和平队、富布莱特项目、亚洲基金会、洛克菲勒基金会、美中教育基金会、美国高校Soliya项目、上海交通大学留学生CPE项目、韩国文化交流财团等案例研究为重点，深入探讨了NGO在美国以及中、韩两国的文化外交中的功能和效应，从而进一步深化了对“NGO与中、美文化外交”理论和实践的认识和把握。与会专家提交的学术论文作为上海市美国问题研究所主持的文化外交研究项目的重要成果，将在2015年交出版社正式出版。

上海市美国问题研究所自2009年10月成立以来，一直致力于推动中美两国的文化外交理论研究和实践探索的各项工作；多次组织和举办“中美文化外交的圆桌讨论会”，邀请了中美两国国内知名的专家、学者以及驻上海美国领馆主管文化外交的领事，就中美文化外交，特别是上海对美的文化外交实践等话题进行交流、沟通和对话，现已成为研究中国文化外交事业的重要推进机构。

上海市美国问题研究所承办“美国友好人士与中共领导的抗战”演讲

在世界反法西斯战争胜利70周年即将到来之际，由上海市美国问题研究所和上海市社会科学界联合会共同承办的主题为“美国友好人士与中共领导的抗日战争”的2014东方讲坛暨当代世界讲坛系列演讲于12月9日在上海举行。

70多年前，在中国共产党领导抗战的艰苦岁月中，一大批世界各国的正义进步人士和反法西斯的国际主义战士也纷纷来华来支援和帮助中国人民抗战，为抗日战争的胜利作出了重要贡献。美国著名记者、作家埃德加·斯诺夫妇就是他们中的杰出代表。讲坛组委会专门从大洋彼岸的美国邀请到了埃德加·斯诺抗战时期的夫人海伦斯诺的侄女谢丽尔现场讲述她姑妈当年在华记录中共抗战的光辉业绩；演讲嘉宾、中国人民对外友好协会副会长谢元先生阐述了中共与美国的民间外交及其在抗战中的重要作用和意义。中共中央对外联络部原副部长、中国人民争取世界和平与裁军协会副会长于洪君，前外长黄华的夫人、八路军老战士何理良也应邀和谢丽尔女士一同到现场与听众展开对话和讨论，畅谈中国共产党在中华民族十四年的抗战取得决定性胜利中发挥的核心作用。

中共上海市委宣传部副部长李琪致开幕词。李琪就进一步开展纪念世界反法西斯战争胜利70周年的系列活动提出了要求。来自市委和市政府机关、学术界、企业界高管以及当年的八路军老战士和在校大学生等60余人一起聆听了演讲，并与演讲嘉宾就如何进一步推动中美新型大国关系等问题展开了热烈而深入的讨论。

上海市美国问题研究所和上海交通大学国务学院联手举办“中美新型大国关系：挑战和愿景”学术研讨会

12 月 20 日，上海市美国问题研究所和上海交通大学国务学院在沪联合举办主题为“中美新型大国关系：挑战和愿景”的学术研讨会。来自复旦大学、上海交通大学、吉林大学、上海社科院、上海国际问题研究院、香港大学、美国宾州大学、美国戴维逊学院等高校和科研机构的近二十位中美专家学者，就中美新型大国关系的现状、挑战和愿景进行了深入的讨论。

研讨会上，来自美国宾州大学的戴杰(Jacques de Lisle)教授从东海、南海、台湾问题上分析了中美两方认识的差异，指出中美新型大国关系的构建还面临着来自军事、经济和国家安全方面的挑战，但中美在公共健康和气候问题上具有较好合作前景。复旦大学美国研究中心潘锐教授认为“中美新型大国关系”的提出是中方自 20 世纪 70 年代以来首次主动对中美关系进行理论框架界定，这使中美关系发展有可预测性和稳定性。吉林大学东北亚研究院张景全教授从安全理论的层面论述了中美新型大国关系中的公共产品供给和话语构建议题。上海市美国问题研究所孙海泳博士认为，理论准备是构建中美新型大国关系中短期内难以克服的挑战，中美经济关系的相互依赖和第三方热点因素在中美新型大国关系构建中既是不利因素，也是有利因素。香港大学政治学系胡伟星教授指出，在构建中美新型大国关系过程中，应该避免落入“修昔底德陷阱”，中美竞合关系的平衡与否取决于两国领导人对危机的管控。上海市美国问题研究所研究员倪建平提出，要通过深化全面改革来提升我国政府治理体系和能力，进而为中美新型大国关系的建设注入正能量。

上海交通大学国务学院院长钟杨在总结中指出，本次研讨会从多个视角对中美新型大国关系进行了全面的讨论，成果颇丰，希望中国学者在今后的研究中能从机制构建等方面对推进中美新型大国关系的建设提出更具操作性的建议。

科研成果

《美国问题研究丛书》

打造一套《美国问题研究丛书》，是上海市美国问题研究所矢志不渝的学术追求。该丛书围绕美国问题研究和中美关系这两大领域，从上海市美国问题研究所兼职研究员的课题研究中，精心挑选了一批具有较高研究质量和重要政策意义的作品并将其纳入丛书系列。本套丛书主要以学术专著的形式呈现，但也适当考虑具有一定学术价值的编著、论文集和译作，主要涉及经济、安全、社会、政治及一些新兴议题。

其中，《美国反恐怖战略调整及其对中国的影响》（张家栋主编）、《中美金融关系研究》（宋国友著）、《21 世纪的美国与中美关系》（吴心伯主编）、《冷战后美国核战略与国际核不扩散体制》（夏立平著）、《战略偏好、国内制度与美国的对外经济政策》（吴其胜著）已由时事出版社出版。

大　事　记

DA SHI JI

1月3日，上海市社联召开工作务虚会。市社联主席秦绍德，市社联党组书记、专职副主席沈国明，党组副书记、专职副主席桑玉成，专职副主席刘世军及处以上干部出席会议。会议在回顾总结2013年工作的基础上，强调要围绕韩正书记到市社联调研时对社科工作提出的新要求、新目标，对2014年市社联面对的新形势、新任务展开分析和讨论，拟定2014年的重点工作方案，进一步推动社科事业繁荣发展。

1月8日，上海市副市长翁铁慧赴市社联就上海教育文化卫生工作进行调研。市社联党组书记、专职副主席沈国明主持会议，市社联主席秦绍德、专职副主席刘世军参加会议。翁铁慧在调研时强调，当前正处于改革的攻坚阶段和发展的关键时期，上海的教育、文化、卫生事业改革的基本思路必须坚持从上海实际出发，从战略高度提出科学系统的顶层设计，进一步深化相关研究，坚持对外开放同时，更加要注重对内开放，不断提高对市场和社会的开放度，以开放倒逼改革发展。就具体工作来说，上海的文化发展要坚守核心，立足多元，进一步激发文化创新活力，以开放的环境来促进文化产业的发展。

1月14日，上海市委宣传部第一督导组赴市社联检查第三环节工作。宣传部领导晁玉奎、督导组组长张止静到会指导。市社联党组领导沈国明、桑玉成、刘世军，市委宣传部教育实践办、督导组、市社联教育实践办同志出席会议。

1月14日，上海市社联召开离退休干部迎春茶话会。市社联主席秦绍德、党组书记沈国明、副书记桑玉成、副主席刘世军出席会议并向老同志祝福农历新年。沈国明代表党组向老同志通报了市社联2013年的工作情况和2014年的工作打算，并祝老同志们健康长寿，合家欢乐。茶话会在简朴、祥和的气氛中举行。

1月17日，上海市社联举行"党的十八大精神与学术社团党建工作"研讨会。本次研讨会由市社联学会处处长王克梅主持。市社联党组书记、专职副主席沈国明出席会议并讲话。沈国明书记传达了市委书记韩正在市委宣传部调研时的讲话，希望学术社团做好上海宣传思想文化工作，着力提升宣传舆论的影响力、文化产业的竞争力、理论成果的说服力、核心价值观的感召力。王克梅处长介绍了社联所属社团开展党建工作的基本情况。与会人员交流了各社团党建工作的经验和做法，并围绕"十八届三中全会决定与习近平系列讲话精神对于加强学术社团党建工作的指导意义""学术社团党组织在推动学术发展中的作用""学术社团党工组活动机制创新"等方面进行深入的研讨。

1月18日，由上海市委宣传部、市文广局指导，市社联、市文联主办，市社会经济文化交流协会、上海夏征农民族文化教育发展基金会协办，上海民族民俗民间文化创意推广中心承办的首届上海文化论坛在社联举行。本次论坛以"文化与资本的对话——增强上海文化软实力"为主题，围绕"文化软实力若干问题的思考""文化领域的基本规律""关于文化与资本关系的冷思考""转型发展中对文化产业基本要素的再认识""市场化改革与文化产业的机遇”“品牌振兴与增强上海文化软实力”“文化与资本的聚合萌发新生命”“中华元素与文化投资新聚焦”等作主题演讲。

1 月 24 日，2012—2013 年上海市哲学社会科学优秀成果评奖工作筹备会议在市社联召开。市委宣传部理论处、市哲社规划办、市哲社评奖办的工作人员参加会议，市社联党组副书记桑玉成、专职副主席刘世军出席会议。与会者围绕本届评奖委员会的组成、相关奖项的设置以及评奖活动流程等进行了研究，并决定于近期正式启动本届哲社评奖工作。

1 月 24 日，上海市社联举行六届八次委员会（扩大）会议暨 2014 年社科界迎春座谈会，畅叙友情，喜迎新春。市委宣传部副部长李琪出席会议并讲话。市社联主席秦绍德致辞，市社联党组书记、专职副主席沈国明作工作报告。会议由市社联党组副书记、专职副主席桑玉成主持。近百位上海市社科界专家学者出席会议。

1 月 26 日，上海市社联召开党的群众路线教育实践活动总结大会，对市社联教育实践活动开展情况进行回顾总结，同时，对深入贯彻党的群众路线，进一步转变工作作风，进一步做好服务社科界的工作，进行新的动员。市委宣传部第一督导组组长张止静出席会议并讲话，市社联党组书记、专职副主席沈国明主持会议并讲话，党组副书记、专职副主席桑玉成作活动总结报告。

1 月 28 日，上海市社联主席秦绍德，党组书记、专职副主席沈国明，党组副书记、专职副主席桑玉成前往华东医院，分别探望李储文、张仲礼、姚锡棠三位社科界老同志，并同他们进行了亲切的交谈，衷心祝愿他们身体健康，新年吉祥。三位老同志感谢社联领导的关心，同时也祝福上海社科事业兴旺发达。同日，市社联党组书记、专职副主席沈国明还专程登门拜访了市社联老领导王邦佐、林炳秋、武克全等老同志，向他们表示亲切的问候和节日的祝福。市社联办公室主任吴伟余、市社联组织人事处调研员陶青一起陪同探望。

2 月 21 日，上海市社联机关党委召开党支部书记工作会议。机关党委副书记何畏同志布置了 2014 年机关各党支部换届改选工作事宜，对党支部构成要求、选举流程以及注意事项等作了重点说明。党组副书记、机关党委书记桑玉成同志对党支部换届改选工作提出要求，指出党支部换届选举是基层党支部生活中的一件大事，搞好换届选举是加强党支部建设的重要基础，各党支部必须高度重视，做好换届准备工作，严格按照时间节点精心组织实施。

2 月 21 日，上海市社联召开党风廉政建设干部会议。党组书记、专职副主席沈国明主持会议，党组副书记、专职副主席桑玉成，专职副主席刘世军出席会议，市社联机关和刊业干部职工参加会议。沈国明同志对党风廉政工作提出要求，指出要认真学习贯彻习近平总书记重要讲话精神，做到知其言懂其策明其义；市社联党员干部要切实增强党性观念，严格执行党风廉政建设各项规定，坚决杜绝任何形式的腐败和违法违纪现象，以改革创新精神把党风廉政建设融入社联各项工作中。沈国明同志传达了市宣传思想文化工作会议精神。桑玉成同志传达了韩正书记在市纪委三次全会上的讲话精神，部署了2014年社联党风廉政建设工作。刘世军同志传达了习近平总书记和王岐山同志在中纪委三次全会上的重要讲话精神。

2月27日，“全面深化改革与创新发展”理论研讨征文及社联重点学会组稿工作会议在上海市社联举行。市社联党组副书记、专职副主席桑玉成出席会议并作动员讲话。上海市思想政治研究会、马克思主义研究会、统战理论研究会、领导科学学会等近30家相关学会的负责人到会。与会人员对2014年主题征文的有关情况进行了深入讨论和交流。

2月28日，上海市社联举行2014年度学术团体负责人会议暨党建工作会议，市社联所属学会、民办社科研究机构的200余位负责人参加会议。市社联党组书记、专职副主席沈国明出席会议并讲话。社联党组副书记、专职副主席桑玉成主持会议。市社联专职副主席刘世军宣读了获得上海市社联2013年度第七届“学会学术活动月”优秀组织奖和组织奖的学术团体名单。市社联学会处处长王克梅布置了本年度学术团体的几项具体工作。上海市伦理学会会长陆晓禾、上海华夏社会发展研究院院长鲍宗豪分别围绕全面开展学会工作和推进课题研究成果社会化作了交流发言。

3月5日，东方讲坛在上海市社联召开了2014年第一季度工作例会，市社联专职副主席刘世军主持会议，全市各区(县)宣传部分管领导出席会议。市社联科普工作处处长应毓超围绕题库建设、精品课程建设、信息系统建设、第13届上海市社科普及活动周筹备等汇报了东方讲坛近期工作，并介绍了东方讲坛下一步工作打算：一是开展“东方讲坛通讯员”推荐和培训，二是开展“东方讲坛志愿者”队伍招募试点，三是推进“特色举办点”建设。与会人员就区域特色文化活动开发、基层宣讲团讲师培训、特色举办点建设等进行了深入交流和探讨。

3月6日，上海市社联党组书记、专职副主席沈国明与社联青年干部举行了座谈。座谈围绕加强青年干部队伍建设和机关文化建设等进行了讨论，与会的20多名青年干部结合自身工作实际，认真交流思想，畅谈工作、学习、生活体会，并就加强能力培养、深化服务意识、提高工作水平等提出了自己的观点和想法。

3月10日，上海市社联党组书记、专职副主席沈国明，党组副书记、专职副主席桑玉成，以及部分处室负责人前往上海市科协考察交流。

3月12日，上海市社联召开机关全体干部大会，会议由刘世军同志主持。沈国明、桑玉成出席大会。会上表彰了2013年度机关及刊业年度考核优秀个人及部门工作优秀奖项。

3月13日，上海市副市长周波到市社联调研，并就"上海经济发展转型与深化改革创新"主题，与上海市社科界专家学者进行座谈。市社联主席秦绍德出席座谈会，市社联党组书记、专职副主席沈国明主持会议。市社联党组副书记、专职副主席桑玉成，专职副主席刘世军参加会议。上海财经大学教授干春晖、上海市委党校常务副校长王国平、上海社科院教授石良平、上海对外经贸大学教授孙海鸣、上海社科院教授杨建文、复旦大学教授张晖明、上海金融与法律研究院教授傅蔚冈等专家学者参加了调研会，并就上海自贸试验区建设、国资国企改革、产业结构转型等发表了意见和建议。

3月13日，上海市社联科普工作处在市社联举行第13届上海市社会科学普及活动周学会科普活动策划会，市社联所属19家学会副会长、秘书长等出席了会议。科普工作处对第12届活动周做了简要总结，并介绍了第13届科普周的工作打算。与会代表围绕活动周"主题词""开幕式""活动板块"及"学会科普项目"等展开讨论。科普工作处处长应毓超希望各学会能发挥自身特点，紧紧围绕"社会主义核心价值观"主题，运用群众喜闻乐见的方式，组织开展各类社科普及活动。

3月26日，上海市第十届邓小平理论研究和宣传优秀成果（2012—2013年）、上海市第十二届哲学社会科学优秀成果（2012—2013年）评奖申报工作会议在社联召开。市委宣传部副部长李琪和市社联党组副书记、专职副主席桑玉成讲话，市社联科研组织处处长金红作本届评奖工作要点介绍，市委宣传部理论处处长季桂保主持会议。

4月3日，上海市第十届邓小平理论研究和宣传暨第十二届哲学社会科学优秀成果评奖系统操作培训会在市社联召开。会上，工作人员为大家详细介绍了本届评奖活动的审核须知及相关注意事项，并实际演示了归口单位在线审核的基本流程。来自40余家归口单位的成果管理部门的同志出席了会议。

4月9日，上海市社联举行"农村土地制度改革和农民的财产权利"专题学术茶座。该茶座是社联"全面深化改革·上海思想"系列学术茶座之一。来自华东师范大学、复旦大学、上海交通大学、上海大学、华东理工大学、上海社科院的相关专家学者，以及金山区政府、宝山区信访办、普陀区桃浦镇、浦东新区农委的有关同志，围绕上海郊区农村土地制度的现状及问题、城镇化进程中如何推进土地制度改革、上海在土地使用创新方面的经验与启示等问题进行了深入交流和研讨。

4月10日，上海市社联《学术月刊》杂志社、华东师范大学世界政治研究中心在华东师范大学闵行校区共同举办了主题为"重绘世界政治的知识图景"的学术论坛。

4月11日，上海市社联举行中心组学习扩大会议。市社联党组书记、专职副主席沈国明主持会议，市社联党组副书记、专职副主席桑玉成，市社联专职副主席刘世军出席会议。市社联干部职工参加会议。会议传达了习近平总书记在省部级领导干部学习班上的讲话和在兰考考察时的讲话。会上，沈国明同志、桑玉成同志、刘世军同志围绕学习领会习近平总书记讲话精神，谈了各自的学习体会。

4月11日，《上海白领阶层人文社会科学知识与素养调查报告》专家评审会在上海市社联召开。会上，《上海白领阶层人文社会科学知识与素养调查报告》项目负责人、上海大学社会科学学院副院长欧阳光明介绍了前期开展的调查分析情况、相关结论的得出依据及报告的成文过程。复旦大学教授任远、华东师范大学教授文军、上海大学教授王天恩、市委党校教授马西恒及团市委研究室主任胡喆，就"白领"阶层精确定义、科学素养与人文素养对照分析、某些结论的科学表述以及本次调查成果的进一步开发利用等方面提出了意见和建议。评审会由市社联科普工作处处长应毓超主持。

4月11日，上海市社联星期五学术茶座举行"城市级差地租理论的新思考"专题学术茶座。来自上海社科院、华东师范大学、复旦大学、上海市委党校、市经济学会、市房产经济学会等单位的相关专家学者参加研讨。与会者围绕城镇化过程中是否存在级差地租的新形态即级差地租Ⅲ，如客观上存在级差地租Ⅲ，如何进一步认识和把握级差地租Ⅲ的理论意义和实践意义等议题展开了研讨。

4月12日，由上海市社联和文汇报社联合主办的"哲学与我们的时代"演讲季第四期开讲。华东师范大学党委书记、哲学系教授，市社联副主席童世骏作"凡俗生活和理想境界"专题讲座。文汇报社副总编王勇主持讲座，市社联专职副主席刘世军出席。挪威最著名的哲学家之一希尔贝克教授发来视频提问，复旦大学哲学系教授陈学明担任点评嘉宾。来自本市党政机关领导、高校师生、企业精英、市民群众等300余人聆听了讲座。

4月13日，上海市马克思主义研究2014年首季度论坛在中共上海市委党校召开，本次论坛主题是"马克思主义与改革开放"，由上海市马克思主义研究会承办。市马克思主义研究会会长、市委党校常务副校长王国平和市社联专职副主席刘世军分别致辞，市委党校副校长郭庆松主持开幕式。本次马克思主义研究论坛分两个研讨单元，分别由市马克思主义研究会副会长周尚文和研究员周锦尉主持，复旦大学教授石磊、张晖明，市委党校教授黄力之、袁秉达、官进胜，上海大学教授王天恩，南京政治学院教授孙力，上海师范大学教授何云峰、周中之等分别从经济、文化、社会、哲学等多个学科角度作主题发言，来自本市相关高校马克思主义研究学科博士点单位的专家学者和青年博士生150余人与会，互动提问踊跃、研讨交流深入。

4月17日，上海市社联与华东政法大学联合举行"法治政府建设"专题学术茶座。该茶座是社联“全面深化改革·上海思想”系列学术茶座之一。华东政法大学副校长顾功耘致辞，市社联党组副书记、专职副主席桑玉成作主题发言。上海市政府法制办副主任刘平、上海政法学院副院长关保英、华东政法大学教授沈福俊、魏琼、江利红等围绕建设法治政府和依法行政、政府与市场的关系、行政法治、政府诚信等问题进行了深入交流和研讨。中国行政法学研究会名誉会长、中国政法大学终身教授应松年作总结发言。华东政法大学的部分师生50余人参加了研讨。

4月18日，上海市社联机关党委、机关工会联合开展“走进社科界”活动，组织干部职工赴松江大学城考察上海外国语大学、华东政法大学等，并与教职工代表座谈，进一步增强了市社联干部职工对上海市社科界的深入了解。

4月18日，上海市社联星期五学术茶座举行“上海市政公用基础设施承载力分析”专题学术茶座。来自上海市固定资产投资建设研究会、上海财经大学、同济大学、上海交通职业技术学院、上海市行政法制研究所等单位的十余位专家学者，围绕上海市政公用基础设施承载力现状、基础设施承载力的影响因素、基础设施承载力与城市发展的内在机制、城市规模对基础设施发展的影响以及上海现阶段基础设施建设存在的问题等方面展开了研讨和交流。

4月25日，上海市委宣传部党的群众路线教育实践活动领导小组副组长、纪检组组长晁玉奎一行来到市社联，检查社联教育实践活动“回头看”工作。市社联党组书记、专职副主席沈国明汇报了市社联开展“回头看”的各项工作。党组副书记、专职副主席桑玉成，专职副主席刘世军出席会议并发言。市社联党的群众路线教育实践活动领导小组办公室有关同志列席会议。

4月25日，上海市社联举行星期五学术茶座，研讨主题为“世界海权发展史”。来自上海社科院、上海对外经贸大学、上海政法学院、中国航海博物馆、上海图书馆的相关专家学者围绕国别海权史、区域海权史、海权史与大国关系、地缘政治理论中的海权问题等内容，进行了深入交流和研讨。

5月8日，上海市社联首次信息工作季度例会在上海社科会堂举行。市社联专职副主席刘世军出席会议并讲话，市社联办公室主任吴伟余主持会议，市社联各部门信息员出席了会议。刘世军在讲话中，肯定了近期市社联信息工作的成效，并就如何做好下一阶段市社联信息工作提出了要求。会议汇总了今年一季度市社联信息工作情况，对市社联各部门信息工作进行了评分和表扬，就实施《上海市社联网站日常管理维护办法》《上海市社联网站信息报送奖励办法》进行培训，并听取了信息员对进一步做好市社联信息工作的意见和建议。

5月9日，上海市社联举行星期五学术茶座，主题为“经济活动中的道德与创新”。本次茶座结合2016年将在上海举办的“国际企业、经济学和伦理学学会”(International Society of Business，Economics and Ethics，简称ISBEE)世界大会做了预课题研究。来自上海社科院、华东师范大学、上海交通大学、上海师范大学、上海财经大学等单位的10余名学者围绕西方经济伦理思想与经济人假设、中国经济伦理思想、近代民族工商业者的家国情怀、改革开放30年社会伦理思潮的变迁，就“如何体现中国的主体性”“讲好中国经济伦理的故事”等展开了研讨。

5月20日，上海市社联办公室、工会主办的“一月一书”活动首场讲座在市社联阅览室举行。上海大学教授、著名学者邓伟志先生应邀到会，为市社联员工介绍22卷《邓伟志全集》。邓教授从“把市社联当作自己的家”开始讲起，“在农民的坟地里读书”“瑞金花园与张锡瑗”“劳动在一百多个行业”“《不创新，毋宁死》的发表”等，一件件个人亲历的事件娓娓道来，渗透当中的读书、识人、劳动、写作的点点滴滴，折射出一位知识分子把个人命运与国家发展、社会变迁紧密相连的信念和情怀，以及对学术人生始终不变的坚守和追求，让与会者得到了启示。市社联办公室主任吴伟余主持了活动。

5月20日，上海市社联学会管理处一行到市老年学学会进行2013年度达标情况调研。学会管理处处长王克梅介绍了达标学会评估对学会发展的促进作用，以及2013年度学会达标的基本情况。市老年学学会会长左学金、秘书长孙鹏镖、副秘书长吴弢参加了调研。孙鹏镖介绍了学会概况，开展第三方评估、举行青年学者论坛和青年学者联谊会以及科技助老志愿者服务活动的基本情况。吴弢介绍了学会在老年医学学术研究以及开展老年医学社会服务方面所做的工作。

5月23日，上海市社联“星期五学术茶座·现代国家治理体系与企业社会责任探析”举行，来自上海商学院、上海社科院、上海财经大学、上海市城镇工业合作联社、上海市企业发展促进研究会等单位的专家学者10人出席会议。与会专家围绕现代国家治理体系的内涵、企业作为社会公民承担社会责任的理论和实践价值、当下企业社会责任的边界和层次、企业社会责任的制度保障等问题，展开了探讨和交流。

5月24日至30日，应台湾铭传大学的邀请，上海市社联组团赴台湾进行调研交流。在台期间，先后参访花莲慈济基金会、台湾大学社会科学院、铭传大学、台北书院等单位，围绕“慈善公益性组织的运作及管理”“台湾社科类社团的发展及运作管理”等内容进行座谈交流。学术交流期间，代表团与台湾大学林惠玲、林建甫，铭传大学杨开煌、汪渡村、刘仁卿等专家学者建立了初步联系。参加这次学术交流团的有，市社联专职副主席刘世军，市发展改革研究院院长肖林，市文化执法总队阎书本，市社联张勇、吴伟余、金福林等同志。

5 月 25—31 日，上海市社联主办第 12 届上海市社会科学普及活动周。本届活动周坚持“社联搭台、多方参与、寓教于乐、让人文社会科学走向大众”的工作理念，围绕“传递正能量、共圆‘中国梦’”的主题，举办了市级活动、学会特色活动、区域特色活动、东方讲坛特别版、媒体宣传、社科普及系列读物漂流六大板块 300 余项科普活动，600 多名社科专家积极参与，直接受众超过 9 万人次。

5 月 28—29 日，上海市第十届邓小平理论研究和宣传优秀成果、第十二届哲学社会科学优秀成果评奖初审工作会议召开。市社联党组副书记桑玉成主持会议，市社联党组书记、专职副主席沈国明出席会议并讲话。

5 月 30 日，“《上海市白领人文社会科学知识与素养调查报告》新闻发布会”在上海市社联举行。发布会由市社联党组副书记、专职副主席桑玉成主持，上海大学社会科学学院副院长欧阳光明教授、上海社科院社会学研究所所长杨雄、华东师范大学社会发展学院党委书记文军、上海大学社科处杨庆峰、共青团上海市委研究室副主任李子等专家，新华社、《光明日报》《解放日报》《文汇报》《新民晚报》《东方早报》《新闻晨报》《青年报》《劳动报》《上海日报》、上海电视台、上海广播电台、新浪网等媒体记者，青年学生代表共 40 余人出席了发布会。

5 月 30 日，上海市社联召开星期五学术茶座，本次茶座的研讨主题为“青年学者与欧洲研究”。来自复旦大学、同济大学、上海国研院、上海欧洲学会等单位的青年专家学者 10 余人出席。与会青年学者围绕当前上海青年学者如何更好开展欧洲研究、如何活跃上海青年欧洲研究的学术氛围、加强青年学者间的交流，以及如何形成高质量的学术成果等问题，展开了探讨和交流。

5 月 30 日，上海市社联《探索与争鸣》编辑部在市社联召开“邓小平时代的精神遗产——纪念邓小平诞辰 110 周年”青年沙龙，来自复旦大学、华东师范大学、上海大学、解放军南京政治学院、上海政法大学等高校和科研院所的青年学者参加研讨会。

6 月 4 日，上海市社联召开“全面深化改革与创新发展”主题征文评审工作会议，来自本市马克思主义研究、政治、法律、经济、管理、社会等学科领域的 17 位专家学者与会参加评审，评选出优秀论文 97 篇。本次主题征文活动，社联根据市委宣传部的统一部署，组织所属学会积极开展论文推荐，收到 52 家学会的应征论文共 768 篇。

6 月 6 日，上海市社联举办星期五学术茶座，本次茶座的研讨主题为“混合所有制经济的理论与实践”。来自上海集体经济研究会、上海体制改革研究所、上海交通大学、市委党校、上海经济学会等单位的专家学者 10 余人出席。与会学者围绕如何贯彻落实党的十八届三中全会精神，积极发展混合所有制经济，促进社会主义市场经济持续健康发展进行了深入研讨和交流。

6月12日，上海市社联机关党委、机关工会联合开展“走进社科界”活动之二，组织干部职工考察同济大学、复旦大学等，并与师生代表座谈交流，使社联干部职工尤其是青年干部对上海市社科界的前沿发展情况有了更深入的了解。

6月12日，上海市社会科学界第十二届(2014年)学术年会专场活动评审工作会议在市社联召开。市教委、复旦大学、上海大学、《高等教育文科学术文摘》等单位的评审专家，从本市社科界的72项申报材料中，评选出2014年度学术年会学科专场10场、主题专场10场、主题专场青年论坛10场。市社联党组书记、专职副主席沈国明，市社联党组副书记、专职副主席桑玉成出席会议并参与评审工作。

6月20日，2014年度上海社联所属社团换届培训工作会议举行。市社联党组书记、专职副主席沈国明，市刑侦总队总队长杨泽强出席会议并讲话。市社联学会管理处处长王克梅主持会议。会议强调了社团组织建设对保障社团的规范发展的重要意义，介绍了中国社会组织的类型、社团管理体制、市社联业务主管范围、学术社团基本功能、社团负责人的任职要求和组成结构、换届应提交的文件材料等重要事项。培训期间，与会人员到市刑事侦查学会交流考察，参观了公安刑侦工作主题展、刑事技术中心。市社联所属30多家学会参加了本次培训。

6月24日，上海市第十届邓小平理论研究和宣传优秀成果、第十二届社会科学优秀成果评奖内部探讨奖评审工作会议召开。本次内部探讨奖评审的参评成果共165项，评选出20项优秀成果进入终审程序。评审工作会议由上海市社联党组书记、专职副主席沈国明主持，市委宣传部副部长李琪介绍了上海社科评奖工作的基本情况和要求，市社联党组副书记、专职副主席桑玉成，专职副主席刘世军等参加了评审工作。

6月26日，上海市社联与复旦大学社科部联合举办“中国道路溯源暨中国的诞生学术研讨”专题茶座。市社联党组副书记、专职副主席桑玉成出席会议并致辞。来自复旦大学、上海财经大学、上海广播电视台、复旦大学出版社和相关报刊媒体的10余位专家学者，围绕中国道路的历史溯源、中华文化的历史起源、中国道路的现实启示等问题进行了深入研讨和交流。

6月27日，上海市社联星期五学术茶座举行“核心价值观与传承优秀传统文化”专题研讨，来自上海炎黄文化研究会、上海社科院、上海师范大学、上海大学、华东政法大学等单位的专家学者10人出席会议。与会专家围绕社会主义核心价值观建设、中国优秀传统文化的传承问题，展开了探讨和交流。

6 月 30 日，上海市社联举行纪念建党 93 周年座谈会。市社联党组书记、专职副主席沈国明，党组副书记、专职副主席桑玉成，专职副主席刘世军出席会议，桑玉成主持会议，市社联机关及刊业中心在职党员和干部出席了会议。沈国明首先传达了习近平总书记上海考察期间的重要讲话精神。沈国明书记在讲话中，肯定了市社联机关各处室近期的工作成绩，同时结合市社联下半年工作，对市社联干部的精神面貌提出了要求。

7 月 1 日，上海市社联机关党委、机关工会组织开展“七一”党日活动——赴青浦陈云纪念馆参观学习，以庆祝党的 93 周年诞辰。市社联机关党员干部 40 余人参加了此次活动。

7 月 3 日至 5 日，上海市第十届邓小平理论研究和宣传优秀成果评奖、第十二届哲学社会科学优秀成果评奖复审工作在北京举行。来自中国社会科学院、北京大学、清华大学、中国人民大学、中国教育科学院、中国艺术研究院的 70 位评审专家，分 14 个学科评审组，对 770 余项复审参评成果进行了独立打分和评议投票。市评奖委员会副主任、市社联党组书记、专职副主席记沈国明，中国社会科学院科研局副局长陈文学出席会议并讲话，市社联党组副书记、专职副主席桑玉成主持会议。

7 月 14 日，第十二届社科评奖学术贡献奖初审工作会议在社联召开。本届学术贡献奖评委会共收到 17 项申报项目，学科组初审分为“经济、社会”“历史、哲学、教育”“文学、艺术、语言”三个学科组，邀请本市相关学科的知名学者 27 人担任评审专家。评审会议首先由 17 位推荐人就申报成果的学术观点、学术贡献等作了充分陈述，并接受评审专家提问。然后，评审专家审阅申报材料，以无记名投票的方式确定了 9 项成果进入复审程序。市委宣传部副部长李琪，市社联党组书记、专职副主席沈国明，党组副书记、专职副主席桑玉成，专职副主席刘世军等出席评审会议。

7 月 18 日，上海市社联举办星期五学术茶座，本次茶座的研讨主题为“全面深化改革与现代国家治理若干思考”。来自上海市形势政策教育研究会、浦东新区政协、上海交通大学、同济大学、华东理工大学、上海党建文化研究中心等单位的专家学者 10 余人出席。与会者分别就准确把握全面深化改革的辩证关系、推进国家治理体系与治理能力现代化、推进政协民主协商监督制度的思考、高等学校深化教育综合改革的路径探析、执政党纯洁性建设正当其时等几个方面作了发言并进行了深入研讨和交流。

7 月 21 日，上海市社科评奖办召开学术贡献奖复审工作会议。复审委员会由市委宣传部副部长李琪主持，市社联党组书记、专职副主席沈国明，党组副书记、专职副主席桑玉成，专职副主席刘世军出席会议。复审委员会审阅申报材料、充分酝酿讨论，首先对学科组评审未通过的成果进行了复议，然后再进行复审投票，最终确定 4 项成果进入终审程序。

7月28日至29日，上海市社联召开中心组学习会暨年中工作务虚会。市社联主席秦绍德，党组书记、专职副主席沈国明，党组副书记、专职副主席桑玉成，专职副主席刘世军及市社联处以上干部出席会议。会议传达学习了市十四届人大常委会第十四次会议精神，回顾总结了上半年市社联主要工作。

7月29日，上海市社联机关党委与横沙乡人民政府党委党建共建结对签约仪式在横沙乡举行。市社联主席秦绍德，党组书记、专职副主席沈国明，党组副书记、专职副主席桑玉成，横沙乡乡长徐洪出席活动。横沙乡党委书记王伟忠，市社联机关党委副书记、办公室主任吴伟余分别代表各自党组织，签署机关党建共建结对协议书。共建单位代表二十余人出席了签约仪式。

7月30日，上海市社联到上海世纪后世博成果与发展研究中心进行走访调研。市社联学会管理处处长王克梅介绍了市社联所属民办社科研究机构的总体情况，并针对该中心的实际运作提出了意见。上海世纪后世博成果与发展研究中心理事长黄耀诚、秘书长漆启泰介绍了中心近年来的主要工作。市社联学会管理处有关工作人员参加了调研。

7月30日，上海市邓小平理论研究基金理事会召开上海市第十届邓小平理论研究和宣传优秀成果评奖终审工作会议。市社联主席、市邓小平理论研究基金理事会副理事长秦绍德主持会议，市委宣传部副部长、市邓小平理论研究基金理事会副理事长李琪介绍了本届邓小平理论研究和宣传优秀成果评奖申报和评审工作情况。会议经过讨论审定评选出本届邓小平理论研究和宣传优秀成果各项获奖项目。

7月30日，上海市第十二届哲学社会科学优秀成果评奖终审工作会议召开。市委宣传部副部长、市哲学社会科学优秀成果评奖委员会副主任李琪主持会议，市社联党组书记、专职副主席、市社科评奖委员会副主任沈国明汇报了本届社科成果评奖申报和评审工作情况。会议经过讨论审定评选出本届社科成果各项获奖项目。

7月30日，社会科学普及工作座谈会在上海市社联举行。市社联党组书记、专职副主席沈国明出席并讲话，专职副主席刘世军主持会议。市哲学学会会长、复旦大学哲学学院教授吴晓明，中国浦东干部学院常务副院长、市领导学会会长奚洁人，上海政法学院社会管理学院院长章友德等全国优秀社科普及专家，上海社科院世界经济研究所所长张幼文、上海炎黄文化研究会韩志强等全国优秀社科普及作品作者，上海市法治研究会副会长包志勤，闸北区委宣传部副部长潘枝青，普陀区委宣传部副部长汤尉琳等全国优秀社科普及工作者，浦东图书馆、静安图书馆、长宁文化艺术中心、宝山图书馆等全国优秀人文社科普及基地，以及部分媒体代表参加会议。会上，沈国明、刘世军、科普工作处处长应毓超为以上获奖单位和个人颁奖。

8月1日，上海市社联召开了庆祝中国人民解放军建军87周年座谈会。市社联党组书记、专职副主席沈国明出席会议，市社联办公室主任吴伟余主持会议，市社联机关党委副书记何畏、科普工作处处长应毓超等八位军转退伍军人参加了会议。

8月1日，上海市社联机关党委代表来到上海市消防总队战勤保障基地宝山保障大队走访慰问，向坚守在一线的消防官兵送上防暑用品，并致以节日的问候。市社联一行人员在大队教导员带领下实地参观了消防救援装备和营房设施情况，了解了消防官兵的生活、训练、工作以及学习情况，对消防官兵奋战在抢险救援一线，保障驻地平安稳定表示了崇高敬意。

8月4日，带着上海市社联干部群众的一片心意，市社联党组书记、专职副主席沈国明看望并慰问了在36摄氏度酷暑下坚守工作岗位的上海社科院门卫和食堂职工，同时送去了清凉，对他们长期以来对社联工作的支持表示衷心的感谢。

8月6日，上海市社联党组书记、专职副主席沈国明前往闸北区临汾路社区(街道)进行走访调研，并看望了市社联赴当地挂职青年干部。闸北区副区长刘夔、临汾路社区(街道)党工委书记米振荣、副书记杨景明等陪同调研。

8月7日，上海市社联召开2015年预算编制工作会议。会议由市社联办公室主任吴伟余主持，市社联党组书记、专职副主席沈国明出席会议并讲话。沈书记在讲话中分析了市社联2014年预算执行情况并对2015年预算编制工作提出相关要求。沈书记要求市社联各部门在积极执行预算的过程中要严格遵守各项纪律规定，严禁出现超预算或无预算安排支出，严禁出现虚列支出、转移或套取预算资金等情况的发生。市社联机关各处室及各下属事业单位预算员20余人出席会议。

8月8日，上海市社会科学界在西郊宾馆会议中心百花厅召开纪念邓小平同志诞辰110周年暨“全面深化改革与创新发展”理论研讨会。会议由上海市社联党组副书记、专职副主席桑玉成主持，市社联主席秦绍德致辞，市社联专职副主席刘世军宣读主题征文获奖名单，市社联党组书记、专职副主席沈国明出席会议并讲话。华东师范大学教授齐卫平、复旦大学企业研究所所长张晖明、上海社科院经济研究所所长石良平、复旦大学国际关系与公共事务学院教授刘建军、上海师范大学法政学院院长蒋传光、中共浦东新区区委常委、宣传部部长尤存，中共上海市委党校教授袁秉达7位专家学者做主旨发言。会议还对在“全面深化改革与创新发展”主题征文活动中组织工作突出的学会进行了表彰。全市社科工作者、应征论文作者和相关学会负责人150余人参加会议。

8月12日，上海市社联东方讲坛召开2014年第二季度工作例会，市社联专职副主席刘世军主持会议并讲话，市社联科普工作处处长应毓超汇报了东方讲坛上半年工作情况和下半年工作计划。各区县宣传部分管东方讲坛工作的副部长和联系人出席会议。

8月13日，上海市社联在上海书展上举行赠书仪式。市社联党组书记、专职副主席沈国明向本市区县图书馆、企事业单位职工图书室及市民代表，赠送了一批由市社联组织编撰的社科普及读本。

8月13日，湖南省社科联调研组一行来到上海市社联，就服务型政府建设和人文社科场馆建设开展调研。此次调研由湖南省人大常委会委员、省社科联党组书记周发源带队，省政府驻上海办事处副主任皮庆侯，省社科联党组成员、副主席汤建军等7名同志陪同考察。上海市社联党组书记、专职副主席沈国明，党组副书记、专职副主席桑玉成，以及办公室、科研组织处、科普工作处处长参与了有关座谈。调研组在沪还专程考察了上海博物馆、中华艺术宫、市群艺馆、长宁区文化活动中心等文化设施。

8月18日，上海市社联召开党风廉政建设联席会议暨中心组学习会，布置党风廉政责任制建设有关工作，学习贯彻市委关于进一步落实党委主体责任、进一步做实党风廉政建设责任制的要求，学习传达宣传系统纪委书记、监察室主任会议精神。市社联党组副书记、专职副主席桑玉成主持会议，党组成员、专职副主席刘世军及机关各处室、刊业中心处以上干部出席会议。

8月19日，全国社科联第十五次学会工作会议在新疆乌鲁木齐市召开，全国30个省、自治区、直辖市的100多位社科工作者代表参加会议。会议围绕“创新社会组织管理，推动社会组织发展”为主题，总结交流学会工作经验，研讨谋划学会工作未来。在全国社科联第十五次学会工作会议上，上海市经济学会获“2014年度全国社科联先进学会”荣誉称号；上海市哲学学会原会长陈章亮荣获“2014年度全国社科联优秀学会工作者”荣誉称号。

8月22日，上海市社联假座上海图书馆5204会议室，召开六届九次主席会议暨常委会会议。市社联主席秦绍德出席会议并讲话，市社联党组书记、专职副主席沈国明报告社联上半年主要工作和下半年工作安排，市社联副主席桑玉成、刘世军、高德毅、李友梅、彭希哲、张民选、胡伟，市社联常委吴友富、生键红、杨洁勉、张幼文、张云、熊月之、俞新天、张颖、丁钢等同志出席会议。市社联机关各处室与学术期刊负责人列席会议。

8月22日至24日，在上海图书馆举办以“邓小平与上海”为主题的纪念邓小平同志诞辰110周年主题书画展。22日，上海市社联在上图举行书画展开幕式。开幕式由社联党组书记、专职副主席沈国明主持，市社联主席秦绍德致辞，上海师范大学党委书记陆建非、上海市文学艺术界联合会主席施大畏、上海市书法家协会主席周志高发言，市委宣传部副部长李琪出席揭幕仪式并讲话。市社联、市文联、市书协的代表以及参展作者、书画爱好者共 100 余人参加开幕式。

9 月 1 日，上海市委宣传部纪检组组长毛云琪、副组长莫剑平前来我会，就市社联如何进一步落实党委主体责任、做实党风廉政建设责任制的要求开展调研。市社联党组副书记、专职副主席桑玉成及纪检组成员参加了调研。

9 月 4 日，上海市社联举行信息工作会议，特邀上海广播电视台首席记者陆兰婷作专题讲座。陆兰婷以“为责任而坚持、为理想而努力”为题，通过大量生动的事例，讲述了她从一名普通记者成长为全国优秀新闻工作者，上海长江韬奋奖、中国新闻奖获得者的心路历程。会议由市社联办公室主任吴伟余主持，市社联各部门信息员出席了会议。

9 月 5 日，上海市社联星期五学术茶座举行“改革与发展进程中的思路创新、机制创新和实践创新”专题研讨。来自上海领导科学学会、上海经贸大学、中共浦东新区区委党校、东华大学、上海医药集团有限公司党校、上海市电力公司党校等单位的相关专家学者 10 余人参加学术研讨。

9 月 5 日，上海市社会科学界第十二届学术年会主题专场，在上海国际航运中心一楼会议厅举办“经济转型 · 产业升级 · 就业促进”青年论坛。论坛会议由社联主办，上海生产力学会、上海电机学院商学院、上海国际航运中心承办。会议围绕经济转型期上海产业结构变动、产业协调发展、管理驱动力与创新路径等问题进行了深入研讨。来自上海社会科学院、上海工程技术大学、东华大学、上海视觉艺术学院、上海电机学院的 10 余位专家做了专题发言和评论。本市相关研究领域的专家学者 50 余人参加了会议。

9 月 8 日至 15 日，上海市社联党组书记、专职副主席沈国明率社联代表团一行四人赴澳大利亚、新西兰访问悉尼大学、新西兰当代中国研究中心，与国外专家进行学术研讨。

9 月 10 日，上海市社联召开系统干部大会。党组副书记桑玉成作“从反腐新形势看营造廉洁政治生态的意义”的党课报告。桑玉成同志从腐败产生的原因、危害及党的十八大以来的反腐成效，深入浅出地从政治学、哲学的角度进行分析、思考，并提出对如何保障人民权力、注重道德建设、把住干部选拔等环节的措施，从而营造良好的政治生态。对大家很有启示。

9 月 11 日，上海市社会科学界第十二届学术年会学科专场，在上海对外经贸大学古北校区学位后基地举办“中国建立开放型经济新体制和上海自贸区”专题研讨会。会议由市社联主办，上海高校智库国际经贸治理与中国改革开放联合研究中心、上海对外经贸大学 WTO 研究与教育学院承办。来自同济大学、华东师范大学、上海对外经贸大学的近 10 位专家作了专题发言和评论。本市相关研究领域的专家学者 50 余人参加了会议。

9月12日至15日，上海市社联《学术月刊》杂志社和复旦大学信息与传播研究中心联合举行的第二届“传播视野下的中国研究”学术研讨会在上海召开，来自中国社会科学院、台湾中原大学、复旦大学、浙江大学、暨南大学等十余所高校和研究院所的三十余位学者出席了本次研讨会。

9月13日，上海市社会科学界第十二届学术年会主题专场，在东华大学图文信息中心举办“海外马克思主义研究：正义与财产权”青年论坛。论坛由上海市社会科学界联合会主办，中央编译局、东华大学国外马克思主义与中国问题研究中心承办。市委宣传部副部长李琪，中央编译局副局长俞可平，东华大学校长徐明稚、副校长俞建勇，中国当代国外马克思主义研究会会长陈学明出席研究中心揭牌仪式并致辞。来自中央编译局、中国社科院、清华大学、吉林大学、苏州大学、华中科技大学、昆明理工大学，以及本市相关研究领域的20余位专家作了专题发言和评论。相关研究领域的专家学者80余人参加了会议。

9月13日，上海市社会科学界第十二届学术年会主题专场，在解放军南京政治学院上海分院举办“信息时代中国共产党的网络社会治理”青年论坛。论坛会议由上海市社联主办，解放军南京政治学院党的创新理论研究中心承办。来自上海财经大学、上海海关学院、第二军医大学、武警政治学院、南京政治学院上海分院的10余位专家作了专题发言和评论。本市相关研究领域的专家学者近50人参加了会议。

9月17日，上海市社联与中国浦东干部学院、上海市社区发展研究会联合举行2014年第三期领导干部实践创新学术茶座，主题为“城乡基层治理主体培育与活力激发”。

9月20日，上海市社会科学界第十二届学术年会主题专场，在世博会中国馆多功能厅举办“海洋论坛：海洋战略与海洋法治”青年论坛。市社联党组书记、专职副主席沈国明到会致辞。论坛会议由上海市社联主办，上海政法学院承办。来自复旦大学、上海海洋大学、上海政法学院、国家海洋局东海分局、上海市海事局等单位的10余位专家做了专题发言和评论。本市相关研究领域的专家学者60余人参加了会议。

9月20日，上海市社会科学界第十二届学术年会主题专场，在华东师范大学理科大楼A207会议室举办“社会化养老服务体系创新研究”青年论坛。论坛会议由上海市社联主办，华东师范大学公共管理学院承办。来自上海社会科学院、上海财经大学、上海交通大学、华东理工大学、上海应用技术学院、山东英才学院、华东师范大学的10余位专家作了专题发言和评论。本市相关研究领域的专家学者50余人参加了会议。

9月21日，上海市社会科学界第十二届学术年会学科专场，在上海社会科学院478会议室举办“欧洲国家治理的经验教训及对我国的启示”研讨会。论坛会议由上海市社联主办，上海欧洲学会、上海国际关系学会承办。会议围绕欧盟治理模式、战后西欧福利国家建设、欧盟主要国家社会自治的经验与启示等问题进行了深入研讨。来自上海社科院、复旦大学、同济大学、华东理工大学、上海市国际关系学会、上海欧洲学会的10余位专家作了专题发言和评论。本市相关研究领域的专家学者50余人参加了会议。

9月23日，上海市社会科学界第十二届学术年会主题专场，在复旦大学文科楼615会议室举办“国家安全治理：国际经验与中国道路”青年论坛。论坛会议由上海市社联主办，复旦大学国际关系与公共事务学院、上海市国际关系学会承办。来自上海社会科学院、上海国际问题研究院、上海外国语大学、同济大学、复旦大学等单位的10余位专家作了专题发言和评论。本市相关研究领域的专家学者近50人参加了会议。

9月26日，上海市社会科学界第十二届学术年会学科专场，在上海大学乐乎新楼学海厅举办“特大城市的基层治理创新：挑战与机遇”专题研讨会。社联党组副书记、桑玉成副主席出席会议并致辞，上海大学党委副书记李友梅到会并作主题发言。会议由上海市社联主办，上海大学基层治理创新研究中心承办。会议围绕现代社会组织体制建设、社会治理体系构建、城市基层治理与社会体制改革等问题进行了深入研讨。来自中国社会科学院、中山大学、复旦大学、上海大学的7位专家作了专题发言和评论。本市相关研究领域的专家学者150余人参加了会议。

9月27日，上海市社会科学界第十二届学术年会主题专场，在上海应用技术学院教工之家二楼报告厅举办“城镇化进程中上海市城乡一体化建设与完善研究”青年论坛。论坛会议由上海市社联主办，上海应用技术学院人文学院、上海市经济学会社会主义市场经济研究专业委员会承办。来自华东师范大学、上海交通大学、东华大学、上海市发展改革研究院、上海应用技术学院等单位的10余位专家作了专题发言和评论。本市相关研究领域的专家学者60余人参加了会议。

9月27日，上海市社会科学界第十二届学术年会主题专场，在上海立信会计学院图书馆一楼第三会议室举办“礼法秩序与中国传统国家治理”青年论坛。论坛会议由上海市社联主办，上海立信会计学院承办。来自中国社会科学院、复旦大学、华东师范大学、上海大学、同济大学、上海电机学院、华侨大学、立信会计学院的近20位专家作了专题发言和评论。本市相关研究领域的专家学者60余人参加了会议。

9月27日，上海市社会科学界第十二届学术年会主题专场，在上海音乐学院北楼报告厅举办“中国歌曲与中国文化”青年论坛。论坛会议由上海市社联主办，上海市欧美同学会、上海音乐学院、上海音乐文学学会承办。上海音乐学院党委书记林在勇出席会议并致辞。来自复旦大学、上海欧美同学会、上海轻音乐团、人民音乐出版社、上海大学、四川音乐学院、上海音乐学院的20余位专家作了专题发言和评论。本市相关研究领域的专家学者近80人参加了会议。

10月9日，上海市社联召开“老龄化应对中的悉尼与上海”研讨会。市社联党组书记、专职副主席沈国明出席会议并致辞。悉尼大学教育与社会工作学院代理院长Fran Waugh，悉尼大学教育与社会工作学院副院长Lesley Harbon，中国人口学会副会长、复旦大学教授彭希哲，市老年学会副秘书长孙鹏镖，分别以“老龄化问题在悉尼”“居家养老在澳洲”“中国未来十年人口问题研究及态势”“上海‘9073’养老模式”为主题作主旨发言。

10月11日，上海市社会科学界第十二届学术年会学科专场，在华东政法大学交谊楼圆桌会议室举办“比较政治与国家治理”专题研讨会。上海市社联党组副书记、专职副主席桑玉成出席会议并作会议总结。会议由上海市社联主办，上海市政治学会、华东政法大学政治学研究所承办。来自中国社会科学院、北京大学政府管理学院、中央编译局、复旦大学、中共上海市委党校、同济大学、上海国际问题研究院、上海政法学院、华东政法大学等单位的近20位专家作了专题发言和评论。本市相关研究领域的专家学者70余人参加了会议。

10月12日，上海市社会科学界第十二届学术年会学科专场，在上海大学乐乎楼一楼会议厅举办“城市艺术创意与国家文化发展战略”专题研讨会。会议由上海市社联主办，上海大学艺术与城市创意研究中心、上海大学影视艺术技术学院承办。来自中国人民大学、《江苏社会科学》杂志社、华东理工大学、上海大学等单位的10余位专家作了专题发言和评论。本市相关研究领域的专家学者50余人参加了会议。

10月17日，上海市社联举行第八届学会学术活动月开幕式。市社联党组书记、专职副主席沈国明致开幕词并主持学术报告会。市社联党组副书记、专职副主席桑玉成，市社联专职副主席刘世军，市社联所属170多家社会科学学术团体以及民办社科研究机构的负责人和专家学者参加会议。

10月17日，上海市社联与中国浦东干部学院联合举行2014年第四期领导干部实践创新学术茶座，主题为“以创新精神深化党的建设制度改革”。市社联党组副书记、专职副主席桑玉成出席会议并作主题发言。中央政策研究室党建研究局副局长李辉卫，中国浦东干部学院中国特色社会主义研究院副院长刘献，中央党史研究室宣传教育局副巡视员王素莉，上海党建文化研究中心常务副主任张克文，中央宣传部办公厅副巡视员张晓北，解放日报社党委副书记周智强，湖北省荆门市委副书记、政法委书记周松青，中共上海市委党校科研处处长梅丽红等作交流发言。

10月18日，上海市社会科学界第十二届学术年会学科专场，在中共上海市委党校海华大厦教学楼101报告厅召开“马克思主义与改革开放新拓展”马克思主义研究年度论坛。论坛由上海市社联主办，中共上海市委党校、上海市中国特色社会主义理论体系研究中心联合承办。中共上海市委宣传部副部长李琪、上海市社联专职副主席刘世军出席会议并讲话。来自中共中央党校、上海社会科学院、复旦大学、华东师范大学、上海财经大学、同济大学、上海大学、上海市哲学学会、中共上海市委党校的20余位专家作了专题发言和评论。本市相关研究领域的专家学者150余人参加了会议。

10月18日，上海市社会科学界第十二届学术年会学科专场，在上海交通大学徐汇校区新建楼3005室举办"当前中国国家安全形势分析"专题研讨会。会议由上海市社联主办，上海交通大学国际与公共事务学院承办。来自上海社会科学院、解放军南京政治学院上海分院、上海外国语大学、上海市国际关系学会、上海交通大学等单位的10余位专家作了专题发言和评论。本市相关研究领域的专家学者，以及相关实际工作部门共60余人参加了会议。

10月18日至19日，由上海市社联和华东政法大学联合主办，罗蒙诺索夫莫斯科国立大学政治科学系、市社联《学术月刊》杂志社、华东政法大学马克思主义学院承办的"政党与国家治理"国际学术研讨会在华东政法大学长宁校区交谊楼隆重召开。

10月19日，上海市社会科学界第十二届学术年会学科专场，在华东师范大学闵行校区人文楼5303会议室举办"全球比较视野下国家治理的历史经验与展望"专题研讨会。会议由上海市社联主办，华东师范大学历史系、上海世界史学会承办。来自浙江大学、上海社会科学院、复旦大学、上海师范大学、上海中医药大学、上海世界史学会、华东师范大学等单位的近10位专家作了专题发言和评论。本市相关研究领域的专家学者共50余人参加了会议。

10月19日，上海市社会科学界第十二届学术年会学科专场，在上海社会科学院上海社科国际创新基地5楼第四会议室举办"公共文化服务的多元主体建设"专题研讨会。上海市社联专职副主席刘世军出席会议并讲话。会议由上海市社联主办，上海社会科学院上海社科国际创新基地承办。来自国家文化部，市文广局、市文化局、市群众艺术馆、市文联、上海文化研究中心、上海社科院等单位的近10位专家作了专题发言和评论。本市相关研究领域的专家学者，以及静安、虹口、徐汇、浦东新区等区文化单位、社团的负责人共50余人参加了会议。

10月21日，上海市社会科学界第十二届学术年会，在上海市社联大楼六楼后乐厅组织"上海社联年度十大推介论文"评审会议。市社联党组书记、专职副主席沈国明，市社联党组副书记、专职副主席桑玉成，市社联专职副主席刘世军出席会议并参与评审工作。来自上海社会科学院、复旦大学、华东师范大学、上海师范大学、上海文史馆、全国高校文科学术文摘杂志社等单位的10余位主要学科专家参与评审。

10月24日，上海市社会科学界第十二届学术年会学科专场，在上海交通大学徐汇校区浩然高科技大厦102报告厅，召开“大学生培育和践行社会主义核心价值观”专题研讨会。会议由上海市社联主办，上海市学生德育发展中心承办。市社联党组书记、专职副主席沈国明出席会议并讲话。来自中国人民大学、复旦大学、华东师范大学、上海政法学院、上海应用技术学院、华东政法大学、《思想理论教育》杂志社等单位的近10位专家作了专题发言和评论。本市相关研究领域的专家学者120余人参加了会议。

10月25日，文学季拉开帷幕。著名作家、清华大学中文系教授格非，华东师范大学中文系教授、市作协副主席杨扬分别作“开放的写作”“安顿在城市的文学”专题演讲。上海市社联党组书记、专职副主席沈国明致辞，市社联专职副主席刘世军出席，上海文艺出版社副总编辑曹元勇主持。来自机关、企业、高校等各行业的现场听众，以及在华东理工大学视频分会场的学生听众共600余人，共同分享了思想大餐。

10月25日，上海市社会科学界第十二届学术年会学科专场，在徐汇工人文化中心举办“社会主义核心价值观的中国特色、民族特色和时代特征”专题研讨会。会议由上海市社联主办，上海市伦理学会、上海师范大学哲学学院承办。来自南京师范大学、中南林业大学、复旦大学、同济大学、上海社会科学院、上海市委党校、上海师范大学等单位的10余位专家作了专题发言和评论。本市相关研究领域的专家学者共50余人参加了会议。

10月25日，上海市社会科学界第十二届学术年会学科专场，在同济大厦3楼会议室举办“国家治理的基层体制现代化”专题研讨会。会议由上海市社联主办，同济大学政治与国际关系学院、上海市政治学会承办。来自华中师范大学、复旦大学、华东师范大学、华东政法大学、同济大学、解放军南京政治学院上海分院的近20位专家做了专题发言和评论。本市相关研究领域的专家学者，以及实际工作部门负责人80余人参加了会议。

10月26日，上海市社会科学界第十二届学术年会主题专场，在上海外国语大学第一报告厅举办“比较文学与中外人文交流”专题研讨会。会议由上海市社联主办，上海外国语大学英语学院承办。来自香港城市大学、美国圣地亚哥加州大学、上海外国语大学等单位的4位专家作了专题学术报告。本市相关研究领域的专家学者150余人参加了会议。

10月26日，上海马克思主义论坛，在解放军南京政治学院上海分院信息化大楼5楼报告厅召开“改革开放与中国道路——邓小平中国特色社会主义思想研究”理论研讨会，本次会议是上海马克思主义论坛的季度论坛会议。论坛由上海市社联主办，上海市马克思主义研究会、解放军南京政治学院上海分院承办。中共上海市委宣传部副部长李琪，上海市社联党组书记、专职副主席沈国明出席会议并讲话。来自中共中央党校、复旦大学、上海交通大学、解放日报社、上海市马克思主义研究会、解放军南京政治学院上海分院的7位专家作了专题发言和评论。本市相关研究领域的专家学者近100人参加了会议。

10月27日，上海市社联召开党组中心组学习会议，专题传达学习党的十八届四中全会精神。市社联党组书记、专职副主席沈国明主持会议，传达习近平同志在党的十八届四中全会上的重要讲话精神，以及全市党员负责干部大会上韩正同志关于学习贯彻全会精神的要求，并与市社联党组副书记、专职副主席桑玉成，专职副主席刘世军，先后联系社联实际进行交流发言。市社联机关各处室、刊业中心处以上干部出席会议。

10月28日，上海市社会科学界学习党的十八届四中全会精神座谈会在社联举行。座谈会由上海市社联党组副书记、专职副主席桑玉成主持，本市社科界法学、政治学、社会学、经济学等方面的相关专家学者参加会议。来自市政府法制办、上海社科院、上海交通大学、华东政法大学、华东师范大学、上海大学、市委党校等单位的10余位专家作交流发言。

10月29日，上海市社联机关党委举办第12期青年马克思主义理论读书班，邀请华东师范大学教授刘擎作"爱国主义与自由主义"的专题辅导，机关青年干部参加了讲座。

10月29日，上海市社联举行"强化基层医疗服务体系构建"专题学术茶座。该茶座是社联"未来城市发展·上海思想"系列学术茶座之一。来自上海社会科学院、复旦大学、上海师范大学、中欧工商学院、市发改委、市卫生局、长宁区卫生局等单位的10余位专家学者，围绕上海当前基层医疗服务体系的现状、存在的薄弱环节和相关问题、构建与城市和人口发展相适应的基层医疗服务体系等问题进行了深入交流和研讨。

10月30日，上海市社联举行"加快上海民办养老机构建设"专题学术茶座。该茶座是市社联"未来城市发展·上海思想"系列学术茶座之一。来自上海社会科学院、市老龄科学研究中心、市老年事业发展中心、浦东新区老年协会等单位的专家学者，围绕上海民办养老机构的发展历程与现状、当前民办养老服务机构的运作情况以及发展的瓶颈问题、进一步建设与上海发展相适应的养老服务体系等问题进行了深入交流和研讨。

10月31日，比利时根特大学汉学家巴德胜(Bart Dessein)教授应邀到上海市社联作题为"中国:正在崛起的全球性权力?"的学术报告，报告会由上海大学社会发展研究院特聘研究员戴勇斌主持。

11月1日至2日，第三届"知行哲学的当代研究"学术研讨会在华东师范大学学术交流中心召开。会议由华东师范大学知识与行动研究中心、中法联合研究院知识和行动研究室(KAL, Joriss)、上海市社联《学术月刊》杂志社、华东师范大学哲学系、上海中西哲学和文化比较研究会共同主办，来自武汉大学、中山大学、厦门大学、首都师范大学、华东师范大学等院校的近20位学者参加会议。市社联《学术月刊》杂志社、华东师范大学知识分子与思想史研究中心在华东师范大学闵行校区联合召开了"现代中国国家认同的多元塑造”工作坊。

11 月 3 日，上海市社联与市政府发展研究中心、上海对外经贸大学联合主办中国战略性大宗商品发展报告暨“今日期市”商品期货学术研讨会。该研讨会也是市社联“未来城市发展·上海思想”系列学术论坛之一。上海对外经贸大学副校长徐永林出席会议并致辞。来自上海对外经贸大学、上海钢联股份有限公司、招商期货上海营业部、上海瀚亿投资管理有限公司的 4 位专家作主旨报告，与会者围绕当前国内外宏观经济发展形势、商品期货市场发展展望、战略性大宗商品发展研究等问题进行了深入交流。全市相关领域的专家学者和高校师生 60 余人参加了会议。

11 月 3 日，联合国副秘书长吴红波一行莅临社联指导工作，并与上海市社联党组书记、专职副主席沈国明等进行座谈。吴副秘书长高度肯定了市社联近年来为繁荣发展社会科学作出的贡献，同时对市社联为社科工作者精心创造良好的工作交流环境表示赞赏。

11 月 4 日，斯洛维尼亚学者、大阪大学教授 Martina Bofulin 应邀到上海市社联作题为“南欧移民的家庭维系”的学术报告，市社联党组书记、专职副主席沈国明主持会议。

11 月 6 日，上海市社会科学界第十二届学术年会大会在上海展览中心隆重举行。中共上海市委常委、宣传部部长徐麟出席开幕式并讲话。中共上海市委宣传部副部长李琪主持颁奖仪式。上海市社联党组书记、专职副主席沈国明主持开幕式。林尚立、周振华、孙笑侠、李骏等学者先后作了主题报告。部分市社联副主席、学术年会学术委员会和组织委员会成员，部分高校和科研院所、党校、部队院校、党政研究部门相关负责人，部分学会负责人，新闻媒体、学术期刊相关负责人和哲学社会科学工作者代表共 400 余人出席了大会。

11 月 7 日，上海市社联星期五学术茶座召开“台湾九合一选举评估”专题研讨。来自上海海峡两岸交流促进会、同济大学政治与国际关系学院、上海交通大学环太平洋研究中心、上海市国际关系学会等单位的本市台湾研究和国际问题研究专家，针对即将到来的 11 月 29 日台湾九项地方公职人员选举议题进行了信息交流和座谈。专家们分析了台湾各市县的选票分布情况、各候选人的选战策略，对选举的情况进行了评估，特别就选举对两岸关系的影响进行了深入探讨。

11 月 8 日，由上海市社联和文汇报社联合主办的“文学与我们的生活”演讲季第二期开讲。著名作家、湖北省作家协会主席方方主讲“文学创作的个人表达”，复旦大学学报主编、中文系教授汪涌豪主讲“文学：超越与否定的力量”。社联专职副主席刘世军出席，著名作家、文汇报社首席编辑潘向黎主持。来自机关、企业、高校等各行业的现场听众，与在华东理工大学视频分会场的学生听众 600 余人，一起聆听讲座，分享阅读。

11 月 14 日，上海市社联举行“司法体制改革与上海城市社会治理创新”专题学术茶座。该茶座是社联“未来城市发展·上海思想”系列学术茶座之一。来自华东政法大学、同济大学法学院、市司法局、市检察院、市社团管理局、长宁区法院、长宁区检察院等单位的专家学者，围绕司法改革的突破口和规定性、司法改革与城市法治建设、司法改革与社会治理创新等问题进行了深入交流和研讨。

11 月 17 日，辽宁省社科联调研组来到上海市社联，围绕社科研究组织、决策咨询服务、学术活动管理、学术期刊建设和文化产业发展等主题开展调研。此次调研由辽宁省社科联党组成员、主席姜晓秋带队，大连市社科联党组书记、副主席张莉，营口市社科联党组书记、副主席李育新，辽宁省社科联科研部部长李红，《理论界》杂志社主编周兆明陪同考察。市社联党组书记、专职副主席沈国明，专职副主席刘世军，以及学会管理处、科研组织处、科普工作处、《学术月刊》杂志社、《探索与争鸣》杂志社等部门的负责人参与座谈。调研组一行在沪期间还专程考察了中华艺术宫等文化设施。

11 月 15 日，首届喀什噶尔学研讨会在喀什举办。应新疆维吾尔自治区社科联、上海市对口援疆前方指挥部邀请，上海市社联党组书记、专职副主席沈国明出席会议。市社联约请的上海社会主义学院教授蒋连华、华东师范大学教授楼嘉军、杨扬先后在会上作了专题发言。

11 月 19 日，上海市社会科学界第十二届学术年会举行法律实务专场研讨会，会议由上海市社联、上海市法学会、上海市司法局主办，浦东新区司法局承办。会议的主题是“医患纠纷人民调解的法律保障”。会议由市法学会专职副会长施基雄主持，浦东新区副区长陆鸣、市司法局副局长陈春兰、市法学会常务副会长林国平出席会议并致辞。市高级人民法院副院长邹碧华、上海政法学院副院长关保英作学术点评。市法学界的相关专家学者和实务部门工作人员近百人参加会议。

11 月 21 日，为纪念夏征农诞辰 110 周年，夏征农的亲属、生前友人以及各地文化界人士齐聚上海城市规划展示馆，共同为“战士的信仰——纪念红军夏征农诞辰 110 周年文献暨艺术展”揭幕，上海市社联主席秦绍德出席揭幕仪式并参观了展览。市社联专职副主席刘世军参加了“夏征农诞辰 110 周年纪念座谈会”，和与会的各界人士共同追思夏征农同志的革命历程与生前点滴。

11 月 24 日，2014 年上海市社科普及工作经验交流会在社联召开。上海市社联主席秦绍德出席会议并讲话，并为受表彰的先进集体和优秀个人代表颁奖。市社联专职副主席刘世军主持会议并宣读《上海市社会科学界联合会关于表彰 2014 年上海市社科普及工作先进集体、先进个人和优秀项目的决定》。中国文联副主席奚美娟出席。来自市社联所属学会、各区县及沪上部分高校、东方讲坛举办点和各合作条块的代表等 100 余人参加会议。

11月26日，上海市社联地方志工作专家论证会在社联大楼7楼召开，王邦佐、卢汉龙、朱敏彦、张云、张雄、高瑞泉六位社科专家与会，就《上海市志・科学分志・人文社会科学卷》的篇章目录（第一稿）的结构编排、章节设置、人物遴选等内容进行了科学性、合理性论证。

11月27日，上海市社联《学术月刊》杂志社联合上海人民出版社召开了《当代中国学人访谈录》出版座谈暨当代中国学术话语建设论坛。会议由《学术月刊》杂志社总编辑金福林主持，上海人民出版社社长王兴康出席了会议并发言，出席此次会议并发言的学者有陈尚君、吴晓明、夏中义、高瑞泉、汪涌豪、傅杰、郜元宝、章清、李天纲、孙向晨、周建明、夏锦乾等。《解放日报》《文汇报》《东方早报》、"澎湃"新闻客户端等多家媒体记者出席会议。

11月27日，2014—2016届《学术月刊》编辑委员会第一次会议在上海市社联举行，上海地区的编委童世骏、周振鹤、何勤华、葛兆光、吴晓明、袁志刚、陈尚君、李维森、茅海建、熊月之、傅杰等参加了会议。市社联党组书记、专职副主席沈国明到会讲话，《学术月刊》杂志社总编辑金福林主持会议并介绍了近一年来的工作。本次编委会会议就《学术月刊》的办刊现状、优势与不足以及未来的发展等问题展开了积极的探讨，提出了富有建设性的建议。

11月28日，上海市社联星期五学术茶座召开"依法治国与形势教育"专题研讨。来自上海市形势政策教育研究会、市党建文化研究中心、上海市委党校、华东理工大学等单位的10余位专家学者，围绕党的领导与依法治国、增强法制观念与推进法治建设、依法治理与形势政策教育等问题进行了深入研讨和座谈。

11月28日至29日，上海市社联《学术月刊》杂志社联合复旦大学新闻学院共同主办的"网络化中国：新连接、新交往和新关系"跨学科学术对话会在复旦大学光华楼思源报告厅举行。来自香港中文大学、香港城市大学、中国社会科学院、北京师范大学、上海交通大学、复旦大学等高校的传播学、社会学和计算机信息科学等专业的专家学者四十人参加了此次跨学科学术对话会，就中国本土经验在更广阔的视野中探讨了新传播革命和新传播技术及其对当下中国社会的影响。

11月29日，由上海市社联和文汇报社联合主办的"文学与我们的生活"演讲季第三期现场，两位主讲嘉宾——作家、上海作协副主席孙甘露作了"情感与故事"演讲，华东师范大学中文系教授罗岗对《迁徙与阅读》作了百科全书式评析，复旦大学、上海交通大学、同济大学、上海大学、华东理工大学等7所沪上高校的学子通过提问表达了他们对文学创作源头的关切，以及对于当下阅读环境的思考。

12 月 3 日，上海市社联方志办召开地方志推进工作第二次会议。与会的市委宣传部理论处处长季桂保、国际关系学会秘书长金应忠、复旦大学历史系姜义华、市哲学社会科学规划领导小组办公室主任李安方、上海社科院历史所熊月之、上海社科院经济所袁恩桢、华东师范大学哲学系赵修义七位专家，对《上海市志·科学分志·人文社会科学卷(1978—2010)》的章节目录进行了科学性、合理性论证。市社联党组书记、专职副主席沈国明，专职副主席刘世军参加了会议，并与专家一起研讨。

12 月 4 日，广州市社科联一行五人来到上海市社联，就社科普及的主要特色工作和经验，网站建设的亮点、特色及经验等主题开展调研。此次调研由广东省社科联副主席、广州市社科联党组书记、主席顾涧清带队，广州市社科联秘书长杨长明、办公室主任李伟、社会科学普及与拓展部部长王文琦、城市观察杂志社编辑李钧等同志陪同考察。上海市社联专职副主席刘世军及办公室、科研组织处、科普工作处、《学术月刊》编辑部、《探索与争鸣》编辑部等部门的负责人参与座谈。

12 月 5 日，上海市社联星期五学术茶座召开“完善本土邮轮产业链、促进邮轮经济发展”专题研讨。来自上海工程技术大学、东华大学、复旦大学、上海市生产力学会等单位的相关专家学者，围绕当前我国邮轮产业链条的缺失、邮轮产业发展中存在的实际问题、邮轮产业发展和邮轮港口建设的对策建议等问题进行了深入研讨和座谈。

12 月 5 日，上海市社联举行党组中心组学习扩大会议，党组书记、专职副主席沈国明为市社联全体干部职工作了题为“建设中国特色社会主义法治体系”的辅导讲座。市社联专职副主席刘世军主持会议。

12 月 6 日，著名作家贾平凹带着新作《老生》来到由上海市社联和文汇报社联合主办的“文学与我们的生活”演讲季，与复旦大学图书馆馆长陈思和畅谈文学。市社联专职副主席刘世军出席，中福会党组副书记、上海市新闻出版局原副局长阚宁辉担纲主持。贾、陈两位重量级嘉宾的超强影响力，让现场座无虚席，站无空隙，人气爆棚。

12 月 8 日，上海市社联召开“电信诈骗的社会防范和综合治理”专题学术茶座。茶座由市社联党组副书记、专职副主席桑玉成主持，来自上海文史馆、上海大学、华东师范大学、华东政法大学、上海社科院、上海市信用研究会的相关专家学者，从社会学、经济学、法学、心理学等多专业视角出发，围绕电信诈骗形成的社会生态环境、电信诈骗的社会心理因素以及预防措施和综合治理对策建议等问题进行了深入的交流研讨。

12 月 8 日至 10 日，上海市社联《学术月刊》杂志社与华东师范大学—不列颠哥伦比亚大学现代中国与世界联合研究中心、美国哈佛燕京学社联合举办了以“20 世纪中国革命及其历史遗产”为主题的学术研讨会，来自国内外的著名学者周锡瑞、裴宜理、齐慕实、陈兼、沈志华、杨奎松、王奇生、许纪霖、萧延中等出席了研讨会。研讨会重点讨论了20世纪中国革命的连续性、革命与社会动员、中国革命与知识分子、中国革命的历史正当性、革命与战争、革命与乡村、革命与社会治理等诸多问题。

12月10日，上海市社联召开“上海城市未来发展”专题学术茶座。茶座由市社联党组副书记、专职副主席桑玉成教授主持，世界著名环境战略研究学者、《2052：未来四十年的中国与世界》一书的作者乔根·兰德斯莅临市社联，与来自复旦大学、上海交通大学的相关专家学者，围绕未来40年全球政治、经济的发展走向、上海城市未来发展等问题进行了深入的交流和研讨。

12月12日，上海市社联星期五学术茶座召开“法治建设与企业改革发展”专题研讨。来自上海商学院、上海社科院、上海市城镇工业合作联社、上海市企业发展促进研究会等单位的10余位专家学者，围绕中国特色社会主义法治体系的内涵与建设、依法治企以及用法治理念推进企业改革发展等问题进行了研讨和座谈。

12月12日，加拿大驻上海总领事馆对外政策及外交事务处官员及加拿大出口发展公司首席经济学家Peter Hall到访上海市社联。上海社科院研究员、世界经济所副所长权衡出席座谈，并向外宾介绍了我国在经济转型过程中的收入分配问题，双方还讨论了“中等收入阶层对经济发展的影响”等议题。市社联外事处参与接待。

12月12日至13日，上海市由社联《学术月刊》杂志社、光明日报理论部、中国人民大学书报资料中心联合主办的2014年度“中国十大学术热点”评选专家研讨会在市社联举行。市社联党组书记沈国明到会并讲话，中国人民大学书报资料中心主任武宝瑞、光明日报理论部副主任薄洁萍代表主办方致辞，《学术月刊》杂志社总编辑金福林、人大书报资料中心总编辑高自龙主持会议。来自北京、上海、南京等地高校和科研院所的二十余位学者参加了此次研讨会，这次初选的年度学术热点条目涵盖了哲学、文学、历史学、经济学、社会学、法学、政治学等十余个人文社科学科，专家们对经过充分的文献统计基础上选出的热点条目各抒己见，展开了深入热烈的讨论。

12月15日，韩国国家经济人文社会研究会学术代表团到访上海市社联，双方就中韩智库的现状及未来发展进行研讨交流。上海社科院研究员、世界经济所副所长权衡作主题发言。市社联外事处参与接待。

12月15日，上海市社联召开领导班子及领导干部年度工作述职测评会。市社联党组书记、专职副主席沈国明代表社联党组述职，并报告干部工作。市社联党组成员沈国明、桑玉成、刘世军分别进行了个人工作述职。市社联党组成员、机关处级干部、机关党委及各党支部委员、机关工会负责人参与了领导班子和领导干部考核测评，并进行干部工作评议。市委组织部宣教科干部处和市委宣传部干部处有关同志出席会议。

12 月 17 日，上海市社联方志办召开地方志推进工作第三次会议。与会的周锦尉、荣跃明、莫建备、李家珉、郝德良、李洪珍六位专家，对《上海市志·科学分志·人文社会科学卷(1978—2010)》的章节目录进行了科学性、合理性论证。

12 月 17 日，为了深入学习贯彻党的十八届四中全会决定，上海市社联《探索与争鸣》编辑部与上海政法学院应用社会科学研究院联合召开了“构建严密的法治监督体系”学术研讨会。来自复旦大学、上海财经大学、市委党校、上海政法学院等单位的法学、政治学学者，从人大监督、党内监督、立法监督、司法监督、预算监督等角度讨论了如何建构严密的法治监督体系。

12 月 18 日，上海市社联机关工会大会在上海戏剧学院熊佛西楼会议室举行，市社联机关工会副主席卢红青主持会议。市社联机关工会主席吴伟余受机关工会委员会的委托向大会报告新一届工会班子成立以来开展的工作。

12 月 18 日，上海市社会科学界第十二届(2014 年)学术年会召开专场总结交流会议。会议通报了学术年会 2014 年度工作情况，学科专场、主题专场、青年论坛的 10 余位项目负责人出席会议，深入交流了对年会组织工作、筹办工作的意见和建议，并对新一届年会提出了许多建设性意见。

12 月 19 日，上海市社联星期五学术茶座召开“中国梦原创歌曲集编撰”专题研讨。来自上海音乐学院等单位的 10 位专家学者，围绕宣传中国梦的歌曲创作、汇总、编撰等问题进行研讨和座谈。

12 月 19 日，上海市社联举行所属学术团体党的十八届四中全会精神学习报告会。市社联党组书记、专职副主席沈国明为所属学术团体及党组织负责人作了题为“建设中国特色社会主义法治体系”的辅导报告。会议由市社联学会管理处处长王克梅主持。来自市社联所属学术团体及党组织的 120 余位负责人参加了本次报告会。

12 月 19 日，上海市社联办公室党支部与《上海支部生活》编辑部党支部举行座谈会，交流了各自在党建工作中的好经验、好做法，探讨了如何通过党建联建，加强支部建设，提升工作水平。

12 月 20 日，上海市社联和文汇报社联合主办的“文学演讲季”迎来收官之作——著名作家、海南省文联名誉主席韩少功，上海大学中文系教授、上海市作协副主席王晓明，分别作“文学的变与不变”“新的困难与新的可能”主题演讲。上海市作协副主席、著名作家赵丽宏担纲主持。市社联副主席刘世军出席并为文学季作总结感言。来自机关、企业、高校等各行业的现场听众，以及在华东理工大学视频分会场的学生听众共 600 余人，共同分享了思想大餐。

12 月 20 日，上海市社会科学界第十二届学术年会，在华东师范大学闵行校区人文沙龙举办“全球史中的帝国”青年论坛。论坛由上海市社联主办，华东师范大学历史系跨区域文明研究中心承办。来自新加坡国立大学、中国社会科学院、清华大学、首都师范大学、复旦大学、上海外国语大学、华东师范大学、《世界历史》杂志社、《史学理论研究》杂志社等单位近 20 位专家作了专题发言和评论。本市相关研究领域的专家学者共 50 余人参加了会议。

12 月 20 日至 21 日，上海市社联《探索与争鸣》编辑部与南京大学公共事务与地方治理研究中心、南昌大学廉政研究中心，在江西南昌联合召开“中国农村村民自治与基层治理”学术研讨会。来自民政部基层政权和社区建设司、国务院发展研究中心、国家行政学院、中国社科院、南京大学、浙江大学、中山大学、华中师范大学、南昌大学、江西财经大学等 20 余家高校科研单位，以及各级民政部门的专家学者共计 70 余人与会。

12 月 21 日，《中国新方志知识青年上山下乡史料辑录》新书发布会暨“2014 新史料·新方法·新视野”知青史学术论坛在上海市社联举行。中共中央党史研究室第二研究部原主任郑谦，市社联党组书记、专职副主席沈国明为新书首发仪式揭幕。新书出版座谈会上，上海社会科学院院长王战、市地方志办公室党组书记、主任洪民荣等专家与会发言。

12 月 24 日，上海市社联方志办召开地方志推进工作第四次专家会议。与会的上海大学党委副书记李友梅、上海社科院部门经济研究所陈家海、上海社科院中国马克思主义研究所方松华、上海社科院信息所徐觉哉、《上海思想界》主编许明、解放日报社党委副书记周智强、《中国文化报》上海记者站洪伟成、市地方志办公室市志处处长黄晓明八位专家，对《上海市志·科学分志·人文社会科学卷(1978—2010)》的章节目录(第三稿)进行了科学性、合理性论证。

12 月 26 日，上海市社联星期五学术茶座召开“社会创新与社会组织工作”专题研讨。来自上海市委宣传部、青信社会创新研究院、黄浦区公益慈善联合会、上海女性社会组织发展中心、闵行吴泾居委会等单位的相关专家学者参加会议，与会者围绕社会治理现代化、基层社会组织建设、社会组织高等人才培养等问题进行了交流研讨。

12 月 26 日，上海市社联召开学习报告会，刘世军副主席作了“习近平在上海的 219 天”的党课报告。机关及刊业中心全体党员干部参加了报告会，市社联党建联建单位派同志参加。报告会对理解新的中央领导治国理政的思路和观念大有帮助，对市社联党员干部提高党性修养和锻炼，增强调查研究，提高服务能力，上了一堂生动的党课。

12 月 26 日，上海市社联《探索与争鸣》编辑部与东华大学人文学院联合召开“转型期中国政治思潮”学术研讨会。来自华东师范大学、上海社会科学院、华东政法大学、中国浦东干部学院、上海师范大学、东华大学等单位的 10 余位专家学者，分别对新权威主义、激进主义、民主社会主义、国家主义、保守主义、新自由主义、民族主义、中国特色社会主义等政治思潮进行了分析与讨论。会议充分贯彻了“百家争鸣”的方针，与会学者讨论热烈。

附　　录

FU LU

《学术月刊》2014年总目录

第　1　期

·特别推荐·

·自贸区试验与新一轮改革开放·

·古代东亚世界的内交流·

·学人访谈录·

·学术综述·

第 2 期

·当代学术史:问题·方法·流派·

·学人访谈录·

第 3 期

·作为文学研究方法的“民国”（专题讨论）·

·当代学术史：问题·方法·流派·

·学人访谈录·

第 4 期

·学术评论·

·上海研究·

·学人访谈录·

第 5 期

·大城市的发展:效率与公平·

·自贸区试验与金融法律创新（专题讨论）·

第　6　期

·多元现代性与当代中国（专题讨论）·

·学术综述·

·重绘世界政治的知识图景·

·学人访谈录·

第　7　期

·国家治理:国家与社会互动的视角(专题讨论)·

·全球变化与生态文明(专题讨论)·

·重绘世界政治的知识图景·

·学术评论·

·学人访谈录·

第　8　期

·土地资源配置中的政府与市场·

·边疆中国：从地域族群到文化政治（专题讨论二）·

·对　话·

·访　谈·

第 9 期

·生命美学三人谈（专题讨论）·

·重绘世界政治的知识图景·

·学术评论·

·访　　谈·

第　10　期

·当下中国语境中的国家治理（专题讨论）·

·访　　谈·

第　11　期

·当下中国语境中的国家治理（专题讨论）·

·重绘世界政治的知识图景·

·访　　谈·

第　12　期

·传播革命与世界秩序·

·重绘世界政治的知识图景·

对表象的统治:马基雅维里的新君主及其限制 …………………………………… 周林刚
中国经济真是"粗放式增长"吗
——中国经济增长质量的经验研究 …………………………………………… 唐毅南
互联网货币的价值来源与货币职能
——以比特币为例 ……………………………………………………… 闵 敏 柳永明
住房投资、家庭资产配置与社会财富分配…………………………………………… 张传勇
西方现代美学的审美形而上学重构 ………………………………………………… 李晓林
论七月派与审美现代性 ……………………………………………………………… 刘东玲
左翼文学的诗学研究:问题和可能
——左翼文学研究论坛 ……………………………………… 张中良 王 斑 唐小兵等
从齐家到二里头:夏文化探索…………………………………………………………… 易 华
朝贡体制的另一面:朝鲜与琉球使臣在北京的交往……………………………… 杨雨蕾
陶铸国民:严复与中国启蒙运动
——纪念严复诞辰160周年 …………………………………………………… 高力克

·综 述·

政党建设是国家治理现代化的关键
——"政党与国家治理"学术研讨会综述 ……………………………………… 赵宴群

·访 谈·

心理学与社会的改造
——卡尔·拉特纳教授访谈 ……………………………… [美]卡尔·拉特纳 王 波
《学术月刊》2014年分类总目录

《探索与争鸣》2014 年总目录

第　1　期

第 2 期

第 3 期

第 4 期

第 5 期

第 6 期

第 7 期

第 8 期

第 9 期

第 10 期

第　11　期

第 12 期

《上海思想界》2014 年总目录

2014 年 1—2 月（总第 7、8 期）

·图　　版·

封二　上海东方青年学社

封三　华东政法大学获得国家社科基金重大项目

2014年3月（总第9期）

·本刊特评·

·思想圆桌·

·述　　评·

·专　　稿·

·图　　版·

封二　上海市社联学术茶座

封三　上海市经济学会

2014年4月（总第10期）

·思想圆桌·

·专家视点·

·图　　版·

封二　新书推荐:《中国教育改革:理念、策略与实践
——前沿视点“问切”与上财改革实录》

封三　上海财经大学经济学院简介

上海市社联所属学会一览表

序号	学会名称	成立日期	会　长	秘书长	地　　址	邮政编码
1	哲学学会	1950.3	吴晓明	李家珉	淮海中路 622 弄 7 号(乙)	200020
2	经济学会	1950.8	周振华	郝德良	淮海中路 622 弄 7 号(乙)	200020
3	历史学会	1952.1	熊月之	章　清	淮海中路 622 弄 7 号(乙)	200020
4	法学会	1952	陈　旭	毛坚平	昭化路 490 号	200050
5	语文学会	1956.9	游汝杰	胡范铸	复旦大学中文系	200433
6	外文学会	1957.2	叶光国	汪敏豪	淮海中路 622 弄 7 号(乙)	200020
7	教育学会	1957	张民生	许象国	淮海中路 622 弄 7 号(乙)	2000206
8	国际关系学会	1957.3	杨洁勉	金应忠	淮海中路 622 弄 7 号(乙)	200020
9	会计学会	1979.7	夏大慰	顾宏祥	中山西路 2230 号 1312 室	200235
10	科学社会主义学会	1979.7	夏　军	吴解生	淮海中路 622 弄 7 号(乙)	200020
11	财政学会	1979.8	宋依佳	孙建龙	肇嘉浜路 800 号 2107 室	200030
12	马克思主义研究会	1979.9	王国平	王建国	虹漕南路 200 号	200233
13	社会学学会	1979.9	李友梅	张钟汝	上大路 99 号	200444
14	逻辑学会	1979.11	冯　棉	邵强进	复旦大学哲学学院	200433
15	世界经济学会	1979.11	张幼文	徐明棋	淮海中路 622 弄 7 号(乙)	200020
16	高等教育学会	1979.11	张伟江	谢仁业	陕西北路 500 号 3 号楼	200041
17	伦理学会	1980.1	陆晓禾	周中之	上海师范大学法商学院	200234
18	金融学会	1980.6	张　新	李安定	陆家嘴东路 181 号	200120
19	统计学会	1980.7	潘建新	金慧莲	四川中路 220 号 806 室	200002
20	物流学会	1980.9	周纪东	陈　震	北京东路 255 号 502 室	200002
21	农村经济学会	1980.9	王东荣	顾吾浩	仙霞西路 779 号 1 号楼附 2 楼	200335
22	人口学会	1980.12	孙常敏	胡　琪	陕西南路 122 号 7 楼	200040
23	美学学会	1981.1	朱立元	张宝贵	复旦大学中文系	200433
24	城市经济学会	1981.3	江绵康	袁　钢	宣化路 300 号北塔 1503 室	200050

（续表）

序号	学会名称	成立日期	会　长	秘书长	地　　址	邮政编码
25	房产经济学会	1981.5	庞　元	李国华	江西中路170号(福州大楼)3楼	200002
26	家庭教育研究会	1981.6	王荣华	陈建军	天平路245号311室	200030
27	政治学会	1981.10	桑玉成	曾　峻	市委党校教务处	200233
28	新四军历史研究会	1981.10	王春瑞	颜　宁	中山南二路777弄1号1503室	200032
29	档案学会	1981.11	朱纪华	王春楣	仙霞路326号	200335
30	中共党史学会	1981.12	张　云	唐莲英	淮海中路622弄7号(乙)	200020
31	农村金融学会	1981.12	刘桂平	庄　涌	徐家汇路599号1702室	200023
32	邮电经济研究会	1981.12	张林德	杨锡高	南崇明路甲1号807室	200085
33	宗教学会	1982.3	晏可佳	葛　壮	淮海中路622弄7号宗教所	200020
34	婚姻家庭研究会	1982.5	翁文磊	李苏华	天平路245号	200030
35	辞书学会	1982.7	彭卫国	徐祖友	陕西北路457号	200040
36	管理教育学会	2007.9	朱建国	苏宗伟	斜土路2601号嘉汇广场T1-20C	200030
37	商业经济学会	1982.9	方名山	周麟昌	新闸路945号311室	200041
38	世界语协会	1982.11	汪敏豪	周天豪	淮海中路622弄7号(乙)	200020
39	成本研究会	1982.11	沈立群	傅永尧	中山南路315号406室	200010
40	犯罪学学会	1983.2	何勤华	肖庆平	万航渡路1575号	200042
41	人类学学会	1983.5	金　力	卢大儒	邯郸路220号复旦大学遗传部	200433
42	卫生经济学会	1983.6	夏　毅	金春林	北京西路1400弄21号	200040
43	人才研究会	1983.7	毛大立	张子良	高安路25号	200031
44	钱币学会	1983.10	张　新	于英辉	陆家浜路285号1407室	200011
45	统一战线理论研究会	1983.12	沙海林	张　颖	天等路469号	200237
46	华侨历史学会	1983.12	张　癸	华洁蓉	延安西路129号华侨大厦1011室	200040
47	写作学会	1984.7	陈思和	郑斯雄	中山北路3663号华东师范大学理科大楼A座219室	200062
48	渔业经济学会	1984.7	黄硕琳	陈文银	军工路318号综合楼201室	200090
49	建设交通系统思想政治工作研究会	1984.8	许德明	杭财宝	斜土路1175号1005室	200032
50	劳动和社会保障学会	1984.9	张剑萍	陈卫国	安远路45号1号楼4楼	200041
51	农垦经济学会	1984.9	王　伟	童锐志	华山路263弄7号	200040

（续表）

序号	学会名称	成立日期	会　长	秘书长	地　　址	邮政编码
52	保险学会	1984.9	高志缨	赵　雷	中山南路 1228 号 8 楼	200011
53	社会心理学学会	1984.5	金国华	陈　校	外青松公路 7989 号	201701
54	思想政治工作研究会	1984.12	徐　麟	尼　冰	高安路 17 号 401 室	200031
55	粮食经济研究会	1984.12	安　培	张志萍	张扬路 88 号滨江大厦 1203 室	200122
56	监狱学会	1984.12	桂晓民	于旭光	长阳路 111 号 4802 室	200082
57	经济法研究会	1985.1	乔宪志	赵卫忠	人民大道 200 号 704 室	200003
58	比较文学研究会	1985.3	谢天振	宋炳辉	大连西路 550 号上外文学研究院	200083
59	科技系统思想政治工作和人才管理研究会	1985.4	陈克宏	吴德葵	大沽路 100 号 2112 室	200003
60	价格学会	1985.5	沈念东	程大选	四平路 710 号广益大厦 8 楼	200086
61	审计学会	1985.5	田春华	潘菊良	陆家浜路 1388 号 9 楼	200011
62	编辑学会	1985.6	贺圣遂	郝明鉴	打浦路 433 号荣科大厦 17 楼	200023
63	秘书学会	1985.7	李　锐	赵建平	虹漕南路 200 号市委党校	200233
64	行为科学学会	1985.8	徐　飞	田新民	法华镇路 535 号 1 号楼 112 室	200052
65	群众文化学会	1985.8	王小明	潇烨瓔	古宜路 125 号	200233
66	经济体制改革研究会	1985.10	浦再明	胡雄飞	肇家浜路 301 号 1912 室	200032
67	日本学会	1985.10	吴寄南	陈永明	上海师范大学教育学院	200234
68	集体经济研究会	1985.11	严镇博	姚康镛	周家嘴路 786 弄 67 号	200082
69	国际贸易学会	1985.12	孙海鸣	沈大勇	古北路 620 号	200336
70	固定资产投资建设研究会	1985.12	孙熙宁	柴荣华	人民路 875 号 1605 室	200010
71	老年学学会	1985.12	左学金	孙鹏镖	巨鹿路 892 号 2 楼	200040
72	服务经济研究会	1985.12	方名山	段福根	福州路 107 号 320 室	200002
73	教师学研究会	1986.4	李骏修	朱耀庭	陕西北路 500 号 4 号楼 109 室	200041
74	研究生教育学会	1986.4	印　杰	束金龙	茶陵北路 21 号 1 号楼 226 室	200032
75	基建优化研究会	1986.5	陈康民	黄汉江	军工路 516 号 476 信箱	200093
76	投资学会	1986.6	赵　欢	余　峰	陆家嘴环路 900 号	200120
77	行政管理学会	1986.6	姜　平	薛晓峰	高安路 19 号	200031
78	语言文字工作者协会	1986.7	薛喜民	张日培	陕西北路 500 号	200041
79	妇女学学会	1986.8	张丽丽	余伟星	天平路 245 号	200030
80	生态经济学会	1986.10	王荣华	周冯琦	淮海中路 622 弄 7 号 526 室	200020

（续表）

序号	学会名称	成立日期	会　长	秘书长	地　　址	邮政编码
81	数量经济学会	1986.10	左学金	朱平芳	淮海中路 622 弄 7 号	200020
82	工商行政管理学会	1986.11	陈学军	徐　上	肇嘉浜路 301 号 2601 室	200032
83	青年运动史研究会	1986.12	褚　敏	黄洪基	西江湾路 574 号	200083
84	交通会计学会	1986.12	苏　敏	董仲棣	黄浦路 110 号 609 室	200080
85	古典文学学会	1987.2	黄　霖	奚彤云	瑞金二路 272 号	200020
86	俄罗斯东欧中亚学会	1987.3	范　军	杨　烨	同济大学政治与国际关系学院	200092
87	医学伦理学会	1987.3	黄　红	王　彤	世博村路 300 号 4 号楼 901 室	200125
88	世界史学会	1987.3	潘　光	余建华	淮海中路 622 弄 7 号欧亚所	200020
89	远距离高等教育学会	1987.3	应卫勇	钱自强	梅陇路 130 号八教 205 室	200237
90	工人运动研究会	1987.5	周志军	崔校军	中山东一路 14 号	200002
91	宏观经济学会	1987.7	蒋应时	周兴昌	威海路 128 号 702 室	200002
92	蔬菜经济研究会	1987.5	衣开端	俞菊生	华池路 58 弄 5 号 1203 室	200061
93	总会计师工作研究会	1987.9	王　岚	应忠芳	陆家浜路 1054 号 14 楼	200011
94	中山学社	1987.10	高小玫	项斯文	陕西北路 128 号	200041
95	外经贸会计学会	1987.11	王晓华	徐立峰	汉中路 158 号 11 楼 1124 室	200070
96	工艺美术学会	1988.6	张心一	周　南	汾阳路 79 号	200031
97	国际战略问题研究会	1988.9	杨洁勉	杨　剑	田林路 195 弄 15 号上海国际问题研究院	200233
98	土地学会	1988.9	史家明	吕华青	海伦路 306 弄 8 号	200086
99	毛泽东思想研究会	1988.12	李　进	单冠初	桂林路 100 号	200234
100	民俗文化学会	1988.12	仲富兰	陈　江	华东师大传播学院	200062
101	股份制与证券研究会	1988.12	左学金	韩华林	南京东路 61 号新黄浦金融大厦 1101 室	200002
102	社会科学普及研究会	1989.1	武克全	宋　杰	淮海中路 622 弄 7 号(乙)	200020
103	海峡两岸学术文化交流促进会	1989.2		王世伟	淮海中路 1555 号上海图书馆内	200031
104	企业发展促进研究会	1989.4	方名山	唐宗洲	淮海中路 622 弄 7 号(乙)	200020
105	新学科学会	1989.12	陈燮君	胡　江	人民大道 201 号上海博物馆	200003
106	形势政策教育研究会	1989.12	谢中全	殷勤燮	淮海中路 622 弄 7 号(乙)	200020
107	民防协会	1990.3	刘南山	陈　亮	复兴中路 593 号民防大厦 2101 室	200020
108	宋庆龄研究会	1991.5	许德馨	匡成鸣	姚虹路 680 号三楼	200032

（续表）

序号	学会名称	成立日期	会 长	秘书长	地 址	邮政编码
109	预算与会计研究会	1991.6	钟景秋	孙倚文	东湖路 56 弄 52 号	200031
110	城市金融学会	1991.6	沈立强	成善栋	浦东大道 9 号	200120
111	台湾研究会	1991.12	俞新天	倪永杰	永福路 251 号	200031
112	市场学会	1991.12	贺 涛	应介一	福州路 355 号 707 室	200001
113	刑事侦察学学会	1992.2	郭建新	袁友根	中山北一路 803 号	200083
114	供销合作经济研究会	1992.4	王建翔	王伟星	大木桥路 247 弄 2 号 2 楼	200032
115	欧洲学会	1992.5	徐明棋	曹子衡	威海路 233 号 803 室	200041
116	商业会计学会	1992.8	吕 勇	朱健敏	新闸路 945 号 309B 室	200041
117	地方史志学会	1992	朱敏彦	黄晓明	斜土路 2567 号 A2 楼 5 楼	200030
118	监察学会	1992.11	顾国林	邱耀明	虹漕南路 158 弄杨家桥 100 号 5 号楼	200031
119	财务学会	1992.12	朱平芳	韩 清	中山北一路 369 号	200083
120	终身教育研究会	1992.12	张德明	杨 平	大连路 1541 号 1301 室	200086
121	庭院经济与文化研究会	1993.1	张 燕	黄长江	大木桥路 600 弄江南一村 26 号 102 室	200032
122	国际商务法律研究会	1993.8	顾肖荣	成 涛	陆家浜路 1141 号 707 室	200011
123	地名学研究会	1993.9	满志敏	周春玉	南丹东路 25 号 311 室	200030
124	中西哲学与文化比较研究会	1993.11	杨国荣	顾红亮	华东师大哲学系	200062
125	太平洋区域经济发展研究会	1993.12	郑成良	庄建中	上海交通大学国际与公共事务学院	200030
126	文物博物馆学会	1993.12	陈燮君	陈克伦	武胜路 188 号 240 室	200003
127	现代企业经营管理研究会	1994.2	徐志毅	金国志	江宁路 838 号富容大厦 6 楼 C 座	200041
128	炎黄文化研究会	1994.4	周慕尧	姚树新	漕溪北路 28 号 17 楼 C 座	200030
129	退休职工管理研究会	1994.5	万石清	周惠明	北京西路 1068 号 9 楼	200041
130	中国特色社会主义理论体系研究会	1994.6	徐 麟	季桂保	高安路 17 号	200020
131	演讲与口语传播研究会	1994.12	王 群	林伟民	华师大传播学院	200062
132	当代人物研究会	1995.1		郑胜国	海潮路 3 号 612 室	200011
133	民营经济研究会	1995.2	季晓东	王志华	延安东路 55 号 1808 室	200002
134	金融法制研究会	1995.3	沈国明	许慧诚	罗阳路 388 号	201100
135	海外华人经济研究会	1995.9	林同华	罗元德	莘庄康城 67 号 202 室	201100

（续表）

序号	学会名称	成立日期	会　长	秘书长	地　　址	邮政编码
136	食文化研究会	1996.2	杨卫武	张文虎	福州路107号320室	200002
137	社区发展研究会	1996.11	施　凯	叶月萍	淮海中路622弄7号(乙)	200020
138	生产力学会	1997.3	周瑞金	真　虹	浦东华开路50号213室	200135
139	未来亚洲研究会	1998.1	陈东晓	刘　斌	胶州路699号25楼	200040
140	劳动教养学会	1998.12	刘建华	蒋丰荣	吴淞路333号	200080
141	美国学会	2000.1	黄仁伟	潘　锐	大连西路550号上外538信箱	200083
142	年鉴学会	2002.6	莫建备	王继杰	斜土路2567号A2楼5楼	200030
143	法治研究会	2002.8	金国华	包志勤	吴兴路225号	200030
144	国资企业思想政治工作研究会	2004.3	吕永杰	王耕地	凯旋北路1305号5007室	200063
145	领导科学学会	2004.3	奚洁人	罗　欣	虹漕南路200号	200233
146	信息学会	2004.4	黄　晖	李　农	浦建路145号强生大厦1003室	200127
147	信访学会	2006.5	张示明	周国邦	人民大道200号综合楼	200003
148	延安精神研究会	2007.1	叶　骏	黄晞建	军工路334号	200090
149	人民政协理论研究会	2007.11	贝晓曦	齐全胜	北京西路860号	200041
150	城市规划学会	2008.11	毛佳梁	曾林龙	铜仁路331号704室	200040
151	东方青年学社	2008.12	李　琪	刘世军	康平路66号108室	200031
152	廉政研究会	2009.10	董君舒	刘纪舟	宛平路7号	200030
153	知识青年历史文化研究会	2011.3	阮显忠	张　刚	宜昌路575号2207室	200060
154	经济和信息化企业文化研究会	2011.4	周国雄	傅　敏	北京东路356号801室	200001
155	文史资料研究会	2011.11	朱敏彦	陈汝南	北京西路860号	200041
156	人大工作研究会	2012.4	姚明宝	林荫茂	人民大道200号	200003
157	公共事务管理研究会	2012.6	竺乾威	顾丽梅	邯郸路220号美国研究中心	200433
158	思维科学研究会	2012.9	冯嘉礼	王晓峰	临港新城上海海事大学信息工程大楼219室	201306
159	上海市税务学会	2012.9	许建斌	龚炳生	中山南路1088号	200011
160	上海市国际税收研究会	2012.10	周振家	龚炳生	中山南路1088号	200011
161	上海联合国研究会	2013.9	潘　光	张贵洪	吴兴路45号	200030
162	上海市WTO法研究会	2013.11	张乃根	梁　咏	华山路1954号浩然高科技大厦1601—1603室	200030
163	上海市信用研究会	2014.3	洪　玫	刘海龙	沪松公路1399弄68号20楼07室	201615

上海市社联主管的民办社科机构一览表

序号	机构名称	批准登记日期	法人代表	负责人	联系人	地址	邮政编码
1	上海东亚研究所	1995.7.1	章念驰	张继波	沈铭远	汉中路158号701室	200070
2	上海环太国际战略研究中心	2000.7.15	郭隆隆	郭隆隆	金应忠	武定路1135弄1号楼2103室	200060
3	上海国防战略研究所	2000.11.6	胡杰生	方　敏	王文正	江苏路488号	200050
4	上海华夏社会发展研究院	2002.3.15	鲍宗豪	鲍宗豪	葛玉兰	浦建路1288弄10号102室	201204
5	上海东方研究院	2002.7.1	刘　吉	严家栋	卞学范	衡山路696弄2号301室	200030
6	上海金融与法律研究院	2002.10.29	柳志伟	傅蔚刚	聂日明	民生路1199弄证大五道口广场1号楼1902室	200134
7	上海世界观察研究院	2003.4.1	刘　波	刘　波	邹梅玲	柳营路305号15楼	200072
8	上海社会经济文化发展研究中心	2004.7.2	尹继佐	尹继佐	张腾腾	淮海中路622弄7号308室	200020
9	上海管理科学研究院	2004.7.9	章建文	章建文	张孝平	中山西路1610号725室	200235
10	上海国际金融研究中心	2005.2.1	李　俭	李　俭	裴旸	新华路543号1号楼	200052
11	上海易居房地产研究院	2005.9.1	张永岳	张永岳	郭亦木	广延路140号	200072
12	上海知识产权研究所	2006.4.3	游闽健	袁真富	高欣莹	陆家嘴路958号华能大厦31楼	200120
13	上海实业综合研究院	2006.5.26	钱启东	钱启东	吴婷婷	淮海中路98号金钟广场21楼	200031
14	上海党建文化研究中心	2007.9.1	张克文	张克文	张泽民	梅陇路161号1号楼1010室	200237
15	上海东方法治文化研究中心	2009.5.20	周叶军	金国华	秦丹凤	华开路50号208室	200135
16	上海世纪后世博成果与发展研究中心	2010.12.18	漆启泰	漆启泰	漆启泰	华山路690号	200040
17	上海春秋发展战略研究院	2014.9	金仲伟	金仲伟	梁顺龙	番禺路300弄3号	200052

上海市社联 2013 年度达标学会名单

教育、文化类学会：

上海市语文学会
上海市语言文字工作者协会
上海市外文学会
上海市世界语协会
上海市辞书学会
上海市古典文学学会
上海市比较文学研究会
上海市教育学会
上海市高等教育学会
上海市研究生教育学会
上海市终身教育研究会
上海市远距离高等教育学会
上海市教师学研究会
上海市家庭教育研究会
上海社会科学普及研究会
上海炎黄文化研究会
上海市民俗文化学会
上海市演讲与口语传播研究会
上海食文化研究会
上海文物博物馆学会

哲学、史学类学会：

上海市哲学学会
上海市美学学会
上海市伦理学会
上海市逻辑学会
上海市宗教学会
上海市医学伦理学会

上海市历史学会
上海市世界史学会
上海市中共党史学会
上海市青年运动史研究会
上海市新四军暨华中抗日根据地历史研究会
上海中山学社
上海宋庆龄研究会
上海市地方史志学会
上海市地名学研究会
上海市档案学会
上海市年鉴学会
上海东方青年学社
上海市知识青年历史文化研究会
上海市文史资料研究会
上海市思维科学研究会

政治、法律、社会、行政类学会：
上海市马克思主义研究会
上海市毛泽东思想研究会
上海科学社会主义学会
上海市政治学会
上海市统一战线理论研究会
上海市思想政治工作研究会
上海国资企业思想政治工作研究会
上海市建设交通系统思想政治工作研究会
上海市形势政策教育研究会
上海市领导科学学会
上海市延安精神研究会
上海市信访学会
上海市人民政协理论研究会
上海人大工作研究会
上海市法学会
上海市法治研究会
上海金融法制研究会
上海市犯罪学学会
上海市监狱学会
上海市劳动教养学会

上海市社会学学会
上海市社区发展研究会
上海人类学学会
上海市妇女学学会
上海市婚姻家庭研究会
上海市老年学学会
上海市工人运动研究会
上海市退休职工管理研究会
上海人才研究会
上海市社会心理学学会
上海市监察学会
上海市行政管理学会
上海廉政研究会

理论经济、综合经济、产业经济类学会：
上海市经济学会
上海市世界经济学会
上海生产力学会
上海市数量经济学会
上海市统计学会
上海市宏观经济学会
上海市价格学会
上海市工商行政管理学会
上海市劳动和社会保障学会
上海市市场学会
上海市集体经济研究会
上海市民营经济研究会
上海市国际贸易学会
上海市商业经济学会
上海市物流学会
上海市供销合作经济研究会
上海市粮食经济研究会
上海市土地学会
上海市城市经济学会
上海市房产经济学会
上海邮电经济研究会
上海市固定资产投资建设研究会

上海市生态经济学会
上海市农村经济学会
上海蔬菜经济研究会
上海市渔业经济研究会
上海市城市规划学会

金融、财税、会计审计、其他经济类学会：

上海市金融学会
上海城市金融学会
上海市农村金融学会
上海市投资学会
上海市保险学会
上海市钱币学会
上海股份制与证券研究会
上海现代企业经营管理研究会
上海市财政学会
上海市会计学会
上海交通会计学会
上海市商业会计学会
上海市对外经济贸易会计学会
上海市预算与会计研究会
上海市总会计师工作研究会
上海财务学会
上海市审计学会
上海市卫生经济学会
上海市行为科学学会
上海管理教育学会
上海市企业发展促进研究会
上海市经济和信息化企业文化研究会
上海市税务学会
上海市国际税收研究会

国际问题、涉港澳台、其他类学会：

上海市国际关系学会
上海国际战略问题研究会
上海欧洲学会
上海市俄罗斯东欧中亚学会

上海未来亚洲研究会
上海市太平洋区域经济发展研究会
上海市日本学会
上海市美国学会
上海市台湾研究会
上海市新学科学会
上海市民防协会
上海工艺美术学会

上海市社会科学界第十二届(2014年)学术年会专场活动

主题:全面深化改革与现代国家治理　　主办:上海市社会科学界联合会

学科专场

会议主题	承办单位	时　间	地　点
中国建立开放型经济新体制和上海自贸区	上海高校智库国际经贸治理与中国改革开放联合研究中心、上海对外经贸大学 WTO 教育与研究学院	9月11日	上海对外经贸大学古北校区学位后基地211会议室(古北路620号)
欧洲国家治理的经验教训及对我国的启示	上海欧洲学会、上海市国际关系学会	9月21日	上海社科院478会议室(淮海中路622弄7号)
特大城市的基层治理创新:挑战与机遇	上海大学基层治理创新研究中心	9月26日	上海大学宝山校区乐乎楼报告厅(上大路99号)
比较政治与国家治理	华东政法大学政治学研究所、上海政治学会	10月11日	华东政法大学长宁校区交谊楼圆桌会议室(万航渡路1575号)
城市艺术创意与国家文化发展战略	上海大学艺术与城市创意研究中心、上海大学影视艺术技术学院	10月12日	上海大学延长校区乐乎楼(延长路149号)
马克思主义与改革开放新拓展	中共上海市委党校、上海市中国特色社会主义理论体系研究中心	10月18日	中共上海市委党校(虹漕南路200号)
当前中国国家安全形势分析	上海交通大学国际与公共事务学院	10月18日	上海交通大学徐汇校区新建楼3005会议室(华山路1954号)
社会主义核心价值观的中国特色、民族特性和时代特征	上海市伦理学会、上海师范大学哲学学院	10月18日至19日	上海师范大学会议中心2号报告厅(桂林路100号)
全球比较视野下国家治理的历史经验与展望	华东师范大学历史系,上海世界史学会	10月19日	华东师范大学历史系人文楼5303室(东川路500号)

（续表）

会议主题	承办单位	时　间	地　点
公共文化服务的多元主体建设	上海市社科创新研究基地	10月19日	上海社科院5楼（中山西路1610号）
大学生培育和践行社会主义核心价值观	上海市学生德育发展中心	10月24日	上海交通大学徐汇校区浩然高科技大厦102会议室（广元西路55号）
国家基层治理体制现代化——城市社区与农村村委会民主选举与民主治理	同济大学政治与国际关系学院、上海政治学会	10月25日	同济大学政治与国际关系学院综合楼（四平路1239号）

主题专场

时间：2014年9月21日　　地点：上海大学乐乎新楼（锦秋路716号）

会议主题	承办单位	地　点
信息文明与当代哲学发展	上海社会科学院哲学所	海纳厅
比较文学与中外人文交流	上海外国语大学英语学院	上海外国语大学虹口校区第一报告厅（大连西路550号）
中国海洋强国战略的目标与路径研究	上海社会科学院法学研究所、中国海洋战略研究中心	大学厅
沪港通制度下的跨境证券监管法律问题	华东政法大学国际法学院	大学厅
农业转移人口市民化的现状、趋势与挑战	华东师范大学社会发展学院；上海市社会学学会	上海大学B楼417室（上大路99号）
深化中国航运产业改革开放	上海生产力学会；上海国际航运研究中心	上善厅
外资负面清单管理模式的全国推广	上海财经大学自由贸易区研究院	思源厅
积极发展混合所有制经济：理论争辩与实践破解	上海市经济学会所有制结构研究专业委员会	海纳厅
构建21世纪海上丝绸之路的理念与方略	同济大学政治与国际关系学院；上海市国际关系学会	学思厅
亚太战略核稳定：变化与趋势	上海国际问题研究院国际战略研究所	上善厅

“星期五”学术茶座目录

场次	日 期	主 题
1	1月3日	新形势下社区治理创新的趋势与问题
2	2月21日	自贸试验区背景下加快上海国际航运中心建设的若干思考
3	3月7日	如何充分发挥市场在资源配置中的决定性作用
4	3月14日	甲午中日战争与上海
5	3月21日	加强社会建设，践行群众路线
6	3月28日	城市社会综合治理问题探讨
7	4月11日	关于级差地租理论的新思考
8	4月18日	上海市政公用基础设施承载力分析
9	4月25日	世界海权发展史研究
10	5月9日	经济活动中的道德与创新
11	5月23日	现代国家治理与企业社会责任探析
12	5月30日	青年学者与欧洲研究
13	6月6日	混合所有制经济的理论与实践
14	6月13日	国企的改革与开放
15	6月13日	上海政治学界三老谈“中国式民主”
16	6月20日	英美海权研究
17	6月20日	艺术与城市创意
18	6月27日	核心价值观与传承优秀传统文化
19	7月4日	如何解决一对多简繁字转换差错的问题——汉字使用状况社会调查之一
20	7月11日	微文化与中国人的独特精神世界
21	7月18日	全面深化改革与现代国家治理若干思考
22	8月1日	台湾现行历史课纲及其教育实践与两岸认同之建构
23	8月8日	中日关系现状与前景
24	8月22日	混合所有制经济是基本经济制度重要实现形式
25	8月29日	以上海自贸区为契机加快推进上海国际贸易中心建设

（续表）

场次	日　期	主　　题
26	9月5日	改革与发展进程中的思路创新、机制创新和实践创新
27	9月12日	中国海权问题研究
28	9月19日	基层民主:回顾与展望
29	9月26日	国际经济组织与中国经济外交
30	10月10日	互联网时代的世情、国情和舆情
31	10月17日	在文学与史学之间:江南史研究的书写新模式
32	10月24日	两岸汉字书同文研究与互动
33	11月7日	对台湾今年九合一选举的评估
34	11月14日	中国海权问题研究座谈
35	11月21日	地方共青团的社会创新与社会组织工作
36	11月28日	依法治国与形势教育——学习贯彻党的十八届四中全会精神
37	12月5日	完善我国本土邮轮产业链,促进邮轮经济快速发展
38	12月12日	法治建设与企业改革发展
39	12月19日	中国梦原创歌曲集编撰
40	12月26日	社会创新与社会组织工作

东方讲坛 2014 年题库

专题理论

中国梦宣讲专题

1 中国梦:实现中华民族复兴的伟大战略 李占才

2 中国梦的时代背景与基本内涵 袁志平

3 中国特色社会主义道路与民族复兴中国梦 赵刚印

4 弘扬中国精神,为梦想插上翅膀 陈方刘

5 实干兴邦,用中国力量实现中国梦 杨兆顺

6 投身改革实践 拥抱伟大梦想

7 中国革命与中国梦 唐莲英

8 信念、使命与奉献——中国梦与当代青年 黄洪基

9 立足岗位,实现梦想,共享人生出彩的机会 颜苏勤

习近平系列讲话精神学习专题

10 毫不动摇坚持和发展中国特色社会主义——学习习近平总书记关于中国特色社会主义的重要论述 刘宗洪

11 以人为本推动全面协调可持续发展——学习习近平总书记关于科学发展的重要论述 周敬青

12 坚定不移深化改革开放——学习习近平总书记关于改革开放的重要论述 王志平

13 加快建设社会主义法治国家——学习习近平总书记关于依法治国的重要论述 陈保中

14 党的军事指导理论的创新成果——学习习近平总书记关于强军目标的重要论述 刘苏闵

15 坚持开放的发展、合作的发展、共赢的发展——学习习近平总书记关于外交战略的重要论述 杨苏

16 关键在党 关键在人——学习习近平总书记关于党的建设的重要论述 赵刚印

17 加强纪律性 革命无不胜——学习习近平总书记关于严明政治纪律的重要论述 吴海红

18 坚持稳中求进 推动创新发展——学习习近平总书记关于经济社会发展的重要论述 王志平

19　建设文化强国与提高国家文化软实力——学习习近平总书记关于文化建设的重要论

社会主义核心价值观教育专题

20　社会主义核心价值观的基本内涵及重大意义　陆晓禾
21　凝魂聚气、强基固本,弘扬社会主义核心价值观　高惠珠
22　中国特色社会主义共同理想
23　时代精神与民族精神:社会主义核心价值观的精髓
24　社会主义核心价值观的历史底蕴与时代内涵　肖巍
25　倡导"富强、民主、文明、和谐",追求矢志不移的强国梦想
26　倡导"自由、平等、公正、法治",坚守公平正义的社会共识
27　倡导"爱国、敬业、诚信、友善",培育昂扬向上的公民品格
28　人民有信仰,国家才有力量　李家珉
29　用社会主义核心价值观引领当代大众文化　张允熠
30　党员干部践行核心价值观的基本要求　袁志平
31　立德树人,做社会主义核心价值观的践行者　王立科
32　不忘本来,善于继承,弘扬中华优秀传统文化和传统美德　盛邦和
33　讲道德、尊道德、守道德,追求高尚的道德理想
34　弘扬爱国精神,树立爱国情怀　唐莲英
35　践行社会主义核心价值观,做优秀市民　孙爱霞　孙长来
36　爱岗敬业,用辛勤劳动实现个人价值　刘砚国
37　"非诚勿扰"——谈诚信　奚爱民
38　友善:做一个受欢迎的人　王红丽
39　中华"和"文化　盛邦和
40　睦邻让生活更美好　张钟汝
41　感恩——让心灵的天空更灿烂　颜苏勤
42　健康人格铸就幸福人生　邵龙宝
43　百善"孝"为先　张桂芳
44　慈善公益与仁爱精神　周中之
45　今天,我们为什么还要学雷锋?　王荣发
46　学习"好八连",为民、务实、清廉　刘苏闽

形势任务

1　新一届中央领导集体治国理政的总体思路　袁秉达
2　全面深化改革的行动纲领——学习党的十八届三中全会精神　袁秉达
3　新一轮改革开放的总方案、路线图与时间表　王志平、徐根兴、陈勇鸣
4　2014 年全国"两会"精神解读　周锦尉
5　怎么看与怎么办——当前我国经济社会发展问题与对策　顾建光、李猛、项建春、

钱胜

6　当前国内经济发展形势　乔兆红、顾建光、张恒龙、周伟清
7　国际经济形势回顾与展望　张鸿、沈大勇
8　中央经济工作会议精神解读　王志平、李猛
9　当前中国金融大事评析　王增武
10　中国金融改革开放前景展望　唐珏岚
11　如何提升中国发展的软实力　花建
12　变革时代的中国文化安全　花建
13　发展先进网络文化，建设网络强国　韩狄明
14　新媒体环境下的政府形象塑造　沈逸
15　创新驱动　转型发展：上海发展的历史轨迹与时代使命　乔兆红
16　上海城市发展面临的那些挑战　冯叔君
17　中国（上海）自由贸易试验区的功能解读　沈大勇
18　上海政府信息公开十年：历程、经验、前瞻　肖卫兵
19　谈党的群众路线和群众工作　杨苏
20　中国共产党反腐倡廉的历史回顾与启示　陈挥
21　党的十八大后反腐倡廉的新思路、新举措、新特点　吴海红
22　干部作风建设与反腐倡廉　陈挥
23　当前中国网络反腐中的几个热点问题　袁峰
24　中国文学名著对廉政文化建设的启示　袁志平
25　国外廉政建设的经验及启示　吴海红
26　党的青年群众工作实践教育　黄洪基
27　建设学习型、服务型、创新型党组织与基层党建创新　胡涵锦
28　打铁还需自身硬——建设合格的党员干部队伍　吴海红
29　增强党代表意识　提高履职能力　刘宗洪
30　为民、务实、清廉，保持党员纯洁性　李占才
31　学习党章践行党章，做合格共产党员　张忆军
32　立足本职，发挥共产党员先锋模范作用　张忆军
33　发挥统一战线在新时期的作用，促进全面建成小康社会　凤懋伦
34　两岸关系与祖国和平统一　倪永杰
35　两岸关系与岛内政局变化　凤懋伦
36　台湾经济与沪台经济合作　盛九元
37　回归后的香港：新的身份认同在哪？　王海良
38　中国周边安全形势与台港澳问题　严安林
39　美国亚太战略再平衡下的台海局势　严安林
40　党的十八大后的国际形势与中国外交　李开盛
41　习近平对外战略思想与中国外交　王蔚

42　当前国际形势与中国周边安全　刘军、李开盛、王蔚、杨元华、庄进

43　当前海上形势与中国海洋强国战略　夏立平、陈华栋、金永明、陈尧忠、钟振明、刘苏闽

44　当前东北亚局势分析　奚纪荣

45　朝鲜半岛新动向　石源华、崔志鹰

46　中日关系热点问题透视　金永明、李秀石

经济金融

1　“美丽中国”建设与可持续发展　徐根兴、刘志广、刘铮、焦成焕

2　大数据时代的机遇与挑战　陈辉

3　互联网金融发展前景分析　刘春彦

4　人民币与中国经济脉搏　焦成焕

5　上海经济转型升级之路　顾建光、李猛、乔兆红

6　生活中的经济学　李刚

7　有趣的行为经济学　李刚

8　读懂经济统计数据，体察经济脉搏　王志平、阮青松

9　如何跨越“中等收入陷阱”　阮青松、乔兆红

10　转型与打造中国经济升级版　乔兆红、钱胜、张鸿

11　解读“新型城镇化”　庄荣盛、葛伟民、李红艳

12　解读“混合所有制”　刘志广

13　民营银行与中国金融发展和改革　陈辉

14　开放型经济新体制与自由贸易区战略　谈谭、张鸿

15　什么是负面清单管理模式　沈大勇、张鸿、乔兆红、刘春彦

16　中欧经贸关系发展与中国外贸新机遇　谈谭

17　亚太经合组织纵横谈　沈大勇

18　转基因技术与生物经济　葛伟民

19　第三次工业革命与经济发展　葛伟民

20　物价与我们的生活　李猛

21　上海发展战略的回顾与思考　王志平

22　上海经济发展的机遇、挑战与对策　王志平、李猛

23　上海自贸试验区与经济转型　张鸿、沈大勇、刘春彦、顾建光

24　上海国资国企改革发展　陈勇鸣

25　上海“四个中心”建设　唐珏岚、乔兆红、顾建光、徐根兴

26　上海主体功能区建设　陈勇鸣

27　上海世博园区后续开发　陈辉

28　上海虹桥商务区开发　陈辉

29　上海迪士尼度假区建设　陈辉

30 上海黄浦江滨江开发 庄荣盛
31 上海郊区新城建设 庄荣盛、崔满明
32 通货膨胀的来龙去脉 李猛
33 股票投资的技巧与策略 张毅
34 如何挑选余额理财产品 王伯英、吴芹、刘春彦
35 银行理财产品面面观 王伯英、吴芹、刘春彦
36 还原彩票真面目 李刚
37 民营经济发展与民营企业管理升级 王志平、徐根兴、陈勇鸣

法律知识

1 以案说法:实例解读《消费者权益保护法》 赵皎黎
2 以案说法:实例解读《社会保险法》 翟志俊
3 以案说法:实例解读《物权法》 黄真伟
4 以案说法:实例解读《劳动合同法》 李建勇
5 以案说法:实例解读《婚姻法》 许莉
6 以案说法:实例解读《老年人权益保障法》 李东方
7 以案说法:实例解读《未成年人保护法》 钱晓峰
8 以案说防范:居家安全常识
9 以案说防范:消防安全常识
10 以案说防范:交通安全常识
11 以案说防范:网络安全常识
12 以案说防范:金融安全常识
13 社会热点事件的法律解析 盛雷鸣
14 打击犯罪与保障人权——解读新《刑法》 余向栋
15 《劳动法》对于女职工和未成年工有何特殊保护
16 解读《企业职工带薪年休假实施办法》
17 智力创造与知识产权法律政策 赵莉
18 互联网的自由表达与法律规制 汤啸天
19 法治社会与城市精神 李建勇
20 公德建设和法治文明 蒋德海
21 征信制度和社会诚信 蒋德海
22 法治中国建设的难点与挑战 关保英
23 深化市场经济改革的法治保障
24 用法治思维与法治方法化解社会矛盾
25 增强法治意识,提高依法行政能力 桂林
26 基层执法的难点和对策 梁晓俭
27 新形势下的社区安全管理 冯叔君

28　社区常见法律纠纷的调处及预防　施延亮
29　法律与我们的生活　蒋晓伟
30　如何养成法律意识　鲁叔媛
31　互联网与隐私保护　潘霁
32　用好法律援助,维护自身权益
33　律师教你防范七招:学法、自律、交涉、取证、调解、仲裁、诉讼　张方
34　劳务派遣的须知
35　企业破产后员工怎么办?
36　遇到拖欠工资,怎样依法维权?
37　增强法律意识,防范企业经营风险　余向栋
38　青年创业应当注意的法律问题　陈甬沪
39　金融风险防范与大众法律意识　黄真伟
40　民间借贷的注意事项
41　合理使用信用卡与信用透支的法律责任
42　腐败犯罪的惩治与预防　何萍
43　PM2.5 污染问题的法律应对　李传轩
44　气候危机与我国法律政策应对　李传轩
45　信息时代的个人隐私权保护　张彦
46　旅游中应当注意的法律问题
47　房产交易中的法律问题
48　房屋租赁中的权利与义务
49　家装过程中别忘法律问题
50　业主如何维护自身合法权益
51　公民权利与相邻关系
52　女性安全与权益保障　陈晓敏
53　遭遇家庭暴力怎么办
54　家庭继承中的法律问题　鲁叔媛
55　婚姻关系与财产权利
56　关于遗嘱您知多少?
57　未成年人保护与预防未成年人犯罪　钱晓峰
58　残疾人的权益保护
59　建立健康医患关系,保护双方合法权益
60　舌尖上的安全——解读《食品安全法》
61　珍爱生命,远离毒品　胡训珉
62　邪教犯罪的社会防范与治理　胡训珉

人生发展

1　用信念指引人生之路　唐莲英

2 文化自觉与人文素养 邵龙宝
3 艺术人生与人生艺术 张生泉
4 当代青年的成才与做人 黄洪基
5 尊重是文明的选择
6 小智慧,大幸福 朱国定
7 态度决定一切
8 细节决定成败
9 漫谈儒家的人生观
10 孔子教你做人:快乐而又有人品 章忠民
11 创新思维与人生智慧 王滨
12 敲开幸福大门,做幸福“达人” 刘砚国
13 幸福在哪里——提升幸福指数的秘诀 孙丽娟
14 拒绝的艺术
15 做情绪的主人 王红丽
16 良好教养与优雅形象 王圣民
17 自我认知与人生发展规划 张可创
18 做自己人生的管理者——谈时间管理、知识管理、情绪管理 章忠民
19 开展文明创建,树立文明新风 裴雨林
20 雾霾与中国人的道德责任 薛念文
21 鼠标下的德性
22 从不要乱穿马路谈起——论遵守公共秩序
23 学会化解矛盾,促进社区和谐 周裕新
24 做一个懂科学、讲文明的公民 竺际舜
25 美丽上海,从我做起 施楞
26 外表美与心灵美漫谈
27 和谐家庭与幸福生活 陈彩玉
28 长者风范——老年人的自我修养 黄燕清
29 善处婆媳关系,构建和谐家庭 陈晓敏
30 中国传统节俭观念的现代价值
31 都市生活中的婚姻与恋爱 黄燕清
32 青春我做主:怎样顺利度过青春期 陈默
33 情趣、格调与雅致生活 王立科
34 如何使自己的性格让别人喜欢?
35 善于沟通协调,增强人际友善 朱国定
36 礼仪是交际的最好“名片”
37 文明旅游中的礼仪问题
38 与外国友人交往的礼仪

39　社区干部的人际沟通艺术和语言技巧　隆玲
40　现代职场礼仪与职业道德　刘砚国
41　女性气质塑造　隆玲
42　仪态与服饰搭配　王建萍
43　教育者的教育艺术　陈宁
44　有话好好说:沟通智慧　陈萍怡
45　寻求家庭和事业的平衡点　陈默
46　随遇而安的艺术　周笑
47　崇德文化与职业操守　隆玲
48　今天我们怎样找工作　章忠民
49　快乐工作全攻略　翁海明
50　职业素养与职业生涯规划　郭艳
51　做聪慧的职业女性　周珏珉
52　做个成功的职场人——青年职场角色定位　张生泉

教育、社会、管理

1　中国教育改革的走向　蔡保松
2　家庭教育面临的新情况、新矛盾和新对策　乐善耀
3　中华美德与家庭教育　陶希东
4　注重品格,讲究方法——立足长远的家庭教育　施斌
5　做一个有情有义的人:教孩子学会感恩　颜苏勤
6　父母是孩子最好的老师
7　如何做"负责任"的父亲
8　如何做"懂得爱"的母亲
9　做个"会说话"的好父母
10　与你的孩子一起成长　王圣民
11　智慧跨越孩子成长中的"坎"　方有林
12　教会孩子快乐成长的秘密武器
13　如何关注孩子心灵成长
14　如何让孩子学会尊重
15　如何从小培养孩子的责任感
16　如何培育孩子积极探索的精神
17　如何教会孩子正确的择友
18　如何让孩子学会自救自护
19　如何与青春期孩子谈性
20　如何提升孩子掌控时间的能力
21　学会用爱的眼睛欣赏孩子

22 是谁扼杀了孩子的想象力
23 高灵商是怎样造就的 刘素珍
24 智商、情商、逆商和意商培养 杨赛
25 打造“阳光男子汉”——如何培养男孩 方有林
26 好习惯决定孩子的一生
27 在“玩”中让孩子得到智慧
28 让孩子爱上阅读
29 家有考生,如何应对 陈默
30 国际化教育与人生发展规划 戴国庆
31 家庭教育——孩子人生发展的起跑线 顾晓鸣
32 什么是孩子一生最重要的礼物
33 每一天都是新课题——婴幼儿家庭教育要点 陈彩玉
34 爷爷奶奶怎么带孩子:说说隔代养育 苏颂兴
35 当前存在的主要社会问题与社会治理 陈保中
36 政府公共管理创新与能力提升 顾建光
37 社会治理创新:力量在民、智慧在民 汤啸天
38 网络时代的社会管理创新 章友德
39 基层突发事件应对能力提升 桂林
40 新媒体时代的公共危机管理 张殿元
41 新时期的舆情认识与应对 周笑
42 新型城镇化:问题与挑战 曹东勃
43 基层社会管理的难点与突破 杜言敏
44 社会治理与党的基层组织角色定位 杜言敏
45 新形势下的基层社区思想工作 袁志平
46 居委会、业委会怎样共推基层民主自治 杜言敏
47 转型时期的城市公共安全建设 陈保中
48 正确认识转型期的社会矛盾 毋天学
49 转型期流动人口的服务与管理 任远
50 老龄化社会与老龄服务产业发展
51 解读中国养老保障政策
52 医疗保障制度的困境与改革方向 赵大海
53 社会保障制度建设的难点与热点 陈勇鸣
54 风险社会中的危机与应对 杨寅
55 公众满意:社会治理的永恒追求 容志
56 领导力与领导艺术 奚洁人
57 领导干部应该具有的人文视野 朱恒夫
58 提高党政干部的艺术修养 孙乃树

59　基层思想政治工作的艺术　崔丽娟
60　社区干部的德与才　顾东辉
61　社会工作的基本技巧　文军
62　危机公关的能力与技巧　朱国定
63　社会调查研究的基本方法　顾东辉
64　现代社区管理心理艺术　陶国富
65　居委会工作方法与技巧　张钟汝
66　《孙子兵法》精要在企业管理中的运用　奚纪荣
67　做一名成功的管理者　贺卫
68　创新赢得未来——创新思维与创新能力培养　王耀华
69　创业经营，你准备好了吗　陈甬沪
70　创业经营防“骗术”　陈甬沪
71　新媒体与企业营销　潘霁
72　博弈思维与互动决策　张兵
73　团队建设与团队精神培养　范静
74　在竞争环境下培养合作意识　张兵
75　服务意识与服务技巧　朱国定
76　双赢：优秀的雇主与优秀的员工　黄维德
77　树立感恩理念，促进企业和谐发展　颜苏勤
78　企业员工心理健康与安全生产　常焕

历史文化

1　光辉的历程　奋进的脚步
——纪念中华人民共和国建国65周年
2　邓小平与当代中国
——纪念邓小平诞辰110周年　陈丽凤
3　眺望与启迪
——纪念红军长征胜利80周年　邓玉平
4　前事不忘，后事之师
——再思甲午之殇
5　建党以来的中国社会变迁　章友德
6　红色足迹：中国共产党早期在上海活动寻踪　陈挥
7　上海——中国近代革命摇篮　邵雍
8　辛亥革命与上海　邵雍
9　邓小平与上海　陈丽凤
10　鲁迅在上海　王锡荣
11　孙中山与宋庆龄的故事　邵雍

12 百年外滩与上海崛起 苏智良
13 上海的前世今生 胡训珉
14 二三十年代的上海社会 忻平
15 海上旧事:改变民国历史的上海帮会 邵雍
16 真实的潜伏
——中共党史上的谍报英杰 王立科
17 快乐哲学与快乐生活 胡永中
18 从四大发明看中国古代哲学 方旭东
19 中国传统文化中的人生智慧 奚爱民
20 科举制度与中国传统文化 朱子彦
21 有趣的中国文化——中西方文化比较 胡永中
22 民族·民俗·文化 安俭
23 传统节日的文化情怀 王立科
24 清明节与绿色文明 翁敏华
25 端午文化知多少 陈劲松
26 七夕的由来与传说 蔡丰明
27 中秋时节话团圆 陈劲松
28 九九话重阳 蔡丰明
29 国学智慧与人生修养 孙长来
30 毛泽东的史学智慧 鲁家峰
31 民国学人的风范 朱震国
32 《弟子规》里的大道理 王立科
33 诸子百家的文化精神 曹旭
34 禅宗文化与人生智慧 朱子彦
35 儒道佛与中国哲学 奚爱民
36 道教文化与健康人生 朱子彦
37 道法自然——说老子 胡守钧
38 从甲骨文看中国人的文化思维 许建平
39 图腾与中国龙文化 朱子彦
40 海派文化纵横谈 熊月之
41 上海人与上海文化 熊月之
42 “上海制造”制造上海——谈上海的工业文明与城市精神 朱潇潇
43 上海话的文化底蕴 王立科
44 回忆上海味道,传承海派美食文化 徐善龙
45 犹太文化与近代上海 王健
46 带你走进上海的非物质文化遗产
47 中国城市与民间建筑遗产 梅青

48　文化创意营造魅力城市　程建新
49　中国围棋文化与围棋魅力　胡永中
50　烟雨诗情:江南文化的特色　朱恒夫
51　断臂的维纳斯——古希腊神话与古希腊文化　高福进
52　美国社会文化生活漫谈　祁峰
53　走近俄罗斯文化　杨伟民
54　全球化时代,我们怎样跨文化交流　庄恩平
55　留学生与强国梦　忻平
56　聊聊老百姓的旅游经　王大悟
57　迪士尼乐园与当代旅游文化　王大悟
58　设计点亮生活　程建新
59　创意文化与新媒体时代　苏令银
60　社区文化创意与发展　蔡丰明
61　音乐文化遗产的保护和传承　单林
62　从流行语看社会文化心理　祁峰

外交国防

1　新丝绸之路:中国外交新走廊　余建华
2　相互尊重、合作共赢——构建新型大国关系　夏立平
3　文化外交与中国软实力　俞新天
4　中国的海外利益和国际责任　潘光
5　国际恐怖主义与中国国家安全　余建华
6　国家安全与西化分化　彭高成
7　上海合作组织与边疆安全　安俭
8　西藏问题始末及对中国国家安全的意义　刘骞
9　新中国宗教政策解读及国家安全　刘骞
10　国际能源安全、气候治理与中国　余建华
11　从维基解密到斯诺登事件:信息化时代的国家安全　沈逸
12　九段线:南海主权的生命线　金永明
13　海权与大国兴衰的历史反思　刘中民
14　亚太区域关系与中国外交　王少普
15　日本防卫战略的演变与中日关系　李秀石
16　中国与东南亚国家关系　钟振明
17　美国亚太战略与中美关系　钟振明
18　大国关系与东北亚安全　石源华
19　北极对中国意味着什么　夏立平
20　中东局势与中国的中东外交　李伟建、赵伟明、孔令涛、王健

21　西亚北非政局动乱的思考　陈华栋、孔令涛
22　伊朗核问题与大国博弈　赵伟明
23　中东欧国家的转型之路　刘军
24　中俄关系的发展与前景　张耀
25　当代世界军事热点问题　奚纪荣
26　世界新军事变革与中国国防　邵青
27　中国太空战略与太空安全　何奇松
28　载人飞船与国防信息化　奚纪荣
29　西沙海战胜利40年与中国海军发展　刘苏闽
30　航母:中国海军建设的里程碑　奚纪荣
31　强国梦与强军梦　邵青
32　回望中国人民解放军建设历程　张云
33　寻梦·追梦·圆梦——“两弹一星”元勋成才启示　马建光
34　生化危险中的自救和互救技巧　朱明学

文学艺术

1　中国古典诗歌的艺术魅力
2　诗词格律与唐宋诗词赏析　刘惠恕
3　谈《诗经》三千年永远新鲜的爱情诗
4　中国诗歌之父屈原和楚辞
5　司马迁与《史记》
6　曹操与马背上的文学
7　简约云澹,超然绝俗——魏晋风度与魏晋文学
8　行走在唐诗的路上
9　唐代“双绝”:李太白与苏东坡　曹旭
10　走进宋词的世界
11　四大名著的人生智慧　杨俊
12　《三国演义》的魅力与“三国”文化　朱子彦
13　读“三国”,学历史　柳岳梅
14　《红楼梦》里品人生　许建平
15　说水浒,话梁山英雄　杨俊
16　漫话《西游记》　杨俊
17　武侠小说与中国传统文化　张兵
18　西方文学作品赏析　杨伟民
19　21世纪诺贝尔文学奖获奖作品赏析　杨伟民
20　如何认识戏曲的美　朱恒夫
21　戏剧的魅力——欣赏中外戏剧名作　曹树钧

22 老舍与他的戏剧 曹树钧
23 昆曲之“俗”——漫谈昆曲的酒俗和节俗 陈劲松
24 聊聊伲格沪剧“特产” 周平
25 语声艺术与语言美
26 朗读的奥秘,演讲的魅力 朱震国
27 主持的艺术与技巧
28 声音的魅力和秘密
29 现代诗文欣赏与朗诵
30 让我们亲近艺术 王圣民
31 怎样理解音乐之美 狄其安
32 干部素养与音乐修养 冯季清
33 怎样欣赏交响乐 冯季清
34 体味歌剧的艺术魅力 冯季清
35 爱国歌曲赏析 杨曼晖
36 军歌嘹亮:解放军歌曲欣赏 单林
37 情感浸润的中国民歌 单林
38 品赏中国古典音乐 杨曼晖
39 影视歌曲中的中国民族风 单林
40 上海老歌:心中永恒的怀旧金曲 单林
41 中外美术名作赏析 沈舟
42 画“梅”与中国精神 陶喻之
43 中国画中的清官文化 陶喻之
44 吴冠中与江南文化 杨赛
45 书法的艺术内涵与审美欣赏 王荣发
46 上海博物馆馆藏书法鉴赏 刘一闻
47 中国画的金石意味 李维琨
48 影像装点美丽生活——摄影作品的鉴赏和拍摄技巧 戎凯丰
49 当代影视作品赏析 张生泉
50 青花瓷与中外文化交流 谈谭
51 家居美学与美的家居 王正明
52 艺术插花与花艺鉴赏 陈佳瀛
53 山水与人文之美——中国城市景观赏析 胡玎

健康养生

1 健康百岁不是梦 杨菊贤
2 最好的医生是自己——健康自我管理方法 姚武
3 应时应季——漫谈中医四季养生 闫晓天

4　健康养生的“五大平衡”　赵文杰
5　专家教您读懂常规体检指标与应对策略　钱海
6　解密经络王国　徐平
7　俗语中的养生大道理　闫晓天
8　中医文化与中医养生　葛林宝
9　药王孙思邈的颐养之道　张冰隅
10　“银发族”的养生之道　袁秀荣
11　中医教你养护健康宝宝　张如青
12　舌尖上的营养与隐患　常雅宁
13　合理烹饪与健康　徐善龙
14　喝水的学问　钱海
15　糖与健康　袁秀荣
16　茶与健康　袁秀荣
17　漫谈微量元素　竺际舜
18　正确认识食品添加剂　常雅宁
19　激素的好与坏　唐汉钧
20　如何防止“癌从口入”　袁秀荣
21　常见病的饮食指导及中药调理　郭永洁
22　药食同源话健康　吴承起
23　绿色居家与健康生活　陈佳瀛
24　冬季进补话膏方　张晓天
25　专家教你怎么挑选中药材　闫晓天
26　社区传染病的预防和控制　顾春英
27　家庭急救和紧急自助　姚武
28　家庭卫生消毒知识　顾春英
29　常见病的家庭小药箱　艾静
30　白领一族养生保健　张海蒙
31　女性健康与养生　何新慧
32　怎样摆脱亚健康?　赵文杰
33　运动让生活更精彩——日常健身保健法　王光
34　健身运动中的养生之道　赵文杰
35　健身活动中的自我保护及应急措施　姚武
36　学会“挤出时间”来健身　姚武
37　PM2.5 会带来什么健康隐患　竺际舜
38　皮肤:身体第一道防线　唐汉钧
39　睡眠——现代生活方式的健康之本　张冰隅
40　科学生活与肝脏健康　黄勤

41　轻松解读甲状腺问题　黄勤
42　如何做自己的心理医生
43　心理色彩学与配色技巧　王建萍
44　阳光心态,活力人生　陈萍怡
45　情绪管理与心理调适　王耀华
46　压力管理——舒缓心理压力的技巧　孙丽娟
47　心理疏导与抗挫折能力的提高　杨秀君
48　EQ 情商修炼
49　善待自己,把握自身——女性心理的自我调适　张佩珍
50　谈谈领导干部的心理调适　张培德
51　青少年心理韧性的培养　颜苏勤
52　现代军人的心理素质培养　张伟
53　青少年心理特征与家庭养育的误区　赵小青
54　青春期逆反的心理辅导
55　婚恋心理面面观
56　做个快乐老人:预防老年抑郁
57　病人心理问题预防和临终关怀　蒋廷辉

东方讲坛 2014 年度数据统计总表

举办单位分类及场次	区、县“讲坛”	2 102
	高校“讲坛”	183
	其他“讲坛”	147
	合计	2 432
	对社会听众开放的场次	2 357
系列讲座	东方讲坛·学习贯彻党的十八届三中全会精神主题宣传教育活动	370
	东方讲坛·“以案说防范，共建平安城”系列宣讲	874
	文化与人生	402
	形势与热点	331
	东方讲坛在郊区	9
	东方讲坛·经典艺术系列讲座	15
	东方讲坛·四季养生系列讲座	25
	东方讲坛·上海美术大课堂(社科版)	2
	东方讲坛·文博系列讲座	6
	东方讲坛·“三八”妇女节特别讲座	19
	东方讲坛·文汇讲堂“哲学与我们的时代”系列讲座	7
	东方讲坛·2014 职业生涯系列讲座	10
	东方讲坛·进军营系列讲座	26
	东方讲坛·2014 创业生涯系列讲座	7
	东方讲坛·中医文化系列讲座	6
	第 13 届上海市社会科学普及活动周东方讲坛特别版	148
	东方讲坛·中医养生走近白领系列讲座	5
	2014“望道讲读会”上海书展系列学术讲座	8
	东方讲坛走进红色遵义	1
	东方讲坛在松江·“律师社区说法”系列宣讲	15
	东方讲坛·文汇讲堂　文学演讲季	5

（续表）

系列讲座	复旦大学“中国力量”系列讲座	7
	东方讲坛·中医膏方养生系列	9
	东方讲坛·当代世界讲坛系列演讲	1
	东方讲坛·学习贯彻党的十八届四中全会精神主题宣传教育活动	124
讲师人次	高级职称	1 004
	社会职务	1 428
选题分类	专题理论	234
	形势热点	498
	人生发展	72
	家庭教育	81
	法律知识	937
	经济金融	41
	国防知识	51
	历史文化	117
	艺术鉴赏	113
	健康养生	142
	其他	146
	合计	2 432
2014 年度总计	本年度已举办场次	2 432
	本年度听众人次人数(约)	250 117
	本年度二次传播受众人次	12 420 000
东方讲坛总计	已设立举办点	373
	讲师(不重复统计)总人数	647
	总举办场次	22 435
	听众总人次	5 593 587
	二次传播受众总人次	279 413 470

（东方讲坛办公室）

东方讲坛系列讲座

党的十一届三中全会精神主题宣传教育活动

三中全会精神宣讲汇总表

	报纸发表信息			
区县	序号	举办单位	时间	会场地址
松江	1	九亭镇	1月7日上午	九亭镇康亭路1号会议中心2楼
	2	永丰街道	1月9日14:00	松汇西路1438号社区文化活动中心剧场
	3	方松街道	1月9日下午	方松社区文化活动中心
	4	新浜镇	1月10日9:00	新浜镇中心街1号3202室
	5	车墩镇	1月10日13:30	车墩镇人民政府
	6	小昆山镇	1月14日13:30	小昆山镇社区文化活动中心报告厅
	7	石湖荡镇	1月15日13:30	塔汇路611号石湖荡镇企业服务中心
	8	佘山镇	1月9日13:30	佘山翠鑫苑2楼会议室
	9	佘山镇	2月16日13:30	佘山社区学校
闸北	1	宝山路街道	1月3日9:00	闸北区宝昌路533号8楼多功能厅
	2	天目西路街道	1月7日14:00	天目中路749弄53号1楼会议室
	3	芷江西路街道	1月8日14:00	芷江西路151号4楼多功能厅
	4	临汾路街道	1月9日9:00	保德路181号社区文化活动中心1楼影视报告厅
	5	彭浦新村街道	1月9日9:00	闸北区安泽路79号第五会议室
	6	彭浦镇	1月14日14:00	彭浦镇文化活动中心305室
	7	闸北区图书馆	1月9日9:00	天目中路2号1楼会展厅
	8	大宁路街道	1月10日19:00	彭江路188号街道会议室
	9	北站街道	1月15日9:00	国庆路43号
奉贤	1	区机关党工委	1月3日13:30	南桥镇解放东路路928号区会议中心第一会议室
	2	区税务局	1月6日14:00	南桥镇宏伟路52号2号楼会议室
	3	奉贤海湾旅游区	1月7日13:00	海湾旅游区金汇塘东路1888号A会议室

（续表）

	报纸发表信息			
区县	序号	举办单位	时间	会场地址
奉贤	4	区建发集团	1月8日13:00	南桥镇城乡路333号6楼金海厅会议室
	5	区建交委	1月10日上午	南桥镇城乡路333号建设会堂
	6	区绿化市容管理局	1月10日13:30	南桥镇沪杭支路168号市容署四楼会议室
	7	区卫生局	1月10日14:00	南奉公路6600号区中心医院食堂3楼报告厅
	8	食药监奉贤分局	1月17日13:30	南桥镇环城东路399号丽州大厦
	9	南桥镇	1月3日13:30	南桥镇贝港花苑73号居委2楼会议室
	10	南桥镇	1月4日9:00	南桥镇航南公路7351号华严村村委会
	11	南桥镇	1月8日13:30	南桥镇江海村五星路379号江海村委2楼会议室
	12	南桥镇	1月9日13:00	南桥镇江南路455号506会议室
	13	南桥镇	1月10日9:00	南桥镇曙光村101会议室
	14	南桥镇	1月13日13:00	南桥镇南星路333号311会议室
	15	柘林镇	1月3日9:00	柘林镇联业路1388号3楼报告厅
	16	金海社区	1月5日9:00	金海社区金水苑小区会所
	17	金汇镇	1月14日13:30	金汇镇汇中路1666号镇政府2号楼3楼会议室
	18	海湾镇	1月7日13:00	海湾镇五四公路1132号1楼会议室
	19	庄行镇	1月7日14:00	庄行镇腾庄路艺海剧场
	20	金海社区	1月8日9:00	金海社区金水苑小区会所
	21	青村镇	1月9日9:00	青村镇南明路58号2楼多功能厅
	22	奉贤区图书馆	1月11日13:30	解放东路889号辅楼报告厅小剧场
	23	奉浦社区	1月14日13:30	奉浦社区韩村路733号2楼多功能厅
徐汇	1	天平街道	1月3日下午	余庆路21号
	2	枫林街道	1月9日14:00	中山南二路857号2楼会议厅
	3	田林街道	1月16日9:00	田林东路588号田林社区文化活动中心2楼徐汇影剧院
	4	斜土街道	1月20日上午	大木桥路434号2号楼6楼多功能厅
普陀	1	长风新村街道	1月8日9:00	枣阳路251弄100号长风社区文化活动中心5楼会场
	2	长寿路街道	1月10日9:00	胶州路1095号6楼会场
	3	石泉路街道	1月17日9:00	管弄路268号B楼2楼会场

（续表）

	报纸发表信息			
区县	序号	举办单位	时间	会场地址
杨浦	1	区卫监所	1月6日14:00	区妇保所大会议室长阳路1389弄75号
	2	区牙病防治所	1月7日9:00	平凉路1814号杨浦区牙防所会议室
	3	区卫生计生委	1月7日14:00	舒兰路51号杨浦区卫生学校
	4	区老年医院	1月9日14:00	杭州路349号老年医院会议室
	5	区建交委	1月13日14:00	宁国路129号17楼
	6	区绿化市容局	1月9日14:00	平凉路1500号沪东工人文化宫3楼大会议室
	7	区教育局	1月10日15:00	政和路359号上音实验学校音乐厅
	8	区安图医院	1月17日15:30	安图医院7楼礼堂延吉东路200号
	9	新江湾城街道	1月7日9:00	殷行路990号214多功能厅
	10	平凉路街道	1月7日14:00	怀德路399号平凉社区文化中心3楼多功能厅
	11	控江路街道	1月7日9:00	凤城二村19号社区文化中心
	12	延吉新村街道	1月8日9:00	延吉中路77号410室
	13	大桥街道	1月9日9:00	大桥街道文化中心3楼多功能厅
	14	长白新村街道	1月10日9:00	延吉东路105号社区文化中心6楼多功能厅
	15	五角场镇	1月7日9:00	国和路610弄12号
	16	五角场镇	1月10日9:00	翔殷路791弄3号
	17	五角场镇	1月16日9:00	安波路265弄7号
	18	四平路街道	1月9日9:00	锦西路69号B307会议室
	19	四平路街道	1月15日14:00	本溪路274号社区文化活动中心
虹口	1	江湾镇社区	1月7日14:00	丰镇路300号江湾镇街道办事处大礼堂
	2	嘉兴社区	1月9日9:00	香烟桥路87号社区文化活动中心3楼
	3	凉城社区	1月10日9:00	凉城路465弄41号3楼会场
	4	曲阳社区	1月10日9:00	中山北一路998号曲阳社区文化中心
	5	广中社区	1月16日14:00	广中路123号广中社区文化活动中心
	6	提篮社区	1月10日14:00	东大名路1088号提篮社区文化中心2楼多功能厅
	7	四川北路社区	1月10日14:00	溧阳路1338号1楼大礼堂
	8	欧阳社区	1月17日14:00	四平路421弄21号欧阳路街道办事处7楼报告厅
宝山	1	卫生局	1月7日14:00	区卫生局305阶梯会议室
	2	宝山区图书馆	1月10日13:30	海江路600号
	3	月浦镇	1月6日9:00	第十居民区

（续表）

	报纸发表信息			
区县	序号	举办单位	时间	会场地址
宝山	4	月浦镇	1月8日9:00	第十一居民区
	5	月浦镇	1月10日9:00	第十二居民区
	6	月浦镇	1月13日9:00	第十三居民区
	7	月浦镇	1月15日9:00	第十四居民区
	8	月浦镇	1月17日9:00	盛桥中心校
	9	月浦镇	1月20日9:00	段泾村
	10	月浦镇	1月22日9:00	钱潘村
	11	月浦镇	1月24日9:00	月狮村
	12	顾村镇	1月6日13:30	菊联路68弄32号101室
	13	顾村镇	1月8日13:30	韶山路348弄6号1室
	14	顾村镇	1月10日13:30	丹霞山路257弄61号
	15	大场镇	1月7日14:00	大华路781弄6号101室大华二村片
	16	庙行镇	1月10日9:00	共康二村居委会活动室
	17	庙行镇	1月10日9:00	屹立家园居委会活动室
	18	庙行镇	1月10日9:00	馨康苑居委会活动室
	19	庙行镇	1月10日9:00	共康公寓居委会活动室
	20	庙行镇	1月10日10:00	怡景园居委会活动室
	21	庙行镇	1月10日9:00	和欣国际居委会活动室
	22	庙行镇	1月13日9:30	骏利集团公司会议室
	23	庙行镇	1月14日13:00	宝业集团公司会议室
	24	淞南镇	1月7日13:30	长五居委会
	25	淞南镇	1月7日13:30	华浜二村居委会
	26	淞南镇	1月7日13:30	盛达家园居委会
	27	淞南镇	1月7日13:30	盛世宝邸居委会
	28	淞南镇	1月7日13:30	新梅淞南苑居委会
	29	高境镇	1月8日9:00	逸仙三村一居21弄老年活动室
	30	高境镇	1月15日9:00	逸仙四村居委会议室
	31	高境镇	1月15日9:00	共和六村
	32	高境镇	1月18日9:00	共和十居活动室
	33	高境镇	1月20日9:00	逸仙一村五居高境欣苑活动室

（续表）

	报纸发表信息			
区县	序号	举办单位	时间	会场地址
宝山	34	高境镇	1月20日9:00	共康东路共和五村14号
	35	友谊街道	1月6日9:00	宝山二村
	36	友谊街道	1月6日14:00	宝山三村
	37	友谊街道	1月7日9:00	宝山五村
	38	友谊街道	1月7日14:00	宝山六村
	39	友谊街道	1月8日9:00	宝山七村
	40	友谊街道	1月13日9:00	宝林一村
	41	友谊街道	1月13日14:00	宝林二村
	42	友谊街道	1月14日9:00	宝林三村
	43	友谊街道	1月14日14:00	宝林四村
	44	友谊街道	1月15日9:00	宝林五村
	45	友谊街道	1月16日9:00	宝林六村
	46	友谊街道	1月21日9:00	密山二村
	47	友谊街道	1月21日14:00	临江新村
	48	友谊街道	1月22日9:00	临江公园
	49	友谊街道	1月22日14:00	宝城新村
	50	友谊街道	1月23日9:00	白玉兰花园
	51	友谊街道	1月23日14:00	华能城市花园
	52	友谊街道	1月24日9:00	住友宝莲
	53	吴淞街道	1月15日13:30	同济路60弄43号101室
	54	吴淞街道	1月15日13:30	桃园新村28号104室
	55	吴淞街道	1月15日13:30	淞滨西路810弄1号101室
	56	吴淞街道	1月15日13:30	宝林雅园52号101室
	57	吴淞街道	1月15日13:30	同泰北路401弄2号102室
	58	吴淞街道	1月15日13:30	海滨二村95号
	59	吴淞街道	1月15日13:30	海滨八村50号101室
	60	吴淞街道	1月15日13:30	永清二村116号
	61	吴淞街道	1月15日13:30	塘后路203弄22号
	62	张庙街道	1月10日9:00	呼玛路800号张庙街道办事处五楼多功能厅
	63	张庙街道	1月7日9:00	泗塘五村34号

（续表）

区县	报纸发表信息			
	序号	举办单位	时间	会场地址
宝山	64	张庙街道	1月15日9:00	呼兰路1009弄4号
	65	张庙街道	1月20日9:00	通河三村会议室
	66	张庙街道	1月20日9:00	呼玛三村367号
黄浦	1	区商务委	1月3日14:00	山东中路1号西16楼会议室
	2	淮海集团	1月15或16日	原卢湾区委老干部局报告厅
	3	区妇联	1月16日	延安东路300号西2楼
	4	外滩街道	1月8日上午	河南中路578号406室外滩社区文化活动中心多功能厅
	5	小东门街道	1月8日14:00	白渡路252号
	6	南京东路街道	1月9日下午	西藏中路369号新世界城13楼会议中心
	7	老西门街道	1月9日下午	蓬莱路374号212室多功能厅社区生活服务中心
	8	瑞金二路街道	1月7日9:00	思南路33号
	9	瑞金二路街道	1月9日9:00	瑞金社区文化活动中心5楼多功能厅
	10	小东门街道	1月15日14:00	白渡路252号
金山	1	上海金山工业区	1月8日13:30	金山工业区开乐大街158号3号楼
	2	石化街道	1月6日13:30	临三居民区
	3	石化街道	1月6日14:00	山鑫阳光城居民区
	4	石化街道	1月6日14:00	山龙居民区
	5	石化街道	1月6日14:00	十村居民区
	6	石化街道	1月7日9:00	滨一居民区
	7	石化街道	1月7日13:30	东村居民区
	8	石化街道	1月8日9:00	临蒙居民区
	9	石化街道	1月8日13:30	桥园居民区
	10	石化街道	1月8日14:00	十二村居民区
	11	石化街道	1月9日8:45	辰凯居民区
	12	石化街道	1月10日13:30	滨二居民区
	13	石化街道	1月14日9:00	紫卫居民区
	14	石化街道	1月15日8:30	合浦居民区
	15	石化街道	1月15日9:00	九村居民区
	16	石化街道	1月15日9:00	东礁一居民区

（续表）

	报纸发表信息			
区县	序号	举办单位	时间	会场地址
金山	17	石化街道	1月15日13:30	东泉居民区
	18	石化街道	1月15日13:30	卫清居民区
	19	石化街道	1月16日9:00	十三村居民区
	20	石化街道	1月20日8:00	海棠居民区
	21	石化街道	1月20日8:30	东礁二居民区
	22	枫泾镇	1月4日9:00	新义村老人活动室
	23	枫泾镇	1月14日13:30	镇社区文化活动中心社区学校
	24	枫泾镇	1月15日9:00	镇居委会议室友好居民区
	25	枫泾镇	1月17日13:30	镇社区文化活动中心
	26	枫泾镇	2月10日9:00	中洪村中洪大院
	27	枫泾镇	2月10日9:00	钱明村村部
	28	枫泾镇	2月10日9:00	贵泾村村部
	29	枫泾镇	2月10日9:00	新黎村老年人活动室
	30	枫泾镇	2月10日9:00	新新村村会议室
	31	枫泾镇	2月10日9:00	菖梧村菖梧村村部
	32	枫泾镇	2月10日9:00	新春村村委会多功能厅
	33	枫泾镇	2月10日9:00	兴塔村村部
	34	枫泾镇	2月10日13:00	新枫居委会议室
	35	枫泾镇	2月10日13:00	新苑小区老年人活动室
	36	枫泾镇	2月10日13:00	兴塔居委会会议室
	37	枫泾镇	2月10日13:00	团新村村部
	38	枫泾镇	2月10日13:00	盛新村村会议室
	39	枫泾镇	2月10日13:00	友好居委会会议室
	40	枫泾镇	2月10日13:00	白牛居委会会议室
长宁	1	周家桥街道	1月2日9:00	长宁路1618号6楼
	2	天山路街道	1月8日9:30	淮阴路488号2楼会议室
	3	程家桥街道	1月10日9:00	哈密路1955号4楼程家桥社区文化中心
	4	新泾镇	1月10日14:00	泉口路68号四号会议室
	5	新泾镇	1月12日9:00	剑河路409弄19号101室刘一居委会
	6	虹桥街道	1月15日14:00	虹桥路1115弄19号2楼影剧院虹桥社区文化中心

（续表）

区县	报纸发表信息			
	序号	举办单位	时间	会场地址
崇明	1	长兴产业基地公司	1月3日9:30	长兴岛江南大道1333号
	2	县文广局	1月3日13:30	图书馆3楼会议室
	3	县司法局	1月3日13:30	司法局5楼会议室
	4	县税务局	1月7日13:30	分局4楼会议室
	5	客轮公司	1月8日14:00	客轮公司304会议室
	6	县交通港口局	1月9日13:30	县航务所4楼会议室
	7	县供销社	1月10日9:00	城桥镇南门路168号
	8	县民政局党委	1月10日9:00	县民政局2楼会议室
	9	县法院	1月10日13:30	县法院会议室
	10	县教育局	1月10日13:30	县进修学校
	11	富盛开发区	1月10日13:30	本单位4楼会议室
	12	县水务局	1月15日9:30	崇明县工人文化宫会议室
	13	县农委	1月15日13:30	崇明县东门路181号4楼大会议室
	14	陈家镇	1月3日9:30	陈家镇社区文化活动中心
	15	向化镇	1月6日9:00	镇政府2楼
	16	新河镇	1月6日13:30	崇明新开河路666号镇政府2楼会议室
	17	新村乡	1月9日9:00	新村乡社区文化活动中心
	18	港沿镇	1月10日9:00	港沿镇多功能会议室
	19	三星镇	1月10日13:00	社区文化活动中心
	20	新海镇	1月3日13:30	新海镇长征居委会
	21	新海镇	1月9日13:30	新海镇跃进居委会
	22	新海镇	1月15日13:30	新海镇红星居委会
	23	庙镇	1月15日9:00	庙镇永乐村村委会会计室
	24	庙镇	1月15日9:00	庙镇爱民村村委会会计室
	25	庙镇	1月15日9:00	庙镇保安村村委会会计室
	26	庙镇	1月15日9:00	庙镇南星村村委会会计室
	27	庙镇	1月15日9:00	庙镇窑桥村村委会会计室
	28	庙镇	1月15日13:00	庙镇保东村村委会会计室
	29	庙镇	1月15日9:00	庙镇宏达村

（续表）

	报纸发表信息			
区县	序号	举办单位	时间	会场地址
崇明	30	庙镇	1 月 15 日 9:00	庙镇鸽龙村
	31	庙镇	1 月 15 日 13:00	庙镇周河村
	32	庙镇	1 月 15 日 13:00	庙镇万安村
	33	庙镇	1 月 15 日 13:00	庙镇万北村
	34	庙镇	1 月 15 日 13:00	庙镇保东村
	35	庙镇	1 月 15 日 13:00	庙镇庙西村
	36	庙镇	1 月 15 日 13:00	庙镇联益村
	37	绿华镇	1 月 16 日 9:00	华西村村委会会议室
	38	绿华镇	1 月 16 日 9:00	绿港村村委会会议室
	39	绿华镇	1 月 16 日 9:00	绿园村村委会会议室
	40	绿华镇	1 月 16 日 9:00	绿华镇社区文化活动中心
	41	横沙乡	1 月 7 日 8:30	文化活动中心
	42	横沙乡	1 月 7 日 13:30	文化活动中心
	43	横沙乡	1 月 8 日 8:30	文化活动中心
	44	横沙乡	1 月 8 日 13:30	文化活动中心
	45	横沙乡	1 月 9 日 8:30	文化活动中心
	46	横沙乡	1 月 9 日 13:30	文化活动中心
	47	长兴镇	1 月 3 日 9:00	圆东村会场
	48	长兴镇	1 月 3 日 13:00	创建村会场
	49	长兴镇	1 月 7 日 9:00	新港村会场
	50	长兴镇	1 月 9 日 13:00	圆东村会场
	51	长兴镇	1 月 15 日 9:00	大华小区会场
	52	长兴镇	1 月 15 日 13:00	团结村会场
	53	城桥镇	1 月 10 日 9:00	运粮村村委会
	54	城桥镇	1 月 13 日 9:00	鳌山村村委会
	55	城桥镇	1 月 14 日 9:00	吴家弄居委会
	56	城桥镇	1 月 15 日 9:00	永凤居委会
	57	城桥镇	1 月 16 日 9:00	西门北村居委会
	58	城桥镇	1 月 17 日 9:00	明珠居委会
	59	城桥镇	1 月 17 日 9:00	金珠居委会

（续表）

	报纸发表信息			
区县	序号	举办单位	时间	会场地址
崇明	60	中兴镇	1月15日9:00	红星村办事处会议室
	61	中兴镇	1月15日9:00	滧中村办事处会议室
	62	中兴镇	1月15日13:00	村会议室
	63	中兴镇	1月18日9:00	永隆村办事处会议室
	64	中兴镇	1月20日9:00	富圩村办事处会议室
	65	中兴镇	1月20日13:00	健绿花菜合作社会议室
	66	中兴镇	1月21日9:00	广福居委会议室
	67	中兴镇	1月10日10:00	卫生中心会议室
	68	中兴镇	1月28日10:00	文化活动中心
	69	中兴镇	1月28日10:00	文化活动中心多功能厅
	70	中兴镇	1月23日10:00	文化活动中心102室
	71	中兴镇	1月22日10:00	文化活动中心
	72	中兴镇	1月20日13:00	社保队食堂
	73	堡镇	1月3日13:00	镇社区文化活动中心玉屏社区
	74	堡镇	1月4日13:00	镇社区文化活动中心向阳社区
	75	堡镇	1月4日13:00	交通社区居委会议室
	76	堡镇	1月7日13:00	机关3号楼2楼会议室
	77	堡镇	1月8日13:00	米行村村会议室
	78	堡镇	1月9日13:00	堡港村村会议室
	79	堡镇	1月10日13:00	永和村村会议室
	80	堡镇	1月14日13:00	花园村村会议室
	81	堡镇	1月15日13:00	营房村村会议室
	82	堡镇	1月16日13:00	桃源村村会议室
	83	堡镇	1月17日13:00	镇社区文化活动中心电业社区
	84	堡镇	1月22日13:00	财贸村村会议室
	85	堡镇	1月23日13:00	堡北村村会议室
	86	堡镇	1月24日13:00	民村村会议室
嘉定	1	真新街道	1月10日13:30	清峪陆985号真新街道文广中心5楼小剧场
	2	南翔镇	1月2日9:00	古猗园路737号南翔镇文化活动中心多功能厅
	3	徐行镇	1月8日14:00	新建一路1588号徐行镇镇政府213会议室
	4	嘉定镇街道	1月8日9:00	塔城路885号嘉定镇街道办事处318会议室

（续表）

区县	报纸发表信息			
	序号	举办单位	时间	会场地址
闵行	1	区国资委	1月9日9:00	水清路399号319室
	2	区民防办	1月9日9:00	区府大院内民防办地下指挥所
	3	区机管局	1月9日13:30	区机关大院4号楼101会议室
	4	工商闵行分局	1月9日14:00	沪闵路6388号注册大楼4楼会议室
	5	区司法局	1月9日14:00	莘潭路384号
	6	食药监局闵行分局	1月10日14:00	莘建路300号119室
	7	区土地储备中心	1月13日9:00	庙泾路88号1003室
	8	区人保局	1月17日13:30	莘凌路130号区就业促进中心5楼会议室
	9	梅陇镇	1月9日13:30	高兴路108号12楼
	10	江川路街道	1月7日9:00	沧源路755弄32号沧源15分钟服务圈
	11	江川路街道	1月9日13:30	碧江路401弄50号红旗15分钟服务圈
	12	江川路街道	1月10日14:00	鹤庆路258号街道512会议室
	13	江川路街道	1月14日9:00	昆阳路570弄11号昆阳15分钟服务圈
	14	江川路街道	1月16日13:30	鹤庆路258号街道512会议室
	15	江川路街道	1月17日13:30	鹤庆路366号1楼江川文馨剧场
	16	华漕镇	1月7日14:00	华漕北街17号社区学校
	17	华漕镇	1月14日14:00	纪翟路1459号红卫村
	18	华漕镇	1月15日13:30	纪高路448弄纪王居委
	19	七宝镇	1月10日13:30	明谷科级园区
	20	七宝镇	1月15日9:00	文体中心8楼
	21	七宝镇	1月16日9:00	文体中心8楼
	22	莘庄镇	1月9日9:00	西街居委活动室老街片区
	23	莘庄镇	1月10日9:00	康城第三居委会会议室莘松片区
	24	莘庄镇	1月17日9:00	都市路4633弄34号底楼莘城片区
	25	浦江镇	1月8日9:00	联航路1515号浦江镇镇政府底楼大会议室
	26	浦江镇	1月9日13:00	浦锦路400号文体中心
	27	浦江镇	1月15日13:00	江协路51弄1号浦航二居委
	28	颛桥镇	1月7日9:00	颛建路650号日月华城居委
	29	颛桥镇	1月8日9:30	都市路391号2楼复地北桥城居委
	30	颛桥镇	1月10日9:00	都会路3199弄君莲一居委

（续表）

	报纸发表信息			
区县	序号	举办单位	时间	会场地址
闵行	31	马桥镇	1月4日9:00	马桥镇迎春路1955弄111号2楼华银坊居委会
	32	马桥镇	1月10日9:30	马桥镇元祥新村星星苑四区94号老年活动室元祥居委会
	33	马桥镇	1月7日9:00	马桥镇联青路135弄186号元吉居委会
	34	马桥镇	1月14日9:00	马桥镇元和路181弄68号元吉居委会
	35	莘庄工业区	1月7日13:30	金都路3688号205室
	36	莘庄工业区	1月15日13:30	金都路3688号205室
	37	莘庄工业区	1月20日13:30	金都路3688号205室
	38	古美路街道	1月9日13:30	平阳路256号古美文化中心3楼影剧院
	39	古美路街道	1月3日9:00	莲花路755弄7号万源三居老年活动室
	40	古美路街道	1月10日13:30	东兰路1111弄111号东兰二居老年活动室
	41	吴泾镇	1月3日9:00	星火村指定地点
	42	吴泾镇	1月10日13:30	塘湾村指定地点
	43	吴泾镇	1月16日13:30	和平村指定地点
	44	新虹路街道	1月6日9:00	华美路151弄老年活动室华漕居委会
	45	新虹路街道	1月10日9:00	沙茂居委七莘路3892号沙申新村活动室
	46	新虹路街道	1月17日9:00	宁虹路1122号208室社区文化活动中心
浦东	1	周浦镇	1月3日下午	周东路266号镇文化中心报告厅
	2	南码头路街道	1月3日9:00	南码头路400号
	3	上钢新村街道	1月20日14:00	昌里路335号
	4	浦兴路街道	1月6日上午	张杨北路518弄312会议室
	5	大团镇	1月6日13:30	大团镇文化中心
	6	陆家嘴街道	1月7日9:00	栖霞路120号5楼
	7	金杨街道	1月8日14:00	云山路1080弄2号204室
	8	祝桥镇	1月8日14:00	祝桥镇文化中心102
	9	万祥镇	1月8日9:00	浦东新区茂盛路69号
	10	曹路镇	1月8日13:30	曹路镇阳光苑活动中心
	11	川沙新镇	1月9日9:00	新川路300号

（续表）

区县	报纸发表信息			
	序号	举办单位	时间	会场地址
浦东	12	塘桥街道	1月9日9:00	峨山路487号4楼大会议室
	13	北蔡镇	1月9日14:00	陈春路101号301会场
	14	洋泾街道	1月10日9:00	博山路51弄40号阳光驿站
	15	书院镇	1月10日9:15	书院镇新府东路81号1号楼2楼报告厅
	16	老港镇	1月10日9:45	老港镇建中路7号文化中心剧场
	17	宣桥镇	1月10日13:00	宣桥镇政府
	18	合庆镇	1月10日14:00	合庆镇政府3楼会议室
	19	泥城镇	1月10日13:30	泥城镇鸿音路3156弄8号泥城镇文化服务中心
	20	高行镇	1月15日9:30	新行路340号
	21	北蔡镇	1月16日14:00	沪南路1000号213会场
	22	唐镇	1月17日13:30	唐镇唐四村龚家队26号村民学校
静安	1	江宁路街道	1月7日9:00	淮安路771号江宁路社区文化中心五楼
	2	石门二路街道	1月9日9:00	康定东路85号社区文化活动中心
	3	静安寺街道	1月14日9:00	静安寺街道文化活动中心新闸路1851号新闻大厦
	4	曹家渡街道	1月15日14:00	万航渡路661弄30号曹家渡社区片文化活动中心
青浦	1	徐泾镇	1月6日13:30	徐泾镇文体中心2楼多功能厅
	2	夏阳街道	1月7日13:30	青昆路100号夏阳社区文化活动中心影剧院
	3	金泽镇	1月8日13:30	金泽镇金中路5号镇政府220报告厅
	4	华新镇	1月8日13:30	华新镇中心会场
	5	练塘镇	1月10日13:30	镇政府268会议室
	6	朱家角镇	1月9日13:30	朱家角镇沙家埭路28号
	7	白鹤镇	1月9日13:30	镇政府407会议室
	8	赵巷镇	1月9日13:30	镇政府大会议室赵巷镇赵兴路90号
	9	香花桥街道	1月10日9:00	新桥路786号香花桥街道办事处5楼大会议室
	10	盈浦街道	1月10日13:30	环城东路128号盈浦街道办事处3楼大会议室
	11	重固镇	1月10日13:30	重固镇重固大街999号重固镇会务中心

“东方讲坛在郊区”系列讲座

报纸发表信息					
序号	举办单位	题目	主讲人	时间	会场地址
1	闵行区七宝镇	舌尖上的营养与能量	袁秀荣(上海中医药大学教授)	1月7日 13:30	沪松公路450号社区文化中心2楼报告厅
2	浦东新区陆家嘴街道	践行群众路线,重在作风建设	孙爱霞(中共杨浦区委党校副教授)	1月9日 9:00	栖霞路120号文化中心5楼
3	宝山区顾村镇	雾霾天,关注呼吸与健康	徐建中(上海气象学会秘书长)	1月10日 9:00	新泰路31号
4	嘉定区图书馆	爵士乐鉴赏——兼谈爵士乐的历史与风格	阳军(上海大学副教授)	1月12日 14:00	嘉定区裕民南路1288号多功能厅
5	宝山区罗店镇	《红楼梦》里品人生	柳岳梅(上海财经大学副教授)	1月15日 13:30	美诺路131号美兰湖文化中心2楼
6	崇明县图书馆	阅读的理解与技巧	姚为洲(上海市进才中学特级教师)	1月16日 13:30	崇明大道7897号崇明县图书馆3楼报告厅
7	浦东新区社会工作协会	冬令养生基本常识	钱海(上海中医药大学副教授)	1月21日 13:30	合欢路2号浦东市民中心
8	上海氯碱化工股份有限公司	2013年中央经济工作会议精神解读	乔兆红(上海社会科学院经济所研究员)	1月22日 9:00	龙吴路4747号综合会议室
9	嘉定区图书馆	平安手牵手,快乐过假期	黄奕(上海市公安局治安总队三级警督)	1月26日 14:00	嘉定区裕民南路1288号多功能厅

“文化与人生”系列讲座

“文化与人生”系列讲座之111					
1	徐汇区图书馆	从平城到洛阳——从文物看鲜卑民族的汉化过程	杭侃(北京大学考古文博院教授、副院长)	1月4日 14:00	南丹东路80号北4楼多功能厅
2	静安区图书馆	三国大智慧:新生力量的崛起——官渡之战	韩昇(复旦大学教授、中国魏晋南北朝史学会副会长)	1月4日 14:00	新闸路1702号后4楼报告厅
3	上海立信会计学院	艺术人生和人生艺术	张生泉(上海戏剧学院党委宣传部部长、教授)	1月8日 13:00	文翔路2800号学验楼报告厅

(续表)

“文化与人生”系列讲座之 111					
4	徐汇区图书馆	诗歌创作漫谈	赵丽宏(中国作家协会全国委员会委员、上海作家协会副主席)	1月11日 14:00	南丹东路80号北4楼多功能厅
5	长宁文化艺术中心	古典音乐历史录音赏析	邵鲁(上海音乐学院声乐歌剧系艺术指导、副教授)	1月12日 9:00	仙霞路650号301多功能厅
6	杨浦区图书馆	饮食营养与健康	郭永洁(上海中医药大学主任医师)	1月15日 14:00	平凉路1490弄1号4楼多功能厅
7	静安区图书馆	听音聆乐话古典	韩斌(上海音乐学院副研究员)	1月17日 19:00	新闸路1702号海关楼2楼
8	徐汇区图书馆	大数据时代的思维方式	陈燮君(上海博物馆馆长、研究员)	1月18日 14:00	南丹东路80号北4楼多功能厅
9	长宁文化艺术中心	我的沪剧人生	马莉莉(上海沪剧院副院长、国家一级演员)	1月19日 9:00	仙霞路650号301多功能厅
10	徐汇区长桥街道	长征精神的当代启示	邓玉平(上海市振华外经职业学校高级教师)	1月21日 14:00	罗香路237号西南文化艺术中心5楼多功能厅
11	长宁文化艺术中心	“顺物自然”:庄子哲学漫谈	马颢(上海古籍出版社编审室编辑)	1月26日 9:00	仙霞路650号301多功能厅
“文化与人生”系列讲座之 112					
1	闵行区梅陇镇	敲开幸福大门,做幸福“达人”	邵龙宝(同济大学教授)	2月21日 13:30	高兴路108号
2	崇明县图书馆	地理的奥妙	曹军(杨浦区教师进修学院地理教研员、高级教师)	2月22日 13:30	崇明大道7897号崇明县图书馆3楼报告厅
3	徐汇区图书馆	中外艺术歌曲欣赏	沈传薪(国家一级作曲、上海徐汇大众乐团团长)	2月22日 14:00	南丹东路80号北4楼多功能厅
4	静安区图书馆	张爱玲与上海	许子东(香港岭南大学中文系主任、教授)	2月22日 15:00	新闸路1702号后4楼报告厅
5	长宁文化艺术中心	历法及其科学注释	赵君亮(上海天文台原台长、研究员)	2月23日 9:00	仙霞路650号301多功能厅
6	嘉定区图书馆	传统茶香之道与生活	朱顺龙(复旦大学文博系教授)	2月23日 14:00	嘉定区裕民南路1288号多功能厅

（续表）

“文化与人生”系列讲座之112					
7	静安区图书馆	三国大智慧：得人者得天下	韩昇（复旦大学教授、中国魏晋南北朝史学会副会长）	2月26日 14:00	新闸路1702号后4楼报告厅
8	徐汇区湖南街道	生活中的经济学	李刚（上海师范大学副教授）	2月27日 9:00	乌鲁木齐中路164号5楼会场
9	崇明县城桥镇	中国传统文化中的人生智慧	陈方刘（中共上海市委党校教授）	2月27日 13:00	大陈路18号社区文化中心报告厅
10	杨浦区教育局	寻梦・追梦・圆梦——“两弹一星”元勋成长启示	马建光（解放军南京政治学院上海分院军队人才建设教研室主任、教授）	2月27日 13:30	双阳路388号杨浦区控江中学
11	杨浦区长白街道	小智慧，大幸福	朱国定（上海师范大学教授）	2月28日 9:00	延吉东路105号社区文化中心6楼多功能厅
12	普陀区图书馆	百年外滩与上海崛起	钱宗灏（同济大学教授）	2月28日 14:00	铜川路1278号1楼报告厅
13	闸北区教育局	为人师表的礼仪之道	鲍日新（上海海事大学教授）	2月28日 15:00	永和东路393号风华初级中学
14	上海博物馆	千里山河：王翚《康熙南巡图》卷绘画之探析	万新华（南京博物院古代艺术研究所副研究员）	3月1日 14:00	观众活动中心
15	徐汇区图书馆	诗声一体，情韵同辉——中国古典诗词与京剧艺术	关栋天（国家一级演员）	3月1日 14:00	南丹东路80号北4楼多功能厅
16	静安区图书馆	当康熙遇到路易：东西音乐文化漫谈	韩斌（上海音乐学院副研究员）	3月7日 19:00	新闸路1702号后海关楼2楼
17	徐汇区图书馆	魅力人声，美丽人生	狄菲菲（上海电影译制厂导演、国家一级配音演员）	3月8日 14:00	南丹东路80号北4楼多功能厅
18	嘉定区图书馆	从文学看时代的转变	孙甘露（上海市作家协会会员，《上海壹周》总策划）	3月9日 14:00	嘉定区裕民南路1288号多功能厅
19	黄浦区图书馆	做自己人生的管理者——从时间管理、知识管理、情绪管理谈起	章忠民（上海财经大学党校常务副校长、教授）	3月14日 9:30	福州路655号11楼教室

（续表）

“文化与人生”系列讲座之 113					
1	上海外国语大学	走进美的围城——关于古典诗词的赏析	胡中行（复旦大学教授）	3月13日 18:00	松江区文翔路1550号图文信息中心
2	浦东新区合庆镇	健康百岁不是梦	顾璜（上海中医药大学教授）	3月14日 13:30	东川公路7781号
3	松江区佘山镇	色彩巧搭配，营造一份好心情	王建萍（东华大学教授）	3月14日 13:30	佘新路358号镇政府第二会议室
4	金山工业区	中国传统文化与人生智慧	陈方刘（中共上海市委党校副教授）	3月14日 14:00	开乐大街158号3号楼2楼大会场
5	静安区图书馆	漫谈海派文化	李伦新（上海大学海派文化研究中心主任）	3月14日 14:00	新闸路1702号后4楼报告厅
6	上海立信会计学院	青年心理问题解析与干预	茆玉书（中共上海市委、市政府信访办公室原主任、国家二级心理咨询师）	3月14日 14:30	文翔路2800号学验楼报告厅
7	浦东新区东明路街道	社区工作者的礼仪规范与沟通技巧	隆玲（上海师范大学副教授）	3月14日 15:00	上南路4206弄1—3号街道社区事务受理服务中心会议室
8	徐汇区图书馆	以声传情，以情感人	刘广宁（上海电影译制厂国家一级配音演员）	3月15日 14:00	南丹东路80号北4楼多功能厅
9	上海博物馆	上海考古六十年	宋建（上海博物馆考古部研究员）	3月15日 14:00	观众活动中心
10	长宁文化艺术中心	海上名楼：老上海故事	张景岳（上海音像资料馆研究馆员）	3月16日 9:00	仙霞路650号301多功能厅
11	嘉定区图书馆	如何欣赏沪剧之美	周平（松江区文联理事）	3月16日 14:00	嘉定区裕民南路1288号多功能厅
12	松江区中山街道	中老年人社区、家庭健身法	赵文杰（上海交通大学教授）	3月17日 9:00	迎宾路2号2楼会议室
13	闵行区七宝镇	爷爷奶奶怎么带孩子：说说隔代教育	陶希东（上海社会科学院副研究员）	3月18日 13:30	沪松公路450号文化中心2楼报告厅
14	浦东新区社会工作协会	把握压力阀：在压力下怎样保持良好心态	樊秀娣（同济大学副研究员）	3月18日 13:30	合欢路2号浦东市民中心

（续表）

“文化与人生”系列讲座之113					
15	杨浦区新江湾城街道	乐享人生，做一个心理健康的老人	张伟（第二军医大学心理咨询中心心理咨询师、上海市心理学会理事）	3月19日 9:00	政悦路588弄32号2楼多功能厅
16	闵行区梅陇镇	每一天都是新课题——婴幼儿家庭教育要点	吴辉（闵行区现代家庭教育协会副会长）	3月21日 13:30	高兴路108号
17	松江区石湖荡镇	团队精神与团队建设	范静（上海财经大学副教授）	3月21日 13:30	学府路132号底楼会议室
18	崇明县中兴镇	情绪、格调与雅致生活	王立科（上海青年管理干部学院教授）	3月21日 13:30	中兴镇社区文化活动中心多功能厅
19	静安区图书馆	中国文人与美食名著	孔明珠（中国作家协会会员）	3月21日 19:00	新闸路1702号后4楼报告厅
20	松江区方松街道	有趣的中国文化——中西方文化比较	胡永中（上海对外贸易大学副教授）	3月22日 13:30	三新北路900弄601号松江美术馆
21	徐汇区图书馆	越剧流派艺术魅力赏析	齐春雷（国家二级演员、上海市戏剧家协会会员）	3月22日 14:00	南丹东路80号北4楼多功能厅
22	长宁文化艺术中心	掌握快乐的金钥匙	徐金尧（上海尚孚心理咨询中心国家二级心理咨询师）	3月23日 9:00	仙霞路650号301多功能厅
23	杨浦区图书馆	中外美术名作赏析	沈舟（上海城市管理学院副教授）	3月23日 14:00	平凉路1490弄1号4楼多功能厅
24	虹口区图书馆	中医养生话平衡	丁秀丽（上海市曲阳医院院长）	3月23日 14:00	水电路1412号3楼剧场
25	上海立信会计学院	大数据时代的思维方式	陈燮君（上海博物馆馆长）	3月24日 13:30	文翔路2800号学验楼报告厅
26	上海立信会计学院	角色文化	张生泉（上海戏剧学院党委宣传部部长、教授）	3月26日 13:30	文翔路2800号学验楼报告厅
27	宝山区罗泾镇	健康的十大危险信号及对策	姚武（上海交通大学副教授）	3月27日 13:30	陈东路121号
28	华东理工大学	百年外滩与上海崛起	钱宗灏（同济大学教授）	3月28日 13:30	奉贤区海思路999号图文信息中心裙楼报告厅
29	宝山区月浦镇	如何防止“癌从口入”	袁秀荣（上海中医药大学教授）	3月28日 13:30	月罗路228号

(续表)

“文化与人生”系列讲座之 114					
1	杨浦区长白新村街道	生活中的经济学	李刚(上海师范大学副教授)	3月28日 9:00	延吉东路105号社区文化中心6楼多功能厅
2	长宁文化艺术中心	佛教与中国文化——认识佛教	刘海滨(上海古籍出版社社哲学编辑室副主任、副编审)	3月30日 9:00	仙霞路650号301多功能厅
3	奉贤区南桥镇	如何造就健康的心态	金武官(瑞金医院主任医师)	4月2日 13:00	江海路86号
4	长宁文化艺术中心	雅俗共赏的中华茶韵	徐传宏(上海茶文化研究中心研究员)	4月6日 9:00	仙霞路650号301多功能厅
5	上海外国语大学	从“旧制度”到“新世界”:现代性的历史思考	李宏图(复旦大学教授)	4月10日 18:00	文翔路1550号图文信息中心
6	上海立信会计学院	漫谈青春理想与文化教养	李家珉(上海电力学院党委宣传部部长、教授)	4月11日 13:00	松江区文翔路2800号学验楼报告厅
7	长宁区江苏路街道	上海的祭祀传统与文化	陈劲松(上海师范大学副教授)	4月11日 13:30	宣化路3号文化中心2楼多功能厅
8	徐汇区图书馆	琴深意长——感受二胡艺术的魅力	段皑皑(上海民族乐团二胡独奏家、国家一级演员)	4月12日 14:00	南丹东路80号北4楼多功能厅
9	上海大学	当代青年发展的机遇、挑战与应对	童潇(华东政法大学副教授)	4月12日 18:30	新闸路1220号A楼301室
10	长宁文化艺术中心	话说文化正能量	陆其国(上海市档案局编辑)	4月13日 9:00	仙霞路650号301多功能厅
11	徐汇区图书馆	中老年人的爱眼与护眼	仇许玲(上海市同济医院副主任医师)	4月13日 14:00	南丹东路80号北4楼多功能厅
12	宝山区顾村镇	日常饮食的营养与隐患	常雅宁(华东理工大学副教授)	4月16日 9:00	新泰路31号
13	闵行区颛桥镇	用礼仪打开成功社交之路	王圣民(南洋模范中学高级教师)	4月16日 13:00	都市路2699号社区学校207教室
14	松江区车墩镇	人际沟通技巧	高京生(上海市总工会讲师团高级政工师)	4月16日 13:30	镇文化活动中心305室
15	闵行区七宝镇	居家色彩巧搭配,营造一份好心情	刘素珍(解放军八五医院心理研究中心主任)	4月16日 13:30	沪松公路450号文化中心2楼报告厅

（续表）

“文化与人生”系列讲座之114					
16	上海外国语大学	女性地位的变革，从过去走向未来	张岩冰（复旦大学教授）	4月16日 18:00	文翔路1550号图文信息中心
17	闵行区华漕镇	合理烹饪与健康	贺化帛（上海食文化研究会副秘书长）	4月17日 13:30	华漕镇北街17号
18	徐汇区长桥街道	科学烹饪与健康	徐善龙（上海食文化研究会常务理事）	4月17日 14:00	罗香路237号西南文化艺术中心五楼多功能厅
19	松江区方松街道	山水与人文之美——中国城市景观赏析	胡玎（同济大学建筑设计研究院景观所所长）	4月19日 13:30	三新北路900弄601号松江美术馆
“文化与人生”系列讲座之115					
1	上海师范大学	历史记忆、历史推论与历史想象	陈新（浙江大学教授）	4月18日 8:30	桂林路100号汉语言教育高地实验中心101室
2	松江区新浜镇	健康的十大危险信号及对策	张一帆（松江中心医院主任医师）	4月18日 9:00	中心街1号
3	杨浦区教育局	为人师表的礼仪之道	王圣民（南洋模范中学高级教师）	4月18日 14:30	双阳路388号
4	静安区图书馆	与童话有约	张秋生（中国作家协会会员）	4月19日 13:00	新闸路1702号后4楼报告厅
5	徐汇区图书馆	数字化时代的阅读与图书馆前景	葛剑雄（复旦大学中国历史地理研究所教授）	4月19日 14:00	南丹东路80号北4楼多功能厅
6	虹口区图书馆	老上海的图像记忆与人文流变	仲富兰（华东师范大学新闻学系主任、教授）	4月19日 14:00	水电路1412号3楼剧场
7	上海大学	留学生与强国梦	忻平（上海大学党委副书记、教授）	4月19日 18:30	新闸路1220号A楼301室
8	崇明县图书馆	今天我们怎样教育孩子	施斌（上海师范大学基础教育发展中心主任、副教授）	4月20日 13:30	崇明大道7897号崇明县图书馆3楼报告厅
9	宝山区张庙街道	运动让生活更精彩：日常健身保健法	陆大江（上海体育学院副教授）	4月21日 13:30	呼玛路800号街道办事处5楼会议室
10	松江区中山街道	合理烹饪与健康	徐善龙（上海食文化研究会常务理事）	4月22日 13:30	迎宾路2号2楼会议室
11	浦东新区三林镇	做聪慧的职业女性	林东华（上海开放大学女子学院副教授）	4月23日 9:00	凌兆路585号三林镇人民政府大会场

（续表）

“文化与人生”系列讲座之115					
12	杨浦区延吉新村街道	传统文化与我们的生活——以人为本的历史注脚与现代解读	祁志祥（上海政法学院教授）	4月23日 9:00	延吉中路77号410室
13	闵行区吴泾镇	沟通小智慧，人生大幸福	朱国定（上海师范大学教授）	4月23日 13:00	龙吴路5533号113室
14	上海立信会计学院	中国王朝政治中的忠奸之辩	喻大华（辽宁师范大学教授）	4月23日 13:00	松江区文翔路2800号学验楼报告厅
15	宝山区大场镇	选择适合自己的理财产品	周伟清（上海交通大学副教授）	4月23日 13:30	真华路1112号
16	静安区图书馆	诗声一体，情韵同辉——中国古典诗词与京剧	关栋天（国家一级演员）	4月23日 13:30	新闸路1702号后4楼报告厅
17	杨浦区图书馆	会馆公馆与近代上海的八方移民	段炼（上海社会科学院历史所副研究员）	4月23日 14:00	平凉路1490弄1号
18	杨浦区控江路街道	善于沟通协调，增强人际友善	杨俊（第二工业大学教授）	4月24日 9:00	凤城二村19号（本溪路近凤城路）
19	上海大学	读书与人生	徐雁（南京大学教授）	4月24日 18:30	上大路99号图书馆2楼报告厅
20	上海鲁迅纪念馆	中日关系——鲁迅与三义塔的故事	王锡荣（上海鲁迅纪念馆馆长、研究馆员）	4月25日 13:00	甜爱路200号树人堂报告厅
21	浦东新区花木街道	《物权法》与百姓民生	黄真伟（杨浦区法院高级法官）	4月25日 13:45	梅花路289号社区文化中心510室
22	松江区石湖荡镇	最好的医生是自己：健康自我管理方法	杨永谊（松江中心医院干部科副主任医师）	4月25日 14:00	张庄村203号村委会会议室
“文化与人生”系列讲座之116					
1	奉贤区图书馆	田园境界与陶渊明	陈引驰（复旦大学中文系主任、教授）	4月26日 13:30	解放东路889号辅楼报告厅
2	徐汇区图书馆	钱武肃王与吴越文化	钱汉东（中国作家协会会员、《新读写》杂志社社长、主编）	4月26日 14:00	南丹东路80号北4楼多功能厅
3	虹口区图书馆	常态生活中的专题摄影	陈海汶（上海市摄影家协会副主席）	4月26日 14:00	水电路1412号3楼剧场
4	嘉定区图书馆	新说《三国》	姜鹏（复旦大学讲师）	4月27日 14:00	嘉定区裕民南路1288号多功能厅

（续表）

“文化与人生”系列讲座之116					
5	黄浦区图书馆	杨华生——笑嘻嘻的艺术人生	王汝刚（中国曲艺家协会副主席、国家一级演员）	4月28日 9:30	福州路655号8楼会议室
6	上海外国语大学	城市与建筑艺术色彩	邢同和（同济大学教授）	4月28日 18:00	文翔路1550号图文信息中心
7	宝山区罗店镇	文化自觉与人文素养	邵龙宝（同济大学教授）	4月29日 13:00	美诺路131号美兰湖文化中心2楼
8	松江区泗泾镇	聊聊伲格沪剧“特产”	周平（松江区文联理事）	4月29日 13:30	镇社区文化活动中心
9	长宁文化艺术中心	俄罗斯的世界遗产——谈俄罗斯建筑的历史与美学	李建中（联合国教科文组织亚太地区世界遗产培训与研究中心副教授）	5月4日 9:00	仙霞路650号301多功能厅
10	上海师范大学	中古时代的沿海港口与近海航路	鲁西奇（厦门大学教授）	5月6日 14:00	桂林路100号东部文苑楼708室
11	上海师范大学	中国古代书画流派鉴赏与收藏	褚大为（学林出版社副编审）	5月7日 13:30	海思路100号奉贤校区图书馆2楼报告厅
12	上海外国语大学	语言照明的世界——聚会繁花	金宇澄（中国作家协会会员、《上海文学》常务副主编）	5月7日 18:00	文翔路1550号图文信息中心
13	闵行区浦江镇	上海的前世今生	胡训珉（当代上海研究所所长、教授）	5月8日 13:00	浦锦路400号文化体育事业发展中心
14	黄浦区图书馆	上海滑稽前世今生	徐维新（中国曲艺家协会会员）	5月9日 9:30	福州路655号8楼会议室
15	宝山区大场镇	怎样摆脱亚健康	姜培珍（上海市疾病预防控制中心主任医师）	5月9日 13:30	真华路1112号3楼
16	徐汇区图书馆	中国瓷器与中华文化	钱汉东（《新读写》杂志社社长、主编、中国作家协会会员）	5月10日 14:00	南丹东路80号北4楼多功能厅
17	徐汇区图书馆	如何看懂体检报告	汪浩（同济大学附属同济医院特需医疗科主任）	5月11日 14:00	南丹东路80号北4楼多功能厅
18	宝山区庙行镇	科学健身，避免体育锻炼的误区	赵文杰（上海交通大学教授）	5月13日 13:30	长江西路2697号3楼

(续表)

"文化与人生"系列讲座之116					
19	上海海事大学	上善若水与海纳百川——对上海海洋文化的观察	时平(上海海事大学海洋文化研究所所长、教授)	5月14日 13:30	海港大道1550号邦建报告厅
20	奉贤区图书馆	唐诗与中国人性精神	胡晓明(华东师范大学终身教授)	5月17日 13:30	解放东路889号辅楼报告厅
21	徐汇区图书馆	马相伯与徐家汇	宋浩杰(徐汇区文化局原副局长、调研员)	5月17日 14:00	南丹东路80号北4楼多功能厅
22	闵行区七宝镇	《三国演义》的魅力与"三国"文化	朱子彦(上海大学教授)	5月20日 13:30	沪松公路450号镇文化中心2楼报告厅
"文化与人生"系列讲座之117					
1	普陀区石泉路街道	家庭教育:孩子人生发展的起跑线	陈彩玉(上海科学育儿基地副主任、副教授)	6月13日 9:00	管弄路268号街道B楼2楼会场
2	静安区图书馆	跟"王小毛之父"学讲上海闲话	葛铭明(上海民间文艺家协会副主席)	6月14日 9:30	康定东路28号静安区少年儿童图书馆1楼
3	虹口区图书馆	戏剧艺术的魅力——从曹禺的《雷雨》谈起	曹树钧(上海戏剧学院教授)	6月14日 14:00	水电路1412号
4	闸北区图书馆	弘扬中国精神,为梦想插上翅膀	萧思健(复旦大学党委宣传部部长、教授)	6月16日 9:00	天目中路2号
5	松江区新桥镇	如何防止电信诈骗	黄奕(上海市公安局治安总队三级警督)	6月16日 13:30	新桥文化活动中心1楼影剧院
6	上海师范大学	维吉尔在西方和中国:一个接受史的案例	刘津渝(美国DePauw大学古典系系主任)	6月16日 15:00	桂林路100号东部文苑楼708室
7	松江区洞泾镇	聊聊促格沪剧"特产"	周平(松江区文联秘书长)	6月17日 13:00	长兴路466号社区文化活动中心
8	松江区泗泾镇	中国传统文化中的人生智慧	祁志祥(上海政法大学教授)	6月17日 13:30	鼓浪路588号社区文化活动中心报告厅
9	上海市旅游局	影像里的上海风云与风月	淳子(中国作家协会会员)	6月17日 14:00	海防路429弄100号4楼报告厅
10	上海大学	全媒体时代的新闻采编	陆平(上海电台新闻主任播音员)	6月18日 8:00	上大路99号D223

（续表）

“文化与人生”系列讲座之117					
11	徐汇区龙华街道	舌尖上的营养与隐患	孙建琴（复旦大学附属华东医院营养科主任）	6月18日 9:00	天钥桥南路399号2楼
12	松江区泖港镇	舌尖上的营养与健康	郭永洁（上海中医药大学附属岳阳医院主任医师）	6月18日 13:00	新宾路358号
13	闵行区华漕镇	做个快乐的老人：预防老年抑郁	樊秀娣（同济大学副研究员）	6月18日 13:30	华漕村北街17号镇社区学校
14	普陀区桃浦镇	最好的医生是自己：健康自我管理方法	姚武（上海交通大学副教授）	6月18日 14:00	红棉路188号社区学校
15	杨浦区图书馆	上海老歌：心中永恒的怀旧金曲	单林（上海大学副教授）	6月19日 14:00	平凉路1490弄1号
16	宝山区庙行镇	美丽上海，从我做起	裴雨林（上海青年管理干部学院副教授）	6月20日 9:00	长江西路2697号3楼
17	黄浦区图书馆	中华美德与家庭教育	王立科（上海青年管理干部学院教授）	6月20日 13:30	福州路655号11楼教室
18	松江区新浜镇	松江邦彦画像的传奇故事	程志强（松江区史志办副主任）	6月20日 13:30	新浜镇中心街1号
19	虹口区曲阳路街道	教育，让生活更精彩	胡培华（虹口实验学校校长）	6月20日 14:00	辉河路65号
20	上海师范大学	青海甘沟话的多功能格标记“哈”	杨永龙（中国社会科学院语言研究所研究员）	6月20日 15:00	桂林路100号对外汉语学院3楼303室
21	徐汇区图书馆	天才的希区柯克	严敏（上海交通大学美国电影研究中心特约研究员、高级翻译）	6月21日 14:00	南丹东路80号北4楼多功能厅
22	嘉定区图书馆	中华经典吟诵	彭世强（上海市语文特级教师）	6月22日 14:00	嘉定区裕民南路1288号多功能厅
23	闸北区委宣传部	珍爱生命，远离毒品	叶枫（上海市刑侦总队缉毒处副处长）	6月24日 13:30	灵石路745号彭浦镇社区文化活动中心4楼影视厅
24	虹口区江湾镇街道	在家教中传承中华美德	陶希东（上海社会科学院副研究员）	6月25日 14:00	丰镇路300号大礼堂
25	松江区佘山镇	健康养生的“五大平衡”	赵文杰（上海交通大学教授）	6月26日 9:00	佘新路358号

（续表）

“文化与人生”系列讲座之 117					
26	闵行区吴泾镇	药王孙思邈的颐养之道	张冰隅（上海食文化研究会副秘书长）	6月26日 13:00	龙吴路 5533 号 113室
27	闵行区七宝镇	健康的十大危险信号及对策	魏江磊（上海中医药大学附属曙光医院主任医师）	6月26日 13:30	沪松公路 450 号镇文化中心 2 楼报告厅
28	徐汇区湖南路街道	文明旅游中的礼仪问题	隆玲（上海师范大学副教授）	6月27日 9:00	乌鲁木齐中路 164号
29	杨浦区长白街道	旅游中应当注意的法律问题	余向栋（上海市君成律师事务所副主任、高级律师）	6月27日 9:00	延吉东路 105 号
30	松江区永丰街道	如何防止“癌从口入”	袁秀荣（上海中医药大学教授）	6月27日 13:00	松汇西路 1438 号
31	徐汇区图书馆	阅读——成长的财富	殷健灵（中国作家协会会员、上海作家协会理事）	6月28日 14:00	南丹东路 80 号北 4 楼多功能厅
32	长宁文化艺术中心	学会科学服药	李虹影（第一人民医院宝山分院药剂科原主任、执业药师）	6月29日 9:00	仙霞路 650 号 301 多功能厅
33	嘉定区图书馆	张爱玲怎样走向读者	陈子善（华东师范大学中文系教授）	6月29日 14:00	嘉定区裕民南路 1288号多功能厅
“文化与人生”系列讲座之 118					
1	闸北区宝山路街道	海派文化与上海的前世今生	胡训珉（当代上海研究所所长、教授）	6月27日 13:30	宝昌路 533 号 8 楼
2	崇明县向化镇	爷爷奶奶怎么带孩子	苏颂兴（上海东亚研究所研究员）	6月27日 13:30	陈彷公路 4927 号镇文化活动中心多功能厅
3	上海鲁迅纪念馆	鲁迅与立人	王锡荣（上海鲁迅纪念馆馆长、研究馆员）	6月27日 13:30	甜爱路 200 号树人堂报告厅
4	静安区图书馆	小说背后的故事	李西闽（上海市作家协会会员）	6月29日 18:30	新闸路 1708 号海关楼 2 楼
5	静安区图书馆	海派文化与摩登生活	李关德（上海市作家协会会员、上海大学海派文化研究中心副秘书长）	6月28日 14:00	新闸路 1702 号后 4 楼报告厅
6	浦东新区社会工作者协会	社区文化创意与发展	蔡丰明（上海社会科学院研究员）	6月30日 14:00	合欢路 2 号地下一层

（续表）

"文化与人生"系列讲座之 118					
7	上海大学	漫谈海派文化之美	李伦新（上海大学海派文化研究中心主任）	6月30日 15:00	上大路99号J103室
8	上海大学	写作的源头	赵丽宏（中国作家协会全委会委员）	7月1日 14:00	上大路99号J103室
9	上海市档案馆	长征的故事是如何流传的	李海文（中共中央党史研究室研究员）	7月2日 13:30	中山东二路9号10楼报告厅
10	上海大学	浦东开发中的海派文化元素	邵煜栋（南开大学滨海开发研究院研究员）	7月2日 14:00	上大路99号J103室
11	上海大学	新闻发布的使命与智慧	赵启正（国务院新闻办公室原主任）	7月4日 9:30	上大路99号伟长楼
12	静安区图书馆	音乐里的悲欢离合	韩斌（上海音乐学院副研究员）	7月4日 19:00	新闸路1708号海关楼2楼
13	长宁文化艺术中心	若问生涯原是梦——纳兰性德和他的诗词世界	钮君怡（上海古籍出版社编辑）	7月6日 9:00	仙霞路650号301多功能厅
14	徐汇区图书馆	旅游中的绊脚石——肠易激综合征	张东伟（上海市同济医院消化内科副主任医师）	7月6日 14:00	南丹东路80号北4楼多功能厅
15	杨浦区控江街道	烟雨诗情：江南文化的特色	朱恒夫（上海大学教授）	7月7日 9:00	凤城二村19号
16	上海大学	人数据时代的思维方式	陈燮君（上海博物馆馆长）	7月7日 9:00	上大路99号行政楼报告厅
17	松江区永丰街道	法律与我们的生活	余向栋（上海市君成律师事务所高级律师）	7月7日 13:30	松汇西路1438号
18	杨浦区江浦路街道	家庭继承中的法律问题	鲁叔媛（上海政法学院副教授）	7月8日 9:00	许昌路1150号3楼
19	闸北区图书馆分馆	夏季养生保健	杨柏灿（上海中医药大学教授）	7月10日 9:00	闻喜路800号311室
20	松江区新浜镇	如何提升孩子掌控时间的能力	吴辉（闵行区现代家庭教育协会副会长）	7月11日 9:00	新浜镇中心街1号
21	虹口区图书馆	"压力山大"不可怕——谈谈心理压力的自我管理	张海燕（华东政法大学心理健康教育与咨询中心主任、教授）	7月12日 14:00	水电路1412号

（续表）

“文化与人生”系列讲座之118					
22	长宁文化艺术中心	那楼那人那事——长宁优秀历史建筑	李建中（联合国教科文组织亚太地区世界遗产培训与研究中心副教授）	7月13日 9:00	仙霞路650号301多功能厅
23	闵行区七宝镇	上海——中国近代革命的摇篮	杨宇（中共一大会址纪念馆宣教部主任）	7月15日 8:30	沪松公路450号
24	崇明县中兴镇	做一个有情有义的人：教孩子学会感恩	颜苏勤（上海市中职心理健康教育研究会秘书长）	7月15日 13:30	兴工路57号镇社区文化活动中心多功能厅
25	宝山区大场镇	善于沟通协调，增强人际友善	顾晓英（上海大学副教授）	7月15日 13:30	真华路1112号
26	闸北区芷江西路街道	青少年文明礼仪	高京生（上海市总工会讲师团高级政工师）	7月15日 14:00	芷江西路151号4楼多功能厅
27	徐汇区长桥街道	文明旅游中的礼仪问题	隆玲（上海师范大学副教授）	7月17日 14:00	罗香路237号西南文化艺术中心5楼多功能厅
28	闵行区马桥镇	善处婆媳关系，构建和谐家庭	黄燕清（上海大学副教授）	7月22日 13:00	北松路1871号
29	松江区中山街道	家居与绿色生活	修美玲（上海植物园工程师）	7月24日 9:00	茸平路168号
“文化与人生”系列讲座之119					
1	浦东新区社会工作者协会	做自己人生的管理者——从时间管理、知识管理、情绪管理谈起	章忠民（上海财经大学党校常务副校长、教授）	7月18日 14:00	合欢路2号地下一层
2	松江区石湖荡镇	夏季心脑血管病的预防与保健	诸伟屏（首届上海社区教育教学观摩比赛鼓励奖获得者）	7月19日 9:00	长东路299号金汇村
3	虹口区图书馆	寻梦·追梦·圆梦——“两弹一星”元勋成长启示	马建光（解放军南京政治学院上海分院军队人才建设教研室主任、教授）	7月19日 14:00	水电路1412号
4	长宁文化艺术中心	亲爱的，我把交响乐团变小了——交响乐曲赏析	林志强（上海音乐家室内乐团指挥）	7月20日 9:00	仙霞路650号301多功能厅

（续表）

"文化与人生"系列讲座之119					
5	松江区中山街道	未成年人保护与预防未成年人犯罪	钱晓峰（长宁区人民法院少年庭副庭长、审判员）	7月22日 9:00	迎宾路2号
6	松江区佘山镇	舌尖上的营养与隐患	郭永洁（上海中医药大学附属岳阳医院主任医师、教授）	7月23日 13:00	佘新路358号
7	松江区泗泾镇	上海移民与上海文化	段炼（上海社会科学院副研究员）	7月23日 13:30	鼓浪路588号社区文化活动中心报告厅
8	闸北区北站街道	国粹传承——面塑艺术普及	赵凤林（上海工艺美术研究所原工艺美术师）	7月24日 9:30	康乐路101号
9	宝山区杨行镇	四大名著的人生智慧	柳岳梅（上海财经大学副教授）	7月24日 9:00	杨鑫路268号
10	浦东新区合庆镇	"银发族"的养生之道	张冰隅（上海食文化研究会副秘书长）	7月24日 13:30	东川公路7781号
11	宝山区罗店镇	如何让孩子学会自救自护	彭芳（上海市宝山区公安分局高境派出所社区民警）	7月24日 13:30	美诺路131号
12	杨浦区图书馆	从甲骨文看中国人的文化思维	韩志强（中国甲骨文书法艺术研究会理事、教授）	7月24日 14:00	平凉路1490弄1号
13	松江区新浜镇	饮茶与健康	曹金华（国家五级茶艺师）	7月25日 9:00	中心街1号
14	闵行区梅陇镇	有趣的行为经济学	李刚（上海师范大学金融学院副教授）	7月25日 13:30	高兴路108号
15	宝山区高境镇	说说隔代养育	乐善耀（上海教育科学研究院副研究员）	7月25日 13:30	吉浦路551号
16	宝山区月浦镇	我们怎样对待挫折	樊秀娣（同济大学副研究员）	7月25日 14:00	月罗路228号
17	浦东新区康桥镇	最好的医生是自己：健康自我管理方法	姚武（上海交通大学副教授）	7月25日 14:00	康沈路686号康桥文化中心影剧院
18	长宁文化艺术中心	大丝绸之路的壁画艺术	王文杰（上海大学美术学院国画系教授）	7月27日 9:00	仙霞路650号301多功能厅
19	浦东新区合庆镇	如何教会孩子正确的择友	赵培民（青浦区朱家角成人学校高级教师）	7月28日 14:00	东川公路7136号

（续表）

“文化与人生”系列讲座之 119					
20	宝山区庙行镇	好习惯决定孩子的一生	陈彩玉（上海科学育儿基地副主任、副教授）	7月29日 9:00	长江西路2697号3楼多功能厅
21	静安区图书馆	儿童阅读指导	刘保法（上海市作家协会儿童文学委员会副主任）	7月29日 9:00	康定东路28号少年儿童图书馆1楼
22	松江区永丰街道	合理烹饪与健康	贺化帛（上海食文化研究会副秘书长）	7月29日 13:30	松汇西路1438号
23	崇明县图书馆	解码幸福商数	陈秋玲（上海大学产业经济研究中心副主任、教授）	7月31日 14:00	崇明大道7897号3楼报告厅
24	徐汇区图书馆	欣赏评弹的品味	毛新琳（上海评弹团国家一级演员）	8月2日 14:00	南丹东路80号北4楼多功能厅
25	长宁文化艺术中心	上海开埠170年	王洪治（上海图书馆原副研究员）	8月3日 9:00	仙霞路650号301多功能厅
26	奉贤区图书馆	为了孩子的成长——孩子责任感的培养	胡培华（上海市虹口实验学校校长）	8月3日 14:00	解放东路889号辅楼报告厅小剧场
27	徐汇区图书馆	解放后评弹书目的整旧与创新	高博文（中国曲艺家协会理事、上海评弹团副团长）	8月9日 14:00	南丹东路80号北4楼多功能厅
28	长宁文化艺术中心	开放·变革与城市发展	张景岳（上海音像资料馆研究馆员）	8月10日 9:00	仙霞路650号301多功能厅
29	上海鲁迅纪念馆	鲁迅的故事	邱作健（上海鲁迅纪念馆党支部书记、副馆长、副研究馆员）	8月12日 13:30	博乐路215号嘉定博物馆
30	徐汇区图书馆	中篇评话浅谈	吴新伯（上海评弹团国家一级演员）	8月16日 14:00	南丹东路80号北4楼多功能厅
“文化与人生”系列讲座之 120					
1	松江区叶榭镇	做一个有情有义的人：教孩子学会感恩	颜苏勤（上海市中职心理健康教育研究会秘书长）	8月11日 13:30	叶政路388号
2	杨浦区控江路街道	上海的前世今生	段炼（上海社会科学院副研究员）	8月12日 9:00	凤城二村19号
3	松江区中山街道	漫话《西游记》	杨俊（吴承恩西游记研究会常务会长、教授）	8月13日 9:00	迎宾路2号

（续表）

“文化与人生”系列讲座之120					
4	闸北区北站街道	国粹传承——剪纸艺术普及	赵子平（上海工艺美术博物馆副研究员）	8月13日 9:30	康乐路101号
5	松江区泗泾镇	学会“挤出时间”来健身	陆大江（上海体育学院副教授）	8月13日 13:30	鼓浪路588号社区文化活动中心101教室
6	浦东新区书院镇	人际交往小智慧，平淡生活大幸福	高京生（上海市总工会讲师团高级政工师）	8月13日 13:30	书院镇塘北村塘驰路543号
7	静安区图书馆	西方美术欣赏	孙乃树（上海视觉艺术学院美术学院副院长）	8月14日 14:00	新闸路1702号
8	徐汇区田林街道	我们怎样对待挫折	樊秀娣（同济大学副研究员）	8月15日 9:30	田林东路588号西侧5楼
9	松江区石湖荡镇	健康养生的“五大平衡”	赵文杰（上海交通大学教授）	8月18日 9:00	松江区泖新村401号泖新村村委会
10	松江区永丰街道	孔子教你做人：快乐而又有人品	章忠民（上海财经大学党校常务副校长、教授）	8月18日 14:00	松汇西路1438号
11	崇明县中兴镇	如何让孩子学会自救自护	施凡（崇明县公安局治安大队民警）	8月20日 13:30	兴工路57号镇社区文化活动中心
12	松江区洞泾镇	应时应季：漫谈中医四季养生	杨柏灿（上海中医药大学教授）	8月21日 13:30	长兴路466号
13	闸北区委宣传部	专家教您读懂常规体检指标与应对策略	赵虎（复旦大学附属华东医院检验科主任、教授）	8月21日 14:00	秣陵路46号5楼第一会议室
14	徐汇区长桥街道	EQ情商修炼	陈泮怡（瑞金医院青少年心理咨询中心心理咨询师）	8月21日 14:00	罗香路237号西南文化艺术中心5楼多功能厅
15	杨浦区图书馆	书法的美	潘善助（上海市书法家协会秘书长、教授）	8月21日 14:00	平凉路1490弄1号
16	闵行区梅陇镇	关于遗嘱您知道多少？	陈英芳（上海市四方律师事务所律师）	8月22日 13:30	高兴路108号
17	浦东新区社会工作协会	社区人际交往与心理调适	朱国定（上海师范大学教授）	8月22日 14:00	合欢路2号地下一层
18	徐汇区图书馆	从懵懂到痴迷	周红（上海评弹团国家一级演员）	8月23日 14:00	南丹东路80号北4楼多功能厅

（续表）

“文化与人生”系列讲座之 120					
19	松江区泖港镇	最好的医生是自己：健康自我管理方法	姚武（上海交通大学副教授）	8月26日 9:00	新宾路358号
20	嘉定区南翔镇	电影中的上海风情	聂伟（上海大学影视学院影视艺术系副系主任、教授）	8月26日 14:00	古猗园路737号A楼
21	宝山区大场镇	《弟子规》里的人生道理	韩志强（中国甲骨文书法艺术研究会理事、教授）	8月29日 9:00	真华路1112号
22	闸北区北站街道	人际沟通ABC	胡欢（国家高级注册心理咨询师）	8月29日 9:00	康乐路101号
23	黄浦区图书馆	上过电台的滑稽名家	葛明铭（上海人民广播电台文艺部副总监、高级编辑）	8月29日 9:30	福州路655号11楼
24	宝山区高境镇	健康百岁不是梦	张冰隅（上海市食文化研究会副秘书长）	8月29日 13:30	吉浦路551号
25	徐汇区图书馆	“江南明珠”的前世今生	王昕轶（上海曲艺家协会理事、二级导演）	8月30日 14:00	南丹东路80号北4楼多功能厅
“文化与人生”系列讲座之 121					
1	长宁文化艺术中心	上海话——海派文化的密码	葛明铭（上海人民广播电台文艺部副总监、高级编辑）	8月31日 9:00	仙霞路650号301多功能厅
2	浦东新区合庆镇	心理色彩学与配色技巧	王红丽（上海海事大学党委宣传部部长、副教授）	9月2日 14:00	庆荣路381号
3	杨浦区控江路街道	健身运动中的养生之道	赵文杰（上海交通大学教授）	9月3日 9:00	凤城二村19号（本溪路近凤城路）
4	徐汇区湖南路街道	如何防止“癌从口入”	袁秀荣（上海中医药大学教授）	9月5日 9:00	乌鲁木齐中路164号
5	徐汇区图书馆	不能解释的身体不适症状	吴文源（同济大学医学院精神医学系系主任、教授）	9月7日 14:00	南丹东路80号北4楼
6	上海醉白池公园	从甲骨文看中国人的文化思维	韩志强（中国甲骨文书法艺术研究会理事、教授）	9月9日 13:30	人民南路64号
7	松江区永丰街道	舌尖上的营养与能量	郭永洁（上海中医药大学附属岳阳医院主任医师、教授）	9月10日 9:00	松汇西路1438号

（续表）

“文化与人生”系列讲座之 121					
8	松江区石湖荡镇	敲开幸福大门，做幸福“达人”	邵龙宝（同济大学教授）	9月11日 9:00	学府路 132 号底楼会议室
9	杨浦区图书馆	诸子百家的文化精神	曹旭（上海师范大学教授）	9月11日 14:00	平凉路 1490 弄 1 号
10	徐汇区图书馆	家庭危机发生即时的公关艺术	黄飞珏（《申江服务导报》新闻部主任）	9月13日 14:00	南丹东路 80 号北 4 楼
11	松江区泖港镇	合理烹饪与健康	贺化帛（上海食文化研究会副秘书长）	9月17日 13:00	泖港镇新宾路 358 号
12	黄浦区瑞金二路街道	生活中的经济学	李刚（上海师范大学副教授）	9月18日 9:00	思南路 33 号 1 楼
13	松江区泗泾镇	红色足迹：中国共产党早期在上海活动寻踪	陈挥（上海中共党史学会副会长、教授）	9月19日 9:30	泗泾镇人民路 1 号
14	静安区图书馆	海上声影，声音文献里的上海早期音乐生活	韩斌（上海音乐学院副研究员）	9月19日 19:00	新闸路 1708 号海关楼 2 楼
15	松江区美术馆	带你走进上海的非物质文化遗产	蔡丰明（上海社会科学院研究员）	9月20日 13:30	松江区三新北路 900 弄 601 号
16	虹口区图书馆	书法与养生	赵伟平（上海大学艺术中心副主任、教授）	9月20日 14:00	水电路 1412 号
“文化与人生”系列讲座之 122					
1	闵行区梅陇镇	聊聊老百姓的旅游经	王大悟（上海社会科学院研究员）	9月19日 13:30	梅陇镇高兴路 108 号
2	闸北区北站街道	如何维持良好的家庭关系	周燕江（国家二级心理咨询师）	9月19日 13:30	康乐路 101 号
3	静安区图书馆	民歌琴深	孙剑（上海音乐学院助理研究员）	9月19日 19:00	新闸路 1708 号静安区图书馆海关楼 2 楼
4	长宁文化艺术中心	我的艺术人生	顾竹君（上海滑稽剧团国家一级演员）	9月21日 9:00	仙霞路 650 号 301 多功能厅
5	松江区洞泾镇	企业员工心理健康与安全生产	常焕（上海海事大学海华高等技术学院院长、副研究员）	9月22日 13:30	洞泾镇长兴路 466 号
6	上海师范大学	语言分析的一些案例——从英语的 wanna 说起	陆俭明（北京大学教授）	9月22日 15:00	桂林路 100 号西部对外汉语学院 303 多功能厅

(续表)

“文化与人生”系列讲座之 122					
7	崇明县港沿镇	职业素养与职业生涯规划	方研翔(上海市黄浦区就业促进中心副主任)	9 月 23 日 9:00	港沿公路 1177 号(镇政府对面)
8	上海氯碱化工股份有限公司	海派文化纵横谈	熊月之(上海历史学会会长、研究员)	9 月 23 日 9:00	龙吴路 4747 号综合会议室
9	上海师范大学	语言研究的乐趣	马真(北京大学教授)	9 月 23 日 14:00	桂林路 100 号西部对外汉语学院 303 多功能厅
10	闸北区图书馆	九九话重阳	陈劲松(上海师范大学副教授)	9 月 24 日 9:00	天目中路 2 号
11	杨浦区延吉新村街道	回忆上海味道,传承海派美食文化	徐善龙(上海食文化研究会常务理事)	9 月 24 日 9:00	延吉中路 77 号 410 室
12	黄浦区淮海中路街道	舌尖上的营养与隐患	郭永洁(上海中医药大学附属岳阳医院主任医师、教授)	9 月 24 日 14:00	马当路 349 号
13	奉贤区图书馆	中国画的解读与赏析	黄阿忠(上海大学教授)	9 月 24 日 14:00	解放东路 889 号辅楼报告厅小剧场
14	上海外国语大学	摄影与城市:以上海为例	顾铮(复旦大学教授)	9 月 24 日 18:00	文翔路 1550 号图文信息中心东厅
15	宝山区大场镇	团队建设与团队精神培养	范静(上海财经大学副教授)	9 月 25 日 14:00	真华路 1112 号
16	闵行区颛桥镇	教您读懂常规体检指标与应对策略	诸伟屏(上海市红十字会救护培训师)	9 月 26 日 13:30	闵行区都市路 2699 号 2 楼
17	浦东新区社会工作协会	积极理性健康心态与自我发展	张伟(第二军医大学心理咨询中心副教授)	9 月 26 日 14:00	合欢路 2 号地下一层
18	徐汇区长桥街道	运动让生活更精彩:日常健身保健法	陆大江(上海体育学院副教授)	9 月 26 日 14:00	老沪闵路 918 号长桥社区学校 1 楼多功能厅
19	宝山区高境镇	如何防止“癌从口入”	袁秀荣(上海中医药大学教授)	9 月 26 日 14:00	吉浦路 551 号
20	徐汇区图书馆	徐家汇的故事	薛理勇(上海市历史博物馆学术委员会副主任)	9 月 27 日 14:00	南丹东路 80 号北 4 楼
21	上海新希望语言学校	超常儿童的鉴别、教育与培养	周家骥(上海师范大学教育学院应用心理学系教授)	9 月 27 日 14:00	成都北路 586 号

（续表）

“文化与人生”系列讲座之 122					
22	松江区永丰街道	怎样摆脱亚健康？	朱鑫璞（上海市第一人民医院分院主任医师）	9月29日 13:30	松汇西路1438号
23	松江区九亭镇	情绪管理与健康	卢爱芬（上海市人民检察院主任检察官）	9月30日 13:00	九亭镇沪亭南路288弄牛车泾居委会
24	浦东新区合庆镇	百善“孝”为先	张桂芳（上海对外经贸大学教授）	9月30日 14:00	东川公路7136号
25	上海大学	跨越文化障碍：涉外人际交往的面面观	庞好农（上海大学教授）	10月9日 16:00	上大路99号J101室
26	上海新希望语言学校	0—3岁智慧育儿	茅红（黄浦区早期教育第一指导中心主任）	10月18日 14:00	成都北路586号
27	上海新希望语言学校	家规与沟通	约翰·默多克（同济大学美籍教授）	10月25日 14:00	成都北路586号
28	上海新希望语言学校	家庭成员间的关爱	欧文（新侨学院美籍教授）	11月1日 14:00	成都北路586号
“文化与人生”系列讲座之 123					
1	闵行区华漕镇	健康百岁不是梦	张冰隅（上海市食文化研究会副秘书长）	10月10日 13:30	闵行区华漕镇华漕村北街17号（华江路）华漕镇社区学校
2	华东理工大学	用信念指导人生之路	王建新（华东师范大学社会科学部副主任、教授）	10月10日 13:30	奉贤海思路999号图文信息中心裙楼报告厅
3	长宁文化艺术中心	我们怎样保护骨骼	吴海红（卢湾区老年保健所副主任医师）	10月12日 9:00	仙霞路650号301多功能厅
4	宝山区杨行镇	善于沟通协调，增强人际友善	顾晓英（上海大学副教授）	10月15日 9:00	杨鑫路268号（近杨泰路）
5	上海海事大学	南海与海上丝路——南海水下考古的文化记忆	李庆新（广东省海洋史研究中心主任、研究员）	10月15日 13:30	海港大道1550号邦建报告厅
6	上海中医药大学	膏方的宜与忌	陈平（上海中医药大学附属上海市中医医院教授）	10月15日 13:30	芷江中路274号上海市中医医院门诊大厅

(续表)

“文化与人生”系列讲座之123					
7	闵行区七宝镇	老年人的幸福感与健康长寿	张钟汝(上海大学教授)	10月15日 14:00	沪松公路450号
8	松江区新浜镇	如何让孩子学会自救自护	潘安农(松江分局大学城派出所教导员)	10月17日 13:30	新浜镇中心街1号
9	奉贤区图书馆	名医谈养生:老马识“毒”	马志英(上海食品协会专家委员会主任)	10月18日 13:30	解放东路889号辅楼报告厅小剧场
10	徐汇区图书馆	江南水乡与上海的俗地名	薛理勇(上海市历史博物馆学术委员会副主任)	10月18日 14:00	南丹东路80号北4楼
11	上海大学	道教与中国文化	朱子彦(上海大学教授)	10月18日 18:30	延长路149号四教310室
12	杨浦区江浦路街道	案例解读《婚姻法》	倪知良(上海市第二中级人民法院申诉审查庭庭长)	10月21日 9:00	许昌路1150号3楼
13	宝山区大场镇	中华美德与家庭教育	王立科(上海青年管理干部学院教授)	10月21日 14:00	真华路1112号
14	虹口区曲阳路街道	人文修养与语言艺术	陆澄(上海市演讲与口语传播研究会常务副会长、国家一级文学编辑)	10月22日 9:00	辉河路65号
15	嘉定区南翔镇	健康养生的“五大平衡”	赵文杰(上海交通大学教授)	10月22日 13:30	南翔镇古猗园路737号A楼多功能厅
16	崇明县图书馆	风光摄影漫谈	郑宪章(《上海画报》首席摄影记者)	10月22日 13:30	崇明大道7897号3楼报告厅
17	宝山区庙行镇	舌尖上的安全与隐患	刘少伟(华东理工大学食品科学与工程系副系主任、教授)	10月22日 14:00	长江西路2697号3楼
18	徐汇区虹梅路街道	生活中的经济学	李刚(上海师范大学副教授)	10月22日 18:30	徐汇区虹梅路2019号北楼401会议厅
19	上海中医药大学	膏方护肺	石克华(上海中医药大学附属上海市中医医院教授)	10月23日 13:30	芷江中路274号上海市中医医院门诊大厅
20	徐汇区长桥街道	毛泽东的史学智慧	鲁家峰(中共上海市青浦区委党校副教授)	10月23日 14:00	老沪闵路918号底楼多功能厅

（续表）

“文化与人生”系列讲座之123					
21	徐汇区湖南路街道	青春期逆反的心理辅导	赵小青（上海大学心理辅导中心主任、副教授）	10月24日 9:00	乌鲁木齐中路164号
22	闵行区梅陇镇	PM2.5会带来什么健康隐患	倪伟（龙华医院浦东分院呼吸内科主任、教授）	10月24日 13:30	梅陇镇高兴路108号
23	浦东新区花木街道	因时顺势的中医养生	钱海（上海中医药大学副教授）	10月24日 14:00	梅花路289号五楼510室
24	松江区美术馆	九峰三泖图意境溯源：以元末的前松江画派为主	陶喻之（上海博物馆书画研究部研究员）	10月25日 13:30	松江区三新北路900弄601号（近文诚路）
25	徐汇区图书馆	有相有声话相声	赵松涛（上海曲艺家协会会员）	10月25日 14:00	南丹东路80号北4楼
26	上海中医药大学	服膏疗疾，享受国粹	许良（上海中医药大学附属上海市中医医院教授）	10月29日 13:30	石门一路67弄1号1号楼3楼会议室
27	上海中医药大学	漫谈膏方	周家俊（上海中医药大学附属上海市中医医院教授）	10月30日 13:30	石门一路67弄1号1号楼3楼会议室
“文化与人生”系列讲座之124					
1	松江区泖港镇	常见病的饮食指导及中药调理	郭永洁（上海中医药大学附属岳阳医院主任医师、教授）	10月25日 9:00	泖港镇新宾路358号
2	长宁文化艺术中心	感受与表达——诗歌作品的赏析与朗读	成雅明（上海市作家协会会员）	10月26日 9:00	仙霞路650号301多功能厅
3	上海师范大学	《史记》对诸子的再现	柯马丁（普林斯顿大学东亚系主任、教授）	10月27日 14:30	桂林路100号文苑楼1405
4	宝山区顾村镇	应时应季：漫谈中医四季养生	卫洪昌（上海中医药大学教授）	10月29日 9:00	顾村镇新泰路31号
5	松江区洞泾镇	“银发族”的养生之道	张冰隅（上海食文化研究会副秘书长）	10月29日 9:00	沪松公路3715弄9号洞泾镇敬老院
6	静安区图书馆	文学带给我的人生滋养	孔明珠（中国作家协会会员、上海市作家协会理事）	10月30日 14:00	新闸路1702号

（续表）

“文化与人生”系列讲座之 124					
7	杨浦区长白街道	秋冬饮食与养生	闫晓天（上海中医药大学基础医学院党总支书记、教授）	10 月 31 日 9:00	延吉东路 105 号
8	闸北区图书馆	摄影用光的术与道	李为民（上海市摄影家协会副主席）	11 月 1 日 13:30	闻喜路 800 号 3 楼多功能厅
9	徐汇区图书馆	动静张弛　心有灵犀——沈昳丽昆曲日知录	沈昳丽（国家一级演员、上海市戏剧家协会理事）	11 月 1 日 14:00	南丹东路 80 号北 4 楼
10	长宁文化艺术中心	雪泥鸿爪——西方建筑流派与上海建筑	李建中（联合国教科文组织亚太地区世界遗产培训与研究中心副教授）	11 月 2 日 9:00	仙霞路 650 号 301 多功能厅
11	奉贤区南桥镇	最好的医生是自己：健康自我管理方法	姚武（上海交通大学副教授）	11 月 4 日 13:30	南桥镇江海路 86 号
12	徐汇区图书馆	斯美塔那及交响诗《我的祖国》赏析	陈光宪（上海交响乐团团长、国家一级演奏员）	11 月 8 日 14:00	南丹东路 80 号北 4 楼
13	上海应用技术学院	大学生成长中的角色文化	张生泉（上海戏剧学院党委宣传部部长、教授）	11 月 10 日 18:00	海泉路 100 号奉贤校区图书馆 101 会议室
14	嘉定区南翔镇	聊聊伲格沪剧“特产”	周平（松江区文联秘书长）	11 月 12 日 13:30	古猗园路 737 号 A 楼多功能厅
15	上海师范大学	翻译荷马：从明清两朝谈起	李奭学（台湾“中央研究院”中国文哲研究所研究员）	11 月 12 日 14:00	桂林路 100 号文苑楼 1405
16	上海外国语大学	从《海上花列传》到《海上花》	汤惟杰（同济大学中文系副主任、副教授）	11 月 12 日 18:00	文翔路 1550 号图文信息中心东厅
17	崇明县中兴镇	《弟子规》里的大道理	韩志强（中国甲骨文书法艺术研究会理事、教授）	11 月 13 日 13:30	兴工路 57 号
18	宝山区大场镇	上海人与上海文化	段炼（上海社会科学院副研究员）	11 月 13 日 13:30	真华路 1112 号
19	闵行区梅陇镇	“三国”人才与谋略	朱子彦（上海大学教授）	11 月 14 日 13:30	高兴路 108 号
20	长宁文化艺术中心	西方古典艺术的魅力和沿革	孙乃树（上海视觉艺术学院美术学院副院长、教授）	11 月 16 日 9:00	仙霞路 650 号 301 多功能厅

（续表）

“文化与人生”系列讲座之 125					
1	松江区石湖荡镇	“银发族”的养生之道	毕玲爱（松江区中心医院副主任医师）	11月15日 9:00	辰塔路 1098 号东港村
2	松江区美术馆	书法鉴赏与练习	郭适权（上海市书法家协会学术专业委员会副主任兼秘书长）	11月15日 13:30	三新北路 900 弄 601 号
3	上海大学	微时代下的舆论引导	徐世甫（上海政法学院副教授）	11月15日 18:30	延长路 149 号四教 310 室
4	上海大学	压缩的时间史	吴亮（《上海文化》杂志主编）	11月16日 14:00	上大路 99 号美术学院 418 室
5	上海大学	大学与人生——如何选择你的人生道路	周哲玮（上海大学教授）	11月16日 14:30	上大路 99 号伟长楼
6	闵行区七宝镇	生活中的经济学	李刚（上海师范大学副教授）	11月18日 13:30	沪松公路 450 号
7	上海外国语大学	《庄子逍遥游》中的鲲鹏寓言与人的自由	陈赟（华东师范大学教授）	11月18日 18:00	文翔路 1550 号图文信息中心东厅
8	崇明县图书馆	收藏的境界与心灵享受	宣家鑫（上海市收藏协会副会长、上海市书法家协会副主席）	11月19日 13:30	崇明大道 7897 号 3 楼报告厅
9	上海海事大学	郑和下西洋与明人的海洋意识——基于明代地理文献的例证	邹振环（复旦大学教授）	11月19日 13:30	海港大道 1550 号邦建报告厅
10	杨浦区图书馆	当代影视作品赏析	王伯男（上海戏剧学院副教授、图书馆馆长）	11月20日 14:00	平凉路 1490 弄 1 号
11	闸北区北站街道	骨骼强健，助您享受美好生活	雷文海（闸北区中心医院副主任医师）	11月20日 14:00	康乐路 101 号
12	上海师范大学	唇齿相依亦相磕：中朝关系演变七十年	陈兼（美国康奈尔大学教授）	11月20日 14:00	桂林路 100 号文苑楼多功能厅
13	上海应用技术学院	品味中华之礼，倡扬“君子之道”	张自慧（上海应用技术学院礼文化研究所所长、教授）	11月20日 18:00	海泉路 100 号奉贤校区图书馆 101 会议室
14	华东理工大学	武侠小说与中国传统文化	吴兆路（复旦大学教授）	11月21日 9:00	海思路 999 号图文信息中心裙楼报告厅

（续表）

“文化与人生”系列讲座之125					
15	华东理工大学	大学生成长过程中的角色文化	张生泉（上海戏剧学院党委宣传部部长、教授）	11月21日 9:00	海思路999号图文信息中心裙楼报告厅
16	宝山区顾村镇	友善：做一个受欢迎的人	高京生（上海市总工会讲师团高级政工师）	11月21日 9:00	新泰路31号
17	松江区车墩镇	做一个有情有义的人：教孩子学会感恩	颜苏勤（上海市中职心理健康教育研究会秘书长）	11月21日 13:00	北松公路4688号
18	徐汇区图书馆	德沃夏克及《第九交响曲（新世界）》赏析	陈光宪（上海交响乐团团长、国家一级演奏员）	11月22日 14:00	南丹东路80号北4楼
19	松江区泖港镇	开展文明创建，树立文明新风	裴雨林（上海青年干部管理学院副教授）	11月23日 9:00	泖港镇新宾路358号
20	长宁文化艺术中心	京剧的前世今生	钮君怡（上海古籍出版社编辑）	11月23日 9:00	仙霞路650号301多功能厅
21	普陀区图书馆	昨夜星辰昨夜风——梁波罗的艺术人生	梁波罗（国家一级演员）	11月25日 10:00	铜川路1278号1楼报告厅
22	宝山区罗泾镇	家庭急救和紧急自助	诸伟屏（上海市红十字会救护培训师）	11月25日 13:30	陈东路121号
23	崇明县新海镇	最好的医生是自己：健康自我管理方法	姚武（上海交通大学副教授）	11月26日 9:00	新海镇人民政府东侧
24	上海市档案馆	近代金融与海派文化	邢建榕（上海市档案局副局长）	11月28日 13:30	中山东二路9号10楼报告厅
25	上海师范大学	民族国家之内和之外的历史：美国史研究的新视野	王旭（厦门大学教授）	11月28日 13:30	桂林路100号文苑楼多功能厅
26	虹口区凉城新村街道	冬季进补话膏方	黄海茵（上海中医药大学附属岳阳医院主任医师）	11月28日 13:45	凉城路465弄41号甲3楼
27	静安区图书馆	燕语怀旧春思曲 西风踏雪长恨歌：黄自与民国时期的上海音乐	韩斌（上海音乐学院副研究员）	11月28日 19:00	新闸路1708号海关楼2楼

（续表）

“文化与人生”系列讲座之125					
28	长宁文化艺术中心	美的感悟——我们怎样玩收藏	沈嘉禄（中国作家协会会员、上海劳动报社文化新闻部主任）	11月30日 9:00	仙霞路650号301多功能厅
29	徐汇区华泾镇	健康人格铸就幸福人生	王红丽（上海海事大学党委宣传部副部长、副教授）	12月3日 14:00	龙吴路2443号
30	上海师范大学	唤醒沉睡的美丽：复活的语言与多元的文化	诸葛漫（澳大利亚阿德莱德大学教授）	12月3日 14:00	桂林路100号文苑楼多功能厅
“文化与人生”系列讲座之126					
1	上海第二工业大学	孔子的人生智慧与格调	奚爱民（上海音乐学院副教授）	12月10日 13:00	金海路2360号18号楼18307报告厅
2	上海海事大学	陆海关系与中国人的海洋意识	时平（上海海事大学海洋文化研究所所长、教授）	12月10日 13:30	海港大道1550号学生服务中心邦建报告厅
3	上海师范大学	宗教的普遍性和儒家的宗教性	李天纲（复旦大学教授）	12月10日 14:30	桂林路100号东部文苑楼1405室
4	上海大学	《禹贡》与中国	李零（北京大学教授）	12月10日 15:30	上大路99号行政楼报告厅
5	同济大学	从诺贝尔奖到世界顶级工程教育——应对全球挑战	Ramon Wyss（瑞典皇家理工学院副校长、教授）	12月10日 18:30	彰武路100号中芬中心舞台
6	杨浦区江浦路街道	应时应季：漫谈中医四季养生	闫晓天（上海中医药大学基础医学院党总支书记、教授）	12月11日 9:00	许昌路1150号3楼
7	上海大学	海上花——百年旗袍与老上海	胡建君（上海大学副教授）	12月12日 14:00	上大路99号图书馆报告厅
8	上海师范大学	王安石政治哲学发微	梁涛（中国人民大学教授）	12月12日 14:00	桂林路100号文苑楼1115室
9	松江区美术馆	画“梅”与中国精神	陶喻之（上海博物馆书画研究部研究员）	12月13日 13:30	三新北路900弄601号
10	徐汇区图书馆	孔子的气量与幽默	白子超（上海报业集团新闻研究所原副所长、高级编辑）	12月13日 14:00	南丹东路80号北4楼
11	长宁文化艺术中心	冬令进补——膏方调理	温秀怡（上海雷允上药城副主任医师）	12月14日 9:00	仙霞路650号301多功能厅

（续表）

“文化与人生”系列讲座之 126					
12	嘉定区图书馆	上海顶级老洋房	宋路霞（华东师范大学校报主编）	12 月 14 日 14:00	清河路 34 弄 40 号
13	上海师范大学	机遇与困难：现代儒学的问题梳理	干春松（北京大学教授）	12 月 15 日 14:00	桂林路 100 号文苑楼 1115 室
14	徐汇区华泾镇	百善“孝”为先	张桂芳（上海对外经贸大学教授）	12 月 16 日 14:00	龙吴路 2443 号
15	闵行区七宝镇	四季中医经络养生	徐俊（上海中医药大学副教授）	12 月 16 日 14:00	沪松公路 450 号
16	上海第二工业大学	改变思维	钱旭红（华东理工大学校长、中国工程院院士）	12 月 17 日 13:00	金海路 2360 号 18 号楼 18307 报告厅
17	浦东新区社会工作协会	沟通、协调与语言艺术	刘砚国（上海市演讲与口语传播研究会副会长）	12 月 17 日 14:00	合欢路 2 号地下一层
18	上海外国语大学	中国人去哪儿了？——跨太平洋位移的历史与当下	黄运特（加利福尼亚大学圣巴巴拉分校教授）	12 月 17 日 18:00	文翔路 1550 号图文信息中心东厅
19	杨浦区图书馆	家居美学与美的家居	王正明（上海工艺美术职业学院教授）	12 月 18 日 14:00	平凉路 1490 弄 1 号
20	上海大学	对高等教育改革的认识与建议	俞立中（上海纽约大学校长）	12 月 18 日 18:00	上大路 99 号 J201
21	浦东新区三林镇	和谐家庭与幸福生活	朱国定（上海师范大学教授）	12 月 19 日 9:00	东书房路 629 弄 8 号 201 室
22	静安区图书馆	煮物之味——漫谈海派美食文化	孔明珠（中国作家协会会员、上海作家协会理事）	12 月 19 日 19:00	新闸路 1708 号海关楼 2 楼
23	上海立信会计学院	心往彼处驰去，诗从对面飞来——诗经艺术漫谈	李笑野（上海财经大学图书馆馆长、教授）	12 月 20 日 13:00	文翔路 2800 号学验楼报告厅
24	徐汇区图书馆	读一点孟子	白子超（上海报业集团新闻研究所原副所长、高级编辑）	12 月 20 日 14:00	南丹东路 80 号北 4 楼
25	宝山区罗泾镇	专家教您读懂常规体检指标与应对策略	诸伟屏（上海市红十字会救护培训师）	12 月 23 日 13:30	陈东路 121 号
26	上海第二工业大学	中国人群起源与文明肇始	李辉（复旦大学教授）	12 月 24 日 13:00	金海路 2360 号 18 号楼 18307 报告厅

（续表）

"文化与人生"系列讲座之126					
27	上海市档案馆	国民党金融大崩溃——从电视剧《北平无战事》说起	吴景平（复旦大学教授、中国金融史研究中心主任）	12月25日 13:30	中山东二路9号10楼报告厅
28	松江区石湖荡镇	家庭卫生消毒知识	张雅丽（上海中医药大学附属曙光医院护理科主任、教授）	12月26日 13:30	闵塔路1751弄恬润新苑395号
29	东方华文教育发展中心	隔代教育	乐善耀（上海教育科学研究院副研究员）	12月27日 14:00	成都北路586号
30	嘉定区图书馆	维也纳新年音乐会的前世今生	韩斌（上海音乐学院副研究员）	12月28日 14:00	清河路34弄40号
"文化与人生"系列讲座之127					
报纸发表信息					
序号	举办单位	题目	主讲人	时间	会场地址
1	上海师范大学	何为讽喻	朱国华（华东师范大学中文系副主任、《文艺理论研究》常务副主编）	12月15日 14:00	桂林路100号文苑楼708
2	上海大学	罗马之行	陈家泠（中国国家画院研究员、上海大学美术学院教授）	12月18日 9:00	上大路99号图书馆报告厅
3	上海师范大学	学术研究与学术创新——兼谈学术论文的发表	谢天振（上海外国语大学高级翻译学院翻译研究所所长、教授）	12月23日 10:00	桂林路100号文苑楼1405室
4	上海大学	能源、环境与中国经济可持续发展	陈诗一（复旦大学教授）	12月23日 14:00	上大路99号经管大楼115会议室
5	上海师范大学	文学伴随论——论"真实"作为文学的伴随因素	王峰（华东师范大学教授）	12月25日 10:00	桂林路100号文苑楼1405室
6	上海大学	文武昆乱皆不挡，梅声弘韵传悠长	史依弘（上海京剧院国家一级演员）	12月26日 13:00	上大路99号J103
7	徐汇区图书馆	谈谈埃博拉	沈昭在（同济大学医学院教授、主任医师）	1月4日 14:00	南丹东路80号北4楼
8	徐汇区图书馆	无边际博物馆：祁县的实践	庄小蔚（上海大学美术学院玻璃工作室主任、教授）	1月10日 14:00	南丹东路80号北4楼

（续表）

“文化与人生”系列讲座之128					
报纸发表信息					
序号	举办单位	题目	主讲人	时间	会场地址
1	宝山区罗店镇	常见病的家庭小药箱	朱鑫璞(上海市第一人民医院分院主任医师)	12月23日 13:30	美诺路131号
2	崇明县图书馆	冬季进补话膏方	王馨璐(上海中医药大学附属上海市中医医院副教授)	12月24日 13:30	崇明县崇明大道7897号崇明县图书馆3楼报告厅
3	闸北区北站街道	倾听的艺术	刘晏华(国家二级心理咨询师)	12月29日 13:30	康乐路101号
4	东方华文教育发展中心	科学行动,让衔接期不再焦虑	陈小文(静安区家庭教育指导中心副主任)	2015年1月10日14:00	成都北路586号
5	奉贤区图书馆	海上旧事:改变民国历史的上海帮会	苏智良(上海师范大学教授)	2015年1月17日13:30	奉贤区图书馆3楼大会议室
6	徐汇区图书馆	聚会《繁花》	金宇澄(中国作家协会会员、《上海文学》常务副主编)	2015年1月17日14:00	南丹东路80号北4楼
7	徐汇区长桥街道	绿色装点居家生活——室内植物的观赏应用	修美玲(上海植物园园艺工程师)	2015年1月22日14:00	上海市徐汇区老沪闵路918号

东方讲坛·四季养生系列讲座

东方讲坛·四季养生系列讲座					
1	上海中医药大学	自我调养治便秘	张鑫麟(上海中医药大学附属上海市中医医院教授)	1月7日 13:30	石门一路67弄1号1号楼3楼会议室
2	上海中医药大学	养生美容从健康肠道开始	周大成(上海中医药大学附属上海市中医医院教授)	1月16日 13:30	芷江中路274号上海市中医医院门诊大厅
3	上海中医药大学	中医解读“肾虚”	周家俊(上海中医药大学附属上海市中医医院教授)	2月14日 13:30	石门一路67弄1号1号楼3楼会议室
4	上海中医药大学	中老年人的关节养护	车涛(上海中医药大学附属上海市中医医院副教授)	2月20日 13:30	芷江中路274号上海市中医医院门诊大厅

（续表）

东方讲坛·四季养生系列讲座					
5	上海中医药大学	“肾虚”的自我判断及补肾原则	龚学忠（上海中医药大学附属上海市中医医院副教授）	3月3日 13:30	芷江中路274号上海市中医医院门诊大厅
6	上海中医药大学	糖尿病人如何自我健康管理	张敏（上海中医药大学附属上海市中医医院教授）	3月13日 13:30	石门一路67弄1号1号楼3楼会议室
7	上海中医药大学	睡眠与养生	许良（上海中医药大学附属上海市中医医院教授）	3月18日 13:30	芷江中路274号上海市中医医院门诊大厅
东方讲坛·四季养生系列					
1	上海中医药大学	小儿敷贴治咳喘	周静冬（上海中医药大学附属上海市中医医院副教授）	7月8日 13:30	芷江中路274号上海市中医医院门诊大厅
2	上海中医药大学	脚气的危害	李萍（上海中医药大学附属上海市中医医院教授）	7月17日 13:30	石门一路67弄1号1号楼3楼会议室
3	上海中医药大学	三伏天里话“伏针”	徐世芬（上海中医药大学附属上海市中医医院副教授）	7月22日 13:30	芷江中路274号上海市中医医院门诊大厅
4	上海中医药大学	夏季平稳血压之道	陈兆善（上海中医药大学附属上海市中医医院副教授）	8月5日 13:30	芷江中路274号上海市中医医院门诊大厅
5	上海中医药大学	夏季睡眠与养生	许良（上海中医药大学附属上海市中医医院教授）	8月13日 13:30	石门一路67弄1号1号楼3楼会议室
6	上海中医药大学	中医教您远离尿路感染的困扰	张长明（上海中医药大学附属上海市中医医院副教授）	8月21日 13:30	芷江中路274号上海市中医医院门诊大厅
7	上海中医药大学	疼痛也是病，千万别硬扛	王开强（上海中医药大学附属上海市中医医院教授）	9月10日 13:30	芷江中路274号上海市中医医院门诊大厅
8	上海中医药大学	谈谈乳腺疾病的防与治	王群（上海中医药大学附属上海市中医医院副教授）	9月12日 13:00	石门一路67弄1号1号楼3楼会议室
9	上海中医药大学	秋季养生，润肺为先	王丽新（上海中医药大学附属上海市中医医院副教授）	9月25日 13:30	芷江中路274号上海市中医医院门诊大厅

东方讲坛·经典艺术系列

东方讲坛·经典艺术系列之 351、352					
351	上海东方宣传教育服务中心、上海东方文化之友联谊会、上海民族乐团	琴深意长——感受二胡艺术的魅力	段皑皑(上海民族乐团二胡独奏家、国家一级演员,上海音乐家协会二胡专业委员会会长)	1月12日 10:00	上海贺绿汀音乐厅(汾阳路20号)
352	上海东方宣传教育服务中心、上海东方文化之友联谊会	艺术家与义工:进入艺术新地带	王南溟(美术评论家、策展人)	1月18日 10:00	上海贺绿汀音乐厅(汾阳路20号)
东方讲坛·经典艺术系列之 353					
353	上海东方宣传教育服务中心、东方文化之友联谊会	上海老味道	沈嘉禄(中国作家协会会员、高级记者)	1月25日 14:00	上海贺绿汀音乐厅(汾阳路20号)
东方讲坛·经典艺术系列之 354					
354	上海东方宣传教育服务中心、东方文化之友联谊会	上海百年城事	于其多(媒体人)	2月25日 14:00	上海贺绿汀音乐厅(汾阳路20号)
东方讲坛·经典艺术系列之 356、357、358					
之356	上海东方宣传教育服务中心、东方文化之友联谊会	风从上海来——黄自、贺绿汀、聂耳的电影音乐创作	方琼(上海音乐学院教授、女高音歌唱家)	3月23日 14:00	上海贺绿汀音乐厅(汾阳路20号)
之357	上海东方宣传教育服务中心、东方文化之友联谊会	黄自和他的年代——中国近代音乐的曙光	沈洋(上海音乐学院教授、低男中音歌唱家)	3月16日 14:00	上海贺绿汀音乐厅(汾阳路20号)
之358	上海东方宣传教育服务中心、东方文化之友联谊会	穿越——二胡与古琴的对话	马晓辉(二胡演奏家)、梁慧君(古琴演奏家)	3月29日 10:00	上海贺绿汀音乐厅(汾阳路20号)
东方讲坛·经典艺术系列之 368、369					
368	上海东方宣传教育服务中心、东方文化之友联谊会	海外淘宝——中国瓷器	程庸(中国古陶瓷研究会会员)	6月27日 14:00	上海市群众艺术馆4楼多功能厅(古宜路125号)

（续表）

东方讲坛·经典艺术系列之368、369					
369	上海东方宣传教育服务中心、东方文化之友联谊会、上海市群艺馆、上海市收藏鉴赏家协会	舞者，传递美的天使	朱洁静（国家一级演员、上海歌舞团首席）	7月9日 19:15	上海贺绿汀音乐厅（汾阳路20号）
东方讲坛·经典艺术系列之376					
376	上海东方宣传教育服务中心、东方文化之友联谊会	大悲大喜话唢呐——浅谈唢呐艺术	朱颖（上海民族乐团唢呐演奏家、中国唢呐专业委员会理事）	9月20日 10:00	上海贺绿汀音乐厅（汾阳路20号）
东方讲坛·经典艺术系列之377、378					
377	上海东方宣传教育服务中心、东方文化之友联谊会	中国歌曲与中国文化	杨赛（上海音乐学院研究员）	9月27日 10:00	上海贺绿汀音乐厅（汾阳路20号）
378	上海东方宣传教育服务中心、东方文化之友联谊会、上海市群众艺术馆	一首永远的祖国颂歌	瞿新华（国家一级编剧）	9月29日 14:00	上海市群众艺术馆4楼多功能厅（古宜路125号）

东方讲坛·“以案说防范，共建平安城”系列宣讲

第287期，总20714场， 2014年1月10—27日
东方讲坛·“以案说防范，共建平安城”系列宣讲（之一）
（中共上海市委宣传部、上海市公安局）
宣讲主题：
一、居家安全　二、冬季防火　三、文明出行　四、网络安全　五、出境指南　六、识假辨假 七、防扒防窃　八、禁毒禁赌　九、电信诈骗防范　十、公共场所应急安全知识
宣讲员：
由上海市历届“平安卫士”、“平安先锋”及第三届争创“平安卫士”主题实践活动候选人组成
示范宣讲
举办单位：上海市公安局
题　　目：青少年寒假安全知识教育
时　　间：1月14日10:00
主 讲 人：上海市第三届“平安卫士”获得者
地　　点：淮海中路1555号上海图书馆2楼报告厅（凭会议通知入场）

(续表)

浦东新区			
序号	举办单位	时间	地　点
1	上钢新村派出所	1月10日下午	耀华路87弄62号上南花城社区老年活动室
2	大团派出所	1月10日下午	南芦公路999号大团高级中学
3	彭镇派出所	1月10日下午	云荷苑居委社区服务中心
4	惠南派出所	1月10日下午	拱乐路888号红光居委
5	永泰路派出所	1月10日下午	永泰路2079弄63号永泰社区党委
6	金桥派出所	1月10日下午	金粤路385号3楼金葵一居委会议室
7	高东派出所	1月11日9:00	高东沙港村东沙港5号沙港村民学校
8	康桥派出所	1月11日下午	御衡路68弄39号绿洲康城居委会
9	临港新城派出所	1月11日下午	竹柏路366弄宜浩佳园二居委
10	宣桥派出所	1月13日上午	宣黄公路428号欣松(兰)苑居委会
11	塘桥派出所	1月13日上午	浦建路99号塘桥派出所3楼大会议室
12	龚路派出所	1月13日中午	金海路2727号杉达大学
13	洋泾派出所	1月13日13:00	博山路51弄40号洋泾街道阳光驿站
14	凌桥派出所	1月13日下午	江东路1380弄78号凌桥小学
15	江镇派出所	1月13日下午	施湾三路985号思凡居委活动室
16	浦兴路派出所	1月14日9:00	长岛路1201弄72号旁长岛路居委活动室
17	合庆派出所	1月14日13:30	庆滨路51号庆南居委会
18	芦潮港派出所	1月14日下午	芦云路201弄东首海尚社区会议室
19	王港派出所	1月14日下午	新雅路259号王港居委市民学校
20	川沙派出所	1月15日9:30	川沙路5278号城南社区
21	梅园新村派出所	1月15日9:30	东园四村427号老干部活动中心
22	东海派出所	1月15日上午	东港公路2961号新东村村委会
23	潍坊新村派出所	1月15日上午	浦电路331弄18号1楼潍坊八村居委会
24	黄楼派出所	1月15日上午	华夏二路1455弄川迪一居委会
25	新场派出所	1月15日上午	坦仁路60号新场镇仁义村
26	孙桥派出所	1月15日上午	张东路3001号东昌中学
27	老港派出所	1月15日上午	老港镇南港公路1765号中港村村委会
28	惠南派出所	1月15日13:30	人民西路180号西门居委金秋苑党员活动中心
29	书院派出所	1月15日13:30	唐港路1059弄1号新舒苑社区活动中心3楼会议室

（续表）

浦东新区			
序号	举办单位	时间	地　点
30	高桥派出所	1月15日13:30	南塘村顾家宅503号101室南塘村村委会
31	六团派出所	1月15日13:30	川沙新镇六团社区文化中心2楼多功能厅
32	金杨新村派出所	1月15日14:00	金口路44弄46号金口一居委活动室
33	沪东新村派出所	1月15日14:00	浦东大道3076弄24号底楼伟莱家园社区活动中心
34	蔡路派出所	1月15日14:00	合庆镇跃东路508号勤益、跃进村村委会
35	泥城派出所	1月15日下午	泥城镇鸿音路2910号云帆苑居委会议室
36	杨思派出所	1月15日下午	杨新路60号杨思社区中心
37	花木派出所	1月15日下午	白杨路1155号培花社区中心
38	北蔡派出所	1月15日下午	绿林路320弄8号甲绿川四居委活动中心
39	横沔派出所	1月15日下午	秀沿路2551号汤巷馨村居委会
40	周家渡派出所	1月15日下午	洪山路121弄7支弄1号上南五村居委会
41	唐镇派出所	1月16日上午	唐镇唐龙路大众村村委会
42	南码头路派出所	1月16日上午	高科西路1105号浦东中学
43	东明路派出所	1月16日上午	三林路1466弄80号三林苑社区服务中心
44	万祥派出所	1月16日13:00	万祥镇茂盛路12号万祥镇老年大学
45	合庆派出所	1月16日下午	合庆镇共一村委
46	三林派出所	1月17日上午	永泰路468弄三林二居委会议室
47	杨园派出所	1月17日上午	园洲路189弄杨园新村第三居委会会议室
48	高行派出所	1月17日13:30	东靖路43号107室东沟社区市民学校
49	六灶派出所	1月20日上午	六灶鹿溪路69号六灶果园村委会
50	罗山新村派出所	1月20日15:00	博山东路805号东方知音居委会
51	六里派出所	1月20日下午	锦尊路220号北蔡镇春夏居委会活动中心
52	祝桥派出所	1月21日上午	祝桥中学北侧革命博物馆一居委会议室
53	惠南派出所	1月21日13:30	人民东路2548弄东城居委会会议室
54	张江派出所	1月22日9:00	益江路335号江丰剧场
55	黄路派出所	1月22日下午	浦东新区惠南镇南团公路854号2楼迎熏居委会
56	顾路派出所	1月23日下午	民耀路268弄3号101室阳光二居委
57	航头派出所	1月24日13:30	航鹤路388号文化中心
58	周浦派出所	1月27日上午	东南二村75号东南居委会
59	周东派出所	1月10日14:00	振兴路1号周浦镇育才小学

（续表）

黄浦区			
序号	举办单位	时间	地　　点
1	南京东路派出所	1月15日9:00	北京东路819弄6号牛庄居委会
2	外滩派出所	1月14日9:00	河南中路382弄6号汉口居委会
3	瑞金二路派出所	1月15日9:00	兴安路141弄4号
4	淮海中路派出所	1月15日10:00	济南路185弄28号景安居委会
5	豫园派出所	1月15日14:30	方浜西路63弄13号方西居委会
6	打浦桥派出所	1月15日14:00	鲁班路168弄9号居委会
7	老西门派出所	1月14日9:30	迎勋路100弄9号会议室
8	小东门派出所	1月15日9:00	中山南路760号5楼南区居委会
9	五里桥派出所	1月22日14:30	蒙自路440弄2号101室蒙自居委会
10	半淞园派出所	1月26日9:00	西藏南路1341弄9号
徐汇区			
序号	举办单位	时间	地　　点
1	天平路派出所	1月15日下午	建国西路355弄20号
2	漕河泾派出所	1月20日下午	漕溪一村10号居委会
3	长桥派出所	1月16日下午	材料工程学校
4	枫林路派出所	1月23日上午	天钥桥路968弄1号底楼徐汇苑居委会
5	虹梅派出所	1月10日下午	虹漕路左村15号社区学校
6	康健新村派出所	1月13日上午	浦北路268号街道402室
7	斜土路派出所	1月17日上午	茶陵路38号斜土街道社区服务中心
8	徐家汇派出所	1月15日上午	圣爱大厦2楼
9	龙华派出所	1月15日上午	龙耀路云锦路七建工地会议室
10	凌云所、凌云街道	1月22日下午	乐泰酒店会议厅
11	田林新村派出所	1月24日下午	田林东路588号党员服务中心
长宁区			
序号	举办单位	时间	地　　点
1	江苏路派出所	1月17日下午	安西路45号江苏路社区文化中心
2	华阳路派出所	1月17日下午	武夷路311弄15号
3	新华路派出所	1月10日上午	法华镇路453号新华社区文化中心3楼多功能厅
4	周家桥派出所	1月10日上午	万航渡路2505弄23号103室周一居委

（续表）

长宁区			
序号	举办单位	时间	地　　点
5	虹桥路派出所	1月24日上午	富贵东道99号古北市民中心
6	天山路派出所	1月13日9:30	娄山关路天山四村122号天山社区文化中心
7	仙霞路派出所	1月17日14:00	天山路671号101室五一小区活动室
8	新泾派出所	1月17日上午	哈密路431号新泾镇政府四号会议室
9	北新泾派出所	1月14日上午	天山西路350弄55号
10	程家桥派出所	1月24日9:00	哈密路1955号4楼程桥街道文化中心
静安区			
序号	举办单位	时间	地　　点
1	曹家渡派出所	1月10日上午	武定西路1344弄12号曹家渡社区学校
2	石门二路派出所	1月14日上午	石门二路485号恒丰居委会会议室
3	石门二路派出所	1月17日9:30	北京西路605弄8号底楼东王居委会老年活动室
4	曹家渡派出所	1月27日上午	武定西路1344弄12号曹家渡社区学校
5	江宁路派出所	1月15日下午	淮安路771号江宁街道文化活动中心
普陀区			
序号	举办单位	时间	地　　点
1	长寿路派出所	1月15日上午	大上海城市花园居委会会议室
2	东新路派出所	1月13日上午	东新路135号2楼光复居委会会议室
3	中山北路派出所	1月13日下午	中潭路100弄70号两湾城警务室
4	宜川新村派出所	1月15日下午	华阴路200号
5	白玉路派出所	1月23日上午	凯旋北路1555弄清水湾居委会
6	长风新村所	1月10日下午	长风所
7	曹杨新村派出所	1月14日上午	兰溪园居委会
8	石泉路派出所	1月10日上午	中山居委会活动室
9	甘泉路派出所	1月10日下午	汪家井居委会会议室
10	长征派出所	1月14日上午	万豪居委会
11	真如派出所	1月15日下午	真如社区活动中心
12	真光路派出所	1月10日上午	桃浦路1023弄小区居委会活动室
13	万里派出所	1月10日上午	富平路518号
14	桃浦派出所	1月15日上午	莲花公寓居委会
15	白丽路派出所	1月10日上午	合欢居委会活动室

（续表）

闸北区			
序号	举办单位	时间	地　点
1	天目西路派出所	1月10日上午	恒丰路308号金水湾大酒店会议室
2	北站派出所	1月10日上午	康乐路199号北站街道社区文化中心
3	宝山路派出所	1月24日上午	虬江路723号朝阳中学
4	芷江西路派出所	1月16日下午	中华新路725弄44号101室大统路居委会
5	共和新路派出所	1月15日下午	和田路211号上海冷气机厂会议室
6	大宁路派出所	1月15日下午	市北园区
7	彭浦镇派出所	1月16日上午	风华中学大礼堂
8	彭浦新村派出所	1月16日上午	彭浦新村58号街道活动中心
9	三泉路派出所	1月27日下午	彭浦新村街道第一会议中心
10	临汾路派出所	1月16日下午	临汾路派出所3楼会议室
虹口区			
序号	举办单位	时间	地　点
1	四川北路派出所	1月20日14:00	头坝路100号
2	广中路派出所	1月16日15:00	广中路123号
3	凉城新村派出所	1月10日10:30	凉城路465弄41号甲3楼
4	提篮桥派出所	1月10日9:00	东余杭路1336弄4号101室
5	曲阳路派出所	1月6日15:30	巴林路60弄22号1楼会议室
6	嘉兴路派出所	1月9日14:00	岳州路399弄紫虹嘉苑小区会所2楼
7	江湾派出所	1月14日14:00	丰镇路21号1楼
8	欧阳路派出所	1月17日14:45	祥德路505弄21号
杨浦区			
序号	举办单位	时间	地　点
1	定海派出所	1月13日上午	长阳路3066号街道社区事务受理中心3楼会议室
2	新江湾城派出所	1月16日上午	政悦路588弄32号2楼建德国际公寓居委会
3	平凉路派出所	1月15日14:00	通北路540号平凉街道党员服务中心
4	长白新村派出所	1月15日9:00	延吉东路82弄26号松花居委会
5	控江路派出所	1月15日9:00	沧州路138号控江路街道办事处会议室
6	江浦路派出所	1月16日14:00	许昌路1150号江浦街道文化活动中心3楼多功能厅
7	五角场镇派出所	1月16日下午	政立路55号五角场镇政府会议室

(续表)

杨浦区			
序号	举办单位	时间	地　　点
8	四平路派出所	1月17日14:00	抚顺路378号四平街道综治中心
9	殷行派出所、中原路派出所	1月17日14:00	包头路789号殷行街道办事处4楼会议室
10	五角场派出所	1月21日14:00	政化路257号五角场社区文化中心3楼电教室
11	大桥派出所	1月23日下午	周家牌路10弄21号仁兴街老年活动室
12	延吉新村派出所	1月23日下午	延吉中路77号延吉街道办事处409会议室
闵行区			
序号	举办单位	时间	地　　点
1	好世鹿鸣苑世纪阳光苑居委	1月10日上午	好世鹿鸣苑世纪阳光苑居委会议室
2	联民村村委	1月10日上午	联民村联盛花苑联防队办公室
3	康城第三居委	1月10日上午	康城第三居委会会议室
4	罗阳新村第九居委	1月10日上午	罗阳新村第九居委会会议室
5	银都苑第一居民委员会	1月10日上午	银都苑第一居委会会议室
6	金榜新苑居委会	1月10日上午	金榜新苑居委会会议室
7	北街居委会议室	1月10日上午	浦江花苑小区会议室
8	浦行新城第七居委	1月10日上午	浦行新城第七居委会会议室
9	华漕一居委	1月10日下午	华漕第一居委会会议室
10	龙柏五村居委会	1月10日下午	龙柏五村居委会会议室
11	虹桥镇锦华公寓居委	1月10日下午	锦华公寓居委会会议室
宝山区			
序号	举办单位	时间	地　　点
1	双城派出所、友谊路街道	1月10日9:30	永清路899号友谊市民中心2楼报告厅
2	罗泾派出所、罗泾镇	1月13日9:00	罗泾第一居民小区居委会活动室
3	月浦派出所、月浦镇	1月14日9:00	德都路399弄6号101室第十二居民区活动室
4	庙行派出所、庙行镇宝业集团	1月15日9:00	共康路316号宝业集团5楼会议室
5	祁连派出所、大场镇红光村	1月15日13:30	唐祁路老年活动室
6	刘行派出所、顾村镇	1月15日13:30	宝菊路655号菜场2楼好日子大家园二居

（续表）

宝山区			
序号	举办单位	时间	地　　点
7	罗南派出所、罗店镇	1月15日9:00	罗迎路558弄100号顺驰居委会活动室
8	淞南派出所、淞南镇	1月15日14:00	长江南路583号淞南镇文化中心206会议室
9	泗塘新村派出所、张庙街道虎林居委	1月15日9:00	泗塘一村8号
10	大场派出所、大场镇镇侨联	1月16日13:30	大华路1469号
11	罗店派出所、罗店镇	1月16日9:00	塘西街181号古镇居委会活动室
12	海滨新村派出所、吴淞街道	1月16日13:30	永清新村118号永清新村居委会活动室
13	友谊路派出所、友谊路街道	1月16日14:00	方正路12号老街道3楼会议室
14	高境派出所、高境镇	1月17日14:00	吉浦路551号
15	杨行派出所、杨行镇	1月17日9:00	梅林路865弄宝虹水岸居委会活动室
16	吴淞派出所、吴淞街道	1月17日9:00	班溪路55弄82号吴淞新城居委会活动室
17	宝杨派出所、杨行镇	1月17日9:00	友谊路1999弄34号会所保集绿岛居委会活动室
18	盛桥派出所、月浦镇	1月17日9:00	古莲路271号盛桥中心校
19	通河新村派出所、张庙街道通河七村一居委	1月18日9:00	共江路758号2楼居委会会议室
20	月新派出所、月浦镇	1月20日9:00	月新北路381号段泾村活动室
21	大华派出所、大场镇大华四村片	1月21日13:30	真华路1112号
22	顾村派出所、顾村镇	1月21日14:00	联谊路501弄37号3楼共富第五居委会
嘉定区			
序号	举办单位	时间	地　　点
1	嘉城派出所	1月16日下午	嘉定镇小囡桥社区
2	新成路派出所	1月10日14:00	墅沟路社区居委会
3	叶城派出所	1月17日14:00	庆阳居委会
4	菊园派出所	1月15日13:30	竹篌居委会2楼会议室
5	南翔派出所	1月10日下午	沪嘉高速实业有限公司
6	安亭派出所	1月15日上午	红梅居委会
7	方泰派出所	1月10日上午	翔方公路2280号

（续表）

嘉定区			
序号	举办单位	时间	地　点
8	真新新村派出所	1月17日15:00	真新所联勤指挥中心
9	封浜派出所	1月15日下午	嘉怡社区居委会会议室
10	江桥派出所	1月17日上午	沙河村村民之家
11	黄渡派出所	1月10日下午	联群村村委会
12	马陆派出所	1月10日上午	永盛公寓
13	戬浜派出所	1月22日下午	戬浜村委会会议室
14	外冈派出所	1月13日下午	外冈村村委会
15	徐行派出所	1月13日下午	曹王居委会会议室
16	华亭派出所	1月10日上午	华亭村委会会议室
17	唐行派出所	1月16日下午	沁园居委会
18	娄塘派出所	1月15日下午	灯塔村158号灯塔警务站
松江区			
序号	举办单位	时间	地　点
1	中山街道	1月10日下午	中山街道蓝天新村158号101室
2	车墩镇	1月11日上午	车墩镇米市渡村会议室
3	方松街道	1月15日9:00	方松街道润峰苑居委会活动室
4	泗泾镇	1月15日13:00	中西居委会会议室
5	永丰街道	1月15日13:30	永丰街道仓桥居委会会议室
6	方松街道	1月15日13:30	方松街道三湘四季居委会活动室
7	佘山镇	1月16日9:00	天马山学校
8	岳阳街道	1月16日13:30	西林塔居委会松石苑76号
9	石湖荡镇	1月16日8:30	广庵路闵塔路路口石湖荡镇新源村
10	叶榭镇	1月17日上午	叶榭镇车亭公路2226号叶榭镇同建村活动室
11	永丰街道	1月17日9:00	永丰街道仓汇工作站会议室
12	洞泾镇	1月17日下午	洞泾镇社保所3楼会议室
13	泖港镇	1月20日下午	泖港镇曹家浜村委会
14	泗泾镇	1月21日13:00	新凯一村居委会会议室
15	永丰街道	1月22日13:30	永丰街道三辰苑居委会会议室
16	岳阳街道	1月23日9:00	金沙滩居委会10号
17	小昆山镇	1月24日下午	小昆山镇大昆苑内老年人活动室

（续表）

金山区			
序号	举办单位	时间	地　　点
1	金山卫镇东门居委会	1月10日上午	金山卫镇东门居委会茶室
2	吕巷镇颜圩村委会	1月10日下午	吕巷镇颜圩村村委会会议室
3	漕泾镇海涯村委会	1月10日9:00	漕泾镇海涯村村委会
4	枫泾镇	1月10日下午	枫泾文广中心报告厅
5	金山工业区朱行居委会	1月10日下午	朱港街148号底楼会议室
6	朱泾镇大茫村村委会	1月10日9:00	朱泾镇大茫村村委会
7	治安支队	1月10日下午	金世纪居委会
8	张堰镇百家村居委会	1月10日上午	百家村村委会
9	枫泾镇兴塔居委会	1月10日上午	枫泾镇新金山路388号
10	朱泾镇浦银居委会	1月10日上午	金山区朱泾镇贸易路55号
11	象州路派出所	1月10日下午	临蒙居委会
12	亭林镇东新村	1月10日上午	亭林镇东新村村委会会议室
13	亭林镇浩光村委会	1月10日上午	松金公路6088号
14	水上所	1月10日下午	金山石化卫清西路355号10楼
15	山阳镇金世纪居委会	1月10日13:30	山阳镇卫清西路950弄21号101室
16	吕巷镇吕巷居委会	1月10日上午	吕巷居委会会议室
17	廊下镇南塘村	1月10日上午	廊下镇南塘村6076-1号
18	上海石化安东混凝土有限公司	1月10日上午	金山区石化龙胜路1318号
19	山龙居委会	1月10日上午	山龙居委会会议室
青浦区			
序号	举办单位	时间	地　　点
1	沈巷派出所	1月10日上午	沈巷村港圩318号茂菱针织厂
2	蒸淀派出所	1月10日上午	练塘镇东库村村委会
3	白鹤派出所	1月10日上午	金项村村委会
4	朱家角派出所	1月10日9:30	漕平路35号朱家角派出所
5	商榻派出所	1月10日上午	东星村村委会
6	凤溪派出所	1月10日下午	嵩山村村委会
7	华新派出所	1月14日10:00	华新派出所
8	金泽派出所	1月14日14:00	东天村村委会

（续表）

青浦区			
序号	举办单位	时间	地　　点
9	重固派出所	1月15日下午	意邦建材家居
10	夏阳派出所	1月16日9:00	金地格林郡居委会
11	赵巷派出所	1月16日上午	方夏村村委会
12	香花桥派出所	1月16日14:00	陈桥村会议室
13	练塘派出所	1月16日14:00	湾塘居委会
14	赵屯派出所	1月17日上午	赵屯居委会
15	盈浦派出所	1月17日上午	青浦中医医院
16	徐泾派出所	1月26日上午	金联村村委会
奉贤区			
序号	举办单位	时间	地　　点
1	江海派出所	1月10日上午	光明村
2	头桥派出所	1月13日下午	头桥派出所
3	南桥派出所	1月16日上午	江海村村委会
4	青村派出所	1月16日14:00	北唐新苑
5	奉城派出所	1月20日上午	永民村会议室
6	四团派出所	1月20日下午	四团中学
7	庄行派出所	1月22日上午	庄行社保中心
8	洪庙派出所	1月10日下午	上海电子信息学院
9	邬桥派出所	1月20日下午	马路村村委会
10	齐贤派出所	1月13日下午	百曲警务室
11	平安派出所	1月15日下午	奉浦五居委会议室
12	新寺派出所	1月17日下午	新寺村村委会
13	星火派出所	1月23日下午	二居委
14	临海派出所	1月10日下午	海畔家园
15	五四派出所	1月25日下午	一兴居委会
16	奉浦社区	1月10日9:00	奉浦社区陈桥路700号413室
17	奉浦社区	1月24日13:30	韩村路733号奉浦民办学校
18	海湾旅游区居委会	1月15日13:00	海湾旅游区奉炮公路257弄3号新村15号
19	李窑村	1月15日13:30	青村镇上塑路169号李窑村村委会会议室
20	新强村	1月14日13:00	新强村762号

（续表）

奉贤区			
序号	举办单位	时间	地　点
21	能率(上海)住宅设备有限公司	1月15日13:30	大叶公路7318号能率(上海)住宅设备有限公司
22	奉城镇洪庙村	1月17日13:30	奉城镇洪庙村会议室
23	奉城镇蔡家桥村	1月24日13:30	奉城镇蔡家桥村会议室
24	柘林镇金海村	1月10日8:00	柘林镇新林东路208号金海村村民学校
崇明县			
序号	举办单位	时间	地　点
1	港西派出所	1月10日9:30	静南村村委会
2	长江派出所	1月10日8:30	长江居委会
3	陈家镇派出所	1月10日9:00	陈家镇社区文化活动中心大教室
4	庙镇派出所	1月13日8:30	庙镇居委会
5	长江派出所	1月14日8:30	桂林居委会
6	绿华派出所	1月14日9:00	绿园村村委会会议室
7	绿华派出所	1月14日9:00	绿港村村委会会议室
8	绿华派出所	1月14日9:00	华西村村委会会议室
9	新海派出所	1月14日9:00	新海镇文化活动中心多功能厅
10	新河派出所	1月15日8:30	新景居委会
11	庙镇派出所	1月15日8:30	庙镇通济村村委会
12	港西派出所	1月15日8:30	北双村村委会
13	堡镇派出所	1月15日9:00	玉屏新村42号楼北侧玉屏居委会
14	港沿派出所	1月15日9:00	港沿镇多功能会议室
15	汲浜派出所	1月15日9:00	红星村办事处会议室
16	城桥派出所	1月15日9:00	新崇居委会会议室
17	新海派出所	1月15日9:00	新海镇跃进居委会会议室
18	东旺派出所	1月15日13:30	前哨居委会
19	长兴派出所	1月15日14:00	团结村会场
20	港沿派出所	1月16日9:00	港沿镇多功能会议室
21	新村派出所	1月16日9:00	新村乡新洲村
22	长征派出所	1月16日9:00	长征居委会活动室
23	堡镇派出所	1月16日9:30	石岛路618弄15号401室虹宝居委会

（续表）

崇明县			
序号	举办单位	时间	地　点
24	港沿派出所	1月17日9:00	港沿镇多功能会议室
25	陈家镇派出所	1月17日9:00	陈家镇成人学校大教室
26	长征派出所	1月17日9:00	红星居委会活动室
27	庙镇派出所	1月20日8:30	庙镇民华村村委会
28	汲浜派出所	1月20日9:00	富圩村办事处会议室
29	汲浜派出所	1月20日9:00	广福居委会会议室
30	竖新派出所	1月20日13:30	惠民村村委会
31	向化派出所	1月20日13:30	向宏居委会
32	竖新派出所	1月21日13:30	跃进村村委会
33	港西派出所	1月22日8:30	团结村村委会
34	竖新派出所	1月22日13:30	春风村村委会
35	陈家镇派出所	1月24日9:00	陈家镇社区文化活动中心大教室
第289期，总21032场， 2014年2月7—28日			
东方讲坛·“以案说防范，共建平安城”系列宣讲（之二）			
（中共上海市委宣传部、本市历届及2013年平安卫士入围参选人）			
宣讲主题：			
一、居家安全　二、冬季防火　三、文明出行　四、网络安全　五、出境指南　六、识假辨假　七、防扒防窃　八、禁毒禁赌　九、电信诈骗防范　十、公共场所应急安全知识			
宣讲员：			
由上海市历届“平安卫士”、“平安先锋”及第三届争创“平安卫士”主题实践活动荣誉称号获得者组成			
序号	举办单位	时间	地　点
浦东新区			
1	浦兴路派出所	2月10日9:00	巨峰路667弄128号102室证一居委会活动室
2	宣桥派出所	2月10日上午	下盐路3695号三灶村村委会
3	东海派出所	2月11日上午	东翔路47号东海居委会
4	祝桥派出所	2月11日上午	祝西村858号祝西村老年活动室
5	江镇派出所	2月11日下午	施宏路417弄施镇居委会活动室
6	川沙派出所	2月12日上午	新德西路359号华夏社区
7	黄楼派出所	2月12日上午	华夏二路1500弄川迪二居委

（续表）

浦东新区			
8	横沔派出所	2月12日上午	秀沿路2875弄宁怡居委会
9	金杨新村派出所	2月12日14:00	博山东路699号208会议室金杨街道阳光之家
10	塘桥派出所	2月13日上午	浦澳路100号南城居委活动室
11	北蔡派出所	2月13日上午	绿川一居委活动中心999弄38号102室
12	新场派出所	2月13日上午	康新公路508号新卫村委会
13	书院派出所(书院镇)	2月14日9:00	书院镇新府路81号镇政府1号楼2楼
14	周浦派出所	2月14日上午	周邓公路6600号海达居委会
15	永泰路派出所	2月14日上午	东书房路629弄8号世博社区党委
16	三林派出所	2月14日上午	凌兆路99弄岭南居委会议室
17	金桥派出所	2月14日上午	杨高北路5291弄金桥新城居委会活动室
18	沪东新村派出所	2月17日14:00	伟莱家园社区活动中心
19	南码头路派出所	2月18日上午	浦三路277弄25号南码头路综治办
20	洋泾派出所	2月18日14:00	博山路51弄40号洋泾街道阳光驿站
21	龚路派出所	2月18日下午	龚丰路295号龚路派出所
22	周家渡派出所	2月18日下午	昌里东路190弄云台二居委
23	高桥派出所	2月19日9:00	张杨北路5428弄25号101室潼港一村居委会
24	张江派出所	2月19日9:00	高斯路1234号金桐居委会3楼
25	彭镇派出所	2月19日14:00	彭镇居委社区服务中心
26	蔡路派出所	2月19日14:00	塘东街178号蔡路居委会
27	罗山新村派出所	2月19日14:00	德平路215弄14号6楼罗山干休所会议室
28	潍坊新村派出所	2月19日下午	崂山路655号潍坊新村派出所会议室
29	王港派出所	2月19日下午	虹四村村民学校
30	梅园新村派出所	2月20日9:30	商城路1177弄林山居委社区活动中心
31	上钢新村派出所	2月20日上午	德州路255弄35号德州二村社区老年活动室
32	东明路派出所	2月20日上午	永泰路630弄39号永泰花园居委会
33	孙桥派出所	2月20日上午	高木桥路225号孙建路居委会
34	杨园派出所	2月20日上午	新龙489弄杨园新村第一居委会会议室
35	黄路派出所	2月20日上午	惠南镇川南奉公路6688号钢建材市场
36	老港派出所	2月20日上午	老港镇滨海路10号滨海居委会
37	万祥派出所	2月20日13:00	万祥镇万和路132号馨苑居委会活动室
38	大团派出所	2月20日下午	大团镇车站村龙潭668号车站村村委会

（续表）

浦东新区			
39	芦潮港派出所	2月20日下午	芦潮港农场潮中路场中路南20米农场社区居委会
40	六里派出所	2月20日下午	锦尊路220号北蔡镇春夏居委会活动中心
41	合庆派出所	2月20日下午	前哨路198弄合庆居委会活动中心
42	顾路派出所	2月20日下午	顾路老街110号顾路居委会
43	六灶派出所	2月21日上午	六灶新华路新华4组六灶新吉村村委会
44	航头派出所	2月21日13:30	航鹤路388号镇文化中心
45	高行派出所	2月21日13:30	源华路450号华高社区市民学校
46	泥城派出所	2月22日13:30	人民村1588号3号门人民村村委会
47	周东派出所	2月24日14:00	周康行大型居住区基地
48	高东派出所	2月24日下午	高东二路47弄62号千秋嘉苑居委会会议室
49	凌桥派出所	2月25日上午	凌江路321号凌桥三居委老年活动室
50	唐镇派出所	2月25日上午	唐镇320弄跨街楼东唐苑
51	杨思派出所	2月25日下午	联明路588号三民村居委会
52	花木派出所	2月26日上午	杨高中路2797号联洋社区中心
53	六团派出所	2月26日13:30	川沙新镇高桥村村委会会议室
54	康桥派出所	2月26日下午	康沈路438号周康居委会
55	临港新城派出所	2月26日下午	美人蕉路临港家园居委会
黄浦区			
1	瑞金二路派出所	2月12日9:00	进贤路202弄3号
2	老西门派出所	2月12日13:30	尚文路133弄60号会议室
3	豫园派出所	2月12日14:30	侯家路121弄3号侯家居委会
4	外滩派出所	2月13日9:00	河南中路531弄28号山北居委会
5	淮海中路派出所	2月13日10:00	顺昌路425弄5号顺六居委会
6	南京东路派出所	2月17日9:00	新昌路389弄9号三德居委会
7	半淞园派出所	2月17日9:00	半淞园路619号
8	小东门派出所	2月17日9:30	金坛路35弄13号金坛居委会
9	打浦桥派出所	2月19日9:00	丽园路710弄10号3楼居委会
10	五里桥派出所	2月19日14:00	铁道路776弄1号101室铁二居委会
徐汇区			
1	龙华派出所	2月11日上午	龙华西路81弄68号周家湾居委会会议室
2	康健新村派出所	2月12日上午	浦北路268号街道402室

（续表）

徐汇区			
3	华泾派出所	2月13日上午	华建居委会
4	天平路派出所	2月18日下午	余庆路21号天平街道
5	华泾派出所	2月20日上午	华欣家园居委会
6	漕河泾派出所	2月20日下午	漕溪一村10号居委会
7	长桥派出所	2月20日下午	长桥六村或七村
8	湖南派出所	2月20日下午	乌鲁木齐中路164号湖南社区学校
9	田林新村派出所	2月20日下午	田林东路588号党员服务中心
10	虹梅派出所	2月21日下午	东兰路151弄5号1楼会议室
11	枫林路派出所	2月24日上午	宛南六村12号宛南六村居委会
12	斜土路派出所	2月25日上午	正阳路16号上海教育科学研究院实验小学
13	凌云所、凌云街道	2月26日上午	长陇苑居委会
长宁区			
1	天山路派出所	2月13日9:30	娄山关路天山四村122号天山社区文化中心
2	华阳路派出所	2月14日上午	安化路500号6楼华阳社区文化活动中心
3	新华路派出所	2月14日上午	法华镇路453号社区文化中心3楼多功能厅
4	新泾派出所	2月14日上午	哈密路431号新泾镇政府四号会议室
5	虹桥路派出所	2月21日上午	虹桥路1115弄19号虹桥社区文化活动中心
6	程家桥派出所	2月21日9:00	哈密路1955号4楼程桥街道文化中心
7	仙霞路派出所	2月21日14:00	水城路382弄13号对面仙逸小区活动室
8	北新泾派出所	2月25日9:30	北渔路95号长宁区民俗文化中心
9	周家桥派出所	2月27日上午	长宁路1818弄44号101室上海花城
10	江苏路派出所	2月28日下午	安西路45号江苏路社区文化中心
静安区			
1	南京西路派出所	2月17日下午	延安中路931号南京西路派出所5楼
2	江宁路派出所	2月18日下午	常德路800号
3	曹家渡派出所	2月19日上午	武定西路1344弄12号曹家渡社区学校
4	静安寺派出所	2月20日下午	万航渡路92号百乐居委会
5	石门二路派出所	2月25日下午	北京西路511号新德居委会
6	静安寺派出所	2月26日下午	华山路303弄5号景华居委会

（续表）

普陀区			
1	曹杨新村派出所	2月10日上午	南岭园
2	万里派出所	2月11日上午	万里一居
3	甘泉路派出所	2月12日上午	新宜居委会
4	东新路派出所	2月12日下午	武宁一村居委会
5	长寿路派出所	2月13日下午	秋水云庐居委会
6	石泉路派出所	2月15日下午	和平新村居委会
7	宜川新村派出所	2月17日下午	泰山一村居委会
8	中山北路派出所	2月18日上午	中远第一居委会
9	长风新村派出所	2月19日下午	新渡口居委会
10	真如派出所	2月19日下午	真北三委
11	桃浦派出所	2月20日上午	祁连村委会
12	白丽路派出所	2月20日下午	海棠苑居委会
13	长征派出所	2月24日下午	梅二居委会
14	真光路派出所	2月26日下午	真光七街坊居委会
15	白玉路派出所	2月28日上午	光复西路1091弄居委会
闸北区			
1	天目西路派出所	2月13日下午	天目中路749弄蕃瓜弄居委会
2	宝山路派出所	2月13日下午	象山居委会
3	彭浦镇派出所	2月20日上午	华灵学校大礼堂
4	共和新路派出所	2月20日下午	柳营路669弄21号小区活动中心
5	三泉路派出所	2月20日下午	彭浦中学
6	北站派出所	2月21日上午	康乐路199号北站街道社区文化中心
7	大宁路派出所	2月25日上午	老沪太路199弄5号201室延铁居委会活动室
8	彭浦新村派出所	2月25日下午	闻喜路800号闸北图书馆
9	临汾路派出所	2月26日下午	童的梦小学
10	芷江西路派出所	2月27日上午	虬江路1246号
虹口区			
1	曲阳路派出所	2月18日9:00	大连西路230弄17号
2	提篮桥派出所	2月18日14:00	东长治路549弄50号101室
3	四川北路派出所	2月20日14:00	头坝路100号
4	凉城新村派出所	2月21日14:00	车站北路57号

（续表）

虹口区			
5	嘉兴路派出所	2月24日14:00	天镇路246号
6	江湾派出所	2月26日14:00	三门路759弄老年活动室
杨浦区			
1	控江路派出所	2月12日上午	沧州路138号控江路街道办事处会议室
2	新江湾城派出所	2月13日上午	殷行路850弄53号2楼时代花园居委会
3	定海派出所	2月17日下午	长阳路3066号社区事务受理中心3楼会议室
4	五角场镇派出所	2月18日下午	政立路55号五角场镇政府会议室
5	平凉路派出所	2月18日14:00	通北路540号平凉街道党员服务中心
6	五角场派出所	2月18日14:00	政化路257号五角场社区文化中心3楼电教室
7	长白新村派出所	2月19日9:00	控江路18弄6号101室居委会
8	大桥派出所	2月20日下午	长阳路1969弄9号102室引翔港老年活动室
9	延吉新村派出所	2月20日下午	延吉中路77号街道办事处409会议室
10	江浦路派出所	2月20日14:00	许昌路1150号街道文化活动中心3楼多功能厅
11	四平路派出所	2月21日14:00	抚顺路378号四平街道综治中心
12	殷行派出所	2月21日14:00	包头路789号殷行街道办事处4楼会议室
13	中原路派出所	2月21日14:00	包头路789号殷行街道办事处4楼会议室
闵行区			
1	华坪路派出所	2月10日上午	北街居委会会议室
2	马桥派出所	2月11日上午	吴会村村委会议室
3	新虹派出所	2月12日上午	爱博二村居委会议室
4	莘光派出所	2月12日上午	莘南花苑居委会议室
5	碧江路派出所	2月12日下午	丽都城居委会议室
6	鲁汇派出所	2月12日下午	欣佳宝坻居委会议室
7	曹行派出所	2月12日下午	中春三水苑居委会会议室
8	虹桥派出所	2月13日上午	肖桂东警务室
9	纪王派出所	2月13日上午	纪东村委会议室
10	枢纽派出所	2月13日上午	中建八局工地
11	梅陇派出所	2月14日上午	上陇新村居委会会议室
12	七宝派出所	2月14日下午	黎明花园居委会办公室
13	华漕派出所	2月14日上午	运乐路777弄兰桥圣菲小区
14	吴泾派出所	2月15日上午	虹梅新苑会议室

（续表）

闵行区			
15	古美路派出所	2月16日上午	古龙一居委
16	颛桥派出所	2月18日上午	中心村村委会议室
17	杜行派出所	2月18日上午	闵浦三居委会会议室
18	新镇派出所	2月19日上午	三佳花苑居委会会议室
19	航华新村派出所	2月19日下午	一村四居会议室
20	龙柏派出所	2月20日上午	龙柏三村居委会会议室
21	陈行派出所	2月20日下午	丁连村老年协会活动场所
22	塘湾派出所	2月21日上午	塘湾书场
23	金都派出所	2月25日上午	居委老年活动室
宝山区			
1	双城派出所、友谊路街道	2月8日14:00	永清路899号友谊市民中心2楼报告厅
2	罗店派出所、罗店镇	2月12日9:00	罗升路257弄1号新桥居委会活动室
3	宝杨派出所、杨行镇	2月12日9:00	铁峰路2000号会所2楼友谊家园一居活动室
4	月浦派出所、月浦镇	2月12日9:00	月浦七村35号103室第十一居民区活动室
5	刘行派出所、顾村镇	2月13日13:30	丹霞山路257弄61号101馨家园八街坊
6	友谊路派出所、友谊路街道	2月13日14:00	方正路12号老街道3楼会议室
7	罗南派出所、罗店镇	2月13日9:00	罗芬路98弄33号岭域居委会活动室
8	高境派出所、高境镇	2月14日14:00	岭南路1249弄288号
9	顾村派出所、顾村镇	2月18日9:00	共富路99弄18号共富一居委
10	大场派出所、大场镇	2月18日13:30	南大路395号南大村
11	罗泾派出所、罗泾镇	2月18日9:00	宝通家园小区居委会活动室
12	杨行派出所、杨行镇	2月18日9:00	杨桃路2号一村一居活动室
13	通河新村派出所、张庙街道	2月18日9:00	通河八村127号对面会议室一居委
14	淞南派出所、淞南镇	2月19日14:00	长江南路583号淞南镇文化中心206会议室
15	吴淞派出所、吴淞街道	2月19日9:00	桃园新村28号104室桃园新村居委会活动室
16	盛桥派出所、月浦镇	2月19日9:00	月川路33弄37号2楼第十四居民区活动室
17	泗塘新村派出所、张庙街道	2月20日9:00	呼玛一村三居委老年活动室
18	祁连派出所、大场镇	2月25日13:30	丰宝路388号封村村

（续表）

宝山区			
19	庙行派出所、庙行镇	2月25日9:30	长江西路2697号镇文化中心3楼多功能厅
20	海滨新村派出所、吴淞街道	2月26日13:30	西朱新村64号西朱新村居委会活动室
21	月新派出所、月浦镇	2月26日9:00	马泾桥二村15号第十三居民区活动室
22	大华派出所、大场镇	2月28日9:00	华灵路1918号大场镇东方红村
嘉定区			
1	南翔派出所	2月10日下午	永丰村村委会
2	戬浜派出所	2月10日下午	嘉新居委会
3	唐行派出所	2月11日上午	唐行村村委会
4	外冈派出所	2月12日上午	泉泾村村委会
5	华亭派出所	2月12日上午	华旺路888弄123号
6	嘉城派出所	2月12日13:30	银杏社区
7	江桥派出所	2月14日上午	江桥镇幸福村村民之家
8	安亭派出所	2月18日上午	澳丽映像居委会
9	马陆派出所	2月18日上午	马陆村村委会
10	黄渡派出所	2月18日13:30	黄渡社区居委会
11	新成路派出所	2月18日下午	南塘河居委会
12	封浜派出所	2月18日下午	先农村会议室
13	徐行派出所	2月18日下午	曹王集贸市场
14	方泰派出所	2月20日下午	百安公路528号汽配工业园区
15	真新新村派出所	2月20日下午	新郁社区居委会会议室
16	叶城派出所	2月20日14:00	福蕴居委会
17	娄塘派出所	2月24日上午	娄塘居委会
18	菊园派出所	2月25日14:00	嘉保居委会
松江区			
1	新浜派出所	2月11日9:00	叶新公路5361弄25号新浜镇文华村村委会
2	叶榭派出所	2月12日9:00	叶榭镇井凌桥村村委会
3	中山派出所	2月12日14:00	沪松路5弄20号中山街道北门居委会
4	岳阳派出所	2月13日13:30	凤凰居委会2楼大会议室
5	泗泾派出所	2月17日9:00	横塘桥居委会会议室
6	九亭派出所	2月18日9:00	九亭镇亭东居委会306室

（续表）

松江区			
7	方松派出所	2月18日13:30	方松街道开元居委会活动室
8	车墩派出所	2月18日13:30	车墩镇高桥村会议室
9	叶榭派出所	2月20日9:30	叶榭镇堰泾村杨典公路688号
10	石湖荡派出所	2月20日9:00	育新路699号石湖荡镇塔汇居委会
11	九亭派出所	2月20日9:30	九亭镇九城湖滨居委会会议室
12	小昆山派出所	2月20日14:00	小昆山镇平原街922弄109号玉昆一村居委会
13	泖港派出所	2月20日13:30	泖港镇泖港居委会
14	佘山派出所	2月20日13:30	佘山学校
15	新桥派出所	2月26日13:30	新桥镇新闵社区会议室
金山区			
1	南星村委会	2月8日上午	南星村4110号
2	金山卫镇金康居委会	2月10日上午	金山卫镇金康居委会茶室
3	吕巷镇龙跃村委会	2月10日下午	吕巷镇龙跃村村委会会议室
4	枫泾镇枫阳居委会	2月10日下午	枫泾镇东方信息苑
5	廊下镇万春村	2月12日上午	漕廊公路6825弄
6	漕泾镇花园居委会	2月12日上午	漕泾镇花园居委会
7	朱泾镇长浜村村委会	2月12日下午	朱泾镇长浜村村委会
8	亭林镇亭东村	2月12日下午	亭林镇亭东村村委会会议室
9	山阳镇金海岸居委会	2月15日下午	山阳镇龙胜东路789弄45号104室
10	朱泾镇浦银居委会	2月19日上午	朱泾镇贸易路55号
11	合浦居委会	2月19日上午	合浦居委会
12	起帆电缆厂	2月20日下午	振康路238号
13	阳光城居委会	2月20日下午	阳光城居委会会议室
14	枫泾镇新苑小区管委会	2月21日上午	枫泾镇兰兴路100弄2216号
15	吕巷镇太平村	2月21日上午	太平村村委会
16	金山工业区东方社区信息苑	2月21日下午	恒顺路280弄39号
17	金山卫海事处	2月21日下午	金山卫海事处
18	亭林镇东方社区信息苑	2月25日上午	亭升路550弄33号

（续表）

青浦区			
1	白鹤派出所	2 月 13 日上午	第一居委会
2	商榻派出所	2 月 14 日上午	淀西村村委会
3	赵屯派出所	2 月 18 日上午	梅桥村村委会
4	练塘派出所	2 月 18 日下午	芦潼村村委会
5	朱家角派出所	2 月 19 日 9:30	油车浜路 38 号北大街居委会
6	重固派出所	2 月 19 日下午	新联村村委会
7	金泽派出所	2 月 20 日 10:00	西岑居委会
8	赵巷派出所	2 月 20 日上午	赵巷居委会
9	夏阳派出所	2 月 20 日 14:00	上海政法学院
10	香花桥派出所	2 月 20 日下午	职工家园警务站会议室
11	蒸淀派出所	2 月 21 日上午	练塘镇双菱村村委会
12	徐泾派出所	2 月 23 日上午	上海房地产学院
13	华新派出所	2 月 25 日 10:00	华新派出所
14	凤溪派出所	2 月 25 日下午	叙中村村委会
15	沈巷派出所	2 月 26 日上午	朱枫公路 1983 号尊歆家具厂
16	盈浦派出所	2 月 28 日上午	民佳社区居委会
奉贤区			
1	江海派出所	2 月 8 日 9:00	南桥镇育秀路 378 号正阳居委会会议室
2	泰日派出所	2 月 10 日 14:00	资福村村委会
3	南桥派出所	2 月 12 日 9:00	南桥镇运河路江海村村委会会议室
4	金水苑小区	2 月 12 日 9:00	金海社区金水苑小区会所
5	庄行派出所	2 月 12 日下午	大叶公路 2629 号庄行社保中心
6	金汇派出所	2 月 13 日 14:00	新强村村委会会议室
7	泰日派出所	2 月 14 日 9:00	金汇社区金闸公路 111 号泰绿居委会
8	泰日居委	2 月 14 日 14:00	泰日社区新建路 24 号
9	二街道	2 月 14 日 13:00	南桥镇江海花园第二街道办事处
10	胡桥派出所	2 月 15 日 14:00	胡桥社区农交路 33 农胡桥居委会会议室
11	塘外派出所	2 月 17 日下午	奉柘公路 729 号塘外会所
12	金海派出所	2 月 17 日下午	金水苑公民警校（奉贤区航南公路/金钱路口）
13	光明派出所	2 月 17 日下午	奉贤区光明路 768 号湾张村会议室
14	四团镇四团居委	2 月 18 日 9:00	四团镇团青公路 187 弄 2 号四团居委会会议

（续表）

奉贤区			
15	柘林镇胡桥居委	2月19日9:00	柘林镇胡桥社区文化路33弄7号
16	柘林派出所	2月19日下午	奉贤区柘林社区营房村村委会
17	潘垫村	2月20日9:00	潘垫村会议室
18	西渡派出所	2月20日9:30	西渡社区西闸公路1373号文怡居委会会议室
19	海湾旅游区新港村	2月20日13:00	奉贤区奉炮公路1270号海湾旅游区新港村
20	柘林镇冯桥居委	2月20日13:00	柘林镇冯桥居委会小礼堂
21	海港开发区海港新苑小区	2月20日13:30	海港开发区新四平路467弄社区文化活动中心
22	奉城镇高桥村	2月21日13:30	奉城镇高桥村会议室
23	青村派出所	2月21日13:30	南明路191号北唐新苑居委会议室
24	青村镇政府	2月26日13:30	青村镇南明路58号青村镇文化活动中心多功能厅
25	芦泾村	2月27日13:00	芦泾村会议室
26	四团镇锦港佳苑居委会	2月28日9:00	四团镇新四平公路锦港佳苑居委会会议室
27	奉城镇机关	2月28日13:30	奉城镇兰博路2008号镇政府会议室
崇明县			
1	陈家镇派出所	2月7日9:00	陈家镇成人学校大教室
2	长兴派出所	2月9日13:00	长明中学阶梯教室
3	横沙派出所	2月18日1:30	社区文化活动中心报告厅
4	横沙派出所	2月19日8:30	社区文化活动中心报告厅
5	长兴派出所	2月19日9:00	前卫社区会场
6	横沙派出所	2月19日13:30	社区文化活动中心报告厅
7	新河派出所	2月20日8:30	新源居委会
8	新村派出所	2月20日9:00	新村乡社区文化活动中心
9	向化派出所	2月20日13:30	向宏居委会
10	建设派出所	2月21日8:30	虹桥村会议室
11	城桥派出所	2月21日9:00	玉环居委会会议室
12	三星派出所	2月24日13:00	协进村居会议室友
13	堡镇派出所	2月25日8:30	大通路139弄61号电业居委会
14	建设派出所	2月25日8:30	大同村会议室
15	三星派出所	2月25日13:00	南协村会议室
16	建设派出所	2月26日8:30	白钥村会议室

（续表）

崇明县			
17	三星派出所	2月26日13:00	三协村会议室
18	长兴派出所	2月26日13:00	长兴中心小学会场
19	城桥派出所	2月28日9:00	花园弄居委会会议室
第291期，总21366场， 2014年3月7—30日			
东方讲坛·“以案说防范，共建平安城”系列宣讲（之三）			
（中共上海市委宣传部、本市历届及2013年平安卫士入围参选人）			
宣讲主题：			
一、居家安全　二、冬季防火　三、文明出行　四、网络安全　五、出境指南　六、识假辨假　七、防扒防窃　八、禁毒禁赌　九、电信诈骗防范　十、公共场所应急安全知识			
宣讲员：			
由上海市历届“平安卫士”、“平安先锋”及第三届争创“平安卫士”主题实践活动全体参选人组成			
浦东新区			
序号	举办单位	时间	地　点
1	沪东新村派出所	3月8日9:00	东二居委会活动室
2	六灶派出所	3月10日上午	六灶汤店村618号六灶汤店村村委会
3	凌桥派出所	3月10日上午	严家江中88号新益村村委会老年活动室
4	宣桥派出所	3月10日上午	光辉村5566号光辉村村委会
5	金桥派出所	3月10日13:30	金高路1777号4楼金桥成人学校
6	高东派出所	3月10日下午	光明路182弄180号高东新村居委会会议室
7	祝桥派出所	3月11日9:00	祝桥镇千汇路551号千汇三村会议室
8	梅园新村派出所	3月11日9:30	招远路19弄35号招远居委会活动中心
9	北蔡派出所	3月11日9:30	博华路1018弄4号102室绿川二居委活动中心
10	塘桥派出所	3月11日上午	宁阳路24弄7号宁阳居委会活动室
11	黄路派出所	3月11日上午	浦东新区惠南镇四墩村351号四墩村村委会
12	书院派出所	3月11日下午	老芦公路1178号书院镇成人学校
13	唐镇派出所	3月11日下午	创新西路199弄92号汉盛居委会
14	芦潮港派出所	3月11日下午	潮乐路16号新芦居委会
15	龚路派出所	3月11日下午	海松路398弄63号2楼金钻苑
16	江镇派出所	3月11日下午	东亭275号东都居委会活动室
17	张江派出所	3月12日9:00	紫薇路700号江兰居委会
18	浦兴路派出所	3月12日9:00	浦三居委会活动室

（续表）

浦东新区			
序号	举办单位	时间	地　点
19	潍坊新村派出所	3月12日上午	张杨路628弄7号101室泉东(一)居委
20	万祥派出所	3月12日13:00	万祥镇万耘路91号万祥学校大会堂
21	六团派出所	3月12日13:30	川沙新镇储店村村委会活动室
22	周浦派出所	3月12日13:30	公园新村53号公元居委会
23	罗山新村派出所	3月12日15:00	博山东路699号金杨新村街道208会议室
24	临港派出所	3月12日下午	方竹路滴水湖馨苑
25	临港派出所	3月19日下午	美人蕉路临港家园居委会
26	合庆派出所	3月12日下午	庆丰村活动中心
27	孙桥派出所	3月12日下午	金科路5188号上海商飞设计院
28	王港派出所	3月12日下午	暮二村103号村民学校
29	东明路派出所	3月12日下午	凌兆路555号凌兆文化中心
30	大团派出所	3月13日上午	永春中路56号大团镇北大居委会
31	周家渡派出所	3月13日下午	南码头路1621弄59号昌七居委
32	康桥派出所	3月13日下午	秀沿路1236号康桥半岛
33	南码头路派出所	3月14日上午	六里二村31号南码头路六里二居委
34	杨园派出所	3月14日上午	新园路251弄欣连苑居委会会议室
35	三林派出所	3月14日上午	永泰路468弄三林二居委会议室
36	永泰路派出所	3月14日上午	御桥路269弄128号2号楼永泰五居委
37	周东派出所	3月15日上午	周祝公路1765号周浦镇棋杆村村委会
38	老港派出所	3月18日上午	老港镇建苑路10号老港居委会
39	合庆派出所	3月18日13:30	前哨路88号合庆居委会
40	洋泾派出所	3月18日14:00	博山路51弄40号洋泾街道阳光驿站
41	花木派出所	3月18日下午	东建路883号东城社区中心
42	高桥派出所	3月19日9:00	花山路379弄2号101室潼港西八村居委会
43	川沙派出所	3月19日9:30	川沙镇东城壕路70号城厢社区
44	蔡路派出所	3月19日14:00	东川公路7781号阳光驿站
45	横沔派出所	3月19日下午	秀沿路3668号昌硕科技(上海)有限公司
46	杨思派出所	3月19日下午	杨思路855弄32号102室申江豪城居委会
47	彭镇派出所	3月19日下午	云翔苑居委会社区服务中心
48	上钢新村派出所	3月20日上午	耀华路331弄38号耀一社区老年活动室

（续表）

浦东新区			
序号	举办单位	时间	地　点
49	黄楼派出所	3月20日上午	华夏二路1255弄川迪三居委
50	新场派出所	3月20日上午	石笋街2号新场镇南大居委会
51	六里派出所	3月20日下午	锦尊路220号北蔡镇春夏居委会活动中心
52	顾路派出所	3月20日下午	顾三村卫家宅37号顾三村村委会
53	泥城派出所	3月21日上午	泥城镇彭平公路119号云锦居委会老年活动室
54	高行派出所	3月21日13:30	秋岚路236号绿洲社区市民学校
55	东海派出所	3月26日上午	东港公路2979号东海学校
56	金杨新村派出所	3月26日14:00	云山路1080弄2号204室金杨社区文化中心
57	航头派出所	3月28日13:30	航鹤路388号镇文化中心
黄浦区			
序号	举办单位	时间	地　点
1	瑞金二路派出所	3月7日9:00	陕西南路271弄36号
2	南京东路派出所	3月14日9:00	浙江中路188弄6号小花园居委会
3	老西门派出所	3月14日14:00	高家横弄15号会议室
4	淮海中路派出所	3月21日10:00	马当路278弄43号西成居委会
5	小东门派出所	3月26日9:00	外咸瓜街232号龙潭居委会
6	豫园派出所	3月26日15:00	金家坊47弄14号泰瑞居委会
7	五里桥派出所	3月26日14:00	局门路295弄4号甲桑城居委会
8	外滩派出所	3月28日9:00	福建南路84弄8号宝兴居委会
9	打浦桥派出所	3月28日9:00	徐家汇路454弄46号甲102室
10	半淞园派出所	3月28日9:00	西藏南路1374弄55号
徐汇区			
序号	举办单位	时间	地　点
1	枫林路派出所	3月9日上午	小木桥路440弄35号102室西木南居委会
2	龙华派出所	3月11日上午	丰谷路225弄18号丰谷路居委会会议室
3	徐家汇派出所	3月12日上午	名园居委会
4	天平路派出所	3月12日下午	建国西路691号建工锦江大酒店
5	康健新村派出所	3月14日上午	浦北路268号街道402室
6	华泾派出所	3月20日上午	华泾四村
7	斜土路派出所	3月20日上午	斜土路1275弄9号101室斜土街道恒益居委会

（续表）

徐汇区			
序号	举办单位	时间	地　点
8	漕河泾派出所	3月20日下午	漕溪一村10号居委会
9	田林新村派出所	3月20日下午	田林东路588号党员服务中心
10	虹梅派出所	3月21日下午	苍梧路468弄28号2楼会议室
11	凌云路派出所	3月21日下午	启新小学大礼堂
12	长桥派出所	3月27日上午	幽兰苑
13	湖南派出所	3月27日下午	乌鲁木齐中路164号湖南社区学校
长宁区			
序号	举办单位	时间	地　点
1	周家桥派出所	3月13日上午	长宁路1618号6楼周家桥街道办事处
2	天山路派出所	3月13日9:30	娄山关路天山四村122号天山社区文化中心
3	华阳路派出所	3月14日上午	安化路500号6楼华阳社区文化活动中心
4	新华路派出所	3月14日上午	法华镇路453号新华社区文化中心3楼多功能厅
5	虹桥路派出所	3月14日上午	虹桥路1115弄19号虹桥社区文化中心
6	新泾镇派出所	3月14日上午	哈密路431号新泾镇政府四号会议室
7	北新泾派出所	3月19日下午	新渔路400弄活动室
8	程家桥派出所	3月21日9:00	哈密路1955号4楼程桥街道文化中心
9	仙霞路派出所	3月21日14:00	仙霞路579弄38号502室仙霞街道文化艺术中心
10	江苏路派出所	3月28日下午	安西路45号江苏路社区文化中心
静安区			
序号	举办单位	时间	地　点
1	江宁路派出所	3月12日下午	淮安路771号江宁街道文化活动中心
2	南京西路派出所	3月14日下午	延安中路841号东方海外大厦
3	静安寺派出所	3月19日下午	延安西路376弄42号美丽园居委会
4	静安寺派出所	3月21日下午	万航渡路92号百乐居委会
普陀区			
序号	举办单位	时间	地　点
1	桃浦派出所	3月11日9:30	靖边路199弄会所
2	中山北路派出所	3月11日14:30	振华居委会
3	白丽路派出所	3月12日9:00	绿春苑小区活动室
4	长风新村派出所	3月12日14:30	怒江路131弄100号长风派出所

（续表）

普陀区			
序号	举办单位	时间	地　　点
5	甘泉路派出所	3月13日14:30	周家巷居委会会议室
6	宜川新村派出所	3月14日10:00	交通路1555号工地
7	东新路派出所	3月17日9:00	东新路幼儿园
8	曹杨新村派出所	3月17日上午	兰溪园居委会
9	白玉路派出所	3月17日下午	光复西路1091弄小区居委会
10	万里派出所	3月19日上午	万一居委会
11	长征派出所	3月20日上午	东旺居委会
12	石泉路派出所	3月20日上午	太浜巷居委会活动室
13	真如派出所	3月21日上午	真如社区活动中心
14	真光路派出所	3月21日上午	铜川路2059弄小区居委会
15	长寿路派出所	3月25日下午	长鸿居委会会议室
闸北区			
序号	举办单位	时间	地　　点
1	三泉路派出所	3月10日14:00	彭浦新村街道办事处第五会议室
2	芷江西路派出所	3月13日14:00	洪南山宅居委会
3	彭浦镇派出所	3月13日14:00	幸福小学阶梯教室
4	北站派出所	3月19日9:30	北站街道社区文化中心康乐路199号
5	共和新路派出所	3月19日9:30	沪太路707号闸北区职业介绍中心2楼会议室
6	天目西路派出所	3月20日14:00	长安路900号
7	彭浦新村派出所	3月20日14:00	彭七居委会会议室
8	临汾路派出所	3月20日14:00	临汾路99弄居委会
9	大宁路派出所	3月26日14:00	彭浦村会议室
虹口区			
序号	举办单位	时间	地　　点
1	欧阳路派出所	3月7日13:30	四平路621弄甲100号
2	凉城新村派出所	3月7日15:00	凉城路465弄41号甲3楼
3	江湾派出所	3月12日13:30	仁德路416号老年活动室
4	曲阳路派出所	3月14日9:00	巴林路41弄14号
5	提篮桥派出所	3月14日14:00	唐山路778弄40号
6	嘉兴路派出所	3月17日14:00	高阳路669弄8号楼101室

（续表）

虹口区			
序号	举办单位	时间	地　点
7	四川北路派出所	3月20日14:00	头坝路100号
8	广中路派出所	3月26日14:00	水电路120号308会议室
杨浦区			
序号	举办单位	时间	地　点
1	定海派出所	3月10日上午	长阳路3066号定海街道社区事务受理中心3楼会议室
2	控江路派出所	3月12日上午	沧州路138号控江路街道办事处会议室
3	五角场镇派出所	3月12日下午	政立路55号五角场镇政府会议室
4	平凉路派出所	3月13日14:00	通北路540号平凉街道党员服务中心
5	四平路派出所	3月14日14:00	抚顺路378号四平街道综治中心
6	新江湾城派出所	3月14日下午	政云路220号政立路第二居委会
7	五角场派出所	3月18日14:00	政化路257号五角场社区文化中心3楼电教室
8	大桥派出所	3月19日下午	长阳路1318弄57号长阳新苑老年活动室
9	长白新村派出所	3月19日9:00	内江路384弄31号384弄居委会
10	江浦路派出所	3月20日14:00	许昌路1150号江浦街道文化活动中心3楼多功能厅
11	殷行派出所	3月20日14:00	包头路789号殷行街道办事处4楼会议室
12	中原路派出所	3月20日14:00	包头路789号殷行街道办事处4楼会议室
13	延吉新村派出所	3月30日下午	延吉中路77号延吉街道办事处409会议室
闵行区			
序号	举办单位	时间	地　点
1	七宝派出所	3月12日下午	中春路居委会警务室
2	枢纽派出所	3月12日上午	中建二局会议室
3	纪王派出所	3月17日上午	卫星村村委会
4	碧江路派出所	3月17日上午	富仕铭邸居委会会议室
5	杜行派出所	3月17日上午	景舒苑一居委会议室
6	颛桥派出所	3月18日上午	安乐村村委会会议室
7	曹行派出所	3月18日上午	曹行村村委会办公室
8	陈行派出所	3月18日上午	世博家园二居委会议室
9	塘湾派出所	3月19日下午	剑川路468号

（续表）

闵行区			
序号	举办单位	时间	地　　点
10	梅陇派出所	3月19日下午	城中村村委会会议室
11	鲁汇派出所	3月19日下午	鲁汇居委会会议室
12	马桥派出所	3月20日上午	华银厂会议室
13	航华新村派出所	3月20日下午	一村一居委会议室
14	吴泾派出所	3月20日下午	虹梅新苑会议室
15	古美路派出所	3月21日上午	古美七村居委会
16	田园新村派出所	3月21日上午	君莲学校会议室
宝山区			
序号	举办单位	时间	地　　点
1	宝杨派出所、杨行镇	3月7日9:00	湄浦路279号305室宝地绿洲居委会活动室
2	高境派出所、高境镇	3月7日14:00	共康东路129号
3	大华派出所、大场镇	3月10日13:30	沪太路1717号
4	杨行派出所、杨行镇	3月10日9:00	莲花山路517弄128号4楼
5	祁连派出所、大场镇	3月11日9:00	祁连山路2396号
6	庙行派出所、庙行镇	3月11日9:30	长江西路2697号3楼多功能厅
7	泗塘派出所、张庙街道	3月12日9:00	泗塘八村居委会老年活动室
8	月浦派出所、月浦镇	3月12日9:00	月浦八村84号第八居民区活动室
9	刘行派出所、顾村镇	3月13日13:30	韶山路348弄35号老年活动室
10	友谊路派出所、友谊路街道	3月13日14:00	方正路12号老街道3楼会议室
11	大场派出所、大场镇	3月18日13:30	上大路185号
12	罗泾派出所、罗泾镇	3月18日13:00	海上御景苑小区居委会活动室
13	淞南派出所、淞南镇	3月19日14:00	长江南路583号淞南镇文化中心206会议室
14	吴淞派出所、吴淞街道	3月19日13:30	淞滨路70弄8号和丰居委会活动室
15	海滨新村派出所、吴淞街道	3月19日13:30	海江二村153号海江二村居委会活动室
16	盛桥派出所、月浦镇	3月19日9:00	钱陆路425号钱潘村
17	通河新村派出所、张庙街道	3月20日9:00	呼玛三村367号
18	月新派出所、月浦镇	3月26日9:00	月巷路307弄沈巷村活动室

（续表）

嘉定区			
序号	举办单位	时间	地　点
1	娄塘派出所	3月10日上午	草庵村会议室
2	戬浜派出所	3月10日下午	大裕村村委会
3	封浜派出所	3月11日14:00	金耀南路300弄居委会
4	新成路派出所	3月12日上午	迎园八坊居委会
5	马陆派出所	3月12日下午	马陆镇北管村北陈路
6	嘉城派出所	3月13日下午	秋霞居委会
7	菊园派出所	3月13日下午	菊城路288号华中集团
8	安亭派出所	3月13日下午	上海华特汽车配件有限公司
9	真新新村派出所	3月13日下午	清峪社区警务室
10	江桥派出所	3月14日下午	华庄村村委会
11	徐行派出所	3月14日下午	劳动村村委会
12	唐行派出所	3月17日下午	塔桥村村委会
13	叶城派出所	3月18日下午	胜辛居委会
14	黄渡派出所	3月18日下午	黄渡绿苑居委会
15	华亭派出所	3月18日9:00	联一村村委会
16	外冈派出所	3月20日上午	徐秦村村委会
17	方泰派出所	3月25日9:00	方泰村村委会
18	南翔派出所	3月25日下午	翔华居委会
松江区			
序号	举办单位	时间	地　点
1	新桥镇	3月7日9:00	新桥镇明中居委会会议室
2	小昆山镇	3月7日14:00	小昆山镇玉昆路280弄玉昆二村居委会
3	新浜镇	3月10日9:00	香长公路1898号新浜镇赵王村村委会
4	九亭镇	3月10日9:00	九亭镇亭汇居委会活动室
5	石湖荡镇	3月11日9:00	石湖荡镇新中村288号
6	中山街道	3月11日13:30	茸惠路1100弄37号2楼中山街道花桥居委会
7	新浜镇	3月13日9:00	新颖路1031号新浜镇文体活动中心
8	泗泾镇	3月13日13:30	中西居委会会议室

(续表)

松江区			
序号	举办单位	时间	地　　点
9	佘山镇	3月13日14:00	佘山镇佘山家园居委会
10	新桥镇	3月20日13:30	新桥镇晨星居委会2楼会议室
11	泖港镇	3月20日14:00	泖港镇朱定村村委会
12	洞泾镇	3月21日13:30	洞泾学校阶梯教室
13	车墩镇	3月22日9:00	车墩镇洋泾村会议室
14	洞泾镇	3月25日13:30	洞泾镇长欣居委会4楼
15	岳阳街道	3月25日13:30	菜花泾居委会老年活动室
金山区			
序号	举办单位	时间	地　　点
1	张堰二中	3月7日下午	东贤路1098号
2	后岗村委会	3月8日上午	后岗村前中4128号
3	水上治安派出所	3月10日上午	金山区张泾河水闸
4	金山卫镇钱圩居委会	3月10日上午	金山卫镇钱圩居委会茶室
5	枫泾镇白牛居委会	3月10日下午	枫泾镇东方信息苑
6	吕巷镇干巷居委会	3月10日下午	吕巷镇干巷居委会会议室
7	廊下镇居委会	3月11日上午	廊下镇益民路50号
8	漕泾镇水库村村委会	3月12日9:00	漕泾镇水库村村委会
9	治安支队	3月12日下午	石化七村居委会
10	亭林镇寺平新村	3月13日下午	亭林镇寺平新村居委会会议室
11	滨海二村居委会	3月13日下午	滨海二村居委会会议室
12	金山工业区恒信居委会	3月14日下午	恒顺路215弄317号
13	枫泾镇新黎村村委会	3月15日上午	枫泾镇新黎村新光5组2110号
14	朱泾镇红菱居委会	3月17日上午	朱泾镇红菱居委会
15	吕巷镇马新村	3月19日上午	马新村村委会
16	朱泾镇浦银居委会	3月20日上午	朱泾镇贸易路55号
17	山阳镇东方村	3月20日13:30	山阳镇龙航路
18	象州路派出所	3月26日下午	石化三村居委会
19	朱泾中心小学	3月25日上午	朱泾镇健康南路555号

（续表）

青浦区			
序号	举办单位	时间	地　　点
1	凤溪派出所	3月11日中午	凤溪中学
2	蒸淀派出所	3月11日上午	练塘镇蒸淀居委会
3	赵巷派出所	3月11日上午	中步村村委会
4	白鹤派出所	3月11日上午	杜村村委会
5	香花桥派出所	3月11日下午	东斜村会议室
6	华新派出所	3月11日10:00	华新派出所
7	沈巷派出所	3月12日上午	沪溪路200号沈巷中学
8	金泽派出所	3月12日14:00	金泽派出所
9	商榻派出所	3月14日上午	陈东村村委会
10	练塘派出所	3月18日下午	蒸夏村村委会
11	朱家角派出所	3月19日9:30	沪溪路200号盛家埭村村委会
12	赵屯派出所	3月19日上午	南巷村村委会
13	夏阳派出所	3月20日9:00	章浜居委会
14	重固派出所	3月20日下午	泉山居委会
15	徐泾派出所	3月28日上午	西华国际学校
16	盈浦派出所	3月28日上午	庆新居委会
奉贤区			
序号	举办单位	时间	地　　点
1	四团镇平安二居委	3月10日13:30	平安平福路四团镇平安二居委
2	柘林镇法华村	3月10日9:00	柘林镇浦卫公路6788号法华村会议室
3	大居社区	3月11日9:00	齐贤社区贤百路828号底楼礼堂
4	海湾镇机关	3月11日13:00	海湾镇海农公路1358号底楼会议室
5	申隆二村	3月11日13:30	青村镇申隆二村2001号申隆二村村委会会议室
6	张弄村	3月12日13:30	青村镇光明东路52号张弄村村委会会议室
7	金水新苑小区	3月12日9:00	金海社区金水新苑会所
8	海港开发区海港新苑小区	3月13日13:30	海港开发区新四平路467弄社区文化活动中心
9	星火社区	3月13日13:00	海湾镇星中路45号4楼会议室
10	南桥镇第一街道	3月13日13:30	南桥镇解放西路639号贝港五居2楼会议室

（续表）

奉贤区			
序号	举办单位	时间	地　　点
11	四团镇平安居委会	3 月 14 日 13:30	平安居委会(平安堂前街)
12	燎原社区	3 月 18 日 13:00	海湾镇育才路 128 号底楼会议室
13	五四社区	3 月 20 日 13:00	海湾镇五四公路 1132 号底楼会议室
14	邬桥社区	3 月 20 日 9:00	大叶公路 2675 号邬桥社区会议室
15	朝阳居委会	3 月 20 日 9:00	南桥镇镇光明社区光明路 402 号社区会议室
16	西渡社区学校	3 月 25 日 13:30	沿浦路 59 号西渡社区学校会议室
17	邬桥社区马路村	3 月 27 日 13:00	大叶公路 2685 号马路村会议室
18	南桥派出所	3 月 30 日 9:00	南桥镇运河路江海村村委会会议室
19	江海派出所	3 月 10 日 9:00	南桥社区文化活动中心
20	西渡派出所	3 月 10 日 13:00	西闸公路 901 弄 300 号南渡村村委会议室
21	奉城派出所	3 月 20 日 14:00	城协路 1366 号永民村会议室
22	奉浦派出所	3 月 11 日 13:30	沪杭公路 1699 号五居委会议室
23	奉浦派出所	3 月 12 日 14:30	工业中专(环城东路/韩村路)
24	头桥派出所	3 月 10 日 14:00	大庆路 1 号头桥派出所会议室
25	四团派出所	3 月 19 日 13:30	小荡中心路 22 号小荡村警务室
26	钱桥派出所	3 月 20 日 14:30	奉柘公路 3215 号钱桥社区居委会议
27	金汇派出所	3 月 10 日 13:00	新强村村委会会议室
28	海湾派出所	3 月 21 日 14:30	新四平公路 467 弄海港新苑居委会
29	柘林派出所	3 月 12 日 13:30	奉柘公路 3222 号华亭村居委会
30	海港派出所	3 月 21 日 15:00	新四平公路 467 弄海港新苑居委会
崇明县			
序号	举办单位	时间	地　　点
1	新村派出所	3 月 7 日 9:00	新村乡新乐村
2	新河派出所	3 月 10 日 8:30	新晨居委会
3	城桥派出所	3 月 14 日 9:00	江山居委会会议室
4	堡镇派出所	3 月 19 日 9:00	堡镇米南路 1434 号南海村村委会
5	新河派出所	3 月 20 日 8:30	永丰村村委会
6	向化派出所	3 月 20 日 13:30	向宏居委会

“形势与热点”系列讲座

“形势与热点”系列讲座之152					
报纸发表信息					
序号	举办单位	题目	主讲人	时间	会场地址
1	上海市形势政策教育研究会	2014年国际形势展望与我国的对外战略	张耀(上海国际问题研究院海洋极地研究中心主任、研究员)	1月23日 9:00	淮海中路622弄7号上海社科院小礼堂
2	浦东新区沪东街道	党的十八届三中全会精神解读	陈勇鸣(中共上海市委党校教授)	1月23日 14:00	兰城路247号3楼大会场
3	黄浦区打浦桥街道	中国(上海)自由贸易试验区的内涵与影响	张鸿(上海对外经贸大学教授)	1月24日 9:00	蒙自路223号社区文化活动中心4楼多功能厅
4	浦东新区康桥镇	党的十八届三中全会精神解读	萧思健(复旦大学党委宣传部部长)	1月24日 13:30	康沈路686号文化中心影剧院
5	长宁文化艺术中心	印度的大国战略与中印关系	赵干城(上海国际问题研究院南亚中心主任、研究员)	2月9日 9:00	仙霞路650号301多功能厅
6	浦东新区陆家嘴街道	扎实推进群众路线教育实践活动	杜言敏(中共上海市黄浦区委党校副教授)	2月10日 9:00	栖霞路120号文化中心5楼
7	宝山区顾村镇	党的十八届三中全会精神解读	韩狄明(上海商学院教授)	2月10日 9:00	新泰路31号
8	闵行区七宝镇	从社区实务看社区工作者的思想创新	周慧敏(中共上海市浦东新区党校教授)	2月18日 13:30	沪松公路450号镇文化中心2楼报告厅
9	浦东新区社会工作协会	中国(上海)自由贸易试验区建设对浦东发展的启示	宋炳良(上海海事大学经济管理学院教授)	2月18日 13:30	合欢路2号浦东市民中心
10	杨浦区图书馆	正确看待食品添加剂	刘少伟(华东理工大学副教授)	2月19日 14:00	平凉路1490弄1号4楼多功能厅
11	普陀区石泉路街道	建设学习型、服务型、创新型党组织与基层党建创新	赵刚印(中共上海市委党校党史党建部副主任、副教授)	2月21日 9:00	管弄路268号街道B楼2楼会场
12	闸北区宝山路街道	践行群众路线,做好基层工作	朱佩明(中共上海市委党校副教授)	2月21日 9:00	宝昌路533号8楼多功能厅
13	宝山区图书馆	中国(上海)自由贸易试验区的功能解读	沈大勇(上海对外经贸大学教授)	2月21日 13:30	海江路622号

（续表）

“形势与热点”系列讲座之153					
报纸发表信息					
序号	举办单位	题目	主讲人	时间	会场地址
1	闸北区北站街道	互联网与隐私保护	潘霁（上海财经大学副教授）	2月25日 9:00	康乐路101号社区文化活动中心
2	黄浦区瑞金二路街道	建设学习型、服务型、创新型党组织与基层党建创新	杜言敏（中共上海黄浦区委党校副教授）	2月26日 9:00	思南路33号1楼会议室社区文化中心
3	上海市形势政策教育研究会	世界经济形势与中国经济展望	杨苏（华东理工大学马克思主义学院副院长、教授）	2月27日 9:00	淮海中路622弄7号上海社科院小礼堂
4	杨浦区延吉街道	大国关系与中国外交	夏立平（同济大学政治与国际关系学院院长、教授）	2月27日 14:00	延吉中路77号410多功能厅
5	宝山区月浦镇	学习贯彻落实党的十八大精神，全面建成小康社会	王建新（华东师范大学教授）	2月27日 13:30	月罗路200号
6	徐汇区天平街道	党的群众路线与社会治理	施凯（上海市人大法工委副主任）	2月28日 14:00	天平路200号南模初级中学艺体楼2楼报告厅
7	松江区永丰街道	如何践行群众路线	徐学通（中共上海市委党校副教授）	3月6日 14:00	松汇西路1438号社区文化活动中心剧场
8	浦东新区金杨新村街道	转型期的社会主义核心价值与社区治理	章友德（上海政法学院社会管理学院院长、教授）	3月7日 9:00	云山路1080弄2号204室社区文化中心
9	普陀区石泉路街道	低碳社区与城市环境保护	尤庆敏（上海师范大学讲师）	3月7日 9:30	管弄路268号街道B楼2楼会场
10	浦东新区陆家嘴街道	群众路线与基层工作	沈移元（中共普陀区委党校原副校长、教授）	3月10日 9:00	栖霞路120号文化中心5楼
11	杨浦区延吉街道	践行群众路线，做好基层工作	卜新兵（中共闸北区委党校党史教研室主任）	3月12日 9:00	延吉中路77号410多功能厅

（续表）

“形势与热点”系列讲座之154					
报纸发表信息					
序号	举办单位	题目	主讲人	时间	会场地址
1	黄浦区淮海中路街道	学习党的十八届三中全会精神，保持党员纯洁性	苏金发（上海理工大学教授）	3月14日 9:00	马当路349号社区文化活动中心二楼剧场
2	闵行区颛桥镇	从社区实务看社区工作者的思维创新	周慧敏（中共上海市浦东新区党校教授）	3月14日 13:00	都市路2699号社区学校207教室
3	宝山区罗店镇	网购、旅游与消费者权益保护	陈甬沪（上海市工商行政管理局高级统计师）	3月14日 13:30	美诺路131号文化中心2楼
4	浦东新区康桥镇	中国（上海）自由贸易试验区的内涵与影响	张鸿（上海对外经贸大学研究生部主任、教授）	3月14日 13:30	康沈路686号镇文化中心影剧院
5	上海大学	全媒体时代的舆论引导与应对	徐世甫（上海政法学院副教授）	3月15日 18:30	新闸路1220号A楼301
6	闸北区芷江西路街道	贯彻落实侨法，维护凝聚侨心	张函之（上海市人民政府侨务办公室国内处处长助理）	3月18日 14:00	芷江西路151号社区文化中心4楼多功能厅
7	闸北区临汾路街道	关于区域化党建格局拓展和延伸的解读	包善祺（上海申佳铁合金有限公司党委宣传部原部长、办公室主任）	3月18日 14:00	保德路181号社区文化活动中心影视报告厅
8	上海氯碱化工股份有限公司	世界能源格局与中国能源安全	张耀（上海国际问题研究院国际战略研究所副所长）	3月19日 9:00	龙吴路4747号综合会议室
9	宝山区张庙街道	我国的海洋安全形势	金永明（上海社会科学院研究员）	3月19日 13:30	呼玛路800号街道办事处5楼会议室
10	杨浦区大桥街道	社区常见法律纠纷的调处及预防	吴树彬（北京汉卓（上海）律师事务所副主任、高级律师）	3月19日 14:00	平凉路1730号社区文化活动中心3楼多功能厅
11	虹口区江湾镇街道	突发事故的心理应激	杨秀君（上海大学教授）	3月19日 14:00	丰镇路300号大礼堂
12	上海师范大学	当前意识形态领域的若干热点问题	潘世伟（上海社会科学院党委书记、教授）	3月19日 15:00	桂林路100号东部教苑楼多功能厅

（续表）

“形势与热点”系列讲座之154					
报纸发表信息					
序号	举办单位	题目	主讲人	时间	会场地址
13	宝山区顾村镇	当前国际形势与中国周边安全	杨元华（中共上海市委党校第四分校教授）	3月20日 9:00	永泰路31号
14	崇明县新海镇	新时期群众工作	柏万青（上海市人大代表）	3月20日 9:30	新海镇社区文化活动中心3楼多功能厅
15	闸北区芷江西路街道	讲讲怎样做好社区工作	韩狄明（上海市经济党校教授）	3月20日 14:00	芷江西路151号社区文化中心4楼多功能厅
16	黄浦区南京东路街道	生态文明城市离我们有多远	达良俊（华东师范大学环境科学系系主任、教授）	3月20日 14:00	大沽路123号3楼会议室
17	普陀区石泉路街道	学会用《消费者权益保护法》维护您的合法权益	赵皎黎（上海市消费者权益保护委员会秘书长）	3月21日 9:00	管弄路268号街道B楼2楼会场
18	虹口区凉城新村街道	基层工作的技巧与艺术	朱佩明（中共上海市委党校副教授）	3月21日 9:00	凉城路465弄41号甲
19	宝山区杨行镇	创新驱动与上海新郊区产业建设	石涛（中共上海市委党校副教授）	3月21日 9:00	杨鑫路268号社区办小剧场
20	松江区新浜镇	牢记宗旨、纯洁党性，全面推进反腐倡廉建设	张大伟（中共上海市松江区委党校党史党建研究室主任）	3月22日 9:00	新浜镇中心街1号3202室
21	闸北区北站街道	加强道德建设，构建和谐社区	卜新兵（中共上海市闸北区委党校党史教研室主任）	3月25日 14:00	康乐路101号
22	浦东新区花木街道	创新工作方法，提升社会管理水平	袁秉达（中共上海市委党校教授）	3月25日 14:00	玉兰路218号街道2号楼阶梯教室
23	徐汇区湖南街道	上海发展转型与“四个中心”建设	乔兆红（上海社会科学院经济所研究员）	3月27日 9:00	乌鲁木齐中路164号5楼会场
24	宝山区大场镇	学习《宪法》，提高履职能力	张淑芳（华东政法大学教授）	3月27日 9:00	真华路1112号
25	上海医药高等专科学校	贯彻党的十八届三中全会精神，全面深化改革开放	唐珏岚（中共上海市委党校经济学教研部副主任、教授）	3月28日 14:00	周祝公路279号1号楼400报告厅

（续表）

“形势与热点”系列讲座之155					
报纸发表信息					
序号	举办单位	题目	主讲人	时间	会场地址
1	黄浦区淮海中路街道	新时期社区工作者的定位使命	陶希东（上海社会科学院副研究员）	3月28日 9:00	马当路349号社区文化活动中心2楼剧场
2	宝山区友谊路街道	当前国际形势与中国周边安全	邵青（解放军南京政治学院上海分院副教授）	3月28日 14:00	永清路899号市民中心
3	虹口区图书馆	食品安全误区大解读	马志英（上海市食品协会专家委员会主任、教授）	3月29日 14:00	水电路1412号3楼剧场
4	上海大学	转型期的群众工作与社会治理	章友德（上海政法学院社会管理学院院长、教授）	3月29日 18:30	新闸路1220号A楼301
5	崇明县向化镇	学习践行党章，做合格党员	孙爱霞（中共杨浦区委党校副教授）	4月1日 13:30	向中路51号镇政府2号楼2楼大会议室
6	上海市旅游局	建设智慧城市　探索智慧增长	王思政（上海市发改委副主任、高级经济师）	4月1日 14:00	海防路429弄100号4楼报告厅
7	浦东新区花木街道	贯彻群众路线，加强作风建设	叶美芳（上海电气党校副教授）	4月1日 14:30	梅花路289号社区文化中心510室
8	长宁区周家桥街道	加强作风建设，做好新形势下的群众工作	杨苏（华东理工大学教授）	4月3日 9:00	长宁路1618号6楼会议室
9	上海市档案馆	全国“两会”精神与上海未来发展	张兆安（全国人大代表、民建上海市委专职副主委）	4月8日 13:30	中山东二路9号10楼报告厅
10	浦东新区陆家嘴街道	深入开展群众路线教育实践活动，切实加强党的作风建设	沈移元（中共普陀区委党校教授）	4月10日 9:00	栖霞路120号文化中心5楼
11	宝山区庙行镇	上海迈向国际化大都市与社会发展	章友德（上海政法学院社会管理学院院长、教授）	4月12日 13:30	长江西路2697号社区文化中心3楼多功能厅
12	上海海事大学	东海与南海——当前我国海洋安全环境态势以及走向	张晓林（海军指挥学院教授）	4月16日 13:30	海港大道1550号学生服务中心1楼邦建报告厅

（续表）

“形势与热点”系列讲座之155					
报纸发表信息					
序号	举办单位	题目	主讲人	时间	会场地址
13	浦东新区社会工作协会	平安建设与社区治安综合治理	徐志林（上海公安高等专科学校科研中心主任、研究员）	4月17日 14:00	合欢路2号市民中心地下一层
14	黄浦区打浦桥街道	从社区实务看社区工作者的思维创新	周慧敏（中共上海市浦东新区党校教授）	4月18日 9:00	蒙自路223号社区文化活动中心4楼多功能厅
15	闵行区梅陇镇	“中国梦”与中华民族伟大复兴	范灼华（同济大学副教授）	4月18日 13:30	高兴路108号
举办单位：宝山区精神文明建设委员会办公室　宝山区图书馆					
“形势与热点”系列讲座之156					
序号	举办单位	题目	主讲人	时间	会场地址
1	徐汇区湖南街道	大国关系与中国外交	沈逸（复旦大学副教授）	4月18日 9:00	乌鲁木齐中路164号5楼会场
2	上海市新四军历史研究会	新时期国家海上安全形势与对策	刘苏闽（海军舟山基地原政委、将军）	4月18日 13:00	凯旋路112号上海市委党校第四分校
3	宝山区月浦镇	强军梦——回望中国人民解放军建设历程	余江如（上海市新四军历史研究会理事）	4月18日 13:30	月罗路228号
4	上海大学	当代中国的精神重建	吴晓明（复旦大学教授）	4月18日 13:30	上大路99号J101
5	上海大学	中法建交及其国际影响	翟强（美国奥本大学教授）	4月21日 18:00	上大路99号J101
6	闸北区北站街道	转型期的社会矛盾与社会治理	母天学（上海对外经贸大学教授）	4月22日 9:00	康乐路101号
7	宝山区罗泾镇	以案说防范：消防安全常识	杨波（上海市公安局消防总队培训基地训练处副处长）	4月22日 13:30	陈东路121号
8	崇明县中兴镇	加强纪律性　革命无不胜——学习习近平总书记关于严明政治纪律的重要论述	张涟（上海市创造学会理事、教授）	4月22日 13:30	真社区文化活动中心多功能厅
9	黄浦区瑞金二路街道	为民、务实、清廉，保持党员纯洁性	朱佩明（中共上海市委党校副教授）	4月22日 13:30	思南路33号社区文化中心1楼会议室

（续表）

“形势与热点”系列讲座之 156					
序号	举办单位	题目	主讲人	时间	会场地址
10	闸北区芷江西路街道	社区常见法律纠纷的调处及预防	陈英芳（上海市四方律师事务所律师）	4月29日 14:00	芷江西路151号
11	上海第二工业大学	当代中国民族精神的重构	奚爱民（上海音乐学院公共基础部主任、副教授）	4月23日 13:00	金海路2360号18号楼18307报告厅
12	浦东新区康桥镇	社会主义核心价值观的基本内涵及重大意义	周中之（上海师范大学教授）	4月23日 13:30	康沈路686号镇文化中心影剧院
13	崇明县委宣传部	当前国际形势与中国周边安全	华强（解放军南京政治学院上海分院教授）	4月23日 13:30	城桥镇东门路557号
14	杨浦区大桥街道	上海迈向国际化大都市与社会发展	章友德（上海政法学院社会管理学院院长、教授）	4月23日 14:00	平凉路1730号社区文化活动中心3楼多功能厅
15	上海外国语大学	云计算离我们有多近	陈翊（够快科技联合创始人副总裁）	4月23日 18:00	文翔路1550号图文信息楼东厅
16	虹口区图书馆	社区干部的德与才	王洁（中共上海虹口区委党校讲师）	4月24日 14:00	中山北路998号曲阳社区文化中心410室
17	普陀区石泉路街道	当前国际形势与中国周边安全	邵青（解放军南京政治学院上海分院副教授）	4月25日 9:00	管弄路268号街道B楼2楼会场
18	闸北区宝山路街道	基层民主与社会管理创新	陈保中（中共上海市委党校教授）	4月25日 14:00	宝昌路533号8楼
19	华东理工大学	当前国际形势与中国周边安全	夏立平（同济大学政治与国际关系学院院长、教授）	4月25日 13:30	奉贤区海思路999号图文信息中心裙楼报告厅
20	华东理工大学	加快建设社会主义法治国家——学习习近平总书记关于依法治国的重要论述	关保英（上海政法学院副院长、教授）	4月25日 13:30	梅陇路130号逸夫楼报告厅
“形势与热点”系列讲座之 157					
序号	举办单位	题目	主讲人	时间	会场地址
1	杨浦区殷行街道	党员干部践行社会主义核心价值观的基本要求	李家珉（上海电力学院教授）	4月25日 9:00	包头路781号
2	杨浦区长白街道	中国周边安全与外交战略	胡志勇（上海社会科学院副研究员）	4月25日 9:00	延吉东路105号

（续表）

“形势与热点”系列讲座之 157					
序号	举办单位	题目	主讲人	时间	会场地址
3	宝山区友谊路街道	党的十八大后反腐倡廉的新思路、新举措、新特点	陈挥（上海市中共党史学会副会长、教授）	4月25日 14:00	永清路 899 号
4	上海大学	新中国海军的发展历程	张耀（上海国际问题研究院副研究员）	4月26日 18:30	新闸路 1220 号 A 楼 301
5	长宁文化艺术中心	日本政治与中日关系	廉德瑰（上海国际问题研究院亚太研究中心副主任、研究员）	4月27日 9:00	仙霞路 650 号 301 多功能厅
6	复旦大学	国家认同与国际关系——儒家的理论及其优越性	白彤东（复旦大学教授）	4月28日 18:30	邯郸路 220 号逸夫科技楼多功能厅
7	闸北区彭铺新村街道	中国（上海）自由贸易试验区的功能解读	张鸿（上海对外经贸大学教授）	4月29日 9:00	安泽路 78 号
8	上海理工大学	西沙海战胜利 40 年与中国海军发展	赵宗九（解放军南京政治学院上海分院教授）	4月29日 15:00	军工路 516 号综合楼报告厅
9	闸北区教育局	打铁还需自身硬：建设合格的党员干部队伍	李占才（同济大学马克思主义学院副院长、教授）	4月30日 13:30	和田路 195 号
10	杨浦区五角场镇	2014 年全国“两会”精神解读	袁志平（中共上海市委党史研究室征编处处长）	5月6日 9:00	政立路 55 号
11	上海第二工业大学	自贸试验区建设与人口国际化	陈志强（上海商学院教授）	5月7日 13:00	金海路 2360 号 18 号楼 18307 报告厅
12	浦东新区社会工作协会	社区常见法律纠纷的调处及预防	陈英芳（上海市四方律师事务所律师）	5月9日 13:30	合欢路 2 号市民中心地下一层
13	华东理工大学	党的十八大后的国际形势与中国外交	沈丁立（复旦大学国际问题研究院副院长、教授）	5月9日 13:30	梅陇路 130 号逸夫楼报告厅
14	同济大学	财政撙节的争议——从李克强 VS 安倍经济学谈起	徐仁辉（台湾世新大学教授）	5月9日 14:00	四平路 1239 号逸夫楼 1 楼报告厅
15	同济大学	新社会阶层问题初探	沙海林（中共上海市委常委、统战部部长）	5月10日 9:00	四平路 1239 号逸夫楼 1 楼报告厅

（续表）

序号	举办单位	题目	主讲人	时间	会场地址
“形势与热点”系列讲座之157					
16	同济大学	城市更新与危机管理	孙建平（中共上海市静安区区委书记）	5月10日 14:00	四平路1239号逸夫楼1楼报告厅
17	同济大学	中国新型城镇化的关键问题与政策选择	诸大建（同济大学教授）	5月11日 9:00	四平路1239号逸夫楼1楼报告厅
18	长宁文化艺术中心	乌克兰局势及其对国际格局的影响	张耀（上海国际问题研究院副研究员）	5月11日 9:00	仙霞路650号301多功能厅
19	徐汇区漕河泾街道	日本防卫战略的演变与中日关系	李秀石（上海国际问题研究院亚太中心主任、研究员）	5月13日 13:30	康健路65号街道办事处2楼多功能厅
20	浦东新区金杨新村街道	当前国际形势和我国国家安全	顾伟（解放军南京政治学院上海分院教授）	5月14日 14:00	云山路1080弄2号204室
21	宝山区顾村镇	国际关系与中国外交	杨元华（中共上海市委党校四分校教授）	5月15日 9:00	新泰路31号
22	上海大学	中美关系发展	倪世雄（复旦大学教授）	5月16日 13:30	上大路99号乐乎楼思源厅
“形势与热点”系列讲座之158					
报纸发表信息					
序号	举办单位	题目	主讲人	时间	会场地址
1	宝山区杨行镇	当前海上形势与中国海洋强国战略	金永明（上海市社会科学院研究员）	6月13日 9:00	杨鑫路268号
2	华东理工大学	读懂经济统计数据，体察经济脉搏	李猛（中共上海市委党校副教授）	6月13日 13:30	奉贤区海思路999号图文信息中心裙楼报告厅
3	黄浦区瑞金二路街道	以身为范，践行核心价值观	赵刚印（中共上海市委党校党史党建部副主任、副教授）	6月13日 14:00	思南路33号1楼会议室社区文化中心
4	松江区石湖荡镇	新形势下，党员如何践行党章	孙颖（中共上海市委党校三分校副教授）	6月15日 9:00	塔闵路401号
5	杨浦区控江路街道	新中国宗教政策解读及国家安全	刘骞（同济大学副教授）	6月17日 9:00	凤城二村19号
6	闸北区大宁路街道	当前国际形势与中国周边安全	邵青（解放军南京政治学院上海分院副教授）	6月17日 9:00	共和新路2301弄3楼会议室

(续表)

“形势与热点”系列讲座之 158					
报纸发表信息					
序号	举办单位	题目	主讲人	时间	会场地址
7	宝山区罗泾镇	发展先进网络文化,建设网络强国	潘霁(上海财经大学副教授)	6月17日 13:30	陈东路121号
8	虹口区凉城新村街道	亚太区域关系与中国外交	沈逸(复旦大学副教授)	6月17日 14:00	车站北路609号3楼会议室
9	上海师范大学	社会主义时期的城市公共生活:麻将官司——个人、社区、城市与国家	王笛(美国得克萨斯A&M大学教授)	6月17日 15:00	桂林路100号东部文苑楼708室
10	宝山区友谊路街道	党员干部践行社会主义核心价值观的基本要求	杨苏(华东理工大学马克思主义学院副院长、教授)	6月18日 9:00	永清路899号
11	上海氯碱化工股份有限公司	转型发展中发挥党员先锋模范作用	杨雄伟(上海华谊(集团)公司宣传部长)	6月18日 9:00	龙吴路4747号综合会议室
12	徐汇区漕河泾街道	民族团结与宗教和睦	彭高成(上海市社会主义学院兼职教授)	6月18日 13:30	康健路65号街道办事处2楼多功能厅
13	宝山区大场镇	中国共产党与民族复兴中国梦	袁志平(中共上海市委党史研究室征编处处长)	6月19日 14:00	真华路1112号
14	宝山区张庙街道	民族团结与和谐稳定	安俭(华东师范大学社会发展学院教授)	6月19日 14:00	呼玛路800号5楼会议室
15	徐汇区长桥街道	中国与东南亚国家关系	胡志勇(上海社会科学院副研究员)	6月19日 14:00	罗香路237号西南文化艺术中心5楼多功能厅
16	杨浦区殷行街道	国际恐怖主义与中国国家安全	余建华(上海社会科学院研究员)	6月20日 9:00	包头路781号
17	闵行区梅陇镇	打铁还需自身硬:建设合格的党员干部队伍	沈移元(中共普陀区委党校教授)	6月20日 13:30	高兴路108号
18	松江区中山街道	关键在党　关键在人——学习习近平总书记关于党的建设的重要论述	孙爱霞(中共杨浦区委党校副教授)	6月20日 13:30	茸平路168号

（续表）

"形势与热点"系列讲座之158					
报纸发表信息					
序号	举办单位	题目	主讲人	时间	会场地址
19	上海市新四军历史研究会	学习井冈山精神	唐莲英（华东师范大学社科部党委书记、教授）	6月20日 13:30	凯旋路112号上海市委党校第四分校
20	浦东新区社会工作协会	社区干部的人际沟通和语言技巧	张生泉（上海戏剧学院党委宣传部部长、教授）	6月20日 14:00	合欢路2号市民中心地下一层
21	松江区中山街道	学习党章践行党章，做合格共产党员	张涟（中共上海市委党校四分校调研员）	6月21日 9:00	迎宾路2号
22	杨浦区江浦路街道	建设文化强国与提高国家文化软实力——学习习近平总书记关于文化建设的重要论述	宋黔晖（中共杨浦区委党校副教授）	6月24日 9:00	许昌路1150号3楼
23	杨浦区五角场镇	周边形势与中国外交	李秀石（上海国际问题研究院研究员）	6月24日 9:00	政立路55号
24	闸北区北站街道	社会治理创新：力量在民、智慧在民	何海兵（中共上海市委党校副教授）	6月24日 9:00	康乐路101号
25	上海师范大学	上海自贸试验区建设与改革走向	朱江（中共上海市委党校分校教学部副教授）	6月24日 9:00	桂林路100号西部会议中心一号报告厅
26	闸北区彭浦新村街道	中国与周边国家关系	钟振明（同济大学副教授）	6月25日 9:00	安泽路78号
27	崇明县新海镇	立德树人，做社会主义核心价值观的践行者	曾崇信（上海市精神文明办公室创建活动指导处处长）	6月25日 9:30	镇社区文化活动中心3楼多功能厅
28	松江区车墩镇	信念、使命与奉献：中国梦与当代青年	童潇（华东政法大学副教授）	6月25日 13:30	北松公路4688号
29	宝山区月浦镇	立足本职，发挥共产党员先锋模范作用	张忆军（中共上海市委党校教授）	6月25日 13:30	月罗路228号
30	闸北区共和新路街道	新一届中央领导集团集体治国理政的总体思路	刘泾（中共上海市委党校副教授）	6月25日 14:00	和田路195号闸北区教育局会场

（续表）

“形势与热点”系列讲座之 158					
报纸发表信息					
序号	举办单位	题目	主讲人	时间	会场地址
31	浦东新区唐镇	民族团结与国家安全	彭高成（上海社会主义学院兼职教授）	6月26日 9:00	唐兴路 495 号
32	闸北区芷江西路街道	居委会、业委会怎样共推基层民主自治	杜言敏（中共黄浦区委党校副教授）	6月26日 14:00	芷江西路 151 号文化活动中心 4 楼多功能厅
33	宝山区高境镇	以案说法：实例解读《老年人权益保障法》	陈英芳（上海市四方律师事务所律师）	6月27日 13:30	吉浦路 551 号

“形势与热点”系列讲座之 159					
报纸发表信息					
序号	举办单位	题目	主讲人	时间	会场地址
1	浦东新区康桥镇	当前国际形势与中国周边安全	彭高成（上海社会主义学院兼职教授）	6月27日 13:30	康沈路 868 号
2	松江区石湖荡镇	学习党章践行党章，做合格共产党员	张涟（中共上海市委党校四分校调研员）	6月30日 9:00	学府路 132 号底楼会议室
3	宝山区罗店镇	发展先进网络文化，建设网络强国	潘霁（上海财经大学副教授）	6月30日 13:30	美诺路 131 号（美兰湖文化中心 2 楼）
4	浦东新区合庆镇	世界新军事变革与中国国防	邵青（解放军南京政治学院上海分院副教授）	6月30日 14:00	合庆镇凌白公路（近人民塘路）
5	青浦区盈浦街道	如何做好新形势下的群众工作	孙爱霞（中共杨浦区委党校副教授）	6月30日 14:40	社区卫生服务中心 4 号楼 3 楼会议室
6	普陀区石泉路街道	学习党章，践行党章	孙颖（中共上海市委党校三分校副教授）	7月2日 9:00	管弄路 268 号街道 B 楼 2 楼会场
7	闸北区临汾路街道	学习弘扬焦裕禄精神　践行党的群众路线	袁志平（中共上海市委党史研究室征编处处长）	7月2日 9:00	保德路 181 号社区文化活动中心
8	宝山区月浦镇	立德树人，做社会主义核心价值观的践行者	陈方刘（中共上海市委党校副教授）	7月2日 13:30	月罗路 228 号
9	上海电气（集团）总公司党校	集团型企业战略变革	杨忠伟（凯洛格管理咨询公司副总裁）	7月2日 13:30	浦东大道 2748 号 A301 多功能厅

（续表）

“形势与热点”系列讲座之159					
报纸发表信息					
序号	举办单位	题目	主讲人	时间	会场地址
10	松江区小昆山镇	解读“新型城镇化”	庄荣盛（中共上海市委党校教授）	7月2日 14:00	文翔路6201号社区文化活动中心报告厅
11	浦东新区川沙新镇	为民、务实、清廉，保持党员纯洁性	沈移元（中共普陀区委党校教授）	7月3日 14:00	新川路300号
12	闸北区北站街道	新中国宗教政策解读及国家安全	刘骞（同济大学副教授）	7月4日 9:00	康乐路101号
13	宝山区顾村镇	民族和谐与国家发展	安俭（华东师范大学教授）	7月8日 9:00	新泰路31号
14	上海氯碱化工股份有限公司	吸取事故教训，落实安全责任	郑永祥（上海谊超化工咨询有限公司高级工程师）	7月9日 9:00	龙吴路4747号综合会议室
15	浦东新区陆家嘴街道	九段线：南海主权的生命线	金永明（上海社会科学院研究员）	7月10日 9:00	栖霞路120号老文化中心
16	闸北区临汾路街道	我知群众心，群众看我行	包善祺（临汾路街道社区党建工作研究分会会长）	7月10日 9:00	保德路181号社区文化活动中心
17	松江区佘山镇	党员干部践行核心价值观的基本要求	刘泾（中共上海市委党校副教授）	7月10日 13:00	佘新路358号
18	松江区泖港镇	中国共产党反腐倡廉的历史回顾与启示	陈挥（上海市中共党史学会副会长、教授）	7月12日 9:00	新宾路358号
19	松江区叶榭镇	凝魂聚气、强基固本，弘扬社会主义核心价值观	宋黔晖（中共杨浦区委党校副教授）	7月15日 13:30	松江区叶榭镇叶政路388号
“形势与热点”系列讲座之160					
报纸发表信息					
序号	举办单位	题目	主讲人	时间	会场地址
1	闸北区宝山路街道	强国梦与强军梦	奚纪荣（解放军南京政治学院上海分院教授）	7月17日 14:00	宝昌路533号8楼
2	闸北区大宁路街道	新一届中央领导集体治国理政的总体思路	卜新兵（中共上海市闸北区委党校党史教研室主任）	7月21日 17:00	彭江路188号街道5楼第一会议室

（续表）

“形势与热点”系列讲座之 160					
报纸发表信息					
序号	举办单位	题目	主讲人	时间	会场地址
3	崇明县中兴镇	凝魂聚气、强基固本，弘扬社会主义核心价值观	萧思健（复旦大学党委宣传部部长、教授）	7月22日 13:30	兴工路57号镇社区文化活动中心多功能厅
4	杨浦区延吉新村街道	倡导“爱国、敬业、诚信、友善”，培育昂扬向上的公民品格	刘砚国（上海市演讲与口语传播研究会副会长）	7月23日 9:00	延吉中路77号410室
5	杨浦区平凉路街道	习近平对外战略思想与中国外交	杨苏（华东理工大学马克思主义学院副院长、教授）	7月23日 9:00	怀德路399号社区文化中心3楼多功能厅
6	松江区车墩镇	党员干部践行社会主义核心价值观的基本要求	刘泾（中共上海市委党校副教授）	7月23日 13:30	北松公路4688号
7	松江区九亭镇	当前中日关系分析	王少普（上海交通大学环太平洋研究中心主任、教授）	7月24日 13:30	康亭路1号
8	闸北区委宣传部	上海主体功能区建设	陈勇鸣（中共上海市委党校经济学教研部教授）	7月25日 9:00	大统路199号2403会议室
9	徐汇区湖南街道	日本防卫战的演变与中日关系	李秀石（上海国际问题研究院亚太研究中心主任、研究员）	7月25日 9:00	乌鲁木齐中路164号
10	杨浦区大桥街道	社会主义核心价值观的基本内涵及重大意义	刘砚国（上海市演讲与口语传播研究会副会长）	7月25日 9:00	平凉路1730号3楼多功能厅
11	长宁区周家桥街道	中国文学名著对廉政文化建设的启示	袁志平（中共上海市委党史研究室征编处处长）	7月25日 9:00	长宁路1618号6楼会议室
12	松江区图书馆	培育和践行社会主义核心价值观——学习习近平总书记关于文化建设的重要论述	陈方刘（中共上海市委党校副教授）	7月25日 13:30	人民北路1626号图书馆报告厅
13	虹口区图书馆	中日关系热点问题透视	冯玮（复旦大学教授）	7月26日 9:30	四川北路2188号

（续表）

“形势与热点”系列讲座之160					
报纸发表信息					
序号	举办单位	题目	主讲人	时间	会场地址
14	杨浦区四平路街道	居委会、业委会怎样共推基层民主自治	杨兆顺（普陀区桃浦镇紫藤苑居民区党总支书记）	7月29日 14:00	锦西路69号
15	上海市档案馆	社会主义核心价值观与优秀传统文化	周中之（上海师范大学教授）	7月30日 13:30	中山东二路9号10楼报告厅
16	上海市形势政策教育研究会	当前国内外形势的最新热点	邵煜栋（浦东新区政协原副主席）	7月31日 9:00	淮海中路622弄7号上海社会科学院小礼堂
17	虹口区图书馆	整治小区群租，从你我身边做起	王益洋（虹口区住房保障和房屋管理局局长、研究员）	8月2日 14:00	水电路1412号
18	闵行区七宝镇	当今军事科技发展概况	邵青（解放军南京政治学院上海分院部队政治工作系副教授）	8月14日 8:30	沪松公路450号
“形势与热点”系列讲座之161					
报纸发表信息					
序号	举办单位	题目	主讲人	时间	会场地址
1	崇明县建设镇	践行群众路线，重在作风建设	孙爱霞（中共杨浦区委党校副教授）	8月8日 10:00	建星路108号
2	虹口区图书馆	当前我国周边地区的热点问题	杨元华（中共上海市委党校第四分校教授）	8月9日 14:00	水电路1412号
3	宝山区顾村镇	坚持群众路线，实现中国梦想	卜新兵（中共闸北区委党校党建研究室主任）	8月11日 9:00	新泰路31号
4	虹口区凉城新村街道	倡导“爱国、敬业、诚信、友善”，培育昂扬向上的公民品格	刘砚国（上海市演讲与口语传播研究会副会长）	8月12日 14:00	凉城路465弄41号甲3楼
5	虹口区图书馆	纪念抗日战争胜利69周年——《东京审判》概述	曹群（上海市虹口区档案局原局长）	8月16日 14:00	水电路1412号
6	浦东新区金杨新村街道	国家海洋战略与维护我国海洋权益	顾伟（南京政治学院上海分校教授）	8月20日 14:00	云山路1080弄2号204室

（续表）

“形势与热点”系列讲座之161					
报纸发表信息					
序号	举办单位	题目	主讲人	时间	会场地址
7	闸北区芷江西路街道	社会工作的基本技巧	段慧霞（上海浦东新区社会工作协会副会长兼秘书长）	8月21日 14:00	芷江西路155号
8	普陀区石泉路街道	党的十八大后反腐倡廉的新思路、新举措、新特点	吴海红（中共上海市委党校副教授）	8月22日 9:00	管弄路268号街道B楼2楼会场
9	长宁文化艺术中心	中国对非洲的发展援助	张海冰（上海国际问题研究院世界经济研究所执行所长、研究员）	8月24日 9:00	仙霞路650号301多功能厅
10	宝山区罗店镇	党的十八大后的国际形势与中国国家安全	刘骞（同济大学副教授）	8月26日 13:30	美诺路131号
11	浦东新区陆家嘴街道	中国与东南亚国家关系	胡志勇（上海社会科学院副研究员）	8月26日 14:30	栖霞路120号（老文化中心）
12	杨浦区江浦路街道	关键在党　关键在人——学习习近平总书记关于党的建设的重要论述	杨苏（华东理工大学马克思主义学院副院长、教授）	8月27日 9:00	许昌路1150号3楼
13	宝山区罗泾镇	以案说法：实例解读《物权法》	黄真伟（杨浦区法院政治部主任、高级法官）	8月27日 13:30	陈东路121号
14	松江区车墩镇	基层社会管理的难点与突破	何海兵（中共上海市委党校副教授）	8月27日 14:00	北松公路4688号
“形势与热点”系列讲座之162					
报纸发表信息					
序号	举办单位	题目	主讲人	时间	会场地址
1	宝山区友谊路街道	凝魂聚气、强基固本，弘扬社会主义核心价值观	沈移元（中共普陀区委党校教授）	8月29日 9:00	永清路899号2楼报告厅
2	崇明县向化镇	开展文明创建，树立文明新风	裴雨林（上海青年管理干部学院副教授）	9月4日 13:30	陈彷公路4927号镇文化活动中心多功能厅
3	闸北区芷江西路街道	以优良党风凝聚党心民心	徐振光（中共闸北区委党校副教授）	9月5日 14:00	芷江西路155号

（续表）

“形势与热点”系列讲座之162					
报纸发表信息					
序号	举办单位	题目	主讲人	时间	会场地址
4	上海大学	甲午战争的历史启示	张耀（上海国际问题研究院海洋问题研究中心主任、教授）	9月6日 18:30	上海大学延长路149号四教410
5	浦东新区上钢新村街道	强国梦与强军梦	张克难（南京政治学院上海分院教授）	9月9日 14:00	昌里路335号3楼
6	浦东新区陆家嘴街道	社会治理的热点问题	杜言敏（中共黄浦区委党校副教授）	9月10日 9:00	福山路49弄10号
7	徐汇区漕河泾街道	爱岗敬业，用辛勤劳动实现个人价值	刘砚国（上海市演讲与口语传播研究会副会长）	9月10日 13:30	康健路65号
8	金山区廊下镇	美国亚太战略与中美关系	钟振明（同济大学南亚研究中心主任、副教授）	9月11日 13:30	景乐路228号
9	崇明县中兴镇	文化外交与中国软实力	罗辉（上海社会科学院助理研究员）	9月11日 13:30	中兴镇兴工路57号
10	杨浦区四平路街道	美国对华政策与中美关系	潘锐（复旦大学美国研究中心教授）	9月12日 9:00	锦西路69号
11	杨浦区大桥街道	时代精神与民族精神：社会主义核心价值观的精髓	卜新兵（中共闸北区委党校党建研究室主任）	9月12日 9:00	平凉路1730号3楼多功能厅
12	闵行区梅陇镇	日本政治与中日关系	廉德瑰（上海国际问题研究院亚太研究中心副主任、研究员）	9月13日 9:00	镇西路299号梅陇中学
13	上海大学	中国的留学生运动与强国梦	忻平（上海大学党委副书记、教授）	9月13日 18:30	上海大学延长路149号四教410
14	长宁文化艺术中心	转型期的社会矛盾的认识与应对	章友德（上海政法学院教授）	9月14日 9:00	仙霞路650号301多功能厅
15	宝山区罗泾镇	日本防卫战略的演变与中日关系	李秀石（上海国际问题研究院亚太中心主任、研究员）	9月16日 8:30	陈东路121号
16	崇明县图书馆	家训家风建设是社会精神文明建设的重要抓手	胡申生（上海大学教授）	9月16日 9:00	崇明大道7897号3楼报告厅
17	杨浦区江浦路街道	践行社会主义核心价值观，做优秀市民	李家珉（上海电力学院教授）	9月17日 9:00	许昌路1150号3楼

（续表）

“形势与热点”系列讲座之 162					
报纸发表信息					
序号	举办单位	题目	主讲人	时间	会场地址
18	松江区中山街道	立足本职，发挥共产党员先锋模范作用	孙颖（中共上海市委党校第三分校副教授）	9月17日 9:00	茸平路168号
19	普陀区桃浦镇	党员干部践行社会主义核心价值观的基本要求	刘泾（中共上海市委党校副教授）	9月18日 9:00	武威路789号镇政府第一会议室
20	浦东新区金杨新村街道	社会主义核心价值观的历史底蕴与时代内涵	刘砚国（上海市演讲与口语传播研究会副会长）	9月18日 9:00	云山路1080弄2号204室
21	闵行区七宝镇	社区干部的人际沟通和语言技巧	张生泉（上海戏剧学院党委宣传部部长、教授）	9月18日 14:00	沪松公路450号
22	普陀区石泉路街道	上海合作组织与边疆民族问题	安俭（华东师范大学教授）	9月19日 9:00	管弄路268号
23	闵行区梅陇镇	世界新军事变革与中国国防	奚纪荣（解放军南京政治学院上海分院教授）	9月19日 9:00	万源路55号闵行区教科实验中学
24	上海大学	识时代，话使命	刘绍学（上海大学副教授）	9月20日 18:30	上海大学延长路149号四教410
“形势与热点”系列讲座之 163					
报纸发表信息					
序号	举办单位	题目	主讲人	时间	会场地址
1	宝山区杨行镇	中国周边安全形势与台港澳问题	王海良（上海社会科学院台湾研究中心秘书长）	9月19日 9:00	杨鑫路268号（近杨泰路）
2	黄浦区委宣传部	我国国防建设的成就及面临的挑战	徐焰（国防大学教授）	9月19日 9:00	
3	上海医药高等专科学校	关于教师职业道德建设的思考	沈熊珠（中共上海市委党校第四分校讲师）	9月19日 13:30	周祝公路279号1号楼400报告厅
4	徐汇区图书馆	都市发展：外来人口与本地居民的角色定位	黄飞珏（《申江服务导报》新闻部主任）	9月20日 14:00	南丹东路80号北4楼

（续表）

“形势与热点”系列讲座之163					
报纸发表信息					
序号	举办单位	题目	主讲人	时间	会场地址
5	上海商学院	社会主义核心价值观与大学生成长成才	田保传（上海青运史研究会副会长）	9月22日 8:30	奉浦大道123号2号教学楼130报告厅
6	闸北区彭浦新村	当前存在的主要社会问题与社会治理	何海兵（中共上海市委党校副教授）	9月23日 9:00	安泽路78号
7	闵行区吴泾镇	坚持开放的发展、合作的发展、共赢的发展——学习习近平总书记关于外交战略的重要论述	杨元华（中共上海市委党校第三分校教授）	9月23日 13:10	吴泾镇龙吴路5533号113室
8	崇明县城桥镇	社会主义核心价值观的基本内涵及重大意义	吴晓飞（中共上海市崇明县委党校常务副校长、高级讲师）	9月23日 13:30	崇明县城桥镇大陈路18号
9	长宁区周家桥街道	开展文明创建，树立文明新风	裴雨林（上海青年干部管理学院副教授）	9月24日 9:00	长宁路1618号
10	崇明县新海镇	当前国际形势与中国周边安全	刘军（华东师范大学教授）	9月24日 14:00	新海镇人民政府东侧
11	浦东洋泾街道	国际恐怖主义与中国国家安全	余建华（上海社会科学院研究员）	9月25日 9:00	巨野路219号街道301会议室
12	徐汇区虹梅路街道	习近平对外战略思想与中国外交	杨苏（华东理工大学马克思主义学院副院长、教授）	9月24日 18:30	徐汇区虹梅路2019号北楼401会议厅
13	松江区车墩镇	以案说防范：居家安全常识	潘安农（松江分局大学城派出所教导员）	9月25日 9:00	松江区北松公路4688号
14	上海市形势政策教育研究会	当前台海及香港形势分析	严安林（上海国际问题研究院台港澳研究所所长、研究员）	9月25日 9:00	淮海中路622弄7号上海社会科学院小礼堂
15	宝山区月浦镇	载人飞船与国防信息化推进	奚纪荣（解放军南京政治学院上海分院教授）	9月25日 13:30	月罗路228号
16	上海市档案馆	新形势下上海档案事业发展的思路与对策	朱纪华（上海市档案馆馆长）	9月25日 13:30	中山东二路9号10楼报告厅

（续表）

“形势与热点”系列讲座之163					
报纸发表信息					
序号	举办单位	题目	主讲人	时间	会场地址
17	普陀区宜川路街道	加强纪律性　革命无不胜——学习习近平总书记关于严明政治纪律的重要论述	李占才（同济大学教授）	9月26日 8:45	华阴路200号
18	宝山区顾村镇	中日关系热点问题透视	李秀石（上海国际问题研究院亚太中心主任、研究员）	9月26日 9:00	新泰路31号
19	杨浦区长白街道	践行社会主义核心价值观，做优秀市民	梁慕贞（黄浦区南京东路街道市民讲师团团长）	9月26日 9:00	延吉东路105号
20	徐汇区湖南路街道	立德树人，做社会主义核心价值观的践行者	宋黔辉（中共杨浦区委党校副教授）	9月26日 9:00	乌鲁木齐中路164号
21	上海市新四军历史研究会	坚持“九二共识”建立两岸军事互信机制	华强（解放军南京政治学院上海分院教授）	9月26日 13:30	凯旋路112号上海市委党校第四分校
22	虹口区图书馆	重建医患之间的信任	陆文（虹口区卫生和计划生育委员会主任）	9月26日 14:00	水电路1412号
23	杨浦区平凉路街道	社会主义核心价值观的历史底蕴与时代内涵	李家珉（上海电力学院教授）	9月26日 14:00	怀德路399号（平凉社区文化中心3楼多功能厅）
24	松江区中山街道	中国特色社会主义共同理想	沈移元（中共普陀区党校教授）	9月28日 9:00	松江区迎宾路2号
25	宝山区吴淞街道	海权与大国兴衰的历史反思	廉德瑰（上海国际问题研究院研究员）	9月29日 13:30	淞浦路470号
26	浦东新区书院镇	西沙海战胜利40年与中国海军发展	赵宗九（解放军南京政治学院上海分院教授）	9月30日 13:30	新府东路81号
27	宝山区罗店镇	社会热点事件的法律解析	陈怡（执业律师）	9月30日 13:30	美诺路131号
28	长宁文化艺术中心	中国与东南亚邻国关系	赵干城（上海国际问题研究院南亚中心主任）	10月5日 9:00	仙霞路650号301多功能厅

（续表）

"形势与热点"系列讲座之164					
报纸发表信息					
序号	举办单位	题目	主讲人	时间	会场地址
1	浦东新区陆家嘴街道	干部作风建设与反腐倡廉	汤啸天（上海市法学会副秘书长）	10月10日 9:00	栖霞路120号（老文化中心）
2	闵行区梅陇镇	两岸和平与民族复兴	周天柱（上海社会科学院研究员）	10月10日 9:00	春申路1581弄5号蔷薇小学
3	虹口区图书馆	解读一国两制实践白皮书	庄金锋（上海外国语大学教授）	10月11日 14:00	水电路1412号
4	宝山区月浦镇	做好安全防范，共建平安社区	徐志林（上海公安高等专科学校科研中心主任、研究员）	10月14日 13:30	月罗路228号
5	上海氯碱化工股份有限公司	反腐败与我国廉政建设	蒋德海（华东政法大学教授）	10月15日 9:00	龙吴路4747号综合会议室
6	闸北区彭浦镇	以案说防范：消防安全常识	胡有为（上海市消防总队培训基地训练处专业教研室教员）	10月15日 9:00	灵石路745号
7	上海商学院	积极公民塑造与"中国梦"	许瑞芳（华东师范大学政治学系思政教研室主任）	10月15日 10:30	奉浦大道123号2号教学楼4-130报告厅
8	松江区泗泾镇	关键在党　关键在人——学习习近平总书记关于党的建设的重要论述	赵刚印（中共上海市委党校党史党建教研部副主任、副教授）	10月15日 13:30	泗泾镇人民路1号
9	虹口区江湾镇街道	党的十八大后的国际形势与中国外交	张耀（上海国际问题研究院国际战略所副所长、副研究员）	10月15日 13:30	丰镇路300号大礼堂
10	崇明县向化镇	强国梦与强军梦	华强（解放军南京政治学院上海分院教授）	10月15日 13:30	向化镇人民政府2楼会议室（向化镇向中路62号）
11	闸北区芷江西路街道	上海合作组织与边疆安全	安俭（华东师范大学教授）	10月15日 14:00	上海市闸北区芷江西路155号
12	松江区中山街道	践行社会主义核心价值观，做优秀市民	梁慕贞（黄浦区南京东路街道市民讲师团团长）	10月16日 13:30	松江区迎宾路2号
13	松江区中山街道	党员干部践行社会主义核心价值观的基本要求	陈超（中共上海市松江区委党校教务科长）	10月16日 13:30	松江区茸平路168号

（续表）

“形势与热点”系列讲座之 164					
报纸发表信息					
序号	举办单位	题目	主讲人	时间	会场地址
14	嘉定区江桥镇	分级分责信访制度	袁军（嘉定区信访办主任）	10月18日 8:30	华江路129弄1号
15	闵行区梅陇镇	当前台海及香港形势分析	严安林（上海国际问题研究院研究员）	10月20日 9:00	罗锦路258弄105号罗阳中学
16	奉贤区南桥镇	打铁还需自身硬：建设合格的工会干部队伍	刘砚国（上海市演讲与口语传播研究会副会长、高级政工师）	10月22日 13:50	南桥镇江海路86号
17	闵行区吴泾镇	坚持稳中求进　推动创新发展——学习习近平总书记关于经济社会发展的重要论述	乔兆红（上海社会科学院研究员）	10月22日 13:00	吴泾镇龙吴路5533号113室
18	浦东新区金杨新村街道	习近平治国理政的辩证思维	孙力（解放军南京政治学院党的创新理论研究中心副主任）	10月22日 14:00	云山路1080弄2号204室
19	上海市档案馆	上海信用信息服务发展及社会化应用模式的思考	楼月盛（上海大学特约研究员）	10月23日 13:30	中山东二路9号10楼报告厅
20	普陀区石泉路街道	食品安全法与我们的生活	张霄岚（上海市食品药品监督管理局虹口分局食品法宣科科长）	10月24日 9:00	管弄路268号
21	上海大学	大国博弈	沈丁力（复旦大学国际问题研究院副院长、教授）	10月24日 13:30	宝山区上大路99号行政楼报告厅
22	浦东新区社会工作协会	如何做好当前医务社会工作	张一奇（浦东社工协会医务社工专委会秘书长）	10月24日 14:00	合欢路2号地下一层
“形势与热点”系列讲座之 165					
报纸发表信息					
序号	举办单位	题目	主讲人	时间	会场地址
1	宝山区罗店镇	教您读懂常规体检指标与应对策略	诸伟屏（上海市红十字会救护培训师）	10月24日 13:30	美诺路131号

（续表）

“形势与热点”系列讲座之165					
报纸发表信息					
序号	举办单位	题目	主讲人	时间	会场地址
2	华东理工大学	以人为本推动全面协调可持续发展——学习习近平总书记关于科学发展的重要论述	杨苏（华东理工大学马克思主义学院副院长、教授）	10月24日 13:30	梅陇路130号逸夫楼报告厅
3	松江区石湖荡镇	学习党章践行党章，做合格共产党员	张涟（中共上海市委党校四分校调研员）	10月25日 9:00	石湖荡镇新姚村会议室
4	闸北区彭浦新村街道	回归后的香港：新的身份认同在哪？	严安林（上海国际问题研究院研究员）	10月28日 9:00	安泽路78号
5	同济大学	中日关系的过去、现在与未来	苏智良（上海师范大学人文与传播学院院长、教授）	10月28日 13:30	漕安公路4800号图书馆报告厅
6	上海对外经贸大学	外交——让世界看到中国	鲁世巍（黑河市人民政府副市长）	10月28日 18:00	文汇路1900号图文信息楼503室
7	崇明县竖新镇	建设学习型、服务型、创新型党组织与基层党建创新	杜言敏（中共黄浦区委党校副教授）	10月30日 9:00	竖新镇团城公路1918号
8	松江区新桥镇	社区干部的沟通技巧和语言艺术	张生泉（上海戏剧学院党委宣传部部长、教授）	10月30日 13:30	新站路360号镇人民政府东3楼会议室
9	上海市新四军历史研究会	中国近现代历史人物的评价问题	秦维宪（《探索与争鸣》杂志主编）	10月30日 13:30	淮海中路622弄7号乙6楼群言厅
10	杨浦区平凉路街道	中国共产党的核心价值取向与思想智慧	袁志平（中共上海市委党史研究室征编处处长）	10月30日 14:00	怀德路399号
11	宝山区友谊路街道	当前国际形势与中国周边安全	刘军（华东师范大学教授）	10月30日 14:00	永清路899号
12	长宁区江苏路街道	党的十八大后反腐倡廉的新思路、新举措、新特点	陈挥（上海市中共党史学会副会长、教授）	10月31日 9:00	宣化路3号2楼
13	上海应用技术学院	树立中国价值，重建精神家园	刘红军（上海应用技术学院人文学院院长、教授）	11月4日 18:00	海泉路100号奉贤校区图书馆101会议室

（续表）

“形势与热点”系列讲座之165					
报纸发表信息					
序号	举办单位	题目	主讲人	时间	会场地址
14	松江区泗泾镇	党员干部践行社会主义核心价值观的基本要求	陈超（中共松江区委党校副校长、行政学院副院长）	11月6日 13:30	泗泾镇人民路1号
15	杨浦区控江路街道	践行社会主义核心价值观，做优秀市民	李家珉（上海电力学院教授）	11月7日 9:00	凤城二村19号
16	杨浦区教育局	立德树人，做社会主义核心价值观的践行者	项建春（中共上海市委党校第四分校副校长、副教授）	11月7日 13:30	双阳路388号
17	徐汇区华泾镇	我国周边安全环境与热点问题分析	邵青（解放军南京政治学院上海分院部队政治工作系副教授）	11月7日 14:00	龙吴路2443号
18	浦东新区陆家嘴街道	中国周边安全形势与台港澳问题	王海良（上海社会科学院台湾研究中心秘书长）	11月10日 9:00	福山路49弄10号
19	松江区中山街道	时代精神与民族精神：社会主义核心价值观的精髓	徐文震（中共上海市松江区委党校教研室主任、副教授）	11月11日 14:00	茸平路168号
20	上海电气（集团）总公司党校	全面推进法治中国建设	刘哲昕（中国浦东干部学院法律与人文综合教研部主任、副教授）	11月12日 13:30	浦东大道2748号A325多功能厅
21	徐汇区龙华街道	如何做好新形势下反腐倡廉工作	刘宗洪（中共上海市委党校党史党建部主任、教授）	11月12日 14:30	天钥桥南路399号2楼201报告厅
“形势与热点”系列讲座之166					
报纸发表信息					
序号	举办单位	题目	主讲人	时间	会场地址
1	上海医药高等专科学校	全面推进依法治国若干问题	陈保中（中共上海市委党校公共管理教研部副主任、教授）	11月14日 13:45	周祝公路279号1号楼400报告厅
2	嘉定区江桥镇	党的十八大以来中国共产党反腐倡廉的新特点、新举措、新使命	袁志平（中共上海市委党史研究室征编处处长）	11月15日 9:00	华江路129弄1号

（续表）

“形势与热点”系列讲座之166					
报纸发表信息					
序号	举办单位	题目	主讲人	时间	会场地址
3	杨浦区江浦路街道	党员干部践行社会主义核心价值观的基本要求	曹平生（中共奉贤区委党校原常务副校长）	11月18日 9:00	许昌路1150号3楼
4	闸北区共和新路街道	社会主义核心价值观的历史底蕴与时代内涵	刘砚国（上海市演讲与口语传播研究会副会长）	11月18日 9:00	延长中路755号6楼多功能厅
5	闸北区临汾路街道	弘扬法治精神，建设和谐社区	包善祺（临汾社区党建研究会党建工作研究分会会长）	11月18日 9:00	保德路181号
6	松江区九亭镇	创新驱动　转型发展：上海发展的历史轨迹与时代使命	唐珏岚（中共上海市委党校教授）	11月18日 13:30	康亭路1号
7	浦东新区三林镇	践行社会主义核心价值观，做优秀市民	朱国定（上海师范大学教授）	11月19日 9:00	凌兆路585号三林镇政府
8	松江区车墩镇	多元社会离不开核心价值观建设	周锦尉（上海市人大常委会原研究室主任、高级编辑）	11月19日 13:30	北松公路4688号
9	浦东新区金杨新村街道	当前台海及香港形势分析	周天柱（上海社会科学院研究员）	11月20日 9:00	云山路1080弄2号204室
10	长宁区周家桥街道	建设法治社会，维护法律权威	李建勇（上海大学教授）	11月20日 9:00	长宁路1618号
11	宝山区罗店镇	以案说防范：交通安全常识	田少华（宝山公安分局交警支队道路安全宣传科民警）	11月20日 13:30	美诺路131号
12	徐汇区长桥街道	社区常见法律纠纷的调处及预防	黄真伟（杨浦区法院高级法官）	11月20日 14:00	老沪闵路918号社区学校底楼多功能厅
13	闸北区芷江西路街道	转型期的群众工作与社会治理	章友德（上海政法学院社会学与社会工作系主任、教授）	11月20日 14:00	芷江西路155号
14	普陀区石泉路街道	基层社会管理的难点与突破	何海兵（中共上海市委党校副教授）	11月21日 9:00	管弄路268号
15	杨浦区五角场镇	以法治保障推进基层社会治理	杨景明（闸北区临汾街道党工委副书记、副教授）	11月21日 9:00	政立路55号

（续表）

“形势与热点”系列讲座之 166					
报纸发表信息					
序号	举办单位	题目	主讲人	时间	会场地址
16	华东理工大学	培育与践行社会主义核心价值观	陈方刘（中共上海市委党校副教授）	11月21日 13:30	梅陇路130号逸夫楼报告厅
17	杨浦区大桥街道	践行社会主义核心价值观，做优秀市民	梁慕贞（黄浦区南京东路街道市民讲师团团长）	11月21日 14:00	平凉路1730号3楼多功能厅
18	杨浦区五角场街道	学习践行党章，做一名合格的共产党党员	苏金发（上海理工大学教授）	11月22日 9:00	国定路400号复旦新闻学院
19	宝山区月浦镇	信念、使命与奉献：中国梦与当代青年	黄洪基（上海师范大学教授）	11月25日 13:30	月罗路200号镇政府
20	浦东新区社会工作协会	动员社区资源，促进社区发展	扈琼（上海屋里厢社区服务中心总干事）	11月25日 14:00	合欢路2号地下一层
21	杨浦区延吉新村街道	努力践行社会主义核心价值观，做优秀市民	李家珉（上海电力学院教授）	11月26日 9:00	延吉中路77号410室
22	上海立信会计学院	中国（上海）自贸区金融法治	倪受彬（上海对外经贸大学法学院院长、教授）	11月26日 13:00	文翔路2800号学验楼报告厅
23	松江区中山街道	新时期从严治党的新要求和新探索	孙爱霞（中共杨浦区委党校副教授）	11月27日 9:00	松江区茸平路168号
24	上海市形势政策教育研究会	构建中美新型大国关系——兼析北京APEC与“习奥会”背景情况	倪世雄（复旦大学美国研究中心原主任、教授）	11月27日 9:00	淮海中路622弄7号上海社会科学院小礼堂
25	上海第二工业大学	战争背后的中日关系——甲午海战120周年祭	陈志强（上海商学院思想政治理论课教研部主任、教授）	11月28日 13:00	金海路2360号18号楼18307报告厅
26	崇明县建设镇	《习近平总书记系列重要讲话读本》精神解读	杜言敏（中共黄浦区委党校副教授）	11月28日 13:00	建设镇建星路108号
27	宝山区高境镇	国际恐怖主义与中国国家安全	张西勇（武警政治学院战术教研室副主任）	11月28日 13:30	吉浦路551号
28	杨浦区四平路街道	加强社区治理，创新基层管理模式	李国弟（浦东新区潍坊社区原党工委书记、高级政工师）	12月2日 14:00	锦西路69号

(续表)

“形势与热点”系列讲座之166					
报纸发表信息					
序号	举办单位	题目	主讲人	时间	会场地址
29	杨浦区控江路街道	法治中国建设的难点与挑战	阮传胜(中共上海市委党校教授)	12月4日 9:00	凤城二村19号
30	同济大学	儒家思想与现代人生	傅佩荣(台湾大学哲学系主任兼研究所所长、教授)	12月4日 13:30	漕安公路4800号国际会议中心312室
“形势与热点”系列讲座之167					
报纸发表信息					
序号	举办单位	题目	主讲人	时间	会场地址
1	闸北区彭浦新村街道	新时期的舆情认识与应对	周笑(复旦大学副教授)	12月5日 9:00	安泽路78号
2	虹口区曲阳路街道	改革兴邦,依法治国	施凯(上海市人大常委会法工委副主任)	12月5日 9:00	中山北一路998号
3	华东理工大学	上海迪士尼度假区建设	王大悟(上海社会科学院研究员)	12月5日 13:30	梅陇路130号逸夫楼报告厅
4	闵行区华漕镇	基层执法的难点和对策	余向栋(上海市君成律师事务所高级律师)	12月5日 13:30	纪翟路228号华漕镇人民政府
5	松江区洞泾镇	基层党员干部如何预防职务犯罪	吴杰锋(松江区人民检察院副检察长)	12月5日 13:30	长兴路466号
6	华东理工大学	走近科学文化——学习习近平总书记关于文化建设的重要论述	安维复(华东师范大学教授)	12月5日 13:30	海思路999号图文信息中心裙楼报告厅
7	闸北区宝山路街道	以案说法:实例解读《老年人权益保障法》	张何心(上海李东方律师事务所副主任、律师)	12月5日 14:00	宝昌路533号8楼
8	长宁文化艺术中心	台湾九合一选举后的政治形势与两岸关系	严安林(上海国际问题研究院台港澳研究所执行所长)	12月7日 9:00	仙霞路650号301多功能厅
9	杨浦区平凉路街道	法治中国与党的十八届四中全会	李瑜青(华东理工大学教授)	12月9日 14:00	怀德路399号
10	宝山区杨行镇	《孙子兵法》精要在企业管理中的运用	奚纪荣(解放军南京政治学院上海分院教授)	12月10日 9:00	杨鑫路268号(近杨泰路)

（续表）

“形势与热点”系列讲座之 167					
报纸发表信息					
序号	举办单位	题目	主讲人	时间	会场地址
11	浦东新区陆家嘴街道	中日关系热点问题透视	李秀石（上海国际问题研究院亚太中心主任、研究员）	12 月 10 日 9:00	福山路 49 弄 10 号
12	宝山区顾村镇	习近平对外战略思想与中国外交	杨苏（华东理工大学马克思主义学院副院长、教授）	12 月 10 日 9:00	顾村镇新泰路 31 号
13	宝山区友谊路街道	加快建设社会主义法治国家——学习习近平总书记关于依法治国的重要论述	阮传胜（中共上海市委党校公共管理部教授）	12 月 11 日 14:00	永清路 899 号
14	奉贤区图书馆	金融市场投资风险识别与防范	刘春彦（同济大学副教授）	12 月 13 日 13:30	奉贤区图书馆 3 楼大会议室
15	闸北区共和新路街道	党的十八大后反腐倡廉的新思路、新举措、新特点	陈挥（上海市中共党史学会副会长、教授）	12 月 15 日 14:00	和田路 195 号闸北区教育局会场
16	闸北区芷江西路街道	社会治理与党的基层组织角色定位	孙颖（中共上海市委党校三分校副教授）	12 月 15 日 14:00	芷江西路 155 号
17	松江区中山街道	以优良党风凝聚党心民心	张大伟（中共松江区委党校党史党建研究室主任）	12 月 16 日 13:30	茸平路 168 号
18	上海氯碱化工股份有限公司	全面推进依法治国与全面实现小康社会	王立民（华东政法大学教授）	12 月 17 日 9:00	龙吴路 4747 号综合会议室
19	浦东新区金杨新村街道	雾霾与中国人的道德责任	薛念文（同济大学副教授）	12 月 17 日 14:00	云山路 1080 弄 2 号 204 室
20	宝山区大场镇	微时代下的舆论引导	徐世甫（上海政法学院副教授）	12 月 18 日 13:30	真华路 1112 号
21	上海大学	用世界的眼光解决汉语的问题	金立鑫（上海外国语大学教授）	12 月 19 日 8:00	上大路 99 号行政楼报告厅
22	上海市形势政策教育研究会	中国特色社会主义与依法治国	周锦尉（上海市人大常委会研究室原主任、高级编辑）	12 月 25 日 9:00	淮海中路 622 弄 7 号上海社会科学院小礼堂

（续表）

“形势与热点”系列讲座之167					
报纸发表信息					
序号	举办单位	题目	主讲人	时间	会场地址
23	闸北区天目西路街道	中国的海外利益和国际责任	廉德瑰（上海国际问题研究院研究员）	12月25日 14:00	天目中路749弄53号1楼会议室
24	长宁文化艺术中心	上海电力的今天	丁方堃（上海市东供电局总工程师）	12月28日 9:00	仙霞路650号301多功能厅

东方讲坛·文博系列讲座

东方讲坛·文博系列讲座					
1	上海博物馆	上海博物馆馆藏虞山画派精品赏析	单国霖（上海博物馆书画研究部研究员）	2月9日 10:00	观众活动中心
2	上海博物馆	君士坦丁堡与拜占庭帝国	陈志强（南开大学历史学院教授）	2月15日 10:00	观众活动中心
3	上海博物馆	王翚临仿《富春山居图》考辨	余辉（故宫博物院科研处研究员）	2月15日 14:00	观众活动中心
4	上海博物馆	世界史中的奥斯曼帝国	朱明（华东师范大学历史系副教授）	2月16日 10:00	观众活动中心
5	上海博物馆	集成神品第一卷：读王翚《重江叠嶂图》	李维琨（上海博物馆书画研究部研究员）	2月16日 14:00	观众活动中心
6	上海博物馆	马年话马	顾音海（上海鲁迅纪念馆副馆长）	2月23日 14:00	观众活动中心

东方讲坛·上海美术大课堂（社科版）

东方讲坛·上海美术大课堂(社科版)之9、10					
9	上海市社会科学界联合会、中华艺术宫	海上旧事——改变民国历史的上海帮会	苏智良（上海师范大学人文与传播学院院长、教授）	1月25日 14:00	上南路205号中华艺术宫0米层多功能厅
10	上海市社会科学界联合会、中华艺术宫	从上海走向世界：中国的第一代留学生	忻平（上海大学党委副书记、教授）	2月6日 14:00	上南路205号中华艺术宫0米层多功能厅

东方讲坛·“三八”妇女节特别讲座

东方讲坛·“三八”妇女节特别讲座					
1	宝山区罗店镇	居家色彩巧搭配，营造一份好心情	刘素珍（解放军八五医院心理研究中心主任）	2月25日 13:30	美诺路131号文化中心2楼
2	闸北区芷江西路街道	构建和谐婚姻家庭	高京生（上海市总工会讲师团高级政工师）	2月26日 14:00	芷江西路151号社区文化中心4楼多功能厅
3	奉贤区图书馆	智慧打造幸福生活	叶沙（东方都市广播电台主持人）	2月27日 13:30	南桥镇解放东路889号辅楼报告厅（小剧场）
4	徐汇区图书馆	女性生理健康解读	杨仲娟（同济大学医学院原妇产科教研室主任、主任医师）	3月2日 14:00	南丹东路80号北4楼多功能厅
5	上海市妇联	走进2014年——站在中国新的历史起点上	王连祥（上海工会管理职业学院干部培训中心主任、教授）	3月3日 13:30	天平路245号巾帼园3楼多功能厅
6	闸北区宝山路街道	四季中医经络养生	徐平（上海中医药大学教授）	3月3日 14:00	宝昌路533号8楼多功能厅
7	上海市妇联	诗意人生——是什么滋养了我们的灵魂	林华（《现代家庭》杂志社副审编）	3月4日 13:30	天平路245号巾帼园3楼多功能厅
8	上海漕河泾开发区	把握生命节奏，呵护女性健康	卫洪昌（上海中医药大学教授）	3月5日 13:00	宜山路868号1楼报告厅
9	上海市妇联	家里家外——学会走好生命的“平衡木”	汪美萍（上海市虹口区就业促进中心汪美萍职业指导工作室主任、国家二级心理咨询师）	3月5日 13:30	天平路245号巾帼园3楼多功能厅
10	上海市妇联	哲思哲理——细说生活俗事方圆	余惕君（上海作家协会会员）	3月6日 9:30	天平路245号巾帼园3楼多功能厅
11	上海市妇联	修身养心——品味健康快乐人生	高京生（上海市总工会讲师团高级政工师）	3月6日 13:30	天平路245号巾帼园3楼多功能厅
12	宝山区图书馆	都市女性的婚恋、家庭与修养	黄燕清（上海大学副教授）	3月6日 13:30	海江路600号
13	徐汇区长桥街道	善处婆媳关系，构建和谐家庭	陈晓敏（上海政法学院女性研究中心主任、教授）	3月6日 14:00	罗香路237号西南文化艺术中心5楼多功能厅

（续表）

东方讲坛·“三八”妇女节特别讲座					
14	长宁区江苏路街道	营造花样生活：插花技巧与欣赏	陈佳瀛（上海师范大学副教授）	3月7日 9:00	安西路45号文化中心2楼多功能厅
15	上海市妇联	阳光心态——健全的人格是人生最大财富	周珏珉（上海市妇联巾帼园总经理、高级政工师）	3月7日 9:30	天平路245号巾帼园3楼多功能厅
16	上海市妇联	观影视，悟人生——态度比能力更重要	陈志云（上海交通大学教授）	3月7日 13:30	天平路245号巾帼园3楼多功能厅
17	崇明县图书馆	女性健康与养生	刘小平（上海中医药大学副教授）	3月11日 13:30	崇明大道7897号崇明县图书馆3楼报告厅
18	闸北区北站街道	幸福家庭的秘诀	陈默（上海心理学基础教育专业委员会秘书长、心理咨询师）	3月11日 9:00	康乐路101号社区文化活动中心
19	闸北区天目西街道	舌尖上的营养与能量	郭永洁（上海中医药大学附属岳阳医院教授）	3月12日 14:00	天目中路749弄53号1楼会议室

东方讲坛·文汇讲堂“哲学与我们的时代”系列讲座

东方讲坛·文汇讲堂“哲学与我们的时代”系列讲座					
1		哲学与我们时代的当务之急	吴晓明（复旦大学教授）	2月22日 14:00	上海市威海路755号文新大厦2楼报告厅
2		马克思哲学与现代资本文明	王德峰（复旦大学教授）	3月8日 14:00	上海市威海路755号文新大厦2楼报告厅
3		哲学的意义与批判的价值	张汝伦（复旦大学教授）	3月22日 14:00	上海市威海路755号文新大厦2楼报告厅
4		凡俗生活与理想境界	童世骏（华东师范大学教授）	4月12日 14:00	上海市威海路755号文新大厦2楼报告厅
5		历史主义与当代意识	俞吾金（复旦大学教授）	4月26日 14:00	上海市威海路755号文新大厦2楼报告厅
6		哲学照亮文化精神	高瑞泉（华东师范大学教授）	5月18日 14:00	上海市威海路755号文新大厦2楼报告厅
7		中国哲学的正能量	陈卫平（华东师范大学教授）	6月1日 14:00	上海市威海路755号文新大厦2楼报告厅

东方讲坛·2014 职业生涯系列讲座活动

东方讲坛·2014 职业生涯系列讲座活动					
第一场	举办单位 上海市人力资源和社会保障局 承办单位 上海市就业促进中心 上海东方宣传教育服务中心 上海市社区文化服务中心 上海图书馆讲座中心	放眼、放手、放飞——与父母谈谈青年就业	孙正(上海市职业指导专家)	3 月 15 日 14:00	上海图书馆正门 4 楼多功能厅(淮海中路 1555 号)
第二场		规划幸福职业路	应利(国际 IPMA 认证资深培训师、国际高级人力资源管理职业资格授证讲师)	3 月 19 日 14:00	上海图书馆正门 4 楼多功能厅(淮海中路 1555 号)
第三场		为职场新顽症候诊	孙海芳(上海市职业指导专家)	3 月 22 日 14:00	上海图书馆正门 4 楼多功能厅(淮海中路 1555 号)
第四场		解读职场十大秘笈——高价值员工育成之路	张晓曙(国际高级职业培训师(UK)、国家一级人力资源培训师)	3 月 26 日 14:00	上海图书馆正门 4 楼多功能厅(淮海中路 1555 号)
第五场		探寻性格色彩密码	许晓晖(国际 IPMA 认证资深培训师、中国国家企业培训师资格鉴定及考核评审员)	3 月 30 日 14:00	上海图书馆正门 4 楼多功能厅(淮海中路 1555 号)

“东方讲坛进军营”系列讲座

“东方讲坛进军营”系列讲座(之二)				
1	江湾老干部住房建设管理局	上海发展转型与“四个中心”建设	乔兆红(上海社会科学院经济所研究员)	4 月 20 日 14:30
2	武警宝山消防支队	有趣的中国文化——中西方文化比较	胡永中(上海对外经贸大学副教授)	4 月 22 日 9:00
3	73181 部队	为民、务实、清廉,保持党员纯洁性	张雪梅(解放军南京政治学院上海分院副教授)	4 月 23 日 9:00
4	92246 部队	“中国梦”与中华民族伟大复兴	沈移元(中共普陀区委党校原副校长、教授)	4 月 23 日 14:30
5	91860 部队	“中国梦”与中华民族伟大复兴	李占才(同济大学马克思主义学院副院长、教授)	4 月 23 日 14:30
6	91150 部队	建设学习型、服务型、创新型党组织与基层党建创新	杜言敏(中共上海市黄浦区委党校副教授)	4 月 24 日 14:40
7	武警边防训练基地	新时期国家海上安全形势与对策	刘苏闽(解放军 92910 部队政委)	4 月 25 日 9:00

(续表)

“东方讲坛进军营”系列讲座(之二)				
8	92244 部队	当前经济形势解读	张恒龙(上海大学社会发展研究院院长、副教授)	5月8日 14:40
9	91150 部队	上海迈向国际化大都市与社会发展	章友德(上海政法学院教授)	5月8日 14:40
10	武警宝山支队	“中国梦”与中华民族伟大复兴	胡涵锦(上海交通大学马克思主义学院副院长、教授)	5月15日 9:30
11	91860 部队	日常生活中的心理学	陈萍怡(瑞金医院青少年心理咨询中心心理咨询师)	5月20日 14:30
12	92681 部队	新时期国家海上安全形势与对策	刘苏闽(解放军 92910 部队政委)	5月22日 14:40
13	91860 部队	中国传统文化与人生智慧	陈方刘(中共上海市委党校哲学部副教授)	6月5日 14:30
14	92681 部队	自我心理调适方法	张伟(第二军医大学心理咨询中心心理咨询师、上海市心理学会理事)	7月17日 14:40

东方讲坛·中医文化系列讲座

东方讲坛·中医文化系列讲座					
报纸发表信息					
序号	举办单位	题目	主讲人	时间	会场地址
1	上海中医药大学	花草与养生	邹纯朴(上海中医药大学副教授)	5月12日 9:30	浦东新区蔡伦路 1200 号 6 号楼 501 室
2	上海中医药大学	英雄与医药	王兴伊(上海中医药大学副教授)	5月19日 9:30	浦东新区蔡伦路 1200 号 6 号楼 501 室
3	上海中医药大学	体质与养生	张挺(上海中医药大学副教授)	5月26日 9:30	浦东新区蔡伦路 1200 号 6 号楼 501 室
4	上海中医药大学	诗人与医药	张亭立(上海中医药大学副教授)	6月9日 9:30	浦东新区蔡伦路 1200 号 6 号楼 501 室
5	上海中医药大学	藏象与文化	孔祥亮(上海中医药大学副教授)	6月16日 9:30	浦东新区蔡伦路 1200 号 6 号楼 501 室
6	上海中医药大学	帝王与医药	袁开慧(上海中医药大学博士)	6月23日 9:30	浦东新区蔡伦路 1200 号 6 号楼 501 室

东方讲坛·2014创业生涯系列讲座活动

东方讲坛·2014 创业生涯系列讲座活动(之一)					
第一场		创业早期商业模式	查立(istart 起点创业营主管合伙人)	5月10日 9:30	上海图书馆正门4楼多功能厅(淮海中路1555号)
第二场		小微企业团队创建秘诀	张晓曙(际高级职业培训师(UK)、国家一级人力资源培训师)	5月17日 9:30	上海图书馆正门4楼多功能厅(淮海中路1555号)
第三场		互联网商业创新思路	陆建平(华东师范大学商学院副教授)	5月24日 14:00	上海图书馆正门4楼多功能厅(淮海中路1555号)
第四场		创业成功核心密码	杨守彬(厚投资管理(北京)创始合伙人)	5月31日 14:00	上海图书馆正门4楼多功能厅(淮海中路1555号)
东方讲坛·2014 创业生涯系列讲座活动(之二)					
第一场		创业的新思路新模式	李洪(上海科技大学创业与管理学院院长)	6月15日 9:30	上海图书馆正门4楼多功能厅(淮海中路1555号)
第二场		成功创业复制秘诀	袁雪峰(上海市第三届“十佳创业新秀”获得者)	6月21日 9:30	上海图书馆正门4楼多功能厅(淮海中路1555号)
第三场		初创企业如何对接资本市场	李悠扬(纽信创投创始合伙人)	6月29日 14:00	上海图书馆正门4楼多功能厅(淮海中路1555号)

东方讲坛·中医养生走近白领系列讲座

东方讲坛·中医养生走近白领系列讲座					
1	静安区图书馆、上海中医药大学	办公室人群穴位保健推拿法	李征宇(上海中医药大学教授)	6月18日 13:30	愚园路546号多功能会议室
2	静安区图书馆、上海中医药大学	膳食纤维,你知道多少?	袁秀荣(上海中医药大学教授)	6月25日 13:30	北京西路770号
3	静安区图书馆、上海中医药大学	亚健康人群的中药调补	郭永洁(上海中医药大学教授)	9月上旬	新闸路1702号后4楼报告厅
4	静安区图书馆、上海中医药大学	中西医防治心脑血管病的常见误区和应对措施	卫洪昌(上海中医药大学教授)	10月上旬	南京西路651号
5	静安区图书馆、上海中医药大学	中医养生与行为习惯	李其忠(上海中医药大学教授)	11月上旬	康定路1147号
6	静安区图书馆、上海中医药大学	降脂减肥与健康	杨柏灿(上海中医药大学教授)	12月上旬	南京西路819号开欣商厦3楼

东方讲坛在松江·“律师社区说法”系列宣讲

东方讲坛在松江·“律师社区说法”系列宣讲					
主办单位：松江区委宣传部　松江区司法局					
1	洞泾镇	婚姻家庭和财产继承	朱慧翔（执业律师）	9月3日 13:30	洞泾镇文化活动中心8号会议室
2	方松街道	房屋买卖纠纷及法律风险防范	吴海松（执业律师）	9月4日 13:30	方松街道社区文化活动中心4楼
3	新桥镇	道路交通安全事故处理	李勇（执业律师）	9月5日 9:30	新桥镇明兴路595弄88号新闵社区
4	石湖荡镇	消费者维权须知	马俊青（执业律师）	9月7日 9:00	石湖荡镇学府路132号镇政府底楼会议室
5	岳阳街道	民间借贷的风险防范	张艳玲（执业律师）	9月10日 13:30	人民北路71弄松石苑小区76号活动室
6	叶榭镇	老年人该怎样维权	李辉（执业律师）	9月11日 9:00	叶榭镇叶新公路268号团结村
7	车墩镇	未成年人犯罪预防	曹憬（执业律师）	9月12日 12:30	车墩学校阶梯教室
8	小昆山镇	实例解读《消费者权益保护法》	马俊青（执业律师）	9月12日 13:30	小昆山镇玉昆一村居委会会议室
9	佘山镇	校园伤害事故处理	翟小琪（执业律师）	9月14日 12:30	佘山学校
10	泗泾镇	妇女儿童权益的保护	彭永奎（执业律师）	9月15日 13:30	泗泾镇社区学校203
11	新浜镇	动拆迁纠纷的处理	杨雪明（执业律师）	9月16日 9:00	新浜镇胡角路966号鲁星村
12	九亭镇	未成年人保护与预防未成年人犯罪	金南强（执业律师）	9月20日 9:00	九亭镇社区文化活动中心
13	中山街道	实例解读《道路交通安全法》	马俊青（执业律师）	9月22日 13:30	沪松路5弄20号中山街道北门居委会
14	永丰街道	房产交易中的法律问题	吴海松（执业律师）	9月23日 9:00	松汇西路1438号永丰文化活动中心剧场
15	泖港镇	实例解读《老年人权益保障法》	李骏（执业律师）	9月24日 13:30	泖港镇新乐路66号泖港居委会

东方讲坛·走进红色遵义系列讲座

东方讲坛·走进红色遵义系列讲座（之二）				
遵义市委宣传部、遵义市社科联、遵义师范学院	眺望与启迪：纪念红军长征胜利80周年	唐莲英（华东师范大学教授、上海市中共党史学会副会长兼秘书长）	9月18日 14:00	贵州省遵义市上海路830号

东方讲坛·复旦大学“中国力量”系列讲座

东方讲坛·复旦大学“中国力量”系列讲座					
第1场	复旦大学	新陆权时代的中国高铁大战略	高柏(美国杜克大学教授)	10月18日 19:00	复旦大学光华楼东辅楼103
第2场	复旦大学	智慧城市的基石——地理信息云平台	毛炜青(上海市测绘院地理信息中心总工程师)	10月27日 18:30	复旦大学光华楼东辅楼103
第3场	复旦大学	能源与内政外交——天然气背后的国家战略	陈正惠(西气东输管道公司党委委员、副总经理)	10月28日 15:00	复旦大学光华楼西辅楼104
第4场	复旦大学	维持城市生命力的国家电网	陈海波(上海市电力公司总工程师)	10月30日 18:30	复旦大学光华楼东辅楼103
第5场	复旦大学	建造和谐交通环境	董明峰(上海市交通设计研究院院长)	11月4日 15:00	复旦大学光华楼西辅楼104
第6场	复旦大学	决定城市未来空间发展的上海城市规划	石崧(上海城市设计研究院发展中心主任)	11月6日 18:30	复旦大学光华楼西辅楼104
第7场	复旦大学	铸就共和国的钢铁脊梁	陈丕军(宝钢集团总经理助理、中央研究院院长)	11月11日 15:00	复旦大学光华楼西辅楼104

东方讲坛·膏方养生及文化系列

东方讲坛·膏方养生及文化系列					
1	举办单位:上海中医药大学	膏方调养学问多	苏晓(上海中医药大学附属上海市中医医院教授)	11月4日 13:30	石门一路67弄1号1号楼3楼会议室
2		上海膏方及其特色	徐瑛(上海中医药大学附属上海市中医医院教授)	11月10日 13:30	芷江中路274号上海市中医医院门诊大厅
3		儿童与膏方	薛征(上海中医药大学附属上海市中医医院教授)	11月14日 13:00	石门一路67弄1号1号楼3楼会议室
4		膏方文化	纪清(上海中医药大学附属上海市中医医院教授)	11月20日 13:30	芷江中路274号上海市中医医院门诊大厅
5		肿瘤病人的食补与药补	李雁(上海中医药大学附属上海市中医医院教授)	11月26日 14:00	芷江中路274号上海市中医医院门诊大厅
6		冬令进补的方法	朱凌云(上海中医药大学附属上海市中医医院教授)	12月2日 13:30	芷江中路274号上海市中医医院门诊大厅
7		老年人的膏方调理	刘毅(上海中医药大学附属上海市中医医院教授)	12月11日 13:30	芷江中路274号上海市中医医院门诊大厅
8		体质养生与膏方	董耀荣(上海中医药大学附属上海市中医医院教授)	12月12日 13:00	石门一路67弄1号1号楼3楼会议室
9		亚健康人群的膏方调理	张敏(上海中医药大学附属上海市中医医院教授)	12月17日 14:00	石门一路67弄1号1号楼3楼会议室

东方讲坛·文汇讲堂文学演讲季

东方讲坛·文汇讲堂文学演讲季					
1	上海市社联、文汇报社	开放的写作	格非（著名作家、清华大学中文系教授）	10月25日 18:00	威海路755号上海报业大厦2楼报告厅
		安顿在城市的文学	杨扬（华东师范大学中文系教授、上海市作协副主席）		
2		文学创作的个人表达	方方（著名作家、湖北省作协主席）	11月8日 14:00	
		文学：一种否定与超越的力量	汪涌豪（复旦大学学报主编、中文系教授）		
3		情感与故事	孙甘露（著名作家、上海市作协副主席）	11月29日 14:00	
		迁徙与阅读	罗岗（华东师范大学中文系教授）		
4		品种、招魂与家园	贾平凹（著名作家、陕西省作协主席）	12月6日 14:00	
		法自然与现实主义创作	陈思和（复旦大学图书馆馆长、上海市作协副主席）		
5		文学的变与不变	韩少功（著名作家、海南省文联名誉主席）	12月20日 14:00	
		新的困难与新的可能	王晓明（上海大学中文系教授、上海市作协副主席）		

东方讲坛·党的十八届四中全会精神宣讲活动

306期	东方讲坛·党的十八届四中全会精神宣讲活动计划表（一）				
报纸发表信息					
申报	区县	序号	举办单位	时间	会场地址
浦东新区					
第一批	浦东	1	浦东新区祝桥镇	12月3日12:30	航亭环路88号文化中心102报告厅
第一批	浦东	2	浦东新区潍坊街道	12月3日14:00	福山路317号街道底楼大会议室
第一批	浦东	3	浦东新区康桥镇	12月3日14:00	康沈路686号康桥文化中心3楼影剧院
第一批	浦东	4	浦东新区高东镇	12月4日13:30	光明路718号镇政府大会议室
第一批	浦东	5	浦东新区金杨街道	12月4日13:30	博山东路699号街道208会议室
第一批	浦东	6	浦东新区合庆镇	12月9日13:30	庆荣路381号镇政府大会议室
第一批	浦东	7	浦东新区东明街道	12月9日14:00	环林东路478号街道机关313会议室

（续表）

浦东新区					
第一批	浦东	8	浦东新区浦兴路街道	12月9日14:00	张杨北路518号街道312会议室
第一批	浦东	9	浦东新区周浦镇	12月10日9:00	周东路266号文化中心报告厅
第一批	浦东	10	浦东新区北蔡镇	12月11日14:00	沪南公路1000号镇政府213会议室
第一批	浦东	11	浦东新区花木镇	12月11日14:00	玉兰路218号2号楼阶梯教室
第一批	浦东	12	浦东新区书院镇	12月12日13:30	新府东路81号镇政府1号楼2楼会议室
第一批	浦东	13	浦东新区泥城镇	12月12日13:30	鸿音路3156弄8号镇文化中心4楼剧场
第一批	浦东	14	浦东新区张江镇	12月16日9:00	张江路576号镇政府底楼大会议室
第一批	浦东	15	浦东新区洋泾街道	12月19日9:00	巨野路219号
徐汇区					
第一批	徐汇	1	徐汇区湖南街道	11月28日9:00	乌鲁木齐中路164号5楼
第一批	徐汇	2	徐汇区凌云街道	11月28日9:00	梅陇路415号凌云社区文化中心
第一批	徐汇	3	徐汇区康健街道	12月1日14:00	浦北路268号康健街道402报告厅
第一批	徐汇	4	徐汇区漕河泾街道	12月3日15:00	康健路65号2楼
第一批	徐汇	5	徐汇区田林街道	12月23日14:00	宜山路655弄3号社区事务受理服务中心4楼报告厅
第一批	徐汇	6	徐汇区天平街道	12月12日下午	余庆路21号3楼会议厅
第一批	徐汇	7	徐汇区斜土街道	12月12日上午	大木桥路434号2号楼6楼第一报告厅
第一批	徐汇	8	徐汇区虹梅街道	12月17日18:30	宜山路868号漕河泾开发区总公司1楼报告厅
长宁区					
第一批	长宁	1	长宁区新泾镇	12月4日9:00	泉口路68号四号会议室
闸北区					
第一批	闸北	1	闸北区大宁路街道	12月9日14:00	彭江路188号五楼第一会议室
第一批	闸北	2	闸北区芷江西路街道	12月9日14:00	芷江西路151号4楼多功能厅
第一批	闸北	3	闸北区宝山路街道	12月11日9:00	宝昌路533号社区文化活动中心
第一批	闸北	4	闸北区共和新路街道	12月16日9:00	延长中路755号6楼多功能厅
第一批	闸北	5	闸北区彭浦新村街道	12月17日9:00	安泽路78号第五会议室

（续表）

闸北区					
第一批	闸北	6	闸北区彭浦镇	12月17日9:00	灵石路745号社区文化活动中心406室
第一批	闸北	7	闸北区天目西路街道	12月18日9:00	天目中路749弄53号1楼会议室
杨浦区					
第一批	杨浦	1	杨浦区新江湾城街道	11月28日9:00	殷行路990号214多功能厅
第一批	杨浦	2	杨浦区教育局	12月8日9:00	四平路999号杨浦高级中学
第一批	杨浦	3	杨浦区长白新村街道	12月12日9:30	靖宇东路27号长白新村街道4楼
第一批	杨浦	4	杨浦区大桥街道	12月17日下午	平凉路1730号大桥社区文化中心3楼
第一批	杨浦	5	杨浦区殷行街道	12月19日9:00	包头路781号殷行街道4楼报告厅
第一批	杨浦	6	杨浦区定海路街道	12月19日9:00	长阳路3066号306室
第一批	杨浦	7	杨浦区四平路街道	12月30日下午	锦西路69号四平路街道B307会议室
宝山区					
第一批	宝山	1	宝山区教育局月杨地区党建研究分会	11月28日13:30	庆安路25号月浦实验学校
第一批	宝山	2	宝山区罗泾镇	11月28日13:30	飞达路85号镇政府5楼会议室
第一批	宝山	3	宝山区友谊路街道	11月28日9:00	牡丹江路1299弄1号804会议室
第一批	宝山	4	宝山区顾村镇	12月1日14:00	泰和西路3431号镇政府217会议室
第一批	宝山	5	宝山区高境镇	12月4日14:00	殷高西路111镇政府小礼堂
第一批	宝山	6	宝山区公共卫生中心	12月5日14:00	月明路158号
第一批	宝山	7	宝山区大场镇	12月5日9:00	大华路1469号223会议室
第一批	宝山	8	宝山区建设委	12月5日9:00	友谊路2299号区委党校6楼报告厅
第一批	宝山	9	宝山区杨行镇	12月8日14:00	水产路2699号
第一批	宝山	10	宝山区吴淞街道	12月9日13:30	淞滨路385街道办事处5楼会议室
第一批	宝山	11	宝山区农委	12月11日13:30	蕰川路1552号
第一批	宝山	12	宝山区月浦镇	12月11日13:30	月罗路200号2楼礼堂
第一批	宝山	13	宝山区庙行镇	12月16日9:30	长江西路2699号政府208会议室

（续表）

宝山区					
第一批	宝山	14	宝山区罗店镇	12月18日9:00	沪太路6655号镇政府411会议室
第一批	宝山	15	宝山区淞南镇	12月19日13:30	淞南路500号B楼2楼报告厅
第一批	宝山	16	宝山区张庙街道	12月19日9:30	呼玛路800号街道5楼会议室
第一批	宝山	17	宝山区国资委	12月26日9:00	宝杨路1949号5楼会议室
金山区					
第一批	金山	1	金山区枫泾镇	12月4日下午	朱枫公路9880镇政府礼堂
第一批	金山	2	金山区亭林镇	12月4日下午	亭升路550弄33号
第一批	金山	3	金山工业区	11月28日下午	金山工业区3号楼大会场
第一批	金山	4	金山区规划土地局	12月15日上午	亭卫公路2258号金山区规划展示馆第一会议室
奉贤区					
第一批	奉贤	1	奉贤区委宣传部	12月4日13:30	南桥镇人民中路西园弄10号
第一批	奉贤	2	奉贤区金海社区	12月3日9:00	金海公路5885号报告厅
第一批	奉贤	3	奉贤区青村镇	12月4日9:00	南奉公路2815号会议楼3楼会议室
第一批	奉贤	4	奉贤区金汇镇	12月10日13:30	汇中路1666号2号楼3楼会议室
第一批	奉贤	5	奉贤海港开发区	12月5日9:00	海杰路1568号机关楼第一会议室
第一批	奉贤	6	奉贤区四团镇	12月5日13:00	新四平公路2089号政府小剧场
第一批	奉贤	7	奉贤海湾旅游区	12月11日13:00	海工路15号上海燕翔照明电器有限公司会议室
第一批	奉贤	8	奉贤区柘林镇	12月12日13:30	联业路1388号3楼报告厅
第一批	奉贤	9	奉贤区海湾镇	12月15日13:30	星中路45号文广中心4楼报告厅
第一批	奉贤	10	奉贤区南桥镇	12月16日13:30	江海路86号201会议室
第一批	奉贤	11	奉贤区庄行镇	12月12日13:00	庄行镇腾庄路8号艺海剧场
第一批	奉贤	12	奉贤区奉城镇	12月19日14:00	兰博路2828号3楼多功能会议室
第一批	奉贤	13	奉贤区奉浦社区	12月9日13:30	陈桥路700号413会议室
崇明县					
第一批	崇明	1	崇明县中兴镇	12月4日9:00	兴工路57号镇社区文化活动中心报告厅
第一批	崇明	2	崇明县东平镇	12月4日13:30	长江大街北首镇文化活动中心2楼报告厅
第一批	崇明	3	崇明县新村乡	12月12日9:00	星村公路2128号新村社区文化活动中心报告厅

（续表）

崇明县					
第一批	崇明	4	崇明县城桥镇	12月17日9:00	大陈路8弄19号镇文化活动中心报告厅
第一批	崇明	5	崇明县庙镇	12月17日13:00	剧场路12号镇社区文化活动中心报告厅
第一批	崇明	6	崇明县堡镇	12月19日9:00	正大街118号镇社区文化活动中心3楼报告厅
第一批	崇明	7	崇明县建设镇	12月19日13:00	建星路108号镇社区文化活动中心剧场
第一批	崇明	8	崇明县竖新镇	12月25日9:00	团城公路1918号社区文化活动中心报告厅
第一批	崇明	9	崇明县三星镇	12月25日13:30	宏海公路4291号镇社区文化活动中心报告厅

东方讲坛·党的十八届四中全会精神宣讲活动计划表(二)			
报纸发表信息			
序号	举办单位	时间	会场地址
长宁区			
1	天山路街道	12月19日9:00	天山四村122号社区文化中心
普陀区			
1	长风街道	12月16日9:00	枣阳路251弄100号社区文化活动中心5楼
2	长征镇	12月16日14:00	万镇路180号6楼会议室
3	桃浦镇	12月25日9:00	武威路789号镇政府第一会议室
4	甘泉街道	12月25日9:00	志丹路125号5楼会议室
虹口区			
1	凉城新村街道	12月25日13:45	凉城路465弄41号甲3楼
2	提篮桥街道	12月22日14:00	东大名路1088号社区文化中心2楼
3	四川北路街道	12月26日上午	溧阳路1338号1楼会场
4	江湾镇街道	12月26日下午	丰镇路300号大礼堂
闵行区			
1	七宝镇	12月19日15:00	九星路288号九星村委会西裙楼
2	江川路街道	12月19日9:00	鹤庆路258号5楼512会议室
3	古美路街道	12月18日下午	平南路890号街道216会议室

（续表）

金山区			
1	区水务局	12 月 23 日下午	金山大道 1800 号区规划馆第一会议室
2	山阳镇	12 月 25 日 9:30	龙皓路 28 号镇政府会议楼 6101 室
3	漕泾镇	12 月 25 日 13:30	漕廊公路 398 号镇政府东 2 楼会议室
4	区总工会	12 月 25 日下午	金山大道 2000 号会议中心 2 楼大会场
5	区卫生计生委	12 月 25 日 13:30	健康路 236 号区委党校 201 报告厅
6	区人力资源和社会保障局	12 月 25 日下午	金山大道 2000 号会议中心 5106 室
7	公安金山分局	12 月 26 日 14:00	公安金山分局会议中心
8	区级机关党工委	12 月 26 日上午	金山大道 2000 号会议中心 2 楼大会场
松江区			
1	新浜镇	12 月 16 日 13:30	新浜镇中心街 1 号新浜镇政府会议室
2	泗泾镇	12 月 17 日下午	泗泾镇人民路 1 号镇政府 2305 会议室
3	永丰街道	12 月 18 日 15:00	松汇西路 1188 号街道办事处综合楼 3 楼会议室
4	小昆山镇	12 月 19 日 13:30	文翔路 6201 号镇社区文化活动中心
5	石湖荡镇	12 月 23 日 13:30	学府路 132 号镇政府底楼会议室
6	佘山镇	12 月 23 日下午	佘新路 358 号镇政府第一会议室
7	车墩镇	12 月 24 日 9:00	车墩镇祥东居委会活动室
8	九亭镇	12 月 30 日 13:30	康亭路 1 号镇政府会议中心 2 楼
9	叶榭镇	12 月 30 日 13:30	叶政路 388 号镇政府
青浦区			
1	白鹤镇	12 月 17 日 13:30	外青松公路 3560 号 4 号楼 3 楼会议室
2	重固镇	12 月 19 日上午	重固大街 999 号镇会务中心
3	赵巷镇	12 月 24 日上午	赵巷镇赵兴路 90 号大会议室
4	盈浦街道	12 月 24 日 13:30	环城东路 128 街道 3 楼会议室
5	朱家角镇	12 月 26 日上午	沙家埭路 88 号朱家角中学夏虹楼
6	徐泾镇	12 月 26 日 13:30	诚爱路 58 号镇文体中心 2 楼多功能厅
7	华新镇	12 月 30 日上午	华新街 318 镇政府 2 楼西大会议室
8	练塘镇	12 月 30 日 13:30	章练塘路 900 号镇政府 2 楼会议室
奉贤区			
1	区委宣传部	12 月 16 日 13:30	解放东路 928 号去会议中心第二会议室

（续表）

东方讲坛·党的十八届四中全会精神宣讲活动计划表(三)				
报纸发表信息				
序号	举办单位	时间	会场地址	预约电话
浦东新区				
1	陆家嘴街道	12月19日9:30	福山路55号陆家嘴街道5楼大会议	
2	区级机关党工委	12月22日14:00	世纪大道2001号新区行政办公中心1号楼4楼大会议室	
3	大团镇	12月22日14:00	南芦公路899号大团镇政府111会议室	
4	区公安分局	12月23日14:00	丁香路655号公安分局2楼会议厅	
5	沪东街道	12月23日9:00	兰城路247号街道办事处3楼大会场	
6	上钢街道	12月23日13:00	西营路18号上钢街道5001会议室	
7	万祥镇	12月23日13:00	万祥镇三三公路1811号万祥镇政府大会议室	
8	宣桥镇	12月24日9:00	沪南公路8888号宣桥镇政府底楼会议室	
9	三林镇	12月25日9:00	凌兆路585号三林镇政府大会场	
徐汇区				
1	龙华街道	2015年1月15日14:00	天钥桥南路399号201报告厅	
长宁区				
1	周家桥街道	2015年1月8日9:00	长宁路1618号6楼	
普陀区				
1	长寿街道	2015年1月9日14:00	胶州路1095号六楼街道6楼会场	
2	石泉街道	2015年1月16日9:00	管弄路268号石泉街道B楼2楼会场	
闸北区				
1	北站街道	2015年1月7日9:00	国庆路43号	
2	临汾路街道	2015年1月14日14:00	保德路181号社区文化中心	
杨浦区				
1	五角场街道	2015年1月8日14:00	政化路257号五角场社区文化中心6楼	

（续表）

闵行区			
1	吴泾镇	12月26日9:00	剑川路388号吴泾镇人民政府机关大会场
2	颛桥镇	2015年1月6日 14:00	都市路2699号兴都剧场
3	莘庄镇	2015年1月8日 上午	七莘路889号
4	华漕镇	2015年1月8日 下午	纪翟路228号5号楼
5	虹桥镇	2015年1月15日 上午	吴中路810号镇社区学校2楼多功能厅
金山区			
1	区民政局	2015年1月8日 上下午	金山区会议中心
2	石化街道	2015年1月8日 上下午	石化街道2号楼4楼多功能厅
松江区			
1	方松街道	2015年1月6日 13:30	松江区人民北路1111号街道办事处综合楼4楼
2	洞泾镇	2015年1月15日 13:30	洞泾镇文化活动中心4楼8号会议室
3	岳阳街道	2015年1月15日 13:30	谷阳北路343号街道西楼5楼会议室
青浦区			
1	香花桥街道	2015年1月7日 13:30	新桥路786号街道办事处5楼大会议室
2	夏阳街道	2015年1月8日 13:30	青昆路100号社区文化活动中心2楼影剧院
崇明县			
1	新海镇	12月24日14:00	新海镇社区文化活动中心3楼多功能厅
2	陈家镇	12月29日13:30	北陈公路1435号镇政府机关大会场

东方讲坛·当代世界讲坛系列演讲第五期

东方讲坛·当代世界讲坛系列演讲第五期			
题目	主讲嘉宾	时间	地　点
美国友好人士与中共领导的抗战	谢莉尔福斯特毕绍福（美国海伦斯诺文学托管会主席、海伦斯诺侄女） 谢元（中国人民对外友好协会副会长）	12月9日 9:00	淮海中路622弄7号乙市社联6楼群言厅
举办单位　上海市社会科学界联合会　上海市美国问题研究所			

东方讲坛·2014年职业生涯进校园系列讲座

“东方讲坛·2014年职业生涯进校园”系列讲座活动					
报纸发表信息					
序号	举办单位	题目	主讲人	时间	会场地址
第一场	上海市人力资源和社会保障局、上海市就业促进中心、上海东方宣传教育服务中心、上海市社区文化服务中心	初涉职场的“二八法则”	黄晓琳(上海市黄浦区职业指导师)	4月18日 13:00	上海应用技术学院奉贤校区图书馆B106室(海泉路100号)
第二场		让职业目标渐行渐近	孙一蕾(上海市闸北区职业指导师)	4月23日 13:30	上海市工会管理职业学院职业讲堂(上海市奉贤区南亭公路2080号)
第三场		大龄求职者就业路	俞波(上海市青浦区职业指导师)	4月24日 13:30	青浦区创新技能培训学校201室(青浦区浦仓路252号)
第四场		不可忽视的职场“隐形”因素	傅敏悦(上海市普陀区职业指导师)	4月25日 18:30	浦东新区陆家嘴社区阳光驿站兴业堂(商城路1177弄12号)
第五场		《孙子兵法》中的职场智慧	孙鲁江(上海市徐汇区职业指导师)	4月29日 14:00	上海市工业技术学校1楼大礼堂(喜泰支路8号)

第13届上海市社科普及活动周之：科普讲座·东方讲坛特别版

（一）社会主义核心价值观主题系列

序号	举办单位	题目	主讲人	时间	地　点
1	普陀区长寿路街道	社会主义核心价值观的基本内涵及重大意义	周中之（上海师范大学教授）	5月23日 9:00	胶州路1095号6楼会场
2	宝山区月浦镇	民族和谐与国家发展	安俭（华东师范大学副教授）	5月23日 14:00	月罗路228号
3	上海大学	核心价值观与青年学生成才	刘绍学（上海大学副教授）	5月24日 18:30	新闻路1220号A楼301
4	松江区中山街道	睦邻让生活更美好	黄燕清（上海大学副教授）	5月27日 13:30	茸平路168号
5	上海市伦理学会	青年信仰与社会主义核心价值观	邵龙宝（上海市伦理学会副会长、同济大学教授）	5月27日 13:30	四平路1239号同济大学综合楼4楼报告厅
6	上海工程技术大学	立德树人，做社会主义核心价值观的践行者	李家珉（上海电力学院教授）	5月27日 14:00	龙腾路333号图文信息中心
7	上海第二工业大学	中华优秀传统文化与社会主义核心价值观	李国娟（上海应用技术学院与马克思主义教育部主任、教授）	5月28日 13:00	金海路2360号18号楼18307报告厅
8	上海市哲学学会、东明路街道图书馆	以社会主义核心价值观引领社区建设	李家珉（上海市哲学学会秘书长、教授）	5月28日 13:00	凌兆路555弄东明路街道社区文化中心
9	虹口区江湾镇	用社会主义核心价值观引领当代大众文化	宋黔辉（中共杨浦区委党校副教授）	5月28日 14:00	丰镇路300号大礼堂
10	复旦大学	中国梦、世界梦：明清以来的追求	李天纲（复旦大学教授）	6月9日 18:30	邯郸路220号光华楼东辅楼103报告厅
11	上海市形势政策教育研究会	弘扬核心价值观，深化形势政策教育	陆震（上海社科院副研究员）	5月29日 13:00	南昌路59号科学会堂思南楼902室

（续表）

序号	举办单位	题目	主讲人	时间	地　点
12	松江区新桥镇	党员干部践行核心价值观的基本要求	刘泾（中共上海市委党校副教授）	5月29日 13:30	新站路360号镇人民政府东3楼会议室
13	上海市教育学会、上海市教委教研室	弘扬优秀传统文化，践行社会主义核心价值观	陈卫平（华东师范大学教授）	5月29日 13:30	黄浦区大境中学11楼报告厅
14	浦东新区花木街道	学习“好八连”，为民、务实、清廉	张雪梅（解放军南京政治学院上海分院副教授）	5月29日 14:00	锦绣路101号2楼钦洋分社区功能厅
15	松江区小昆山镇	爱岗敬业，用辛勤劳动实现个人价值	刘砚国（上海市演讲与口语传播研究会副会长）	5月30日 13:30	文翔路6201号社区文化活动中心
16	上海市哲学学会、东海职业技术学院	社会主义核心价值观与“中国梦”	李家珉（上海市哲学学会秘书长、教授）	5月30日 13:30	虹梅南路6001号东海职业技术学院
17	上海医药高等专科学校	凝魂聚气、强调基本，弘扬社会主义核心价值观	萧思健（复旦大学党委宣传部部长）	5月30日 14:00	周祝公路279号1号楼400报告厅

（二）学会系列

序号	举办单位	题目	主讲人	时间	地　点
1	上海炎黄文化研究会	上海近代高等教育的足迹追踪	张伟江（上海市教育委员会原主任、教授）	5月23日 14:00	安福路288号上海话剧中心
2	上海市世界语协会	世界语在科普中的应用	崔之骎（上海中医医院主任药剂师）	5月25日 13:30	浦东新区东方路3539号5号楼2楼会议室
3	上海市企业发展促进研究会	企业管理者必备的财税知识	吴健（上海商学院成教学院副院长、教授）	5月25日 13:30	中山西路2271号经信委党校1302室教室
4	上海炎黄文化研究会、杨浦区殷行街道社区学校	《弟子规》与社会主义道德教育	潘颂德（上海社会科学院研究员）	5月26日 13:00	杨浦区开鲁六村7号开鲁二小
5	上海市教师学研究会	青春期两性情感辅导	戴耀红（杨浦区教育局德育研究室主任、特级教师）	5月26日 13:30	铁岭路109号上海市杨浦区教师进修学院
6	上海食文化研究会	易学文化与美食养生	张冰隅（华东师范大学中文系教授）	5月27日 9:00	肇嘉浜路167号上海老年大学

（续表）

序号	举办单位	题目	主讲人	时间	地　　点
7	上海人大工作研究会	南极与人类	颜其德（中国首任南极长城站越冬站长、研究员）	5月27日 9:30	华山路1226号兴华宾馆2楼多功能厅
8	上海市会计学会、上海股份制证券研究会、上海股份制联合会、上海上市公司协会	新会计准则与长期股权投资	刘浩（上海财经大学会计学院副教授）	5月27日 13:30	浦电路500号上海期货交易所报告厅
9	上海股份制与证券研究会、立信会计师事务所有限公司	新股发行的政策解读及投资策略	韩华林（上海社会科学院研究员）	5月28日 13:30	南京东路61号新黄浦金融大厦11楼
10	上海市劳动和社会保障学会	劳务派遣暂行规定的深度解读	郭文龙（上海市劳动和社会保障学会劳动法专业委员会副主任）	5月27日 13:30	淮海中路622弄7号1楼大礼堂
11	上海宋庆龄研究会	中苏关系百年回顾	沈志华（华东师范大学历史系终身教授）	5月27日 14:00	漕溪北路41号社科会堂4楼学术报告厅
12	上海市民防协会、上海市徐汇区民防办公室、上海环亚保险经纪有限公司	上海市地下空间公共安全风险防范和综合责任保险	哈崴（上海环亚保险经纪有限公司责任险事业部总经理）	5月27日 14:00	番禺路1150号
13	上海市固定资产投资建设研究会	建设中的上海国际旅游度假区	马骏（上海国际度假区建设工程指挥部工程师）	5月28日 13:30	军工路2360号上海城市管理职业技术学院
14	上海邮电经济研究会、上海市通信学会	肠癌的防治	吴春晓（上海市疾病预防控制中心主管医师）	5月28日 9:30	四川北路65号上海邮电俱乐部议事厅
15	上海市中共党史学会	学习党的历史，树立理想信念	唐莲英（上海市中共党史学会副会长、秘书长、教授）	5月28日 13:00	松江大学城文翔路2800号上海立信会计学院
16	上海市预算与会计研究会	预算绩效管理政策解读	罗杰（上海市财政局绩效评价管理处副处长）	5月28日 13:30	肇家浜路800号上海市财政局

（续表）

序号	举办单位	题目	主讲人	时间	地　点
17	上海市金融学会	金融消费权益保护	孙天琦（中国人民银行金融消费权益保护局副局长）	5月28日 14:00	陆家嘴东路181号4楼多功能厅
18	上海炎黄文化研究会、蔚秀报告厅、新华书店静安店	苏州评弹溯源与沿革	夏镇华（原上海市戏曲研究所讲师）	5月28日 14:00	北京西路1829号2楼新华书店静安店
19	上海市形势政策教育研究会	当前亚太局势与亚信峰会情况	刘鸣（上海社会科学院国际关系研究所常务副所长、研究员）	5月29日 9:00	南昌路59号科学会堂思南楼3楼报告厅
20	上海市新四军历史研究会	邓小平南方谈话与浦东改革开放	王建刚（上海市新四军历史研究会三师分会副会长）	5月29日 13:00	凯旋路112号上海市委党校第四分校
21	上海市总会计师工作研究会	营改增企业所得税最新政策解读与税务稽查风险应对	胡越川（上海市税务学校高级讲师）	5月29日 13:30	上海市财政局会议厅
22	上海市集体经济研究会	上海未来发展与自贸区建设	张兆安（上海市政府发展研究中心咨询部主任、研究员）	5月29日 13:30	澳门路158号
23	上海市地方史志学会	上海名人故居旧居保护、开发和利用	朱敏彦（上海市地方史志学会会长、教授）	5月29日 13:30	漕溪北路41号4楼会议室
24	上海市外文学会	英语教学中的文学修养	史志康（上海外国语大学教授）	5月29日 13:30	漕溪北路41号社科会堂4楼
25	宋庆龄陵园管理处	生活中的科学小常识	张晓平（上海市老科协科普讲师团讲师）	5月30日 9:00	宋园路21号宋庆龄陵园宋庆龄纪念馆报告厅
26	上海市会计学会、上海市松江区会计学会	十八大后我国财税改革政策解读	胡怡建（上海财经大学教授）	5月30日 13:30	松江区谷阳北路321号松江区财政局报告厅
27	上海市经济学会及所属所有制结构研究专业委员会、中国致公党上海市徐汇区委参政议政工作委员会	上海新一轮对口支援新疆：五年规划和三年行动	傅尔基（上海市发展改革研究院副研究员）	5月30日 14:00	乌鲁木齐南路218号徐汇区统战大楼701会议室
28	上海邮电经济研究会	你的手机适合你吗	邱莉娜（中国电信上海公司崇明电信局营业厅经理）	5月30日 14:00	四川北路65号上海邮电俱乐部议事厅

(三) 校园系列

序号	举办单位	题目	主讲人	时间	地 点
1	华东理工大学	从甲骨文看中国人的文化思维	韩志强(中国甲骨文书法艺术研究会理事、教授)	5月23日 13:30	奉贤区海思路999号图文信息中心裙楼报告厅
2	上海大学	高等教育体制的多元化	乌里希·泰希勒(德国卡塞尔大学终身教授)	5月23日 14:00	上大路99号J201
3	上海立信会计学院	中外移民对上海现代化国际大都市的影响	陈志强(上海商学院思政教研部主任、教授)	5月26日 18:00	松江区文翔路2800号学验楼报告厅
4	上海外国语大学	从法国文学看法国人的特性	钱培鑫(上海外国语大学教授)	5月26日 18:00	文翔路1550号图文信息中心T220
5	上海商学院	思想的火花——马克思主义的当代价值	陈锡喜(上海交通大学教授)	5月27日 13:00	奉浦大道123号2号教学楼130报告厅
6	上海师范大学	中国西南少数民族口头文学的翻译与研究	马克·本德尔(美国俄亥俄州立大学东亚系系主任、教授)	5月28日 9:00	桂林路100号上海师范大学东部文苑楼1405室
7	上海立信会计学院	甲午年话李鸿章	徐光寿(上海立信会计学院思政教研部主任、教授)	5月28日 13:00	松江区文翔路2800号学验楼报告厅
8	上海应用技术学院	哲学智慧与哲学修养	吴晓明(复旦大学教授)	5月28日 13:30	海泉路100号奉贤校区图书馆B区101报告厅
9	上海立信会计学院	读书、教学、科研、做人	刘宪权(华东政法大学法律学院院长、教授)	5月28日 13:30	松江区文翔路2800号学验楼报告厅
10	上海海事大学	重构鲁迅"纺织式"科幻理论模型的当代价值	吴岩(北京师范大学教授)	5月28日 13:30	海港大道1550号外国语学院报告厅
11	上海商学院	树立中国价值,重建精神家园	刘红军(上海应用技术学院人文学院院长、教授)	5月28日 18:30	奉浦大道123号2号教学楼130报告厅
12	上海商学院	发展循环经济,建设美丽上海	张松滨(上海商学院信息与计算机学院党总支书记、教授)	5月29日 10:30	奉浦大道123号2号教学楼130报告厅
13	上海师范大学	马克思的《历史学笔记》——文本、前沿和现代意义	于沛(中国社会科学院研究员)	5月29日 15:00	桂林路100号文苑楼1405室

（续表）

序号	举办单位	题目	主讲人	时间	地　点
14	上海师范大学	世界文学概念的未来	傅云博（美国哈佛大学比较文学博士、加拿大阿尔伯塔大学教授）	5月30日 9:20	桂林路100号文苑楼1405室
15	华东理工大学	以案说法：案例解读《消费者权益保护法》	赵皎黎（上海市消费者权益保护委员会副主任）	6月6日 13:30	梅陇路130号逸夫楼报告厅
16	上海师范大学	走向联盟式生态批评：科学、文学批评和跨学科研究的意义	司各特・斯洛维克（美国爱德荷大学教授、《文学与环境的跨学科研究》主编）	6月9日 9:00	桂林路100号文苑楼2楼报告厅
17	徐汇区龙华街道	压力管理：舒缓心理压力的技巧	陈萍怡（瑞金医院青少年心理咨询中心心理咨询师）	5月28日 14:00	天钥桥南路399号2楼社区事务受理中心报告厅
18	崇明县向化镇	健身运动中的养生之道	赵文杰（上海交通大学教授）	5月28日 14:00	陈彷公路4927号镇文化活动中心多功能厅
19	徐汇区湖南街道	端午文化知多少	蔡丰明（上海社会科学院研究员）	5月29日 9:00	乌鲁木齐中路164号5楼会场
20	闸北区北站街道	家庭卫生消毒知识	戴慰萍（华东医院培训部主任）	5月29日 9:00	康乐路101号
21	闸北区彭浦新村街道	品味茶文化	朱莉华（上海市闸北区洛川东路小学高级教师、高级茶艺师）	5月29日 9:00	安泽路78号第五会议室
22	松江区小昆山镇	聊聊伲格沪剧特产	周平（松江区文联理事）	5月29日 13:00	文翔路6201号社区文化活动中心
23	闵行区华漕镇	茶与健康	钱海（上海中医药大学副教授）	5月29日 13:30	纪翟路550号影剧院
24	松江区车墩镇	党的理想信念教育	袁志平（中共上海市委党史研究室征编处处长）	5月29日 13:30	北松公路4688号
25	上海市妇联巾帼园	性格塑造，早期教育的关键	邹嘉陵（徐汇区青少年活动中心高级教师）	5月29日 13:30	天平路245号巾帼园3楼多功能厅
26	闸北区天目西路街道	芬芳幽香说花茶	乐勤（上海市闸北区成功实验中学高级教师、茶艺师）	5月29日 14:00	天目中路749弄53号1楼会议室

（续表）

序号	举办单位	题目	主讲人	时间	地　点
27	闸北区临汾路街道	科学养生　喝出健康	陈晴（上海市闸北区第一中心小学一级教师）	5月30日 9:00	保德路181—183号临汾社区文化活动中心
28	闸北区大宁路街道	茉莉花茶的冲泡	乐勤（上海市闸北区成功实验中学高级教师、茶艺师）	5月30日 9:00	大宁路660弄19号3楼多功能厅
29	上海氯碱化工股份有限公司	上海城市发展的昨天与今天	张岚（上海市历史博物馆馆长）	5月30日 9:00	龙吴路4747号综合会议室
30	上海市妇联巾帼园	心灵种树，让你的孩子更优秀	金武官（上海交通大学医学院附属瑞金医院主任医师、教授）	5月30日 13:30	天平路245号巾帼园3楼多功能厅
31	浦东新区社会工作协会	中国传统文化中的人生智慧	祁志祥（上海政法学院教授）	5月30日 14:00	合欢路2号市民中心地下一层
32	宝山区月浦镇	与你的孩子一起成长	赵培民（青浦区朱家角成人学校高级教师）	6月3日 13:00	月罗路228号
33	杨浦区延吉新村街道	舌尖上的营养与隐患	郭永洁（上海中医药大学副教授）	6月4日 9:00	延吉中路77号410室
34	闵行区吴泾镇	建设文化强国和精神家园的现实意义	周中之（上海师范大学教授）	6月4日 13:00	龙吴路5533号113室
35	浦东新区陆家嘴街道	做人做事做党员	张忆军（中共上海市委党校教授）	6月5日 9:00	栖霞路120号老文化中心
36	长宁区周家桥街道	为民、务实、清廉，保持党员纯洁性	孙颖（中共上海市委党校三分校副教授）	6月5日 9:00	长宁路1618号街道6楼会议室
37	宝山区顾村镇	老龄化社会如何保护老年人的合法权益	汤啸天（上海市法学会副秘书长）	6月5日 9:00	新泰路31号
38	闵行区梅陇镇	乌克兰局势及其对国际格局的影响	张耀（上海国际问题研究院副研究员）	6月5日 13:30	罗锦路258弄105号罗阳中学
39	闵行区浦江镇	关键在党　关键在人——学习习近平总书记关于党的建设的重要论述	孙爱霞（中共杨浦区委党校副教授）	6月9日 13:00	浦锦路400号文化体育事业发展中心
40	闵行区梅陇镇	新时期国家海上安全形势与对策	刘苏闽（海军92910部队政委）	6月9日 9:00	万源路55号教科实验中学
41	浦东新区金杨街道	真实的潜伏：中共党史上的谍报英杰	王立科（上海青年管理干部学院教授）	6月11日 14:00	云山路1080弄2号204室

（续表）

序号	举办单位	题目	主讲人	时间	地　点
42	崇明县中兴镇	打铁还需自身硬：建设合格的党员干部队伍	李占才（同济大学马克思主义学院副院长、教授）	6月12日 13:30	兴工路57号镇社区文化活动中心多功能厅
43	闵行区马桥镇	敲开幸福大门，做幸福“达人”	邵龙宝（同济大学教授）	6月13日 13:00	北松路1871号

（四） 社区系列

序号	举办单位	题目	主讲人	时间	地　点
1	松江区洞泾镇	EQ情商修炼	杨秀君（上海大学教授）	5月23日 9:00	长兴路466号社区文化活动中心
2	普陀区石泉路街道	房产交易中的法律问题	余向栋（上海市君成律师事务所高级律师）	5月23日 9:00	管弄路268号街道B楼2楼会场
3	闵行区梅陇镇	专家教您读懂常规体检指标与应对策略	朱鑫璞（上海市第一人民医院分院主治医师）	5月23日 13:30	高兴路108号
4	杨浦区江浦街道	海洋资源与海洋技术	许惠平（同济大学海洋科学技术研究中心主任、教授）	5月23日 14:00	许昌路1150号多功能厅
5	闸北区宝山路街道	智商、情商、逆商和意商培养	颜苏勤（上海市中职心理健康教育研究会秘书长）	5月24日 9:30	宝昌路533号8楼
6	宝山区罗泾镇	以案说防范：居家安全常识	孙利（嘉定公安分局戬浜派出所民警）	5月26日 13:30	陈东路121号
7	浦东新区陆家嘴街道	学习党章践行党章，做合格共产党员	苏金发（上海理工大学教授）	5月27日 9:00	栖霞路120号老文化中心
8	杨浦区控江路街道	如何防止“癌从口入”	袁秀荣（上海中医药大学教授）	5月27日 9:00	凤城二村19号（本溪路近凤城路）
9	松江区永丰街道	新媒体时代的舆情认识与应对	肖晋（中国浦东干部学院教授）	5月27日 10:00	松汇西路1438号社区文化活动中心剧场
10	松江区中山街道	做个快乐老人：预防老年抑郁	樊秀娣（同济大学副研究员）	5月27日 13:00	迎宾路2号
11	松江区泖港镇	应时应季：漫谈中医四季养生	赵阳（松江区中心医院中医科主任）	5月27日 13:00	新宾路358号北2楼会议室

（续表）

序号	举办单位	题目	主讲人	时间	地　点
12	崇明县竖新镇	世界新军事变革与中国国防	奚纪荣（南京政治学院上海分院教授）	5月27日 13:30	团城公路1918号镇社区文化活动中心
13	宝山区罗店镇	互联网与隐私保护	潘霁（上海财经大学副教授）	5月27日 13:30	美诺路131号美兰湖文化中心2楼
14	闸北区芷江西路街道	社会治理创新：力量在民、智慧在民	母天学（上海对外经贸大学教授）	5月27日 14:00	芷江西路155号
15	徐汇区长桥街道	投资与理财	张毅（上海师范大学投资与保险系主任）	5月27日 14:00	罗香路237号西南文化艺术中心5楼多功能厅
16	松江区佘山镇	健康百岁不是梦	张冰隅（上海食文化研究会副秘书长）	5月28日 9:00	天宅路12号镇社区学校
17	嘉定区南翔镇	国学智慧与人生修养	陈方刘（中共上海市委党校副教授）	5月28日 9:00	古猗园路737号A楼
18	上海氯碱化工股份有限公司	道路交通事故案例分析	蔡秋鸣（上海交通大学客座教授）	5月28日 9:00	龙吴路4747号综合会议室
19	松江区石湖荡镇	当前国内经济发展形势	钱胜（中共黄浦区委党校教授）	5月28日 13:30	学府路132号底楼会议室
20	上海市妇联巾帼园	关注心理健康·智爱孩子成长	舒培丽（上海交通大学副教授）	5月28日 13:30	天平路245号巾帼园3楼多功能厅
21	宝山区张庙街道	好习惯决定孩子的一生	陈彩玉（上海市科学育儿基地副主任、副教授）	5月28日 14:00	呼玛路800号

（五） 文化场馆系列

序号	举办单位	题目	主讲人	时间	地　点
1	奉贤区图书馆	学习中国诗词，传承中华文化	过传忠（中学语文特级教师）	5月24日 13:30	解放东路889号辅楼报告厅
2	徐汇区图书馆	中国瓷器与中华文化	钱汉东（中国作家协会会员、《新读写》杂志社社长、主编）	5月24日 14:00	南丹东路80号北4楼多功能厅
3	虹口区图书馆	认清邪教危害，乐享健康人生	王顺义（华东师范大学教授）	5月24日 14:00	水电路1412号

（续表）

序号	举办单位	题目	主讲人	时间	地　点
4	上海东方宣教中心、东方文化之友联谊会	美妙的人生起步——上海中西女中的传奇	林华（上海作家协会会员）	5月24日 14:00	汾阳路20号上海贺绿汀音乐厅
5	长宁文化艺术中心	淞沪抗战全纪录	张景岳（上海音像资料馆研究馆员）	5月25日 9:00	仙霞路650号301多功能厅
6	嘉定区图书馆	孔子思想的智慧与启迪	汪涌豪（复旦大学教授）	5月25日 14:00	嘉定区裕民南路1288号秀舞台
7	上海市档案馆	历史的回声，档案里的故事——纪念上海解放65周年	葛明铭（上海广播电视台首席编审）	5月27日 13:30	中山东二路9号10楼报告厅
8	杨浦区图书馆	海上旧事：改变民国历史的上海帮会	邵雍（上海师范大学教授）	5月29日 14:00	平凉路1490弄1号
9	虹口区图书馆	重走上海解放之路	姜龙飞（《档案春秋》编委会副主任）	5月29日 14:00	水电路1412号
10	中共一大会址纪念馆	共产国际与中共创建	信洪林（上海中共一大会址纪念馆研究室主任、研究员）	5月29日 16:00	黄陂南路274号中共一大会址纪念馆多功能厅
11	上海鲁迅纪念馆	乌克兰局势对大国关系的影响	王泠一（上海国际经济交流中心研究员）	5月30日 15:00	甜爱路200号树人堂报告厅
12	虹口区图书馆	漫谈小说艺术欣赏与创作	管新生（上海作家协会会员、《杨树浦文艺》杂志社副主编）	5月31日 14:00	水电路1412号
13	长宁文化艺术中心	忧国忧民之史，尽工尽善之诗——谈诗圣杜甫	郭时羽（上海古籍出版社编辑）	6月1日 9:00	仙霞路650号301多功能
14	奉贤区图书馆	让孩子爱上阅读	吴辉（闵行区家庭教育协会副会长）	6月7日 13:30	解放东路889号辅楼报告厅
15	徐汇区图书馆	海派收藏与市民文化	董水森（上海市收藏协会副会长）	6月7日 14:00	南丹东路80号北4楼多功能厅
16	长宁文化艺术中心	话说文化正能量	沈亮（华东政法大学教授）	6月8日 9:00	仙霞路650号301多功能厅
17	上海市档案馆	走进档案：感知档案魅力	朱纪华（上海市档案馆馆长）	6月9日 15:00	中山东二路9号10楼报告厅
18	徐汇区图书馆	全球电影节知多少	严敏（上海交通大学美国电影研究中心特约研究员、高级翻译）	6月14日 14:00	南丹东路80号北4楼多功能厅

（续表）

序号	举办单位	题目	主讲人	时间	地　点
19	静安区图书馆	文学与美食	孔明珠（中国作家协会会员）	6月13日 19:00	常德路800号800秀创意园
20	松江美术馆	剪纸故事	陈青（上海大学教授）	6月14日 13:30	三新北路900弄601号松江美术馆
21	长宁文化艺术中心	国际安全形势以及对中国的影响	李伟建（上海国际问题研究院外交政策研究所所长、研究员）	6月15日 9:00	仙霞路650号301多功能厅
22	上海博物馆	眉目不老，都待书成时候藏——《隶辨》《隶篇》与汉碑拓本考订	魏小虎（上海博物馆副研究馆员）	5月23日 19:00	人民大道201号学术报告厅、观众活动中心
23		承接历史，续写新篇——河北省博物馆新馆	刘栋（河北省博物馆副馆长）	5月24日 10:00	
24		作为城市精神践行者的苏州博物馆	陈瑞近（苏州博物馆馆长）	5月24日 14:00	
25		原创性展览的探索和实践	陈浩（浙江省博物馆馆长）	5月25日 14:00	
26		长沙窑瓷的收藏与展示——展览的教育视角	李建毛（湖南省博物馆副馆长）	5月31日 10:00	
27		“一院六馆”，全新出发	龚良（南京博物院院长）	5月31日 14:00	
28		发现霸国	石金鸣（山西博物院院长）	6月1日 14:00	
29		黄易·访碑	秦明（故宫博物院书画部馆员）	6月6日 19:00	
30		碑帖的装裱与修复	陆宗润（日本大阪汉和堂）	6月7日 10:00	
31		清代西北平定与立碑全国考	朱玉麒（北京大学历史系研究员）	6月7日 14:00	
32		唐扬州城	汪勃（中国社会科学院考古研究所研究员）	6月8日 14:00	
33		大周原考古	雷兴山（北京大学考古文博学院教授）	6月14日 10:00	
34		中国国家图书馆所藏碑帖珍品	卢芳玉（中国国家图书馆副研究馆员）	6月14日 14:00	

（续表）

序号	举办单位	题目	主讲人	时间	地　点
35	上海博物馆	昭陵碑林所藏碑刻珍品	李浪涛（昭陵博物馆馆长）	6月15日 10:00	人民大道201号学术报告厅、观众活动中心
36		郑虔与殷亮——据新见石刻研究唐代书学史二例	陈尚君（复旦大学中文系教授）	6月15日 14:00	
37		早期佛教社会的妇女	刘欣如（美国新泽西大学教授）	6月21日 10:00	
38		镇江焦山碑林所藏碑刻珍品	丁超（镇江焦山碑刻博物馆馆长）	6月21日 14:00	
39		墨西哥超现实主义——奥诺拉·卡林顿和雷米蒂·巴罗	特蕾莎·阿克（墨西哥独立策展人）	6月29日 14:00	

图书在版编目(CIP)数据

上海社联年鉴.2015/上海市社会科学界联合会编
.—上海:上海人民出版社,2019
ISBN 978-7-208-15734-7

Ⅰ.①上… Ⅱ.①上… Ⅲ.①社会科学-联合会-上海市-2015-年鉴 Ⅳ.①G262.51-54

中国版本图书馆 CIP 数据核字(2019)第 031363 号

责任编辑 陈博成
封面设计 夏 芳

上海社联年鉴 2015
上海市社会科学界联合会 编

出　　版 上海人民出版社
(200001 上海福建中路 193 号)
发　　行 上海人民出版社发行中心
印　　刷 浙江新华数码印务有限公司
开　　本 787×1092 1/16
印　　张 39.25
插　　页 10
字　　数 865,000
版　　次 2019 年 5 月第 1 版
印　　次 2019 年 5 月第 1 次印刷
ISBN 978-7-208-15734-7/C·587
定　　价 198.00 元